제 7 판

Principles of Marketing Research

# 마케팅조사원론

안광호 | 임병훈

도서출판 창 명

# 제7판 머리말
PREFACE

제6판을 출간한 지 벌써 8년의 시간이 흘렀다. 디지털 시대에 들어서 세월의 흐름도 함께 보조를 맞추는 것 같다. 서둘러 개정판을 내지 못한 저자의 게으름을 사과드린다.

개정 작업에 들어가기 앞서 저자는 자신에게 교재출판과 관련된 근본적 질문을 던져 보았다. 디지털 기기 사용이 일상화되고 정보를 얻기도 너무 쉬워진 세상에 마케팅조사 교재가 필요할까? 가령, AI에게 MZ세대와 40~50대 소비자들의 스포츠화 소비행동 차이를 정리해서 가져오도록 요구하면 곧바로 따끈하면서 그럴듯한 마케팅조사 보고서를 만들어 제공해 주는 시대이다. 이런 환경에서 기업의 마케터들은 굳이 많은 비용을 들여 마케팅조사를 실시할 필요가 있을까라는 의문이 들지도 모르겠다. 그리고 마케팅 분야에 관심이 있는 학생들도 굳이 마케팅조사 분야를 학습할 필요성을 느끼지 못할 수 있을 것이다. 이런 생각과 함께 또 다른 의문도 떠올랐다. 마케팅 의사결정자는 AI가 제공하는 마케팅정보를 어느 정도 신뢰해야 할까? 그리고 그중에 가짜 정보는 어느 정도 포함되어 있을까? 등의 의문 말이다.

이런저런 고민 끝에 저자는 개정판을 내기로 했다. 넘쳐나는 온라인 마케팅 2차자료의 활용도와 신뢰성을 높이기 위해서는 결국 소비자, 그리고 고객들의 실제 목소리(브랜드 제품에 대한 취향, 의견, 태도 등)와 행동을 담은 1차자료를 수집/분석하는 노력이 수반되어야 하고, 마케팅조사방법이 이러한 노력에 도움을 줄 것으로 판단했다.

마케팅조사의 역할은 조직의 마케팅 의사결정에 도움을 주는 것이다. 이에 따라 본서는 대학, 기업, 그리고 조직체의 독자들이 당면한 마케팅 의사결정에 필요한 정보를 수집 · 분석하는 절차와 방법들을 쉽게 학습할 수 있도록 하는 데 그 목적을 두었다. 가령, 본서는 시장세분화, 표적시장 선정, 제품포지셔닝으로 구성되는 마케팅전략 수립, 그리고 전략을 실행하기 제품결정, 가격결정, 채널결정, 촉진결정 등에 필요한 마케팅정보(소비자의 인지적, 감정적, 행동적 반응 등)를 수집하기 위해 어떤 조사방법을 이용해야 하는지를 설명한다. 저자는 독자지향적이고 실무지향적인 마케팅조사 교재를 만들고자 했으며, 이러한 집필의도는 이번 개정판까지 이어지고 있다.

이번 개정판을 저술하면서 저자는 다음과 같은 점에 특히 유념했다.

첫째, 본문과 〈마케팅조사 Highlight〉에서 최신의, 적절한 마케팅조사 사례들을 소개함으로써 교재에서 다루고 있는 마케팅조사 관련개념과 마케팅조사 방법들이 실제 마케팅 의사결정에 어떤 도움을 주는지 이해할 수 있도록 했다.

구체적으로, 1장 〈마케팅조사 Highlight〉에서는 최근 마케팅사례들을 이용해 제품결정, 광고/판촉결정, 가격결정, 유통결정 등에 마케팅조사가 어떤 도움을 주는지를 소개한다.

5장 3절에서는 2차자료를 이용한 마케팅조사를 수행하기 위해 기업들이 이용하는 주요 2차자료 종류를 새로 정리해 소개했다. 그리고 온라인 2차자료 활용에 대한 수요가 늘어나는 추세에 맞추어 소셜데이터를 기반으로 한 소비자 감성분석 방법을 〈마케팅조사 Highlight〉에서 자세히 소개했다.

제7장 기술적 마케팅조사의 2절에서는 우리나라의 패널조사 현황을 수정/보완하고, 우리나라의 대표적인 마케팅조사회사 중 하나인 마크로밀엠브레인의 온라인 소비자 패널의 구축과 활용 사례를 〈마케팅조사 Highlight〉에서 소개했다. 그밖에 마케팅환경 변화에 맞추어 수정이 필요한 본문의 내용, 표, 그림을 수정/보완했다.

둘째, 제6판에서는 실제로 통계분석을 실행하는 과정을 소개하기 위해 통계패키지 SPSS 23.0 버전을 사용했지만, 이번 개정판에서는 독자들의 통계패키지 활용도를 높이기 위해 2024년 현재 보급되어 있는 SPSS 29.0 버전을 이용해 통계분석 실행과정을 설명했다.

저자는 집필과정에서 많은 분들의 도움을 받았다. 먼저 이번 개정판을 집필하는 과정에서 최신 마케팅조사사례 및 통계자료 수집, 그리고 SPSS 29.0 버전으로의 그림 교체 등의 작업을 하느라 수고한 동국대 마케팅 박사과정 조은비 양에게 감사의 마음을 전한다. 그리고 마케팅조사 관련 최근 콘텐츠를 제공해 준 마크로밀엠브레인의 김영기 이사에게도 고마움을 전한다. 마지막으로 본서의 출판을 위해 지원을 아끼지 않은 김사설 대표에게 감사의 말씀을 드린다.

그동안 공저자로서 마케팅조사원론 6판까지 함께 작업을 해온 임병훈 교수께서 더 이상 개정작업에 참여하지 않기로 했다. 지금까지 오랜 기간 동안 개정판을 낼 수 있었던 것은 전적으로 임교수님의 헌신적인 파트너십 덕분이다. 임교수님께 진심으로 고마움을 전한다.

본서가 마케팅조사분야에서 대표적인 교재로 자리잡고 제7판까지 올 수 있었던 것은 전적으로 독자들의 사랑 덕분이다. 그동안 본서를 애용해 준 전국의 모든 독자들에게 진심으로 고마움을 전하고 싶다.

2024년 6월<br>안광호 · 임병훈

차례
CONTENTS

## 제5부 » 자료의 분석

### 제12장 가설검증과 통계기법의 구분



### 제13장 집단간 차이 검증을 위한 통계분석

# 01 마케팅조사의 개관

제 1 장　마케팅조사의 본질

제 2 장　마케팅조사의 의미 및
우리나라의 마케팅조사산업

Principles of Marketing Research

# 제 1 장
# 마케팅조사의 본질

1. 마케팅조사의 전략적 중요성

2. 전략수립에 있어 마케팅조사의 역할

3. 마케팅의사결정과 마케팅조사

## 1 마케팅조사의 전략적 중요성

2000년대 이후 소비자의 소득과 생활수준이 향상되면서 소비자욕구가 다양하게 나타나게 되었다. 소비자는 단순히 의식주를 해결하기 위한 제품구매가 아니라 자아를 실현하거나 라이프스타일을 반영하는 제품을 선택적으로 구매하는 경향이 증대되고 있다. 최근에는 시장성장이 점차 둔화됨에 따라 여러 제품시장에서 기업 간 경쟁이 심화되고, 이에 따라 경쟁사보다 고객의 욕구를 더 잘 충족시킬 수 없는 기업은 시장에서 생존할 수 없게 되었다. 이러한 경영환경의 변화에 따라 많은 기업들이 마케팅컨셉트를 새로운 마케팅관리철학으로 수용하게 되었다.

마케팅컨셉트는 충족되지 않은 고객의 욕구를 파악하여, 이를 경쟁사보다 더 잘 충족시킬 수 있도록 전사적인 마케팅노력을 기울이는 것인데, 마케팅컨셉트가 성공적으로 실현되기 위해서는 소비자 및 경쟁사에 대한 정보의 수집이 선결되어야 한다. 이에 따라 기업은 고객과 경쟁기업에 대한 정보를 획득하기 위한 마케팅조사의 중요성을 인식하고 있다.

마케터들은 축적된 경험이나 주관적 판단만을 토대로 마케팅의사결정을 내릴 수는 있을 것이다. 그런데 최근 마케팅환경이 급변하고 다양한 유통기관의 출현에 따라 경영자와 소비자 간의 직접적인 접촉이 어려워짐에 따라 이러한 주관적 정보만으로는 기업이 당면한 문제해결에 충분하지 않게 되었다. 즉 경영자는 성공적인 마케팅의사결정을 내리기 위해 마케팅조사를 통한 객관적인 시장정보(소비자의 욕구, 자사 및 경쟁상표에 대한 고객의 태도, 경쟁사의 마케팅전략의 변화 등)와 이에 입각한 합리적 의사결정을 필요로 하게 된 것이다. 그러나 아직도 많은 국내기업들이 마케팅조사비용을 장기적 투자로 보기보다는 단기적 비용으로 간주하기 때문에 마케팅조사에 대한 투자에 인색한 편이다. 마케팅조사가 마케팅의사결정에 중요한 역할을 함을 보여주기 위해 몇 개의 국내 · 외 성공사례와 실패사례를 들어보기로 한다.

## 마케팅조사 Highlight

### 사례 1

현재 국내의 슈퍼마켓에서 쉽게 구입할 수 있는 Procter & Gamble의 Pringles라는 포테이토칩 브랜드는 성공적인 마케팅조사의 일례이다.

미국인들은 간식으로 포테이토칩을 매우 좋아한다. 그런데 커다란 비닐봉지에 넣어 파는 종래의 포테이토칩 제품은 모양이 각양각색이고 부피를 많이 차지할 뿐 아니라 잘 부서지는 단점이 있다. 또 시간이 지나면 기름에 절어 변질되거나 맛을 잃게 되는 경우가 많다.

Procter & Gamble은 기존의 포테이토칩 제품의 이러한 문제점을 개선한 신제품인 Pringles를 시장에 내놓았다. Pringles는 감자를 가루 내어 원형으로 찍은 뒤에 동그란 원통형의 용기에 차곡차곡 포갠 후 진공포장을 한 새로운 포테이토칩 제품이었다. Procter & Gamble은 Pringles에 많은 광고비를 투입하였으며 광고에서는 "잘 부서지지 않는다", "오래 두어도 변질 · 변미되지 않는다"는 특성을 강조하였다.

그런데 시장 도입 초기에는 25%의 시장점유율을 차지한 Pringles가 매년 매출이 감소되어 1978년에는 7%까지 떨어졌으며, 마침내 Procter & Gamble은 이 제품의 광고를 중단하기에 이르렀다.

이러한 문제점 발생의 원인을 파악하기 위해 마케팅조사를 실시한 결과, 소비자들은 Pringles칩이 잘 부서지지 않는다는 것이 너무 인공적인 제품이라는 생각을 하였으며 변질되지 않는다는 특성은 방부제가 많이 들었기 때문일 것으로 생각한다는 사실을 찾아내게 되었다. 이러한 조사결과를 토대로 Procter & Gamble은 새로운 맛과 부드러운 질감, 진공포장의 특징을 갖춘 순수 자연식품임을 강조하는 마케팅전략을 도입하여 그 후에 다시 큰 시장성공을 거두었다.

### 사례 2

최근들어 UX리서치가 기업들로부터 큰 주목을 받고 있다. 사내에 UX리서치팀을 신설하고 UX리서처 전문가를 신규 채용하는 기업들이 늘어나고 있는 것이다. UX리서치는 유저(사용자)의 경험을 연구하는 것이다. UX리서치팀은 조사를 통해 발견한 고객경험을 앱 개발자나 제품기획자들과 공유함으로써 고객들의 불편사항이 새로운 제품 · 서비스 개발에 반영될 수 있도록 한다. UX리서치를 사용해 마케팅문제를 해결한 한 예로 쿠팡을 들 수 있다. 2019년 쿠팡은 신선식품 새벽배송 서비스 '로켓프레시'를 선보였는데, 도입 초기 이를 이용하는 고객들의 빈도가 매우 저조했다. 당시 로켓프레시 상품 하단에 위치한 주문버튼에 들어간 문구는 '로켓프레시 무료 체험하기'였다. 그런데 결과가 좋지 않았다. 이용자 대부분이 버튼을 누르기보다는 페이지를 이탈해 버렸다. 쿠팡 내 UX리서치팀이 그 원인을 조사/분석한 결과 그 당시 고객들은 '로켓프레시'라는 서비스에 대한 이해 자체가 부족했다. 게다가 로켓프레시가 무슨 말인지도 몰랐기 때문에 아예 페이지를 나가버린 것이다. 조사결과를 토대로 쿠팡은 해당 문구를 '신선식품 새벽배송 받기'로 바꿔 다시 고객들의 반응을 테스트했는데, 이전보다 훨씬 더 많은 고객이 버튼을 클릭하고 로켓와우 멤버십에 가입했다. 조사결과를 토대로 단어 몇 개만을 고쳤는데 더 많은 멤버십 고객을 확보할 수 있게 된 것이다.

### 사례 3

1990년대 들어 할리데이비슨은 민속학자와 인류학자들로 구성된 전문팀을 모터사이클 마니아 집단 속에 투입시켜 그들의 오토바이 사용문화를 내부자 입장에서 연구하게 했다. 체계화된 인류학적 연구방법론에 따라 밀착관찰을 한 결과, 할리데이비슨은 다음과 같은 바이커들의 문화적 특질을 발견할 수 있었다.

첫째, 자유주의, 애국심, 미국적 가치, 남성 우위 등으로 요약되는 그룹문화, 둘째, 할리데이비슨 커뮤니티에 대한 충성도에 따라 형성된 복잡한 위계질서 및 집단구조, 셋째, 최하위 계층의 멤버가 집단의 사고 및 가치를 내면화함에 따라 핵심멤버로 승인되어가는 사회화 과정 등이다.

이런 특질들은 오늘날 할리데이비슨만의 독특한 브랜드 아이덴티티와 할리데이슨 소유자들간의 모임인 HOG(Harley Owners Group)라는 강력한 브랜드커뮤니티 구축의 밑바탕이 되었다.

**마케팅조사Highlight**

## 코카콜라의 신제품 – 마케팅조사 실패의 고전적 사례

1985년 봄 코카콜라회사는 99년간 고수해 온 전통적인 맛의 콜라 생산을 중지하고 새로운 맛의 콜라로 대체한다는 뉴스를 발표하여 많은 미국 시민들과 경쟁청량음료회사들에게 커다란 충격을 주었다. 'New Coke'라는 이름의 새로운 맛의 콜라는 기존의 코카콜라에 비하여 비교적 달고 부드러운 것으로 코카콜라회사는 대대적인 광고와 홍보를 실시하였다. 처음 몇 주간 New Coke의 판매실적은 어느 정도 양호한 편이었으나 곧 부진한 판매와 함께 수많은 미국 소비자들의 불평과 항의가 뒤따랐다. 그리하여 두 달 후 코카콜라회사는 부득이 이전의 맛을 갖는 콜라를 'Coca Cola Classic'이라는 이름으로 다시 생산하여 New Coke와 함께 시판하기 시작하였다. 코카콜라회사에서는 New Coke가 회사의 대표브랜드(flagship brand)가 될 것으로 기대하였으나 새로운 맛의 도입 후 8개월이 지난 1986년 초 Classic은 대부분의 시장에서 New Coke보다 5~6배 많이 판매되었다. 또한 1987년에 이르러 Classic은 다시금 단일브랜드로서 청량음료시장에서 점유율 1위를 차지하였다(Classic 19%, Pepsi 18.5%).

그러면 당초 무엇 때문에, 또 어떻게 하여 New Coke가 개발되고 출시되었는가? 거의 1세기 동안 미국 청량음료시장에서 수위를 누려왔던 코카콜라는 1980년대에 들어 아직 수위를 차지하고 있긴 하였지만 젊은 층을 겨냥한 Pepsi Challenge 광고 캠페인 이후 Pepsi에게 서서히 시장을 빼앗기고 있었다. 1970년대 중반부터 실시된 Pepsi Challenge 전략에 따라 수행된 블라인드 테스트(blind test) 결과 대체로 3 : 2의 비율로 Coke보다 Pepsi를 선호하는 것으로 나타났으며 Pepsi는 그 결과를 TV커머셜을 이용하여 대대적으로 광고하였던 것이다. 그리하여 코카콜라회사는 무엇인가 변혁을 가져와야 한다고 판단하였고 그 해결책으로서 전통적인 맛의 변화를 시도하게 된 것이다. 코카콜라회사는 2년 동안 약 4백만 불을 들여 신제품 연구 프로젝트를 수행하였는데, 약 200,000명의 소비자들을 대상으로 맛 테스트(최종 개발된 맛에 대해서만 30,000명)를 실시하였다. 블라인드 테스트(blind test) 결과 기존의 맛보다 새로운 맛을 선호하는 소비자들이 약 60%, 그리고 펩시의 맛보다 새로운 코카콜라의 맛을 선호하는 소비자들이 52%로 나타나 자신 있게 새로운 맛의 콜라를 출시하였던 것이다.

이와 같은 시장테스트를 거쳐 출시된 신제품이 시장에서 호평을 받지 못하고 소비자들로부터 불평과 항의를 받게 된 보다 근본적인 이유는 어디에서 찾을 수 있는가? 그 이유는 바로 코카콜라회사의 마케팅조사가 단지 맛에만 초점을 맞추었다는 사실이다. 블라인드 테스트에서 좋아하던 맛도 그것이 코카콜라브랜드를 달고 기존의 코카콜라를 대체할 때는 수용될 수 없다는 사실을 예측하지 못하였던 것이다.

수많은 미국 시민들은 자라면서 코카콜라를 마셨고 성인이 되어서도 마시고 있다. 코카콜라는 야구와 축구를 관람할 때, TV를 시청할 때, 핫도그와 햄버거를 먹을 때 늘 함께하던 그들 일상생활의 일부였다. 코카콜라회사의 마케팅조사는 (기존의) 코카콜라의 상징적 의미가 그 맛보다도 더욱 중요하다는 것, 다시 말해 미국 소비자들이 기존의 코카콜라에 강한 감정적 관여(emotional involvement)를 가지고 있다는 사실을 간과하였던 것이다. 소비자들의 지각(perception) 속에서 New Coke는 이미 (진짜) Coca Cola가 아니었다. 그들은 New Coke의 등장으로 그들의 진짜(the real thing) 코카콜라에 대한 강한 향수를 느끼게 되었고 그들 생활의 일부가 훼손되었다고까지 생각하였던 것이다.

코카콜라회사는 처음부터 전국적인 시판을 하기보다 일정 기간 동안 일정 지역에서 시험마케팅(test marketing)을 실시했어야 했다. 혹은 처음부터 기존의 코카콜라 생산을 중단하는 대신 브랜드확장전략으로서 Classic Coke에 New Coke를 추가하는 복수브랜드전략(multibrand strategy)을 사용했어야 했다. 코카콜라회사는 소비자들의 불평과 항의에 즉각적으로 반응하여 커다란 실패를 방지할 수 있긴 하였지만, 값비싼 대가를 치르고서 '제품은 소비자들에게 물리적 특성 이상의 무엇인가를 의미한다'는 교훈을 얻었다.

## 2 전략수립에 있어 마케팅조사의 역할

본 절에서는 기업의 전략수립과정에서 어떤 내용의 마케팅조사가 필요하고 마케팅조사가 의사결정에 어떤 도움을 주는지를 살펴본다. 먼저 전략수립의 전반적 과정을 설명하고 이 과정에서 마케팅조사가 갖는 역할을 사례를 이용하여 살펴보기로 한다. [그림 1-1]은 기업이 수립 · 실행하는 세 가지 수준의 전략을 보여준다. 전략은 기업수준에서 이루어지는 기업전략, 제품군(제품시장)수준에서 이루어지는 마케팅전략과 마케팅믹스 프로그램의 수립으로 나누어 볼 수 있다.

가장 상위수준에서 이루어지는 기업전략은 기업목표의 설정과 사업영역(제품포트폴리오)의 결정으로 구성된다. 기업전략의 수립은 전년도 기업활동의 성과평가와 상황분석을 토대로 이루어진다.

상황분석은 크게 거시적 환경분석, 산업분석, 소비자분석으로 구성된다. 거시적 환경분석에서는 사회문화적 요인, 경제적 요인, 인구통계적 특성의 전반적 변화, 정부정책과 규제의 변화가 기업의 시장성과(매출성장, 수익성 등)에 미치는 영향이 분석

**그림 1-1** 전략수립의 전반적 과정

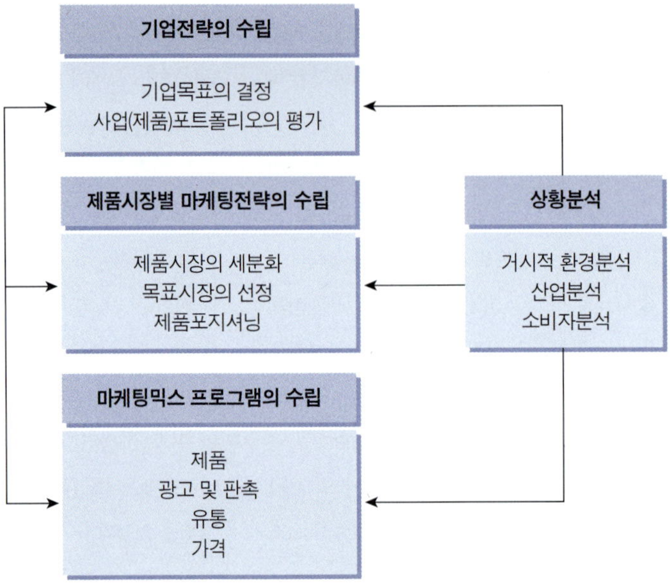


된다. 산업분석은 시장의 규모와 성장률, 산업 내 경쟁강도를 토대로 산업의 매력도를 분석하고 주요 경쟁사와 자사의 강점과 약점을 비교분석하는 것이다. 소비자분석에서는 제품시장을 구성하는 소비자들의 인구통계적 특성, 라이프스타일과 가치관, 제품구매행동과 관련된 특징(가령, 구매량, 구매빈도, 구매주기, 가격민감도 등)에 대한 분석이 이루어진다. 상황분석은 기업전략, 마케팅전략, 그리고 마케팅믹스 프로그램 개발 모두에 적용되며, 전략의 수준에 따라 분석범위가 달라진다. 즉 기업수준에서의 전략수립은 제품군(혹은 제품시장)수준에서 이루어지는 마케팅전략에 비해 훨씬 포괄적인 환경요인분석이 이루어진다.

기업전략 차원에서 이루어진 상황분석과 전년도 기업활동 성과를 토대로 경영자는 차기년도 기업목표를 설정하고, 기존 사업(혹은 제품)포트폴리오를 구성하는 각 제품의 매력도를 평가하여 제품별 자원지원의 수준과 신규사업 진출 여부를 결정한다. 기업수준에서의 전략은 제품시장수준에서 이루어지는 마케팅전략과 마케팅믹스 프로그램 수립에 영향을 준다. 기업수준에서의 전략이 수립되면 그 다음 단계로 각 제품시장에 대한 마케팅전략이 수립되는데, 이는 시장세분화, 표적시장결정, 그리고 제품포지셔닝으로 구성된다.

시장세분화(market segmentation)란 전체시장을 마케팅믹스 요소(제품, 가격, 유통, 촉진 등)에 유사한 반응을 보이는 소비자집단(가령, 고가격/고품질의 제품을 선호하는 소비자집단과 저가격에 적절한 성능을 갖춘 제품을 선호하는 소비자집단 등)으로 나누는 과정을 말한다. 표적시장 선정은 시장세분화를 통해 나누어진 세분시장들 중 해당시장 내 소비자들의 욕구를 가장 잘 충족시킬 수 있으면서 경쟁우위를 가질 수 있는 하나 혹은 그 이상의 세분시장을 선정하는 것이다. 한편 표적소비자의 마음속에 특정 브랜드가 경쟁브랜드와 비교하여 차별적 우위를 제공하는 위치를 차지하기 위해 이루어지는 마케팅노력을 제품포지셔닝(product positioning)이라고 한다.

제품시장에 대한 전반적인 마케팅전략이 수립되면, 마케터는 이를 실행하기 위한 구체적인 마케팅믹스 프로그램을 개발한다. 즉 목표소비자가 원하는 품질과 성능, 그리고 브랜드 이미지를 가진 제품을 개발하고, 그들이 수용할 수 있는 가격을 책정하고, 목표소비자들에게 제품의 차별적 특성을 알리고, 그들이 구매하기 용이한 유통경로를 구축해야 하는 것이다. 마케팅조사는 이러한 전략수립 과정에서 필요한 자료의 체계적 수집 및 분석을 통하여 마케팅의사결정에 도움을 주는 역할을 한다.

# 3 마케팅의사결정과 마케팅조사

마케팅조사는 마케팅전략과 마케팅믹스 프로그램을 개발 · 실행하는 데 유용한 정보를 제공한다. 이하에서는 이에 대해 자세히 살펴보기로 한다.

## 3.1 마케팅전략수립을 위한 마케팅조사

### (1) 시장세분화와 마케팅조사

기업의 마케팅활동은 소비자의 욕구를 충족시킬 수 있도록 설계되어야 하는데,

문제는 소비자욕구가 매우 다양하다는 것이다. 기업은 마케팅조사를 통해 추구하는 욕구가 서로 다른 복수의 세분시장을 파악하고 그 특성을 이해할 수 있다.

기업은 마케팅조사를 통해 제품시장이 몇 개의 세분시장으로 구성되어 있는지, 각 세분시장은 어느 정도의 수익성을 창출할 수 있는지, 자사 및 경쟁사가 무시하고 있는 세분시장이 존재하는지, 각 세분시장의 소비자특성은 어떠한지 등을 확인함으로써 고객지향적 마케팅전략을 수립할 수 있다.

첫째, 기업은 마케팅조사를 통해 서로 다른 욕구를 가진 복수의 세분시장을 발견할 수 있다. 예를 들어, 현대자동차는 중·대형 자동차 시장에 대한 마케팅조사를 통해 품위를 중시하는 세분시장, 가격을 중시하는 세분시장, 적정한 가격대와 고급스러운 이미지를 함께 추구하는 가치지향적 세분시장으로 나누어져 있음을 발견하였다.

둘째, 기업은 각 세분시장의 크기, 각 세분시장에 진출해 있는 경쟁사의 수 등의 파악을 통해 각 세분시장의 수익잠재력을 추정할 수 있다.

셋째, 마케팅조사는 자사 및 경쟁사가 소홀히 하고 있는 세분시장을 확인하는 데 도움을 줄 수 있다. 예를 들어, 음악앨범 구매자의 한 인구통계조사의 결과에 따르면 클래식음악을 구매하는 소비자 가운데 80% 이상이 45세 이상의 연령층인 것으로 나타났다. 클래식앨범을 별로 구매하지 않는 젊은 세분시장에 소구하기 위해 클래식앨범 제작사는 대중성이 높은 연주자의 앨범을 소개하고 대학생들에게 무료 콘서트 티켓을 제공하였다.

넷째, 기업은 마케팅조사를 통해 각 세분시장의 소비자특성을 파악할 수 있는데, 이러한 정보는 각 세분시장의 성장가능성을 추정하는 데 도움을 준다. 가령, 베이비붐 세대의 퇴직이 가까워짐에 따라, 그 세분시장의 콘도미니엄 구입이 증가할 것으로 예상할 수 있다.

각 세분시장의 인구통계적 특성, 가치, 라이프스타일에 대한 정보는 각 세분시장의 소비자들을 설득하고 이들에게 접근하는 데 효과적인 방법을 찾는 데 도움을 준다. 가령, 자동차회사는 마케팅조사를 통해 [그림 1-2]와 같이 중·대형차 시장을 구성하는 세 개의 세분시장과 각 세분시장의 소비자 특성을 파악할 수 있다.

**그림 1-2** 중 · 대형차 시장의 세분시장별 소비자 특성

| | | 세분시장 1 (21%) | 세분시장 2 (42%) | 세분시장 3 (37%) |
|---|---|---|---|---|
| | | 2.0 LOW | 2.0/2.5 MID | 2.0/3.0 LUXURY |
| 보유등급 | 중형 | 94 | 87 | 59 |
| | 대형 | 6 | 13 | 41 |
| 연령 | 30대 | 19 | 23 | 29 |
| | 40대 | 53 | 59 | 51 |
| | 50대 | 28 | 18 | 20 |
| 소득 | 300만 원 이하 | 22 | 18 | 7 |
| | 301~500만 원 | 72 | 62 | 51 |
| | 500만 원 이상 | 6 | 20 | 42 |
| 직업 | 자영업 | 41 | 30 | 54 |
| | 경영관리직 | 49 | 30 | 21 |
| | 전문직 | 25 | 31 | 18 |
| | 기타 | 15 | 9 | 7 |

시장 1과 시장 2는 중형에서의 대체가 대부분을 이룸

| | |
|---|---|
| 시장 1 | 가구소득이 301~500만 원인 중형대체차 |
| 시장 2 | 40대, 경영관리직/전문직 중심의 중형대체차 |
| 시장 3 | 자영업 중심의 고소득 대형대체차 |

## (2) 제품포지셔닝과 마케팅조사

마케팅전략의 중요한 구성요소 가운데 하나가 소비자의 마음에 자사제품의 차별적 포지션을 구축하는 것이다. 마케팅조사는 제품포지션을 통해 목표소비자의 마음

에 바람직하고 차별화된 이미지를 구축하는 작업에 도움을 준다. 기업은 마케팅조사를 통해 각 경쟁제품이 소비자의 마음속에 차지하고 있는 현재의 포지션을 이해하고, 자사제품의 바람직한 포지션과 기존제품의 재포지셔닝에 대한 결정을 내리는 데 도움을 받을 수 있다.

첫째, 기업은 마케팅조사를 통해 경쟁브랜드들의 기존포지션을 확인할 수 있다. 마케팅은 소비자조사를 통해 소비자들이 유사하다고(대체 가능하다고) 생각하는 브랜드들, 소비자들이 각 브랜드에 대해 갖고 있는 속성신념(가령, 제네시스는 세련된 외양과 넓은 실내공간을 갖고 있다고 믿음) 등을 수집할 수 있는데, 이러한 정보는 소비자의 마음속에서 각 브랜드들이 차지하고 있는 상대적 위치를 분석하고, 자사브랜드의 이상적 포지션을 탐색하는 데 도움을 준다.

둘째, 마케팅조사는 자사브랜드의 바람직한 제품포지션을 결정하는 데 유용한 정보를 제공한다. 유럽에서 생산 · 판매되고 있는 스팀형 청소기를 인수한 Bissell사는 마케팅조사를 통해 이 제품으로 집안청소를 하는 여성소비자들의 반응을 수집하였다. Bissell사는 한 지역의 자모회로부터 20명의 여성소비자를 모집하고 이들에게 그 제품을 제공한 다음, 사용경험을 기록하도록 요청하였다. 이와 함께 여성들이 집에서 그 제품을 사용하는 과정도 관찰하였다. 조사결과 그 제품은 집안청소에 대해 진지하게 생각하는 여성소비자들에게 강하게 소구된다는 것이 밝혀졌다. 또한 여성소비자들은 스팀과 화학제품을 함께 사용하여 집안청소를 하는 것으로 나타났다. 이러한 조사결과를 토대로 Bissell사는 청소기의 브랜드명을 Steam N'Clean으로 바꾸고, 접근하기 어려운 장소를 청소하는 데 효과적인 초강력 스팀을 사용하는 제품으로 포지션시켰다.

셋째, 마케팅조사는 기존제품에 대한 재포지셔닝전략을 추구하는 데 유용한 정보를 제공한다. 마케팅조사는 기존제품의 재포지셔닝을 통해 브랜드이미지를 변화시키는 데 도움을 준다. 미국 라스베이거스의 카지노호텔인 MGM Grand호텔은 재포지셔닝 작업의 일환으로 마케팅조사를 실시하였다. 그동안 이 호텔은 5,000개의 객실, 16개의 식당, 3,700개의 슬롯머신 등을 갖춘 초대형호텔임을 별로 부각시키지 않았는데, 그 이유는 소비자들이 대형호텔은 서비스질이 낮은 것으로 인식하는 경향이 있기 때문이었다. 대신 MGM Grand호텔은 저렴한 객실료를 선호하는 경제성 추구 성향의 갬블러(gamblers)를 유인하기 위해 가치에 기반한 포지셔닝을 추구했다. 그

마케팅조사Highlight

## 고객 리뷰를 신제품 아이디어 원천으로 활용한 가구 · 매트리스 전문기업 지누스의 '프로덕트 인사이트팀'

2023년 글로벌 가구·매트리스 전문기업 지누스는 온도 변화에 둔감한 메모리폼 소재를 적용한 매트리스 신제품을 선보였다. 미국 미네소타주 등 일교차가 큰 지역에 거주하는 소비자들로부터 '매트리스가 다소 단단하게 느껴진다'는 제품 리뷰가 잇따라서다. 지누스 관계자는 "낮은 기온은 매트리스 복원력에 영향을 줄 수 있다"며 "고객 리뷰에 착안해 다우케미칼과 온도 민감성이 덜한 메모리폼 소재를 개발했다"고 밝혔다.

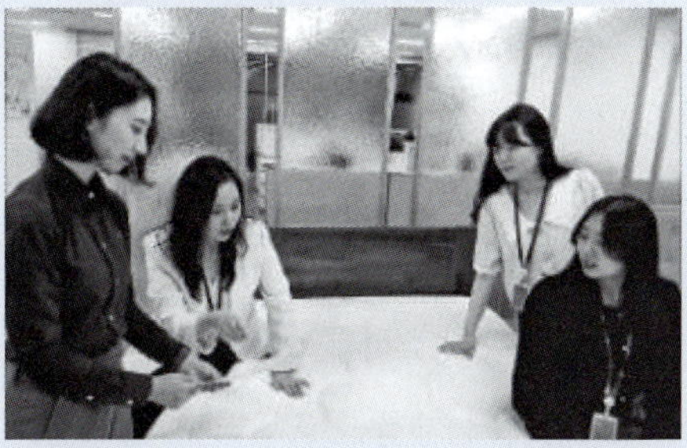

제품개발부 산하 '프로덕트 인사이트팀'은 고객 리뷰를 신제품 아이디어 원천으로 탈바꿈시키는 업무를 수행한다.

지누스가 신제품 개발의 영감을 얻는 데 도움을 준 고객 리뷰는 매트리스 세계 최대 시장인 미국의 주요 온라인몰을 통틀어 2010년 이후 150만 건에 육박한다. 자칫 골칫덩어리가 되기 쉬운 고객 리뷰를 아이디어 원천으로 탈바꿈시키는 건 제품개발부 산하 '프로덕트 인사이트팀'이다. 지누스는 미국 진출 2년 후인 2008년부터 고객 리뷰를 전담하는 이 팀을 운영하고 있다. 이 팀은 여느 기업과 달리 고객서비스본부가 아니라 제품개발부 산하에 소속돼 있다. 이 팀을 이끄는 문현옥 상무는 "기업이 제품개발에 고객 리뷰를 반영하기 위한 전담 조직을 운영하는 건 이례적이다. 제품에 고객 의견을 100% 적용하겠다는 의지가 반영된 것"이라고 강조했다.

글로벌 베스트셀러인 '스마트 박스 매트리스'의 편의성을 대폭 개선한 데에도 고객 리뷰가 크게 기여했다. '부품이 많아 조립이 복잡하다'는 고객 리뷰에 착안해 볼트 수를 14개에서 8개로 줄이고 10개가 필요하던 너트를 아예 사용하지 않아도 되도록 제품을 개선했다. 제품 만족도는 끌어올렸지만 가격은 올리지 않아 개선된 제품의 매출이 기존제품에 비해 더 빠른 성장세를 보였다.

지누스 메모리폼 매트리스

프로덕트 인사이트팀은 자체 고객 리뷰 분석시스템을 통해 고객 리뷰의 활용도를 높여 나가고 있다. 이 시스템은 1000개의 문구와 100여 개 단어를 조합해 '긍정' 및 '부정' 리뷰를 자동 분류한다. 그리고 긍정과 부정의 이유도 10개 그룹으로 나눠 빅데이터화한다. 문 상무는 "고객들의 리뷰는 오늘의 '아마존 1위' 지누스를 있게 한 원동력"이라고 말했다.

자료원: 한경, 2023.05.08.

러나 호텔 신축 붐에 따라 라스베이거스내의 객실 수가 121,000개로 증가함에 따라, MGM Grand호텔은 고객에 대한 전반적 경험에 기반한 차별화를 추구하기로 포지션의 방향을 바꾸었다. 대중잡지광고와 미국 서부해안 도시에 설치된 입간판광고를 통해 이 호텔은 카지노, 풀장, 다양한 리조트시설을 갖춘 'city of entertainment'로 재포지션시켰다.

포지셔닝전략을 수립하기 위해 기업은 포지셔닝 맵(positioning map) 또는 지각도(perceptual map)를 활용한다. 포지셔닝 맵은 소비자가 어떤 제품과 관련하여 중요하게 여기는 속성에서 경쟁브랜드들이 차지하는 상대적 위치를 나타내는 그림으로서, 신제품 포지셔닝, 기존제품의 포지션 평가 및 재포지셔닝 등에 유용하게 이용될 수 있다.

## 3.2 마케팅믹스 프로그램의 개발을 위한 마케팅조사

### (1) 제품결정을 위한 마케팅조사

소비자욕구를 충족시키는 제품과 서비스를 개발하는 것은 핵심적인 마케팅활동의 하나이므로, 기업은 제품의사결정과정에서 소비자조사를 활용한다.

첫째, 마케터는 소비자조사를 통해 타겟소비자가 제품으로부터 기대하는 편익이 무엇인지를 파악할 수 있다. 가령, 표적집단면접은 신제품 아이디어를 발견하는 데 유용하다. 예를 들어, 한 화장실용품 제조회사는 어머니들을 대상으로 표적집단면접을 실시한 결과 자녀들이 비누의 사용을 꺼려 하는 것을 발견하였다. 이러한 조사결과를 토대로 기업은 플라스틱 장난감을 삽입한 비누제품을 개발하였다. 자녀들이 열심히 씻을수록, 장난감을 더 많이 볼 기회를 가질 것이라는 의도에서였다.

둘째, 마케팅조사는 기존제품에 새로 추가할 속성이나 변경해야 할 속성을 파악하는 데 활용될 수 있다. 예를 들어, 일본소비자들을 대상으로 한 Amway의 마케팅조사 결과 일본소비자들은 거품이 많이 나는 피부미용제품을 선호하지 않음을 발견하고 거품이 덜 나는 제품을 출시하였다.

셋째, 마케팅조사는 브랜드명의 결정, 패키지 · 로고 대안들에 대한 테스트에 활용된다. 가령, Obsession 향수브랜드, 가그린 구강청정제 등의 브랜드명은 이해하기 쉽고, 기억하기 용이하며, 브랜드편익의 정보를 함축하기 쉽다는 소비자조사결과를 토대로 선정되었다. 그린색의 패키지를 사용한 식품이 소비자들로 하여금 건강에 좋을 것이라는 생각을 갖게 한다는 조사결과는 '건강에 좋은'이라는 편익에 기반한 포지셔닝을 가진 식품의 패키지디자인에 유용한 정보가 될 수 있다.

### (2) 광고 · 판촉 · 인적판매와 마케팅조사

마케팅조사는 광고목표의 결정, 시각적 정보와 광고카피의 개발, 광고매체의 결정, 광고시점의 결정, 광고효과의 측정 등에 활용된다.

첫째, 마케팅조사는 광고목표를 결정하는 데 도움을 줄 수 있다. 가령, 조사결과 대부분의 소비자들이 신규브랜드에 대해 모르고 있는 것으로 나타났다면, 브랜드의 인지도를 높이는 것이 광고의 주요 목표가 될 것이다. 마케팅조사결과 소비자들이 브랜드의 존재에 대해 알고 있지만 브랜드의 제품특성에 대해서는 별로 아는 것이 없다면, 브랜드지식의 강화가 광고목표가 될 것이다. 60년 전통의 감기약 브랜드 동아제약 판피린은 MZ 세대에서 브랜드 인지도가 기대보다 강하지 않은 것을 발견하고 배우 혜리를 광고모델로 사용한 광고캠페인을 전개하고 MZ 세대가 많이 이용하는 SNS에 판피린 패러디 영상을 올렸다.

둘째, 마케팅조사는 기억에 남는 광고물의 제작, 그리고 시각적 요소와 광고카피의 효과적 구성에 활용되기도 한다. 승용차고객에 대한 마케팅조사결과에 따르면, 남녀 모두가 파워 있는 승용차를 선호하지만 남성소비자와 여성소비자들은 파워에 대해 각기 다른 의미를 부여하였다. 남성들은 '파워' 하면 흥분(excitement)을 연상한 반면 여성들은 파워를 위험한 상황에서 빠르고 안전한 작동과 연관시켰다. 이러한 소비자정보는 목표고객에 맞는 비주얼과 광고카피를 개발하는 데 도움을 준다.

셋째, 마케터는 광고할 매체를 선정하기 위해 조사회사가 수집 · 분석한 소비자의 인구통계적 · 라이프스타일 자료를 활용한다. TV광고가 너무 광범위한 청중을 대상으로 실시된다는 문제점을 인식한 P&G는 데이터 마이닝(data mining) 기법을 통해 유망고객집단을 파악하고 이들에게 직접 우편을 통해 신제품을 노출시켰다. Physique 샴푸제품을 출시하면서 P&G는 두발관리에 상당한 시간을 보내는 여성들에게 500,000개의 무료샘플을 우송했다. 이와 함께 웹사이트를 개설하여 10명의 다른 사람들에게 웹사이트 주소를 보낸 고객들에게 한 병의 샴푸를 무료로 제공하였

마케팅조사Highlight

## 마케팅조사결과를 토대로 알파뉴메릭 브랜드명 K7을 도입한 기아자동차

기아자동차가 중대형 고급세단 K7을 처음 출시했을 때 자동차 브랜드명을 놓고 논란이 있었다. 부품 일련번호 같은 느낌을 준다거나 벤츠 E클래스나 BMW 7시리즈를 어설프게 흉내 낸 것이라는 등 부정적 평가도 있었다. 그러나 기아자동차 K7은 정교한 마케팅조사에 근거해 개발된 브랜드명이다. 2009년 기아자동차는 새로운 중대형 세단인 VG(프로젝트명) 출시를 앞두고 고민에 빠졌다. 외국의 브랜딩 전문회사에 의뢰해 1년 이상 브랜드명 개발작업을 진행했지만 적절한 브랜드명을 찾지 못한 것이다.

그전까지 기아자동차는 프라이드, 로체, 카니발, 쏘렌토 등 외국어로 된 브랜드명을 주로 사용해 왔다. 이러한 네이밍전략의 문제점은 해외시장에 진출할 때 해당 진출국에 이미 같은 브랜드명이 등록되어 있는 경우가 종종 발생한다는 것이다. 이에 따라 어쩔 수 없이 자동차 브랜드명을 바꾸어 수출해야 했다.

이러한 문제점을 해결하는 방법 중 하나는 알파뉴메릭, 즉 알파벳과 숫자를 결합한 브랜드명을 도입하는 것이다. 이러한 브랜드네이밍 개발방식은 벤츠 E300, BMW 520d 처럼 해외의 유명 자동차회사들에 의해 많이 사용되고 있다. 하지만 알파벳과 숫자 중 어떤 조합이 좋은지를 찾는 것은 단어형 브랜드명을 개발하는 것에 비해 훨씬 더 어려움이 있다.

기아자동차 브랜드경영팀은 뉴로마케팅에 기반한 마케팅조사를 활용해 소비자들의 마음에 드는 브랜드명을 찾기로 했다. 기아자동차는 한국소비자 100명과 한국에 3년 이상 거주한 외국인 자가운전자 100명을 대상으로 마케팅조사를 실시했다. 첫 단계에서는 설문조사를 실시했는데, 여러 단어의 형용사를 제시하고 호감이 가는 것을 선택하도록 했다. 조사참가자들은 돈을 받고 조사에 참가하기 때문에 굳이 회사에 부정적인 응답을 하는 것을 꺼려 하는 경향이 있다.

이에 따라 마케팅조사의 정확성을 높이기 위해 기아자동차는 기계를 활용한 조사기법들인 시선추적조사와 기능성 자기공명장치를 사용한 소비자반응조사를 병행했다. 시선추적조사를 통해 조사참가자들이 제시된 단어들 중에서 어떤 것에 시선을 두는지를 파악했다. 그리고 무의식수준에서의 소비자반응을 측정하기 위해 기능성 자기공명장치(fMRI)를 사용했다. 이 기계는 참가자에게 보여주는 단어에 대해 선호를 관장하는 뇌의 영역과 혐오를 관장하는 뇌의 영역 중 어느 영역이 더 크게 반응하는지를 측정한다. 조사결과 알파벳 단어들 중에서 조사대상자들이 가장 선호하는 단어는 K, T, N, Y, Z인 것으로 나타났다. 다음으로 이 알파벳에 숫자를 붙여 보여주었는데, K에 7을 더했을 때 뇌의 선호영역이 가장 활발하게 반응했다. 연령, 국적에 상관없이 조사참가자들로부터 좋은 반응을 얻었고, 특히 외국인들의 선호도가 높은 것으로 나타났다. 조사참가자들은 K7이라는 브랜드명으로부터 세련된, 혁신적인, 고급스러운 등의 연상이미지를 떠올렸다.

다. 그런 다음 TV광고와 인쇄물광고를 통해 제품의 핵심특성을 부각시켰다. 이와 같은 전통적 매체와 비전통적 매체의 효과적 결합은 신제품 출시를 성공시키는 데 기여하였다.

## 급증하는 디지털 광고시장: 온라인 데이터 분석과 AI를 기반으로 광고캠페인을 개발/실행하는 방식을 도입하는 광고주들

LG CNS는 2022년 말 AI와 수학적 최적화를 기반으로 한 마케팅 최적화 플랫폼 'MOP'를 출시했다. MOP는 고객사(광고주)의 인터넷과 디스플레이 광고를 최적화해주는 플랫폼이다. 출시 후 5개월 만에 100여 개 광고주와 대행사, 미디어랩사 등이 MOP를 도입했다. LG CNS 관계자는 "AI 솔루션을 활용해 마케팅커뮤니케이션 프로그램을 개발한 기업의 비용 대비 효율이 이전보다 크게 향상됐다"고 말한다. AI가 마케터와 프로듀서(PD) 등 전문가의 경험과 '촉'에 의존했던 광고・마케팅 의사결정 방식을 진일보시켰다는 평가가 나온다.

골프용품 제조사 A사는 MOP를 사용해 소비자가 검색하는 수만 개의 골프관련 단어를 뽑은 뒤 이를 기반으로 광고의 유형과 비용을 결정했다. 그 결과 기존과 동일한 광고비용을 썼음에도 광고효과가 27% 높아졌다. 고급 아동복 제조사 B사는 검색광고 관리가 어려운 주말과 새벽 시간대에 광고비가 낭비되고 있음을 파악하고, 비용 대비 매출이 가장 높은 시간대에 광고를 집중하는 방법으로 광고예산을 24% 절감했다.

LG CNS는 AI와 수학적 최적화 등 디지털전환(DX) 기술을 적용해 MOP를 개발했다. 고객사의 과거부터 현재까지 축적된 마케팅 실적 데이터를 네이버, 카카오, 구글 등으로부터 자동 수집하는 것이 첫 단계다. 여기에 수학적 최적화 기술을 활용해 현재 가진 마케팅 자원과 변수로 발생할 수 있는 모든 경우의 수를 AI로 계산한다. 광고집행과 관련된 의사결정도 AI의 몫이다. 광고효과가 좋은 노출위치, 광고 시간대, 광고빈도 등을 고려해 광고예산을 분배한 뒤 최적 입찰가를 설정해 자동으로 입찰에 나선다.

시장상황이 바뀌면 실시간으로 광고전략을 수정할 수 있다. 경쟁업체의 광고를 얼마나 클릭하는지 등을 모니터링해 이상 상황을 체크하고 대응전략을 수립하는 것이다. 회사 관계자는 "AI 솔루션은 24시간 일한다. 회의나 검토 작업 등에 지나치게 많은 시간이 소요돼 광고 입찰 타이밍을 놓치는 일을 막아준다"고 설명했다.

AI는 온라인 광고 트래픽 분석뿐 아니라 광고문안을 생성하는 등 카피라이터 업무도 수행한다. 현대백화점은 2023년 3월부터 AI 카피라이터 '루이스'를 도입해 활용 중이다. 그리고 MOP 사례처럼 시장 분석만을 AI에 맡기는 것도 가능하다. 소비자가 구글이나 페이스북, 인스타그램 등의 SNS에서 어떤 제품에 관심을 보였는지, 실제 구매를 결정한 곳은 어디인지 등을 척척 알려준다.

홈쇼핑에 들어가는 배경음악을 AI가 선정하거나 제작하기도 한다. KT의 자회사 KT알파는 최근 지니뮤직과 함께 홈쇼핑 프로그램에 맞는 배경음악을 AI로 제작하는 서비스를 선보였다. AI는 쇼핑 호스트와 판매상품, 주 고객층에 맞춰 새로운 배경음악을 제작한다.

자료원: 한경, 2023.05.16.

넷째, 기업은 온라인과 오프라인을 통한 영업활동에서 축적된 고객데이터를 토대로 맞춤형 고객응대를 함으로써 고객의 제품구매확률을 더욱 높일 수 있다.

마케팅조사Highlight

## 축적된 고객데이터를 기반으로 고객에게 '실시간 맞춤형 응대'를 하는 영업사원들

마케팅 혁신은 빅데이터, 인공지능(AI) 등 디지털 기술의 도입만으로 이루어지는 것은 아니다. 디지털 트랜스포메이션전략에 맞춰 마케팅 의사결정방식 자체를 바꾸는 노력이 수반되어야 한다.

예를 들어, 아모레퍼시픽은 고객관리의 디지털화를 위해 마케팅파트너인 세일즈포스사의 플랫폼과 CRM 솔루션을 활용하고 있다. 아모레퍼시픽은 고객이 제공한 각종 데이터와 고객의 피드백을 실시간으로 반영해 고객이 원하는 온라인 쇼핑을 할 수 있도록 돕는다. 즉, 오프라인 매장의 판매사원처럼 온라인상에서도 고객에게 '실시간 맞춤형 응대'를 하는 것이다. 이를 위해 아모레 퍼시픽은 세일즈포스사의 CRM 솔루션을 활용해 고객 데이터를 체계적으로 분석했다. 온라인 상담원은 수집한 고객데이터를 바탕으로 고객이 평균적으로 상품 조회에 얼마나 시간을 투자하는지, 얼마나 제품정보를 꼼꼼히 읽는지, 어느 시점에 고객의 마우스가 브라우저를 닫으려 하는지 등을 세밀하게 파악해 고객에게 먼저 다가간다. 마치 오프라인에서 고객이 매장에 들어섰을 때 판매사원이 적절한 제품을 찾아주기 위해 애를 쓰듯 온라인에서도 고객을 대상으로 적극적으로 영업활동을 펼칠 수 있게 된 것이다.

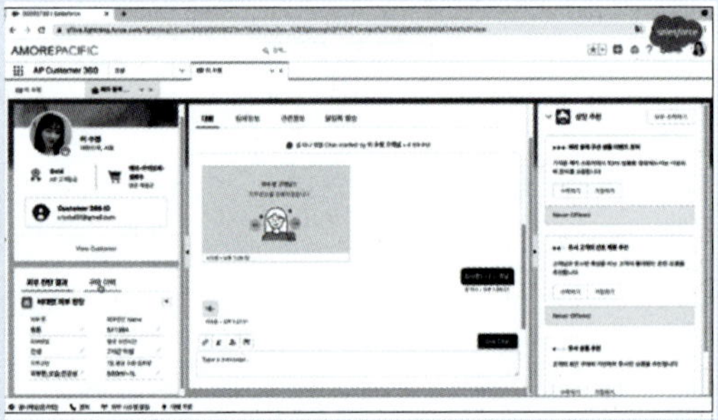

아모레퍼시픽 상담원은 고객이 상담을 신청하는 즉시, 세일즈포스 플랫폼에서 관련 정보를 확인해 고객을 돕거나 적절한 제품을 추천한다.

가령, 디지털 기반의 실시간 맞춤형 고객응대방식은 다음과 같은 과정으로 이뤄진다. 먼저 고객은 모바일 기기로 '아모레몰'에 접속해 파운데이션 팩트를 살펴본다. 이 고객은 사려는 제품과 관련된 할인행사 등 각종 이벤트 유무를 확인한 뒤 다양한 색상 중에 무엇을 선택할지 고민하고 있다. 새 제품을 살 때가 돼서 쇼핑몰에 접속한 것이지만 이전에 쓰던 제품의 정보가 잘 기억나지 않는다. 아니면 이참에 새로운 제품을 써 볼 의사가 있지만 마땅히 무엇을 선택해야 할지 망설이고 있다. 이 고객이 아모레 상담원인 '엔젤'에게 상담을 신청하는 즉시, 상담원은 고객이 이전에 구매한 이력을 바로 확인할 수 있다. 그간 이 고객이 써왔던 파운데이션 제품과 색상 정보도 바로 확인할 수 있다. 엔젤은 장바구니 목록, 고객의 생일 등 개인정보, SNS 활동 등을 통해 수집된 정보를 토대로 추가로 추천할 만한 이벤트는 없는지 파악해 적극적으로 상품을 제안한다. 이를 통해 고객은 단순히 '기계'가 제품을 추천한다는 생각을 하지 않게 된다. 오히려 아모레퍼시픽의 실제 판매사원으로부터 맞춤형 응대를 받고 있다는 느낌을 받을 수 있다.

맞춤형 고객응대는 여기서 끝나는 것이 아니다. 상담이 끝난 후 추가구매가 이루어지지 않거나 이 고객이 팔로우하던 아모레퍼시픽의 SNS에서 '좋아요'를 누르는 수가 줄어드는 등 고객참여활동이 뜸해지면 AI는 고객의 이탈 가능성을 자동으로 감지한다. 그리고 고객을 다시 유인할 수 있는 마케팅커뮤니케이션 캠페인을 제안한다.

자료원: 동아비즈니스리뷰, 2021, No. 332, pp. 113-114.

### (3) 가격결정과 마케팅조사

제품가격은 소비자의 구매의사결정에 큰 영향을 미치므로 마케터들은 가격변화에 대한 소비자반응을 조사하여 가격결정에 활용해야 한다.

첫째, 마케팅조사는 판매가격을 얼마로 책정해야 하는지에 대한 결정에 도움을 준다. 우리는 소매가격이 99로 끝나는 경우를 자주 목격한다. 시장조사결과에 의하면 사람들은 100원, 1,000원, 10,000원의 가격에 비해 99원, 999원, 9,999원의 가격을 더 저렴한 것으로 지각한다.

수요이론에 따르면 가격인하가 제품의 구매가능성을 증가시키는 것으로 가정하지만, 소비자조사결과는 항상 그러한 방향으로 나타나지 않음을 보여준다. 소비자들은 저가격의 제품에 대해 품질을 의심할 수 있는데, 이는 경험을 통해 가격이 비쌀수록 품질수준도 높아진다는 인식을 갖기 때문이다.

기업은 마케팅조사를 통해 가격구조에 대한 복잡·다양한 소비자반응을 파악할 수 있다. 예를 들어, 카탈로그 고객들은 선적료에서 8,000원을 절감할 수 있다면, 평균적으로 상품구매에 15,000원 이상을 지출하는 것으로 나타났다. 이러한 조사결과는 일부 카탈로그 판매회사들이 선적료를 대신 부담하는 정책을 도입하는 근거가 되었다.

둘째, 마케팅조사는 묶음가격정책에 대한 소비자반응을 확인할 수 있다. 소비자들은 다양한 서비스 품목들을 단일의 패키지 가격으로 구매할 때(가령, 4일짜리 스키패스권), 그 가운데 일부 서비스 품목들만을 이용하더라도 크게 손해 본 것으로 느끼지 않는다. 그 이유는 각각의 서비스 품목에 대해 정확한 가치를 할당하기 어렵기 때문이다. 이에 반해 소비자들이 하나의 묶음가격(bundled price)으로 복수의 제품을 구매할 때, 소비량을 늘리는 경향이 있다. 그 이유는 제품 단위당 원가가 낮은 것으로 느끼기 때문이다.

셋째, 기업은 마케팅조사를 통해 지불가격의 적절성에 대한 소비자판단을 파악할 수 있다. 구매의사결정을 내림에 있어 소비자들은 다른 브랜드들의 판매가격 혹은 과거에 해당제품을 구매하면서 지불했던 가격을 염두에 두고 특정 제품브랜드에 대한 지불가격의 적정성을 고려한다. 따라서 기업들은 소비자들이 지불가격을 추정할 때 그 근거로 삼는 준거가격에 대해 충분한 이해를 해야 한다.

넷째, 기업은 마케팅조사를 통해 소비자의 가격에 대한 민감도수준에서의 차이를 파악할 수 있다. 어떤 소비자들은 가격에 매우 민감해서 약간의 가격인하만으로 제품구매가능성이 크게 높아지는 반면 다른 소비자들은 가격에 별로 민감하지 않아 가격에 상관없이 원하는 제품을 구매한다. 따라서 마케터들은 가격에 민감한 소비자 집단를 파악하고 어떤 경우에 가격에 민감한지를 파악하기 위해 마케팅조사를 활용

마케팅조사Highlight

## 유럽소비자들의 가격민감도에 대한 오판으로 어려움을 겪은 유로 디즈니

유로 디즈니가 1992년 4월 파리시 외곽에 개장되었다. 그 전에 플로리다, 캘리포니아, 그리고 일본에 개장되었던 디즈니랜드는 대성공을 거두었다. 그러나 유로 디즈니에 걸었던 장밋빛 희망은 환상으로 드러났다. 개장하자마자 디즈니측은 여러 가지 면에서 수입이 예상보다 훨씬 적다는 비극적인 사실을 발견했다. 물론 유로 디즈니를 개장한 시기는 유럽이 최악의 경기침체에 빠져 있던 시기이기는 했다.

그러나 디즈니측은 유럽인들이 미국인들보다 훨씬 검소한 생활을 한다는 사실을 제대로 파악하지 못하는 실수를 저질렀다. 유로 디즈니를 방문한 많은 유럽 방문객들은 도시락을 싸가지고 왔으며, 디즈니랜드 안에 있는 호텔에 숙박하지도 않았다. 이처럼 개장 전에 가졌던 많은 기대가 무색하게 유로 디즈니의 개장 결과는 비참했다.

사실 디즈니는 테마파크와 호텔을 초호화판으로 꾸며 놓았다. 아무리 비싼 돈을 지불하더라도 방문객들이 그 시설을 기꺼이 이용할 것이라고 생각했기 때문이다. 그리고 입장료도 미국보다 비싼 42달러 25센트로 책정되었다. 또한 디즈니랜드호텔의 하룻밤 숙박료는 340달러로 책정했는데, 이는 파리에 있는 최고급 호텔 수준이었다. 결국 비싼 숙박료 때문에 디즈니 호텔 객실의 절반은 늘 비어 있었다. 호텔에 투숙하는 사람도 단기간만 머물다 떠났으며, 장기간 머무는 경우에도 음식이나 상품 구매에는 최소한의 경비만 지출했다. 유로 디즈니의 가격책정은 초기고가전략(skimming pricing : 새로운 제품이나 서비스가 처음 도입될 때 높은 가격을 책정하여 상류층 고객을 흡수하려는 전략)에 의한 것이었다. 초기고가전략은 높은 가격으로 수입을 올리는 전략이다. 특정 기업의 제품이나 서비스가 다른 기업의 제품이나 서비스와 크게 차별화될 때, 기업은 이 전략을 구사하기를 원한다. 단가당 수익이 높기 때문이다. 특히 제품이나 서비스의 고가격은 고품질과 동의어처럼 인식된다. 그러나 고가전략에는 한계가 있다. 고가를 제시하면 수요증가에 의한 판매증진을 기대하기 힘들다. 게다가 만일 그 제품이나 서비스의 모방이 쉽다면(유로 디즈니의 경우는 모방이 거의 불가능하다), 경쟁기업은 너도나도 이 분야에 뛰어들게 된다. 고가 덕분에 고마진을 기대할 수 있기 때문이다.

유로 디즈니는 자신들이 독점적인 위치에 있다는 사실을 확실하게 알고 있었고 가격에 관계없이 고객들이 몰려들 것이라는 판단을 내렸기 때문에 초기고가전략을 선택했던 것이다. 그러나 이들은 유럽 방문객들의 특성을 제대로 파악하지 못하는 실수를 저질렀다. 높은 가격 앞에서 유럽 방문객들은 일정을 줄이고, 호텔 투숙을 꺼리고, 도시락이나 음료수를 챙겨와 디즈니의 기대와는 전혀 다른 소비태도를 보였는데, 이로 인해 불행히도 디즈니는 자신들이 파놓은 함정에 빠지게 된 것이다.

할 수 있다. 패션제품이나 프레스티지제품(prestige goods)의 경우, 고가격의 제품은 지위를 상징한다. 따라서 지위를 추구하는 일부 소비자들은 제품가격에 덜 민감해서 10만 원 이상의 프레스티지 T셔츠 브랜드를 기꺼이 구매한다.

### (4) 유통의사결정과 마케팅조사

마케터는 마케팅조사를 통해 소비자들이 어떻게 자사제품을 구매하는지(가령, 목표소비자들이 선호하는 쇼핑장소, 소비자반응에 영향을 주는 점포설계)를 이해해야 한다.

첫째, 마케터들은 마케팅조사를 통해 소비자들이 구매에 소요하는 시간과 구매편의성에 부여하는 가치를 파악함으로써 유통채널의 유형을 결정하는 데 활용할 수 있다. 만약, 소비자들이 원하는 시간과 장소에서 편리하게 제품을 구매하는 것에 큰 가치를 부여한다면, 24시간 식료품점과 헬스클럽, 카탈로그 주문, 온라인 주문 등과 같은 유통채널의 도입을 고려해야 할 것이다.

둘째, 마케팅조사는 소매점의 설계와 머천다이징에 도움을 줄 수 있다. 슈퍼마켓은 유사한 품목 혹은 보완적 품목들을 함께 진열하도록 점포설계를 하는데, 그 이유는 고객들이 유사한 특성 혹은 용도에 근거하여 품목들을 범주화시키기 때문이다. 따라서 소매점이 기저귀 옆에 화장실용 휴지를 함께 진열하는 것은 고객들이 두 품목의 용도가 비슷한 것으로 지각하기 때문이다. 또한 젤리 옆에 땅콩버터를 진열하는 것은 두 품목이 함께 사용되는 경우가 많기 때문이다.

셋째, 마케팅조사는 기업의 소매환경관리에 도움을 줄 수 있다. 조사결과에 의하면 밝은 색상, 시끄럽고 빠른 템포의 음악은 소비자들의 점포 내 이동속도를 촉진하고, 부드러운 색상과 음악은 반대의 효과를 유발하는 것으로 나타난다. 또한 소비자들도 복도의 폭이 좁고 상품 및 설치물이 공간적으로 밀집된 점포에 대해 낮은 쇼핑만족도를 보인다. 이러한 조사결과는 점포 내의 쇼핑객들이 경험하는 느낌과 행동에 긍정적 영향을 미칠 수 있도록 소매환경을 구성하고 관리하는 데 도움을 준다.

## 마케팅조사Highlight

### 디지털 시대의 새로운 통신판매 방식 – 크리스마스 시즌을 겨냥해 인쇄된 장난감 카탈로그를 발행해 우편으로 보낸 아마존

최근 아마존은 연말연시에 미국 소비자들이 장난감을 구매할 수 있는 새로운 방법으로 인쇄된 장난감 카탈로그를 아마존 고객의 집에 우편으로 보내는 방식을 도입했다.

2018년 11월 아마존(Amazon)은 다가오는 크리스마스를 앞두고 장난감 카탈로그를 인쇄본과 디지털 버전으로 출시했다. 그 당시 출시된 "A Holiday of Play" 카탈로그는 최근 폐업한 미국 완구 유통업체 토이저러스(Toy "R" Us)의 장난감 카탈로그와 비슷한 복고풍의 느낌으로 제작되었는데, 토이저러스의 공백을 아마존이 메꿀 의도로 도입되었다. 우편으로 보낸 카탈로그 안에는 장난감 추천제품 이외에도 QR 코드가 함께 포함되어 있어, 제품에 대한 자세한 정보를 얻거나, 즉시 제품을 구매할 수 있도록 했다.

아마존은 11월부터 수백만 명의 아마존 고객에게 인쇄된 "A Holiday of Play" 카탈로그를 발송했다. 그리고 아마존이 인수한 유기농 대형마트 홀 푸드마켓(Whole Foods Market)과 아마존 '4-스타' 매장에도 카탈로그를 비치했다.

아마존은 장난감 매출을 올리기 위해 연휴 기간 동안 카탈로그를 보고 주문한 장난감에 대해 배송료를 무료를 했다. 이용고객을 늘리기 위해 기존에 25달러 이상 구매 시 가능했던 배송 서비스를 무료로 제공한 것이다.

이상으로 기업의 마케팅의사결정에서 왜 마케팅조사가 필요한지를 사례를 중심으로 살펴보았다. 본서는 기업이 당면한 마케팅의사결정문제들을 해결하기 위한 마케팅조사절차와 조사기법들을 설명하는 데 그 목적이 있다. 다음 장에서는 마케팅조사의 정의, 그리고 한국의 마케팅조사산업에 대하여 살펴보기로 한다.

## 연습문제

1. 기업의 마케팅활동에서 마케팅조사의 중요성에 대해 설명하시오.

2. 기업의 전략수립단계별 마케팅조사의 역할에 대하여 설명하시오.

# 제 2 장
# 마케팅조사의 의미 및 우리나라의 마케팅조사산업

1. 마케팅조사의 정의
2. 마케팅조사를 통한 경쟁우위확보
3. 기업의 마케팅조사영역
4. 마케팅조사영역의 확대
5. 우리나라의 마케팅조사산업
6. 본서의 개관

# 1 마케팅조사의 정의

미국마케팅학회(American Marketing Association)의 정의에 의하면, "마케팅조사는 정보의 수집(마케팅기회와 문제를 파악할 수 있는 정보 ; 마케팅활동을 기획하고, 수행하고, 평가를 하는 데 이용되는 정보 ; 마케팅활동의 성과를 관찰할 수 있는 정보 ; 마케팅과정에 대한 이해를 증진시켜 줄 수 있는 정보)을 통하여 소비자, 고객 및 일반대중을 기업의 관리자들과 연계시켜 주는 기능을 수행하는 것이다. 마케팅조사는 이러한 기능을 수행하기 위해 필요한 정보가 무엇인지를 규명하고, 규명된 정보를 수집하는 방법을 설계하고, 자료의 수집과정을 통제하며, 수집된 자료를 분석하여 그 결과를 기업의 마케팅전략 수립에  반영하는 과정이다." 마케팅조사는 마케팅담당자들에게 마케팅의사결정에 필요한 제반 정보를 정확하고 체계적으로, 그리고 시의적절하게 제공함으로써 의사결정의 성공확률을 높여준다. 따라서 시장조사를 통하여 수집되는 정보는 객관적이어야 하며(objective), 최근의 시장상황을 반영하여야 하며(timely), 또한 현재 담당자가 처한 문제를 해결하는 데 필요한(relevant) 내용이어야 한다.

# 2 마케팅조사를 통한 경쟁우위확보

고객욕구충족과 경쟁우위확보를 위해 마케터는 마케팅의사결정과정의 단계별로 필요한 자료들을 체계적으로 수집 · 분석해야 함을 제1장에서 언급하였다. 즉, 기업전략과 마케팅전략의 수립, 그리고 마케팅믹스의 관리를 위한 객관적인 시장정보의 수집과 이에 근거한 의사결정은 지속적 경쟁우위의 근간이 되는 것이다.

이러한 이유로 많은 기업들에서 마케팅조사는 마케팅활동의 중요한 부분으로 정착되고 있다. 최근 시장의 개방화와 기업경영의 세계화 추세는 기업들에게 마케팅조사의 중요성을 보다 절감하게 하고 있다. 그 이유는 외국의 기업들은 마케팅조사를 기본적인 마케팅활동의 하나로 인식하고 있으며 마케팅조사결과를 토대로 한 합리적인 마케팅의사결정이 기업관행으로 보편화되어 있기 때문이다. 예를 들어 미국의 많은 기업들(특히 소비재를 생산 · 판매하는 기업들)과 국내의 일부 기업들은 전국적인 시장출시에 앞서 시험마케팅(test marketing)을 실시하고 있다. 시험마케팅이란 전국에서 인구구성, 소비성향, 소득 등에서 표적시장의 특성을 가장 적절히 반영할 수 있는 중소도시를 몇 개 선정하여 이들 지역에 제품을 먼저 시험적으로 판매하여 반응을 보는 것이다. 기업들은 시험시장지역 내의 cable TV network를 이용하여 전국적인 판매 시에 실제 이용될 광고의 효과를 측정하거나, 무료샘플 제공 등의 판촉활동에 대한 소비자들의 반응을 관찰한다.

이와 같이 미래에 있어서 기업의 시장성공은 마케팅환경에 대한 체계적 정보 수집 · 분석과 이에 근거한 합리적인 의사결정에 의해서만 가능하므로 마케팅조사의 중요성은 앞으로 더욱 커질 것이다.

## 3 기업의 마케팅조사영역

마케팅조사의 영역은 기업의 크기와 사업영역에 따라 차이가 있지만, 마케팅의사결정과 관련된 내용이면 모두 마케팅조사의 영역에 포함될 수 있다. 현재 우리나라에서는 마케팅조사활동영역에 대한 기업조사가 이루어지지 않아서 조사영역의 정확한 파악이 어려우나, 1993년 미국 마케팅학회에서 실시한 조사결과에 의하면 기업에서 주로 행해지고 있는 마케팅조사활동들은 〈표 2-1〉과 같이 5개 분야, 32개 영역으로 나누어진다.

**표 2-1** 마케팅조사영역

| | |
|---|---|
| 광고조사 | 동기조사(47%)<br>광고문안조사(61%)<br>매체조사(68%)<br>광고효과조사(76%) |
| 기업과 경제 전반에 대한 조사 | 단기예측(89%)<br>장기예측(87%)<br>업계추세조사(91%)<br>가격조사(83%)<br>공장과 창고입지에 관한 조사(68%)<br>기업인수에 관한 조사(73%)<br>수출 및 국제시장조사(49%)<br>경영정보시스템(80%)<br>OR(65%)<br>종업원에 관한 연구(76%) |
| 기업의 책임에 관한 조사 | 소비자권리 연구(18%)<br>생태계에 미치는 영향 연구(23%)<br>광고와 촉진에 관한 법적규제조사(46%)<br>사회적 가치와 정책조사(39%) |
| 제품조사 | 신제품채택과 잠재력(76%)<br>경쟁제품조사(87%)<br>패키지조사(65%) |
| 판매와 시장조사 | 시장잠재력의 측정(97%)<br>시장점유율분석(97%)<br>시장특성의 결정(97%)<br>판매분석(92%)<br>판매할당량, 지역의 설정(78%)<br>유통경로조사(71%)<br>시험시장, 점포감사(58%)<br>소비자패널운영(63%)<br>판매보상조사(60%)<br>프리미엄, 쿠폰, 무료샘플 등 촉진활동조사(58%) |

자료원 : Reprinted from Dick Warren Twedt, 1983, *Survey of Marketing Research*, Chicago : American Marketing Association, 1993, p.41.

〈표 2-1〉에서 조사기업들의 응답률을 살펴보면 기업에서 가장 일반적으로 수행되는 마케팅조사활동의 영역들은 다음과 같다.

- 시장잠재력의 측정

- 시장점유율 및 추세 분석
- 신제품관련 조사
- 소비자의 제품 구매 및 사용과정 확인
- 광고 및 판매촉진효과 분석
- 고객서비스에 대한 만족도 평가
- 상권분석

기업들은 마케팅문제의 해결을 위하여 여러 영역의 마케팅조사활동을 수행하고 있으나, 마케팅전략의 수립을 위해 반드시 수행되어야 할 마케팅조사영역은 고객분석과 경쟁분석이다.

## 4 마케팅조사영역의 확대

마케팅조사는 수익을 목적으로 하는 영리기업에만 한정되는 것은 아니며 마케팅컨셉트(목표시장의 욕구를 파악하고 경쟁사보다 그들의 욕구를 더 잘 충족시켜야 한다는 믿음)가 적용되는 모든 조직에 활용될 수 있다. 최근 들어 조직의 목적이 이익창출이 아닌 비영리조직도 마케팅컨셉트를 수용함에 따라 조직의 목적을 달성하는 데 필요한 마케팅자료의 수집과 분석이 요구되고 있다. 예를 들어 정치권에서는 유권자들의 지지를 확보하기 위해 여론조사를 통해 후보자를 선정하고 지지율의 변화를 계속 추적한다. 또 기부금을 내는 사람들은 양로원, 고아원, 적십자, 교회 등의 다양한 비영리조직들 중 하나를 선택하여야 하는 경쟁적 상황에 처하게 된다. 따라서 자선사업단체들은 잠재독지가(즉 잠재소비자)가 어떠한 특성을 가지며, 이들이 어떠한 사회활동(즉 제품개념)을 보다 매력적으로 생각하는지 등의 정보를 얻기 위해 마케팅조사를 실시함으로써 보다 많은 기부금을 확보하는 데 도움을 받을 수 있다. 이와 같이 조직의 목적이 이익추구가 아니더라도 제한된 자원의 확보에 있어 경쟁관계에 있는

마케팅조사Highlight

## 전화면접조사 vs ARS 조사방식 – 여론조사방식에 따라 여론이 달라지는 이유는?

여론조사는 민심을 파악할 수 있는 풍향계다. 대통령의 국정운영부터 각 당의 정강·정책, 정치·사회적 쟁점까지 여론의 흐름을 알 수 있다. 선거를 통해 권력지도가 바뀌는 정치권이 여론조사 지표를 놓고 울고, 웃는 이유다.

최근 여론조사방식을 놓고 정치권에서 갑론을박이 이어지고 있다. 국내 주요 여론조사기관들이 2024년 4월 총선을 앞두고 정치·선거 여론조사에서 자동응답방식(ARS)의 여론조사를 폐지하고, 조사원이 하는 전화면접조사만 사용하기로 결정했기 때문이다.

실제 여론조사방식에 따라 조사결과는 큰 차이를 보인다. 예를 들어, 여론조사전문기관 리얼미터가 공개한 2023년 10월 4주차 정기 여론조사 결과(전국 만 18세 이상 성인남녀 1004명 대상)에 따르면 민주당 지지율은 48.0%, 국민의힘은 35.8%로 나타난 반면 갤럽의 자체 10월 4주차 정례 여론조사(24~26일, 전국 만 18세 이상 성인남녀 1003명 대상)에선 더불어민주당이 32%, 국민의힘은 35%로 조사됐다. 비슷한 기간에 이루어진 조사지만, 정당 지지율이 큰 격차를 보였다. 갤럽의 경우 국민의힘이 민주당 3%포인트 앞서지만, 리얼미터의 경우에는 민주당이 국민의힘을 12.2%포인트 앞선다는 것이다.

두 조사회사가 실시한 여론조사의 가장 큰 차이는 조사방법이다. 갤럽은 조사인이 직접 전화로 묻는 면접방식을 사용한 반면, 리얼미터는 자동응답시스템(ARS) 방식으로 진행했다.

ARS조사 방식을 고수하는 조사회사는 응답자의 솔직한 답변을 장점을 꼽았다. 리얼미터는 "번호를 직접 누르는 ARS조사의 비밀투표 방식은 응답자가 주변사람을 의식해 자신의 솔직한 의사를 표현하기 어려운 상황에서도 진솔한 응답을 내보일 수 있도록 보장할 수 있고, 조사자의 주관적 개입을 최소화할 수 있으며, 신속한 조사가 가능한 장점이 있다"고 설명한다. 보수성향을 숨기는 '샤이 보수'나 진보성향을 숨기는 '샤이 진보' 등 숨은 목소리까지 들을 수 있다는 것이다.

하지만 전화면접조사와 비교해 ARS조사에서는 무당층의 비율이 눈에 띄게 줄어드는 것이 단점으로 꼽힌다. 한 여론조사 전문가는 "선거가 임박하지도 않은 상태에서 응답자 10명 가운데 8~9명이 지지 정당이 있다는 것이 과연 현실에 부합하는가? 여론조사가 현실을 제대로 반영하지 못하는 것이 아닐 수 있다"고 말한다. ARS 조사의 또 다른 문제점은 낮은 응답률이다. 예를 들면, 1000명에게 전화해 끝까지 통화가 이뤄진 응답자가 100명일 경우 응답률은 10%인데, ARS 응답 도중 끊거나 아예 받지 않을 경우 응답률이 떨어지면서 실제 여론과 다른 결과가 도출될 수 있다는 것이다. 이 때문에 ARS조사방식은 정치에 관심이 많은 이른바 '고관여층'의 여론이 과대반영된다는 지적을 받았다.

전화면접조사의 경우는 조사비용이 많이 들고, 전화면접원에 따라 응답결과가 달라질 수 있다는 한계가 있다. 하지만 높은 응답률을 얻을 수 있는 장점이 있다. 조사자가 직접 전화를 거는 방식이기 때문에 응답자가 통화를 쉽게 끊지 않아 표본의 대표성이 높기 때문이다. 녹음된 목소리에 따라 진행되는 ARS 조사는 응답자가 중간에 전화를 끊는 일이 많다. 이 때문에 전화 면접조사가 ARS 조사보다 응답률이 높다. 또 전화 면접조사의 경우에는 통화가 실패하면 여러 차례 통화를 재시도해, 응답률을 높이는 방법을 이용할 수 있다. 응답 대상이 자신의 정체를 속이거나 왜곡할 확률이 낮다는 점도 전화 면접조사의 장점이다. ARS 조사의 경우 60대 남성이 20대 여성이라고 답변해도

이를 제재할 수 없다.

국내 주요 여론조사업체 34곳이 소속된 한국조사협회(KORA)는 정치선거 여론조사와 관련해 앞으로 ARS 조사 방식을 쓰지 않기로 한 '정치선거 전화 여론조사기준'을 제정 발표했다.

KORA는 또 통계적으로 의미가 없는 소수점 미만의 여론조사는 공표하지 않기로 하고, 응답률을 10%(RDD 방식의 경우 7%) 이상만 발표하기로 했다. 부재 중이나 통화 중 전화의 경우 3회 이상 재접촉을 시도하도록 했다.

자료원: 아시아 경제, 2023.11.01.

비영리조직들이 보다 더 많은 기부금을 확보하거나 고객들을 끌어들이기 위한 경영 의사결정을 지원하기 위해 마케팅조사가 필요한 것이다.

독점적 비영리기관들도 고객들의 의견을 반영하기 위해 조사를 실시하는데, 실례로 정부의 정책수립 및 정책의 운영은 조사결과를 토대로 이루어지고 있다. 가령 청와대는 '국정운영에 대한 국민만족도'를 정기적으로 조사하고 국가운영의 중장기 과제 발굴 등을 위해 전화 여론조사 방식에 추가하여 전문가집단 면접조사 등 마케팅 분야의 조사기법을 도입하고 있는데, 이는 여론조사를 단순히 찬 · 반을 묻는 조사로 끝내지 않고 소수의견에 대한 정밀분석을 통해 발생 가능한 사회갈등을 미연에 방지하기 위한 대안을 마련하는 데 그 목적이 있다.

# 5 우리나라의 마케팅조사산업

## 5.1 마케팅조사기관

많은 제품들이 시장성숙기에 들어가고 경쟁이 치열해짐에 따라 지속적인 경쟁우위를 유지하기 위해 경기가 나쁘더라도 시장조사를 실시하는 기업들이 늘어나면서 마케팅조사산업의 성장전망은 밝은 편이다. 마케팅조사는 다양한 기관들에 의하여 수행되고 있으며, 그중 가장 대표적인 것이 전문적인 조사회사들이다. 조사회사 외에도 대학 연구소, 광고대행사의 기획부서 등에서 부분적으로 마케팅조사를 수행하고 있다. 현재 국내 조사산업은 삼성전자, LG전자, 현대자동차 등 주요기업들의 해외시장조사가 증가하면서 시장조사에 지출되는 비용 가운데 글로벌 네트워크를 갖춘 외국계 조사회사가 차지하는 비중이 높아지고 있다. 국내 상위 조사회사 중 대부분을 칸타코리아, 입소스, 마크로밀엠브레인 등 외국계 조사회사들이 차지하고 있으며, 2022년 기준으로 이들의 매출액은 업체별로 300~700억 원 정도이다. 그리고 한국갤럽, 리서치앤리서치, 현대리서치 등과 같은 중대형 국내 조사회사들이 외국계 조사회사들과 경쟁하고 있다.

기업들이 마케팅조사 전문업체들을 이용하는 것은 다음과 같은 이유로 인해 기업 자체에서 조사를 실시하는 것보다 비용과 관리, 그리고 얻어지는 정보의 질에 있어 보다 유리하기 때문이다.

첫째, 기업은 체계적인 마케팅조사를 수행하는 데 필요한 숙련된 조사담당 연구원을 확보하는 데 어려움이 있다. 유능한 조사담당 연구원이 되기 위해서는 조사방법과 통계적 분석기법과 같은 전문적 지식 외에도 조사진행과정에 대한 상당한 경험이 요구된다. 기업이 자체적으로 이러한 전문인력을 교육 · 양성하는 것은 장기적인 비용투자가 요구되며, 설혹 가능하다고 하더라도 마케팅조사업무만을 전문적으로 수행하는 시장조사전문업체의 연구원에 비해 수행능력이 낮을 것이다.

둘째, 마케팅조사를 연중 지속적으로 실시해야 하는 기업들이 전문적인 조사전문 연구원을 확보하여 직접 조사를 수행할 수 있다고 하더라도, 실사를 위해 많은 수의 조사원을 확보하고 코딩, 펀칭 등의 자료처리과정을 직접 수행하는 것은 비용과 시간 측면에서 효율적이지 못하다. 대부분의 기업들은 연간 수회 정도의 마케팅조사를 실시하므로, 독자적으로 시장조사부서를 운영하는 것보다는 외부의 전문업체에 맡기는 것이 비용측면에서 보다 효율적이다.

한편 마케팅조사 전문업체 외에도 대학교부설 경영연구소들도 경영컨설팅의 일환으로 시장조사를 수행하기도 한다. 또 광고대행사들의 기획부서는 효율적인 광고제작을 위하여 광고의뢰기업들의 제품에 대한 시장조사를 실시하고 있으나 실제의 자료수집은 조사전문기관에 의뢰하고 있다.

## 5.2 마케팅조사산업에 있어서의 취업기회

현재 조사산업에서의 취업기회(job opportunity)는 주로 조사프로젝트 담당연구원과 시장조사원에 국한되며, 아직 산업규모가 작아 그리 넓지는 않다. 대부분의 중견 국내조사업체들은 20~30명 정도의 프로젝트 담당연구원들을 고용하고 있어 마케팅조사산업에서의 취업기회는 제한되어 있다. 그러나 각 조사회사들은 전국적 시장조사를 위해 많은(기업당 약 200~300명) 시장조사원을 확보하고 있으며 조사원의 직업매력도는 앞으로 점차 커질 것이다. 한편 조사를 의뢰하는 기업들에서 마케팅조사를 이해하는 인력에 대한 수요가 높아지고 있다. 마케팅조사 의뢰기업들은 체계적인 마케팅조사의 진행을 통제하기 위하여 조사의 전반적 과정을 이해하는 인력이 필요하지만, 이러한 인력의 부족으로 인해 조사과정에 대한 통제나 조사업체와의 유기적 협조가 잘 이루어지지 않고 있다.

**마케팅조사Highlight**

### 조사시장 규모의 확대에 따라 그 수요가 커지고 있는 시장 여론조사 전문가

시장 및 여론조사 전문가는 기업의 마케팅전략이나 공공기관의 정책에 대한 조사 전반을 기획해 집행하고 자료를 수집, 분석해 대응전략이나 정책 방향을 제시하는 일을 담당한다. 시장조사 전문가는 제품구매나 소비유형, 상품이미지 등의 소비자 조사와 상품유통경로, 판매망 현황, 상권분석, 고객만족도 조사 등을 수행한다. 여론조사 전문가는 사회현안조사, 선거조사, 공공정책 개발 및 평가 관련 조사, 계층별 의식조사 등을 담당한다.

시장 및 여론조사 전문가는 다양한 영역에 관한 지식이 필요하다. 또한 성격적 특성으로 분석적 사고, 리더십, 인내심, 스트레스 감내성 등이 요구된다. 조사 전문가가 되기 위해서는 대학에서 심리학, 광고홍보학, 사회학, 산업공학, 통계학, 경영학을 전공하면 유리하다. 특히 시장조사 전문가는 마케팅 전반에 대한 지식, 보고서 작성능력, 그리고 조사결과에 대한 정교한 분석력과 판단력이 요구된다. 국내에 진출하는 외국기업이나 해외진출을 모색하는 국내기업들로부터 의뢰가 많아 어느 정도의 영어실력이 요구된다. 이 분야와 관련된 자격증으로는 한국산업인력공단에서 시행하는 '사회조사분석사'가 있다. 사회조사분석사 시험에서는 사회과학 방법론, 자료수집방법, 설문지 설계 및 조사관리, 표본추출방법, 측정, 기술통계, 통계적 추론 및 분석 등을 다룬다.

## 6 본서의 개관

본서는 모두 6개의 부로 구성되어 있다. 본서에서 다루는 내용들은 [그림 2-1]과 같다. 제1부는 먼저 마케팅조사의 중요성과 마케팅전략 수립과정에서 마케팅조사의 적용 예들을 살펴본다. 또한 마케팅조사의 개념과 한국의 마케팅조사산업의 현황을 다루고 있다. 제2부는 마케팅조사과정의 첫 단계인 조사계획의 수립과 관련된 내용을 다루고 있는데, 모두 2개의 장으로 구성되어 있다. 제3장에서는 마케팅조사과정에 대해 한 기업의 예를 가지고 개괄적으로 서술한다. 이 장은 독자들이 마케팅조사의 전체적 흐름을 파악하는 데 도움이 될 것이다. 제4장은 마케팅조사의 방향을 정하는 데 토대가 되는 조사문제의 결정을 설명하고, 이 과정에서 마케팅조사자와 마케팅의사결정자 간 의사소통의 중요성이 강조된다. 조사문제의 파악, 그리고 조사 프로젝트의 수행을 위한 지침서인 조사계획서의 작성에 관련된 내용들이 설명된다.

제3부는 마케팅조사의 종류를 설명하는 부분으로, 제5장에서는 조사목적에 따른 마케팅조사의 유형과 마케팅조사를 통하여 얻을 수 있는 자료의 종류를 설명한다. 수집된 자료의 유형을 1차자료와 2차자료로 나눈 후, 2차자료의 종류 및 주요 정보원천을 설명하고 1차자료의 수집방법을 다루었다. 제6장은 마케팅조사방법 중 최근 중요성이 강조되고 있는 탐색적 조사에 대해 면접조사와 관찰조사를 중심으로 설명한다. 제7장에서는 마케팅조사의 대표적인 방법인 서베이조사를 포함한 기술적 조사기법들을 설명하였다.

제4부는 자료를 수집하는 과정을 다루고 있는데, 모두 4개 장으로 구성되어 있다. 제8장은 조사대상자의 행동이나 특징을 수치화하는 과정인 측정을 설명하고, 척도(scale)의 종류 및 이를 이용한 측정방법, 그리고 측정자료의 신뢰성 및 타당성 등을 다룬다. 제9장은 1차자료를 수집하기로 결정한 경우 이용되는 측정도구의 하나인 설문지를 작성하는 과정 및 설문지 작성 시 유의사항 등을 설명한다. 제10장은 조사대상자를 결정하는 과정을 다루는 표본추출계획(sampling)에 대해 설명하였다. 제11장은 실제로 자료를 수집하는 단계인 실사를 다룬다. 실사과정에서 발생된 오류들을 설명하고, 이를 줄이는 방법들에 대해 서술하였다.

제5부는 수집된 자료를 분석하는 데 이용되는 다양한 통계기법들을 다루며, 모두

**그림 2-1** 본서의 개관

**제1부 마케팅조사의 개관**

제1장 마케팅조사의 본질
제2장 마케팅조사의 의미 및 우리나라의 마케팅조사산업

---

**제2부 조사계획의 수립**

제3장 마케팅조사의 일반적 절차
제4장 문제의 파악과 조사계획의 수집

↓

**제3부 마케팅조사의 종류**

제5장 마케팅조사의 종류와 마케팅자료
제6장 탐색적 마케팅조사
제7장 기술적 마케팅조사

↓

**제4부 자료의 수집**

제 8 장 측정
제 9 장 설문지의 작성
제10장 표본의 추출
제11장 조사의 실시

↓

**제5부 자료의 분석**

제12장 가설검증과 통계기법의 구분
제13장 집단간 차이 검증을 위한 통계분석
제14장 변수간 종속관계의 검증을 위한 통계분석
제15장 유사성이 높은 변수 혹은 응답자들을 묶어주기 위한 통계분석
제16장 소비자지각자료를 기반으로 한 분석기법 – 컨조인트 분석과 다차원척도법(MDS)

↓

**제6부 보고서 작성 및 조사결과의 활용**

제17장 보고서의 작성 및 마케팅조사의 윤리적 측면

5개의 장으로 구성되어 있다. 제12장은 마케팅조사에서 많이 활용되는 통계기법들의 종류와 각 기법들이 어떤 경우에 이용되는지 등을 설명하고, 가설검증 과정에 대해 설명한다. 제13장은 집단 간의 차이를 검정하는 데 이용되는 통계기법들을 다루고, 제14장은 변수들 간의 종속관계를 검증하기 위한 통계기법들 중 빈번히 사용되는 상관분석과 회귀분석을 다룬다. 제15장에서는 유사한 변수나 응답자를 묶어주는 통계기법인 요인분석과 군집분석에 대해 설명하였다. 제16장은 소비자의 지각을 기반으로 한 마케팅의사결정기법으로 신제품개발에 많이 활용되는 컨조인트 분석과 제품전략을 수립하는 데 유용한 분석도구인 포지셔닝 맵을 작성하는 방법들을 다룬다.

끝으로 제6부는 조사결과에 대한 보고서의 작성 및 구두발표에 관한 것으로 1개의 장으로 되어 있다. 제17장은 조사보고서의 작성요령과 주요 구성항목들을 다룬다. 이와 함께 마케팅조사회사가 지켜야 할 윤리적 문제들을 설명한다.

본서의 특징은 마케팅조사에 대한 기본적 이해와 함께 실무적 적용을 염두에 두었다는 것이다. 기존의 마케팅조사론 교재들은 주로 통계적 분석과 학문적 연구의 중심이 되는 방법론에 중점을 두고 있으나, 본서는 현재 조사회사 및 기업에서 실제로 행하고 있는 조사실무를 중심으로 하여 기업의 마케팅담당 실무자들의 지침서로 사용될 수 있도록 서술되었다. 따라서 본서에서는 복잡한 통계기법들에 대한 설명보다 실제 조사과정에서 많이 활용되는 기본적인 통계기법과 활용방안들을 중심으로 설명하였다. 고급통계기법은 소개 정도에 그치고 관련참고서적들을 제시하였다. 본서는 현재 마케팅조사에서 많이 활용되는 조사기법들(예를 들면 탐색적 조사, 컨조인트 분석, 포지셔닝 맵의 활용방안)을 자세히 소개하고 그 활용방법을 제시하여 실무적 측면을 강조하였다. 본서에서 설명되는 통계분석을 실습하기 위해서는 SPSS(Statistical Package for Social Science)와 같은 통계패키지를 필요로 한다. 현재 이러한 통계패키지들은 기업과 학교들에 널리 보급되어 있어 구입과 사용에 별 어려움이 없다. 이러한 패키지의 활용방법은 본서의 제11장에 부록으로 첨부하였다.

## 연습문제

1. 마케팅조사의 의의 및 활용범위에 대해 논하시오.

2. 마케팅조사산업의 향후 발전방향에 대해 논하시오.

# 02 조사계획의 수립

# 제 3 장
# 마케팅조사의 일반적 절차

1. 마케팅조사의 진행과정

2. 마케팅조사의 진행과정에 대한 사례

## 1 마케팅조사의 진행과정

마케팅조사의 진행은 기업내의 문제발생으로부터 시작된다. 제1장에서 살펴본 바와 같이 마케팅관리자는 매출의 감소, 시장점유율의 하락, 경쟁업체의 진출 등과 같은 기업내외의 문제에 대해 이의 발생원인과 해결방안을 찾기 위해, 또는 소비자 구매행동의 이해, 표적시장의 결정, 제품개발, 가격결정, 최적 광고카피(copy)의 결정 등과 같은 마케팅의사결정을 위하여 마케팅조사의 실시를 결정하게 된다. 일반적으로 마케팅조사의 진행과정은 [그림 3-1]과 같으며, 크게 네 단계로 구성된다.

**그림 3-1** 마케팅조사의 진행과정

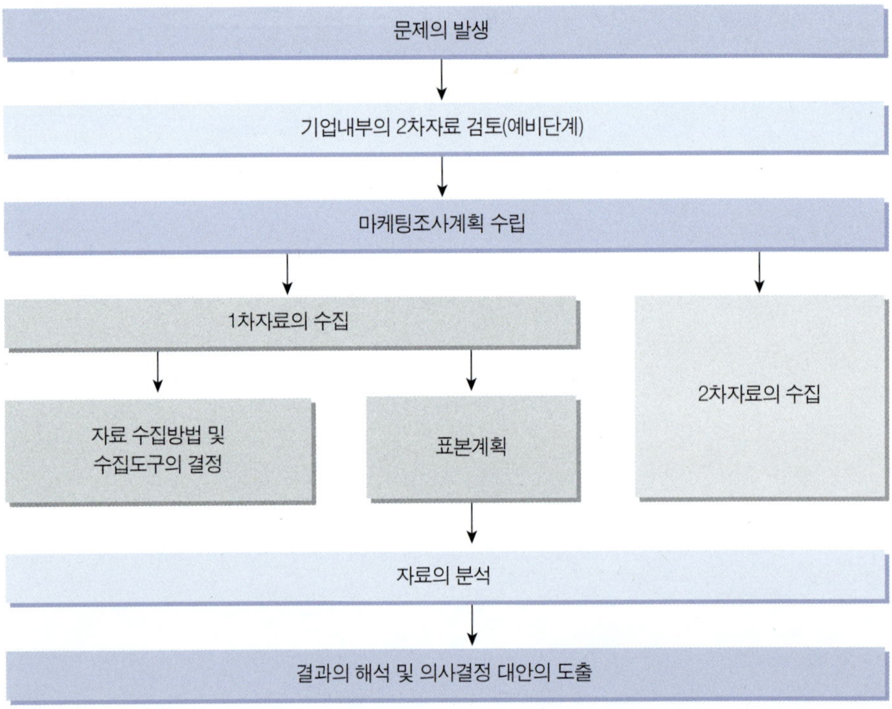


① **예비단계** : 문제에 대한 해결책을 찾기 위해 마케팅담당자들은 우선 사내외의 2차자료와 심층면접이나 현장관찰조사와 같은 탐색조사를 통해 수집된 자료를 정리하고 분석하게 되는데, 이 과정만으로 의미 있는 의사결정이 내려지기도

한다.

② **조사계획단계** : 만일 서베이와 같은 정량적 조사를 통해 추가적인 자료가 수집되어야 할 것으로 판단될 경우, 구체적인 조사목적과 필요한 자료를 감안하여 조사방법과 조사계획을 수립하게 된다. 본격적인 시장조사를 위해 외부 조사기관의 도움을 받아야 하는 경우에는 조사용역업체를 선정해야 한다. 이를 위해 후보 조사회사들에게 연구제안서(research proposal)를 제출토록 하여 이를 심사하고 용역업체를 선정한다. 조사업체가 확정되면 기업의 실무자들은 조사업체의 담당자들과의 협의를 통해 조사의 목적, 조사의 내용, 조사기간, 조사예산 등과 같은 연구의 세부적 내용을 확정하고 구체적인 조사진행계획을 세운다.

③ **자료수집단계** : 마케팅조사의 세 번째 단계는 자료를 수집하는 과정으로 우선 조사기법을 결정하고 그에 맞는 설문지와 같은 측정도구를 작성한다. 이와 함께 조사대상을 선정하기 위한 표본추출계획을 수립한다. 다음 소비자나 유통점들을 대상으로 1차자료를 얻기 위한 시장조사가 진행되며, 사내외의 2차자료에 대한 추가적인 수집 · 분석도 이루어진다.

④ **분석 및 대안 제시 단계** : 수집된 자료에 대해 코딩, 펀칭의 절차를 거친 후 통계분석기법들을 적용하여 분석을 실시한다. 끝으로 조사담당자는 분석결과를 토대로 기업실무자와의 토론을 거쳐 시행가능한 의사결정대안을 도출해 냄으로써 마케팅조사의 과정이 완료된다.

이하에서는 마케팅조사의 전반적 과정을 이해하기 위해 생활용품을 생산 · 판매하는 A사의 마케팅기획실에 근무하는 김 팀장이 조사기간 동안 마케팅조사의 진행사항에 대해 작성한 메모(memo)를 토대로 조사의 일반적 과정에 대하여 살펴보기로 한다.

# 2 마케팅조사의 진행과정에 대한 사례

## 2.1 문제의 발생

○○년 12월 20일

국내 유명 식품제조회사인 A사 기획실의 김 팀장은 오전 동안 사장실에서 있었던 긴급회의에 참석하였다. 오전회의의 주제는 최근 급성장하고 있는 애완동물산업과 관련된 전반적 시장상황을 검토하고 사료시장에 진출할 경우 마케팅전략을 수립하는 것이었다. 세계적인 시장조사기업인 유로 모니터 인터내셔널은 한국 애완동물 사료시장의 규모를 2022년 1조 9,000억원, 2023년 2조원으로 추정했다. 국내 애완동물 사료시장의 선도업체는 네슬레퓨리나, 한국마즈 등 외국계 전문기업들로 전체시장 중 50% 이상의 점유율을 차지하고 있는데, 최근의 빠른 시장성장과 함께 CJ, 대상, 동원, 하림, 사조 등 국내 대기업들이 진출하고 있다.

애완동물 사료시장의 주요 브랜드들

기존 식품시장의 매출정체에 대한 대안으로 A사는 지난 1년간 애완동물 사료시장의 진입가능성을 검토하였으며, 최근 자체 식품연구소에서 다양한 시제품을 개발한 상태이다. 본격적인 시장진입에 앞서 향후 애완동물 관련산업의 추이와 소비자 요구를 체계적으로 파악하기 위하여 시장조사를 실시할 예정이다. 오전 회의에서 A사 박 사장은 전략기획실의 김 팀장에게 향후 시장전망, 그리고 신제품컨셉트에 대한 소비자반응을 체계적으로 검토하고 성공적으로 신제품을 시장에 출시하기 위한 업무진행계획서를 작성·보고하도록 지시하였다.

기획팀의 팀원들과 토의한 후 김 팀장은 시장상황과 향후 추이를 예측하고 소비자요구를 파악하기 위해 전국 규모의 서베이조사를 실시하기로 하였다. 서베이조사에 앞서 국내외 애완동물산업 관련자료들에 대한 2차자료 조사와 애완동물을 키우는 20~40대 소비자들을 대상으로 FGI조사(Focus Group Interview 또는 표적집단면접법 : 고객들과의 토의를 통해 제품정보를 수집하는 조사기법)를 먼저 실시하기로 하였다.

## 2.2 프로젝트의 착수

○○년 12월 21일

어제 회의에서 외부 마케팅조사회사에 마케팅조사용역을 의뢰하는 것을 주내용으로 한 보고에 대해 사장의 전격적인 결재가 이루어졌다. 이에 조사업체를 통한 본격적인 시장조사를 실시하기 앞서 먼저 현 시장상황과 향후 마케팅전략의 방향을 설정하기 위해 사내외 2차자료를 검토하는 작업이 이루어졌다. 이를 위해 영업기획팀에서 갖고 있는 최근 시장상황과 경쟁업체 동향에 대해 수집 · 정리한 자료를 검토하고, 닐슨코리아의 점포패널자료를 이용하여 주요 경쟁브랜드들의 점유율 추이와 가격동향을 확인하였다. 2차자료를 검토한 결과 국내 애완동물시장에 대한 주요 지표들은 다음과 같다.

- 글로벌 리서치 기관 Statista에 따르면 2022년 국내 애견의 수는 약 545만 마리, 애묘의 수는 약 254만 마리로 추정된다. 또한 대한민국 반려동물 산업에서는 약 2만 2천개 이상의 업체가 활동하고 있으며, 이는 전년도 대비 약 6.7% 증가한 수치이다. 이와 함께 반려동물 산업에서 종사하는 인원은 2022년 기준으로 약 2만 6천명으로, 2017년에 대비 약 4.3배 증가했다. 이러한 추세는 향후에도 시장이 지속적으로 성장할 것으로 예상된다.
- 애완동물 사료와 용품의 유통은 지난 수년간 전문점에서 대형마트로 유통시장의 중심이 바뀌었고 2021년 기준 약 4,400개의 동물병원도 중요한 비중을 차지하는 것으로 나타났다. 최근 애완동물 관련시장이 성장하면서 대형마트들은 애

완동물 관련 전문브랜드를 도입하고 동물병원과 미용 등의 서비스를 제공하는 코너를 유치하면서 고객들을 적극적으로 흡수하고 있다.

- 애완동물시장의 성장과 함께 기존 경쟁업체들 외에 많은 식품회사들이 사료시장에 진입하기 위해 시장조사, 제품개발 등을 준비하고 있다.

○○년 12월 26일

연휴를 마치고 전략기획실 팀원들은 탐색적 조사의 일환으로 수도권 내 대형마트와 동물병원을 돌아다니며 애완동물 사료와 용품을 담당하는 직원들과 점주들을 만나 심층면접(In-depth Interview)조사를 실시하였다. 면접과정에서 애완동물 사료시장의 동향과 소비자특성, 제품 선택시 고려하는 요인, 주요 브랜드들에 대한 소비자들의 평가와 문제점 등에 대한 정보를 수집하였다. 또 매장에서 제품을 구매하는 소비자들과 직접 만나 고객들이 애완동물 관련제품 선택시 중요하게 고려하는 속성, 정보수집방법, 선호하는 판촉방법 등에 대해 대화를 나누었다.

○○년 12월 28일

팀원들이 모여 탐색적 조사를 통해 나타난 시장상황과 소비자들의 요구사항을 검토한 후 A사의 시장진입에 필요한 목표시장과 4P 마케팅믹스를 포함한 마케팅전략 대안과 전략대안별 문제점을 찾기 위한 향후 시장조사계획을 검토하였다. 특히 시장조사를 통해 수집해야 할 자료의 구체적 목록과 확인하여야 할 최적 마케팅전략대안(제품포지션, 새로운 광고전략, 적정 가격대, 온라인과 매장에서의 판촉방법 등)을 다시 한 번 정리하여 보고서로 작성하였다. 이상의 과정을 통해 회사내부의 조사계획을 마무리한 후 김 팀장은 작년 매출액 기준 상위 5개 조사회사에 연락을 하여 연구제안서(research proposal)를 12월 30일까지 제출해 달라고 요청하였다.

○○년 1월 4일

시무식 후 지난 연말에 조사회사들로부터 제출된 연구제안서를 검토한 후 제안서의 내용, 과거 마케팅조사 경험 등을 고려하여 이들 중 3개의 조사업체를 1차로 선정하였다. 김 팀장은 선정된 3개 조사업체들에게 1월 8일 조사계획에 대한 PT(presentation)를 해줄 것을 요청하는 팩스를 보냈다. 기획실에서는 이들 중 한 업체를 최종으로 결정하기 위한 선정기준을 결정하였다. 주요 선정기준으로는 PT

내용의 전문성과 성실성, 업체의 과거 연구수행경력, 회사의 규모, 제시된 예산 등이 고려되었으며 이를 토대로 업체별 심사표가 작성되었다.

○○년 1월 10일

1월 8일에 실시된 조사업체들의 PT에 대한 평가를 통하여 N조사업체를 선정하였다. A사는 이 프로젝트를 전담할 담당자로 김 팀장과 또 한 명의 대리급 직원을 선정하여 조사회사와의 긴밀한 협조하에 조사를 진행할 수 있도록 하였다.

## 2.3 조사계획의 수립

○○년 1월 12일

김 팀장은 조사회사내 프로젝트 담당연구원들과의 면담을 통하여 애완동물 사료시장의 개황과 A사의 신제품 개발내용과 마케팅전략의 기본방향을 설명했다. 그리고 어떠한 내용의 조사가 이루어져야 하며, 어떠한 조사결과를 기대하는지 등 조사의 전반적 방향에 대하여 상의를 하였다. 구체적으로 김 팀장은 다음과 같은 조사목적에 대하여 조사회사 담당자들에게 설명을 하였다.

- 국내 애완동물시장의 규모와 향후 전망 추정
- 현재 사용 중인 애완동물 사료 및 용품 브랜드들에 대한 소비자만족도와 문제점
- 애완동물 사료가 갖추어야 할 주요 제품속성과 속성별 수준
- 향후 IMC(Integrated Marketing Communication : 통합적 마케팅커뮤니케이션) 전략에 활용할 브랜드 퍼스낼리티와 마케팅커뮤니케이션 컨셉트의 개발
- 소비자들이 선호하는 온라인 및 오프라인 매장에서의 판촉방법

마케팅조사기간은 약 2.5개월 정도로 정하였으며, 전국의 20~50대의 애완동물을 키우는 소비자들을 대상으로 설문지를 이용한 대인면접 서베이조사를 실시하기로 하였다. 또한 20~40대 여성을 대상으로 FGI조사를 실시하고 그 결과를 서베이조사에 반영키로 하였다.

## 2.4 FGI조사의 진행

○○년 1월 17일

소비자들에 대한 면접조사가 조사회사내에 준비된 표적집단면접실에서 실시되었다. 30~40대 주부들을 대상으로 한 조사는 오후 1시 30분부터, 그리고 20~30대 직장여성들을 대상으로 한 면접조사는 저녁 7시 30분부터 진행되었다. 각 조사에는 8명의 여성소비자들이 참석했으며, 조사팀의 담당 팀장인 조 과장은 면접참가자들에게 현재 보유한 애완동물과 이들에 대한 관리행태, 애완동물 관련제품 구매와 사용실태, 현재 사용하고 있는 브랜드들에 대한 만족도와 문제점, 주요 브랜드들에 대한 제품속성별 평가, 이상적인 애완동물 사료와 용품의 조건 등에 대해 차례로 질문하고 자유롭게 의견을 제시하도록 하였다. 조사팀의 다른 연구원은 이들의 대화내용을 기록하고 면접실의 천장에 부착된 카메라로 면접과정을 녹화하였다. A사의 김 팀장은 일방거울(one-way mirror)의 반대편에서 면접진행과정을 살펴보았다. 표적집단면접 과정을 통해 기존제품들에 대한 고객들의 만족도가 높지 않은 편이며 향후 애완동물 관련 시장규모가 지속적으로 성장할 수 있음을 알게 되었다. 또 브랜드선택에 있어서는 제품 자체의 기능적 특성과 함께 광고를 통해 전달되는 감성적인 측면이 중요한 구매결정요인임을 알게 되었다.

## 2.5 서베이조사의 실시

○○년 1월 29일

표적집단면접 결과를 참고로 하여 조사팀이 작성한 서베이조사용 설문지를 제출받은 김 팀장은 조사회사 직원들과 설문지의 내용을 검토하였다. 김 팀장은 질문내용의 구성, 질문방식과 응답에 사용된 구체적 측정척도 등의 전문적 조사내용에 대해 주로 조사회사의 담당과장으로부터 설명을 들었다. 김 팀장은 신제품과 관련된 질문들과 함께 현재 판매중인 주요 경쟁브랜드들의 만족도와 문제점에 대한 문항을 추가하도록 요청하였다.

○○년 1월 30일

설문지를 수정한 후 조사팀은 표본추출방법에 대한 상의를 하였다. 수도권 및 전국 5개 광역시 지역에서 총 1,000명의 소비자를 조사하기로 하였다. 표본추출방법은 할당표본추출방법을 이용하기로 하였으며, 할당기준은 지역, 연령, 성별을 이용하기로 하였다. 〈표 3-1〉은 조사대상지역별 표본의 수와 할당기준별 표본의 구성비율을 보여준다.

**표 3-1** 서베이조사의 표본할당표

**지역 및 성별 표본할당표**

| 조사대상지역 | 표본의 수 | |
|---|---|---|
| | 여자 | 남자 |
| 서울특별시 | 200명 | 50명 |
| 인천 및 경기지역 | 200명 | 50명 |
| 부산 남포동 | 100명 | 25명 |
| 대구 | 100명 | 25명 |
| 대전 | 100명 | 25명 |
| 광주 | 100명 | 25명 |
| 계 | 800명 | 200명 |

**연령별 표본할당표**

| 연령 | 표본의 수 |
|---|---|
| 2030 싱글 | 500명 |
| 3050 | 500명 |
| 계 | 1,000명 |

○○년 2월 4일

조사팀은 그동안 자료수집을 위해 면접원을 선발하고, 어제 조사원 교육을 실시한 후 바로 자료수집에 들어갔다. 제품의 특성과 조사대상자가 주로 여성임을 감안하여 조사원은 모두 여성으로 선발되었다. 김 팀장은 수도권 지역의 조사원들에 대한 교육과정을 참관하였는데 담당연구원이 설문지 항목별로 의미와 질문방법을 차례대로 설명하였다. 다음 두 명씩 조사원을 짝을 지어 설문조사를 실제로 해보면서 항목별로 질문과 답변을 하는 형식으로 진행되었다. 교육의 마지막 단계에서 각 조사원들에게 조사할 표본이 할당되고 조사가 바로 시작되었다.

김 팀장은 퇴근길에 조사회사에 잠깐 들렀는데, 조사팀원들이 면접조사원들이 수집한 설문지에 대한 검증작업을 하고 있었다. 설문지에 기록한 전화번호를 이용해 응답자에게 전화를 하고 실제로 조사에 응하였는지와 두세 가지의 설문내용을 물어보는 방식으로 검증이 진행되었다.

## 2.6 자료의 분석

○○년 2월 14일

김 팀장은 조사팀으로부터 실사가 완료되었고 현재 자료의 코딩 및 펀칭작업이 진행되고 있다는 연락을 받았다. 기초적인 자료는 약 2월 20일경에 나올 예정이며, 자료를 분석한 후 2월 말경에 모임을 갖기로 하자는 제안을 받고 이를 수락하였다.

## 2.7 결과의 해석 및 전략의 도출

○○년 3월 2일

오전에 조사회사의 조 부장으로부터 기본적인 분석결과가 나왔으므로 구체적인 마케팅전략도출을 위한 미팅을 갖자는 연락을 받았다. 오후 2시에 회사를 방문한 조 부장은 조사결과에 대하여 김 팀장에게 다음과 같은 설명을 해주었다.

- 현재 애완동물을 키우는 가정에서 애완동물과 관련하여 지출하는 비용은 월 약 6~8만 원 수준이며, 2030 싱글여성들이 가장 많은 비용을 지출하는 것으로 나타나 향후 주 목표시장 선정에 반영하여야 할 것이다.
- 애완동물과 관련하여 지출하는 비용 중 비중이 높은 부분은 사료이고 다음 병원, 미용의 순으로 나타났다. 현재 판매되는 사료에 대한 평가에 대해서는 전반적인 만족도는 보통 수준이며 가격에 따라 사료시장이 세분화됨을 보여주었다.

• 연령대에 따라 유통망 이용행태에도 차이가 났는데 젊은 층은 온라인쇼핑을 이용하는 비중이 높았으며, 마트나 전문점에 비해 온라인 유통을 이용하는 고객들의 경우 가격에 대한 민감도가 높은 것으로 나타났다.
• 다른 제품들과 달리 애완동물 소유자들의 정보수집과 커뮤니케이션은 광고나 회사의 홈페이지와 같이 기업들과의 커뮤니케이션보다 자생적 커뮤니티를 통한 정보교환과 동호회 활동 등을 통해 이루는 것으로 나타났다. 이러한 조사결과는 향후 이들을 이용한 마케팅커뮤니케이션 프로그램을 개발하거나 회사가 직접 고객들과 커뮤니케이션하기 위한 온라인채널을 구축하여야 함을 시사해주었다.

애완견 관련 온라인 커뮤니티의 예

김 팀장은 조사결과와 이를 바탕으로 한 전략적 제안사항들이 현재 회사가 처한 문제를 정확히 진단하고 마케팅전략대안의 개발과 신제품개발에 중요한 정보를 제공해줄 수 있을 것으로 판단하였다. 김 팀장은 조 부장에게 보다 구체적인 마케팅전략대안들을 마련한 후 최종 구두발표 전에 마케팅담당이사 및 마케팅관련부서의 담당자들과 다시 한 번 회의를 갖고 전략적 방향에 대해 협의를 할 것을 부탁하였다.

○○년 3월 10일

조사회사의 프로젝트 담당팀과 A사 마케팅관련부서의 담당자들은 4시간에 걸친 토의를 통하여 조사팀이 제안한 신제품개발방향과 향후 마케팅전략방안에 대해 심도 있는 논의를 하였다. 토의결과 지적된 몇 가지 사항들을 보완하여 3월 20일경 최종 구두발표를 실시하기로 하였다.

## 2.8 결과의 보고 및 마케팅전략의 실행

○○년 3월 20일

조사결과에 대한 최종 구두발표가 있었다. 사장을 포함한 임원진들과 마케팅관련부서의 직원들이 참석하였다. 구두발표 후 개최된 오후의 사내회의에서 박 사장은 부서별 책임자에게 보고서 내용을 토대로 신제품개발계획과 마케팅전략의 구체적인 실행방법에 대한 계획을 수립하라는 지시를 내렸다. 특히 IMC팀에서는 온라인 커뮤니케이션을 위한 대안을 준비하고 제품개발팀은 고객요구를 반영하여 제품라인을 보완하라는 지시가 내려졌다.

○○년 3월 28일

A사 마케팅담당자들은 본 프로젝트가 매우 성공적이었다는 평가를 내렸다. 조사결과를 바탕으로 본격적인 신제품개발이 착수되었으며, 제품 및 포장의 개발, 목표고객들과의 커뮤니케이션을 위한 온라인마케팅을 추진하기 위한 마케팅프로그램이 기획되고 일부는 곧바로 실행에 들어갔다. 프로젝트를 진행한 기획실 담당자들과 조사회사의 조사팀들은 함께 저녁식사를 하면서 조사진행과정에서 일어났던 뒷이야기를 하며 3달간의 프로젝트로 누적된 스트레스를 풀었다.

위의 사례는 마케팅조사 중 가장 대표적인 서베이조사의 일반적 조사진행과정을 설명한 것이다. 실제로 마케팅조사에는 서베이조사 이외에 표적집단면접(FGI)조사, 패널조사 등의 다양한 조사방법들이 있다. 다양한 유형의 조사방법들은 조사의 목적, 자료의 수집과정이나 표본계획 등에서 차이가 있으나, 일반적으로 ① 문제의 파악과 조사에 대한 전반적 계획수립, ② 자료수집(측정도구의 개발, 조사대상의 선정, 자료의 수집), ③ 자료분석, ④ 최적대안의 도출과 적용이라는 기본적 절차를 따른다. 제4장에서는 마케팅조사과정의 첫 단계인 문제의 파악과 조사계획의 수립이 설명된다.

## 연습문제

1. A사가 마케팅조사를 실시하게 된 환경적인 요인은 무엇인가?

2. A사의 김 과장이 조사회사에 제시한 조사목적과 A사가 직면하게 될 의사결정 문제점과의 관계를 설명하여라. 김 과장이 제시한 조사목적이 A사가 직면하게 될 문제점에 대한 해결책을 제공하고 있는가?

3. 자료수집과정에 있어서 표적집단면접법(focus group interview)의 역할은 무엇인가? A사의 경우 표적집단면접법에서 얻은 정보를 실제조사에 어떻게 활용하였는가?

4. 마케팅조사를 통해 얻은 정보가 실제 기업의 마케팅전략에 어떻게 활용되는가? A사의 경우를 들어 설명하여라.

# 제 4 장
# 문제의 파악과 조사계획의 수립

1. 문제의 파악

2. 조사의뢰기업에 의한 마케팅조사 프로젝트의 착수

3. 조사회사에 의한 조사계획서의 작성

# 1 문제의 파악

마케팅조사는 현재 기업이 처한 문제가 무엇인지를 명확히 밝혀내는 것으로부터 시작된다. 신제품의 브랜드명과 포장을 개발하는 것과 같이 의사결정문제가 비교적 분명한 경우도 있지만, 매출부진을 개선하기 위한 대안을 찾아내는 경우와 같이 의사결정문제를 정확히 정의하기 어려운 경우도 있다. 왜냐하면 매출은 여러 마케팅 변수들간의 상호작용을 통해 발생되기 때문에 어떤 마케팅변수에서 문제가 있는지를 판단하기 어려울 수 있기 때문이다. 예를 들어 최근 기업의 매출액이 감소한다고 가정해보자. 매출의 감소는 제품의 불량, 광고계획의 미숙한 운영, 유통업체들에 대한 판촉지원 감소와 같은 마케팅믹스 변수들에 대한 잘못된 관리에서 비롯될 수 있다. 또한 부적절한 표적시장의 선정과 같은 잘못된 마케팅전략에 기인할 수도 있다.

따라서 마케팅조사과정의 첫 번째 단계는 마케팅의사결정문제와 마케팅조사문제를 명확히 밝혀내어 조사노력을 이 부분에 집중시키는 것이다. 기업은 이를 위해 태스크포스(task force)를 조직하여 자체적으로 문제가 무엇인지 파악하기도 하지만, 외부의 마케팅조사회사에 의뢰하여 객관적 진단을 받음으로써 기업이 당면한 문제를 찾아내기도 한다.

## 1.1 마케팅의사결정문제와 마케팅조사문제

마케팅의사결정문제(marketing decision problem)는 마케팅관리자가 수행해야 할 과업이 무엇인지를 확인하는 것이다. 가령, 하락된 시장점유율을 회복하기 위해 어떤 마케팅조치를 취해야 하는가, 즉 시장을 과거와 다르게 세분화해야 하는가, 신제품이 도입되어야 하는가, 촉진예산을 늘려야 할 것인가 등은 의사결정문제의 예들이다. 마케팅의사결정문제는 마케팅관리자가 취할 수 있는 행동대안에는 어떤 것이 있는지를 탐색하는 데 초점을 맞추기 때문에 행동지향적이다.

이에 반해 마케팅조사문제(marketing research problem)는 마케팅의사결정에 필요한 정보와 이를 얻기 위한 최선의 방법이 무엇인지를 찾는 것이다. 마케팅조사문

**표 4-1** 마케팅의사결정문제와 마케팅조사문제의 비교

| 마케팅의사결정문제 | 마케팅조사문제 |
|---|---|
| • 의사결정자가 어떤 조치를 취해야 하는지를 질문함<br>• 행동지향적<br>• 징후파악에 초점을 맞춤 | • 어떤 정보가 필요하고 이를 어떻게 획득해야 할지를 질문함<br>• 정보지향적<br>• 잠재적 원인의 파악에 초점을 맞춤 |

제는 어떤 정보가 필요하고 이러한 정보를 어떻게 효과적이고 효율적으로 수집할 수 있는지에 초점을 맞추기 때문에 정보지향적이다. 마케팅의사결정문제는 문제의 징후(symptoms)를 파악하는 데 초점을 두는 반면 마케팅조사문제는 이러한 징후를 유발시킨 잠재적 원인들을 규명하는 데 초점을 맞춘다.

예를 들어, 특정 제품라인에서 시장점유율 감소가 일어났다고 하자. 이 경우 마케팅관리자의 의사결정문제는 잃었던 점유율을 회복하기 위한 마케팅 프로그램 대안이 무엇인지를 모색하는 것이다. 가능한 마케팅 프로그램 대안에는 기존제품들의 수정, 신제품의 출시, 다른 마케팅믹스요소의 변경, 그리고 시장세분화 등이 포함된다. 마케팅관리자와 마케팅조사담당자가 문제의 원인이 부적절한 시장세분화 때문인 것으로 판단하고 이와 관련된 정보를 얻기 위한 조사가 필요한 것으로 결론을 내렸다면, 마케팅조사문제는 시장세분화를 위한 기준변수를 정하고 이를 이용해 시장을 다시 세분화하고 목표시장을 선정하는 것이 된다. 마케팅의사결정문제와 마케팅조사문제의 파악은 마케팅관리자와 마케팅조사자 간의 긴밀한 협력과정을 통해 이루어진다.

기업의 마케팅관리자는 자신들이 해결해야 할 마케팅의사결정문제를 파악하고 이를 마케팅조사문제로 전환한 후, 기업내 조사담당자나 마케팅조사회사의 조사팀에게 제시해야 한다. 예를 들어, 골프다이제스트 잡지의 마케팅담당자는 잡지의 판매부수를 늘리기 위해 현재의 구독자들의 구독방법, 내용의 개선방안 등에 관한 정보를 알고자 마케팅조사회사에 조사를 의뢰하였다고 하자. 이 경우 의사결정문제는 담당자의 입장에서 잡지의 판매부수를 늘리는 것이며, 조사문제는 마케팅담당자의 의사결정문제 해결을 위해 잡지구독자들로부터 필요한 정보를 수집하는 것이다.

마케팅관리자는 현재 기업이 처한 문제점을 명확히 규명하고, 이를 조사담당자에게 구체적인 조사문제로 제시해 주어야 하지만, 종종 문제의 파악이 조사과정에서

**마케팅조사Highlight**

### 마케팅의사결정/조사문제를 찾기 위한 마케팅의사결정자와 조사자간 협력과정의 예

의사결정자 : 최근 들어 자사점포에 대한 고객의 애호도 (patronage)가 감소하는 것 같습니다.

조 사 자 : 그러한 징후를 어떻게 압니까?

의사결정자 : 매출과 시장점유율 하락이 그러한 징후를 보여준다고 생각합니다.

조 사 자 : 고객애호도 감소의 원인이 무엇이라고 생각합니까?

의사결정자 : 저도 그것을 알고 싶은데…

조 사 자 : 경쟁사는 어떻습니까?

의사결정자 : 어떤 점에서는 경쟁사보다 낫고, 어떤 점에서는 경쟁사 보다 못한 것 같습니다.

조 사 자 : 고객들이 귀 점포를 어떻게 보고 있나요?

의사결정자 : 한두 영역에서 취약하기는 하지만 대부분의 고객들이 우리 점포에 대해 긍정적으로 인식하고 있는 것 같습니다.

의사결정자 및 다른 주요 관리자들과 이루어진 일련의 대화, 2차자료 분석, 그리고 정성조사 등을 토대로 해 다음과 같이 문제가 정의되었다.

- 마케팅의사결정문제
  신세계백화점에 대한 고객애호도를 향상시키기 위해 어떤 방안이 강구되어야 하는가?
- 마케팅조사문제
  점포애호도 결정요인들과 관련해, 주요 경쟁백화점과 비교된 신세계백화점의 상대적 강 · 약점을 파악하는 것.

이루어지기도 한다. 따라서 마케팅관리자는 조사담당자와 긴밀한 의사소통을 하여야 한다. 실제로 미국내 183개의 소비재 및 서비스판매 기업들에 대한 조사에 따르면 마케팅관리자와 조사담당자들간의 충분한 의사소통에 의한 정확한 조사문제의 파악과 조사에 대한 적극적 관심만이 성공적인 조사를 하는 데 있어 최선의 방법인 것으로 나타났다.

## 1.2 마케팅조사문제의 규명

조사문제의 파악을 위해서 마케팅관리자 또는 조사담당자는 자사제품 및 산업에 대한 전반적 배경(environmental context)을 충분히 이해해야 한다. 즉 매출액, 시장점유율, 구매자의 행동 및 법률적 · 경제적 환경에 대한 충분한 정보를 확보해야 한다. 이를 위해 기업내부 자료, 기업외부의 2차자료, 과거의 마케팅조사자료를 활용하거나 만약 외부 마케팅조사회사에 의뢰할 경우 조사회사내에 축적된 자료들을 함께 이용해야 할 것이다.

기업 내 · 외부의 자료를 충분히 검토한 후 마케팅담당자는 마케팅조사문제를 구체적으로 정하게 된다. 마케팅관리자나 조사담당자는 조사문제를 정의함에 있어 두 가지 실수를 종종 저지르는데, 그 하나는 조사문제를 너무 광범위하게 정의하는 것이고, 다른 하나는 마케팅조사문제를 너무 좁게 정의하는 것이다. 너무 광범위한 마케팅조사문제의 정의는 조사를 진행하는 데 명확한 지침을 제공하지 못한다. 차별적 브랜드 마케팅전략의 개발, 경쟁포지션의 개선, 혹은 기업이미지의 향상 등은 너무 광범위하게 정의된 마케팅조사문제의 몇 가지 예들이다. 반면 너무 좁게 정의된 조사문제는 바람직한 어떤 행동대안(특히 혁신적 행동대안이나 명쾌하지 않은 대안)을 고려대상에서 배제시키고, 마케팅의사결정문제의 주요 부분을 다루지 못하는 실수를 저지를 수 있다.

가령, 한 소비재기업에 대한 조사프로젝트에서, 마케팅의사결정문제가 경쟁사의 가격인하 조치에 대한 대응방안을 강구하는 것이라고 하자. 초기에 회사내 마케팅관리자와 조사담당자가 파악한 주요 행동대안들은 ① 경쟁사의 가격인하에 대응해 자사브랜드의 가격을 인하하는 것, ② 가격을 유지하되 광고예산을 상당히 늘리는 것, ③ 경쟁사에 비해 가격을 덜 인하하되 광고예산을 조금 늘리는 것이었다. 그런데 이 세 가지 행동대안 모두가 바람직해 보이지 않았다. 이에 따라 외부 마케팅조사 전문가의 도움을 받아, 제품라인의 시장점유율과 수익성을 향상시키기 위한 행동대안을 파악하는 것으로 의사결정문제를 재정의했다. 이러한 문제를 해결해줄 행동대안을 찾기 위한 탐색적 조사의 일환으로 면접조사를 실시했는데, 브랜드명을 가리고 제품성능을 평가하는 블라인드 제품테스트에 참가한 소비자들은 서로 다른 브랜드명간의 제품성능 차이를 식별할 수 없는 것으로 나타났다. 또한 소비자들은 가격을 제품품질의 단서로 활용했다. 이러한 조사결과를 토대로 창의적인 행동대안이 개발되었는데, 기존브랜드의 가격을 오히려 인상하고, 두 개의 신규브랜드(그중 하나는 경쟁사 제품과 동일한 가격을 책정하고, 다른 하나는 경쟁사 제품가격보다 더 낮게 책정함)를 도입하는 것이었다.

문제를 정의하는 단계에서 저지르는 두 가지 유형의 오류를 줄일 수 있는 방법은 조사문제를 광범위하게 정의한 다음 조사문제에 포함될 구체적인 구성요소들을 파악하는 것이다. 광범위한 정의는 문제를 바라보는 관점을 제시하고 좁은 정의에 의해 야기될 오류를 방지하는 반면 구체적 정의는 문제의 주요 특징을 제시하고 차후에 조사를 어떻게 진행시킬지에 대한 지침을 제공한다. 가령, 신세계백화점에 대한 고객애호도를 향상시키기 위한 방안을 모색하기 위해 실시되는 조사프로젝트에서 조사담당자는 먼저 다음과 같이 광범위하게 조사문제를 정의할 수 있다.

"점포애호도에 영향을 미치는 요인들에 대해 신세계백화점이 다른 주요 경쟁백화점과 비교해 어느 정도 강·약점을 갖고 있는지를 파악함"

그런 다음, 다음과 같은 구체적인 조사문제를 개발한다.

- 백화점 선택시 고객들이 사용하는 선택기준은?
- 파악된 선택기준에서 신세계백화점과 경쟁백화점을 어떻게 평가하는가?
- 특정 제품범주를 쇼핑할 때 선호하는 백화점은?
- 특정 제품범주에서 신세계백화점과 경쟁백화점이 차지하는 점유율은?
- 신세계백화점 고객의 인구통계적/사이코그래픽 특성은 경쟁백화점 고객의 특성과 어떻게 다른가?
- 점포에 대한 평가와 고객특성을 기반으로 점포애호도와 선호도의 수준을 설명할 수 있을까?

일반적으로 기업에서 발생되는 의사결정문제들과 이를 해결하기 위한 조사내용을 제품수명주기(product life cycle)별로 살펴보면 다음과 같다.

① 제품출시 전

- 의사결정문제
  - 성공적 신제품의 개발
- 조사문제
  - 제품개념시험(concept test)

- 브랜드 및 포장에 대한 평가
- 시제품의 성능시험
- 광고문안 테스트
- 시험시장(test market)
- 표적시장정립을 위한 조사

② 도입기

- 의사결정문제
  - 신제품의 성공적 출시
- 조사문제
  - 브랜드/광고에 대한 인지도 및 태도조사
  - 제품사용실태에 대한 조사
  - 제품의 개량을 위한 조사
  - 광고문안의 개선을 위한 조사
  - 고객반응 추적(tracking)조사(브랜드인지도, 선호도, 시장점유율 등의 정기적 추적조사)

③ 성장기

- 의사결정문제
  - 매출 및 시장점유율의 증가
  - 경쟁브랜드들에 대한 대응방안 수립
  - 효율적 마케팅믹스전략의 구상(광고문안의 변경, 제품디자인의 변경, 가격의 인하, 새로운 판촉도구 이용시 예상되는 효과 등)
- 조사문제
  - 브랜드/광고에 대한 인지도 및 태도조사
  - 제품사용실태에 대한 조사
  - 제품포지셔닝이 효과적인지에 대한 조사
  - 광고문안의 개선을 위한 조사
  - 판촉기법들에 대한 조사

– 고객반응 추적(tracking)조사

④ 성숙기

- 의사결정문제
  - 매출 및 시장점유율의 유지 또는 증대
  - 새로운 시장기회의 포착
  - 차별적 제품의 도입
  - 경쟁브랜드들에 대한 대응방안 수립
  - 마케팅믹스비용의 효과분석
- 조사문제
  - 시장세분화를 위한 조사
  - 시장의 경쟁구조파악을 위한 조사
  - 차별적 제품개발을 위한 조사
  - 제품의 재포지셔닝 여부에 대한 조사
  - 광고문안의 개선을 위한 조사
  - 마케팅활동의 효과측정을 위한 조사
  - 고객반응 추적(tracking)조사

## 2 조사의뢰기업에 의한 마케팅조사 프로젝트의 착수

마케팅의사결정문제와 조사문제의 해결을 위해 자체에서 마케팅조사를 수행하는 것보다 외부 마케팅조사회사에 용역을 의뢰하는 것이 효과적인 것으로 판단하였다면, 마케팅관리자는 조사계획안을 작성하여 최고경영층에게 조사될 내용의 개요를 설명하고 외부 조사기관에 조사용역을 의뢰할 것임에 대해 승인을 받아야 한다. 이하에서는 기업내부의 조사계획안 작성과 마케팅조사회사의 선정과정에 대해 설명하기로 한다.

## 2.1 조사계획안의 확정

기업이 처한 의사결정문제와 조사문제를 파악하면 기업의 마케팅관리자는 이의 해결방안을 찾기 위한 마케팅조사를 실시하기 위해 조사에 대한 전반적 계획을 수립한다. 마케팅관리자는 수립된 조사계획안을 기업의 최고경영자 또는 마케팅담당 책임자에게 보고하여 결재를 받는다. 조사계획안 작성시 마케팅담당자가 고려해야 할 사항들은 다음과 같다.

### (1) 조사목적의 구체화

조사계획안은 우선 조사의 목적을 구체적으로 밝혀야 한다. 마케팅관리자는 파악된 기업의 현 문제점들을 제시하고 이의 해결을 위해 조사가 필요함을 설명한다. 그러나 문제점이 명확히 밝혀지지 않은 경우는 외부의 진단을 통하여 매출 또는 시장점유율의 저하를 야기하는 원인들을 파악하고 이의 해결책을 찾는 것을 조사목적으로 설정할 수도 있다.

### (2) 조사를 통하여 획득될 정보와 기대되는 효과

조사담당자는 문제점의 해결에 필요한 정보 및 이의 활용방안 그리고 기대되는 효과를 제시한다. 예를 들어 마케팅관리자는 조사정보를 토대로 시장의 세분화 및 표적시장의 설정 등과 같은 마케팅전략에의 활용방안 또는 브랜드명의 결정, 포장의 변경 등과 같은 구체적 의사결정방안을 찾을 수 있음을 서술한다.

### (3) 조사예산

이는 조사의 목적과 방법에 따라 달라진다. 가령 가장 일반적인 서베이조사에서 전국적으로 약 1,000명의 소비자표본을 조사하고 소비자 및 유통점주에 대한 2~3번의 표적집단면접을 실시하는 경우 약 4,000~5,000만 원 정도의 비용이 소요된다. 또한 소비자 100명 정도를 대상으로 한 CLT(Central Location Test : 제7장 제3절 참조)조사에는 약 1,000만 원 정도의 비용이 소요된다. 최종적인 조사예산은 선정된 조사회사와의 협의를 거쳐 확정된다. 조사방법별 개략적인 조사비용은 제7장을 참조하기 바란다.

### (4) 조사기간

조사기간도 조사목적과 조사방법에 따라 달라진다. 일반적인 서베이조사에 소요되는 기간은 약 2.5~3개월 정도이며, 제품관련조사에는 약 1.5~2개월이 소요된다. 전화조사의 경우는 2주 내에 조사가 완료될 수도 있다. 선거조사에서는 2~3일 내에 전화조사를 통하여 유권자의 투표성향이 조사되기도 한다. 조사가 단기간 내에 이루어져야 하는 경우 조사회사와의 상의를 통하여 조사기간을 단축할 수도 있다.

### (5) 기타 고려사항

그 외에도 자료의 수집내용, 수집방법, 조사회사와의 협조체계, 대금지급방법 등에 대한 구체적 사항들도 고려되어져야 한다. 이러한 세부적 사항들은 통상적으로 조사회사가 결정된 후 조사회사와의 협의를 거쳐 최종적으로 결정된다.

## 2.2 마케팅조사업체의 선정

기업 내부적으로 조사계획안이 작성되고 이에 대한 결재가 이루어지면 조사회사를 선정하는 단계로 들어간다. 조사회사 선정과정은 후보조사업체들에게 조사계획서(research proposal)를 제출할 것을 요청함으로써 시작된다.

### (1) 조사계획서 제출 요청

기업내부적으로 외부용역에 의해 마케팅조사를 수행하기로 결정을 내리면 3~5개의 조사회사들에게 회사의 소개와 개략적인 조사내용 및 조사의 규모를 설명하고, 조사계획서를을 제출해 줄 것을 요청한다. 이와 함께 조사회사의 규모와 과거의 실적과 같은 참고자료도 제출해 줄 것을 요청하여 심사자료로 이용한다. 조사계획서 제출을 요청받은 조사회사는 조사담당자를 선정하고 기업에서 받은 조사계획요청서 및 기타 2차자료를 토대로 조사회사 자체적으로 의뢰기업의 문제점을 진단하고 이러한 문제를 해결하기 위한 조사계획서를 작성 · 제출한다. 현재 우리나라의 조사업계의 관행에 의하면 조사의뢰기업은 최종적으로 선정되지 않는 조사업체에 대해 조사계획서 작성에 투입된 비용인 'rejection fee'를 지급하지 않고 있다. 향후 보다 높은 품질의 조사계획서 작성과 조사의 질적 향상을 위해서 조사회사의 노력을 보상해주는 'rejection fee'제도가 활성화되어야 할 것이다.

### (2) 조사계획서 심사

조사의뢰기업은 제출된 조사계획서의 내용과 조사회사의 규모, 연구원의 수 등을 감안하여 조사업체가 실제로 조사업무를 수행할 수 있는지를 1차심사하게 된다. 조사계획서에 대한 심사는 다음과 같은 항목들에 대하여 각 항목별로 배점을 할당하고 조사회사별로 항목별 평가를 실시함으로써 이루어진다.

- **조사계획서의 내용** : 2차자료를 활용하여 산업 및 기업의 문제파악에 얼마나 많은 노력을 기울였는가와 제시된 조사방법 등을 평가한다.
- **회사의 크기 및 업계의 평판** : 조사가 완료될 때까지 조사회사가 성공적으로 조사를 수행할 수 있을 만큼 회사의 규모가 크고 충분한 연구원을 확보하고 있는지, 특히 자체적인 자료수집에 필요한 전국적 조사망을 갖추고 있는지 등을 검토하여야 한다. 또한 과거 마케팅조사를 실시했던 기업들로부터 각 조사회사별 전문분야 및 업무의 성실한 수행여부 등을 알아본다.
- **조사용역비** : 전체적인 조사용역비의 규모를 검토한다. 조사의뢰기업은 책정한 예산보다 너무 높거나 너무 낮은(부실조사의 위험이 있음) 조사회사에 대해 이의 적정성을 신중히 판단해야 한다.
- **과거의 프로젝트 수행경험** : 이는 조사용역의 수행가능성을 판단하는 지표이다. 최근에 경쟁업체의 조사를 수행한 경험이 있는 조사회사에 대해서는 조사결과에 대한 보안을 고려하여 조사의뢰여부의 결정에 신중을 기해야 한다.

### (3) 경쟁 PT 및 조사업체의 선정

각 조사회사의 조사계획서에 대한 심사를 토대로 회사의 규모, 조사수행경력, 조사예산의 요건을 어느 정도 충족시킨 것으로 판단되는 상위 2~3개의 업체에 대하여 향후의 조사진행계획에 대한 PT(presentation)를 의뢰한다. 각 회사별로 약 1시간 정도의 PT를 하도록 한 후, 발표내용에 대한 질의를 통하여 조사를 제대로 수행할

**표 4-2** 조사회사 심사기준표의 예

<u>**조사회사에 대한 평가표**</u>

1. 평가자 :
2. 평가내용 :

| 평가항목 | 조사회사 1 | 조사회사 2 | 조사회사 3 | 조사회사 4 |
|---|---|---|---|---|
| 계획서 내용<br>(배점 40점) | 25점 | 30점 | 20점 | 30점 |
| 회사의 크기<br>(배점 15점) | 15점 | 12점 | 15점 | 12점 |
| 조사용역비<br>(배점 30점) | 20점 | 28점 | 25점 | 25점 |
| 과거 조사수행경험<br>(배점 15점) | 14점 | 15점 | 10점 | 12점 |
| 총 점 | 74점 | 85점 | 70점 | 79점 |

수 있는지에 대한 평가가 이루어진다. PT의 참석자들에게 〈표 4-2〉와 같은 평가표를 이용하여 각 조사업체를 평가토록 하고 이를 취합하여 조사업체를 최종선정하게 된다.

### (4) 계약의 체결

업체가 선정되면 조사의뢰기업과 조사회사는 조사진행과정, 용역비의 지급조건, 조사의뢰기업과 조사회사의 담당자 선정 및 이들간의 협조체제를 문서화하는 계약서를 작성한다. 계약이 체결되면 조사회사는 조사에 착수하게 된다.

## 2.3 마케팅조사회사와 조사의뢰업체간의 관계

조사회사와 조사의뢰기업간에 계약이 체결되어 프로젝트가 시작되면, 양사의 담당자들간에는 긴밀한 협조가 이루어져야만 효율적인 조사를 이룰 수 있다. 그러나 실제의 경우 이들 두 당사자간에는 관점의 차이로 인해 잦은 마찰이 발생되고 이에 따라 조사의 효율성이 저하되는 경우가 흔하다. 따라서 마케팅조사의 효율적 수행을 위해서 조사의뢰기업의 담당자와 조사업체의 담당자는 이러한 차이를 이해하고 이를 극복하는 노력을 하여야 한다.

조사회사의 담당자와 조사의뢰기업 마케팅담당자간의 갈등은 다음과 같은 원인들로부터 발생된다.

첫째, 조사의뢰기업의 마케팅관리자들은 조사회사가 우리 회사 및 산업에 대한 전문적 지식이 결여되어 있다고 생각한다. 실제로 조사회사에서 장기간 근무한 연구원의 경우라도 우리나라의 모든 산업에 대한 전문적 지식을 갖추는 것이 불가능하기 때문에 마케팅조사를 의뢰한 기업의 담당자는 가능한 한 많은 시간을 할애하여 산업 전반 또는 기업의 현 상황을 조사담당자에게 설명해 주어야 한다.

둘째, 기업의 마케팅관리자는 조사회사의 조사담당자들이 너무 기술적인 부분에 집착한다고 생각하며, 조사담당자들은 기업의 마케팅관리자들이 조사에 대해 너무 문외한이라고 생각한다. 즉 조사회사의 담당자들은 설문지의 작성, 자료의 통계처리 등 조사방법론과 관련된 전문적 지식을 갖고 분석에 근거해 결론을 내리게 되는 데 반하여, 기업의 마케팅관리자들은 이러한 기술적 과정에 대해서는 잘 알지 못하고 보고서에 제시된 결과의 실무적 적용에만 관심을 갖기 때문에 상호간에 마찰이 생기게 된다. 특히 기업의 마케팅관리자는 자기가 기대했던 것과 다른 조사결과가 나올 경우 조사 자체에 대해 회의적인 태도를 종종 취하게 된다.

이러한 문제의 해결을 위해서는 우선 기업의 마케팅관리자들은 조사과정을 이해하는 데 더 많은 노력을 기울여야 한다. 실제로 조사회사에서 이용하고 있는 통계분석은 특별한 경우를 제외하고는 빈도표(frequency table)와 교차분석표(cross-tabulation table)와 같은 초보적인 분석도구를 이용하여 이루어지고 있으며, 자료수집과정 등도 마케팅조사 서적을 한두 번 정도 읽으면 쉽게 이해될 수 있다.

한편 조사회사의 담당자는 기업의 마케팅관리자들에게 조사과정을 이해시키기 위해 더 많은 노력을 기울여야 한다. 마케팅조사업무에 대한 교육과 경험이 없는 기업의 관리자들이 조사과정을 잘 모르는 것은 별로 이상한 일이 아니다. 그러나 연구결과에 대한 평가나 조사의뢰회사가 처한 문제점의 이해에 있어서는 기업의 담당자가 조사회사의 담당자보다 나을 수 있다. 따라서 조사결과가 실무적으로 적용될 수 있도록 조사자는 조사과정, 분석, 결과의 해석과정에 대해 기업의 마케팅관리자에게 상세한 설명을 하여야 한다.

셋째, 마케팅관리자는 조사회사의 조사담당자가 이론적이고 추상적인 제언만을 한다는 불평을 한다. 기업의 마케팅관리자는 조사결과가 구체적이고 당장 실현가능한 것이기를 원한다. 즉 기업의 담당자는 조사결과 그 자체보다는 조사결과의 마케팅전략수립 및 마케팅믹스 의사결정에의 적용가능성에 더 많은 관심을 갖게 된다. 예를 들어 조사결과를 토대로 가격을 올려야 하는가, 올린다면 얼마로 하여야 하는가, 표적시장을 신혼부부로 바꾼다면 광고내용은 어떠해야 하는가, 어떠한 판촉방법을 사용해야 하는가 등의 실무적 의사결정에 대한 구체적인 해답을 원하는 것이다.

성공적인 마케팅조사를 위해서는 의뢰기업의 마케팅담당자와 조사업체의 조사담당자들간의 긴밀한 협조가 필수조건이며, 두 담당자들은 상호보완적임을 인정해야 한다. 기업의 관리자는 조사업무는 잘 모르지만 실무와 조사의 활용방안에 대해 잘 알고 있으며, 조사담당자는 기업의 실무에 대해서는 잘 모르지만 조사과정에 대한 전문적 지식을 갖고 있음을 서로 이해해야 할 것이다.

이러한 갈등을 해결하는 또 다른 방법은 조사의뢰기업과 조사회사가 지속적인 거래관계를 유지하는 것이다. 이러한 과정을 통하여 상대방의 영역에 대한 이해의 폭

**표 4-3** 마케팅담당자와 조사회사 담당자의 금기사항

① 마케팅담당자의 금기사항
- 조사의 명확한 목적을 감추는 행위
- 발생될 수 있는 문제점을 알면서도 알리지 않는 행위
- 설문지를 계속 수정하는 행위
- 실사의 시작을 지연시키면서 보고서의 제출기일엄수를 요구하는 행위
- 조사의 내용을 계속 수정하는 행위
- 가능한 많은 표들을 작성해 줄 것을 강요하는 행위
- 조사비 지불을 지체하는 행위

② 조사담당자의 금기사항
- 조사자가 잘 아는 조사방법을 이용하기 위해 조사의 목적을 수정하는 행위
- 약간의 내용수정으로 높은 조사비를 요구하는 행위
- 마케팅담당자가 요구한 수정사항을 반영하지 않는 행위
- 정상적으로 조사가 진행되지 않음에도 불구하고 이를 감추는 행위
- 최종보고서 제출 전에 계산서를 보내는 행위
- 보고서 제출이 지체될 때 마케팅관리자와의 접촉을 의도적으로 피하는 행위

자료원 : Michael Harchin, "How Clients And Marketing Research Firms Should Not Work Together," *Marketing Today*, Vol.23, No.1, 1985.

을 넓혀갈 수 있다. 특히 기업의 마케팅관리자들은 조사업체의 조사담당자들에게 기업의 의사결정과정에 참여하도록 함으로써 장기적으로 상호신뢰관계를 구축할 수 있다. 〈표 4-3〉은 조사의뢰기업의 마케팅관리자와 조사회사의 조사담당자가 마케팅조사과정에서 지켜야 할 사항들을 정리한 것이다.

## 3 조사회사에 의한 조사계획서의 작성

조사의뢰기업으로부터 조사계획서의 제출을 요청받으면 조사회사는 조사팀을 선정하여 조사계획서를 작성하게 된다. 이때 조사팀은 기업에서 보내온 조사계획서 의뢰서, 과거 진행한 연구보고서 및 관련 2차자료들을 토대로 조사계획서를 작성하는데, 조사계획서는 대개 다음과 같은 내용을 포함한다.

### 3.1 조사목적

조사팀은 조사의뢰기업의 조사계획서 제출의뢰서에 제시된 내용, 조사의뢰기업의 실무담당자와의 면담, 그리고 관련 2차자료로부터 습득한 정보를 토대로 산업의 현황, 경쟁상황, 의뢰기업의 마케팅전략상의 문제점을 언급하고 이러한 문제점의 해결방안을 조사목적으로 설정한다.

### 3.2 조사내용

조사팀은 다음과 같은 조사영역들 중 조사목적에 관련된 내용들을 선정하여 조사내용에 포함한다.

① 환경분석과 관련된 내용

- 거시적 환경의 변화(인구통계적 · 경기 · 사회적 변화, 새로운 법률의 제정 등)
- 산업환경(산업의 크기, 향후 성장률 또는 수요예측, 원료공급의 안정성 등)

② 경쟁환경

- 경쟁자의 수
- 경쟁자별 강 · 약점
- 경쟁자의 전략

③ 소비자의 구매행동분석

- 브랜드인지도, 브랜드선호도, 구매브랜드
- 제품구매시 주요한 제품속성
- 의사결정자
- 제품관련 정보원천
- 제품사용정도
- 소비자의 라이프스타일
- 소비자의 제품만족도 조사

④ 시장세분화 및 표적시장 선정을 위한 분석

- 세분화를 위한 변수의 선정
- 전체시장의 세분화
- 세분시장별 크기, 세분시장별 소비자의 구매성향분석
- 표적시장의 선정
- 표적시장접근을 위한 전략수립

⑤ 시장지표들에 대한 추적(tracking)조사

- 시장점유율, 브랜드인지도와 선호도, 유통커버리지 등의 기본지표에 대한 조사

⑥ 세부적인 마케팅믹스에 대한 방안

- 최적제품의 설계
- 포장의 결정
- 제품소구점 파악
- 원가분석
- 가격결정
- 가격할인효과의 분석
- 최적유통망의 구축
- 유통점 coverage 검토
- 유통점 관리상황(제품진열상태 등)
- 광고의 인지도, 선호도 및 태도조사
- 광고의 매체스케줄 결정
- 최적 판매촉진믹스의 구성(사은품, 가격할인, 무료샘플 등의 최적 구성)
- 판매촉진효과의 분석

## 3.3 조사방법

이는 조사내용들을 수행하기 위해 필요한 자료의 수집, 표본의 선정, 자료의 처리 및 분석방법에 대한 내용을 포함한다.

### (1) 자료의 수집방법

필요한 자료를 어떠한 방법을 이용하여 얻을 것인지를 제시하는 부분이다. 상업적 마케팅조사에서 활용되는 구체적인 자료수집방법은 제6장과 제7장을 참조하기 바란다. 실제의 조사에 있어서는 둘 이상의 조사방법들을 조사목적에 따라 순차적으로 이용하기도 한다. 가령, 1단계로 문제파악을 위해 표적집단면접을 실시한 다음 2단계로 시제품을 평가하기 위해 CLT(Central Location Test)조사를 실시하고, 3단계로 전체 소비자들에 대한 서베이조사를 실시할 수 있다.

### (2) 표본계획

이는 자료를 수집할 대상표본을 선정하는 과정이다. 먼저 고려되어야 할 문제는 표본의 크기이다. 특히 표본의 크기는 조사예산과 조사목적에 의해 직접적 영향을 받게 된다. 상업적 마케팅조사에서는 일반적으로 표적집단면접의 경우 집단별로 6~8명의 소비자와 면접을 하며, 제품관련조사는 100~200명의 소비자를 대상으로 자료를 수집한다. 서베이조사의 경우 전국 대도시조사는 약 1,000~1,200명, 서울 및 경인지역의 경우 약 500명 정도를 조사하게 되며, 조사예산을 감안해 조정하게 된다.

다음으로 표본을 추출하는 방법에 대하여 서술되는데, 상업적 조사에서 표본의 규모가 큰 경우(서베이조사나 제품관련조사 등)는 할당표본추출방법(quota sampling)이 많이 이용되며, 표본의 수가 적은 경우(표적집단면접법 등)에는 할당표본추출방법 외에 목적표본추출방법(purposive sampling)이나 임의표본추출방법(convenience sampling)을 이용한다. 〈표 4-4〉와 〈표 4-5〉는 추출된 전체표본을 할당기준에 따라 각 cell별로 할당한 예를 보여준다.

**표 4-4** 표본할당표(지역별)의 예

| 조사대상지역 | 표본의 수 |
|---|---|
| 서울 명동 | 100명 |
| 영등포 | 100명 |
| 상계동 | 100명 |
| 논현동 | 100명 |
| 부산 남포동 | 90명 |
| 서면 | 90명 |
| 대구 | 120명 |
| 인천 | 100명 |
| 대전 | 90명 |
| 광주 | 80명 |
| 수원 | 60명 |
| 청주 | 60명 |
| 김해 | 55명 |
| 용인 | 55명 |
| 계 | 1,200명 |

**표 4-5** 각 지역별 · 성별 · 연령별 표본구성의 예

| 연령 | 남자 | 여자 |
|---|---|---|
| 10대 | 8% | 8% |
| 20대 | 15% | 15% |
| 30대 | 15% | 15% |
| 40대 이상 | 12% | 12% |
| 총계 | 50% | 50% |

### (3) 자료의 처리 및 분석

이 부분에서는 자료의 수집과 처리 및 분석과정을 설명하며, 다음과 같은 내용들이 언급된다.

- 조사원의 선발과 교육방법
- 실사과정의 통제방법
- 완성된 설문지의 검증방법
- 코딩 및 펀칭(punching)과정
- 분석에 이용할 컴퓨터 소프트웨어
- 분석에 이용할 통계분석기법

### (4) 조사예산

이는 부분별 조사예산의 내역과 총계를 보여주는 부분으로 대개 다음과 같은 항목으로 이루어진다.

- 인건비
  - 책임연구원 인건비
  - 보조연구원 인건비
  - 실사연구원 인건비(실사기간)
  - 실사 supervisor 인건비(실사기간)
- 자료수집비 : 설문지 1부당 경비로 설문지 인쇄비, 조사원 수당, 응답자 선물,

교통비, 식대 등이 포함된다. 또한 면접원들의 교육훈련기간 동안의 교통비, 교육참가비, 식대 등도 포함된다.

- 자료처리비 : 분석을 위한 코딩, 펀칭비용 등을 포함한다.
- 일반경비 및 관리비 : 이는 조사회사의 기본경비로, 건물임대료, 광열비, 지원부서에 대한 인건비 등과 같은 간접비용으로 인건비, 자료수집비, 자료처리비의 일정부분을 청구하게 된다.
- 예비비(인건비, 자료수집비, 자료처리비, 일반경비 및 관리비의 약 5~10%)
- 10%의 부가가치세
- 대금의 지급방법 : 지급금액, 대금지급시기 및 지급방법(현금 또는 어음지급) 등이 포함된다. 일반적으로 조사용역의 대금지급방법은 계약체결시 50%를 현금으로 지급하고 조사결과에 대한 구두발표 후 잔금 50%를 현금지급하는 것이나, 조사의뢰기업의 자금사정에 따라 달라질 수 있다.

**그림 4-1** 조사진행계획도

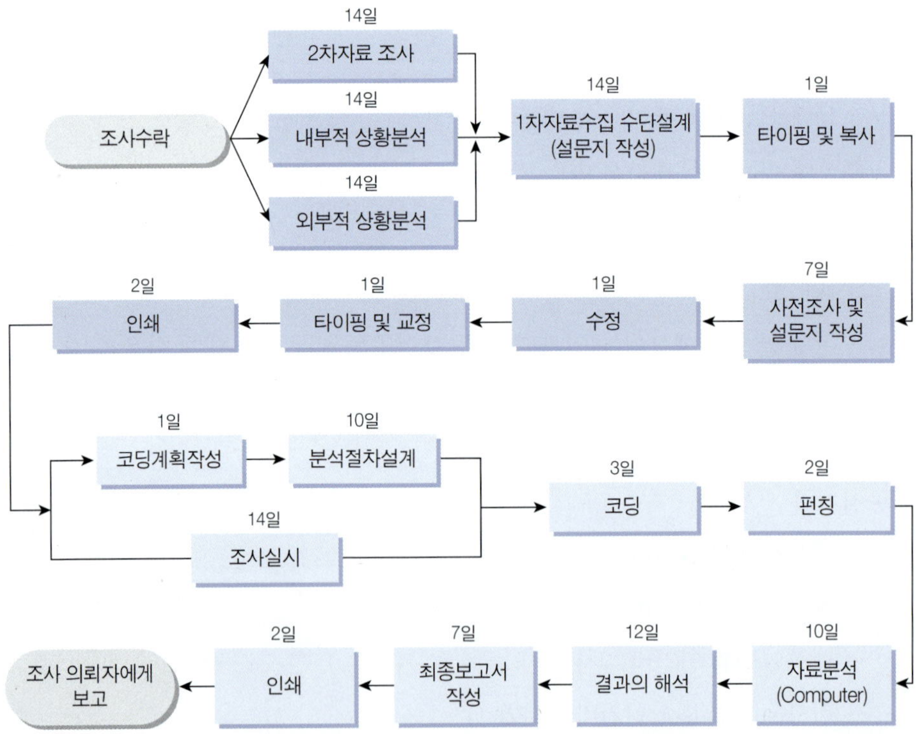

### (5) 조사기간 및 조사진행일정

이 부분에서는 전체 조사에 소요되는 기간과 각 부분별 소요기간을 언급하며, [그림 4-1]과 같이 부분별 진행표를 제시하여 주는 것이 좋다. 최근들어 온라인 조사의 확산에 따라 조사에 소요되는 기간이 상당히 단축되고 있다.

조사계획서의 예를 본장의 부록에 첨부하였으니 참조하기 바란다.

## 연습문제

1. 의사결정문제와 마케팅조사문제와의 차이점은 무엇인가?

2. 제품수명주기단계별 의사결정문제와 마케팅조사문제간의 관계를 설명하여라.

3. 마케팅조사 프로젝트의 착수시 조사계획안에 고려되어야 할 사항은 무엇인가?

4. 마케팅조사 수행기관 선정의 중요성에 대해 설명하여라.

# 부록 조사계획서의 예

(주) 경인자동차 귀중

2024년 중형승용차 시장에 대한
A&U조사 설계안

2024. 2.
인하 조사연구소

# 목차

# Ⅰ. 조사목적

## 1. 조사배경

최근 들어 한국의 승용차시장은 시장성장률의 둔화와 소비자욕구의 다양화로 인한 시장의 세분화, 그리고 업체간 경쟁의 심화로 인해 시장구조에 상당한 변화를 보이고 있다.

현재 승용차시장의 주요한 변화를 살펴보면 다음과 같다.

① 승용차 보급률 증대에 따른 향후 시장성장률 둔화
② 중형승용차 이상의 시장규모 확대
③ 신규경쟁브랜드의 진입 및 수입개방에 따른 외제승용차의 시장잠식 가능성

이상과 같은 시장상황하에서 경인자동차 주식회사에서는 2022년도에 이미 소비자의 승용차 구매행태 및 태도를 파악하고자 하는 1차 A&U조사를 실시하였으며, 2024년도에 그간의 변화를 파악하기 위한 추가 소비자조사를 실시하려고 한다.

## 2. 조사목적

본 조사의 목적은 소비자의 승용차 구매, 특히 향후 성장이 예상되는 중형 이상의 승용차에 대한 구매행태를 파악하여 향후 제품개발과 마케팅전략수립에 필요한 기초자료를 수집 · 제공하는 데 있다.

이상의 기본적인 조사목적하에, 구체적인 중 · 단기적인 목적은 다음과 같다.

| | |
|---|---|
| 단기적 목적 | 소비자 Needs 및 시장의 경쟁상황 분석을 통한 제품 개선방향 도출 |
| 중기적 목적 | 소비자 라이프스타일의 장기적 Trend 분석을 통한 중 · 장기적 신제품 개발과 신시장 개발기회 도출 |

## Ⅱ. 조사 FRAME

본 조사의 기본적인 진행방향은 다음과 같다.

① 소비자의 승용차 구매・이용행태 분석을 통해 구매결정 주요 요인을 추출하고, 이를 제품개발에 체계적으로 반영하기 위해, 최근 3년내 승용차를 구입한 사용자의 주요 구매 및 사용행동을 분석하고,
② 이를 통해 소비자의 주요 Needs 유형과 승용차 사용행태, 태도 결정요인을 파악하고 향후 신제품개발에 반영하고자 한다.

■ 조사의 흐름

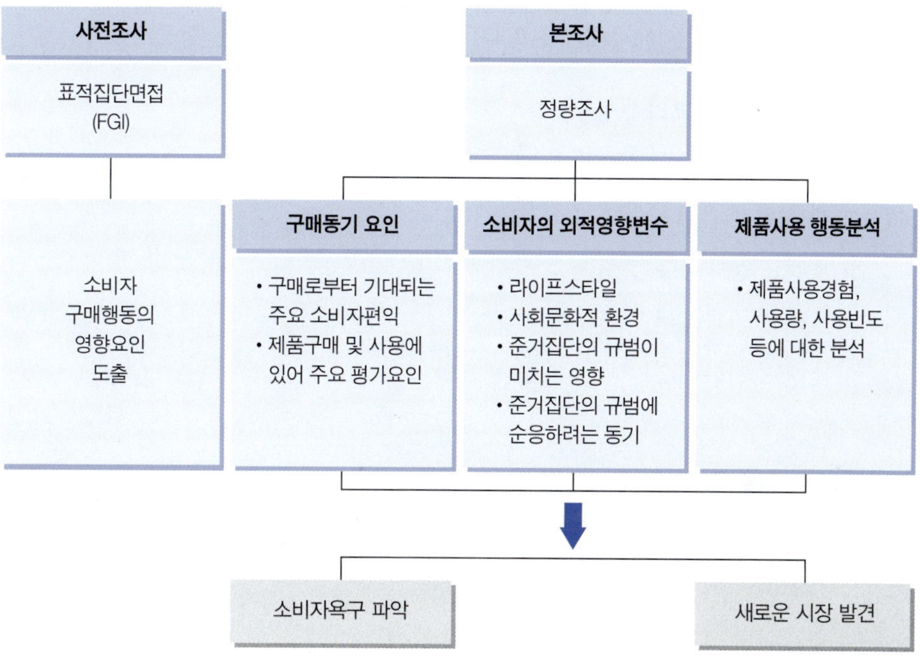


## Ⅲ. 조사내용

본 조사의 기본 조사내용은 다음과 같이 구성되며, 최종 조사내용은 경인자동차 실무진과의 협의하에 확정될 것이다.

## 1. 중형승용차 보유실태

① 보유 승용차

② 보유 승용차의 브랜드 및 모델(크기/기능 등)

③ 구입년도(2023년/2021년/2020년)

④ 수용패턴(신규/대체/중복/혼수)

## 2. 승용차 구입실태

① 구매전 과정(pre-purchase)

- 정보탐색과정
- 정보원천(information source)
- 의사결정과정(주부지배형/남편지배형/공동형)
- 구매시 중요 고려속성
- 구매로부터 기대되는 주요 제품편익

② 브랜드 선택

- 브랜드 선택이유
- 브랜드 전환패턴
- 브랜드 전환이유

## 3. 승용차 사용 및 평가

① 사용실태

- 사용빈도
- 사용에 관한 제반사항(제품사용행동 과정)

② 만족도 평가

- 제품구매 전에 기대했던 편익의 충족정도
- 전체적인 만족도 평가
- 불만요인

## 4. 향후 구입의향

- 향후 구입의향 승용차

– 선호브랜드 및 브랜드선호 이유
– 선호모델(크기/기능 등)
– 선호기능

### 5. 승용차 선택의 준거점

① 승용차 구입시 중요 고려사항
② 승용차에 대한 관여도(involvement)
③ 승용차 구입 및 사용시 의견을 참조한 준거집단
④ 준거집단의 제품의견이 미치는 영향과 준거집단의 의견에 순응하려는 정도

### 6. 승용차의 기능확대에 대한 소비자인식 및 선호

### 7. 승용차 구매행태 관련 라이프스타일 및 가치관

## Ⅳ. 조사방법

### 1. 사전 정성조사 : 표적집단면접(FGI)

| 조사대상품목 | 집단구성원 수 |
|---|---|
| 현 소형승용차 보유자 | 8명 × 2집단 |
| 현 중형 이상급 승용차 보유자 | 8명 × 2집단 |

### 2. 본조사 : 정량조사

① 자료수집방법 : 설문지를 이용한 1 : 1 개별면접
② 조사지역 : 서울, 부산, 대구, 광주, 대전
③ 모집단의 특성 : 해당 승용차 보유가구
④ 지역별 표본크기

| 지역 | 모집단 비율 | 표본가구 수 |
|---|---|---|
| 서울 | 56.9% | 1,150 |
| 부산 | 20.5% | 400 |
| 대구 | 11.7% | 250 |
| 광주 | 5.6% | 100 |
| 대전 | 5.3% | 100 |
| 계 | 100% | 2,000 |

⑤ 제조업체 및 모델별 표본크기

위의 지역별 표본할당 외에 2차자료 및 경인자동차 마케팅실의 담당자와의 협의를 거쳐 제조업체 및 모델별 Quota가 정해질 예정임.

## 3. 자료의 수집

① 면접원의 선정 및 훈련

- 본사 소속 전문면접원 중 서울의 경우 50명, 지방의 경우는 해당 지역별로 20~25명을 선발하여,
- 2일 동안의 Orientation으로 조사목적, 표본추출방법, 설문의 내용 등을 숙지시키고,
- 담당연구원의 감독하에 Role-Play를 실시케 한 후,
- 면접원당 각 2부의 연습면접을 실시한 후, 이상이 없는 면접원만 본 면접을 수행케 함.

② 면접의 수행

각 면접원은 하루에 3~4부의 설문지를 완성하도록 하며, 완성된 설문지는 전담 실사연구원의 확인을 거쳐 이상이 없는 설문지만을 접수함.

③ 검증

- 완성된 설문지는 각 면접원별로 20%씩 무작위 추출하여 별도의 검증원에 의해 실사가 정확하게 이루어졌는지를 재면접으로 검증함.
- 검증결과 Error가 발견되면 해당 설문지뿐만 아니라 해당 면접원이 완성한 모든 설문지를 폐기하며, 모자라는 설문지 수는 별도의 면접원으로 하여금 보충하게 함.

## Ⅴ. 조사진행과정

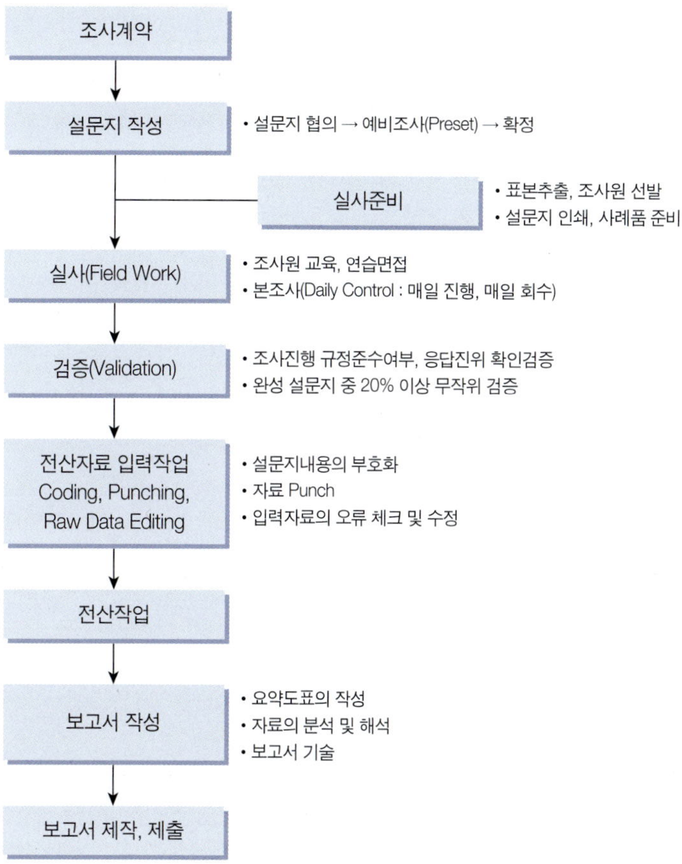


## Ⅵ. 조사일정과 비용

### 1. 조사일정

〈조사계획 수립〉

- 1차 Meeting(2022년 조사결과 Review 및 문제점 도출) ………………………… 3.3
- 2차 Meeting[2024년 조사방향 및 조사설계(안) 협의] ………………………… 3.6
- 3차 Meeting(세부조사 내용협의) ………………………………………………… 3.9
- 최종 조사계획서 작성 ……………………………………………………… 3.10~3.13
- 최종 조사계획서 검토 및 품의 …………………………………………………… 3.30

〈조사계획 협의(각 사업부 담당자)〉

- 조사계획서에 대한 Presentation ······ 3.22
- 조사계획서에 대한 검토 및 의견수렴 ······ 3.28~4.11

〈설문지 작성〉

- 설문항목 협의 ······ 4.3
- 설문항목 확정 ······ 4.5
- 설문지 작성/집단 심층토의 진행 ······ 4.6~4.13
- 설문지 검토 및 확정 ······ 4.11~4.17

〈실사〉

- 실사준비 ······ 4.4~4.18
- 면접원 제품교육 및 설문지교육 ······ 4.20~4.21
- 실사(Field Work) ······ 4.20~5.10

〈분석〉

- 분석 프레임 협의 ······ 5.1~5.6
- 분석 ······ 5.10~5.20

〈보고서 작성〉

- 보고서 기본포맷 협의 ······ 5.10~5.15
- 1차 보고서 작성 ······ 5.21~6.3
- 1차 보고서 검토 및 전략안 협의 ······ 6.5~6.10
- 보고서 수정 작성 및 요약보고서 작성 ······ 6.12~6.24
- 보고서 결재 ······ 6.26

〈조사결과 Presentation〉

- Presentation ······ 6.20~6.25
- 1차 Presentation ······ 6.30

## 2. 조사비용

① 표적집단면접조사

3,000,000원×4개 집단=12,000,000원

② 본조사

35,000원×1,000가구=35,000,000원

총 조사비용 : 12,000,000+35,000,000=47,000,000원

# Ⅶ. 프로젝트팀의 구성

- 김영기(책임연구원) : 마케팅리서치 담당이사, 심리학 전공, 경력 12년, 300여 프로젝트 수행
- 이재홍(선임연구원) : 연구 1부 과장, 사회심리학 석사, 경력 6년, 150여 프로젝트 수행
- 이윤주(연구원) : 연구 1부 연구원, 마케팅 석사, 경력 4년, 70여 프로젝트 수행
- 조은비(연구원) : 연구 1부 연구원, 경영학 전공, 마케팅 석사, 경력 3년, 50여 프로젝트 수행

# 03 마케팅조사의 종류



Principles of Marketing Research

# 제 5 장
# 마케팅조사의 종류와 마케팅자료

1. 학문적 조사와 상업적 마케팅조사의 차이

2. 연구목적에 따른 마케팅조사의 종류

3. 마케팅조사를 통해 수집되는 자료의 종류

## 1 학문적 조사와 상업적 마케팅조사의 차이

마케팅은 경영학 중에서도 특히 실용성(practical)이 강조되는 분야로서, 마케팅 이론의 많은 부분이 기업의 마케팅의사결정에 바로 적용되고 있다. 그럼에도 불구하고 순수한 학문적 목적에서 수행되는 마케팅조사와 기업의 마케팅문제 해결을 위한 마케팅조사는 조사자의 조사목적과 조사접근방식에서 큰 차이를 보인다. 학문적 마케팅조사의 주목적은 마케팅의 이론적 발전이며 이를 위해서 엄격한 조사방법론의 적용이 요구된다. 또한 조사결과가 기업운영에 직접적으로 적용될 수 있는지의 여부는 크게 문제되지 않을 수 있다. 즉 조사결과가 기업의 마케팅의사결정에 그렇게 유용하지 않더라도 조사방법이 신뢰성과 타당성을 갖는다면 조사로서의 가치를 인정받는다. 또한 기업의 경영의사결정과 마케팅성과 제고에 별 도움이 되지 않더라도 이론적 발전에 공헌한 것만으로도 그 가치가 인정될 수 있다. 이에 반해 기업이 수행하는 상업적 마케팅조사는 당면한 의사결정문제를 해결하기 위해 실시된다. 즉 조사를 통해 얻어지는 결과가 현재 기업이 처한 문제를 해결하는 데 도움이 되지 못한다면 조사의 가치는 상실되는 것이다. 또한 일반적으로 상업적 마케팅조사는 주어진 시간 내에 완료되어야 하기 때문에 학문적 목적의 마케팅조사에 비해 엄격한 방법론을 적용하지 않는 경향이 있다.

**표 5-1** 학문적 목적의 조사와 실무적 마케팅조사의 차이점

| | 학문적 조사 | 실무적 조사 |
|---|---|---|
| 조사자의 목표, 조사목표 | • 진리 탐구<br>• 마케팅의 이론적 발전에 공헌 | • 마케팅관리의 효율성 제고<br>• 마케팅문제 해결과 의사결정에 공헌 |
| 조사의 성격 | 새롭고 창조적인 연구조사 | 보수적이며 수용가능한 범위에서 조사 |
| 사실의 증명 | 과학적인 절차에 의거 | 관리자와의 협의에 의해 이루어짐 |
| 위험에 대한 태도 | 적극적 | 소극적 |
| 결과의 발표 | 학술지나 학회에서 발표 | 의사결정자에게 보고 |
| 강점 | 신뢰성, 타당성 있는 조사방법과 분석기법의 적용 | 다량의, 양질의 자료 확보 |

자료원 : Arthur J. Kover, "Careers and Noncommunication : The Case of Academic and Applied Marketing," *Journal of Marketing Research*, 13, Nov. 1976, pp.334-339.

이와 같이 마케팅의 이론적 발전을 위해 실시되는 학문적 마케팅조사와 실무적 목적의 마케팅조사는 그 특성에서 차이를 보인다. 실례로 학문적 목적의 마케팅조사에서 많이 사용되는 다변량 통계분석방법들이 실무적 조사에는 별로 활용되지 않으며, 실무적 마케팅조사에서는 빈도나 백분비(%) 또는 변수들 간의 교차분석표(cross-tabulation) 등의 기술적 분석방법이 주로 이용되고 있다. 그리고 학문적 목적의 마케팅조사에서 실험이 이용될 경우 실험에 영향을 미치는 외생변수들(본 장 후반부의 실험 부분을 참조하기 바람)의 엄격한 통제가 필요하나 상업적 마케팅조사에서는 조사의 효율성을 고려해 엄격한 외생변수의 통제가 이루어지지 않는 경우가 많다.

## 2 연구목적에 따른 마케팅조사의 종류

실무적인 마케팅조사는 조사의 목적에 따라 크게 탐색적 조사와 종결적 조사로 나누어진다. 탐색적 조사는 조사의 초기단계에 마케팅문제를 야기한 것으로 판단되는 잠정적 원인을 찾기 위해 주로 수행된다. 탐색적 조사를 통해 가능한 원인들이 발견되면 종결적 조사를 통해 마케팅문제의 해결방안을 찾게 된다. 마케팅 문제들에 대한 아이디어나 본격적인 분석에 앞서 가설적 대안을 도출하는 데 목적을 두는 탐색적 조사와 달리 종결적 조사(conclusive research)는 대표성이 있는 많은 수의 응답자들로부터 수집된 자료에 대한 체계적인 분석을 통해 실제 적용가능한 구체적인 마케팅대안을 찾아내는 조사방법이다. 종결적 조사는 다시 서베이조사를 통해 수집된 통계적 분석을 통해 시장상황을 파악하고 마케팅대안을 찾는 기술조사(또는 계량조사라 부르기도 함)와 마케팅변수들 간의 인과관계를 규명하는 데 초점을 맞춘 인과조사로 구분된다.

그림 5-1 마케팅조사의 종류

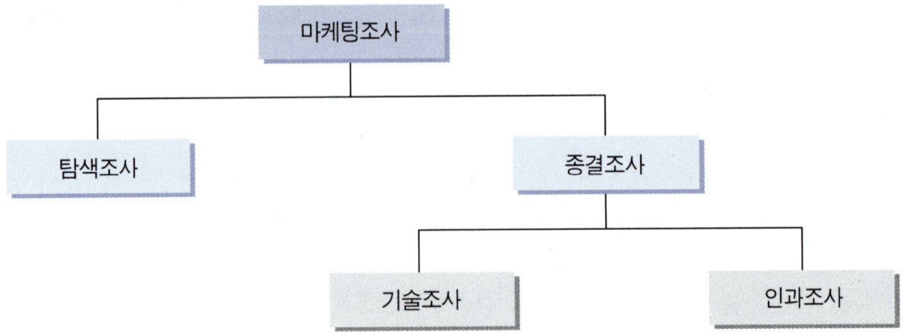


## 2.1 탐색적 조사

탐색적 조사(exploratory study)란 공식적인 마케팅프로젝트를 진행할 만큼 조사문제를 충분히 이해하지 못한 상황에서 현재 기업이 처한 문제점의 가능한 원인들을 파악하기 위해 실시되는 조사를 말하는데, 정성조사라 불리기도 한다. 예컨대 Procter & Gamble의 마케팅담당자가 최근 팸퍼스 1회용 기저귀의 매출액이 감소하여 이에 대한 원인을 찾고자 조사회사에 프로젝트를 의뢰했다면, 이는 탐색적 조사에 해당된다. 이러한 문제를 야기한 잠정적 원인들(예를 들어 제품품질이나 패키지에 대한 부정적 평가, 부적절한 유통경로, 비효과적인 광고 등) 중 가장 가능성이 높은 것을 찾는 것이 탐색적 조사의 목적인 것이다. 탐색적 조사는 신제품개발의 초기단계에서 시장변화를 반영한 신제품 아이디어를 찾는 데 흔히 활용된다. 최근 들어 경쟁제품과 비교된 새로운 차별점을 찾기 위해 표준화된 설문조사보다는 고객들이 제품을 구매하거나 사용하는 실제현장에서 구매행태와 사용행태를 면밀히 관찰하거나 심층적인 면접을 진행하는 등 다양한 유형의 탐색적 조사를 도입하는 기업들이 늘어나고 있다.

탐색적 조사에서 흔히 활용되는 방법에는 2차자료 조사, 소비자의 구매 및 사용행태에 대한 관찰조사, 전문가 또는 소비자들에 대한 면접조사, 사례조사 등이 있다.

### (1) 2차자료 조사

2차자료 조사란 기업이 처한 문제점을 파악하기 위하여 공개되어 있는 기존자료들을 검토하는 것을 말하는데, 문헌조사 또는 Desk Research라고 부르기도 한다. 조사자는 조사문제의 파악을 위해 기업 내의 자료, 과거에 수행된 마케팅조사자료, 일간지나 경제신문 등에 게재되었던 기사, 협회지, 각종 경제단체 및 경제연구소에서 출판된 정보, 통계청과 같은 정부기관에서 발행된 자료, 그리고 대학교에서 나온 연구논문 등을 검토할 수 있다. 또 최근에는 국내·외의 주요 인터넷 검색사이트에서 제공하는 자료검색서비스를 이용해서 자료를 수집할 수 있다. 문헌조사는 짧은 시간에 적은 비용으로 수행될 수 있는 장점이 있으므로 경우에 따라 매우 효과적인 탐색적 조사방법일 수 있다(기업에서 이용가능한 2차자료의 종류에 대해서는 본 장의 3절을 참조하기 바란다).

### (2) 관찰조사

관찰조사(observation research)는 조사자가 직접 또는 관찰도구의 활용을 통해 소비자들의 제품구매나 사용과정을 체계적으로 관찰하는 것으로, 제품구매·사용과정에서 제품의 문제점을 파악하고 이에 대한 해결책을 찾는 데 그 목적이 있다. 가령, 소비자들은 할인점에서 POP, 판촉물, 판매도우미 등과 같은 다양한 마케팅변수들의 영향을 받는 상황에서 제품과 브랜드를 선택하는데, 이러한 변수들이 구매과정에 미치는 효과에 관한 정보는 정형화된 설문지와 소비자의 기억에 주로 의존하는 서베이조사나 면접조사만으로는 충분히 확보되지 못할 수 있다. 또 가정에서 여러 명의 가족구성원에 의해 라면, 유산균발효유 등의 제품이 소비되는 과정(가령, 누가, 언제, 어떻게 먹는지 등)에 대한 정보도 일반적인 서베이조사로는 파악이 어렵다. 이에 따라 최근 관찰조사를 활용하는 기업의 수가 점차 늘어나고 있다.

### (3) 전문가 또는 소비자에 대한 면접조사

전문가 또는 소비자에 대한 면접조사(expert interview research)는 어떤 산업이나 제품에 관련된 경험과 지식을 갖춘 전문가 또는 해당 제품에 대한 전문적 지식을 가진 소비자들과의 면접을 통해 기업이 처한 문제나 이의 해결책에 대한 아이디어를 얻는 조사방식을 말한다. 여기서 전문가는 매우 포괄적 의미로 해석된다. 가령, 그 기업의 사정을 잘 아는 기업 내의 실무자, 유통상의 문제점을 잘 이해하고 있는 영업사원, 소비자상담실에 오래 근무하면서 소비자의 불만사항을 잘 이해하고 있는 직원 등과 같이 문제의 파악과 해결에 도움을 줄 수 있는 기업 내 직원들은 모두 전문가에 해당된다. 또한 학교의 관련전공 교수들이나 다양한 연구소의 연구원들도 전문가에 포함되는데, 조사담당자는 이들에 대한 자문을 통해 산업이나 제품의 장기적 전망과 변화추이에 대한 정보를 수집할 수 있다. 또한 의뢰기업의 제품을 많이 이용해 본 경험이 있는 소비자들에게서도 문제의 지적과 해결책을 제시받을 수도 있다. 기업은 전문가로 판단되는 여러 유형의 정보보유자들과 의사소통을 하면서 현재 기업이 처한 문제점과 이에 대한 해결책 등의 정보를 얻을 수 있다.

### (4) 사례조사

사례조사(case study)는 기업의 특정 활동 또는 특정 부서에 대한 집중적 분석을 통하여 문제점의 파악과 이에 대한 해결책을 탐색하는 것이다. 예를 들어 유통경로 구성원들에 대한 효율적 관리와 판매원에 대한 동기부여 제고를 위한 대안을 찾기 위해 자사제품을 취급하는 유통점 중 2~3개를 선정하고 종업원들과의 심층적 면담, 관찰 및 2차자료 분석을 통하여 문제점을 파악하고 해결책을 도출한 후 이를 전체 유통점에 적용하는 경우가 이에 해당된다. 또 자사가 처한 문제점을 해결해 줄 대안을 찾기 위해 자사와 경쟁사의 상황과 전략을 비교분석하는 벤치마킹(benchmark-ing) 연구도 사례조사의 한 예이다.

마케터는 기업이 당면한 문제점과 이의 해결방안을 찾기 위해 앞에서 설명한 4가지 유형의 탐색적 조사방법 가운데 하나를 선택하거나 혹은 이들을 결합하여 조사를 수행할 수 있다. 가령, 신세계백화점은 자점포에 대한 고객선호도(store patronage behavior)의 변화추세를 조사하기 위해 다음과 같이 4가지 유형의 탐색적 조사방법을 활용할 수 있다.

- 고객의 백화점 선호도에 영향을 미치는 인구통계적 및 심리묘사적(psycho-graphic) 특성을 찾기 위해 학계 및 업계에서 발간된 2차자료를 수집하여 분석한다(문헌조사의 예).
- 자사 및 경쟁백화점을 방문한 고객들의 인구통계적 분포를 조사하고, 선별된 고객들을 따라다니면서 매장체류시간, 제품구매량, 구매금액 등을 파악한다(관찰조사의 예).

- 소매업계 전문가와의 면접을 통해 고객취향의 변화에 따른 새로운 유통업태의 출현가능성, 고객의 점포선호패턴의 변화 등을 조사한다(전문가 면접조사의 예).
- 점포성과에 영향을 미치는 요인을 파악하기 위해 신세계백화점의 여러 지역점포들 중 실적이 좋은 2개의 점포와 실적이 나쁜 2개의 점포를 선정하여 이를 비교분석한다(사례조사의 예).

## 2.2 기술조사

기술조사(descriptive study)는 조사대상으로부터 수집한 자료를 분석하고 그 결과를 기술하는 것을 말하는데, 주로 경쟁상황, 소비자특성의 변화와 같은 전반적 시장상황을 분석하기 위한 목적으로 수행된다. 가령, 자사제품 또는 경쟁제품 고객의 특성(인구통계적 특성, 라이프스타일 특성 등)이나 자사의 마케팅노력에 대한 소비자반응(고객특성별 자사제품 사용량의 차이분석, 자사의 TV제품광고에 노출된 시청자의 수, 지역별 · 고객유형별 매출액조사 등) 등에 대한 조사가 이에 해당되는데, 기업에서 수행되는 대부분의 마케팅조사는 기술조사에 해당된다. 기술조사는 탐색조사와는 달리 설문지와 같은 표준화된 측정도구를 이용하여 많은 응답자들로부터 동일한 자료를 수집하게 된다. 또한 인과조사와는 달리 조사시점에 조사담당자가 마케팅변수의 조작(manipulation : 예를 들어 몇 가지 대안의 가격이나 포장, 브랜드명 등을 제시하고 응답자의 반응을 살피는 경우) 없이 비교적 객관적으로 조사대상(가령, 제품소비자의 특성, 유통업태별 자사 및 경쟁사의 매출 등)에 관한 자료를 수집 · 분석하는 조사방법이다.

다음은 기술조사가 수행되는 대표적인 조사대상영역을 정리한 것이다.

- **시장상황파악** : 시장의 크기, 소비자의 구매력, 자사 및 경쟁사의 시장점유율
- **매출액분석** : 지역별, 제품계열별, 거래고객규모별 매출액조사
- **이미지조사** : 기업과 경쟁브랜드들에 대한 소비자의 속성별 신념과 전반적 인상
- **소비자의 구매과정** : 소비자의 브랜드별 인지도, 선호도, 구매의사 등
- **유통경로조사** : 자사제품에 대한 유통구조, 유통단계 및 유통형태별 자사제품의 침투율 및 점유율 등

기술조사는 자료를 수집하는 횟수에 따라 횡단조사(cross-sectional study)와 종단조사(longitudinal study)로 나누어진다.

### (1) 횡단조사

횡단조사(cross-sectional study)는 모집단에서 추출된 표본을 대상으로 1회의 조사를 통해 마케팅정보를 수집하는 것이다. 즉 횡단조사는 마케팅조사에서 가장 많이 이용되는 서베이조사와 같이 어떤 한 시점에서의 소비자 구매행태를 측정하여 시장의 전반적 상황을 파악하는 것이다. 조사자는 횡단조사를 통해 소비자들이 과거에 구매한 브랜드들에 대한 정보를 수집할 수 있으나, 이러한 정보의 수집이 소비자의 기억에 주로 의존하기 때문에 최근의 구매정보에 국한된다는 한계점을 가진다. 또한 측정이 한 번만 이루어지기 때문에 마케팅변수의 변화(가령, 광고, 포장, 가격의 변화)에 따른 개인소비자의 행동에서 일어나는 변화를 측정하기 어렵다.

### (2) 종단조사

종단조사(longitudinal study, time-series analysis)는 횡단조사와는 달리 동일한 표본을 대상으로 시간간격을 두고 반복적인 조사를 실시하는 것이다. 종단조사는 시간간격을 두고 한 번 이상 조사를 실시하기 때문에 시간의 경과에 따른 마케팅변수에 대한 소비자반응의 변화를 측정할 수 있다. 가령, 가격변화의 전후, 사은품 증정과 같은 판매촉진을 실시하기 전후, 또는 새로운 광고 실시 전후에 각각 소비자반응을 측정함으로써 마케팅변수의 변화가 소비자에게 미치는 효과를 파악할 수 있다. 종단조사는 흔히 패널을 이용하여 반복적으로 실시되는데, 패널(panel)은 정기적으로 마케팅정보를 제공하기로 동의한 응답자집단을 말한다. 조사회사나 제조업체는 체계적인 마케팅정보의 수집을 위해 소비자패널을 구축 · 유지하는 경우가 있는데, 패널의 구성원들은 선물, 쿠폰, 현금, 제품정보의 제공 등을 통해 참가에 대한 보상을 받는다. 패널로부터 수집된 자료들은 특정 시점에서의 각 브랜드의 시장점유율, 시간의 경과에 따른 시장점유율 변화와 소비자의 브랜드태도 변화 등과 같이 횡단조사에서 얻기 어려운 유용한 마케팅정보를 제공한다.

그러나 소비자패널을 구축하고 유지하는 데는 많은 비용과 관리상의 어려움이 따른다. 우리나라의 경우 연간 이사가구의 비율이 15%를 상회하므로 이사 등으로 인

마케팅조사Highlight

## 종단적 현장실험연구의 예: 매장혼잡도가 소매점 매출에 미치는 영향에서 매장음악 템포가 조절적 역할을 할 수 있는가?

지나친 매장혼잡도(retailing crowding)는 고객의 쇼핑지출 수준을 낮출 수 있다. 매장에 들어갔을 때 매장 안에 사람이 너무 많으면 심리적으로 불편함을 느껴 일찍 매장을 떠나려고 할 가능성이 높기 때문이다. Knoeferle, Paus, & Vossen(2017)은 높은 매장혼잡도가 매출에 미치는 부정적 효과는 특정 유형의 음악(가령, 매장 내 음악의 템포)을 사용해 점포분위기를 조절함으로써 줄일 수 있다고 제안했다. 이 가설을 검증하기 위해 연구자들은 유럽에 위치한 대형 식료품 체인의 6개 직영점을 방문한 4만여 명의 방문객으로부터 얻은 개별 쇼핑데이터(식료품 구매액, 구입한 식료품 개수 등)를 토대로 종단적 현장실험(longitudinal field experiment)조사를 실시했다.

이 조사에서 연구자들은 식료품 매장의 혼잡도를 측정했고 매장음악이 매장혼잡도 지각과 매출에 영향을 미치는지를 분석하기 위해 매장음악의 템포를 조작했다. 종단적 실험조사는 2014년 5월과 6월의 6주 동안에 걸쳐 실시되었고 음악은 주별로 6일 동안(화요일~일요일) 하루 4시간씩(오후 3~7시) 틀어주었다. 그리고 음악의 템포는 매일 다르게 조절했는데, 실험집단에 속한 방문객에게는 빠른 템포의 음악 혹은 느린 템포의 음악을 들려주었고 통제집단에 속한 방문객들에게는 음악을 들려주지 않았다. 연구자들은 매장 내에 얼마나 많은 사람이 있는지를 토대로 매장혼잡도를 계산하고, 매장 내 음악의 템포를 빠르게 혹은 느리게 조절했을 때 방문객이 느끼는 혼잡도와 이에 따른 매출에 어떤 영향을 주는지를 분석했다.

이 연구에서 종속변수는 개별 고객의 지출규모이며, 총쇼핑지출액과 구매한 제품수로 측정되었다. 독립변수는 사회적 혼잡도(매장 혼잡도)와 점포 내 음악의 템포였다. 매장의 사회적 혼잡도는 시간당 총거래수를 점포 크기로 나눈 값으로 측정했고, 매장음악 템포는 빠른 템포와 느린 템포로 나누었다.

연구결과에 의하면 사회적 혼잡도(매장혼잡도)는 고객의 쇼핑지출액과 역U의 관계를 가졌다. 즉, 매장에 사람이 너무 없거나(낮은 매장혼잡도) 매장이 지나치게 혼잡할 경우(높은 매장혼잡도)에 비해 적정 수준에서 매장이 혼잡할 경우에 쇼핑객의 지출이 더 높은 것으로 나타났다. 그런데 이러한 역U효과는 매장음악의 템포에 의해 조절될 수 있는 것으로 나타났는데, 매장혼잡도가 매우 높은 상황에서 빠른 템포의 음악을 틀어주면 매출이 상당히 증가했다. 흥미로운 사실은 매장 내에 느린 템포의 음악을 들려주었을 경우에는 중간수준의 적절한 매장혼잡도에서 가장 높은 매출이 실현되는 역U의 관계를 보인 반면 빠른 템포의 음악을 들려주었을 경우에는 이러한 역U의 관계가 나타나지 않았다. 매장 내에 빠른 템포의 음악이 사용될 경우 매장혼잡도가 높더라도 매출이 오히려 증가한 것이다.

Knoeferle, K. M., Paus, V. C., & Vossen, A., "An Upbeat Crowd: Fast In-store Music Alleviates Negative Effects of High Social Density on Customers' Spending," *Journal of Retailing*, 93(4), 2017, pp. 541-549.

해 탈락된 가구와 유사한 특성을 갖는 새로운 가구의 추가 등을 이유로 지속적인 패널관리를 하기가 쉽지 않으며, 패널구성원들로부터 반복조사에 대한 지속적인 협조를 얻는 데도 한계가 있다. 이러한 이유 때문에 패널조사는 대개 전문적인 조사회사에 의해 이루어진다. 최근 들어 인터넷의 확산과 함께 개별 기업들도 모니터패널을 구축하고 이들에 대해 반복적인 조사를 실시함으로써 패널조사의 활용빈도가 증가하고 있다. 일반적으로 종단조사는 패널을 이용하여 실시되지만 반드시 그러한 것은 아니다. 가령, 기업은 어떤 시점에 소비자들이 자사브랜드에 대해 갖는 이미지와 태도를 조사하고 브랜드이미지를 향상시키기 위한 마케팅노력을 기울인 후 새로운 표본을 추출하여 다시 동일한 조사를 실시할 수 있다.

## 2.3 인과조사

인과조사(causal study)는 두 개 이상의 변수들 간의 인과관계를 규명하는 것으로, 이를 통해 마케터는 어떤 마케팅현상이 왜 그렇게 나타났는지를 이해하고, 원인변수의 변화에 따라 어떤 결과가 초래될지를 예측할 수 있다. 마케팅관리자는 흔히 마케팅변수들 간에 인과관계가 당연히 존재하는 것으로 가정하고 이를 토대로 마케팅의사결정을 내리게 된다. 그러나 이러한 가정은 많은 경우 잘못될 가능성이 있으므로 마케터는 인과조사를 통해 변수들 간에 인과관계가 확실히 존재하는지를 검증할 필요가 있다. 예컨대 가격인하(즉 원인변수)가 매출액과 시장점유율의 증가(즉 결과변수)를 가져다준다는 가정은 특정 세분시장(가령 고가격-고품질의 제품을 선호하는 소비자집단)이나 특정의 경쟁상황(과점적 경쟁구조)에서는 해당되지 않을 수 있는 것이다. 인과조사는 조사자가 관심을 두는 결과변수와 이에 영향을 미치는 원인변수들을 규명하고, 이들 간에 인과관계(즉, 각 원인변수가 결과변수에 미치는 영향의 크기와 방향)가 존재하는지를 밝히는 것이 주목적이다. 마케팅변수들 간에 인과관계(causality)가 존재한다는 결론을 내리기 위해서는 다음과 같은 세 가지 조건이 만족되어야 한다.

첫째, 원인변수와 결과변수는 함께 발생(변화)되어야 한다(concomitant variation). 예컨대 백화점매출액(결과변수)이 판매원서비스수준(원인변수)과 인과관계가 있다고 가정하면, 서비스가 우수한 백화점은 매출실적이 좋고 서비스가 나쁜 백화점은 매출실적이 형편없어야 한다는 것이다.

둘째, 원인변수와 결과변수는 순차적으로 발생되어야 한다(time order of occurrence of variables). 즉 원인이 되는 사건이 결과보다 먼저 일어나야 한다는 것이다(경우에 따라 원인과 결과가 동시에 발생될 수 있다). 예를 들어 판매원서비스수준과 백화점매출액 간에 인과관계가 존재한다면, 판매원교육을 통한 판매원서비스의 향상이 먼저 이루어진 다음 일정한 기간이 지난 후 백화점매출액이 증대되어야 한다. 만약 경기가 호전되어 백화점매출액이 늘어나 여유자금의 일부를 판매원의 재교육에 투자한 결과 판매원서비스가 향상되었다면, 판매원서비스와 백화점매출액 간에 인과관계가 있다고 말할 수 없다.

셋째, 외생변수(extraneous variables)의 영향을 통제하여야 한다. 조사자가 관심을 갖는 특정 원인변수와 결과변수 간의 인과관계를 알고자 한다면, 원인변수 이외의 인과관계에 영향을 미칠 가능성이 있는 기타 변수들인 외생변수의 영향이 제거되어야 한다. 가령, 백화점매출액은 판매원서비스 이외의 상품가격, 광고, 취급상품의 질 등에 의해서도 영향을 받을 수 있다. 따라서 조사자는 판매원서비스와 백화점매출액 간의 인과관계를 조사하기 위해서 다른 변수들의 영향력을 통제해야 한다(예를 들어 상품가격, 광고, 취급상품의 질 등을 현수준으로 유지한다).

이러한 조건을 충족시키는 인과관계를 규명하기 위해 인과조사에서 주로 사용되는 조사방법이 실험(experimentation)이다. 이하에서는 인과조사를 위한 실험설계(experimental design)에 대해 자세히 설명하기로 한다.

### (1) 실험의 정의

실험(experimentation)은 연구자의 관심이 되는 변수들 간의 인과관계(causality)를 규명하기 위해 인위적인(artificial) 상황하에서 원인변수를 조작하고(즉 원인변수를 변화시킴) 그 결과로 나타나는 결과변수의 변화를 관찰하는 조사방법을 말한다. 가령, 마케터가 신제품광고(즉 원인변수)에 대한 소비자인지도(즉 결과변수)를 조사하기 위해, 실험실에서(즉 인위적 상황하에서) 소수의 소비자집단을 모아 놓고 몇 개의 광고시안들을 보여준 후(즉 원인변수의 조작) 각 시안에 대한 소비자의 기억 정도(또는 선호 정도)를 관찰하는 것이 실험의 일례이다.

실험은 연구자의 관심이 되는 변수들 간의 인과관계(causality)를 규명하기 위해 인위적인(artificial) 상황하에서 원인변수를 조작한 결과 나타나는 결과변수의 변화를 관찰하는 조사방법이다. 이에 따라 실험은 다음의 조건들이 충족되어져야 한다.

첫째, 조사자는 관심이 되는 변수들 간의 인과관계를 규명하기 위해 이에 영향을 미칠 가능성이 있는 기타 변수들(즉 외생변수들)을 체계적으로 제거해야 한다. 인위적인 상황에서 실험을 하는 주된 이유는 조사하고자 하는 변수들 이외의 요인들의 영향을 제거하기 위한 것이다.

둘째, 실험결과의 일반화를 기하기 위해서는 실험대상이 무작위적(randomization)으로 선정되어 모집단을 대표할 수 있어야 한다. 예를 들어, 광고인지도 실험에 참가한 소비자들은 실제 표적소비자집단을 대표할 수 있도록 선정되어야 한다.

### (2) 실험에서 사용되는 용어들

실험설계의 유형을 설명하기 앞서 실험에서 사용되는 중요 용어들을 살펴보고 이에 대한 정의를 내려 보기로 한다. 조사자는 실험을 통해 "어떤 독립변수 또는 실험변수(예를 들어 광고)를 어떤 시험단위(예를 들어 소비자집단)에 적용하여, 시험단위의 반응(예를 들어 광고내용의 기억 정도)을 측정하고자 한다"는 말을 흔히 한다. 이러한 표현에 사용된 용어들을 구체적으로 살펴보기로 하자.

- **독립변수(또는 원인변수, independent variables)** : 이는 조사자에 의해 조작되는 변수이며, 실험변수(experimental variables) 또는 실험적 처치(treatments)라고도 불린다. 가령, 제품가격의 변화, 새로운 패키지디자인의 도입, 광고시안 등은 독립변수(또는 실험변수)의 예들이다. 이하에서는 독립변수, 원인변수, 실험변수 또는 실험적 처치는 동일한 의미이므로 경우에 따라 상호교환적으로 사용될 것이다.
- **시험단위(test units)** : 실험에 참가하는 대상들을 말하며, 시험단위는 소비자가 될 수도 있고 또는 특정 지역이나 점포가 될 수도 있다. 한편 실험변수에 노출된 후 이에 대한 반응이 조사되는 시험단위들을 실험집단(experimental group), 그리고 실험변수를 노출시키지 않은 상태에서 단순히 비교를 위해 실험기간 동안 관찰되는 시험단위들을 통제집단(control group)이라고 한다.

마케팅조사Highlight

## 고객이 가격이 더 비싼 업그레이드 제품을 선택하도록 만드는 가격전략을 찾는 데 활용된 실험조사

많은 기업들이 어림수(round number), 즉 잔돈 없는 화폐단위(1달러, 5달러, 10달러 등) 살짝 아래 가격(just-below pricing), 예를 들어 청바지 한 벌에 79.95 달러, 라떼 한 잔에 2.95 달러 같은 가격전술을 사용한다. 불과 몇 센트 혹은 몇 달러 차이이지만 소비자들이 덜 비싸다고 지각하는 경향이 있고 이로 인해 매출증대에 도움을 주기 때문이다.

하지만 기업이 기본옵션 제품과 업그레이드 제품의 두 가지 제품선택 대안을 취급하고 고객들로 하여금 가격이 더 비싼 업그레이드 제품을 구매하도록 유도하기 위해서는 어떤 가격전략이 효과적일까? Kim,, Malkoc, and Goodman(2022)은 일련의 실험연구를 통해 기본제품에 대한 이러한 가격전술이 원하는 효과를 거두기 어려운 예외상황이 있을 수 있음을 발견했다. 연구자들은 소비자가 기본옵션 제품과 업그레이드 제품 중에서 선택해야 하는 경우 기본옵션 제품의 가격을 어림수, 잔돈 없는 값 혹은 그보다 살짝 위로 책정하는 것(just-above a round number pricing)이 더 나은 결과(즉, 소비자가 가격이 더 비싼 업그레이드 제품을 선택할 가능성이 높아짐)를 거둘 수 있음을 현장실험과 실험실 실험을 통해 밝혔다.

현장실험(field experiment)의 경우 연구자들은 학기가 끝나는 마지막 주 동안 경영대 건물 앞에 실제로 커피 가판대를 설치하고 이틀(오전 10시~오후 4시) 동안에 걸쳐 스몰 커피와 라지 커피를 판매했는데, 시간대(오전 11시, 12시, 오후 1시)에 따라 커피가격을 다르게 제시한 다음 어떤 사이즈의 커피가 더 많이 판매되는지를 조사했다. 이 실험에서 독립변수는 커피(스몰 커피와 라지 커피)의 가격이고 종속변수는 실험참가자의 커피 사이즈 선택이었다. 연구자들은 한 학기 마지막 수업을 기념해 마케팅 박사과정 학생회가 마련한 무료쿠키를 통행인들에게 제공했고 무료쿠키 대가로 커피구매를 요구하지는 않았다. 무료쿠키를 제공받은 통행인들 중 19.58%가 커피를 구매했다.

연구자들은 현장실험을 위해 기본옵션 커피(스몰 커피)의 가격을 어림수(잔돈 없는 값) 바로 아래 가격인 0.95 달러 혹은 어림수 가격인 1.00달러로 책정해 실험참가자(통행인)들에게 제시했다. 예컨대, 스몰 커피 가격을 어림수(잔돈 없는 값) 살짝 아래 가격( just-below pricing)으로 책정한 실험조건에 할당된 통행인들에게는 스몰과 라지 커피 가격을 각각 0.95 달러와 1.20 달러로 책정해 제시했고, 어림수 가격(a round number pricing)으로 책정한 실험조건에 할당된 통행자에게는 스몰과 라지 커피의 가격을 각각 1달러(어림수 가격)와 1.25 달러로 책정해 제시했다. 전자의 실험조건에서는 구매자의 28.95% 만이 라지 커피를 선택한 반면 후자의 실험조건에서는 55.56%가 라지 사이즈 커피를 선택했다.

한편 연구자들은 페이스마스크, 자동차, 믹스기, 스트리밍 서비스 등을 사용해 여섯 번의 실험실 실험(laboratory experiment)을 추가로 실시했는데, 비슷한 결과가 나왔다. 연구결과에 따르면, 기본옵션 제품의 가격을 잔돈 없는 값, 즉 어림수(round number)보다 살짝 아래로 책정할 경우(just-below pricing), 소비자들은 업그레이드 제품을 서로 다른 카테고리로 인식해 훨씬 더 비싸게 느끼고 업그레이드 제품 선택을 단념할 수 있다. 이러한 현상은 업그레이드 제품의 가격이 기본제품에 비해 상대적으로 더 비쌀 경우에도 나타났다. 예를 들어, 기본옵션 믹스기와 디럭스 믹스기의 가격을 각각 39.99 달러(just-below pricing)와 47.5달러로 책정한 경우와 40달러(a round number pricing)와 48.5달러로 책정한 경우에도 두 번째 가격세트, 즉 40달러와 48.5달러에 할당된 실험참가자들이 디럭스 믹스기를 더 선호하는 것으로 나타났다.

그러나 제품 대안들을 동시에 제시할 경우보다 차례로 제시할 경우(즉, 기억에 의존해야 할 경우), 업그레이드 제품을 구매하기 위해 다른 문턱을 넘어야 할 경우(가령, 기본옵션 제품 가격은 20.5달러, 고급제품 가격은 30.5달러처럼 가격차이가 상당히 날 때)에는, 기본옵션 제품의 가격을 잔돈 없는 값 혹은 그보다 살짝 높은 값으로 책정하는 것이 고급제품 구매가능성을 높이는 효과가 줄어들었다.

이 연구결과가 시사하는 바는 고급제품의 가격을 기본옵션 제품보다 너무 높게 책정하는 것을 피해야 한다는 것이다. 그리고 고급제품 가격을 기본제품보다 아주 약간 더 비싸게 책정하는 것도 소비자가 업그레이드 제품 선택을 단념하게 만드는 심리적 장벽을 만들 수 있다.

자료원: Junha Kim,, Selin A. Malkoc and Joseph K. Goodman, "The Threshold-Crossing Effect: Just-Below Pricing Discourages Consumers to Upgrade," *Journal of Consumer Research*, vol. 48, 2022 April, pp. 1096-1112.

- **종속변수**(dependent variables) : 이는 독립변수(또는 실험변수)에 대한 조작의 결과 나타난 시험단위의 반응을 말하는데, 매출액, 시장점유율, (광고시안에 대한) 소비자인지도 또는 선호도 등이 그 예이다.
- **외생변수**(extraneous variables) : 독립변수(또는 실험변수) 이외의 종속변수에 영향을 미칠 수 있는 모든 변수들을 말한다. 만약 실험과정에 외생변수가 영향을 주게 되면 실험의 타당성을 저해하게 된다(즉 자신 있게 인과관계에 대한 결론을 내릴 수 없다).

### (3) 실험의 타당성

우리는 어떤 실험이 타당성이 있다 또는 없다는 말을 한다. 실험변수(원인변수)와 종속변수(결과변수) 간의 인과관계를 조사하는 실험과정에 외생변수들의 영향이 통제되고, 실험결과가 실험실 밖의 실제상황으로 일반화될 수 있다면 그 실험은 타당성이 있다고 한다.

실험의 타당성(validity)은 크게 내적타당성(internal validity)과 외적타당성(external validity)으로 나누어진다. 내적타당성은 측정된 종속변수의 변화가 실제로 독립변수(또는 실험변수)의 조작에 의해 일어났는지의 여부를 의미한다. 만약 독립변수 이외의 다른 외생변수들이 종속변수의 변화에 영향을 미쳤다면 이 실험은 내적타당성이 있다고 할 수 없는 것이다. 외적타당성은 실험에 의해 나타난 인과관계의 일반화(generalization) 여부를 말한다. 만약 실험결과가 실험실 밖의 다른 집단, 상황 또는 시점에서도 적용될 수 있다면 이 실험은 외적타당성이 있다고 말할 수 있다.

조사자는 내적 및 외적타당성이 모두 높은 실험설계를 하기 원하지만, 실제의 마케팅조사에서 이들은 상충관계에 있는 경우가 많다. 즉 내적타당성을 높이기 위해서 외적타당성을 어느 정도 포기해야 하는 경우가 발생되는 것이다. 가령 외생변수의 영향을 통제하기 위해 인위적인 상황에서 실험을 수행한다면, 이는 내적타당성을 높일 수는 있으나 실험결과의 일반화를 저해할 수 있다(즉 외적타당성이 낮아진다). 그러나 실험이 내적타당성을 갖지 못하면 외적타당성(결과의 일반화 여부)을 논의하는 것 자체가 의미가 없으므로, 우선 외생변수의 통제가 실험에서 매우 중요하다.

### (4) 외생변수의 종류

우리는 앞서 실험의 내적 · 외적타당성을 높이기 위해서는 외생변수가 통제되어야 함을 지적하였다. 내적 · 외적타당성을 저해하는 중요한 외생변수(extraneous variables)들은 다음과 같다 : 우연적 사건(history), 성숙효과(maturation effects), 시험효과(testing effects), 측정방법의 변화(instrumentation), 시험단위선정의 오류(selection bias), 시험단위의 소멸(mortality), 통계적 회귀(statistical regression), 실험목적에 대한 예상(demand artifacts).

- **우연적 사건**(history) : 이는 실험기간 동안 실험과 관계없이 발생된 사건들을 말한다. LG생활건강에서 헤어젤 신제품에 대한 광고의 효과를 조사하기 위해 헤어젤 광고를 소비자들에게 보여준 후 어느 정도의 기간(며칠 또는 몇 개월)이 지난 후 이들의 반응을 조사한다고 하자. 이 기간 동안에 경쟁사 제품들의 광고 또는 헤어스타일의 변화가 소비자반응에 영향을 미칠 수 있는데 실험 외부에서 발생된 이러한 사건들은 모두 우발사건으로 볼 수 있으며 실험결과에 영향을 미친다. 가령 OB맥주에 대한 선호도를 조사하는 도중에 페놀유출사건이 발생한 경우나 삼양라면 광고에 대한 실험 도중에 우지파동사건이 발생한 경우, 그리고 삼성 갤럭시노트 7에 대한 구매의도를 조사하는 도중에 라튬이온 배터리 발화사건이 발생한 경우 등이 이에 해당된다.

• **성숙효과(maturation effects)** : 이는 시간의 경과에 따라 나타나는 시험단위(실험대상)의 육체적 또는 심리적 변화를 말한다. 성숙효과의 예로는 피실험자(시험단위)가 장기간에 걸친 실험으로 응답을 대충 하거나 새로운 식품의 맛에 대한 조사를 하는 과정에서 시식을 계속함으로써 배가 불러져 맛에 대한 평가가 나빠지는 경우 등을 들 수 있다.

• **시험효과(testing effects)** : 이는 실험대상자에게 반복되는 측정을 했을 때 처음에 측정을 받았다는 사실이 실험대상자의 반응에 변화를 주는 현상을 말한다. 시험효과는 주시험효과(main testing effects)와 상호작용시험효과(interactive testing effects)로 나누어진다. 주시험효과는 실험과정에서 첫 번째 관찰(또는 측정)이 두 번째 관찰(또는 측정)에 영향을 주는 것을 말한다. 예를 들어 샴푸광고가 샴푸브랜드태도에 미치는 효과를 측정하는 실험을 실시한다고 하자. 실험에서 실험참가자는 샴푸광고를 보기 전에 샴푸브랜드에 대한 태도를 묻는 설문지에 먼저 답하고 샴푸광고를 본 후 다시 샴푸브랜드에 대한 태도를 묻는 설문지에 응답하게 된다. 만약 실험참가자가 첫 번째 설문지에 대해 응답한 경험이 있어 이에 익숙해 있기 때문에 두 번째 설문지에 대한 응답을 더 잘하였다면 이는 주시험효과에 해당된다. 이는 TOEFL이나 TOEIC 시험을 보는 경우, 두 번째 시험을 볼 때 실력에 변화가 없어도 시험장의 상황에 어느 정도 익숙한 상태에서 점수가 잘 나오는 현상으로도 설명할 수 있다. 한편 상호작용시험효과는 실험변수에 노출되기 전에 실시된 측정이 실험참가자들로 하여금 실험변수 자체에 대해 보다 민감하게 반응하게 하는 현상을 말한다. 가령 샴푸광고(즉 실험변수)를 보여주기 전에 실험참가자에게 그 샴푸브랜드에 대한 태도를 물었다면 이들은 이미 샴푸에 대해 상당한 관심을 가진 상태에서 실험에 임하게 되므로 샴푸광고를 보다 유심히 볼 가능성이 있어 결과 자체가 달라지는 경우이다.

• **측정방법의 변화(instrumentation)** : 이는 설문지와 같은 측정도구나 실험관찰자의 변화 등 측정방법상의 변화가 일어난 경우이다. 예를 들어 제품광고실험에서 실험 전후에 제품태도를 측정하는 데 사용된 설문지가 서로 다른 경우나, 서로 다른 면접원이 질문을 하는 경우가 이에 해당된다.

• **시험단위선정의 오류(selection bias)** : 이는 조사자가 서로 다른 특성을 가진 시험단위들을 실험집단과 통제집단에 할당하는 것을 말한다. 시험단위선정의 오류

는 시험단위, 즉 실험참가자들로 하여금 자의적으로 실험집단 소속 여부를 결정하게(self/selection) 하거나, 조사자의 주관적 판단으로 실험집단에의 할당 여부를 결정하는 경우에 발생된다. 가령 조사대상자를 두 집단으로 나누어 한 집단(시험집단)은 특정 제품광고에 노출시키고 다른 집단(통제집단)은 광고에 노출시키지 않는 실험에서 각 집단에의 참가의사에 따라 조사대상자를 두 집단으로 나누는 경우가 시험단위선정 오류의 일례이다. 이 경우 시험집단에 소속된 사람들은 통제집단에 소속된 사람들보다 그 제품을 더 좋아하거나 많이 구매한 소비자들일 수 있다. 한편 두 개의 다른 점포 내 디스플레이의 매출액에 미치는 효과를 조사하는 실험에서 서로 다른 특성을 가진(가령 점포규모가 서로 다른) 백화점에 각 디스플레이 방법이 할당된다면 백화점의 매출액은 디스플레이 방법보다는 점포의 크기에 의해 영향을 받을 가능성이 높다. 이러한 예도 시험단위 선정 오류의 하나이다.

- **시험단위의 소멸**(mortality) : 이는 실험기간 동안 피실험자가 없어지는 현상을 말한다. 가령 실험에 참가한 미혼 직장여성들 중 일부가 결혼을 하거나 조사대상자의 일부가 이사를 함으로써 더 이상 실험에 참가할 수 없거나 실험참가를 거부하는 경우가 이에 해당된다.
- **통계적 회귀**(statistical regression) : 이는 실험 전에 극단적인 특성을 가졌던 실험참가자들이 실험기간 동안 평균치에 접근하는 현상이다. 가령 제품광고 노출 전에 매우 호의적이거나 매우 부정적인 제품태도를 가졌던 실험참가자들이 실험 후 제품태도측정에서 평균값(정상수준)에 접근할 수 있다. 사람들의 태도는 계속 변하므로 극단적인 태도를 보인 소비자는 그만큼 이의 변화가능성도 클 것이다. 따라서 실험 후 소비자의 제품태도변화는 실험에서 보여준 제품광고 때문이기보다는 통계적 회귀 때문일 수 있는 것이다. 또 다른 예로 선물로 들어온 오렌지주스를 1주일간 10캔을 마신 응답자가 다음 주에는 평균수준으로 오렌지주스를 마시게 되는 경우도 통계적 회귀에 해당된다.
- **실험목적에 대한 예상**(demand artifacts) : 이는 실험참가자들이 실험과정에서 실험의 목적을 파악하게 되어 조사자가 의도하는 방향으로 행동하거나 응답하는 현상을 말한다. 예를 들어 면접원들에 대한 교육 중 조사를 주관하는 기업명을 알려주게 되면, 무의식중에 조사원들은 그 기업에 대한 평가가 좋게 나오도록 답변을 유도해 내게 된다.

### (5) 실험설계의 종류

실험설계란 인과성을 밝혀내기 위한 조사의 진행과정을 조정하는 절차로 시험단위와 조작되어야 할 독립변수의 결정, 종속변수의 측정, 외생변수들을 통제하는 방법들을 규정하는 절차를 의미한다. 가능한 철저한 통제를 통하여 실험조사를 실시하는 것이 이상적이기는 하나, 대부분의 상업적 조사에서의 실험은 조사의 효율성을 감안하여 통제수준의 정도를 상황에 따라 조정한다. 실험과정에 대한 통제의 정도에 따라 실험설계는 크게 원시실험설계(pre-experimental designs), 순수실험설계(true experimental designs), 그리고 유사실험설계(quasi-experimental designs) 등으로 나누어진다.

원시실험설계는 시험단위의 선발이나 측정의 시점이나 측정대상에 대한 통제가 거의 이루어지지 않아 외생변수를 통제하기 어려운 실험설계이므로 엄격한 의미에서 실험이라고 할 수 없다. 따라서 원시실험설계의 방법들 중 상업적 조사에서 많이 활용되는 사후실험설계(after-only designs)만을 간략히 소개할 것이다.

한편 순수실험설계는 시험단위(실험대상)의 추출과 실험집단에의 할당이 무작위적으로 이루어지며 또한 측정의 시점과 측정대상에 대한 통제도 가능하도록 설계된 실험방법이다.

유사실험설계는 시험단위(실험대상)들을 실험집단에 무작위적으로 할당할 수는 없지만, 조사자가 측정의 시점과 측정대상을 통제할 수 있는 실험방법이다.

실험설계의 유형을 구체적으로 설명하기 전에, 우선 설명에 사용될 부호를 먼저 소개하기로 한다.

- $R$ : 이는 실험참가자(시험단위)들을 실험집단 또는 통제집단의 하나에 무작위적으로 할당함(randomization)을 의미한다.
- $EG$ : 실험참가자들 중 실험변수(독립변수 또는 실험처치)에 노출되는 대상들, 즉 실험집단(experimental group)을 말한다.
- $CG$ : 실험참가자들 중 실험변수에 노출되지 않는 대상들, 즉 비교를 위한 통제집단(control group)을 말한다.
- $X$ : 실험집단에게 실험변수를 노출시킴을 의미한다(예 : 광고시안을 보여줌).
- $O$ : 실험참가자에게 종속변수를 측정함을 의미한다(예 : 광고에 대한 태도나 구매의사를 물어봄).

### 1) 사후실험설계

사후실험설계(after-only design)는 원시실험설계의 한 방법으로 실험대상(시험단위)들에게 실험변수를 노출시킨 후 종속변수를 측정하는 실험설계이다. 사후실험설계는 다음과 같이 표시된다[사전(before)과 사후(after)는 실험변수에 노출되기 전과 후에 실험대상들에게 종속변수를 측정한다는 의미로 사용된다].

| $X$ | $O_1$ |
|---|---|
| (실험변수의 노출) | (사후측정) |

신제품광고의 효과를 조사하기 위해 사후실험설계를 이용하는 예를 들기로 한다. 가령 8개 대도시에 거주하는 소비자들 중 전날 밤에 특정 TV 프로그램을 보았다고 응답한(즉 실험변수에 노출된) 200명의 소비자를 상대로 그 프로그램에 방영된 광고의 내용을 기억해 보도록 하거나(비보조회상법 : unaided recall), 또는 신제품광고에 대한 일부 내용을 언급한 후 이에 대한 구체적인 질문을 함으로써(보조회상법 : aided recall) 광고효과를 측정하는 방법은 사후실험설계에 해당된다. 사후실험설계에서는 통제집단이 없고(즉 광고효과를 비교할 기준이 없음) 실험대상의 무작위적 선발이 이루어지지 않았기 때문에 내적타당성이 없는 실험방법이다. 사후실험설계는 이러한 문제점이 있지만 사전측정이 필요없는 신제품조사나 탐색조사 등 상업적 시장조사에서 많이 활용되는 조사방법이다. 즉 여러 가지의 가능한 신제품을 사용 또는 시식케 한 후 응답자의 반응을 검토하는 조사가 그 예이다.

### 2) 순수실험설계

이하에서는 순수실험설계(true experimental designs)에서 많이 활용되는 통제집단 사전사후설계(before-after with control group design)와 통제집단 사후설계(after-only with control group design)를 중심으로 설명하기로 한다. 이러한 순수실험설계는 집단간 격리나, 무작위추출에 의한 응답자선정, 외생변수에 대한 통제의 어려움으로 인하여 상업적 조사에서는 거의 이용되지 않으며, 학문적 연구에서 활용되는 방법이다.

① 통제집단 사전사후설계

통제집단 사전사후설계(before-after with control group design)는 실험대상들을 실험집단과 통제집단에 무작위적으로 할당한 후 실험집단에 대해서는 실험변수의 도입 전·후에 각각 종속변수를 측정하고, 통제집단에 대해서는 실험변수를 도입하지 않은 상태에서 종속변수를 두 번 측정하는 방법으로, 다음과 같이 조사의 진행과정이 표시된다.

$$(EG): R \quad O_1 \quad X \quad O_2$$
$$(CG): R \quad O_3 \quad\quad\quad O_4$$

가령 맥심커피에 대한 판촉으로 3월 7일부터 14일까지 실시된 가격할인이 시장점유율에 미치는 효과를 조사하기 위해 통제집단 사전사후설계를 이용한다고 하자.

| | $O_1$ | $X$ | $O_2$ |
|---|---|---|---|
| $(EG)$: $R$ (10개의 점포가 무작위적으로 할당됨) | 가격할인 전의(즉 3월 7일 시점의) 맥심커피의 시장점유율 (6.5%) | 가격할인의 도입 (3월 7일~14일) | 가격할인 후의 맥심커피의 점유율(8%) |
| | $O_3$ | | $O_4$ |
| $(CG)$: $R$ (10개의 점포가 무작위적으로 할당됨 | 3월 7일 현재 맥심커피의 시장점유율 (6.6%) | | 3월 14일 현재 맥심커피의 시장점유율 (6.7%) |

조사자는 실험을 위해 서울지역의 맥심커피를 취급하는 50개의 점포 중 가격할인을 실시하는 실험집단과 가격할인이 도입되지 않는 통제집단에 각각 10개의 점포를 무작위적으로 할당한다. 실험집단에 대해서는 가격할인 전·후의 시장점유율을 측정하고, 통제집단에 대해서는 가격할인을 도입하지 않은 상태에서 시장점유율을 측정한다.

가격할인의 도입이 시장점유율에 미치는 효과(즉 순수실험효과 : $T$로 표시)는 다음과 같이 계산된다.

$$T = (O_2 - O_1) - (O_4 - O_3)$$
$$= (8\% - 6.5\%) - (6.7\% - 6.6\%)$$
$$= 1.4$$

통제집단 사전사후실험설계는 내적타당성을 저해하는 대부분의 외생변수들의 영향을 통제할 수 있다. 그러나 실험집단에 대한 종속변수의 사전측정이 실험집단 구성원들로 하여금 실험변수에 보다 민감하게 작용할 수 있다(즉 실험집단에 상호작용시험효과가 발생될 수 있음). 가령 가격할인을 실시하는 실험집단에 속한 점포들이 맥심커피를 보다 나은 위치에 진열하는 등의 노력을 한다면 가격할인의 효과를 정확히 측정하기 어렵게 된다.

② 통제집단 사후설계

통제집단 사후설계(after-only with control group design)는 실험대상(시험단위)들을 실험집단과 통제집단에 무작위로 할당한 후 사전측정 없이 실험변수를 도입한 후 각 집단에 대해 종속변수를 측정하는 방법인데, 다음과 같이 표시된다.

| | | |
|---|---|---|
| $(EG) : (R)$ | $X$ | $O_1$ |
| $(CG) : (R)$ | | $O_2$ |

이 실험에서 실험변수의 효과인 $T$는 다음과 같이 계산된다.

$$T = O_1 - O_2$$

통제집단 사후설계에서는 실험집단과 통제집단의 구성원들이 무작위적으로 할당되기 때문에 외생변수의 영향은 두 집단에 동일하게 작용할 것이며 두 집단에 대한 사전측정치는 차이가 없을 것으로 가정하면, 시험효과가 없는 상태에서 실험변수의 효과는 두 집단에 대한 사후측정치들의 차이가 된다.

통제집단 사후설계는 통제집단 사전사후설계와 비교할 때 사전측정이 없기 때문에 실험대상들의 반응에 있어서의 변화과정을 파악할 수 없는 단점이 있지만, 적용과정이 단순하여 마케팅조사에서도 활용될 수 있는 실험설계방법이다.

| | | | |
|---|---|---|---|
| $(EG)$: | $R$ | $X$ | $O_1$ |
| | (10개의 점포가 무작위적으로 할당됨) | 무료샘플의 제공 | 신제품 매출액의 측정 |
| $(CG)$: | $R$ | | $O_2$ |
| | (10개의 점포가 무작위적으로 할당됨 | 무료샘플이 제공되지 않음 | 신제품 매출액의 측정 |

가령 1회용 기저귀 제조업체인 유한킴벌리가 신제품을 도입한 후 무료샘플 제공이 신제품판매에 미치는 효과를 측정하기 위해 통제집단 사후설계 방법을 사용한다고 하자.

조사자는 실험을 위해 100개의 점포 중 20개를 무작위로 선정하고, 다시 실험집단과 통제집단에 각각 10개의 점포를 무작위적으로 할당한 후 무료샘플이 제공된 실험집단 점포들의 매출액과 무료샘플이 제공되지 않은 통제집단 점포들의 매출액을 측정한 후 이들을 비교한다. 통제집단 사후설계는 통제집단 사전사후설계와 비교할 때 실험집단에 대한 사전측정이 없기 때문에 시험효과의 발생가능성은 없다. 그러나 사전측정이 없었기 때문에 두 집단의 구성원들이 동질적임(즉, 양 점포들 간에 매출액이 비슷함)을 보장하기 어렵다는 문제점이 있다.

### 3) 유사실험설계

실험상황이 아닌 실제상황하에서는 순수실험설계와 같이 실험변수를 조작하고 통제하는 것이 쉽지 않다. 또한 표본의 무작위적 추출도 어렵다. 유사실험설계(quasi-experimental designs)는 실험대상자(시험단위)에 대해서는 통제의 어려움으로 인해 무작위적인 표본의 선정과 할당이 이루어지지 않고 실험변수에 대해서만 통제를 가하는 실험설계이다. 유사실험설계에서는 주로 단일집단 시계열실험설계(time series design)나 통제집단 시계열실험설계(multiple time series design) 등이 사용된다. 단일집단 시계열실험설계는 동일한 실험대상자(시험단위)들에 대해 실험변수를 도입하기 전 · 후의 반응(즉 종속변수)을 일정한 간격을 두고 반복적으로 측정하는 방법으로, 다음과 같이 표시될 수 있다.

$$O_1 \qquad O_2 \qquad O_3 \qquad X \qquad O_4 \qquad O_5 \qquad O_6$$

예를 들어 실험대상자집단을 패널로 유지하면서 조사자가 원하는 시점에 실험변수(새로운 패키지디자인)를 도입한 후 도입 전·후의 실험대상자의 반응(가령 브랜드 구매율)의 변화를 계속적으로 추적하는 것이 단일집단 시계열실험설계의 하나이다.

한편 통제집단 시계열실험설계는 통제집단의 역할을 하는 실험대상자(시험단위)들이 추가된다는 점 이외에는 단일집단 시계열실험설계와 동일하며, 다음과 같이 부호로 나타낼 수 있다.

$$(EG):\quad O_1 \quad O_2 \quad O_3 \quad X \quad O_4 \quad O_5 \quad O_6$$
$$(CG):\quad O'_1 \quad O'_2 \quad O'_3 \quad \quad O'_4 \quad O'_5 \quad O'_6$$

〈표 5-2〉는 지금까지 설명된 각 실험설계 유형이 통제할 수 있는 외생변수들을 보여준다.

**표 5-2** 각 실험설계가 통제할 수 있는 외생변수들

| 외생변수의 종류 | 사후 실험설계 | 통제집단 사전사후 | 통제집단 사후 | 시계열 |
|---|---|---|---|---|
| 우연적 사건 | × | ○ | ○ | × |
| 성숙효과 | × | ○ | ○ | × |
| 주시험효과 | ○ | ○ | ○ | × |
| 상호작용시험효과 | ○ | × | ○ | × |
| 측정방법의 변화 | ○ | ○ | ○ | ○ |
| 시험단위선정의 오류 | × | ○ | ○ | × |
| 시험단위의 소멸 | ○ | × | ○ | × |
| 실험목적에 대한 예상 | × | × | × | × |

○: 해당실험설계에 의해 외생변수가 통제됨을 의미함.
×: 해당실험설계에 의해 외생변수가 통제되지 않음을 의미함.

# 3 마케팅조사를 통해 수집되는 자료의 종류

기업의 마케팅담당자는 마케팅조사를 통해 수집된 자료를 근거로 하여 마케팅의사결정을 내리게 된다. 따라서 객관적이고 정확한 자료의 수집은 마케팅조사의 핵심이다. 마케팅조사에서 수집되는 자료는 크게 1차자료와 2차자료로 나누어진다.

1차자료(primary data)는 조사자가 당면한 의사결정문제를 해결하기 위해 직접 수집한 자료이다. 2차자료(secondary data)는 다른 조사자에 의해 다른 조사목적으로 이미 수집된 자료를 말하며, 사내자료, 정부기관 발행물, 연구기관 보고서, 전문조사기관에 의한 상업서비스자료 등이 이에 포함된다. 이하에서는 2차자료의 종류를 먼저 설명하고, 1차자료의 수집방법에 대해 살펴보기로 한다.

## 3.1 2차자료를 이용한 마케팅조사

### (1) 2차자료의 의미

해마다 수많은 경영 · 경제에 관련된 출판물들이 쏟아져 나오고 있다. 또 인터넷 검색서비스를 이용하면 기업이나 제품에 대해 많은 자료를 손쉽게 수집할 수 있다. 이들 중 많은 자료들은 당면한 마케팅의사결정문제의 해결에 직접적인 관련이 있거나 또는 이의 해결에 유용한 정보를 포함하고 있다. 따라서 조사자는 1차자료를 수집하기 전에 먼저 다양한 2차자료들을 파악하여 이를 활용할 필요가 있다.

2차자료는 다른 조사목적을 위해 수집된 자료이므로 당면 의사결정문제에 적절한 정보를 제공하지 못할 수 있으며, 관련된 정보라고 하더라도 시간이 상당히 경과하여 효용이 별로 없는 경우가 많다. 그러나 의사결정문제에 도움이 되는 2차자료를 입수할 수 있다면 조사자는 시간과 비용을 상당히 절감할 수 있다. 따라서 유능한 조사자라면 중요한 2차자료원과 이를 활용하는 방법을 잘 알아야 할 것이다.

마케팅조사Highlight

### 2차자료를 통해 수집된 고객정보를 마케팅 프로그램 개발에 활용하는 기업들

기업들은 신디케이트자료, 그리고 기업내부 2차자료인 고객데이터베이스로부터 추출된 고객수익성(customer profitability) 자료 및 고객생애가치(customer lifetime value) 자료를 활용하여 목표고객집단의 욕구와 행동적 특성에 맞는 마케팅 프로그램을 개발한다.

**신디케이트자료**

1차자료의 수집은 많은 비용이 발생되므로, 많은 기업들이 조사회사에 의해 수집·분석된 소비패턴에 관한 신디케이트자료를 정기적으로 구입한다. 신디케이트자료(syndicated data)는 표준화된 절차에 따라 정기적으로 수집·저장·분석되는 대규모 제품·서비스 사용자에 관한 자료로서, 이에 관심이 있는 기업고객들에 의해 비용을 지불하고 구매된다.

예를 들어, 닐슨미디어리서치(Nielsen Media Research)사는 전국으로 방영되는 TV 방송을 시청하는 미국 가구 수(표본으로 선정된 가구의 TV에 모뎀장비를 갖춘 박스를 설치하여 이를 통해 측정됨), 그들이 시청하는 TV 프로그램(people meters라는 장비를 통해 표본으로 선정된 가구들의 가족구성원들이 어떤 TV 프로그램을 시청하는지를 기록함), 지역 TV 프로그램을 시청하는 가구[시청자들이 본 프로그램을 일기장(diaries)에 기록하도록 함] 등의 정보를 담은 보고서를 작성하여 기업과 광고대행사에 판매한다.

**고객수익성자료와 고객생애가치자료**

흔히 기업들은 목표고객을 선정하는 데 있어 80/20룰을 적용하는데, 이는 비교적 소수의 고객들(즉, 전체고객 중 20% 정도의 고객들)이 기업 매출과 이익의 상당부분(즉, 80%)을 차지한다는 것이다. 최근 들어 고객과의 장기적 관계를 형성·유지하는 데 마케팅전략의 초점을 맞춤에 따라, 많은 기업들이 기업에 대한 이익공헌도가 높은 고객들을 가능한 한 신속하게 파악하고, 이들을 표적으로 다양한 서비스·촉진을 제공함으로써 자사의 제품·서비스를 더 많이 구매하도록 유도하는 시스템을 개발하고 있다.

이러한 시스템의 구축은 고객과의 과거거래자료, 고객들이 보낸 편지, 영업사원들의 고객방문기록, 보증카드 등과 같은 내부 2차자료와 기업-고객 상호작용의 빈도와 지속기간에 관한 자료의 수집·분석에서부터 시작된다. 이러한 고객자료를 토대로 일부 현명한 기업들은 각 세분시장별 고객생애가치(customer lifetime value)를 계산한다. 고객생애가치는 고객취득비용(고객과의 관계를 형성하는 데 드는 비용), 각 고객과의 거래에서 발생되는 이익, 고객을 유지하고 이들의 주문을 처리하는 데 드는 비용, 형성된 관계의 예상 지속기간 등을 토대로 계산된다.

## (2) 2차자료의 종류 및 활용

2차자료는 크게 기업내부자료와 기업외부자료로 나누어진다. 기업내부자료란 기업경영과 관련하여 기업내부에 지속적으로 축적된 자료를 말하는데, 회계자료, 영업관련자료, 조직의 현황, 기존의 시장조사자료 등이 이에 해당된다. 특히 기업의 마케팅부서 내에는 마케팅활동과 관련된 과거자료들이 보관되어 있으므로 마케팅담당자는 이러한 자료의 활용 여부를 먼저 검토한 후 기업외부자료의 수집 여부를 결정해야 할 것이다.

기업내부의 2차자료를 활용함에 있어 갖는 문제점은 많은 경우 이러한 자료들이 비체계적으로 보관되어 있다는 것이다. 특히 조직구조에 많은 변화가 있어 온 기업은 전임자와 후임자 간에 정보전달이 제대로 이루어지지 않거나, 마케팅부서 구성원들 간에 정보가 공유되지 못하고 각 담당자에게 독점적으로 분산되어 있음으로 인해, 사내의 자료가 제대로 활용되지 못하는 경우가 흔하다. 따라서 마케팅담당자는 기업내부에 산재되어 있는 2차자료를 체계적으로 수집하고 분석하는 작업을 선행해야 한다.

기업외부자료란 당면한 마케팅의사결정과 관련하여 외부기관으로부터 유·무상으로 입수될 수 있는 자료를 말하는데, 통계청과 같은 정부기관, 정부의 국책연구소, 민간경제연구소, 경제신문사, 상공회의소, 산업별 협회, 대학의 연구소, 기타 기업외부의 기관으로부터 간행된 자료 등이 이에 해당된다. 현재 이런 자료들의 상당부분은 인터넷을 통해서도 확인할 수 있다. 또한 외부 전문조사기관이 정기적으로 수집·분석하여 회원사들에게 유료로 제공되는 마케팅자료들도 중요한 기업외부자료에 포함된다. 예를 들어 TNMS와 닐슨코리아는 텔레비전의 시청률자료를 광고대행사나 기업의 광고담당자들에게 판매하고 있다. 마크로밀엠브레인, 칸타코리아는 소비자패널자료를 생산하여 기업의 마케팅담당자들에게 판매하고 있다.

그러나 2차자료는 다음과 같은 한계점을 갖고 있으므로, 많은 기업들은 이를 보완하기 위하여 1차자료를 수집하게 된다.

첫째, 2차자료는 다른 조사목적을 위해 수집된 자료이므로 당면 의사결정문제에 적절한 정보를 제공하지 못할 수 있다. 가령, 기업의 브랜드관리자는 자사 및 경쟁브랜드들의 사이즈별 매출액을 알고 싶지만 일반적으로 2차자료는 기업별·제품별 전체 매출액만을 제공하는 경우가 흔하다.

둘째, 당면한 마케팅의사결정에 관련된 정보라고 하더라도 시간이 상당히 경과하여 시의적절하지 못한 마케팅정보일 수 있다.

마케팅조사Highlight

## 디지털 시대의 2차 자료 분석기법: 소셜데이터를 기반으로 한 소비자 감성분석

### "배고플 때 넌 네가 아니야"

초콜릿 바(Chocolate Bar)로 유명한 스니커즈(Snikers)를 판매하는 식품회사 마즈(Mars)는 식사시간 이후보다 식사시간 이전의 트위터 분위기가 전반적으로 무뚝뚝하고 퉁명스럽다는 것을 알게 됐다. 출출하고 배가 고프니 사람들이 트위터에 올리는 글에도 부정적인 분위기가 반영된 것이다. 초콜릿 바의 특성상 허기가 지거나 피곤할 때 칼로리를 보충하기 위해 소비되는 경우가 많기에 'You're Not You When You're Hungry(배고플 때 넌 네가 아니야)'라는 마케팅 캠페인을 펼치고 있던 스니커즈는 인터넷상에 표출되는 사람들의 감정과 분위기를 마케팅에 활용하면 어떨까 하는 아이디어를 떠올렸다. 마즈는 먼저 '배고픔(Hunger)'과 알고리즘(Algorithm)'을 합성해 헝거리즘(Hungerithm)이라고 하는 유머러스한 단어를 만든다. 이 알고리즘의 핵심은 소셜미디어에서 사람들이 생성하는 문자 코멘트를 실시간으로 분석해 사람들의 감정을 파악하고, 그 결과를 스니커즈의 가격에 실시간으로 반영하는 것이다. 인터넷상에 불평이나 불만, 안 좋은 기분을 나타내는 코멘트들의 양이 많아져서 불만지수가 높아지면 이에 비례해 스니커즈의 가격을 인하해서 판매한다. 배고픔이나 불쾌한 뉴스 등으로 인해 우울함이 느껴지면 그 마음을 아는 스니커즈 초콜릿으로라도 짜증을 덜어보라는 메시지가 담겨 있는 마케팅 캠페인이다. (그림 1)

헝거리즘은 구체적으로 다음과 같이 작동한다. 먼저 매일 약 1만 4000개 이상의 소셜미디어에 포스팅되는 글(예를 들면, 트위터)을 실시간으로 수집한다. 그리고 수집된 글과 미리 설정해 둔 3000여 개의 긍·부정 감성어휘를 매칭해 행복한 감정을 느끼고 있는 메시지가 많은지, 불쾌

한 감정을 느끼고 있는 메시지가 많은지를 분석하고, 이를 통해 사람들의 감정 수준을 10단계로 평가한다. 만약 사람들의 불만지수가 높아지면 이에 비례해 가격의 할인폭이 높아지고, 이렇게 결정된 가격은 앱을 통해 실시간으로 공지된다. 예를 들어, 사람들의 감정이 'PRETTY CHILL'이면 가격은 1.73달러가 되고 'LOSING IT'이면 0.50달러까지 떨어지는 식이다. 마즈는 고객들이 언제든지 앱을 통해 현재의 가격을 확인하고, 이 가격을 바코드로 생성, 확정해 마케팅을 제휴하고 있는 세븐일레븐 매장에서 상품을 구매할 수 있도록 했다.

마즈는 캠페인 기간 중 이 알고리즘을 통해 가격을 하루 140회 이상 업데이트했는데 불쾌지수가 매우 높았던 며칠 간은 최고 82%까지 가격이 하락했다. 또한, 당시 미국 대선 후보였던 도널드 트럼프에 대한 뉴스가 나왔을 때 스니커즈의 가격은 61% 하락한 0.78달러까지 떨어져 화제가 되기도 했다.

소셜미디어상에 표출된 사람들의 기분에 따라 자사의 상품가격을 결정하겠다는 마즈의 캠페인은 온라인과 오프라인에서 높은 마케팅 효과를 거두었다. 캠페인 기간 중 매출이 67% 이상 성장했고 브랜드 관련 언급량이나 웹사이트 방문 고객 수 등은 1000% 이상 증가하는 마케팅 성과를 거두었다.

## 사람의 마음을 읽고 싶다

스니커즈(Snikers) 사례를 통해 살펴봤듯이 최근 '글에 내재돼 있는 사람들의 주관적 태도나 감성을 추출해 내는 분석기법인 감성분석(sentiment analysis)에 대한 관심이 높아지고 있다. 이러한 현상은 인터넷과 소셜미디어, 소셜네트워크서비스(SNS) 등의 활성화로 인해 일반대중이 정보를 소비하는 주체에서 생산하는 주체로 변화하기 시작한 것과 맥을 같이한다. 대중들은 SNS뿐만 아니라 각종 웹사이트의 게시판 참여, 댓글 작성 등의 형태로 자신들의 얘기를 풀어 놓는다. 온라인 커머스 사이트를 통해 상품을 구매한 고객들은 구매후기, 또는 상품평을 통해 자신들의 구매경험을 공개적으로 공유한다. 개인의 주관이 반영된 상품평은 브랜드, 가격 등 객관적 정보 못지않게 사람들의 구매의사결정에 영향을 끼치기도 한다.

이러한 현실은 소셜미디어라는 새로운 매체의 등장과 함께 대중이 공유하는 정보의 속성이나 유형도 변화했음을 보여준다. 온라인에 문자 형태로 표출된 개인의 평가, 태도, 감성과 같은 주관적 언어가 사람들의 의사결정에 중요한 정보원천이 된다. 특히 소셜데이터는 대중이 '자발적으로 표현한', '가공을 거치지 않은', '날 것 그대로의' 정보에 가까워서 소비자의 욕구를 비교적 정확히 파악할 수 있다는 장점이 있다. 고객의 진짜 마음을 알고 싶다는 것은 많은 마케터의 소망이었다. 고객의 마음이 담긴 데이터와 이를 분석할 수 있는 방법론은 이러한 소망을 실현하는 데 큰 도움을 줄 것이다.

물론 마케터들은 자사 및 경쟁 상품에 대한 소비자의 감정을 파악하기 위해 굳이 문자 데이터에 내재된 감성까지 분석하지 않고, 상품평에 달린 '별점'과 같은 간단한 수치자료를 이용할 수도 있을 것이다. 그러나 별점은 종합적인 만족도만 나타내는 반면 문자로 표현된 상품평에는 어떤 제품속성이 얼마나 마음에 들고, 어떤 제품속성이 얼마나 실망스러운지 등과 같은 상세한 고객반응 정보까지 포함하고 있기 때문에 그 분석의 깊이에서 차이가 있을 수밖에 없다. 마케터는 만족한다면 왜 만족하는지, 불만족한다면 무엇이 불만족스러운지도 알고 싶어 한다.

## 감성분석이란?

감성분석이란 텍스트에 나타난 주관적 반응요소인 긍정적 감정과 부정적 감정을 판별해 이를 수치나 도식, 등급으로 정량화하는 작업을 말한다. 단순히 긍정과 부정만을 판별하는 것이 아니라 긍정적/부정적 반응을 유발한 개체나 속성을 추출하고, 감성을 표현한 사람들의 감정(emotion), 감성(sentiment), 태도(attitude), 입장(stance) 등도 분석한다.

감성분석은 대중이 실시간으로 만들어 낸 대용량의 텍스트에 사용된 감성표현 언어들을 '추출 – 범주화 및 분류 – 예측'의 단계를 통해 정량화함으로써 마케팅 의사결정에 도움이 되는 정보를 생성한다. 감성분석의 다른 표현으로 오피니언 마이닝(opinion mining)'이 사용되기도 하는데 감성 또는 오피니언의 분석대상은 매우 광범위하다. 특정 상품이나 서비스뿐 아니라 특정 주제 또는 사건에 대한 평가가 될 수도 있고, 특정 기업, 서비스, 인물에 대한 지지도, 선호도, 평판 등일 수도 있다. 감성분류는 일반적으로 극성(polarity)에 따라 긍정과 부정, 이분법으로 분류하지만 경우에 따라서는 중립이 포함되기도 하고, 극성에 정도(degree)를 부여해 0부터 10까지의 수치로 표현하기도 한다.

감성분석에서 가장 중요한 요소는 '감성표현(sentiment expression)'이지만 감성표현은 반드시 특정 대상(target)을 전제하고 있다는 점에서 '대상'과 '감정표현'은 의견(opinion)을 구성하는 가장 기본적인 요소가 된다. 이러한 감성표현의 대상은 보통 개체(entity)라고 부른다. 가령 화장품 상품평에서 '화사하다, 촉촉하다, 건조하다, 비싸다' 등은 감성표현이며, 감성을 표현하는 대상인 화장품, 즉 파운데이션, 립스틱, 클렌징오일 등은 개체가 된다. 또한 개체(화장품)에 대한 평가는 색깔, 성분, 가격 등을 토대로 이루어지는데, 이때 개체를 구성하는 색깔, 성분, 가격 등을 속성(aspect)이라고 부른다. 의사결정자의 자료분석 목적에 따라 개체에 대한 전반적인 평가정보가 아니라 개체가 가진 개별 속성에 대한 감성을 분석한 정보가 필요할 수 있다. 또한 경우에 따라 의견을 표현하는 사람(opinion holder)의 속성(성별, 나이, 직업 등), 시간에 따른 추이 등이 중요한 정보가 되기도 한다.

## 어떻게 분석하나?

감성분석은 총 3단계로 이뤄진다. 첫 번째 단계는 소셜미디어와 같은 웹사이트 매체에서 정보를 수집하는 '데이터 수집'단계다. 두 번째 단계는 이렇게 수집된 정보에서 텍스트 작성자의 주관이 드러난 부분(정서적 반응)만을 걸러 내는 '주관성 탐지' 과정이다. 세 번째 단계에서는 '주관성의 극성'을 미리 정의된 극성(긍정, 중립, 부정 등) 또는 정도(예를 들어, 1: 매우 부정적, 2: 다소 부정적, 3: 중립적, 4: 다소 긍정적, 5: 매우 긍정적 등)로 분류한다.

감성분석을 수행하는 방법은 크게 기계학습 기반 접근법과 감성사전 기반 접근법이라는 두 가지 형태로 나뉜다. 기계학습 기반의 분석방법은 주어진 문자 데이터에 존재하는 패턴을 학습해 감성을 분류하는 예측모형을 구축한 후 학습한 데이터와 유사한 특성을 갖는 분석대상의 데이터에 적용함으로써 감성분석을 수행한다. 기계학습 기법을 적용하기 위해서는 텍스트 작성자의 개별 문서 혹은 문장에 대해 긍정 혹은 부정으로 분류된 라벨(Label)이 붙어 있는 데이터가 다수 있어서 데이터에 의한 학습이 가능해야 한다. 만약 라벨이 부착돼 있는 학습용 데이터가 충분하게 확보되지 않는다면 기계학습을 적용해 모델을 도출하는 것은 불가능하며, 감성사전 기반 분석 방법론을 적용해야 한다.

감성사전 기반의 분석방법은 수집된 문자 데이터를 전처리해 정리한 후 미리 구축된 감성사전과 매칭한 뒤 어느 쪽 극성의(즉, 긍정적 혹은 부정적) 감성어가 많이 나오는지를 정량화해 감성을 분석하는 것이다. 일반적인 사전이 단어의 의미나 어원, 문법적 정보 등의 내용을 중심으로 구성돼 있다면, 감성사전은 각 감성어와 해당 감성어의 극성 범주, 감성 점수로 이뤄져 있다. 예를 들어, 감성사전에 '화나다', '실망이다', '괜찮다', '추천한다', '강추한다' 등의 감성 단어가 있을 때, '화나다'는 '매우 나쁘다'(−2), '실망이다'는 '나쁘다'(−1), '괜찮다'는 '대체로 좋다/적당하다'(0), '추천한다'는 '좋다'(+1), '강추한다'는 '매우 좋다'(+2) 등과 같이 긍정 혹은 부정에 관한 극성 범주 값(즉, 얼마나 좋거나 나쁜가)과 범주별 감성 점수로 구성된다.

감성사전 기반 분석방법의 성과는 미리 구축된 감성사전의 품질과 직결된다. 다시 말해, 사전에 얼마나 많은 감성어휘를 포함하고 있는지, 부여된 감성점수가 정확한지에 따라 분석결과가 크게 달라진다. 만약 감성을 측정하고자 하는 문장 중에 나온 감성단어가 사전에 미리 등록돼 있지 않는 단어일 경우 해당 단어는 감성 측정 시 제외돼 정확한 감성측정을 못하게 된다. 감성단어별 감성점수 부여에도 신중을 기해야 한다. '좋다'와 '환상적이다'는 둘 다 긍정적인 감성을 나타내는 단어이지만 후자의 강도가 조금 더 강하다고 볼 수 있다. 이러한 차이가 감성점수에 적절히 반영돼 있어야 정확한 분석결과가 도출된다. 게다가 일부 감성단어의 경우 어떤 대상에 대해 언급하는가에 따라 같은 단어지만 반대의 극성을 가지기도 한다. 가령, 화장품에 관한 상품평에서 '잘 지워진다'라는 감성어가 있을 때 클렌징폼을 대상으로 하는 언급이라면 '이 클렌징폼은 잘 지워져서 좋다'라는 뜻이 되지만 립스틱이나 파운데이션을 대상으로 하는 평가라면 '색이 금방 지워져 버린다'는 부정적 의미가 된다. 감성사전을 구축할 때 해당 제품/서비스 분야에서 사용되는 대부분의 감성어를 포함하고 있어야 한다는 점, 극성 및 범주 값을 정확하게 부여해야 한다는 점, 분석대상에 따라 극성이 달라지는 감성어 등을 고려해야 한다.

## 속성 기반 감성분석

감성분석은 문서(가령, 응답자)나 문장 단위로 이뤄지는 것으로 생각하기 쉽다. 문서(응답자)와 문장 수준의 감성분석은 특정한 문서(응답자) 혹은 문장을 전반적으로 봤을 때 긍정적 부류에 속하는지, 부정적 부류에 속하는지 분류하는 것을 목표로 한다. 어떤 상품에 대해 '전반적으로 긍정적이다', 또는 '전반적으로 부정적이다'라는 분석결과도 유용하기는 하다. 그러나 감성분석 결과를 마케터들이 활용하기 위해는 단순히 좋다 혹은 나쁘다의 평가보다는 소비자가 상품이나 서비스의 무엇을, 또 어떤 이유로 좋아하고 싫어하는지에 대한 정보가 필요하다. 예를 들어, '이 노트북은 기능은 좋은 편이지만 너무 무거워 가지고 다니기 힘들다'라는 문장이 있다고 하자. 이 문장에 나타난 고객의 전반적인 감성을 평가하는 것도 의미가 있겠지만 고객이 이 노트북의 어떤 점을 좋아하고 싫어하는지를 파악할 수 있다면 훨씬 더 유용한 정보일 것이다. 최근 속성단위의 감성분석이 주목을 받는 것은 이렇게 분석대상을 더욱 정교하게 구분함으로써 분석결과의 활용성을 높일 수 있어서다.

속성단위 감성분석은 문서 또는 문장 수준의 감성분석에 비해 정교한 분석방법을 요구한다. 감성표현의 대상이 무엇인지, 그 대상의 어떤 특성을 좋아하고 싫어하는지 파악해야 하기 때문이다. 앞에서 예로 든 '이 노트북은 기능은 좋은 편이지만 너무 무거워 가지고 다니기 힘들다'라는 상품평을 분석해 보자. 이 문장에서 개체는 '노트북'이고, 개체가 가진 여러 속성 중 기능과 중량에 대해 상반된 감성을 표현하고 있다. 속성단위 감성분석에서는 전반적인 긍정, 부정이 아니라 기능이라는 속성에 대한 감성은 긍정적인 것으로, 중량이라는 속성에 대해서는 부정이라는 감성 분류결과를 제시한다. 아마도 이 노트북과 관련해 다른 소비자가 작성한 상품평에도 기능이나 중량이라는 속성과 관련한 평가가 있을 것이다. 속성단위 감성분석은 다수의 문서(응답자)에서 나타나는 속성별 감정 또는 평가를 해당 속성별로 취합해 제공함으로써 정교한 분석결과를 제시하게 된다. 속성 단위 감성분석을 수행하기 위해서는 감성표현의 대상이 어떤 속성으로 구성돼 있는지 그 속성들을 설정한 다음 각각의 속성에 따른 감성표현을 찾아 그 어휘가 긍정을 표현하는지, 부정을 표현하는지 분류할 수 있어야 한다.

### 새로운 마케팅 도구, 감성분석

지금까지 소셜미디어상에 고객들이 생성한 문자 데이터를 감성분석기법을 통해 분석함으로써 고객들이 특정 상품 또는 브랜드에 갖고 있는 주관적 의견을 모니터링하는 방법을 설명했다

전통적으로 데이터 분석은 고객 데이터 및 거래 데이터 중심의 정형 데이터를 활용한 분석이 주류를 이뤄왔던 것도 사실이다. 그러나 최근 인터넷이나 소셜미디어를 통해 막대하게 생성되고 있는 문자나 이미지 등의 비정형 데이터는 적절한 분석 기법을 활용할 경우 마케팅 의사결정에 필요한 정보나 지식을 추출해 낼 새로운 가능성을 제시한다.

텍스트 기반 감성분석을 마케팅 의사결정에 활용하려는 마케터는 적용분야별 특성을 살린 사전을 잘 구축해야 한다. 감성분석을 포함한 텍스트 분석의 성패는 정교한 모델 자체도 중요하지만 분석을 위한 인프라에 해당하는 각종 사전을 잘 구축하는 데 달려 있다. 형태소 사전, 감성어 사전, 속성어 사전 등이 그것이다. 특히 적용하고자 하는 산업 분야에서 특별하게 사용되는 다양한 어휘를 사전에 적극적으로 포함하면서 해당 분야의 특성을 충분히 반영해야 한다. 이렇게 구축된 사전은 지속적으로 업데이트돼야 한다. 최근에는 하루가 멀다 하고 신조어가 쏟아지고 있다. 의외로 신조어는 당시의 트렌드나 감성을 담고 있는 경우가 많아 고객감성을 이해하는 데 있어서 그냥 흘려버릴 수 없는 대상이다.

자료원: 신경식, 감성분석 활용사례, DBR, 2018년 11월, Issue 2.

〈표 5-3〉은 우리나라에서 입수가능한 마케팅관련 2차자료의 종류를 정리한 것이다.

**표 5-3** 마케팅조사에서 많이 활용되는 2차 자료의 종류

1. 정부기관에서 제공하는 자료
- 재정경제부: 경제동향
- 통계청: 경기동향, 경기종합지수, 한국경제지표, 인구, 물가 및 가계, 노동 및 자금, 가구소비실태 조사보고서
- 대한상공회의소: 소매점 경영동태 조사보고, 한국의 상권, 유통통계자료집, POS 정보
- 한국은행: 국민총생산경제경영문헌속보, 경제동향주요지표
- 한국산업기술연구원(KIET): 경제경영문헌속보, 경제동향주요지표

2. 주요연구기관 및 언론기관의 홈페이지에서 제공되는 자료
- LG경제연구원, 삼성경제연구소(SERI)
- 매일경제신문, 중앙일보, 조선일보 등 신문사의 기사검색 등
- Naver나 Daum과 같은 인터넷사이트의 검색서비스

3. 정기간행물 및 서적
- 마케팅관련 논문집: 경영학연구(한국경영학회), 마케팅연구(한국마케팅학회), 소비자학연구(한국소비자학회), 광고학연구(한국광고학회)
- 연구소 및 광고대행사의 간행물
- 경제신문: 매일경제, 한국경제, 내외경제, 서울경제
- 협회지: 리테일매거진(한국체인스토어협회), KAA저널(한국광고주협회), 월간물가자료(한국물가협회), 품질경영(한국표준협회)
- 일반적인 기업관련 서적 및 잡지: 시장규모총람(데이코산업연구소), 회사연감(매일경제신문사), 한경기업총람(NICE신용평가정보), 유통업체 연감(한국체인스토어협회), 한국통계연감(통계청), 매경이코노미(매일경제신문사), 이코노미스트(중앙일보), 한경비지니스(한국경제신문사), 광고연감(제일기획), ADSTAT(한국방송광고진흥공사), 광고계동향(한국광고총연합회), 마케팅(한국마케팅연구원), 물류와 경영(코리아 쉬핑 가제트)

4. 전문적인 마케팅조사회사에서 판매하는 자료
- 마크로밀엠브레인, 칸타코리아: 소비자패널조사 자료<br>시장조사 및 여론조사
- 닐슨코리아, TNMS: TV시청률 자료

5. 해외시장조사
- 주요 국가별 통계청 홈페이지
- 각 국가별 주요신문 및 경제신문 홈페이지

자료원: 안광호, 마케팅 - 관리적 접근, 제2판, 학현사, 2021, p.130.

**그림 5-2** 통계청 홈페이지의 KOSIS(국가통계포털) 화면의 모습

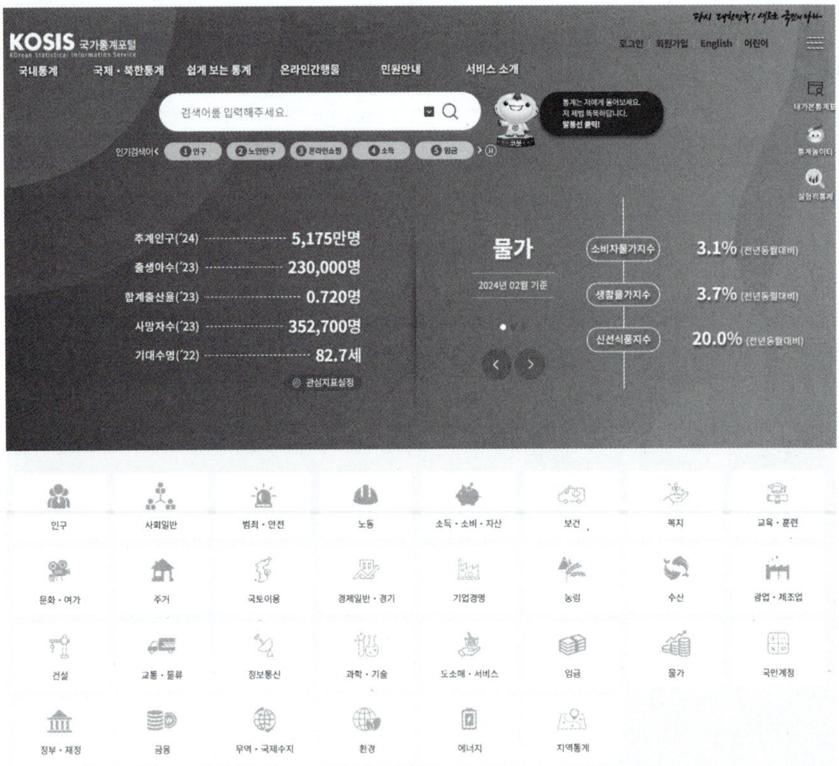


**그림 5-3** 중소벤처기업부 산하 소상공인시장진흥공단이 제공하는 상권분석시스템에서 상권을 분석한 화면의 예

상권정보
간단분석
업종을 선택하세요
숙박·음식>음식점 및 주점업>커피전문점/카페...
지도에서 위치를 선택하세요
여의동
분석완료
월평균 추정매출은 1,663 만원 입니다.
615만원
1,663만원
3,809만원
전년대비
-33.6%
전월대비
-13%
여의동

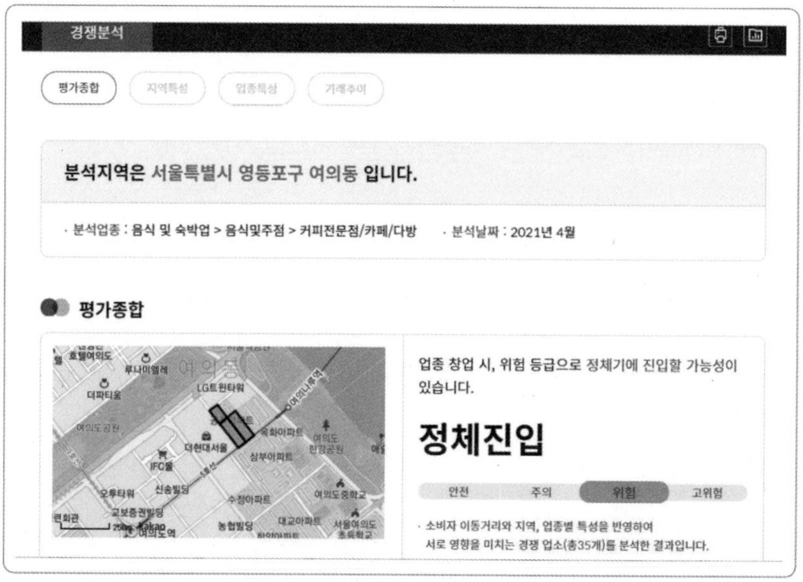
경쟁분석
평가종합
지역특성
업종특성
거래추이
분석지역은 서울특별시 영등포구 여의동 입니다.
· 분석업종 : 음식 및 숙박업 > 음식및주점 > 커피전문점/카페/다방
· 분석날짜 : 2021년 4월
평가종합
업종 창업 시, 위험 등급으로 정체기에 진입할 가능성이 있습니다.
정체진입
안전
주의
위험
고위험
· 소비자 이동거리와 지역, 업종별 특성을 반영하여 서로 영향을 미치는 경쟁 업소(총35개)를 분석한 결과입니다.

## 언제 누구에 뭘 팔아야 할지 안다 – 장사의 神은 감이 아니라 '데이터'에 의존한다

경기도 남양주에서 작년 3월 한식 뷔페를 개업한 민모(37)씨는 최근 반찬 판매도 시작했다. KT의 상권분석 서비스 '잘나가게'로 분석했더니 평일 유동인구 중에는 한식 소비가 적은 30대가 많은 반면, 식당 주변 거주인구 중에는 40대 여성이 많아 반찬을 팔면 추가수입을 올릴 수 있다는 결과가 나왔기 때문이다. 또 주말엔 40~50대 남성 유동인구가 는다는 분석에 주말 메뉴를 따로 내놨다. 주변 공장 지역에서 배달주문이 많다는 통계를 보고 광고 전단도 돌렸다. 민씨는 "데이터 덕분에 소비자를 세분화하고 그에 맞춰 서비스와 메뉴 구성을 바꾸면서 매출이 크게 늘었다"고 말했다.

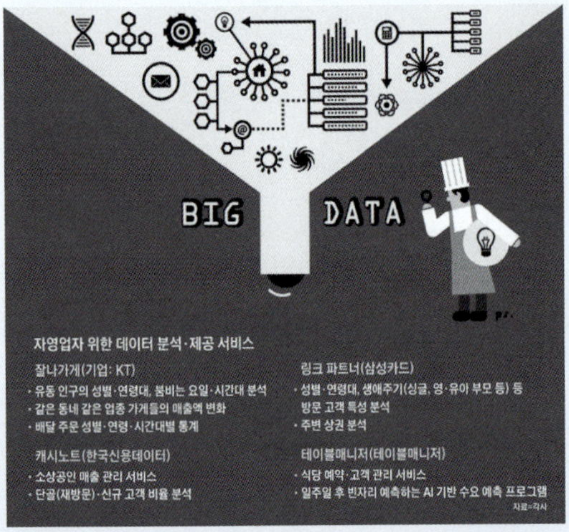


자영업자 위한 데이터 분석 · 제공 서비스

데이터를 수집 · 분석하는 빅데이터 기술이 발달하면서 장사를 할 때 '감' 대신 '데이터'를 활용하는 '사장님'이 늘고 있다. KT 같은 대기업부터 스타트업까지 데이터를 가공해 상권과 매출을 분석해주는 서비스를 속속 내놓고 있기 때문이다. 가게손님 중 단골 비율이 얼마나 되는지, 특정한 날짜에 손님이 얼마나 올지 예측하는 것도 가능하다. 코로나 이후 상권과 유동인구가 예전과 크게 달라지면서 서비스 이용 수요도 증가하고 있다.

### ◇고객 특징 분석부터 단골 비율 파악까지

삼성카드는 지난 2월 가맹점의 고객결제 정보를 모아 분석해주는 '링크 파트너'를 내놨다. 가맹점주는 자기 가게에 어느 성별 · 연령대의 손님이 많이 오는지, 이들의 소득과 직업은 보통 어느 수준인지, 언제 방문하는지 등을 한눈에 볼 수 있다. 주변 상권과 비교도 가능하다. 이를 바탕으로 메뉴 구성을 바꾸거나 '30대 고소득 남성' 같은 특정 삼성카드 고객에게 할인 쿠폰을 뿌릴 수도 있다. 삼성카드 관계자는 "가게 사장님들이 상권 분석 결과를 보고 맞춤형 쿠폰을 발행하기 때문에 삼성카드 소비자도 혜택을 보는 셈"이라고 말했다.

소상공인 대상 스타트업인 한국신용데이터의 '캐시노트' 서비스는 가게의 카드결제 정보를 분석해 특정 기간 인기 메뉴나 단골 비율 같은 정보를 보여준다. 신규 · 재방문 고객에게서 발생한 매출이 각각 얼마인지, 어느 시간대에 어떤 메뉴가 많이 팔렸는지 등을 숫자로 알려주는 것이다. 그동안은 자영업자가 눈대중이나 감으로 '대충 이럴 것'이라고 추측만 하던 부분이다. 현재 자영업자 80만 명이 이 서비스를 쓰고 있다.

### ◇빈 자리 예측으로 할인판매도 가능

식당 예약 · 고객 관리 스타트업 테이블매니저는 올 초 매장의 빈 자리를 예측해주는 서비스를 선보였다. 매장 예약 패턴과 업종별 데이터, 날씨 데이터 등을 인공지능(AI)으로 분석해 일주일 뒤 식당 손님이 얼마나 많을지 알려준다. 가게 주인은 공석이 예상되는 자리를 미리 할인 판매해 채울 수 있다. 최훈민 테이블매니저 대표는 "실제 당일 빈 자리가 예측과 얼마나 맞았는지 평가하는 식으로 AI를 계속 학습시키고 있다"며 "정확도가 높은 매장은 95%까지 들어맞는다"고 말했다.

작년 말에 나온 '잘나가게'는 가게 주변을 지나는 사람들의 성별과 연령대, 붐비는 요일과 시간대 등 유동 인구 분석까지 가능하다는 게 장점이다. 사람들이 주로 어느 방향으로 움직이는지 흐름까지 알 수 있어, '가게 주변은 일요일에 유동 인구가 가장 적으니 휴무일은 일요일이 좋다' '여성 유동 인구가 많으니 예쁜 디저트를 포함한 세트를 구성해보라'는 식의 조언이 가능하다. 지난달엔 배달에 특화된 서비스도 추가했다. 어느 구역에서 어떤 성별 · 연령대가 몇 시에 배달을 자주 시키는지 알려준다.

이런 데이터만으로 잘나가는 가게를 만들 수 있는 건 아니다. 최종 판단과 의사결정은 결국 가게 주인의 몫이다. 한국신용데이터 관계자는 "같은 숫자를 봐도 업주마다 해석이 다르며"며 "어떤 사장님은 단골 비율이 늘어난 걸 긍정적으로 보고, 또 다른 사장님은 부정적인 지표로 인식한다"고 말했다. 주말에 갑자기 늘어난 30대 유동 인구가 새로 생긴 문화센터 때문인지, 주변 맛집 때문인지 판단하는 것도 결국 자영업자의 경험과 판단이 필요한 영역이라는 얘기다.

자료원: 조선경제, 2021.09.06.

## 3.2 1차자료 수집을 위한 마케팅조사

1차자료란 당면한 의사결정문제를 해결하기 위해 조사자가 직접 수집하는 자료라고 설명하였다. 일반소비자나 유통점 주인들을 대상으로 한 서베이, 고객행동에 대한 관찰, 실험실조사에서의 소비자반응측정 등은 모두 1차자료의 예이다. 마케팅조사에서 1차자료가 주로 수집되는 이유는 2차자료들이 조사목적에 부합되지 않는 경우가 많기 때문이다. 가령, 우리나라의 인구통계자료, 산업의 크기 및 전망에 관한 거시적 자료는 통계청이나 산업관련 협회들로부터 수집될 수 있으나, 기업의 마케팅관리자의 주관심영역인 특정 제품에 대한 시장구조나 소비자특성에 관한 자료는 2차자료로 입수하기가 힘들다. 또 자료가 있더라도 오래전에 수집된 것이어서 당면한 연구에 적절하지 않은 경우가 많다.

1차자료는 조사목적에 적합한 정보를 시의적절하게 제공하는 장점이 있지만, 설문지작성, 실사, 자료처리 등 자료수집과정에 많은 비용과 시간이 발생되는 단점이 있다. 1차자료를 수집하는 방법에는 크게 의사소통방법(communication method)과 관찰법(observation method)이 있다.

### (1) 의사소통방법에 의한 자료수집

의사소통방법(communication method)은 조사자와 응답자 간에 질문과 응답을 통하여 자료를 수집하는 방법이다. 예를 들어 면접원이 설문지를 이용하여 응답자들에게 질문을 하여 자료를 수집하는 서베이조사가 대표적인 의사소통방법에 의한 자료수집방법이다.

의사소통방법은 자료수집과정의 체계화와 조사목적의 공개 여부에 따라 여러 가지 유형으로 나누어진다. 체계화(the degree of structure)란 자료수집과정의 표준화(standardization) 정도이다. 가령 동일한 설문지를 이용하여 응답자들로부터 자료를 수집하는 방법은 체계적인 자료수집방법으로 볼 수 있으며, 집단면접이나 심층면접과 같이 표준화된 자료수집도구(설문지, 관찰표 등) 없이 사회자의 판단에 따라 조사를 진행시켜 응답자의 반응을 이끌어 내는 것은 비체계적 자료수집방법이다.

공개정도(the degree of disguise)는 응답자들에게 조사목적을 밝히는지의 여부이다. 예를 들어 조사자가 설문지를 이용하여 자료를 수집할 때 응답자들에게 조사목적을 노출시킬 수도 있으며 조사목적을 노출시키지 않을 수도 있다. 응답자가 조사목적을 쉽게 파악할 수 있거나 조사자가 조사목적을 노출시키는 자료수집방법은 공개의 정도가 높다고 할 수 있다.

체계화와 공개정도라는 두 가지 분류기준을 토대로 의사소통방법은 체계적 의사소통방법, 비체계적-공개적 의사소통방법, 비체계적-비공개적 의사소통방법으로 다시 분류되는데, 〈표 5-4〉는 각 유형별 대표적인 조사방법들을 제시하고 있다.

**표 5-4** 의사소통방법의 유형

| | 체계적(structured) | 비체계적(unstructured) |
|---|---|---|
| 공개적(nondisguised) | 설문지를 이용한 서베이조사 | 심층면접법<br>표적집단면접법 |
| 비공개적(disguised) | | 투사법 |

#### 1) 체계적 의사소통방법 : 서베이조사

서베이(survey)조사는 설문지를 이용하여 조사대상자들로부터 자료를 수집하는 것으로서 가장 널리 사용되는 자료수집방법이다. 서베이조사는 표준화된 설문지를 이용하여 모든 응답자들에게 동일한 방법으로 질문을 하므로 체계적인 자료수집방법이다. 그러나 서베이조사는 조사목적이 공개적일 수도 있고 비공개적일 수도 있다. 대부분의 시장조사에 있어 응답자들은 조사를 의뢰한 회사는 알 수 없더라도 특정 제품에 관련된 질문을 받게 됨에 따라 조사목적을 추측할 수 있다. 그러므로 서베이조사는 공개의 정도가 높은 자료수집방법이다. 그러나 경우에 따라서는 응답자들이 조사목적을 잘 알지 못하도록(예를 들면 조사대상 제품을 포함한 복수의 제품에 대해 평가하도록 하거나 다양한 주제에 대한 질문을 포함하는 경우) 설문지를 작성할 수 있다면, 이 경우는 비공개적인 조사방법이 된다. 서베이조사는 응답자를 접촉하는 방법(method of administration)에 따라 대인면접법, 전화면접법, 우편면접법으로 구분되며, 최근에는 인터넷을 이용한 조사방법이 많이 활용되고 있다.

### 2) 비체계적－공개적 의사소통방법 : 심층면접법과 표적집단면접법

비체계적－공개적 의사소통방법은 조사자가 응답자들에게 조사목적을 밝힌 후 표준화된 설문지를 이용하는 대신 탄력성 있게 면접을 진행하여(즉 비체계적 방법으로) 조사문제에 관련된 정보를 수집하는 것이다. 비체계적－공개적 의사소통방법의 대표적인 예로는 심층면접법과 표적집단면접법을 들 수 있다.

#### ① 심층면접법

심층면접법(depth interview)은 비체계적인 방식으로 응답자들로부터 조사주제에 대한 정보를 수집하는 방법으로, 조사자와 응답자 간의 일대일(1 : 1) 대면접촉에 의해 조사주제에 관한 응답자의 잠재된 동기, 신념, 태도 등을 발견하는 데 사용된다. 심층면접은 30분부터 길게는 1시간 이상의 면접시간이 소요되며, 심리학분야에서 훈련을 받은 고도로 숙련된 면접진행자를 필요로 한다.

#### ② 표적집단면접법

표적집단면접법(focus group interview)은 면접진행자(moderator)가 소수의 응답자들을 한 장소에 모이게 한 후, 비체계적이고 자연스러운 분위기 속에서 조사목적과 관련된 대화를 유도하여 응답자들이 자유롭게 의사를 표시하도록 하는 면접방식이다. 표적집단면접법의 목적은 소수의 응답자들간의 자연스러운 대화과정에서 조사목적과 관련된 유용한 정보를 얻거나 공식적인 설문조사에서 기대하지 못한 결과를 발견하는 데 있다. 응답자들은 대화과정에서 다른 응답자의 생각으로부터 새로운 생각을 떠올릴 수 있으며, 응답자들의 자연스러운 의사표시에 자극을 받아 다른 응답자들도 부담 없이 의견을 표시하게 되므로 양질의 정보가 도출된다. 이러한 장점들로 인해 우리나라의 많은 기업들이 신제품 아이디어의 도출, 소비자들의 제품구매 및 사용실태에 대한 전반적 이해, 본조사 전의 설문지작성에 필요한 기본적 정보의 수집 등을 위해 표적집단면접법을 널리 활용하고 있다.

### 3) 비체계적-비공개적 의사소통방법 : 투사법

심층면접법과 표적집단면접법은 일반적으로 조사목적을 응답자들에게 공개하고 조사를 진행한다. 그러나 특정의 사회적 이슈(가령, 혼전 성관계, 임신중절수술)나 제품사용경험(가령, 생리대 사용경험)에 대해 응답자들이 본인의 의견을 밝히기를 꺼리

**마케팅조사Highlight**

#### 소비자행동을 이해하는 데 있어 관찰조사가 서베이보다 더 효과적일 수 있다

대부분의 소비자조사는 소비자의 자사 및 경쟁브랜드에 대한 신념, 태도, 구매행동을 파악하기 위해 서베이에 의존한다. 그러나 때로는 자연스러운 상태에서 소비자행동을 관찰함으로써 마케팅전략에 유용한 정보를 얻을 수 있다. 많은 경우 관찰된 소비자행동과 서베이에서 응답된 소비자행동 간에는 차이가 있다.

예를 들어 미국의 가전제품 제조회사인 Hoover사는 서베이조사에서 소비자들이 1주일에 1시간 정도 진공청소기를 사용하여 집안청소를 한다는 결과에 대해 의문을 가졌다. 응답의 정확성을 확인하기 위해 Hoover사는 진공청소기 모델에 시간측정기(timer)를 설치한 다음 이를 표본으로 선정된 소비자의 가정에서 사용되던 동일한 모델과 교환시켜 주었다. 시간측정기를 사용하여 관찰조사를 실시한 결과 소비자들이 매주 진공청소기를 사용하여 청소하는 실제 시간이 30분 정도에 불과한 것으로 나타났다. 서베이조사에서 소비자들은 실제의 청소기 사용량보다 과장하여 보고하였던 것이다.

한편 소비자들의 식품사용행동에 대한 한 마케팅조사에서는 사람들이 자주 먹는 식품의 유형과 식품소비량을 파악하기 위해 각 가정의 쓰레기통을 조사하는 극단적인 관찰방법이 도입되었다. 관찰조사결과에 의하면 서베이조사에 참가한 많은 사람들이 실제로 어떤 유형의 음식을 얼마만큼 먹는지에 대해 정확히 응답하지 못할 뿐만 아니라 과대추정하는 경향이 있는 것으로 나타났다. 이와 함께 서베이조사의 경우 사람들은 실제보다 건강식품을 더 많이 소비하는 것으로 응답하는 경향이 있음도 밝혀졌다.

마케팅조사Highlight

### 투사법의 활용 : 인스턴트커피 구매를 주저하는 주부들의 감춰진 동기의 파악

미국에서 인스턴트커피가 처음 나왔을 당시 맛 테스트에서 주부들이 신제품과 기존의 ground커피(갈아서 마시는 커피)와의 차이를 구분하지 못했음에도 불구하고 인스턴트커피 판매가 매우 부진하였다. 소비자들에 대한 수차례에 걸친 설문조사에서도 그 원인을 파악하지 못한 상태에서 투사법을 이용하여 그 원인을 밝혀내기로 하였다.

이를 위해 주부들에게 다음과 같은 두 종류의 쇼핑목록을 보여주고 각 쇼핑목록으로 쇼핑을 하는 가상의 주부에 대해 평가하도록 요구하였다.

| 쇼핑리스트 A | 쇼핑리스트 B |
|---|---|
| 햄버거 1.5파운드 | 햄버거 1.5 파운드 |
| 식빵 2개 | 식빵 2개 |
| 당근 1봉지 | 당근 1봉지 |
| 베이킹파우더 | 베이킹파우더 |
| 인스턴트커피 | 기존의 ground커피 |
| 복숭아 캔 2개 | 복숭아 캔 2개 |
| 감자 5파운드 | 감자 5파운드 |

이에 대한 응답자들의 평가는 다음과 같이 나왔다.

- 전체 응답 주부 중 48%가 인스턴트커피를 구매한 주부를 게으르다고 응답하고, 4%의 주부만이 ground커피를 구매한 주부를 게으르다고 응답함.
- 48%의 응답자가 인스턴트커피를 구매한 주부는 살림을 잘 못할 것이라고 평가하고, 12%의 주부만이 ground커피를 구매한 주부가 잘 못할 것으로 평가함.

그 당시 주부들은 인스턴트커피는 게으르고 살림을 잘 못하는 주부들이 구매하는 제품이라는 부정적인 생각을 갖고 있었음이 투사법을 실시한 결과 밝혀졌다. 이러한 결과는 기존의 서베이조사를 통해서는 밝혀지기 어려운 내용들로 소비자의 내면의 의식을 간접적으로 물어봄으로써 가능하였다.

자료원 : Mason Haire, "Projective Techniques in Marketing Research," *Journal of Marketing*, 14, April 1950, pp.649-656.

는 경우도 있으며, 어떤 경우에는 응답자들이 실제로 적절한 답변을 모르는 경우도 발생한다.

예를 들어 유아용 학습교재를 개발하기 위해 엄마들과 면접을 진행하는 과정에서 자기 아이가 다른 아이보다 학습능력이 뒤떨어지는 것으로 나타날 때 솔직한 대답을 이끌어내기 어려울 수 있다. 이럴 경우 직접적으로 소비자 본인의 의견을 끌어내기보다는 자신의 행동이 아닌 제3자의 행동을 보여주고 이를 해석하도록 하는 간접적인 질문기법이 요구되는데, 투사법(projective technique)이 그 대표적인 예이다.

투사법은 타인의 행동을 해석하는 과정에서 응답자들로 하여금 간접적으로(무의

마케팅조사Highlight

### 관찰조사를 통해 소비자의 욕구를 체계적으로 분석하는 P&G

P&G는 관찰조사를 통해 소비자 자신도 모르는 숨겨진 욕구를 파악해 신제품개발 등 마케팅의사결정에 반영하고 있다. P&G는 소비자가 진심으로 원하는 제품과 서비스를 개발하기 위해 '접촉 유지(Staying in-touch)'라고 부르는 프로젝트를 실천하고 있는데, 이는 소비자와의 접촉을 항상 유지한다는 의미이다.

P&G의 모든 임직원들은 부서별로 분기별 또는 매달 주기적으로 소비자들의 실제 생활양식과 구매패턴을 몸소 체험해야 한다. 소비자를 근본적으로 이해하고 소비자가 원하는 제품과 서비스를 찾기 위해서다. 이들은 소비자의 가정을 방문해 며칠 동안 함께 거주하거나 할인점에서 소비자들이 어떤 제품을 구매하는지 관찰한다. 특정 소비자를 하루 종일 따라다니며 쇼핑행동 양식을 파악하기도 한다. 이들은 이런 현장체험을 통해 제품개발이나 판매과정에서 찾아내지 못한 소비자 불편이나 요구사항(needs) 등을 알아내려고 한다.

2003년부터 글로벌 생활용품 제조업체들은 경쟁적으로 1리터짜리 대용량 샴푸를 리필용으로 출시했고, P&G도 이에 대응해 대용량 제품을 리필용으로 출시했다. 하지만 실제 소비자의 집을 방문해 관찰해 보니 소비자들은 리필용 제품을 본 제품의 플라스틱 샴푸용기에 따르지 않고 그대로 쓰고 있었다. 리필용 제품의 부피가 너무 커서 사용하면서 자주 떨어뜨리기도 하고, 큰 리필용 용기를 거꾸로 뒤집어서 짜는 데 불편함을 느끼고 있었다. 이러한 관찰결과를 토대로 P&G는 2006년 대용량 리필제품에도 500mL 리필 제품과 마찬가지로 펌프식 마개를 적용해 소비자들의 불편을 해소함으로써 매출을 크게 올릴 수 있었다.

P&G는 다양한 국가의 문화특성에 따른 소비자 인사이트를 발견하려는 노력도하고 있다. 흔히 글로벌 브랜드라고 하면 동일한 제품이 모든 국가에서 판매된다고 생각하기 쉽다. 하지만 P&G는 각국 소비자들의 취향이 거주지역과 문화적 영향에 따라 차이가 난다고 판단했다. 이를 반영해 중국에서 크레스트(Crest) 치약을 판매할 때 동양적 요소들을 가미, 약초 성분과 소금을 첨가한 제품을 개발했다. 중동에서는 가장 큰 명절 중 하나인 라마단을 기념하기 위해 타이드(Tide) 세제로 옷을 무료로 세탁해주는 캠페인을 벌이기도 했다. 라마단 기간 동안 이슬람 교도들이 주로 흰색 옷을 입는 관행을 보고 착안한 캠페인이었다. P&G는 이 캠페인을 통해 타이드가 이슬람 사회에 기여한다는 이미지를 심어줄 수 있었다. 2004년 이집트에서는 이벤트 효과로 타이드 매출이 전년 대비 2배 가까이 올랐다.

식적으로) 자신의 동기, 신념, 태도 또는 느낌 등을 표현하게 하는 기법이다. 투사법은 자료수집과정이 비체계적(unstructured)이면서 조사목적이 공개되지 않는(disguised) 자료수집방법으로, 조사주제와 관련하여 응답자의 내면 깊숙이 감춰진 동기, 신념, 태도 또는 느낌 등이 간접적으로 표출되도록 유도한다. 응답자들에게 제시된 상황이 애매할수록(ambiguous), 그들은 자신의 감정, 동기, 태도 등을 더 강하게 투영하는 경향이 있다.

투사법은 임상심리학(clinical psychology)에서 많이 활용되는 기법으로, 단어 연상법(word association), 문장완성법(sentence completion), 그림묘사법(picture response technique), 만화완성법(cartoon tests) 등이 흔히 사용되는 투사법의 유형들이다. 조사자는 투사법을 이용하여 응답자들이 어떤 응답을 하는지, 응답에 어느 정도의 시간이 소요되는지 등을 통해 어떤 문제를 중요하게 생각하는지를 간접적으로 파악한다.

### (2) 관찰을 통한 자료수집방법

관찰을 통한 자료수집방법(observation method)은 피관찰자가 하는 행동을 관찰하고 이를 체계적으로 정리하여 자료화하는 방법이다. 예를 들어 편의점을 이용하는 고객의 특성을 조사하기 위하여 30분 간격으로 들어오는 고객의 성별 및 연령대

**마케팅조사Highlight**

#### 관찰조사를 통해 수집된 고객쇼핑행동자료를 점포관리에 활용하는 현대백화점

현대백화점 목동점은 최근 한 달 동안 식품매장을 방문한 고객 230명의 동선(動線)을 '몰래' 추적 조사했다. 고객이 매장에 진입한 시점부터 계산할 때까지의 모든 행동을 직원들이 고객으로부터 5~10m 떨어져 따라다니면서 살펴본 것이다. 직원들은 진열대를 지나는 고객이 어디에 멈추는지, 어느 상품을 집어 드는지를 일일이 기록하면서 관찰했다. 여기서 몇 가지 눈에 띄는 점이 발견됐다.

첫째, 혼자 쇼핑을 온 고객이 친구나 가족 등과 함께 온 고객보다 매장에 머무는 시간이 길고 구매금액이 많았다. '나 홀로 고객'이 식품 매장에서 평균 19분 머물며 5만 5,000원어치를 구매하는 데 비해 동행자가 있는 고객의 평균 매장 체류시간은 17분, 구매비용은 4만 8,000원이었다.

둘째, 시식제품의 판매가 높고 특히 40대 시식고객 중 절반(50%)은 직접 맛본 음식을 구매했다. 이는 20대 시식고객의 구매비율 22%보다 높은 수치였다.

셋째, 선반 진열대의 왼쪽에 있는 제품이 오른쪽에 있는 제품보다 30% 이상 잘 팔린다. 유통업체 매장의 고객 동선은 오른쪽에서부터 시계 반대 방향으로 흐르도록 고안돼 있다. 하지만 정작 고객 앞에 가로로 놓인 진열대에선 고객들이 왼쪽에 있는 상품을 집어 들더라는 것이다. 조미료 진열대를 예로 들면 왼쪽에 배열된 제품이 오른쪽 제품보다 잘 팔리는 것이다.

현대백화점 목동점 식품팀장은 "이번 조사는 그동안 막연하게 고객행동을 예측하고 판매자 관점에서 매장을 구성하던 관행에서 벗어나는 계기가 됐다"고 말했다.

자료원 : 동아일보, 2008년 6월 20일자에서 요약발췌

를 관찰하여, 이를 기록할 수 있다. 이러한 자료를 통하여 현 매장방문고객에 대한 프로파일을 파악할 수도 있으며, 방문고객의 수에 따라 시간대별 종업원 수나 영업시간 등을 결정할 수 있게 된다.

관찰방법은 소비자들의 최종행동만을 관찰하게 되므로 그러한 행동을 유발한 동기, 신념 및 태도 등을 파악하기가 어렵다는 한계가 있기 때문에 의사소통방법을 이용한 자료수집과 보완적으로 활용될 때 보다 효과적이다.

## 연습문제

1. 마케팅조사설계에는 어떠한 것들이 있는가? 이들 각각의 목적은 무엇인가?

2. 탐색조사(exploratory study)의 종류 및 각각의 특징에 대해 설명하시오.

3. 기술조사(descriptive study)와 인과조사(causal study) 간의 차이를 설명하시오.

4. 인과조사에 있어서의 변수들 간의 인과관계의 성립조건에 대해 설명하시오.

5. 인과조사에 있어서 내적타당성(internal validity)과 외적타당성(external validity)의 의미와 중요성은 무엇인가?

6. 조사의 내적타당성과 외적타당성을 저해하는 외생변수에는 어떠한 것들이 있는가?

# 제 6 장
# 탐색적 마케팅조사

1. 면접조사

2. 관찰조사

제5장에서 설명했던 연구목적에 따른 마케팅조사의 분류에 의하면 기업에서 실시하는 마케팅조사는 주로 탐색적 조사와 기술적 조사(또는 계량조사)에 해당되며, 학문적 연구에서 흔히 사용되는 엄격한 의미의 인과적 조사는 거의 이루어지지 않는다. 신제품 또는 광고시안에 대한 소비자들의 반응을 조사하는 경우 사후실험설계에 의한 인과적 조사가 이용되기는 하지만, 순수실험설계와 같이 실험과정에 대한 엄격한 통제는 이루어지지 않는다. 〈표 6-1〉에는 연구목적에 따른 조사유형별로 현재 활용되는 마케팅조사기법들을 제시하였는데, 실무에서는 탐색적 조사보다는 정성조사(qualitative research)라는 표현을 많이 쓰며, 기술적 조사나 인과적 조사보다는 계량 또는 정량조사(quantitative research)라는 표현이 많이 쓰인다.

**표 6-1** 조사유형별 마케팅조사기법

| 정성조사 | 정량조사 | |
|---|---|---|
| 탐색적 조사 | 기술적 조사 | 인과적 조사 |
| 2차자료조사<br>관찰조사<br>FGI조사<br>심층면접조사 | 서베이조사<br>갱서베이조사<br>패널조사<br>CLT조사<br>HUT조사 | 실험조사 |

본 장에서는 〈표 6-1〉에 제시된 마케팅조사기법들 가운데 탐색적 조사에서 흔히 활용되는 면접조사와 관찰조사에 대해 설명한다. 그리고 다음 장에서는 기술적 조사와 인과적 조사기법들에 대해 살펴보기로 한다.

일반적으로 '마케팅조사' 하면 설문지를 만들어 응답자들로부터 자료를 수집하고 수집된 자료에 대해 통계분석을 실행하는 서베이조사를 떠올리게 된다. 그러나 서베이조사에서 실시되는 질문에 대해 응답자들이 적절한 대답을 하지 못하거나 대답하기를 꺼려 하는 경우가 종종 발생한다. 예를 들어 '귀하는 최근 한 달간 신경안정제를 드신 경험이 있습니까?' 또는 만 24개월에서 36개월의 자녀를 둔 엄마에게 "현재 아이가 소변을 제대로 가리고 있습니까?"와 같이 사적이고 민감한 주제에 대한 질문을 한다면 정확한 답변을 기대하기 어려울 것이다. 또 다른 예로 최근에 OLED TV를 사면서 고려했던 경쟁브랜드들에 대해 주요 제품속성별로 5점척도상에 평가하라고 요청하는 경우, 응답자들이 기억을 더듬어 제대로 된 응답을 하기가 쉽지 않다. 이에 따라 응답자들은 속성별 특성을 잘 모르는 경우에도 평소 본인의 느낌으로 대충 평가할 가능성이 높다.

이와 같이 소비자의 내면 깊이 감춰진 생각이나 감정, 소비자들이 매장에서 브랜드를 선택하는 과정에서 무의식적으로 영향을 미치는 소매환경요인, 그리고 실제로 가정에서 제품을 사용하는 과정에서 갖는 다양한 경험 등에 대한 정보는 정량조사를 통해 정확히 파악하는 데 한계가 있다. 탐색적 조사 또는 정성조사는 소비자의 생각이나 행동에 대한 정보를 설문지를 통한 질문만으로 수집하기 어려운 경우에 적용되는 조사기법으로, 면접조사와 관찰조사가 주로 활용된다.

**마케팅조사Highlight**

### 차별적인 마케팅조사기법으로 고객만족도 1위를 지켜가는 SAS(Scandinavian Air Service)

1980년대 적자에 허덕이던 스칸디나비아항공은 39세의 얀 칼슨 교수가 사장으로 부임하고 고객만족경영을 적용하면서 고객 1인당 이익을 가장 많이 버는 항공사로 변신할 수 있었다. 항공사를 이용하는 고객이 항공사의 직원이나 시스템과 접촉하는 횟수는 대략 35~40회이고, 각 접촉 시마다 약 15초 정도가 소요되는 것으로 알려져 있다. 얀 칼슨 사장이 내세운 명제는 이 15초 동안 모든 수단을 동원해 고객을 만족시키라는 것이었다. 시간을 지키는 것은 기본이고 고객도 모르는 고객의 요구를 찾아내어 고객을 만족시키기 위한 노력이 시도되었고, 이러한 시도의 핵심에는 숨겨진 고객의 욕구를 파악하기 위한 특별한 마케팅조사가 있었다.

서베이조사를 통해 만족도점수를 계산하고 부족한 부분을 보완하는 것만으로는 차별적인 서비스 개발이 어려움을 인식하고 공항과 기내에서 장기간에 걸친 관찰조사와 면접조사를 중심으로 정성조사기법들을 체계적으로 적용하였다. 고객들이 공항에 도착해서 탑승절차를 밟고, 비행기에 탑승해서 목적지에 도착하는 과정을 1,400시간이 넘는 비디오 촬영을 통해 관찰하였고 고객들과 200시간이 넘는 면접조사가 진행되었다. 관찰된 내용에 대한 분석은 문화인류학자, 심리학자, 사회학자 등과 같은 다양한 사회과학 전문가들을 동원해 이루어졌다.

이 결과 너무나 당연시되었던 부분에 대해 고객들은 불만을 느끼는 것으로 나타났다. 예를 들면 "왜 고객들은 공항에서 지루하게 기다리면서 생면부지의 항공사 직원이 제공하는 서비스를 일방적으로 받아야 하느냐?" 또는 "왜 비행기 내에서 지루하게 시간을 보내면서 주는 식사를 먹어야 하는가?"와 같은 내용들이 불만족도가 가장 높으면서 해결되지 못한 부분으로 나타났다.

이러한 조사결과에 따라 스칸디나비아항공은 고객에 대한 서비스시스템을 대폭 수정하였다. 우선 공항에서 고객들이 자동탑승권발매기를 통해 자신이 직접 티케팅을 할 수 있도록 하였다. 자신이 원하는 좌석을 지정해서 티켓을 구매하고, 수화물이 있는 경우 자신이 직접 화물표를 받아 짐에 붙이고 직원에게 건네준다. 겉으로 보기에 고객에게 직원의 일을 시키는 것 같은 이러한 업무방식에 대해

고객이 직접 이용할 수
있는 탑승권 발매기

승객이 주문해 먹을 수 있는 기내식 메뉴

고객들은 만족하는 것으로 나타났다. 또 기내에서 음식물을 서빙하는 과정도 수정하였다. 가령, 비행시간이 1시간 이내인 경우에는 음식물을 서빙하는 데 소요되는 시간이 15분 내외인데, 이렇게 짧은 시간 동안 제대로 된 서비스를 제공할 수 없다고 판단하였다. 이에 따라 탑승구역 내에 Express Buffet 코너를 설치하여 고객들이 원하는 메뉴를 골라 식사를 할 수 있게 하거나, 샌드위치나 과일을 포장하여 기내에서 먹을 수 있도록 하였다. 장거리 비행의 경우에는 원하는 메뉴를 사전에 인터넷으로 선택할 수 있도록 하고, 두 종류의 식사 메뉴 외에 별도의 도시락을 실어 다양한 메뉴를 골라 먹을 수 있도록 하였다. 또 직원들이 요리사 복장(앞치마, 스카프에 요리사 모자까지)을 하고 서빙을 함으로써 고객들이 일류 레스토랑 같은 분위기를 느낄 수 있도록 하였다.

이러한 서비스 향상 노력에 대해 고객들은 높은 만족도를 보였고, 이와 같은 스칸디나비아항공의 탁월한 고객만족경영은 로열티가 높은 고객을 가장 많이 보유한 항공사로 변신하는 데 공헌하였다.

자료원 : KBS 일요스페셜 외 자료 참조

마케팅조사Highlight

## 시장선도자가 되려면 '단순히 고객에게 묻지 말고 그들의 일상생활을 관찰해 잠재된 니즈를 파악하라'

스티브 잡스(Steve Jobs)는 고객에게 그들이 원하는 제품을 제공해야 한다는 기존의 업계 믿음에 반대하였다. 대신 "우리의 일은 고객이 욕구를 느끼기 전에 그들이 무엇을 원할 것인가를 파악하는 것이다. 사람들은 직접 보여주기 전까지 무엇을 원하는지 모른다. 그것이 내가 절대 시장조사에 의존하지 않는 이유이다. 아직 적히지 않는 것을 읽어내는 것이 우리의 일이다"라고 말했다.

고객 자신도 무엇을 원하는지 모른다는 점과 정확하게 표현하지 못한다는 것은 오랫동안 시장조사의 문제점으로 지적되어 왔다. 혁신제품을 만들어 낸 개발자들은 시장을 선도하기 위해서는 단순히 고객이 알고 있는 것을 담아낸 제품이 아니라 고객에게 보여줬을 때 "이거였어!"라며 고

개를 끄덕이며 공감하는 제품이 필요하다고 말한다. 고객 자신조차 알지 못했던 진정한 욕구를 제품에 담아 고객에게 제공하는 것, 그것이 시장선도를 위해 기업이 해야 할 일이다.

고객이 말하는 니즈는 현재에 충실한 답변이다. 상황이 변하면 그들의 답변은 바로 변한다. 고객들의 충분한 인지와 표현의 정확성이라는 조건이 충족되어 제품이 나온다고 해도 이는 말 그대로 고객의 생각에서 나온 제품이다. 고객의 기존생각을 뛰어넘는, 잠재적인 욕구를 발현할 수 있는 제품이 나올 가능성은 지극히 낮다. 많은 기업들이 막대한 비용과 고도의 조사기법을 동원하여 고객의 니즈를 철저하게 조사하여도 경쟁사 혁신제품의 등장으로 인해 크나큰 실패를 경험하는 이유이다.

최근 서베이에만 의존하는 시장조사로는 고객의 잠재된 니즈까지 찾을 수 없다고 판단한 많은 기업들이 고객을 관찰하여 본원적 욕구를 찾아내고 있다. 단순히 구매행태를 지켜보는 것을 넘어 고객들의 일상생활을 관찰하거나 함께 생활하면서 고객의 숨겨진 니즈를 찾는 활동으로 그 영역을 확장하고 있는 것이다.

더운 여름, 선풍기는 무더위를 식혀준다. '선풍기' 하면 바람을 만들어 주는 날개가 떠오른다. 이처럼 날개는 바람을 만들어 주는 필수부품이지만 먼지 때문에 주부들은 수시로 날개를 닦아야 한다. 또한 돌아가는 날개에 아이들이 손을 집어넣지는 않을까 항상 주의를 기울여야 한다. 다이슨은 고객들이 매번 선풍기 날개를 닦는 모습, 선풍기 날개 때문에 손을 다치는 아이들과 이런 위험 때문에 전전긍긍하는 부모들의 모습을 관찰하면서 선풍기 날개가 가져오는 번거로움과 위험성이라는 문제를 발견하였다. 그래서 선풍기의 날개를 없애버렸다. 고객들은 절대 생각하지 못했던 날개 없는 선풍기, 반지 모양의 원통 구멍을 통해 바람이 나오는 '다이슨 에어 멀티 플라이어(Dyson Air Multiplier)'라는 혁신제품을 개발했다.

다이슨사의 날개 없는 선풍기

P&G는 고객의 진정한 욕구를 찾기 위해 고객에 가까이 있는 '접촉유지(Staying in touch) 프로젝트'를 실천하고 있다. 프로젝트의 일환으로 인류학자들과 고위 관리자들을 파견하여 세계 전역의 저소득층 가정과 함께 생활하면서 고객의 잠재되어 있는 욕구를 파악하는 '함께 살기(Living It) 프로젝트'를 시작했다. 직원들은 고객들의 집에서 일정 기간 함께 머무르며 식사도 하고 쇼핑도 하며 고객의 삶을 직접 경험한다. 함께 시간을 보내면서 고객이 특정 제품을 사거나 사지 않는 이유를 정확히 파악한다. 더 나아가 고객의 삶에 대한 이해를 통해 일상생활을 개선할 혁신제품의 컨셉트도 찾을 수 있다. 프로그램을 통해 P&G는 인도에서 하루 벌어 하루 사는 사람들을 위해 하루에 쓸 만큼만의 샴푸를 포장하여 판매하였다. 배관시설이 부족한 탓에 물을 거의 사용하지 않으면서 면도하는 남성들을 위해 최소한의 물로 쉽게 면도할 수 있는 제품을 출시하기도 했다. 이러한 노력으로 P&G는 인도시장에서 빠른 속도로 성장할 수 있었다.

자료원 : LG 경제연구원, 경영정보 자료에서 요약발췌

# 1 면접조사

## 1.1 면접조사의 의미와 종류

면접조사는 정성적 조사의 대표적인 방법으로, 정보를 갖고 있는 응답자들과 마케팅 및 커뮤니케이션에 전문능력을 가진 진행자(moderator)가 자유로운 분위기 속에서 면담(interview)을 진행하면서 정보를 수집하는 것이다. 짧은 시간 동안 설문지를 통해 자료를 수집하는 서베이조사에 비해 면접조사는 여유를 갖고 깊고 풍부한 정보를 수집할 수 있다는 장점을 갖고 있기 때문에, 최근 들어 마케팅조사에서 그 활용빈도가 점차 높아지고 있다. 조사자는 비교적 장시간(1~3시간)에 걸쳐 특정 주제에 대한 심층면접을 통해 브랜드들에 대한 다양한 경험과 감춰진 구매동기 등을 발견하거나 새로운 제품컨셉트나 광고시안에 대한 소비자반응을 파악할 수 있다.

현재 국내에서 진행되는 면접조사는 응답자의 수와 면접의 진행방식에 따라 다음과 같이 네 종류로 구분된다.

① FGI(Focus Group Interview : **표적집단면접**) : 이는 국내외에서 가장 널리 이용되는 면접조사방식으로, 진행자의 주재로 8~10명 정도의 응답자들에 대해 약 2시간에 걸쳐 면접을 진행한다. 면접내용은 조사를 의뢰한 기업의 마케팅담당자와 상의하여 결정되며, FGI가이드에 그 내용이 정리된다. 진행자는 FGI가이드에 따라 응답자들과 대화를 진행하며, 면접이 끝난 후 대화내용을 분석해 기업에게 전략적 시사점을 제공한다.

② FGD(Focus Group Discussion) **또는** GD(Group Dynamics) : 이는 일반적인 FGI 조사보다 더 심층적인 면접을 진행해야 할 때 이용되는 면접기법으로, 면접은 FGI와 같이 8~10명의 응답자들을 대상으로 진행된다. FGI와의 차이점은 4시간 이상의 오랜 시간에 걸쳐 면접이 진행되며, 면접진행방식도 진행자가 응답자들에게 돌아가면서 질문을 하고 답변을 하는 방식인 FGI와 달리 응답자들간의 토론방식으로 이루어진다는 것이다. FGD에서는 심층적인 토론을 위해 심리학에서 개발된 투사법 같은 다양한 기법들을 적용한다. 예를 들어 응답

자들에게 참석 전에 일정한 과제를 주며, 그들이 준비해온 과제를 토대로 토론이 진행된다. 가령, 면접진행자는 참석자들에게 일주일간 본인의 생활을 일기 형식으로 기록하도록 하고 중요한 사건에 대해서는 그 상황을 보여주는 사진을 찍도록 한다. 참석자들은 자신들이 준비한 자료를 보면서 활발하게 의견을 교환하게 되는데, 이 과정에서 의미 있는 마케팅정보가 도출된다. 최근 경쟁이 치열해지고 차별적 제품아이디어에 대한 요구가 증가하면서 면접조사에서 FGD조사의 비중이 점차 높아지고 있다.

③ Mini Group Interview : MGI는 진행방식에서 FGI나 FGD와 유사하나, 응답자들을 섭외하기 어려운 경우에 소수의 응답자들을 대상으로 진행되는 면접조사 기법이다. 예를 들어 변호사나 의사와 같은 전문직을 대상으로 하거나, 은행권에서 PB(Private Banking) 마케팅을 위해 강남에 거주하는 연 2억 원 이상의 소득을 가진 가구의 30~40대 주부를 대상으로 면접을 실시해야 할 경우와 같이 면접대상자를 섭외하기 어려운 상황에서는 일반적인 FGI에 비해 상대적으로 적은 수의 응답자를 대상으로 면접조사가 실시된다.

④ In-depth Interview(**심층면접**) : 심층면접은 복수의 응답자가 참여하여 면접을 진행하는 앞의 세 가지 방법과는 달리 한 명의 응답자와 진행자 간의 집중적인 면담을 통해 자료를 수집하는 방법이다. 심층면접은 논의되는 주제가 개인의 사생활에 관련된 것이어서 공개적인 토론이 곤란한 경우나 한 명의 응답자를 대상으로 브랜드사용경험, 잠재된 구매동기 등에 관한 집중적인 탐색이 필요한 경우 이용되며, 면접진행시간은 1시간 정도이다.

⑤ **온라인** FGI : 이는 웹카메라를 통해 진행되는 면접조사기법으로, 대략 4~6명을 대상으로 1시간 정도에 걸쳐 면접이 이루어진다. 온라인 FGI에서 응답자들은 지정된 시간에 자신의 컴퓨터에 설치된 웹카메라 앞으로 와서 화상으로 면접조사에 참여하게 된다. 조사참가자들은 사전에 조사회사의 웹사이트를 방문해 필요한 정보를 검토하고, 조사진행과정 중에 광고나 신제품에 대한 정보를 컴퓨터 화면으로 보면서 사회자와 토론을 진행한다. 온라인 FGI는 대상자들이 면접장소에 직접 와야 하는 제약이 없어 일반적인 조사가 어려운 의사, 변호사와 같은 전문직종 종사자들에 대한 접근도 가능하다는 장점을 갖고 있다. 반면 응답자의 보디랭귀지, 얼굴표정, 목소리 톤과 같은 세부적인 정보 수집이 어렵

마케팅조사Highlight

### 온라인 표적집단면접을 활용해 SUV 모델의 효용가치를 높인 Nissan자동차

자동차산업은 온라인 표적집단면접을 유용하게 활용할 수 있는 산업 가운데 하나이다. Nissan North America는 Xterra SUV(Sports Utility Vehicle)를 설계하는 과정에서 목표고객들이 어떤 SUV를 원하는지에 대한 정보를 수집하고 디자인에 대한 소비자의 피드백을 얻기 위해 젊고, 활동적이고, 스포츠에 관심이 많은 목표고객들을 대상으로 온라인 표적집단면접을 진행하였다.

이들 온라인 면접참가자들은 그들이 원하는 자동차특성에 대해 많은 의견을 제시했는데, 스포츠용구와 캠핑용구를 차 안이나 차 위에 싣고 다닐 수 있으면서 가격은 적정수준인 SUV를 요구하였다. 또한 SUV 차체의 위와 뒤편에 장착된 걸이, 4(four)-도어의 스포티한 디자인, 트렌디한 칼라, 많은 빈 공간 등에 대한 의견이 제시되었다.

특히 승용차 구매자들이 고객주문에 맞추어 제작된 차를 원한다는 것도 면접을 통해 발견되었다. 이에 Nissan은 업계 최초로 웹기반 주문제작을 도입했고, Nissan 테네시 공장에서 생산되는 모든 Xterra모델에 고객화 기술을 제공했다.

고, 응답자의 주의를 분산시키는 외부자극들을 통제하기 어렵다는 한계점을 갖는다.

이하에서는 면접조사방법 가운데 가장 많이 사용되는 FGI조사를 중심으로 면접조사의 진행과정을 설명하기로 한다.

## 1.2 면접조사의 진행과정

### (1) 면접조사의 진행절차

면접조사의 일반적인 진행절차는 다음과 같다.

첫 번째는 마케팅의사결정문제와 면접조사를 통해 얻고자 하는 자료의 내용을 구체화하는 것이다.

두 번째는 조사를 진행할 조사회사를 결정하는 것이다. 면접조사가 이루어지기 위해서는 [그림 6-1]과 같이 일방거울에 의해 구분된 두 개의 방, 비디오 촬영장치,

그림 6-1 면접진행장소의 모습

그리고 속기사가 대화내용을 정리할 수 있는 공간 등의 기본시설이 필요한데, 국내의 주요 조사회사들은 대부분 이러한 시설을 갖추고 있다.

세 번째 단계에서는 면접조사를 진행할 진행자를 결정한다. 면접조사와 같은 정성조사는 진행자의 커뮤니케이션 능력과 면접내용으로부터 전략적 대안을 도출하는 능력에 따라 동일한 대상자를 대상으로 면접을 진행하더라도 조사결과와 그 결과의 활용성에서 많은 차이가 발생한다. 이에 따라 FGI조사의 경우 우수한 진행자를 확보하는 것이 성공적인 조사의 필수적 과제가 된다. 면접조사의 진행자는 오랜 기간 동안의 마케팅조사경험을 통해 마케팅분야의 전문지식과 응답자와의 대화를 이끌어갈 수 있는 커뮤니케이션 능력을 축적한 사람이어야 한다.

네 번째 단계에서는 조사의뢰기업의 마케팅담당자와의 상의를 통해 어떤 내용을 어떤 순서로 물어볼 것인지를 정리한 FGI가이드를 작성한다. FGI가이드에는 〈표 6-2〉와 같이 질문의 순서와 내용, 그리고 질문주제별로 할당된 시간이 명기된다.

다섯 번째는 응답자들에 대한 섭외가 이루어지고 조사가 진행되는 단계이다. 조사회사는 마케팅활동의 목표시장에 해당되는 소비자들을 선발하며, FGI가이드에 따라 진행자가 면접을 진행한다. 면접내용은 비디오를 통해 녹화되며, 속기사가 중요한 대화내용을 별도로 정리한다. 조사를 의뢰한 기업의 마케팅담당자는 일방거울(one-way mirror)을 통해 면접진행과정을 관찰하며, 조사가 진행되면서 추가적으로 필요한 마케팅정보가 발생하면 진행자에게 이와 관련된 면접을 추가적으로 요구하게 된다.

**표 6-2** 신제품개발을 위한 FGI가이드의 예(클리닉 샴푸제품의 사례)

Warm-up Session(10분)

1. 인사 및 사회자/참석자 소개
2. 좌담회의 목적 및 진행방법에 대한 설명
3. 헤어관련 제품에 대한 일반적 인식
   - 헤어관련 제품에는 어떤 것들이 있을까요?
   - 사람들이 그런 제품을 쓰는 이유는 무엇일까요?

Main Session

1. 모발관리에 대한 생각(10분)
   - 자신의 모발상태
   - 모발관리의 중요성
   - 모발관리 방법
2. 샴푸 및 헤어제품 사용실태(15분)
   - 헤어제품의 종류와 사용실태
   - 샴푸의 종류와 현재 사용실태
   - 샴푸의 주요 속성
   - 이상적 샴푸의 조건
   - 샴푸 브랜드들의 종류와 장단점 비교
   - 샴푸 브랜드들의 구매과정과 만족도
3. 미용실에 대한 소비자 인식과 태도(20분)
   - '미용실' 하면 떠오르는 이미지
   - 미용실에 가는 이유와 기대사항
   - 미용실에서 사용하는 헤어제품에 대한 인식과 기대수준
4. Hair Clinic 샴푸에 대한 반응(25분)
   - Hair Clinic이라는 새로운 컨셉트에 대한 초기 연상
   - Hair Clinic 제품의 조건
   - Hair Clinic 제품의 브랜드 퍼스낼리티(Brand Personality)
   - Hair Clinic 제품에 대한 구매의사

Closing Session

사회자는 모니터룸(일방거울을 통해 조사를 의뢰한 회사의 마케팅담당자들이 면접내용을 지켜보는 장소)으로 나와 보충질문을 확인한다.

여섯 번째 단계는 FGI조사의 마지막 단계로서 면접내용을 정리하고 면접과정에서 나타난 전략적 시사점을 정리하여 조사의뢰기업에 보고서로 제출한다.

현재 국내에서 진행 중인 면접조사를 살펴보면 FGI조사의 비중이 가장 높고, 조사비용은 면접의 진행과 보고서 작성을 포함하여 한 면접집단당 400만원, 그리고 심층면접의 경우에는 인당 100~150만원 정도이다.

### (2) 표적집단면접에서의 진행자의 역할

진행자(moderator)란 표적집단면접을 진행함에 있어 전문적인 지식과 커뮤니케이션 능력을 가진 사람을 말한다. 진행자는 토론의 방향과 분위기를 조사목적에 맞게 통제하는 능력과 참석자의 심층적인 동기와 니즈를 파악할 수 있는 심리학적 지식을 필요로 한다. 다음의 내용은 표적집단면접을 효율적으로 진행하기 위해 면접 진행자가 갖추어야 할 자세와 상황에 대처하는 방법을 정리한 것이다.

- 얼굴표정을 읽어야 한다. 참석자들은 종종 그들의 반대의견이나 이견(異見)을 말로써가 아니라 얼굴표정으로 나타낸다.
- 참석자들이 서로 간에 이야기할 수 있도록 독려한다. 집단토론(group discussion)은 단순히 사회자와 참석자 간에 이루어지는 대화가 아니라 사회자의 주도로 참석자 간에 자유롭게 대화를 나누는 것이다.
- 진행방식(group moderating)에는 한 가지 방법만 있는 것이 아니다. 사회자 자신에게 가장 편하고 적절한 방법이 가장 좋다.
- 사회자는 해당 문제에 대해 특정 견해를 갖고 있지 않다는 것을 참석자들에게 분명히 인식시켜야 한다.
- 소비자는 관련주제에 대해 똑같은 관심을 가지고 있지 않음을 인식해야 한다. 가령, 해당 브랜드에 대해 그들의 관심이 부족하다는 사실 자체가 하나의 발견 내용이 될 수 있다.
- 모든 참석자를 존중하는 마음으로 대한다.
- 해당 토론그룹과 상이한 의견을 갖는 다른 토론그룹도 있을 수 있다. 진행자는 상이한 의견을 갖는 다른 토론그룹에서 이루어졌던 대화를 해당 그룹에 이야기해 주어도 좋다. 이러한 방법은 해당 그룹의 토론을 자극시키는 효과를 갖게 된다.
- 참석자들이 언급한 내용에 충분한 주의를 기울인다. 충분한 주의집중은 앞뒤가 상충되는 참석자들의 이야기를 신속하게 감지하여 대응할 수 있게 한다.
- 참석자들이 강요당한다거나 이용된다고 느낄 것을 염려하여 문제의 제기를 주저할 필요는 없다.
- 첫 소개를 마친 후 첫 번째 문제를 제기할 때 특정의 응답자를 지적하지 않고

자발적으로 응답자들이 이야기할 수 있도록 유도한다. 매번 응답자를 지적하여 응답을 구하면 그 뒤엔 응답자의 의견 개진이 어렵게 된다.

- 토론과정에서 다양한 유형의 응답자를 초기에 파악하도록 한다. 말을 많이 하여 토론을 주도하려는 사람과 초점이 없는 이야기를 하는 사람을 파악하여 이들을 통제하면서 진행한다.
- 되도록이면 질문을 간단 · 명확하고 간결하게 한다.
- '예', '아니요'라는 대답이 나오지 않도록 질문한다.
- 토론이 활발하게 전개되지 않으면 참석자들에게 '여기에 계신 ○○님께서 하신 말씀에 동감하시나요?' 등의 질문을 통해 대화를 독려한다.
- 토론을 시작하기 전에 솔직한 이야기를 해줄 것을 부탁한다.
- 특정한 사람이 너무 오래 이야기하지 않도록 한다.
- 특정의 참석자가 주제에 어긋난 방향으로 이야기한다면 '아! 그 문제 역시 흥미있군요. 하지만 이러한 문제에 대해서는 어떻게 생각하고 계신지를 말씀해 주시겠습니까?'라는 질문으로 대화의 방향을 진행자가 원하는 방향으로 바로잡아야 한다.
- 참석자의 사고나 행동이 습관(학습)에 의해 변한 경우 사회자는 그 과정을 알기 위해 끈질기게 파고들어야 한다. 그러한 이야기의 유도가 참석자에게 부담을 줄 것 같으면 미리 참석자들과 친밀감을 조성하라.
- 자세한 이야기를 이끌어내는 것은 중요한 일이다. 웃는 듯한 표정으로 간단히 '오?'라고 관심을 표시하거나 관련된 질문을 하는 것은 유용한 방법 가운데 하나이다.
- 말없이 가만 있는 것도 효과적인 진행기법이다. 사회자가 말을 멈추고 잠시 침묵을 지키는 것도 참석자들로 하여금 이야기를 꺼내게 하는 데 있어 좋은 방법이다.
- 반복해서 '왜 그렇습니까?'라는 질문을 하면 참석자들은 싫증을 느끼게 된다. 또한 그들은 스스로를 방어하기 위해 응답을 회피할 수 있다. 따라서 문장과 용어를 적절히 변경시켜 가면서 다양하게 질문해야 한다.
- 면접가이드를 충분히 숙지해야 한다.
- 어떤 참석자가 후반부에 토론할 내용을 미리 끄집어내면, 그 내용을 나중에 토론할 것임을 알려줌으로써 주제에 맞추어 원활한 토론이 이루어지도록 한다.

마케팅조사Highlight

## 디지털 시대의 정성조사: 칸타코리아가 개발한 칸타 메타버스 정성조사

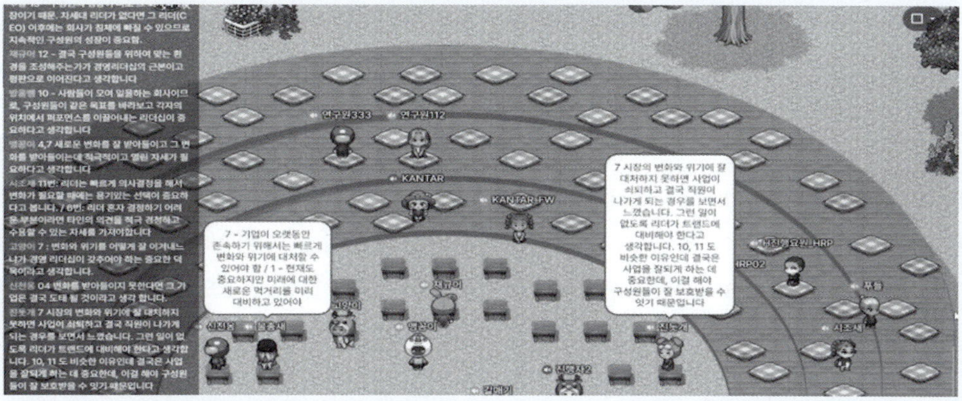

칸타 메타버스 공간에서 진행되는 칸타 메타버스 정성조사

팬데믹과 맞물려 채팅이나 메시지 같은 비대면을 더 선호하는 소비자의 트렌드에 따라 메타버스가 소통플랫폼으로 널리 사용되고 있는 가운데, 기업들의 메타버스의 활용도 늘고 있다.

선도적인 데이터 인사이트 컨설팅 기업 칸타코리아가 최근 '칸타 메타버스 정성조사'를 새롭게 선보였는데, 이는 메타버스 플랫폼의 실시간 채팅 기능을 이용해 소비자들의 솔직하고 다양한 의견을 수집하고 인사이트를 도출해 보다 신속하게 소비자의 의견을 파악할 수 있는 조사방법이다. 특히 메타버스라는 비대면 공간에서 자신의 의견을 가감 없이 솔직하게 공유할 수 있다는 측면에서 참가자와 마케팅조사 의뢰기업 모두에게 긍정적 평가를 받고 있다.

칸타 메타버스 정성조사는 각 조사주제에 적합한 응답자를 2만여 명의 칸타패널에서 선별한 뒤, 몰입형 2.5D 공간인 칸타 메타버스로 초대하는 방식으로 진행된다. 토론 진행자는 구두로 질문을 하면서 약 1시간가량 참여자들로부터 구체적이고 자유로운 답변을 이끌어내고, 답변에 따라 심층질문을 추가해 보다 심도 있는 소비자의견을 모을 수 있다. 세션 진행 후에는 응답자들을 구분한 채팅 스크립트도 제공해 마케팅조사를 의뢰한 기업고객이 더 빠르고 직관적으로 마케팅 의사결정을 할 수 있게 지원한다.

또한 응답자 집단은 조사 이슈와 목적, 참석자 규모 등에 따라 메타버스 메가그룹과 메타버스 포커스그룹으로 구분되는데, 칸타 메타버스 메가그룹에서는 20–30명 정도의 소비자들과 함께 실시간으로 조사가 이뤄지고 시공간 제약 없이 답변을 들을 수 있어서 비교적 짧은 기간에 풍부한 마케팅인사이트 도출이 가능하다. 기존의 정성조사 기법이 마케팅인사이트 도출에 4–5주가량이 소요되는데 반해, 칸타 메타버스 메가그룹 조사는 일주일 정도의 시간이 소요된다. 또한, 합리적인 마케팅조사 예산으로도 특정 이슈에 대해 폭넓은 소비자 의견을 확인할 수 있다는 이점이 있다.

뿐만 아니라 특정의 제약조건으로 인해 일반적인 정성조사 진행이 어려울 경우 메타버스 포커스그룹 솔루션으로 이를 보완할 수 있다. 예를 들어 Z세대, 알파세대와 같은 특정 세대에게 민감한 주제 등을 조사하거나 제품 시연 및 사용 같은 물리적 요소를 필요로 하지 않는 집단 면접 조사에 효과적이다. 10명 내외의 참석자들이 익명의 개인적인 경험의 공간을 제공하는 메타버스에 모여 나의 진짜 모습, 진실된 이야기를 꾸밈없이 표출해 낼 수 있다.

이와 같이 칸타 메타버스 정성조사는 가상공간에서 아바타를 통해 더욱 솔직하고 생생한 소비자 의견을 이끌어낼 수 있다는 측면에서 기업의 마케터들이 높은 관심을 보이고 있다.

칸타코리아 관계자는 "나날이 다양화하고 세분화되는 소비자 특성에 맞춰 시장조사방식에도 변화가 요구되고 있다. 칸타 메타버스 정성조사 솔루션은 비대면을 더욱 선호하는 오늘날 소비자들의 특징을 반영해 시공간의 제약없이 가상공간에서 솔직한 의견을 받아볼 수 있도록 설계되었다. 다양한 소비자의견을 빠른 시간 내에 합리적인 마케팅조사예산으로 받아볼 수 있는 만큼, 새로운 시장이나 제품을 탐색하거나, 초기 신제품 아이디어를 발굴하고, 기존 브랜드이미지와 새로운 브랜드 및 제품콘셉트에 대한 소비자반응을 파악하고자 하는 기업에게 아주 효과적인 조사방법이다"고 말한다.

칸타코리아는 보다 많은 응답자들의 의견을 빠르고 효율적이게 취합하고 분석할 수 있도록 메타버스 정성조사 솔루션을 지속적으로 업데이트 해 나갈 계획이다. 이 일환으로 면접주제별 요약, 소비자반응 키워드, 세션별 소비자반응의 비교요약 등을 제공할 뿐만 아니라, 칸타의 다중언어 텍스트 분석 솔루션인 칸타텍스트AI(TextAI) 기능을 접목시켜 특정 응답자나 키워드를 필터링한 응답결과도 볼 수 있도록 할 방침이다.

자료원: 매경, 2023.03.15.

- 참석자의 의견에 주의를 기울임으로써 그가 말하려는 의도를 정확히 파악해야 한다. 참석자들이 중요하게 생각하는 의견을 나중에 참고하기 위해 이를 기억해둘 필요가 있다.
- 참석자의 수준에서 질문하고 이야기한다. 그들은 전문인이 아님을 명심해야 한다.
- 특정의 주제나 문제를 제기할 때 가능한 다수의 응답자를 고려하여 '나머지 분들은 어떻게 생각하십니까?'라고 묻거나 다른 응답자가 이의를 갖고 있을 것으로 판단될 경우에는 '나머지 분들도 정말 ○○씨의 의견에 동의하시나요?'라고 물어본다.
- 참석자가 사회자에게 질문한다고 하더라도 이에 대해 대답하지 말라. 그 질문에(만약 유용한 질문이라면) 대해 다른 사람들이 대답하도록 유도하라.
- 자신의 시선이 어디에 가 있는지에 대해 신경을 써야 한다. 질문할 때 특정의 참석자에게 시선을 고정시키지 말고 여러 참석자들을 둘러보면서 질문한다.

- 시제품을 응답자에게 보여줘야 할 경우에는 토론의 통제에 대해 더 많은 신경을 써야 한다. 왜냐하면 응답자들은 시제품에 대해 모두 자신의 의견을 말하려고 하기 때문이다.
- 사회자는 자신의 얼굴표정에 대해 신경을 써야 한다. 어떤 참석자들에 대해서도 '알겠습니다'라는 말을 의미하는 것 이상의 표정이 나타나지 않도록 유의해야 한다.
- 토론의 분위기를 유도하고 이를 유지하는 것은 면접의 진행에서 가장 중요한 요소이다. 토론의 도입부에서는 일상적인 대화로 편안한 분위기를 만들 필요가 있다.
- 참석자 모두가 편안한 느낌을 갖도록 만들어야 한다. 사회자가 편안한 느낌을 조성하지 못하면 부드럽고 활발한 토론이 진행되지 못할 것이다.

## 1.3 면접조사에서 이용되는 분석기법

면접조사를 진행하는 과정에서 대체로 응답자들은 소극적인 자세를 보이며 자신의 생각과 의견을 적극적으로 표출하지 않으려는 경향을 보인다. 알지 못하는 사람들이 만난 어색한 장소에서 평소에 별로 생각해보지 않은 제품이나 사회적 문제에 대해 대화를 해야 하는 상황에서 나타나는 당연한 현상이다. 따라서 진행자는 다양한 면접기법을 이용하여 응답자들이 자신의 의견을 자연스럽게 표현할 수 있는 분위기를 조성해야 하는데, 이하에서는 의미 있는 의견을 이끌어 내는 데 흔히 이용되는 몇 가지 면접기법들을 소개한다.

### (1) 현상학적 분석

면접조사의 분석기법으로 가장 널리 쓰이는 방법론은 현상학적 접근법이다. 이는 응답자가 특정 주제와 관련하여 겪었던 경험(experience)의 의미를 체계적으로 설명하기 위해 사용되는 방법론으로 철학과 같은 인문학분야에서 많이 활용되는 접근방법이다. 마케팅관리자의 입장에서 관심의 대상이 되는 소비자의 경험은 제품구매와 제품사용과정에 대한 경험이다. 예를 들어 응답자가 최근에 경험한 사건(예 : 냉장

마케팅조사Highlight

### 현상학적 분석으로 여성시장에 차별적으로 접근한 새턴자동차

1990년대 GM사가 출시했던 소형자동차 새턴모델은 목표시장을 여성으로 선정하고, 차별적 마케팅소구점을 찾기 위해 면접조사를 실시하였다. 최근 자동차를 구매한 여성소비자들을 대상으로 현상학적 방법을 적용하여 구매단계별로 일어난 일들과 그때 본인이 느꼈던 감정을 자세히 표현하도록 하였다. 그 결과 여성들은 남성들보다 자동차에 대해 잘 모르기 때문에 구매과정에서 판매원들에게 무시를 당하기도 하며 남성보다 더 많은 돈을 주고 차를 사는 등의 불이익을 받게 될지도 모른다는 부정적인 인식을 갖고 있는 것으로 나타났다.

이러한 조사결과에 따라 새턴사는 여성들이 구매과정에서 겪는 두려움과 염려를 제거하는 데 도움이 되는 마케팅 프로그램을 도입하였다.

예를 들면 여성이 혼자 차를 사러 가면 바가지를 쓸지도 모른다는 염려를 덜어주기 위해 어느 매장에 가도 동일한 가격으로 차를 구매할 수 있도록 가격정책을 수정하였다. 또 쇼핑과정에서 무시된다는 인상을 느껴 왔던 여성들을 배려하기 위해 영업사원 스스로 후드를 열어 자동차의 성능에 대한 기술적인 설명을 해주고 적극적으로 시승을 권함으로써 여성고객들에 대한 존경을 표시하였다. 또 커피니 음료를 마시면서 편안한 분위기에서 쇼핑을 할 수 있도록 하였다.

이러한 마케팅노력을 통해 새턴모델은 여성고객들을 헌신적인 추종자집단으로 만들 수 있었다.

고 구매)을 시간의 흐름에 따라 자세히 기술하도록 하고, 그 과정에서 자신이 느꼈던 주요한 감정을 찾아냄으로써 차별적인 마케팅대안을 도출하는 경우가 이에 해당된다. 마케터는 현상학적 분석의 활용을 통해 응답자가 어떤 브랜드의 구매나 사용과정에서 '어떤(what) 경험을 했는지' 그리고 '어떻게(how) 특정의 감정을 느끼게 되었는지' 등을 분석함으로써 마케팅시사점을 찾아낼 수 있다. 과거 미국 GM이 출시했던 새턴(Saturn)자동차는 여성들의 자동차구매과정에 대한 심층면접조사를 통해 구매과정에서 불안과 피해의식을 많이 느끼고 있음을 발견한 후, 이를 해소하기 위한 마케팅 프로그램의 도입을 통해 여성고객의 비중이 가장 높은 자동차로 변신할 수 있었다.

현상학적 방법은 개별 응답자와의 심층면접을 통해 이루어지는데, 그 과정에서 가능한 자세하게 구매과정에서 일어났던 일을 설명할 수 있도록 유도해야 한다. 이를 위해 조사자는 오리엔테이션 과정을 통해 자연스럽게 이야기할 수 있는 분위기를 만들어주어야 하며, 데모자료를 보여주어 구매과정에 대해 어느 정도 자세히 설명해야 하는지를 알려주어야 한다. 응답자가 자신의 경험을 이야기하기 위한 면접이 진행되는 동안에는 이유를 묻거나 분석적인 질문을 해서는 안 되며, 응답자가 최대한 상세한 설명을 하도록 유도하고 그 내용을 기록하거나 녹음한다. 조사자는 기록된 내용을 구매단계별로 구분하여 정리한 후, 다시 응답자와의 면접을 통해 각 단계별로 고객이 느꼈던 특정의 감정과 문제점을 찾아내고 이에 대한 마케팅대안을 도출한다.

### (2) 프로빙기법

프로빙(probing)기법은 평상시에 별로 생각을 하지 않았던 제품에 대해 응답자들이 다양한 생각을 해볼 수 있도록 도와줌으로써 응답자의 의견을 유도하는 기법이며, 다음은 조사회사에서 흔히 활용하는 프로빙기법의 예들이다.

① 두 개 또는 세 개 브랜드에 대한 선호도, 이들 간의 차이점과 유사점을 이야기하도록 한다. 예를 들어 LG전자와 삼성전자의 냉장고 중 어떤 브랜드를 더 좋아하는지를 물어보고, 선호하는 브랜드와 그렇지 않은 브랜드 간의 차이점은 무엇인지를 질문함으로써 응답자의 의견을 유도한다.

② 세 개의 브랜드를 제시한 후 유사한 브랜드 두 개와 상이한 다른 브랜드를 분류하도록 하고, 그 이유에 대해 응답자의 의견을 유도한다. 가령, 롯데백화점, 신세계백화점, 현대백화점 가운데 비슷하게 생각되는 두 개의 백화점을 찾도록 한 후 이러한 분류의 기준이 무엇인지를 질문한다. 응답자에 따라 각기 다른 분류기준과 이유가 나올 수 있는데, 이에 대해 다른 응답자의 의견을 다시 물어봄으로써 활발한 대화를 유도해 나간다.

③ 응답자들에게 가상의 상황을 제시하고 이에 대한 반응을 확인한다. 예를 들어 '야쿠르트의 유산균발효유 제품이 없다면'이라는 가정을 제시하고 응답자들의 반응이 어떻게 나타나는지를 확인한다. 또 신제품이 나오기 전과 후의 고객행동의 변화를 질문하고 그 이유를 찾아낼 수 있는데, 예를 들어 미샤와 같은 중저가 화장품의 소비자편익을 확인하기 위해 이러한 제품이 출시되기 전과 그 후의 소비자 구매 · 사용행동을 비교해 보도록 요구할 수 있다.

④ 하나 또는 두 개의 차원으로 된 그림(포지셔닝 맵)을 이용하여 소비자의 제품대

안에 대한 평가를 표현하도록 유도한다. 예를 들어 음료제품에 대한 평가를 위해 20대 소비자들을 대상으로 '자연성분'과 '젊은 이미지'라는 두 개의 축을 이용해 포지셔닝 맵을 만든 후 포지셔닝 맵상에서 응답자들이 생각하는 각 브랜드의 위치를 표시하도록 요청할 수 있다.

### (3) 투사법

투사법(projective technique)은 면접과정에서 고객 본인이 잘 모르거나, 밝히려 하지 않는 주제를 자연스럽게 표현하도록 유도하는 심리학적 기법이다. 예를 들어 응답자가 실제로 잘 모르거나 경험해보지 않은 상황에 대해 생각하는 데 도움이 될 보조물을 제공하여 자연스럽게 응답자의 내면 깊숙이 감춰진 동기, 신념, 태도 또는 느낌 등이 간접적으로 표출되도록 유도한다. 또 사회적으로 민감한 문제에 대해 응답자가 개인적인 의견을 밝히려 하지 않을 경우 자신의 행동이 아닌 제3자의 행동을 해석하도록 요구하여 응답을 유도하는 방법도 투사법의 대표적 예이다. 응답자는 타인의 행동을 해석하는 과정에서 간접적으로(무의식적으로) 자신의 동기, 신념, 태도 또는 느낌 등을 표현하게 되는 것이다.

예를 들어 24개월이 넘은 아이들도 소변을 가리지 못하는 경우가 많다. 그러나 엄마들은 면접과정에서 자신의 아이가 소변을 가리지 못한다는 사실을 창피하게 생각하기 때문에 다른 엄마들 앞에서 이에 대해 말하려 하지 않는 경향이 있다. 이러한 상황에서 조사자가 면접에 참가한 엄마들에게 자기 아이에 대한 질문이 아니라 24개월에서 36개월 사이의 아이들이 소변을 제대로 가리는지를 질문하면, 별 부담 없이 그 또래의 많은 아이들이 제대로 소변을 가리지 못한다고 답변을 할 수 있을 것이다. 선도적 기저귀 브랜드인 하기스(Huggies)는 투사법을 이용한 시장조사를 통해 수집된 정보를 토대로 24개월 이상의 어린이를 위한 기저귀인 Pullup제품을 출시하였다. Pullup은 엄마가 채워주는 천 형태의 기저귀가 아니라 어린이가 스스로 소변을 가리지 못하는 상황에 대비할 수 있는 팬티형의 디자인으로 출시됨으로써 엄마들의 걱정을 해소하는 데 성공하였다.

투사법은 임상심리학(clinical psychology)에서 흔히 활용되는 기법으로, 제시되는 보조물의 유형에 따라 단어연상법, 문장완성법, 만화완성법 등으로 나누어진다. 최근에는 응답자들에게 어떤 자료를 보여주고 생각나는 바를 자유롭게 이야기하

마케팅조사Highlight

## 정성적 조사기법의 한 유형으로 기업의 관심을 끌고 있는 은유분석(Metaphor Analysis)

1990년대 들어 일련의 소비자연구들을 통해 사람들 간의 커뮤니케이션 가운데 대부분이 비언어적이며, 사람들은 단어(언어)로 사고하기보다는 이미지로 사고한다는 주장이 공감대를 얻게 되었다. 만약 소비자의 사고과정이 그들의 마음속에 형성된 일련의 이미지(image)로 구성된다면, 서베이조사에 참여한 많은 응답자들이 말이나 언어만을 사용하는 것으로 조사주제(즉, 제품 또는 브랜드)에 대한 자신의 느낌과 태도를 충분히 전달(표현)할 수 없을 것이다. 그러므로 소비자들의 마음속에 형성된 이미지(즉, 심상)를 비언어적 양식(가령, 사운드, 음악, 그림, 사진 등)으로 표현토록 하는 것이 효과적일 수 있다.

한 사물에 대한 느낌을 다른 사물에 비추어 표현하는 것을 은유(metaphor)라고 하며, 이를 통해 사람들이 일상생활에서 부딪히는 문제점들에 대한 생각을 파악할 수 있다. '그녀의 눈은 사파이어와 같다'거나 '그는 개미와 같이 일한다' 등은 은유의 한 예이다.

시각적 은유를 통해 소비자의 마음 깊이 감추어져 있는 생각과 감정을 이끌어내는 방법으로 잘트먼(Zaltman) 교수가 개발한 ZMET기법(Zaltman Metaphor Elicitation Techniques : 잘트먼식 은유추출기법)이 많이 활용되고 있다. ZMET기법은 소비자의 마음 깊이, 의식수준 이하에 형성된 브랜드나 서비스에 관한 생각과 감정을 시각적 이미지를 활용하여 간접적으로 파악하는 기법이다. 이를 위해 특정 주제에 관한 심층면접을 실시하기 전에 조사참여자들에게 어떤 주제에 대한 자신의 생각과 감정을 표현하는 그림이나 사진을 찾아 갖고 오라는 요청을 한다.

특정 광고물에 대한 소비자지각을 조사하는 한 연구에 ZMET기법이 사용되었는데, 조사참여자들은 자신들이 추구하는 가치를 잘 반영한 그림을 찾아서 심층면접장소에 가져오도록 하는 요청을 받았다. 잡지, 신문, 예술작품 등에서 사진을 오려오거나 특별히 이 조사를 위해 직접 찍은 사진을 가져오도록 부탁하였으며, 실제의 인쇄물광고는 제외시켰다.

평균적으로 각 참여자들은 광고물의 가치에 대한 자신의 인상(지각)을 나타내는 13가지 이미지(그림)들을 가지고 왔다. 각 참여자는 2시간에 걸친 심층면접에 참가하였으며, 면접과정은 비디오테이프로 기록되었다. 연구자들은 참여자들이 가져온 그림들을 토대로 면접과정을 통해 그들의 마음 깊은 곳에 잠재해 있는 핵심은유(key metaphors)들과 이들 간의 상호관계를 추출해 낸다. 면접진행자는 참여자들이 가져온 이미지를 묘사하도록 요청하는 것으로부터 심층면접을 시작하는데, 예를 들면, "이 그림에 대해 설명해 주시겠습니까?", "이 그림에서 무엇을 보셨죠?" 등의 질문이 이루어진다.

면접결과는 ZMET에서 설정한 기준에 근거하여 전문연구원에 의해 분석된다. 심층분석결과, 광고물의 가치와 관련하여 몇 가지 유형의 소비자들이 발견되었다, 감정양립(ambivalent) 소비자들은 광고에 대한 호의적 인상(가령, 광고의 정보가치와 오락적 가치)과 비호의적 인상(가령, 현실의 그릇된 묘사)을 함께 가지고 있었다. 회의적 소비자(skeptics)는 광고에 대한 인상의 대부분이 부정적이었으나 일부에 대해서는 긍정적 인상을 가지고 있었다. 적대적 소비자(hostile respondents)는 광고에 대한 인상이 완전히 부정적이었다.

도록 하는 스토리텔링(storytelling)기법 또는 스토리완성(story completion)기법도 FGD조사에서 자주 활용되고 있다.

### 1) 단어연상법

단어연상법(word association)은 응답자들에게 단어들을 한 번에 하나씩 제시하고, 그 단어와 관련하여 첫 번째로 떠오르는 단어를 적거나 말하도록 요구하는 방법이다. 조사자는 응답에서 특정 단어의 빈도수, 응답에 소요되는 시간, 제한된 시간 내에 전혀 응답하지 못한 응답자의 수 등을 계산하여 반응을 분석한다.

가령, 단어연상법을 사용하여 소비자들이 느끼는 공해문제의 심각성과 재활용제품의 사용에 대한 소비자의 반응을 조사한다고 하자. 일반적인 설문조사를 이용할 경우 응답자들은 대체로 사회적으로 바람직한 응답을 하게 될 것이다. 따라서 조사자는 실제로 이러한 주제에 대한 소비자의 생각이 재활용제품의 구매로 연결될 것인지를 파악하기 위해 다음과 같은 단어들을 제시하고 이들의 반응을 조사할 수 있을 것이다.

다음 각 단어에 대해 가장 먼저 생각나는 내용은?

- 공기
- 도시
- 분리수거
- 산업
- 리필(refill) 제품

### 2) 문장완성법

문장완성법(sentence completion)은 단어연상법과 비슷한 기법으로, 응답자들에게 완성되지 않은 문장을 제시하고 이를 채우도록 요구함으로써 그들의 생각이나 느낌을 간접적으로 파악하는 방법이다. 가령, '삼성카드의 주사용자는 (　　　) 성격의 사람이다' 혹은 '20대의 직장여성들이 많이 이용할 것 같은 신용카드는 (　　　)이다'와 같은 문장을 제시하고 빈칸에 응답자의 생각을 기록하도록 하는 것이 이에 해당한다. 단어연상법에서 예로 이용한 공해문제의 심각성과 재활용제품에 대한 소비자의 반응도 다음과 같이 문장완성법의 활용을 통해 수집될 수 있다.

- 도시에 산다는 것은 ________________________________.
- 리필(refill)제품을 사서 쓰는 사람들은 ________________________________.
- 현재 우리 사회의 가장 큰 문제점은 ________________________________.
- 분리수거에 협조하지 않는 사람들은 ________________________________.
- 많은 사람들은 자연을 ________________________________.

문장완성법은 단어연상법보다 응답자의 느낌에 관한 정보를 더 많이 얻을 수 있는 이점이 있지만, 조사목적이 노출될 가능성이 있다.

### 3) 만화완성법

만화완성법(cartoon tests)은 조사주제와 관련된 특정 상황에서 등장인물들이 대화를 나누는 만화를 보여준 후, 한 등장인물(cartoon character)의 이야기에 다른 등장인물이 어떻게 반응할 것인지에 대해 응답자의 생각을 기록하도록 요구하는 것인데, 민감한 주제를 조사하는 데 유용하다. 이때 응답자의 반응은 그 상황에 대한 자신의 느낌, 신념이나 태도를 반영하게 된다. [그림 6-2]는 만화완성법의 한 예이다.

그림 6-2 만화완성법

### 4) 스토리텔링기법

스토리텔링(storytelling)기법 또는 스토리완성(story completion)기법은 면접과정에서 그림이나 자료를 보여주면서 대화를 유도하는 방법인데, FGD조사에서 응답자들의 적극적인 참여와 토론을 이끌어내기 위해 많이 이용되고 있다. 자료의 준비는 진행자가 직접 하기도 하며 응답자들에게 사전과제를 통해 자료를 준비해오게 하기도 한다. 스토리텔링기법을 사용한 심층면접에는 일반적으로 [그림 6-3]과 같이 그림형태의 꼴라쥬(collages)가 많이 이용되며, 본 장의 부록에 첨부된 기록지의 예와 같이 일정한 양식에 따라 자신의 일상생활의 모습을 기록해 오도록 하기도 한다.

**그림 6-3** 신세대 주부의 라이프스타일에 대한 면접조사에 이용된 그림자료의 예

스토리텔링기법 외에 심리학에서 TAT(Thematic Apperception Test)기법에 그 근거를 두고 있는 그림묘사법도 투사법의 한 형태로 활용되고 있다. TAT기법은 응답자에게 일련의 정상적 및 비정상적인 사건의 그림을 보여준 후 그 그림(의 줄거리)에 대해 이야기하도록 요구한다. 그림에 대한 응답자의 해석과정에서 응답자의 심리상태를 파악하는 것인데, 국내 마케팅조사에서는 그 활용빈도가 높지 않다.

### (4) 래더링기법

래더링(laddering)기법은 소비자의 특정 행동이나 의견에 대한 이유를 묻고 그 응답에 대해 다시 이유를 묻는 일련의 과정을 통해 도출된 응답들을 계층화하는 것을 말하는데, 조사자는 반복적인 질문을 통해 구체적 이유(사다리의 낮은 위치)에서 추상적 이유(사다리의 높은 위치)로 연결시키거나 혹은 추상적 이유에서 구체적 이유로 연결시킴으로써 일련의 응답들을 계층화시킬 수 있다. 래더링기법은 심층면접과정에서 어떤 제품이나 브랜드가 제공하는 속성, 편익(benefit), 가치들이 어떻게 계층적으로 연결되어 있는지를 찾아내는 데 유용하다. 래더링기법은 수단-목적 연쇄모형(means-end chain model)에 그 개념적 토대를 두고 있다. 수단-목적 연쇄모형은 제품속성, 속성에 의해 소비자들이 얻게 되는 편익, 그리고 편익에 의해 실현되는 소비자의 개인적 가치가 인과적으로 연결관계를 갖는다고 본다. 마케터는 수단-목적 연쇄모형을 토대로 소비자들이 특정 브랜드의 구매로부터 추구하는 제품속성, 소비자편익, 나아가 개인적 가치를 파악할 수 있는데, 여기서 제품속성은 소비자편익의 충족이라는 목적을 실현하기 위한 수단이 되고, 다시 특정의 소비자편익은 개인적 가치의 구현이라는 목적을 달성하기 위한 수단이 된다.

수단-목적 연쇄모형에 근거한 정성조사기법인 래더링기법은 소비자(면접참가자)에게 특정의 브랜드나 제품을 선호하거나 구매하는 이유를 묻는 것에서 시작된다. 일반적으로 면접에 참여하는 소비자들은 특정의 제품속성(기능적 편익) 때문에 구매한다고 응답한다. 다음 단계에서 조사자는 왜 그 속성이 중요한지 등의 질문을 계속함으로써 특정의 브랜드를 사용할 때 연상되는 편익(정서적 편익, 상징적 편익 등)과 개인적 가치까지 파악할 수 있다.

예를 들어 '도브'샴푸는 보습제가 들어 있어 머릿결을 촉촉하게 만들어주는 제품으로 포지션되어 있다. 조사자는 래더링기법을 통해 도브샴푸에 포함된 보습성분이 개인적 가치와 어떻게 연결되어 있는지를 파악할 수 있다. 여기서 보습제는 속성(attribute)에 해당되며, '머릿결을 촉촉하게 해준다'는 것은 이러한 속성으로 인해 나타나는 소비자편익 또는 결과(consequence)에 해당된다. 머릿결이 촉촉한 것이 중요한 이유는 여름을 제외하고는 전반적으로 습도가 낮아 머릿결이 푸석푸석해질 가능성이 높은 우리나라의 기후조건에서 건강하고 아름다운 머릿결을 유지하는 데 필요하기 때문이다. 따라서 도브샴푸는 보습효과를 통해 궁극적으로 건강하고 아름다

마케팅조사Highlight

## 투사법을 이용하여 여성의 마음을 읽는 데 성공한 DuPont사

나이론 스타킹을 개발하고 대량생산하여 온 DuPont사는 다른 회사들과 마찬가지로 서베이조사나 FGI조사를 통해 시장, 특히 여성소비자들의 욕구를 파악하고 있었다. 문제는 일반적으로 조사자와 얼굴을 맞대고(face-to-face) 이루어지는 서베이조사나 FGI조사과정에서 여성들이 적극적으로 의견을 제시하지 않는다는 것이다. 팬티스타킹의 사용상황이나 문제점에 대해 자세히 이야기하는 걸 창피하게 생각하는 소비자가 많았는데, 특히 진행자나 마케팅담당자와 얼굴을 맞대고 이야기하는 경우 이에 대한 자세한 언급을 꺼려 하는 것으로 나타났다.

이러한 문제점을 해소하기 위해 Dupont사는 투사법의 한 유형인 스토리완성법과 앞서 설명한 은유분석법을 사용하기로 하였고, 면접에 앞서 응답자들에게 미리 팬티스타킹을 신는 것과 관련된 본인의 느낌이나 의견을 보여주는 그림을 준비해 가져오도록 요구하였다. 그 결과 예상외로 많은 응답자들이 면접에 참여하면서 적극적으로 의견을 제시하였다.

어떤 여성은 스타킹에 아이스크림이 떨어진 사진을 가져왔으며, 어떤 응답자는 스타킹에 댄싱이 간 것을 확인하는 여성의 표정이 담긴 사진을 가져왔다. 또 어떤 여성은 벤츠자동차에 탄 영국 Elizabeth 여왕의 사진을 가져오기도 하였다. 응답자들은 가져온 자료를 보면서 면접과정에서 많은 의견을 제시하였다.

이러한 면접과정에서 얻어진 시사점 중의 하나는 스타킹을 신었을 때 여성들은 자신이 매력적인 것으로 느끼며, 남성들에게 섹시하게 보일 것으로 생각한다는 것이었다. 또 여성들은 스타킹 신는 것 자체를 싫어하지는 않으나, 스타킹을 신다가 낸싱이 가거나 구멍이 나 본인이 매력적이라는 느낌을 상실하게 될 경험에 매우 부정적인 반응을 보인다는 것을 확인할 수 있었다. 이러한 사실은 뒤이어 실행된 계량적인 마케팅조사를 통해서도 확인할 수 있었다.

이러한 조사결과에 근거해 Dupont사는 내구성이 뛰어난 신소재를 개발하는 데 주력하고 광고내용도 정장스타일의 사무실 분위기보다 매력적인 파티 분위기를 보여주는 쪽으로 변경함으로써 지속적인 성장을 실현할 수 있었다.

자료원 : Malhortra, *Marketing Research*, 제4판, p.160.

운 머릿결을 가진 매력적인 사람이 되고 싶어 하는 소비자가치(value)를 실현시켜 준다. 래더링기법은 어떤 브랜드의 속성-편익-개인적 가치 간의 연결관계를 파악할 수 있게 함으로써 제품의 브랜드컨셉트 개발과 광고에 사용될 메시지의 파악에 유용하게 활용된다.

[그림 6-4]는 항공서비스에 대해 적용된 래더링 분석결과의 예이다. [그림 6-4]에서 항공여행자에게 왜 특정의 항공사를 선호하는지를 질문했을 때, 넓은 공간 때문이라고 응답했다고 하자. 조사자는 다시 왜 넓은 기체를 중요하게 생각하는지 등의

**그림 6-4** 항공서비스를 대상으로 한 래더링분석의 예

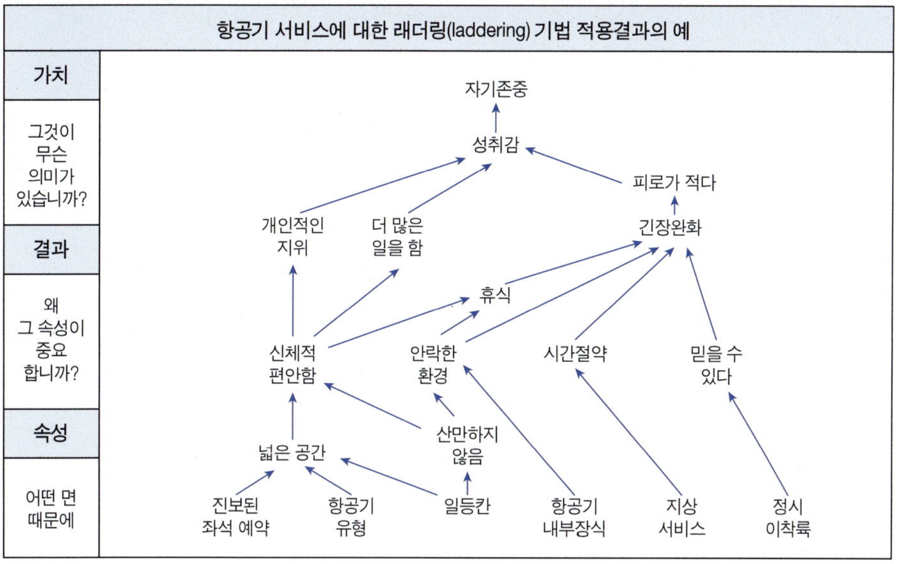


연속적인 질문을 통해, "신체적으로 편안하니까 → 기내에서 더 많은 일을 할 수 있으므로 → 성취감을 높여 주므로" 등의 일련의 응답을 유도할 수 있게 된다.

래더링분석은 대개 30명 전후의 응답자들에 대한 개별적 심층면접을 통해 이루어지는데, 그 진행과정은 다음과 같다.

① 먼저 각 응답자들에 대해 프로빙(probing)기법에서 설명한 대로 세 개의 브랜드를 제시한 후 유사한 두 개의 브랜드와 다른 하나의 브랜드로 구분하도록 하거나, 세 개의 브랜드 중 가장 좋아하는 브랜드를 선택하도록 한다. 또는 가장 최근에 구매하거나 사용한 브랜드가 무엇인지를 물어본다.

② 다음과 같은 질문을 이용하여 어떤 브랜드를 구매하거나 선호하는 이유 혹은 구분된 브랜드들 간의 차이점을 물어본다.

- 이 브랜드는 어떤 점이 좋습니까?
- 이 브랜드를 다른 브랜드보다 더 좋아하는 이유는 무엇입니까?
- 이 브랜드와 다른 브랜드와의 차이점은 무엇입니까?
- 그 브랜드의 어떤 점이 마음에 들지 않습니까?
- 그 브랜드를 사용하지 않는 이유는 무엇입니까?

③ 두 번째 단계에서 응답자가 중요하게 생각하는 속성이 파악되면, 그 속성이 중요한 이유 또는 그 속성의 존재 여부에 따라 어떤 문제점이 발생하는지를 다음과 같은 질문을 통해 찾아낸다.

- _____때문에 브랜드 A를 좋아한다고 말씀하셨는데, 그것으로부터 무엇을 얻는다고 생각하십니까?
- 그것이(그 속성이) 왜 당신에게 중요합니까?
- 그것이(그 속성이) 마음에 들지 않는 이유는 무엇입니까?
- 그것 때문에 사용하지 않는다고 했는데, 그것을(그 속성을) 피하는 이유는 무엇입니까?

④ 속성으로부터 응답자가 기대하는 편익 혹은 효과를 통해 실현될 궁극적 가치 또는 의미에 대해서는 "이러한 결과가 당신에게 어떤 느낌을 주나요?" 또는 "이러한 편익 혹은 결과가 당신에게 어떤 기분을 느끼게 하나요?"와 같은 질문을 통해 확인한다.

이러한 질문과정을 통해 특정 속성-효과(편익)-가치로 이어지는 상호관계를 찾아낸 후, 다시 ①번부터 그 과정을 반복하게 된다. 조사자는 전체 응답자들에 대해 이러한 면접과정을 반복함으로써 [그림 6-4]와 같이 특정 브랜드로부터 고객들이 기대하는 속성, 편익, 개인적 가치 간의 연결관계를 찾아낼 수 있다.

# 2 관찰조사

## 2.1 관찰조사의 의미와 종류

관찰조사(observation method)는 서베이조사나 면접조사와 같이 정보를 갖고 있는 대상자들과 직접적인 의사소통을 하는 방법과는 달리 소비자의 구매상황이나 사용상황에서 일어나는 행동을 관찰해 소비자의 잠재된 욕구를 파악하는 것이다. 가령, 편의점 마케팅관리자는 30분 간격으로 점포를 방문하는 고객의 성별 및 연령대 등을 관찰해 방문고객에 대한 프로파일을 파악함으로써 시간대별 방문고객의 수에 따라 종업원 수를 조정하거나 영업시간을 결정할 수 있다. 세제브랜드 마케팅담당자는 할인점의 세탁세제코너에서 고객들이 어떤 브랜드에 관심을 보이는지, 어떤 판촉물에 반응을 보이는지, 판매원과 어떤 대화를 나누는지 등을 관찰할 수 있다.

삼성전자나 LG전자는 해외시장에 진출하면서 현지소비자가 일상생활에서 어떻게 제품을 사용하는지 관찰한 후 여기에서 신제품이나 제품개선에 대한 아이디어를 얻어내고 있다. 기업들은 현지가정을 방문하거나 체류하면서 사용패턴을 관찰하거나(home visit or home stay), 소비자와 동행해 쇼핑과정을 관찰하거나(동행관찰), 혹은 소비자의 동의를 구해 그들의 부엌이나 거실에 카메라를 설치하여 소비자가 어떤 상황에서 어떻게 제품을 사용하는지를 관찰하기도 하는데, 이러한 관찰로 얻은 자료를 비디오 일지(video diary)라고 한다. 비디오 일지에서 얻은 자료와 관찰 후에 실시한 심층면접자료를 비교하면서 감춰진 소비자욕구를 찾아내기도 한다. 예를 들면, 설문지를 이용한 서베이조사에서 많은 소비자들이 전기나 물을 절약하는 것에 신경을 쓴다고 말하지만, 실제로 냉장고가 열려 있는 시간이나 물이 흐르는 시간을 관찰해보면 응답과 실제 행동 간에 차이가 있는 것으로 나타난다. 이러한 관찰을 토대로 마케터는 물이나 전기가 낭비되면 이를 알리는 경고장치를 부착하는 신제품아이디어를 얻을 수 있다.

대체로 관찰조사는 FGD(Focus Group Discussion)와 같은 면접조사와 보완적으로 사용된다. LG전자의 트롬세탁기는 출시 당시엔 가격이 비싸고 세탁시간이 오래 걸리는 등의 문제점으로 인해 매출이 부진했다. 이러한 문제점을 개선한 신제품을 개발한 후, 트롬세탁기 마케팅담당자는 소비자에게 소구할 커뮤니케이션 컨셉트를 찾아내기 위해 표적집단면접을 실시했지만 적절한 소구점을 찾아내지 못했다. 그래서 가정방문을 실시해 소비자행동을 관찰한 결과 두 가지 유형의 소비자를 발견했는데, 그냥 세탁기에 옷을 벗어 던지는 소비자와 세탁기 앞에서 주저주저하는 소비자였다. 후자의 소비자들에게 주저하는 이유를 물어보니 대부분 "옷을 함부로 하고 싶지 않다"라고 답했다. 이런 관찰조사를 토대로 소비자들이 세탁기를 사용할 때 옷감 손상에 대해 우려하고 있다는 점을 유추할 수 있었다. 이를 통해 "오래오래 입고 싶어서"라는 트롬세탁기의 광고카피가 탄생했고 이는 매출증대로 이어졌다.

**표 6-3** 관찰조사와 면접조사의 비교

| | 관찰조사 | 면접조사 |
|---|---|---|
| 자료수집범위 | 현재시점의 행동과 상황 | 과거에서 미래까지의 상황에 대한 설명, 태도, 감정, 의견 |
| 자료의 내용 | 실제 행동이나 사건이 일어나는 현장(context)에서의 구매행동, 사용행동, 표정, 대화내용 및 주변상황 | 응답자의 기억에 의존한 정보와 의견 |
| 자료수집방법 | 다양한 관찰방법 | 응답자와의 대화 |

정성조사의 두 축을 이루는 관찰조사와 면접조사의 차별적 특성을 비교하면 〈표 6-3〉과 같다. 면접조사는 주로 소비자의 기억에 의존하며, 브랜드에 대한 태도, 감정 또는 구매동기 등의 정보를 파악하는 데 흔히 활용된다. 이에 반해 관찰조사는 소비자의 제품구매나 사용현장에서 소비자의 행동과 행동을 둘러싼 주변상황을 있는 그대로 지켜보는 것이다. 이 과정에서 조사자는 면접조사에서는 파악하기 어려운 현장의 정보를 파악할 수 있는데, 실제로 제품구매과정에 무의식적으로 영향을 미치는 많은 요인들은 면접조사로는 파악이 되지 않는 경우가 많다. 가령, 미국소비자들이 고급 승용차를 구매할 때 자동차 실내의 향도 영향을 미치는 것으로 나타났는데, 그 결과를 토대로 Nissan자동차는 J-30모델을 출시할 때 90개 이상의 가죽을 선택하여 향을 비교하고 미국소비자들이 가장 선호하는 향을 가진 가죽을 선택하였다. 그러나 관찰조사만으로는 소비자들이 왜 그러한 행동을 했는지를 파악할 수 없기 때문에 실제에 있어 기업들은 면접조사와 관찰조사를 병행하여 수행하는 경우가 많다.

관찰조사는 관찰의 방법과 목적 등에 따라 다음과 같이 다양한 유형으로 구분된다.

### (1) 공개적 관찰과 비공개적 관찰

공개적 관찰이란 피관찰자에게 현재 관찰되고 있음을 미리 알려주고 관찰을 하는 방법인 데 반해, 비공개적 관찰은 사전에 응답자에게 관찰되고 있다는 정보를 알려주지 않는 것이다. 가령, 사전에 양해를 구한 후 관찰자가 쇼핑하는 과정을 따라다니면서 소비자의 구매과정을 관찰하는 경우가 공개적 관찰에 해당된다. 반면 백화점 매장의 감시카메라를 이용해서 고객의 동선과 체류시간을 관찰하는 경우가 비공개적 관찰에 해당된다.

**마케팅조사Highlight**

## 몰래 카메라를 이용한 마케팅조사의 빈도가 늘어나는 미국소매업체들

몰래 카메라를 백화점이나 할인점 매장에 설치해 놓고 방문객 수와 이들의 성별, 연령별, 인종별 분포는 물론 구매행태까지 파악해 분석하는 마케팅조사가 미국에서 성행하고 있다고 월스트리트 저널이 보도했다. 이 신문에 의하면 디지털 비디오카메라의 발달로 예전에는 매장 방문객들에 대한 면접조사를 통해서만 구할 수 있었던 여러 데이터들을 순식간에 수집할 수 있게 되었지만 고객들은 자신이 촬영되고 있다는 사실조차 모르고 있어 사생활 침해의 논란도 없지 않다고 지적한다.

이 같은 마케팅조사의 선도업체인 쇼퍼트랙은 갭이나 바나나 리퍼블릭 등의 130개 소매업체와 380개의 쇼핑몰에 4만 개의 카메라를 설치해 두고 방문고객들을 촬영해 각종 데이터를 뽑아낸다. 카메라에 연결된 쇼퍼트랙의 메인 컴퓨터는 촬영된 화면을 분석해 매장 방문객 가운데 어린이나 구경만 하는 사람들을 뺀 '진짜 고객'을 가려내 숫자를 집계하고, 이들이 매장 안에서 어떤 물건을 사는지를 분석한다.

이러한 자료를 바탕으로 쇼퍼트랙은 소매업체에게 매장 방문객 수와 예상 매출액 등을 산출해주고, 전국 소매업계 전체의 매출 동향 등도 파악하여 경제전문가들과 소매업계 관계자들, 금융업체 등에 판매한다. 빌 마틴 쇼퍼트랙 사장은 "우리가 파악하는 자료는 정부가 발표하는 소매판매 통계와 거의 내용이 비슷하지만 두 달 먼저 나온다는 것이 차이"라고 설명했다.

펜실베이니아대 라지브 샤르마 교수(컴퓨터과학)도 비디오를 이용하는 마케팅조사회사를 설립해 운영하고 있다. 샤르마 교수가 맥도날드 매장에서 시범운영하고 있는 비디오분석시스템은 촬영된 고객들을 인종, 성별, 연령별로 분류해 낼 수 있으며, 이들이 줄을 서서 기다리거나 주문하기 전에 메뉴판을 바라보는 시간 등을 계산해 줄 수도 있다.

문제는 본인이 모르는 상태에서 고객의 행동을 촬영하는 것이 사생활 침해의 요소가 있는데다 다른 목적으로 악용될 소지가 있다는 점이다. 사생활에 관한 권리옹호단체인 '사적인 시민'의 로버트 불마시 회장은 "소매업체를 방문했다고 해서 그 업체로부터 실험용 쥐 취급을 받아도 좋다고 허용한 것은 아니다"라고 지적했다. 월스트리트저널은 공항이나 정부건물, 사무실, 학교, 가게 등 미국 전역에 설치된 2천900만 개의 보안용 카메라에 대해 시민들은 대개 용인하는 편이지만 조사를 위한 카메라가 자신을 촬영하고 있다는 것을 알고서도 이를 받아들일지는 불확실하다고 밝혔다.

공개적 관찰은 피관찰자가 자신이 관찰되고 있음을 의식하여 평상시와 다른 행동을 함으로 인해 행동의 객관성을 확보하기 어렵다는 문제가 있다. 이러한 문제점을 해결하기 위해 조사자는 비공개적 관찰을 사용하여 소비자를 몰래 따라다니면서 몇 개의 점포를 방문하는지, 몇 벌의 옷을 입어보고 사는지 등의 행동을 고객 모르게 관찰함으로써 자연스러운 고객행동을 조사할 수 있다. 그러나 비공개적 관찰은 조사내용이 피관찰자에게 알려질 경우 조사의 비윤리성이 제기될 수도 있음을 주지해야 한다. 따라서 최근에는 관찰자에게 협조를 구하고 이에 대해 사례비를 지급한 후 공개적 관찰을 하는 경우가 보다 일반적이다.

### (2) 체계적 관찰과 비체계적 관찰

체계적 관찰은 일정한 양식의 관찰표에 따라 정해진 내용의 소비자 행동을 관찰하는 방법이다. 예를 들어 소비자들이 옷을 구매하기 위해 몇 개의 점포를 방문하는지, 몇 벌의 옷을 입어 보는지를 관찰표를 이용하여 체계적으로 관찰하는 경우이다. 반면에 비체계적 관찰은 피관찰자가 어떠한 행동을 할지를 예측하기 어려운 상황에서 관찰자의 주관적 판단에 따라 의미 있다고 판단되는 소비자행동을 관찰하고 기록하는 방법이다. 〈표 6-4〉는 관찰표의 한 예를 보여준다.

**표 6-4** 관찰표의 예

**소비자의 점포방문 관찰표**

1. 관찰자(　　　　)
2. 관찰일시(　월　일　시　분~　시　분)
3. 관찰지역(　　　　)
4. 피관찰자 특성
   (1) 성별
   (2) 연령
   (3) 관찰 시작시의 복장
5. 관찰내용

| 방문점포 | 체류시간 | 입어 본 옷의 수 | 구매여부 |
|---|---|---|---|
| (　　　) | (　　분) | (　　벌) | (　　　) |
| (　　　) | (　　분) | (　　벌) | (　　　) |
| (　　　) | (　　분) | (　　벌) | (　　　) |
| (　　　) | (　　분) | (　　벌) | (　　　) |
| (　　　) | (　　분) | (　　벌) | (　　　) |
| (　　　) | (　　분) | (　　벌) | (　　　) |
| (　　　) | (　　분) | (　　벌) | (　　　) |

### (3) 자연적 관찰과 인위적 관찰

이는 관찰이 일어나는 상황이 실제상황인지 아니면 연구자들이 만들어 놓은 가상적 상황하에서 이루어지는 것인지에 따른 분류이다. 자연적 관찰은 실제상황에서 소비자의 행동을 관찰하고 기록하는 것이다. 인위적 관찰은 실험실 상황을 구현한 후 참여자들의 구매행동을 관찰하는 것으로, 신제품에 대한 고객반응을 조사하기 위해 모의점포를 만들고 그 점포 내에서 소비자의 반응을 관찰하는 경우가 이에 해당된다.

### (4) 타인관찰과 자기관찰

관찰조사는 관찰자가 피관찰자를 조사하는 타인관찰방식이 일반적이지만, 최근에는 고객이 자신의 행동을 관찰하여 일정한 양식에 따라 정리하는 자기관찰(self reporting)도 많이 이용되고 있다. 예를 들어 대학생을 대상으로 지난 일주일간의 생활을 시간대별로 어디서, 누구와, 어떤 상황에서 보냈는지를 기록하고 디지털카메라로 해당 상황을 보여주는 사진을 찍어 첨부한 'self report'를 제출하도록 하는 것은 자기관찰의 전형적 예이다.

### (5) 직접관찰과 기계를 이용한 관찰

이는 관찰도구의 사용 유무에 의한 구분으로 조사자는 자신이 직접 소비자의 행동을 관찰하거나 혹은 기계를 이용하여 관찰할 수 있다. 기계를 이용한 관찰에서는 다음과 같은 도구들이 활용된다.

- **카메라/비디오를 이용한 촬영**
- **오디미터(audimeter)** : 이는 텔레비전 시청률조사를 위한 도구로 텔레비전에 부착되어 TV가 켜져 있었던 시간과 그 시간에 시청자가 시청했던 채널을 자동으로 기록하는 장치이다.
- **피플미터(people meter)** : 오디미터의 단점을 보완한 텔레비전 시청률 측정도구로, 가정 내 구성원 중 누가 실제로 텔레비전을 시청하고 있었는지를 파악하기 위하여 시청하고 있는 가족구성원 각각의 인식번호를 입력하도록 하는 기능이 첨부되어 있는 장치이다.

닐슨코리아의 피플미터

- **아이카메라(eyecamera)와 같은 시선추적장비** : 이는 피관찰자의 눈동자가 어떻게 움직이는지를 추적하는 장치로, 아이카메라를 이용한 시선추적(eye tracking) 조사는 동공의 움직임을 추적하여 고객의 정보탐색과정과 특정 마케팅자극에 대한 반응을 계량적으로 수치화한다. 예를 들어 소비자들이 여러 TV 광고 중 어떤 광고를 주시하는지를 파악하여 광고효과를 측정하는 데 활용할 수 있다. 또 제품구매나 서비스 이용과정에서 고객이 이동하는 동선을 감안하여 매장을 설계하고 효과적인 디스플레이 방안을 도출하거나, 판촉물 제작 시 컨텐츠의 효과적 배치와 가독성 증대 등의 용도로 사용된다. 네이버, 구글 등 IT기업들은 웹사이트와의 UI(사용자 인터페이스)에 대한 분석에, 그리고 LG전자는 스마트폰, 냉장고 개발 등에 시선추적방법을 활용하고 있다. 가령, 양문형 냉장고 내

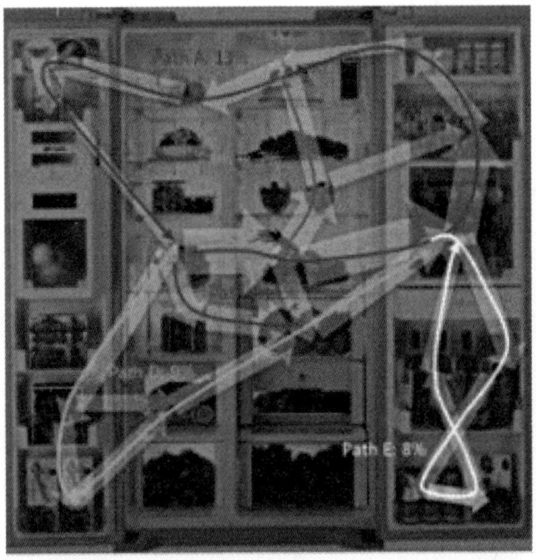

시선추적방법을 이용한 소비자반응조사 :
냉장고 내부를 보는 소비자의 시선흐름

부구조를 개선함에 있어 마케터는 서베이조사만으로는 고객들이 양문형 냉장고 내부를 어떻게 인지하는지에 대한 정보를 정확히 수집하기는 힘들지만, 시선추적방법을 통해서는 명확하고 직관적인 고객정보를 얻어낼 수 있다.

시선추적장비는 용도에 따라 안경처럼 착용하고 이동하면서 소비자의 눈으로 보는 장면을 촬영하는 형태, 시력검사기처럼 머리를 고정시키고 세밀한 안구의 움직임을 분석하는 형태, 모니터 앞에 설치된 카메라를 통해 컴퓨터 화면을 보는 동공의 움직임을 측정하는 형태 등이 있다.

- Psychogalvanometer : 피관찰자의 땀분비 증가 등 생체적 변화(physiological changes)를 측정하는 도구인데, 피관찰자에게 광고, 패키지 등의 마케팅자극을 보여준 후 땀분비의 증가량 및·피부의 전기적 반응 정도 등을 조사한다.
- Pupilometer : 피관찰자 눈동자의 크기를 측정하는 도구인데, 광고나 마케팅자극을 보여준 후 피관찰자의 눈동자 크기의 변화를 조사한다.
- **뇌 영상 촬영장비** : 이는 소비자의 뇌세포 활성 정도를 측정하는 것으로, 소비자 심리 및 잠재된 행동동기를 이해하기 위해 활용된다. 대표적인 뇌 영상 촬영장비에는 기능적 자기공명영상(fMRI)이 있다. 기능적 자기공명영상은 뇌가 활동할 때 혈류의 산소수준 신호를 반복측정하여 뇌의 어느 영역이 기능적으로 활성화되었는지를 파악하게 해준다. 먼저, 조사자가 관심을 갖는 실험참여자의 뇌 영역에 대해 초기 촬영을 한다. 두 번째로 광고영상을 보거나, 특정 브랜드(가령, 코카콜라나 펩시콜라)를 떠올리게 하는 등 마케팅자극과 관련한 인지과정을 참여자가 수행하는 동안 동일한 부분의 뇌 영상을 촬영한다. 두 번째 영상과 첫 번째 영상을 비교하면, 특정 마케팅자극에 의해 활성화된 뇌 영역을 보여준다. 기업은 fMRI를 이용해 얻은 뇌 영상을 해석하여 브랜드, 제품디자인, 광고 등에 대한 소비자의 인지적 · 정서적 반응을 파악할 수 있다. 그러나 뇌 영상 촬영기법은 특정 종류의 사고나 감정과 관련이 있는 뇌 영역이 활성화되었다는 점은 확인할 수 있지만, 구체적으로 소비자가 어떤 사고나 감정을 경험했는지를 판독할 수 없는 단점이 있다.

## 2.2 마케팅조사에서 활용되는 관찰조사방법의 주요 유형

마케팅조사에서 널리 사용되는 주요 관찰방법에는 조사장소, 조사기법 등의 기준에 따라 섀도 트래킹(shadow tracking), 피어 섀도잉(peer shadowing), 타운워칭(town watching), 비디오 에스노그래피(video ethnography), 가정방문(home visiting), 온라인 일기 등이 이용되고 있다.

섀도 트래킹(shadow tracking)은 소비자의 제품구매나 사용과정에서의 행동특성을 파악하기 위해 소비자의 이동경로를 따라가면서 일상생활을 동영상 촬영을 통해 관찰하는 방법이다. 이는 새로운 제품이나 서비스 기회를 파악하기 위해, 혹은 사용자의 요구를 깊이 있게 파악하고자 할 때 주로 사용된다. 가령, 조사자는 조사참가자가 퇴근하는 순간부터 지하철로 이동하고, 서점에서 책을 고르고, 슈퍼에서 생활용품을 사고, 카페에서 시간을 보내고, 레스토랑에서 친구를 만나는 과정에서 휴대폰을 이용하는 모습을 촬영하여 제품사용과정을 면밀하게 조사할 수 있다.

피어 섀도잉(peer shadowing)은 조사자가 직접 소비자의 행동을 관찰 · 기록하는 섀도 트래킹 기법과 달리 소비자 본인이나 친구, 가족 등 지인들이 해당 소비자의 행동을 관찰 · 기록하는 방법이다. 이를 통해 조사자가 따라다닐 수 없는 부분까지 촬영할 수 있고, 소비자가 심리적으로 편안함을 느끼기 때문에 신뢰성이 높은 자료를 수집할 수 있다. 다만 조사를 수행하는 주체가 비전문가여서 이들을 체계적으로 훈련시키는 일이 필요하다. 또한 사후 면접조사를 병행하여 관찰된 행동에 대한 이유 및 동기를 추가적으로 분석함으로 유용한 자료를 수집할 수 있다.

타운워칭(town watching)은 소비자들의 라이프스타일 및 소비트렌드를 파악하기 위해 그들을 만날 수 있는 장소에서 관찰과 인터뷰를 진행하는 방식인데, 거리의 행인이나 매장을 방문한 소비자를 주로 관찰하게 된다. 타운워칭은 상품기획단계에서 소비자들의 특성 및 행동성향을 이해하고 계획한 제품 포지션이 목표고객들에게 적절하게 소구될 수 있는지를 파악하고자 할 때 사용된다.

비디오 에스노그래피(video ethnography)는 특정 환경에서 소비자의 제품구매나 사용행태를 한 지점에 고정된 카메라를 통해 관찰 · 기록하는 방식이다. 이 기법은 기존제품(가령, 가전제품) 사용상의 문제점을 파악하거나 실제 매장환경에서 소비자가 느끼는 문제점을 파악하여 개선하거나 새로운 아이디어를 얻고자 할 때 활용된다. 가령, 가정에서 냉장고를 사용하는 방식을 관찰하기 위해 식탁, 냉장고, 조리대 등이 보이는 지점에 카메라를 설치하여 시간대별로 소비자들이 생활 속에서 냉장고를 어떤 식으로 사용하는지를 관찰하는 것이 이에 해당된다. 또 대형 할인매장의 특정 제품 판매지점 주변에 몇 대의 카메라를 설치해 다수 소비자들의 제품선택과정을 관찰한 후 제품디스플레이나 판매대의 위치 등을 개선하는 데 활용할 수도 있다.

가정방문(home visiting)은 조사대상 가구를 방문하여 집안환경을 관찰하고 가족 구성원과의 인터뷰를 통해 그들의 라이프스타일 및 제품사용행태를 파악하는 것이다. 가령, 세탁기 사용과 관련해 세탁실은 어디에 있는지, 세탁기 주변에 어떤 물건들이 놓이는지, 세탁물은 얼마인지를 관찰하고, 사용상의 불편한 점, 개선요구사항 등을 인터뷰할 수 있다. 면접실에서 진행하는 심층면접과 달리 실제 사용상황을 직접 관찰할 수 있고, 소비자가 제품을 직접 사용하는 현장에서 떠오르는 생각들을 포착할 수 있다는 장점이 있다.

온라인 일기는 일상생활에서 제품 및 서비스 이용경험에 대해 소비자가 스스로 내용을 작성하고 이미지를 기록하는 관찰방식이다. 온라인 일기는 소비자가 일상적으로 라이프스타일을 즐기는 과정에서 이루어지는 제품사용 및 서비스이용에 대한 경험정보를 제공하는데, 생활 전반에 걸친 특성을 이해하고 잠재된 요구를 파악하고자 할 때 사용된다.

## 2.3 민속지학조사에 의한 관찰

문화인류학에서는 연구자가 특정 문화집단에 참여하여 함께 생활하면서 관찰하는 조사방법이 많이 활용되는데, 이러한 문화인류학적 정성조사방법을 에스노그라피(ethnography)라 부른다. 문화인류학에서 사용하는 관찰조사는 주로 참여관찰을 말한다. 최근 시장의 세계화에 따라 기업의 사업영역이 여러 국가로 확산되면서 각 국가의 문화적 특성을 파악하기 위한 노력이 진행되고 있다. 이에 따라 마케팅조사에서 민속지학조사를 활용하는 사례가 증가하고 있다.

민속지학조사(ethnographic research)는 다음과 같은 절차에 따라 진행된다. 첫 번째는 어떤 상황(예를 들어 비행기로 여행을 하는 고객이 공항에 들어와서 보이는 일련

**표 6-5** 민속지학조사에 사용되는 관찰표의 예

| | 행위자 | 장소 | 행동 | 시간 |
|---|---|---|---|---|
| 행위자 | 행위자의 행동을 상세히 묘사 | 어떤 식으로 공간이 이용되는가 | 행위자들이 어떤 행동을 하는가 | 언제 행위자들이 나타나는가 |
| 장소 | | 장소의 배경에 대한 상세한 설명 | 어디에서 어떤 행동들이 일어나는가 | 시간대별로 어디에서 일이 생기는가 |
| 행동 | | | 일어난 모든 행동들에 대한 설명 | 시간대별로 어떤 행동이 벌어지는가 |
| 시간 | | | | 각 시간대별로 일어난 일들에 대한 설명 |

의 프로세스)에서 발생되는 모든 것들을 행위자(누가), 장소(어디서), 행동(무엇을 그리고 어떻게), 시간(언제) 등으로 구분하여 〈표 6-5〉와 같은 표에 기록한다. 이를 위해 조사자는 관찰대상자(가령, 공항에 들어오는 고객들)를 무작위로 선별하여 그들이 보이는 일련의 반응들을 관찰하는데, 관찰내용을 바로 정리하기가 어렵기 때문에 대개 비디오로 촬영을 한 다음 녹화된 내용을 보면서 이를 정리하게 된다.

두 번째 단계는 정리된 표에서 연구자의 판단에 의해 의미 있는 셀(예를 들면 행동들 중 고객들이 지루한 표정을 보이는 행위)을 찾아 비디오로 촬영된 내용을 다시 보면서(이를 집중관찰단계라 함) 그러한 행동이 누구에게, 언제, 어떤 상황에서 일어나는지를 세밀하게 검토하여 그 행동(가령, 지루함)의 유형을 분류하게 된다. 예를 들어 지루함의 유형을 '발권을 기다리면서', '짐을 부치고 나서', '기내에서' 등과 같이 구분한다.

세 번째 단계는 피관찰자들과의 면접을 통해 행동의 유형별로 그 이유나 문제점에 대해 대화를 나누면서 적절한 마케팅대안을 찾아내는 것이다. 가령, 지루한 상황을 경험한 고객들과 직접 면담을 하면서 지루함의 유형별로 그 해결책을 찾아냄으로써 고객만족도를 높일 수 있다.

마케팅조사Highlight

## 민속지학 조사연구(Ethnographic Research)를 이용한 고객에 대한 밀착관찰

고객들은 자사제품에 대해 진정으로 어떻게 생각하며 주위 친구들에게 어떤 이야기를 해줄까? 실제로 자사제품을 어떻게 사용할까? 고객들이 조사과정에서 이런 이야기를 할 수 있을까? 대부분의 마케터들은 이에 대해 자신 있게 답하기 어려울 것이다. 설문지를 이용한 전통적 마케팅조사는 고객의 정확한 응답을 얻을 수 없는 경우가 많다. 고객에 대한 깊은 이해를 얻기 위해 기업들은 민속지학조사 또는 관찰조사 등을 활용하고 있다.

민속지학조사는 전문적인 교육을 받는 조사자가 자연스러운(실제의) 환경에서 소비자들이 제품과 서비스를 어떻게 사용하고 이에 대해 어떻게 느끼는지를 세밀하게 관찰하는 조사방법이다.

소형 비디오테이프에 촬영된 한 60대의 여성이 하루의 여정을 마친 후 호텔 침대에 앉아 남편과 대화를 나누면서 "성공했어요! 값싸게 멋있는 방을 얻었어요"라고 의기양양하게 말한다. 이 부부는 Best Western International호텔이 실시하는 민속지학조사에 돈을 받고 참여한 55세 이상의 스물다섯 부부커플 중 하나인데, 이들은 국내 횡단여행 과정을 비디오으로 담았다.

이러한 조사를 통해 호텔경영자는 장년층에게 10%의 투숙료 할인을 제공하는 프로그램의 도입이 별 효과가 없음을 확인하였다. 비디오테이프를 분석한 결과, 장년층 투숙객은 투숙할 경제적 여유가 없어서가 아니라 가격흥정을 한다는 사실 자체에 대한 짜릿함 때문에 호텔 창구에서 가격할인을 요구하는 것으로 나타났다. 장년층에 대한 10%의 투숙료 할인은 신규고객들을 유인하기보다는 이러한 가격할인을 다른 멋있는 식당에서 식사를 하는 데 사용함으로써 Best Western 호텔에게 별 도움이 되지 않았다. Best Western호텔은 비디오테이프에 담겨진 풍부한 고객행동정보가 제공하는 시사점을 심도 있게 분석한 후, 장년층고객에게 투숙료를 할인해줄 마케팅계획의 도입을 연기했다.

오늘날과 같은 치열한 시장경쟁에서 기업들은 고객들이 느끼는 감정과 자사제품과의 상호작용을 깊이 있게 이해하고, 이를 토대로 제품서비스와 마케팅 프로그램을 조정해야 한다. 민속지학조사는 기업들이 고객들을 심도 있게 이해하는 데 도움을 준다. 이 조사방법은 정밀한 관찰과 심층고객면접을 병행함으로써 실생활에서 발생되는 소비자들의 제품경험에 대한 자세한 정보를 이끌어낸다. 민속지학조사는 전통적인 표적집단면접법에서 얻을 수 없는 상세한 정보를 제공하기도 한다. 예를 들어, Best Western 호텔이 실시한 표적집단면접에 참가한 소비자들은 숙박할 시간과 장소를 결정하는 사람을 묻는 질문에 '남자'라고 응답했지만, 비디오테이프를 관찰한 결과 일반적으로 여성인 것으로 나타났다.

민속지학조사 혹은 관찰조사가 갖는 이러한 장점들로 인해 점점 더 많은 기업들이 소비자들을 세밀하게 관찰하고 있다. 개별소비자의 실제행동과 감정을 상세하게 이해하는 것은 경쟁우위 획득의 필수조건이며, 민속지학조사는 이러한 목적을 달성하는 데 유용한 조사방법이다.

## Ethnography기법으로 살펴본 2030 싱글족의 일상생활
## '혼자서도 잘 먹고 잘사는 세대'

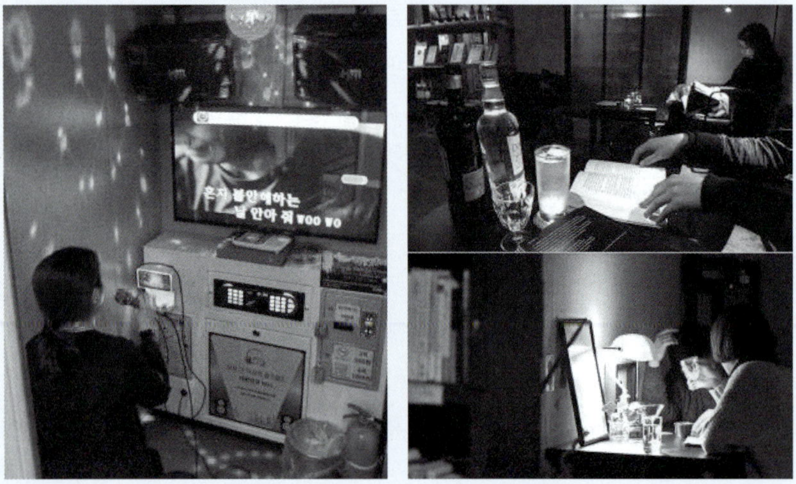
혼자서 즐기는 노래방이나 책바의 모습

최근 새로운 성장시장인 2030 싱글족이 기업의 주요 타겟시장으로 부상하고 있다. 2030 싱글족을 밀착동행해 일상생활을 관찰하거나 주거지에 동영상 카메라를 설치해 그들의 행동을 동영상으로 촬영하거나 혹은 개별면접을 통해 그들의 소비행동, 소유하고 있는 브랜드에 대한 의견과 감정을 파악하는 등 Ethnography기법을 이용한 정성조사는 2030 싱글족을 겨냥한 마케팅전략 개발, 그리고 신제품개발, 마케팅커뮤니케이션 캠페인 수립, 유통경로 결정 같은 마케팅믹스 프로그램 개발에 유용한 통찰력을 제공할 수 있다. 다음은 Ethnography 정성조사기법을 활용해 2030 싱글족의 라이프스타일을 분석 · 정리한 예이다.

싱글족 500만 명 시대. 점점 늘어나는 1인가구는 이제 단순히 식사와 살림을 넘어 많은 것들을 혼자 즐긴다. 관련된 서비스와 문화도 새롭게 등장하고 있다. 일상에서 쉽게 접할 수 있는 싱글족과 관련된 문화와 라이프스타일을 생활패턴별로 살펴보았다.

### 여가

오후 4시쯤 서울 서대문구 연세대학교 근처에 있는 한 노래방. 소파와 테이블 대신 노래방 기계 하나만 달랑 있는 약 한 평(3.3m$^2$) 크기의 반투명 부스 12개가 복도 양옆으로 나란히 놓여 있었다. 그중 절반의 부스에선 20대 학생들이 혼자 노래를 부르고 있었다. 친구와 함께 노래방을 찾은 학생은 한 팀밖에 없었다. 혼자 노래 4곡을 부르고 나온 대학생 안 모(29) 씨는 "취업준비를 하며 생긴 스트레스를 풀러 가끔 동전노래방을 찾는다"며 "혼자 와도 남의 눈치 안 보고 놀 수 있는 게 장점"이라고 말했다. 신촌 · 대학로 · 건대입구 같은 대학가엔 '혼놀(혼자 놀기)족'을 겨냥한 '동전노래방'이 우후죽순 생겨나고 있다. 보통 500원에 노래 2곡을 부를 수 있다. 혼자 오는 손님이 눈치 보지 않고 즐길 수 있도록 종업원 없이 운영되는 무인노래방도 등장했다.

저녁 7시 서울 연희동에 있는 책 바(Chaeg Bar)에 들어서자 가게 한가운데에 놓인 책장이 먼저 눈에 띄었다. 천장까지 닿는 이 책장에는 '책'과 '바'라는 가게이름처럼 술

병과 책이 함께 놓여 있었다. 무라카미 하루키 소설『노르웨이의 숲』옆에 이 작품에 등장하는 보드카를 놔두는 식이었다. 메뉴판도 독특했다. 메뉴판 첫 페이지를 보면 시·소설·에세이·계간지 등으로 술을 구분해놨다. 저녁 8시쯤 되자 손님이 하나둘 들어오기 시작했다. 손님들은 술 한 잔을 주문한 후 자연스럽게 1인용 소파나 바에 앉아 책을 읽기 시작했다. 직장이 근처라 퇴근길에 들렀다는 정보람(29) 씨는 "일찍 퇴근한 날이면 어딘가 들어가서 가볍게 책을 읽고 싶은데 저녁시간이라 커피는 부담스럽고 술 한 잔 정도가 딱 적당한 것 같다"고 했다.

### 생활

지난해 말 서울 용산구 이태원의 한 강의실. 20·30대 남녀 7명이 강사의 설명에 따라 니트와 셔츠, 양말 같은 옷가지와 수건을 열심히 개고 있었다. 두세 달에 한 번씩 열리는 '셀프 인테리어' 강좌였다. 하루 8시간 수업을 듣는데 9만 원을 내야 하는 이 수업에 참가한 직장인 이 모(29) 씨는 "원룸 자취방을 산뜻하게 정리하고 싶어 강좌에 참여했다"고 말했다. 미혼 젊은이들이 냉장고 정리하는 법이나 옷 개는 방법, 방 정리하는 법 등을 가르치는 강좌에 몰려들면서 이들을 겨냥한 살림학원도 생겨났다. "수건을 갤 때는 위로 쌓아놓지 말고 돌돌 말아 옆으로 세워야 꺼내 쓰기도 편하고 깔끔하죠. 나에게 설렘을 주는 옷이 아니면 과감히 버리세요."

### 명절

작년 추석에는 MBC '마이리틀텔레비전(마리텔)'에 출연한 걸그룹 AOA의 멤버 초아가 화제를 모았다. 이 방송은 인터넷이나 스마트폰으로 실시간 참여할 수 있어 TV 없는 1인가구에도 인기가 높다. 실시간 댓글엔 "고향 대신 초아", "추석 때 혼자라 쓸쓸했는데 초아 덕분에 힐링된다"는 내용이 주를 이뤘다. '마리텔'처럼 혼자 편하게 즐길 수 있는 명절 특집 프로그램이 대세다. 1인가구가 전체 가구 중 26.5%를 차지하고, 이 중 명절을 혼자 보내는 사람이 점점 늘고 있어서다.

자료원 : 조선닷컴, 2016년 6월 20일자에서 요약발췌

# 부록 신세대여성의 라이프스타일 파악을 위해 활용된 일기형태 기록지의 예

## 주간 다이어리

| ID | | |
|---|---|---|

| 문서번호 | pre④ |
|---|---|

주간 다이어리는 귀하의 하루 일과를 4일간 기록하는 것입니다.
월~목요일 중에 비교적 특별한 일(외출, 쇼핑 등)이 있었던 날 하루와 금, 토, 일요일 총 4일간의 생활을 기록해 주세요.
일기를 쓰듯 기상시간부터 취침시간까지 하루 동안 있었던 일들을 되도록 육하원칙(언제, 어디서, 누구와, 무엇을, 어떻게, 왜)에 의해 자세히 기록해주십시오.
* 예시 참조
* 문의사항 : ○○○ 조사연구소 담당자 ○○○ (Tel : 000-0000-0000)

- 응답자 : 성명____________________ 전화____________________
- 작성기간 : 2004년 5월 ( ) 일 ( ) 요일 ~ 5월 ( ) 일 ( ) 요일(1주간)
- 그룹 구분 (응답자는 표기하지 마세요) : ____________________

[작성방법]

1) '일과'란에 아침 기상시간부터 취침시간까지 하루 일과를 시간대별로 기록해 주세요. 지나치게 일상적인 행동(세수, 양치질 등)은 기록하지 않으셔도 됩니다.
2) 특징적인 행동(외출, 쇼핑, 모임, 문화활동, 특별 요리 만들기 등)인 경우, 옆에 번호를 표시하시고, '일과 세부내용'란에 보다 자세히 내용을 기록해 주세요. 누구와, 어디서, 왜, 어떻게 했는지뿐 아니라, 그 일을 하면서 느꼈던 기분이나, 만족도 등 심리적인 내용도 기록해 주세요. 여백이 모자란 경우, 뒤 페이지에 나머지 내용을 기록해 주세요.

| 시간대 | 일과 | 일과 세부내용 |
|---|---|---|
| Am 10:00 | 스포츠센터에서 운동 (1) | (1) 집에서 도보로 5분 거리에 있는 스포츠센터에 가서 헬스를 1시간가량 함. 보통 때는 러닝머신을 많이 했지만, 오늘은 옆 러닝머신에서 운동하는 내 또래 몸짱 여자를 보고 자극을 받아 근육강화운동을 더 많이 함. 안 하던 운동을 하니 더 힘이 드는 것 같지만, 왠지 뿌듯한 기분이 들었음. 앞으로는 덤벨운동 같은 것도 꾸준히 해야겠다고 생각함 |
| 11:00 | 귀가, 외출준비 | |
| Pm 12:00 | 백화점 쇼핑(2) | |

| 일과 세부내용(계속) |
|---|
| (2) 친구 생일 선물을 사기 위해 집에서 가까운 ○○백화점에 감. 가깝긴 하지만, 허름하게 보이는 게 싫어 외출복을 갖추어 입고 화장을 하고 감. 우선 미리 사려고 생각해둔 속옷 코너에 가서 물건을 고르는데 딱히 예쁜 게 없어 대신 스카프를 사기로 함. 친구가 좋아하는 ××브랜드에서 예쁜 스카프를 봤는데 가격이 너무 비싸서 브랜드는 같지만 가격은 좀 더 싼 다른 스카프를 구입. (하략) |

## 5월 (  )일 (월/화/수/목)요일

■ 일과 세부내용은 되도록 육하원칙(언제, 어디서, 누구와, 무엇을, 어떻게, 왜)에 따라 자세히 적어주시고, 돈이 지출된 경우 총 지출액도 적어주세요.

| 시간대 | 일과 | 일과 세부내용 |
|---|---|---|
| Am 4:00 | | |
| 5:00 | | |
| 6:00 | | |
| 7:00 | | |
| 8:00 | | |
| 9:00 | | |
| 10:00 | | |
| 11:00 | | |
| Pm 12:00 | | |
| 1:00 | | |
| 2:00 | | |
| 3:00 | | |
| 4:00 | | |
| 5:00 | | |
| 6:00 | | |
| 7:00 | | |
| 8:00 | | |
| 9:00 | | |
| 10:00 | | |
| 11:00 | | |
| Am 12:00 | | |
| 1:00 | | |
| 2:00 | | |
| 3:00 | | |

| 일과 세부내용(계속) |
| --- |
| |

＊ 응답해 주셔서 감사합니다. ＊

# 제 7 장
# 기술적 마케팅조사

1. 서베이조사 또는 A&U조사

2. 패널조사

3. 신제품개발과정에서의 제품테스트조사

4. 마케팅정보시스템

기술적 마케팅조사(descriptive marketing research)는 마케팅의사결정을 내리는 데 필요한 기본적인 시장지표(예 : 시장의 크기, 성장률, 브랜드별 점유율 등)와 제품브랜드에 대한 소비자반응(예 : 브랜드인지도, 브랜드선호도, 구매의도 등)에 대한 자료를 설문지 형태의 정형화된 응답방식을 이용해 수집하고, 통계적인 분석을 통해 마케팅 전략과 마케팅프로그램의 대안을 찾아내기 위한 조사방법이다. 대표적인 기술적 마케팅조사기법에는 서베이조사, 패널조사, CLT조사, HUT조사 등이 있으며, 마케팅조사에서 많이 활용되는 조사기법들이다. 이하에서는 각 기법의 용도와 실행과정에 대해 설명하기로 한다.

## 1 서베이조사 또는 A&U조사

서베이(survey)조사는 가장 널리 이용되는 마케팅조사방법의 하나로, 조사원들이 표본으로 선정된 응답자들로부터 설문지를 이용해 조사목적과 관련된 정보를 수집 · 분석하는 것이다. 조사원들이 거리에서 또는 가정을 방문하여 설문조사를 하는 경우를 흔히 접하게 되는데, 이는 서베이조사가 진행되는 과정 중 일부이다.

### 1.1 서베이조사의 목적

기업에서 서베이조사를 실시하는 주목적은 시장의 전반적 상황, 소비자들의 제품 구매 및 이용실태, 자사제품 및 경쟁제품들에 대한 소비자평가 등의 기본적 마케팅 자료를 수집하여 마케팅전략수립에 활용하는 데 있다. 예를 들어, 서베이조사의 결과로 얻어지는 시장의 크기와 향후 성장률, 경쟁브랜드들의 점유율과 이의 변화 추이와 같은 기본적 시장정보들은 마케팅활동의 성과를 평가하는 기준이 된다. 또한 마케터는 서베이조사를 통해 브랜드인지도 형성 → 제품속성별 평가와 브랜드태도 → 구매의사 → 구매로 구성되는 소비자 브랜드선택과정의 각 단계별로 자사 및 경쟁브랜드의 상대적 수준에 관한 정보를 수집함으로써 마케팅활동의 문제점을 찾아내는 데 도움을 받기도 한다. 가령, 높은 구매의사에도 불구하고 자사브랜드의 구매비율(시장점유율)이 낮다는 조사결과는 높은 구매의사가 실제의 구매로 연결되지 않음을 의미하므로 유통정책과 가격정책이 개선되어야 함을 시사해줄 수 있다.

## 1.2 서베이조사의 진행과정

서베이조사의 일반적 과정은 다음과 같다.

① 기업이 당면한 마케팅의사결정문제와 이의 해결에 필요한 마케팅정보의 영역을 결정한다.
② 정보를 수집하는 데 필요한 설문지를 작성한다.
③ 표본계획에 따라 목표고객에 해당하는 응답자나 점포나 기업을 표본으로 결정한다.
④ 조사원들을 선발 · 훈련시키고 면접 또는 전화조사를 통해 자료를 수집한다.
⑤ 수집된 자료에 대한 분석을 실시한다.
⑥ 분석결과를 토대로 마케팅의사결정문제에 대한 대안을 찾아낸다.

서베이조사는 마케팅조사에서 가장 빈번하게 사용되는 방법이기 때문에 대부분의 마케팅조사 교재들이 서베이조사의 진행과정을 중심으로 구성되어 있다. 서베이조사의 진행과정은 본서의 제4부에서 각 장별로 자세히 설명된다.

## 1.3 서베이조사에서 수집되는 자료의 유형과 분석정보

기업의 서베이조사에서 수집 · 분석되는 자료는 매우 다양하지만, 대체로 다음과 같은 자료들이 수집 · 분석된다.

① 서베이조사를 통해 수집되는 자료의 유형

- 제품구매행동에 대한 자료
  - 브랜드 및 광고 인지도
  - 브랜드별 제품속성 평가
  - 브랜드별 만족도
  - 제품사용상의 문제점
  - 선호브랜드
  - 브랜드별 향후 구매의도
  - 최근 구매브랜드
- 응답자의 인구통계학적 특성에 대한 자료
  - 성별
  - 연령
  - 소득
  - 교육수준
  - 가족구성(식구의 수, 세대의 수)
  - 주거환경(주택의 형태, 주택의 규모 등)

② 분석되어야 할 마케팅정보

수집된 자료는 분석을 통해 마케팅의사결정을 지원할 마케팅정보로 전환되는데, 대체로 다음과 같은 마케팅정보들이 분석된다.

- 기본적 시장정보 : 시장점유율, 자사 및 경쟁브랜드 선호도 등
- 광고인지도 측정을 통한 현 광고전략의 문제점 파악
- 브랜드별 제품속성평가를 통한 제품 및 광고소구점의 개선방안 탐색
- 각 브랜드의 속성별 만족도 파악
- 제품시장의 세분화[가령, 인구통계학적 변수와 구매관련자료 간의 교차분석(cross-tabulation)을 통하여 구매빈도가 높은 2030 소비자집단과 구매빈도가 낮은 2030 이외 소비자집단으로 세분화함]
- 제품시장의 경쟁구조분석(가령, 자사브랜드와의 대체성이 높거나 자사브랜드와 유사한 것으로 인식되는 경쟁브랜드를 분석해 주요 경쟁브랜드를 파악함)

## 1.4 조사목적에 따른 마케팅 서베이조사의 구분

마케팅전략 수립단계에서 마케터는 목표세분시장을 선정하고 제품포지셔닝의 방향을 정한다. 이러한 마케팅전략 수립과정에서 마케터는 소비자의 제품구매 및 사용행태와 경쟁자의 동향과 시장트렌드 등에 대한 자료를 필요로 한다. 그리고 마케팅전략을 실행하기 위해 마케터는 제품개발, 유통관리, 가격결정, 광고와 판촉계획, 그리고 마케팅 실행프로그램에 대한 사후 평가 등 다양한 마케팅활동을 수행하게 되는데, 이 과정에서 적절한 조사자료가 요구된다. 마케팅의사결정을 지원하는 데 필요한 자료를 수집하기 위해 기업은 고객, 업계 종사자, 전문가 등을 대상으로 다양한 형태의 서베이조사를 수행하는데, 마케팅영역의 서베이조사유형은 의사결정문제에 따라 다음과 같이 분류될 수 있다.

### (1) A&U조사

A&U(Attitude & Usage)조사는 기업들이 마케팅전략을 수립하는 데 가장 많이 이용하는 조사로 U&A조사라 부르기도 한다. A&U 조사는 소비자의 브랜드선택과정(각 브랜드대안에 대한 태도 포함)과 제품사용(usage)과정을 조사 · 분석해 목표시장선정전략과 마케팅믹스 프로그램 개발과 실행의 문제점을 확인하고 향후 마케팅전략의 방향을 결정하는 데 있어 도움을 주는 데 그 목적이 있다. 예를 들어 기업은 A&U 조사를 통해 자사 및 주요 경쟁 브랜드에 대한 인지도, 선호도, 구매의도와 같은 브랜드지표를 비교하여 자사브랜드의 시장 내 위상을 파악할 수 있다.

그리고 브랜드지표들 간의 관계를 분석해 마케팅전략의 문제점을 파악할 수 있다. 예를 들어 A&U조사자료를 분석한 결과 자사브랜드에 대해 구매의도는 있으나 실제구매로 연결되지 않는 것으로 나타났다면, 마케터는 마케팅믹스요소 중 유통과 가격에 문제가 있는 것으로 판단할 수 있다. 또한 수집된 조사자료를 성별, 연령과 같은 인구통계적 변수와 연계해 분석함으로써 목표시장별로 자사브랜드에 대한 속성신념과 태도, 사용행태 등에서의 문제점을 확인할 수 있다. A&U조사는 목표시장 선정이나 4P믹스 프로그램의 문제점을 진단하는 데 도움을 주므로 마케팅전략 수립과정에서 가장 자주 이용된다.

### (2) 미디어조사(광고효과조사)

미디어조사는 마케팅커뮤니케이션 프로그램의 효과와 효율성을 평가하고, 향후 IMC(Integrated Marketing Communication)전략의 방향을 찾기 위한 목적으로 수행된다. 기업은 미디어조사를 통해 소비자들의 다양한 매체를 통해 집행된 광고나 이벤트 등에 대한 노출 여부와 노출빈도 등을 확인한다. 이를 위해 소비자들의 광고 및 브랜드에 대한 회상(recall)과 재인(recognition)수준을 조사한다. 나아가 고객들에게 광고메시지가 의도한 대로 제대로 전달되었는지, 그리고 구매행동에 영향을 미쳤는지도 확인한다. 미디어조사는 광고메시지 개발, 커뮤니케이션 예산 설정 및 매체 선정과 스케줄링에 유의한 시사점을 제공한다.

### (3) 신제품개발조사 및 Tracking조사

신제품개발조사는 신제품개발과정에서 소비자들이 제품으로부터 원하는 요구사항을 파악하기 위해 수행된다. 이를 통해 속성별 중요도, 속성별 최적 성능수준(예를 들면 휴대폰의 주요속성인 카메라 화소수) 등에 대한 정보를 파악할 수 있다. 신제품 Tracking조사는 시제품이 개발된 후 출시에 앞서 시행되는 서베이조사로서, 이를 통해 예상매출이나 점유율을 추정할 수 있다. 또한 적정 가격수준, 브랜드, 패키징 같은 제품속성들에 대한 소비자반응을 파악함으로써 성공적인 제품출시를 위한 정보를 얻을 수 있다.

### (4) 고객만족도조사

고객만족도조사 또는 CS(Customer Satisfaction)조사는 고객들과의 서비스접점에서 제공하는 서비스수준에 대해 고객이 느끼는 만족도를 측정한다. 기업은 고객이 서비스를 받는 동선을 파악하고 주요 접점별로 고객들이 받는 서비스수준에 대한 만족도를 측정 · 평가하여 서비스개선에 활용한다.

### (5) 상권조사

이는 상권분석과 소매믹스전략의 수립을 위해 수행된다. 예를 들어 신규점포을 개설하려는 기업은 점포입지 주변의 유동인구를 대상으로 조사를 실시함으로써 예상상권의 범위와 상권의 구매력을 파악할 수 있다. 상권 내 경쟁수준에 대한 조사는 예상매출 파악과 투자계획수립에 필요한 정보를 제공한다. 또한 경쟁점포 대비 소매믹스(점포입지, 상품, 인테리어, 서비스, 촉진 등)의 상대적 수준을 조사함으로써 고객 유인력을 확보·개선하는 데 유용한 자료를 얻을 수 있다.

## 1.5 서베이조사에서의 자료수집방법

서베이조사는 응답자를 접촉하는 방법(method of administration)에 따라 대인면접법, 전화면접법, 우편조사법으로 구분되며, 최근에는 인터넷을 이용한 조사방법도 활용되고 있다.

### (1) 대인면접법

대인면접법(personal interview)은 교육을 받은 조사원이 직접 응답자와의 대면접촉을 통해 자료를 수집하는 것이다. 대인면접법은 가정에서의 면접(in-home personal interviews), 쇼핑몰이나 거리를 지나가는 소비자들을 상대로 한 면접(mall-intercept personal interviews), 또는 컴퓨터 앞에 앉아 화면에 나타난 질문에 키보드나 마우스를 이용하여 응답하는 면접(Computer-Assisted Personal Interviewing : CAPI) 등으로 나눌 수 있다.

대인면접은 응답자들이 질문내용을 이해하지 못하는 경우 이에 대해 자세히 설명해 줄 수 있어 양질의 정보를 얻어낼 수 있다는 장점을 갖고 있다. 또한 사례품 증정 등을 통해 면접참가에 대한 동기부여를 제공함으로써 응답률을 높이고 성실한 답변을 얻을 수 있다. 그러나 비용이 많이 들고 질문과정에서 면접원이 응답자의 응답에 영향을 미쳐 응답의 객관성을 저해할 수 있다는 단점이 있다.

### (2) 전화면접법

전화면접법(telephone interview)은 조사원이 응답자를 직접 만나는 대신에 전화를 통하여 응답자로부터 자료를 수집하는 방법이다. 전화면접법의 경우 응답자들은 전화번호부를 이용하여 선정되는데, 현재 우리나라의 전화보급률은 약 95% 이상에 달하여 전화번호부가 표본프레임(sample frame)으로 이용되고 있다.

전화면접은 다음과 같은 장점을 갖는다. 첫째, 빠른 시간 내에 저렴한 비용으로 조사를 실시할 수 있다. 가령 조사기간이 짧아 하루에 많은 수의 표본을 대상으로 조사를 시행해야 하는 경우(예를 들어 선거 2~3일 전의 최종유권자조사) 전화면접이 효과적이다. 조사비용에 있어서도 대인면접의 경우 응답자 1인당 약 30,000~40,000원의 비용이 드는 반면, 전화조사에서는 1인당 15,000원 수준의 상대적으로 저렴한 비용으로 조사를 실시할 수 있다.

둘째, 전화면접법은 전화번호부를 이용하여 쉽게 표본대상을 찾을 수 있다. 예를 들어 서울지역에 대한 전화면접을 실시한다면 각 구별 인구 수에 따라 표본의 수를 결정한 후 구별 전화번호부에서 대브랜드본을 추출하면 되는 것이다. 전화면접에서 조사자가 활용할 수 있는 표본추출방법의 하나는, 가령 어떤 구의 인명전화번호부가 100페이지이고 조사대상 표본이 50명인 경우 짝수 페이지에 10번째에 기재된 전화번호를 표본으로 추출하는 것이다. 이때 응답자와 전화연락이 불가능한 경우에는 다음 번호(2222222가 추출되었으면 2222223번) 또는 11번째 기재된 전화번호를 표본으로 추출하게 된다. 최근에는 컴퓨터와 연결하여 난수발생기(random number generator)에 의하여 번호를 선정하여 자동으로 전화를 걸고 응답을 받는 장치도 개발되어 운영되고 있다.

전화면접법의 단점은 면접과정에서 응답자들이 보조물을 활용해야 하거나 질문내용이 어렵고 면접시간이 길어지면(5~10분 이상) 응답자들로부터 협조를 얻기가 어렵다는 것이다. 전화면접 전에 답례품 등을 미리 발송함으로써 응답자들의 협조율을 높이는 방법도 있으나, 면접시간이 길어지거나 응답에 많은 생각이 요구되는 조사는 이러한 인센티브 제공에도 불구하고 응답자의 협조를 얻는 것이 쉽지 않다. 또한 전화번호부에 전화번호가 등록되어 있지 않거나 부재중이어서 통화가 불가능한 응답자들이 표본추출에서 제외되어 추출된 표본이 모집단을 대표하지 못하는 문제점도 있다.

### (3) 우편조사법

우편조사법(mail survey)은 응답자가 우편으로 발송된 설문지에 응답하도록 한 후 이를 반송용 봉투를 이용하여 회수함으로써 자료를 수집하는 것이다. 이 방법은 응답자 1인당 조사비가 적게 들며 응답자가 조사문제에 대해 관심이 있는 경우에는 설문지의 양이 길어도(1시간 정도) 대답을 해준다는 장점이 있다. 자료수집비용은 설문지의 인쇄비와 발송 및 회수를 위한 우편료 정도이며, 조사원 수당 등을 절약할 수 있다.

그러나 우편조사법은 다음과 같은 단점이 있다.

첫째, 응답자가 질문내용을 이해하지 못할 경우 보충설명이 불가능하며 응답률이 낮다. 대개 우편조사에 대한 응답률은 10~20% 정도로 다른 유형의 자료수집방법에 비해 낮다. 그러므로 계획된 표본 수만큼 설문지를 회수하기 위해서 많은 수의 설문지를 발송하여야 하므로 실제로는 전화면접법보다 더 많은 비용이 소요될 수도 있다. 따라서 조사자는 설문지 발송 전에 또는 설문지와 함께 답례품을 제공함으로써 응답률을 높이는 방안을 활용해야 한다.

둘째, 응답자와 비응답자 간에 인구통계적 특성에서 큰 차이가 있어 응답자의 대표성에 문제가 있다면 신뢰성 있는 조사결과를 얻기가 어렵다. 우편조사법은 기업의 주요 마케팅의사결정을 지원하기 위해 조사회사를 이용하여 수행되는 마케팅 조사에서는 별로 이용되지 않으며, 기업내부에서 실시하는 간이조사에 일부 이용된다.

### (4) 인터넷조사법

인터넷조사법(internet survey) 혹은 온라인조사법은 인터넷기술의 발달과 인터넷사용자 수의 증대에 따라 새로 도입된 조사기법으로, 인터넷을 통하여 네티즌들에게 파일형태의 설문지를 발송하고 이에 대한 응답도 파일로 전송받아 자료를 수집하는 방법이다. 현재 국내시장의 경우 10대에서 30대까지의 대부분의 소비자들은 인터넷을 통한 접근이 가능하며, 2008년 이후 40대의 인터넷 사용비율이 80%를 상회하면서 인터넷을 통해 대표성이 있는 표본의 확보가 가능해졌다. 이에 따라 제품의 주사용자가 40대 중반까지인 경우 인터넷을 이용한 조사방법이 의미 있는 대안으로 받아들여지고 있다.

기업들은 인터넷조사법을 이용함에 있어 모든 네티즌들을 대상으로 무작위적으로 조사를 실시할 수 있는 것이 아니므로 네티즌 확보를 위한 체계적인 사전준비를 갖추어야 한다. 그 이유는 최근 스팸메일에 대한 규제가 강화되고 있어 네티즌의 승인 없이 설문지를 발송하는 행위 자체가 법적인 제재를 받을 수 있으며, 이에 따라 대표성이 있는 표본으로부터 신뢰성 있는 자료를 수집하기가 어렵기 때문이다. 이러한 문제를 해결하기 위해서 '마크로밀 엠브레인'과 같은 인터넷조사 전문기업들은 100만 명에 달하는 응답자패널을 확보하고 조사별 표본계획에 따라 표본으로 선정된 응답자패널을 대상으로 조사를 실시하고 있다. 패널에 가입한 회원들은 조사에 응하는 경우 일정한 인센티브를 받는 것을 전제로 자신의 신상정보를 제공한다. 그들은 설문지파일이 도착하면 파일을 열어 응답을 한 후 응답내용을 답장파일형태로 조사회사로 전송하게 된다.

인터넷을 통한 조사비용과 조사기간은 전화조사와 비슷한 수준이다. 그러나 응답자의 흥미를 유도할 수 있도록 설문지를 구성하면 전화조사에 비해 더 많은 정보를 수집할 수 있다는 장점을 갖는다.

〈표 7-1〉은 서베이조사에서 사용될 수 있는 네 가지 유형의 응답자 접근방법의 장단점을 비교한 것이다.

**표 7-1** 서베이조사의 응답자 접근방법 간 특성 비교

| 기준 | 우편 | 전화 | 대인면접 | 인터넷조사 |
|---|---|---|---|---|
| 1. 응답자로부터 수집된 자료의 정확성 | 제한됨 | 보통임 | 좋음 | 보통임 |
| 2. 수집될 수 있는 자료의 양 | 보통임 | 제한됨 | 우수함 | 보통임 |
| 3. 조사의 유연성 | 나쁨 | 보통임 | 우수함 | 우수함 |
| 4. 표본오류(응답률) | 나쁨 | 보통임 | 우수함 | 보통임 |
| 5. 비용 | 보통임 | 낮음 | 높음 | 낮음 |
| 6. 소요시간 | 느림 | 빠름 | 느림 | 빠름 |

그림 7-1 인터넷조사에서 이용되는 설문화면의 예

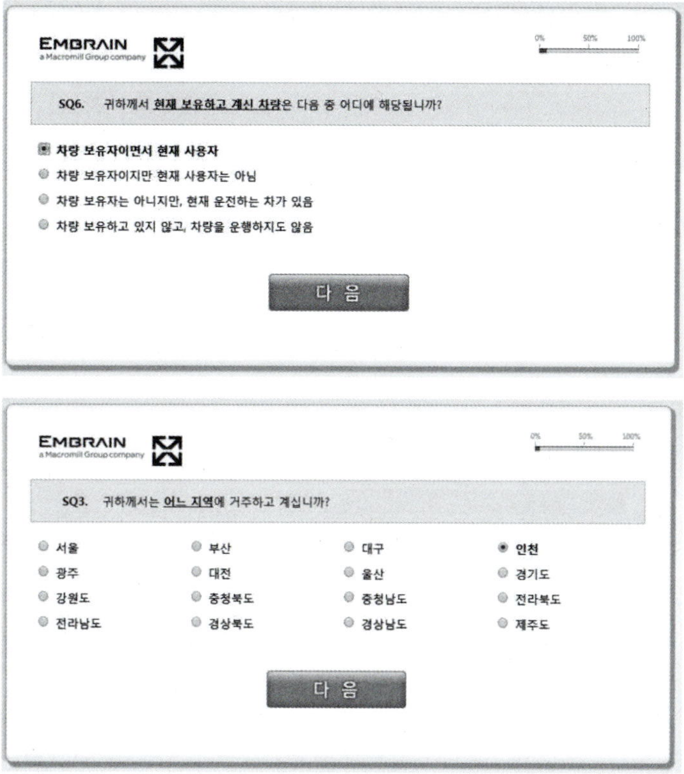


## 1.6 서베이조사의 문제점

서베이조사는 다음과 같은 한계를 갖는다.

첫째, 소비자들이 제품지식을 갖지 못한 경우에는 마케팅의사결정에 유용한 마케팅정보를 얻어내기가 어렵다. 서베이조사는 조사대상제품이 소비자들에게 잘 알려져 있고 과거경험을 통하여 제품속성 및 경쟁제품별 특성에 대한 지식을 갖고 있어야만 응답자들로부터 필요한 마케팅정보를 효과적으로 수집할 수 있다.

둘째, 보조물(예 : 신제품, 광고카피)이 제공되어야 하는 서베이조사는 효율적인 조사진행을 어렵게 한다. 보조물의 부피가 크거나, 시제품과 같이 보조물 제작에 많은 경비가 소요되는 경우 등이 그 예이다.

셋째, 응답자별 조사시간이 제한되므로(30~40분 정도) 수집할 수 있는 정보의 양에 한계가 있다. 소액의 사례비 또는 선물(현재 소매가로 약 2,000~3,000원 상당의 선물)을 제공함으로써 조사시간을 어느 정도 연장할 수 있지만, 조사자는 가능한 한 30분 내에 조사가 완료될 수 있도록 필요한 정보만을 설문지에 포함하여야 한다.

넷째, 면접조사원이 이용되는 서베이조사의 경우 면접조사원의 자료수집과정에 대한 통제가 어렵다. 충분한 사전교육이 이루어지고 조사된 설문지에 대한 사후 검증과정이 실시되지만, 조사의 진행이나 표본선정과정에 있어 면접조사원에 대한 엄격한 통제가 어려워 높은 질의 자료를 수집하지 못하는 경우가 자주 발생된다.

## 1.7 서베이조사비용

서베이조사에 소요되는 비용은 표본의 수에 많은 영향을 받는다. 표본당 조사비용은 대인면접조사의 경우(조사의 난이도에 따라) 약 50,000~60,000원 정도이며, 전화면접조사의 경우에는 약 30,000원, 그리고 온라인 조사의 경우에는 20,000~25,000원 정도가 소요되며, 표본확보 및 조사내용이 어려워지면 표본당 비용은 상승하게 된다. 이 비용은 설문지 작성, 자료의 수집과 분석, 보고서 작성 및 결과의 발표에 소요되는 비용이 포함된 것이다. 최근들어 온라인 조사는 지속적으로 증가하는 추세를 보이는 반면 오프라인 조사 중에서 대인면접조사는 현상유지 혹은 약간 하락세를 보이고 전화조사는 일부 공공조사에서만 사용되고 있다.

국내의 마케팅조사회사들은 관례적으로 전국적 서베이조사에 대해서는 약 1,200명(6개 대도시지역)에서 2,000명(대도시, 중소도시 및 군지역까지 포함) 정도의 표본을, 서울과 경인지역에 국한된 조사에 대해서는 600명 정도의 표본을 이용하고 있으나, 조사의 성격에 따라 표본 수는 더 커지거나 작아질 수 있다.

## 1.8 갱서베이조사

갱서베이(gang survey)조사는 응답자들을 일정한 장소에 모이게 한 후 조사담당자가 응답자들로부터 자료를 수집하는 것을 말하는데, 보조물 활용의 어려움, 수집

정보량의 제한 등의 서베이조사가 갖는 문제점을 보완하는 조사방법이다. 갱서베이조사는 응답자들을 일정한 장소에 모이게 한 후 조사담당자가 직접 신제품 또는 광고카피 등과 같은 보조물(시제품, 사진, 슬라이드, 비디오 등)을 이용하여 조사목적에 대한 상세한 설명을 하며 자료수집과정을 통제할 수 있으므로 서베이조사에 비해 높은 질의 자료를 수집할 수 있다. 또한 조사과정이 외부에 유출되는 것을 방지할 수 있으며, 설문내용이 복잡하거나 시간이 많이 소요되어 쉽게 응답자의 협조를 얻기 어려운 경우에 효과적인 조사이다.

갱서베이조사는 일반적인 서베이조사에 비해 제품, 광고, 가격 등과 같은 구체적인 마케팅믹스변수들에 대한 소비자반응에 조사의 초점을 맞춘다. 갱서베이조사를 실행하기 위해서는 응답자들을 모아 조사를 진행할 장소를 확보해야 한다. 1회당 표본 수는 통제가 용이한 30~40명이 적당한데, 이들을 수용할 공간과 보조물을 보여줄 공간, 그리고 경우에 따라 제품테스트를 위한 준비실(예를 들면 식품의 맛테스트를 위한 간단한 취사 및 주방기구) 등이 확보되어야 한다. 가령, 제품의 포장에 대한 테스트에서는 가능한 자연광에 유사한 조명시설을 갖추어야 한다. 제품의 맛이나 향에 대한 테스트에는 환기가 잘 되어 다른 냄새의 영향을 받지 않는 장소가 선정되어야 한다. 조사장소로는 주로 주간에 이용이 가능한 호텔의 연회장이나 빈 사무실이 활용된다.

갱서베이조사는 마케팅변수들에 대한 구체적인 소비자반응들을 수집할 수 있다는 장점이 있으나 준비과정에 많은 시간과 노력이 요구된다는 단점이 있다. 적절한 조사장소가 확보되어야 하며 보조물이 사용될 경우 조사보조원에 대한 사전교육 및 시뮬레이션이 실시되어야 한다. 또 응답자의 모집에 많은 노력과 비용이 요구된다.

그림 7-2 갱서베이조사에 사용되는 룸

**표 7-2** 주요 국가별 전체 조사방법 중 서베이조사의 구성비 비교(단위 : %)

| | 대인면접 | 전화조사 | 우편조사 | 인터넷조사 |
|---|---|---|---|---|
| 세계 평균 | 13 | 17 | 4 | 22 |
| 미국 | 1 | 12 | 2 | 22 |
| 캐나다 | 4 | 34 | 7 | 39 |
| 영국 | 24 | 17 | 9 | 26 |
| 독일 | 19 | 39 | 5 | 29 |
| 프랑스 | 15 | 12 | 2 | 12 |
| 일본 | 12 | 3 | 11 | 36 |
| 한국 | 32 | 14 | 1 | 14 |

자료원 : Global Market Research 2010 : ESOMAR Industry Report

가령, 경인지역에서 약 400~500명의 응답자들을 정해진 시간에, 정해진 장소에 모이도록 하는 것이 쉽지 않다. 따라서 대개 표본계획에 맞는 응답자들이 많이 모이는 지역에서 조사가 진행되며, 진행원들이 조사진행장소 주변에서 응답자를 섭외하여 조사에 참여하도록 한다. 특히 응답자가 직장인인 경우 주간조사가 어려우므로 퇴근 후 야간에 조사를 실시해야 한다. 이러한 이유로 인해 갱서베이는 일반적인 서베이조사에 비해 조사비용이 다소 높게 책정된다.

# 2 패널조사

## 2.1 패널조사의 의미

패널(panel)이란 조사회사 또는 기업과 계약을 맺고 지속적으로 자료를 제공하기로 한 소비자 또는 소매점들로 구성된 표본집단을 의미한다. 패널구성원은 패널에 참여한 대가로 사례비, 선물 또는 제품에 대한 정보를 제공받게 된다. 패널조사란 조사회사 또는 기업이 패널을 구축한 후, 패널내의 응답자들로부터 정기적으로 제품구매 또는 제품사용과 관련된 자료를 수집하여 그 변화를 추적하는 조사방법이다. 패널조사는 동일표본으로부터 자료를 반복적으로 수집하기 때문에 시장점유율의 변화, 마케팅변수(예 : 새로운 광고)의 효과를 정확히 파악할 수 있는 장점을 갖는다. 패널조사는 패널에 포함되는 응답자의 특성에 따라 일반소비자를 대상으로 한 소비자패널조사와 소매점포를 대상으로 한 소매점패널조사로 나누어진다. 이외에도 특정 분야의 전문가들로 구성된 전문가패널 등 다양한 형태의 패널을 대상으로 한 패널조사가 활용되고 있다.

## 2.2 소비자패널의 구축과 운영

1990년대 후반부터 국내에서도 소비자의 제품구매와 관련된 자료를 지속적으로 수집하기 위한 패널이 도입 · 운영되고 있다. 현재 국내에서 운영되고 있는 패널은 미국이나 유럽의 경우와 같이 스캐너장치가 설치된 점포의 계산대에서 패널회원들의 제품구매관련 정보들을 실시간으로 수집하는 점포스캐너패널(store scanner panel)은 아니며, 소비자들이 구매내용을 일기장에 직접 기록하거나 가정용 스캐너로 입력하는 형태의 가구패널(household panel)이 운영되고 있다. 이하에서는 점포스캐너패널의 구축과 운영에 대해 먼저 설명한 후, 국내에서 이용되고 있는 가구패널의 특성에 대해 살펴보기로 한다.

점포스캐너패널을 구축함에 있어 조사회사는 우선 전체 소비자의 구매행태를 대표할 수 있는 소비자들을 패널구성원으로 선정해야 한다. 이를 위해 나이, 소득 등의 주요 인구통계적 변수와 제품구매활동에서 전체 소비자들(전국)을 대표할 수 있는 몇 개의 중소도시들을 선정한다. 즉 도시의 소득분포가 전체 소비자들의 소득분포와 비슷하고, 주요 제품들의 시장점유율이 전국시장에서의 시장점유율과 비슷한 지역들을 선정한다. 다음으로 이 도시 내에서 일정 수의 소비자들을 패널구성원으로 모집한다. 패널구성원의 선정은 그 도시의 특성을 파악하여 대표성이 있는 표본가구를 선정한 후, 각 가구를 방문하여 협조를 의뢰함으로써 이루어진다. 그들은 패널에 참여하는 조건으로 사례비, 선물 등의 보상을 받게 된다. 패널구성원에 참여하는

## 미국 시장조사 전문회사인 IRI의 InfoScan

미국의 시장조사 전문회사인 IRI(Information Resources Inc.)사는 전국 소매상의 POS시스템에 의해 수집되는 약 20,000개 브랜드의 생필품 판매자료를 통합 · 분석하여 새로운 차원의 유통정보서비스를 제공하고 있다. InfoScan이라 불리는 이 서비스는 다음과 같은 네 가지 데이터를 수집 · 분석하여 각 경로구성원에게 필요한 정보를 제공해 준다.

① 소매점 판매자료 : 수천 개의 슈퍼마켓, 편의점, 드럭스토어, 대형소매점의 POS시스템으로부터 판매현황을 매주 전송받는다.

② 소비자패널 구매자료 : 전국 주요도시에 수천 명의 패널구성원을 모집하여 이들에게 ID카드를 지급한다. 이때 개별 소비자의 신상자료(나이, 성별, 소득, 학력 등)가 수집되고 이는 IRI의 주컴퓨터에 데이터베이스화된다. 이들이 소매점에서 제품을 구입할 때 계산대에서 이 ID카드를 제시하면 계산원은 이 카드번호를 입력한 뒤 구입상품을 스캐닝한다. 이런 절차에 의해 어떤 소비자가 어떤 제품을 구매하였는지가 자동입력된다.

③ 판촉에 관한 자료 : IRI의 현장요원들이 매주 점포를 방문하여 각 브랜드의 판촉상황(예를 들면 가격할인, 구매시점광고, 판촉 디스플레이, 특수판매대 설치 등)을 기록하여 본사에 전송한다.

④ TV시청자료 : 소비자패널구성원 가정의 TV에 시청하고 있는 채널을 자동으로 기록하는 장치를 부착하여 소비자가 시청하는 프로그램과 광고에 관한 정보가 IRI 컴퓨터에 자동 전송된다.

InfoScan의 가장 두드러진 특징은 위의 네 가지 데이터를 통합함으로써 브랜드, 품목, 시장, 소비자, 광고, 판촉의 유효성 등에 관한 심층적이고 다차원적인 정보를 제공해 준다는 점이다. InfoScan은 분석데이터의 유형과 분석방법에 따라 유통경로구성원에게 다양한 형태의 정보서비스를 제공해 줄 수 있다. 가장 전형적이고 기본적인 InfoScan의 서비스를 간략하게 설명하면 다음과 같다.

① 대 제조업자 서비스 : 자사브랜드와 경쟁브랜드의 시장점유율을 알려준다. 이 정보는 수천 개의 소매점포로부터 매주 전산으로 수집되는 자료에 근거하기 때문에 정확성과 신속성이 높다. 제조업자는 시장에서 나타나는 소비자의 반응을 즉각적으로 감지할 수 있기 때문에 시장상황에 따라 적절한 대응전략을 수립할 수 있다. InfoScan은 매출에 영향을 미칠 수 있는 마케팅전략변수(광고, 판촉, 가격 등)에 관한 기록을 보유하고 있기 때문에 매출의 변화원인을 분석할 수 있고 마케팅전략의 효율성을 예측할 수 있다.

② 대 도소매상 서비스 : IRI는 스캐너자료를 전송해 주는 소매상에게 정기적으로 InfoScan Supermarket Review라는 보고서를 제공해 준다. 보고서에는 미국 전역의 소매상이 취급하는 각 브랜드와 제품군의 판매현황, 가격동향 등에 관한 자료가 수록되어 있다. 소매상은 이를 근거로 점포의 전반적인 성과, 취급브랜드와 품목의 수익성 등을 타 소매상과 비교할 수 있고, 거래도매상이 제공하는 정보의 정확성을 평가할 수 있으므로 적절한 소매점포전략을 수립할 수 있다.

가구들은 설문조사를 통하여 가족의 수, 가족구성원별 직업, 연령, 성별 등의 신상정보를 제공하며, 이러한 가구별 기초자료는 그 이후에 수집되는 제품구매정보와 함께 분석에 이용된다.

조사회사는 선정된 패널구성원들로부터 구매된 제품들의 명세가 기록된 일기장이나 가정용 스캐너를 통하여 구매정보를 정기적으로 입수하거나 또는 표본으로 선정된 도시 내의 주요 소매점들과 계약을 맺고 패널내 소비자들의 제품구매관련 자료를 소매점으로부터 직접 입수하게 된다. 소매점으로부터 패널구성원에 대한 구매관련자료를 입수하기 위해 조사회사는 패널구성원들에게 크레디트카드처럼 생긴 가구인식표(ID카드)를 제공하며, 패널구성원들은 소매점에서 제품을 구입하고 계산을 하기에 앞서 ID카드를 제시한다. 그러면 계산원은 먼저 그 카드에 기록된 신상정보를 스캐너(scanner : 제품 또는 카드에 기록된 바코드를 읽는 장치)를 통하여 입력한 후 스캐너를 이용하여 구매된 제품별 바코드를 읽는 과정에서 구매내용이 컴퓨터를 통해 자동적으로 조사회사에 전송되는 것이다.

최근 들어 패널을 이용한 자료수집은 이러한 수준을 넘어서 조사지역 내의 케이블TV회사와의 계약을 통하여 TV광고의 지역별 효과까지도 정확히 조사하는 단계로 발전하고 있다. 즉 전체 도시를 몇 개의 지역으로 나눈 후 케이블TV회사를 통해 지역별로 서로 다른 광고를 방영하고 각 광고대안이 제품구매에 미치는 효과를 측정하는 것이다. 또한 소매점의 판촉활동에 대한 자료도 수집하여 판촉효과를 분석하게 되는데, 예를 들어 어떤 제품을 매장의 한 코너에 특별전시를 한 경우 이러한 유형의 판촉수단이 매출에 미치는 효과를 즉각적으로 파악할 수 있다.

국내시장의 경우 여러 가지 이유로 인해 앞에서 설명된 점포 중심의 스캐너패널을 도입하는 데 어려움을 겪고 있다. 첫 번째 이유는 소매산업의 구조적 변화이다. 최근 들어 유통시장에서 할인점, 창고형 점포와 같은 새로운 소매업태의 비중이 늘어남에 따라, 특정 업태의 소매점을 패널구성원으로 지정하여 자료를 수집하는 경우 변화하는 유통환경과 이에 따른 소비자의 구매행동을 제대로 반영할 수 없다는 문제가 발생한다. 국내시장에서 점포스캐너패널 도입이 어려운 또 다른 이유는 스캐너패널 운영의 전제가 되는 스캐너 활용과 이를 통한 정보 공유가 아직 원활하지 않다는 점이다. 현재 많은 공산품에서 바코드가 도입되어 있고 이에 따라 스캐너 활용이 증가하고 있다. 그러나 아직도 재래시장이나 동네 슈퍼와 같은 소매점들에서는 스

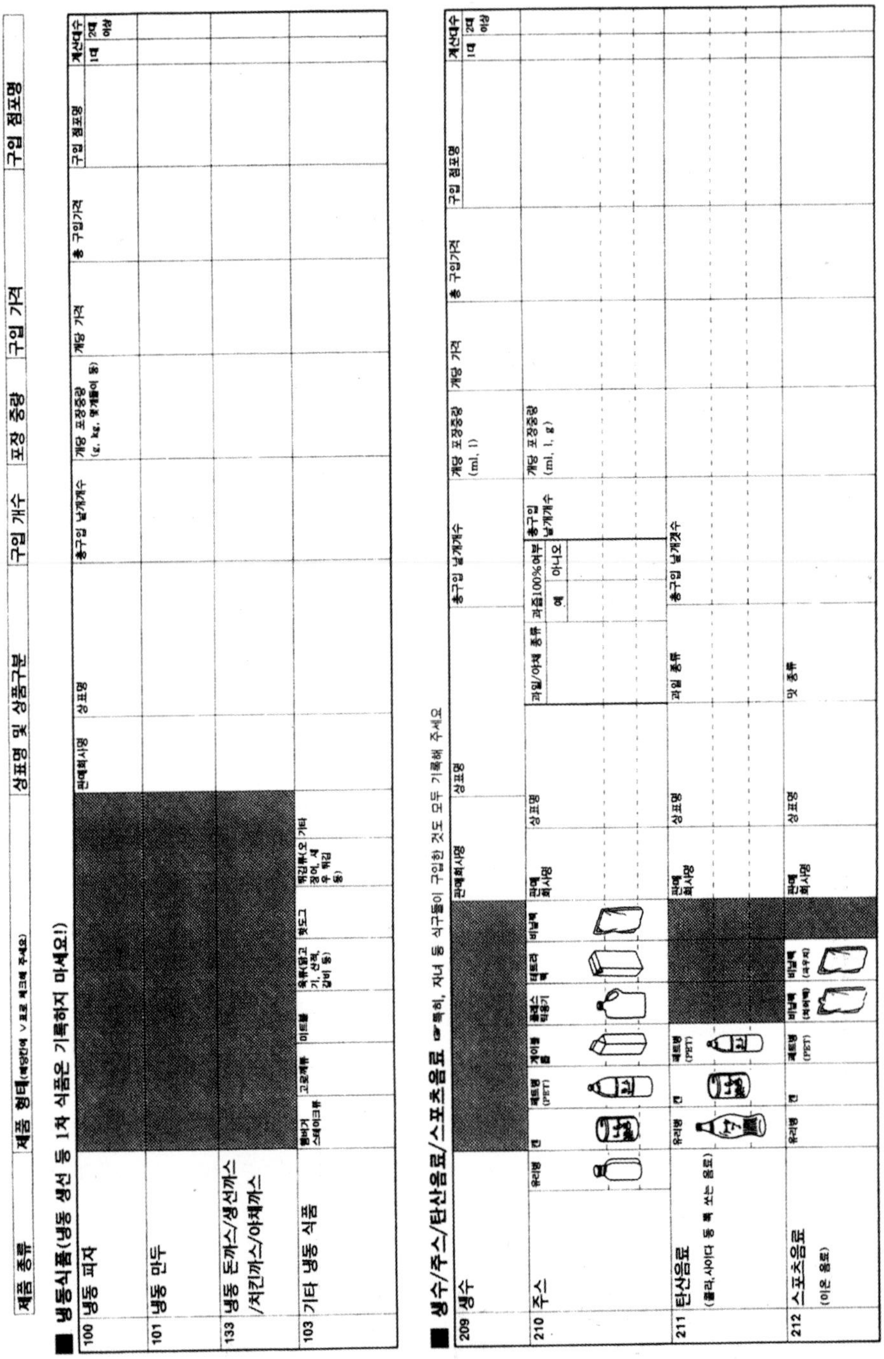

| 제품 종류 | 제품 형태(해당칸에 ∨표로 체크해 주세요) | 상표명 및 상품구분 | 구입 개수 | 포장 중량 | 구입 가격 | 구입 점포명 |
|---|---|---|---|---|---|---|

■ 냉동식품(냉동 생선 등 1차 식품은 기록하지 마세요!)

| 제품 종류 | 제품 형태 | 판매회사명 | 상표명 | 총구입 낱개개수 | 개당 포장중량 (g, kg, 몇개들이 등) | 개당 가격 | 총 구입가격 | 구입 점포명 | 계산대수 1대 | 계산대수 2대 이상 |
|---|---|---|---|---|---|---|---|---|---|---|
| 100 냉동 피자 | | | | | | | | | | |
| 101 냉동 만두 | | | | | | | | | | |
| 133 냉동 돈까스/생선까스 /치킨까스/야채까스 | | | | | | | | | | |
| 103 기타 냉동 식품 | 햄버거 스테이크류 / 고로케류 / 미트볼 / 육류(닭고기, 산적, 갈비 등) / 핫도그 / 튀김류(오징어, 새우 튀김 등) / 기타 | | | | | | | | | |

■ 생수/주스/탄산음료/스포츠음료 ☞특히, 자녀 등 식구들이 구입한 것도 모두 기록해 주세요

| 제품 종류 | 제품 형태 | 판매회사명 | 상표명 | | 총구입 낱개개수 | 개당 포장중량 | 개당 가격 | 총 구입가격 | 구입 점포명 | 계산대수 1대 | 계산대수 2대 이상 |
|---|---|---|---|---|---|---|---|---|---|---|---|
| 209 생수 | | 판매회사명 | 상표명 | | 총구입 낱개개수 | 개당 포장중량 (ml, l) | 개당 가격 | 총 구입가격 | 구입 점포명 | | |
| 210 주스 | 유리병 / 캔 / 페트병(PET) / 게이블 톱 / 플라스틱용기 / 테트라 팩 / 비닐팩 | 판매 회사명 | 상표명 | 과일/야채 종류 / 과즙100%여부 (예 / 아니오) | 총구입 낱개개수 | 개당 포장중량 (ml, l, g) | | | | | |
| 211 탄산음료 (콜라, 사이다 등 톡 쏘는 음료) | 유리병 / 캔 / 페트병(PET) | 판매 회사명 | 상표명 | 과일 종류 | 총구입 낱개갯수 | | | | | | |
| 212 스포츠음료 (이온 음료) | 유리병 / 캔 / 페트병(PET) / 비닐팩(쥬머팩) / 비닐팩(파우치) | 판매 회사명 | 상표명 | 맛 종류 | | | | | | | |

일기형식의 패널조사에서 이용되는 기록용지의 예(TNS사(현 칸타코리아) 자료)

캐너 보급이 충분히 이루어지지 않은 상태이며, 많은 소매점주들이 매출자료나 세부적인 제품별 판매자료의 노출을 꺼려 함에 따라 소매점포를 중심으로 한 패널을 구축하는 데 어려움이 있다.

따라서 우리나라의 경우 스캐너를 이용하는 소매점 중심의 패널보다는 차선책으로 패널구성원들로 하여금 매일의 구매내용을 일기장이나 가정용 스캐너를 통해 제공하는 가구패널(diary panel)이 도입되어 운영되고 있다. 이는 다른 나라의 경우에도 스캐너패널이 보급되기 전에 널리 활용되던 방법이다. 가구패널은 점포 중심의 스캐너패널에 비해 초기 운영비가 적게 들고 소매산업구조가 변화하여도 표본의 대표성에 문제가 없다는 장점을 갖고 있다. 반면 이사 등으로 인해 패널참여자들의 지속적인 협조를 얻기가 어렵다는 단점을 갖는다. 이러한 문제를 해결하기 위해 조사회사는 응답자의 정보제공에 드는 노력과 시간을 최소화할 수 있는 자료수집방법의 개발과 다양한 인센티브의 제공을 통해 응답률과 자료의 질을 높이려는 노력을 해야 한다.

## 2.3 수집된 패널정보의 활용

소비자패널은 소비자들의 기억에 의존하여 1회에 한해 자료가 수집되는 일반적인 서베이조사에 비해 동일한 표본들을 대상으로 반복적으로 자료를 수집한다는 점에서 마케팅의사결정의 지원에 더 유용한 자료를 수집할 수 있다.

첫째, 소비자패널의 활용은 마케팅변수들의 효과를 정확히 측정할 수 있다. 가령, 다양한 유형의 매체광고, 가격할인, 특별전시 등에 의해 발생되는 마케팅효과를 패널구성원들의 구매행동이 기록된 누적자료의 비교분석을 통하여 측정할 수 있다.

둘째, 소비자의 제품구매, 특히 비내구재의 구매에 있어 매우 중요한 요인으로 알려져 있는 소비자의 브랜드충성도(brand loyalty)를 패널구성원들의 연속적인 구매자료를 사용하여 측정할 수 있고, 이를 근거로 시장세분화전략을 수립할 수 있다. 가령, 소비자별 구매횟수를 가중치로 하여 시장을 세분화하고, 이들 중 다량구매자집단을 표적시장으로 선정할 수 있다.

## 2.4 패널조사의 한계점

마케팅조사회사나 기업들은 패널조사를 수행함에 있어 다음과 같은 한계점을 고려해야 한다.

첫째, 패널조사에는 많은 투자비용이 소요된다. 점포스캐너패널의 경우 소매점들의 협조와 전산망의 설치, 패널가구의 접촉 및 협조에 대한 보상 등에 많은 비용이 필요하다. 또한 지역적 특성을 반영하기 위하여 여러 지역에서 이러한 패널이 운영되어야 하기 때문에 이에 대한 투자비용이 요구된다. 패널의 성공적인 운영을 위해서는 많은 제품들에 대한 자료가 함께 수집되어야 하고 수집된 자료를 마케팅의사결정에 활용하는 데 사용될 다양한 활용패키지를 개발해야 하는데, 이러한 작업에도 많은 비용이 소요된다.

**그림 7–3** 가구패널조사를 통해 제공되는 보고서의 예(칸타코리아 자료)

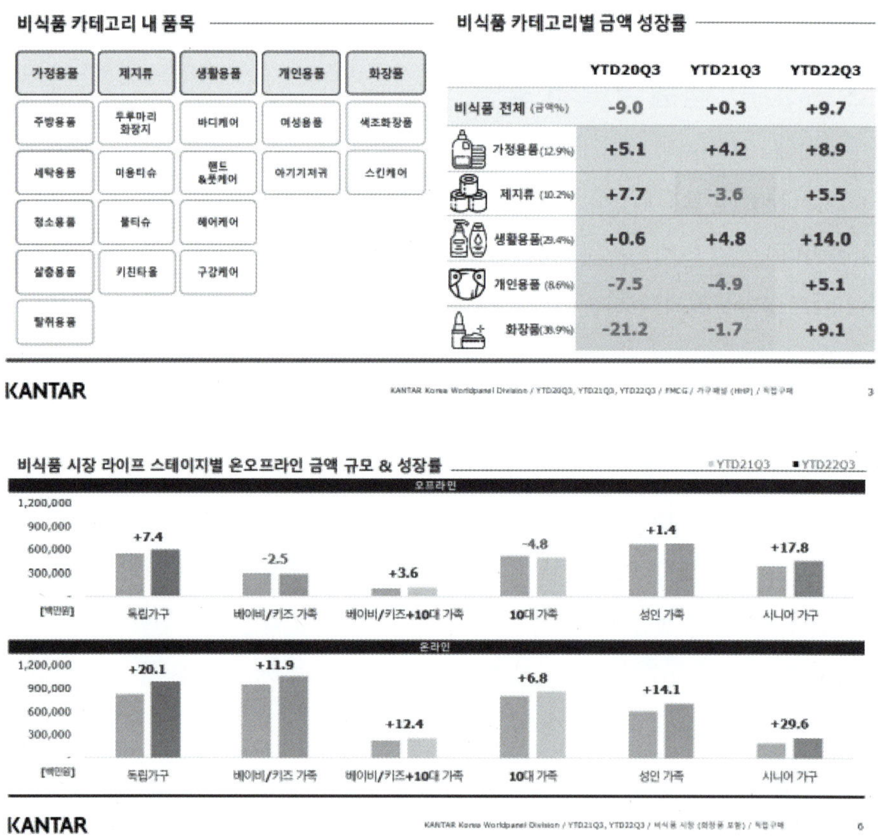

둘째, 패널가구의 지속적 협조를 얻는 것이 어렵다. 패널구성원의 협조를 위해 금전적인 보상이 이루어지지만 구매내용을 지속적으로 제공해야 하는 번거로움 때문에 지속적 협조를 구하기가 쉽지 않다. 특히 우리나라의 경우 연평균 가구의 이사율이 12~13%를 상회하기 하기 때문에 동일한 표본을 패널구성원으로 계속 유지하기가 어렵다.

셋째, 일반가구를 대상으로 패널을 구성하는 경우 가정용 이외의 목적으로 구매되는 제품들에 대한 정보가 누락된다. 즉 회사나 식당과 같은 가정 외의 장소에서 이루어지는 소비에 대한 정보나 자동판매기 등에서의 구매자료가 파악되지 못한다. 따라서 가구패널의 경우 누락된 구매정보를 보완할 수 있도록 자판기나 회사 근처의 소매점들에서 이루어지는 구매에 대한 조사를 추가함으로써 자료의 정확도를 향상시킬 필요가 있다.

넷째, 반복적인 조사로 인해 성숙효과(maturation)나 시험효과(testing effect)가 발생된다. 예를 들어 시간의 경과에 따라 패널구성원들의 연령이 높아지고 이에 따라 구매패턴이 달라질 수 있다. 또한 일반소비자들과는 달리 패널구성원은 구매내용을 자세히 기록하는 과정에서 많은 생각을 하게 됨으로써 일반적인 소비자와 다른 구매패턴을 보일 수 있다.

## 2.5 우리나라의 패널조사 현황

현재 우리나라에서는 칸타(KANTAR)코리아와 마크로밀엠브레인이 패널구성원으로 선정된 소비자들로 하여금 제품구매와 관련된 정보들을 기록하도록 하는 가구패널을 운영하고 있다. 칸타코리아 내 칸타 월드패널 사업부는 2023년 1월부터 기존의 5,000 가구패널을 6,700 가구패널로 그 규모를 확대해 운영하고 있다. 가구 패널의 수를 늘린 것은 빠른 증가세를 보이고 있는 남성 1인 가구와 시니어 1~2인 가구 등을 패널에 추가함으로써 좀 더 국내가구 변화와 이에 따른 구매행동 트렌드를 정확하게 추적 조사하는 데 그 목적이 있다. 칸타 월드패널 사업부는 6,700 가구를 통해 180개 이상의 FMCG(Fast Moving Consumer Goods) 카테고리에 대한 구매행동을 조사하는 '가구패널', 9,700명의 개인 여성패널이 화장품 및 개인용품 구매를 기록하는 '뷰티패널', 남녀 각 1,000명씩 총 2,000명의 개인패널을 통해 가구 밖의 음료/초콜릿 구매행동을 조사하는 '아웃 오브 홈(Out-of-Home) 패널' 등을 운영하고 있다. 칸타 월드패널 사업부가 수행하는 패널조사는 단순히 서베이를 통해 수집된 일회성 소비자데이터를 분석하는 것이 아닌, 소비자들의 실제 구매기록을 수집/활용하는 빅데이터 분석방법이다. 패널구성원들이 모바일 앱을 통해 매일 구매장소, 구매제품, 그리고 구매내용 등을 기재하므로 동일한 소비자의 실제 구매행동을 지속적으로 추적/분석해 나갈 수 있는 것이 큰 특징이다.

**마케팅조사Highlight**

## 마크로밀엠브레인의 리서치 패널 및 통합 빅테이터 플랫폼

마크로밀엠브레인은 국내에서 가장 먼저 On-line Survey 방법론을 도입한 회사이다. 순수 리서치 목적으로 구축된 마크로밀엠브레인의 리서치 패널은 국내에서 가장 큰 규모로 2024년도 3월 기준 전국단위 약 170만 명의 패널을 보유하고 있으며, 그간의 On-line Survey 운영 노하우를 바탕으로 하여 리서치 패널을 활용한 다양한 조사방법론을 고객들에게 제공하고 있다

• **총 패널 현황 : 1,743,563명** (2024년 3월 초 기준)

| 구분 | 마크로밀엠브레인 패널 구성 | 통계청 인구 추계 |
|---|---|---|
| 남 | 44% | 51% |
| 여 | 56% | 49% |
| 14~19세 | 17% | 9% |
| 20~29세 | 30% | 20% |
| 30~39세 | 27% | 20% |
| 40~49세 | 18% | 25% |
| 50~59세 | 8% | 26% |

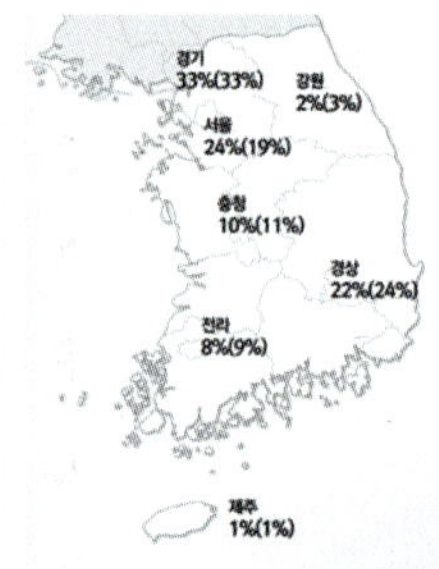


* 패널 2023년, 통계청 2021년 기준

[그림 1] 마크로밀엠브레인 리서치 패널의 규모_2024년도 3월 기준 자료

마크로밀엠브레인의 리서치 패널은 다양한 채널을 통해 모집하고 있으며, 가입절차는 1) 실명 확인(휴대폰본인인증), 2) 커뮤니케이션 가능 채널 확인(이메일, 전화번호, 주소 등), 3) 본인 확인(직접 자의에 의해 가입했는지 확인)의 3단계로 이루어지고 있다.

리서치 패널 가입절차 완료 후에는 설문참여방법 및 주의사항 등의 교육목적의 Thanks Survey가 총 2회에 걸쳐 진행되며, 이러한 Survey까지 모두 통과한 패널만이 마크로밀엠브레인의 정식 리서치 패널로 활동을 할 수 있다.

더불어, 리서치 패널로 활동 중에도 연간 1회 Panel survey를 통해 패널정보 변경에 대한 정기적인 업데이트 및 불성실 및 불량 응답에 대해서는 3회 경고 후 패널자격을 박탈하는 등 패널 가입부터 운영 관리까지 양질의 패널 관리 및 이를 통한 정확한 조사 결과물을 제공하고 있다.

마크로밀엠브레인은 다양한 주제의 On-line Quantitative Survey(온라인 정량조사) 이외에도 리서치 패널을 활용한 다양한 조사방법들을 기업고객들에게 제공하고 있으며, 특히 최근 기업들이 마케팅 및 비즈니스 전략 수립에 있어 수요가 높아지고 있는 빅데이터 분석 서비스도 제공하고 있다.

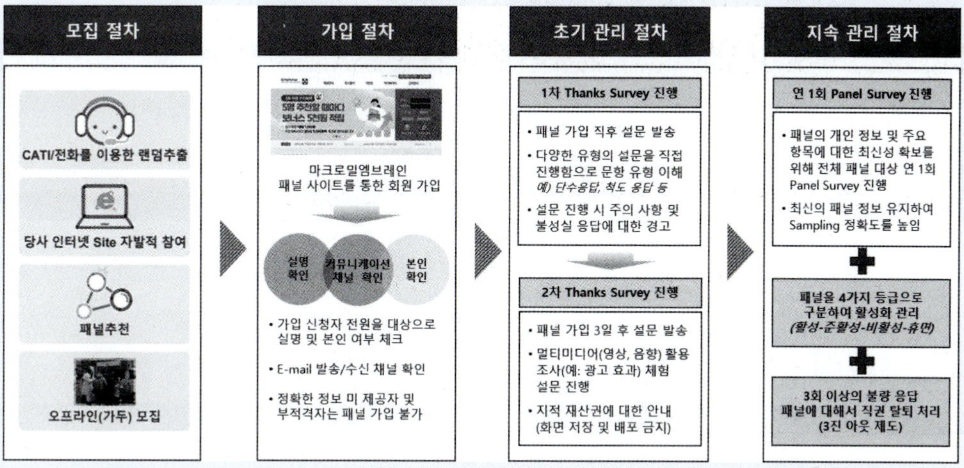


[그림 2] 마크로밀엠브레인 리서치 패널 가입절차 및 관리방안

마크로밀엠브레인 빅데이터는 리서치 패널 중에서 사전 동의한 패널회원을 대상으로 온라인 및 오프라인에서의 개인의 다양한 소비행태에 대한 데이터를 정기적으로 수집하기 위한 빅데이터 패널을 별도 구축하여, 통합 빅데이터 플랫폼 개념의 새로운 형태의 데이터 서비스를 기업 고객들에게 제공하고 있다.

마크로밀엠브레인이 제공하고 있는 통합 빅데이터 플랫폼 서비스로는 1) 웹사이트 방문자 정보, 2) APP 이용 정보, 3) 오프라인 방문 정보, 4) 카드결제 정보, 5) 상품구매 정보 등이 있다. [그림 3 참조]

마크로밀엠브레인의 통합 빅데이터 플랫폼 서비스는 기업의 다양한 업무 의사결정 상황에서 활용될 수 있으며, 기존 설문조사로는 수집하기 어려운 실제 소비행태 데이터 수집이 가능하다는 측면에서 보다 다각적인 관점에서 소비자를 이해하고 이를 기업의 마케팅 및 비즈니스 전략 수립에 반영할 수 있는 기초자료로 활용할 수 있다. [그림 4 및 표1 참조]

[그림 3] 마크로밀엠브레인 통합 빅데이터 플랫폼 데이터 수집방법

**App 이용 정보**

| Panel_ID | Date | Package_name | App_name | App_category | Time(ms) |
|---|---|---|---|---|---|
| H0173*** | 2019-09-24 | com.amorepacific.amorepacificmall | APMALL - 아모레퍼시픽몰 | 쇼핑 | 13,510 |
| H0173*** | 2019-09-24 | com.android.chrome | Chrome: 빠르고 안전한 브라우저 | 커뮤니케이션 | 4,194 |

⋮

**오프라인 방문 정보**

| Panel_ID | 일시 | place | category | complex | branch | region | area |
|---|---|---|---|---|---|---|---|
| P0319*** | 2019-10-10 08:56:28 | 로비 | Subway Station | 서울2호선 | 삼성역 | 테헤란로 | 서울 |
| P0319*** | 2019-10-10 08:58:51 | WONDER PLACE | Clothing Store | 스타필드 | 코엑스몰점 | 테헤란로 | 서울 |
| P0319*** | 2019-10-10 11:57:29 | 할리스 | Coffee Shop | 스타필드 | 코엑스몰점 | 테헤란로 | 서울 |
| P0319*** | 2019-10-10 12:07:15 | 미사리밀빛초계국수 | Korean Food Restaurants | 스타필드 | 코엑스몰점 | 테헤란로 | 서울 |

⋮

**결제 정보**

| Panel_ID | 날짜 | 시간 | 결제유형 | 승인유형 | 카드사 | 카테고리 | 브랜드 | 가맹점 | 금액 |
|---|---|---|---|---|---|---|---|---|---|
| P0199*** | 20191101 | 000057 | 간편결제 | 승인 | 삼성페이 | 온라인쇼핑 | 티켓몬스터 | (주)티몬_상품권 주식회사 티 | 728,000 |
| P0197*** | 20191101 | 000100 | 개인통장 | 국내출금 | 우리은행 | 온라인쇼핑 | 11번가 | 11번가 - S K | 3,000 |
| P0271*** | 20191101 | 000104 | 개인통장 | 국내출금 | KEB하나은행 | 식비/외식 | 맥도날드 | 맥도날드어린이대 | 5,000 |
| P0286*** | 20191101 | 000112 | 간편결제 | 승인 | 삼성페이 | 술/유흥 | | 하시포차 첨단점 | 47,000 |

⋮

**상품 구매 정보**

영수증

| 영수증 번호 | 날짜 | 시간 | 결제처 | 주소 | 결제금액 | 카드여부 | 결제카드 |
|---|---|---|---|---|---|---|---|
| 140975 | 20210415 | 52545 | 세븐일레븐 | 세븐일러븐 광주북구청점 #10632(06 | 6,600 | 2 | |
| 140984 | 20210415 | 82229 | 세븐일레븐 | 안양시 만안구 경수대로 12 | 5,000 | 2 | |
| 140985 | 20210415 | 90533 | GS25 | 경북 경주시 동성로 37 | 4,800 | 2 | |
| 140990 | 20210415 | 90800 | 미니스탑 | 부산시 북구 양달로 80-11 9 | 3,700 | 1 | 944081 |
| 140995 | 20210415 | 92029 | 세븐일레븐 | 강남구 | 13,500 | 2 | |
| 140996 | 20210415 | [illegible] | [illegible] | 경기도 고양시 일산서구 일신로[illegible] | 1,[illegible] | 1 | 946544 |

⋮

구매 상품

| 영수증 상세 번호 | 영수증 번호 | 상품명 | 바코드 | 가격 | 개수 | 할인 | 금액 |
|---|---|---|---|---|---|---|---|
| 557300 | 140975 | 칠성)칸타타프리미엄라떼200 | 8801056048129 | 650 | 4 | NULL | 2,600 |
| 602399 | 140975 | K)디스 | 88006611 | 4,000 | 1 | 0 | 4,000 |
| 557304 | 140984 | K)릴 하이브리드용 액상카 | 8801116012176 | 500 | 1 | NULL | 500 |
| 602519 | 140984 | K)MIIX 아이스더블 | 8801116013234 | 4,500 | 1 | 0 | 4,500 |
| 557660 | 141080 | CJ햄스빌베이컨110g*3 | 8801007118017 | 3,990 | 1 | NULL | 3,990 |
| 557750 | 141092 | 킹크크 핑크퐁 유기농 | 8801121[illegible] | [illegible] | 1 | 620 | 3,100 |

⋮

[그림 4] 기존 빅데이터 대비 마크로밀엠브레인 통합 빅데이터 플랫폼 서비스의 장점

이러한 마크로밀엠브레인의 통합 빅데이터 플랫폼 서비스는 기존 빅데이터가 갖고 있는 한계점을 보완해 줄 뿐 아니라 전통적인 마케팅조사를 통해 수집된 데이터와 다양한 실제 소비실태 확인이 가능한 빅데이터를 연계시킨 분석을 할 수 있게 하는 점에서 마케팅 의사결정과정에서 소비자를 다각적인 관점에서 이해하는 데 도움을 주고, 보다 효과적인 마케팅 및 사업전략을 수립하는 데 기초자료로 활용될 수 있다.

| 통합 빅데이터 플랫폼 서비스 종류 | 빅데이터 수집 방법 및 정보 내용 | 실무 활용 방안 |
|---|---|---|
| Web 방문 정보 | 인터넷 쿠키가 발행된 패널 회원들의 태그가 설치된 Web 사이트에 방문 여부 등의 정보를 수집 | • 자사 Web 사이트 방문자 프로파일 분석<br>• Web 사이트 방문 여부 및 빈도에 대한 시계열적 자료 수집<br>• 활용 방안: Web 사이트 리뉴얼 효과 분석, Web 사이트 내 제공 정보 효과성 분석 등 |
| App 이용 정보 | 패널 회원의 스마트폰에 설치된 모든 App에 대한 일 단위 설치 및 이용 시간에 대한 정보 수집 | • 자사 및 주요 경쟁 App 설치 및 이용 빈도에 대한 시계열적 자료 수집<br>• 카테고리별 자사 및 경쟁사 App 설치/이용 랭킹에 대한 시계열적 자료 수집<br>• 활용 방안: App 이용자 프로파일 분석, App 광고 효과 분석, App 이용자 만족도 연계 조사 등 |
| 오프라인 방문 정보 | Wi-Fi와 GPS 신호 탐지기술을 이용하여 패널 회원들의 방문 장소를 시간 단위로 자동으로 수집 | • 방문일시, 방문지역/장소, 방문 건물(층별 포함), 방문 브랜드 및 카테고리 자료 수집<br>• 방문 지역/장소, 브랜드, 카테고리 별 방문자 프로파일 자료 수집<br>• 활용 방안: 특정 매장 이용 행태 분석, 관광지 방문 행태 분석, 방문 장소 만족도 연계 조사 등 |
| 결제 정보 | 패널 회원들이 수렴하는 문자 메시지를 이용해서 다양한 결제 정보(결제 장소, 금액 등) 자료를 수집 | • 결제 금융 회사, 결제 일시, 이용 가맹점(브랜드), 결제 위치, 결제 금액 등의 정보 수집<br>• 패널 기초 정보와 연계하여 프로파일에 따른 결제 정보 비교 분석 가능<br>• 활용 방안: 결제 수단별 이용 트렌드 분석, 결제 채널별 연관/심층 분석 등 |
| 상품 구매 정보 | 사전에 모집된 쇼핑 패널 회원(2만 명)으로 부터 구매 영수증 자료를 수집/검증 후 분석 데이터로 활용 | • 제품 카테고리/브랜드별 구매 빈도, 비중, 결제 금액 구매 채널, 구매자 프로파일 등의 정보 수집<br>• 오프라인뿐만 아니라 온라인 채널 구매 정보 수집이 가능하여 보다 정확한 Market Share 데이터 제공<br>• 활용 방안: 자사 및 경쟁사 브랜드 별 M/S 시계열 분석, 구매자 프로파일 분석 등 |

**[표1]** 마크로밀엠브레인 통합 빅데이터 플랫폼 서비스의 활용방안

자료원: 위 사례는 마크로밀엠브레인 김영기 이사가 제공한 컨텐츠를 토대로 작성했음

닐슨코리아사와 TNMS사는 텔레비전 시청률조사를 위하여 시청률패널을 운영하고 있다. 닐슨코리아는 전국에서 약 4,300가구를 대상으로 텔레비전수상기에 피

플미터(peoplemeter : 텔레비전의 시청률을 조사하는 기계로 현재 수상기가 켜 있는지, 어느 채널을 시청하고 있는지, 그리고 누가 시청하고 있는지를 조사할 수 있음)를 설치하여 시청률을 조사하고 있다. TNMS사도 전국에 약 4,000가구를 대상으로 역시 피플미터를 이용하여 수집된 시청률자료를 방송사, 광고대행사, 기업들에게 판매하고 있다.

최근에는 많은 기업들이 소비자패널을 구축하고 Off-line과 On-line상에서 다양한 형태(On-line조사, 게시판 운영, 제품시용 후 평가, 정기적인 회사방문모임 등)의 커뮤니케이션을 하는 모니터패널을 운영하고 있다. 이를 통해 기업은 신제품출시단계에서 제품의 문제점을 개선하며, 제품사용상의 문제를 정기적으로 확인해 마케팅의사결정에 반영하고 있다.

# 3 신제품개발과정에서의 제품테스트조사

## 3.1 CLT조사

CLT(Central Location Test)조사는 갱서베이와 마찬가지로 응답자를 일정한 장소에 모이게 한 후 시제품, 광고카피 등에 대한 소비자반응을 조사하는 방법으로, Hall Test라 불리기도 한다. 갱서베이와 CLT조사 간의 차이점은 갱서베이는 응답자를 정해진 시점에 모두 조사장소로 모이게 하여 조사를 진행하는 데 반해, CLT조사는 각 응답자들이 일정시간 내에 자유롭게 조사장소를 방문하도록 하여 조사원과 개인면접형식으로 조사를 진행한다는 것이다.

### (1) CLT조사의 진행과정

CLT조사의 진행과정은 개별적으로 조사를 진행함으로 인해 발생되는 몇 가지 차이점 이외에는 갱서베이와 유사하다. CLT조사의 경우 사전에 선정된 응답예정자들을 조사장소로 나오게 하기도 하지만, 일반적으로 조사장소 주변에서 조사대상 표본에 해당되는 응답자의 협조를 부탁하고 조사에 응하는 응답자들을 조사장소로 인도하여 조사를 실시한다. 따라서 CLT조사는 표본에 해당되는 사람들의 왕래가 많은 지역의 사무실이나 주간에 영업을 하지 않는 음식점이나 점포를 조사장소로 활용한다. 가령, 주부들을 대상으로 하는 조사의 경우에는 백화점 주위에서, 젊은 층을 대상으로 하는 경우에는 신촌이나 명동지역에서, 성인남자들에 대한 조사에서는 사무실 밀집지역을 조사장소로 고려할 수 있다.

CLT조사는 면접을 담당하는 조사원(약 4명), 할당된 표본계획에 따라 적절한 응답자를 찾고 이들에게 협조를 의뢰하는 인원(3명), 조사장소 내의 감독 및 보조물의 준비를 담당하는 인원(4명 : 음식 준비, 비디오나 슬라이드 상영)을 포함하여 약 10명 내외의 인원을 필요로 한다.

CLT조사는 조사장소 내에서 조사원별로 조사가 진행되기 때문에 조사에 필요한 보조물들을 조사원의 수만큼 준비해야 한다. CLT조사는 갱서베이와 비교하여 조사자가 하루에 조사할 수 있는 응답자들의 수가 매우 적다(조사원 1인당 5명 정도이며 조사원이 4명인 경우 1일 조사가능한 응답자들은 20명 정도임). 면접을 진행하는 조사원들은 특정 제품에 대한 전문가가 아니므로 기업에서 제품 또는 광고판촉 등의 실무자가 참석하여 응답자의 어려운 질문에 대비하도록 해야 한다.

CLT조사는 출시하려는 시제품 또는 제품광고에 대한 소비자의 반응을 알아보기 위해 실시되므로, 실제 소비자의 구매상황과 유사한 상황하에서 조사가 이루어질 수 있도록 해야 한다. 또한 응답자가 여러 개의 제품에 노출되는 경우 먼저 노출된 제품이 다음에 노출될 제품에 미칠 수 있는 영향을 통제하여야 한다. 예를 들어 먼저 시

**그림 7-4** CLT 조사장소의 예

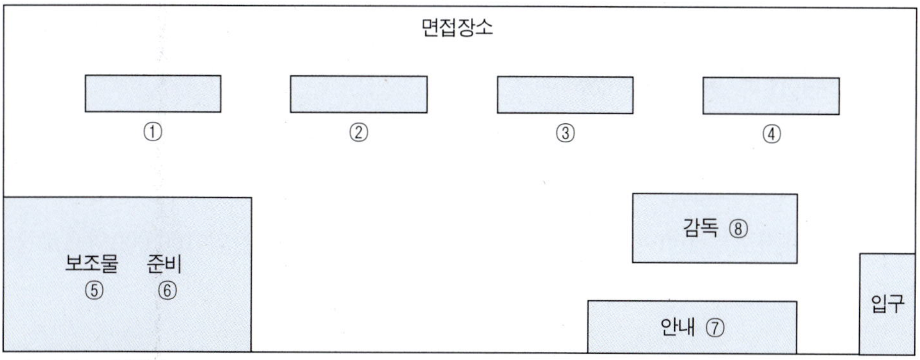


①~⑧은 조사진행원

식한 과자류의 단맛이 입안에 남아 있는 상태에서 다음 제품을 시식하면 정확한 소비자반응을 측정하기 어려우므로 물을 마시거나 시간이 조금 경과한 다음 제품을 시식하도록 하여야 한다. 동일한 응답자에 대한 식품의 맛테스트에 있어서 식전의 조사와 식후의 조사결과가 달라질 수 있으며, 조사진행 중에 너무 많이 시식을 하여 입맛이 떨어져 정확한 제품평가가 이루어지지 못할 수 있다. 이를 위해 테스트의 순서를 무작위화하여야 한다. 즉 오전, 오후의 조사 또는 오전의 조사 내에서 시식의 순서를 무작위화하거나 응답자에게 제품을 제시하는 순서를 무작위화하여야 한다. 가령 120명의 응답자에게 각각 3개씩의 제품을 시식하도록 할 경우, 제품의 시식순서를 다음과 같이 무작위화할 수 있다.

1집단(20명) : A–B–C
2집단(20명) : B–A–C
3집단(20명) : C–B–A
4집단(20명) : B–C–A
5집단(20명) : C–A–B
6집단(20명) : A–C–B

향에 대한 테스트의 경우 실내 환기를 통해 먼저 노출된 향이 다음에 노출될 향의 평가에 영향을 주지 않도록 하여야 하며, 준비과정에서 발생하는 음식냄새나 외부에서 유입되는 냄새를 차단하여야 한다. 또 제품의 포장에 대한 평가의 경우 조사장소 내의 조명에 따라 평가결과가 달라질 수 있으므로, 외부의 자연광을 최대한 활용하거나 실내의 조명을 자연광에 가깝도록 조정하여야 한다.

### (2) 표본의 규모 및 조사비용

CLT조사는 전국적 조사보다는 대도시지역에서 소규모로 진행되는 경우가 많다. 표본의 규모는 테스트를 해야 하는 제품의 수와 준비할 수 있는 시제품의 양에 따라 다르나, 일반적으로 100~200명 정도이다. 표본당 조사비용은 약 100,000원으로 높은 편이다.

**마케팅조사Highlight**

### CLT조사의 사례 : 지속적인 제품개선을 통해 시장선도자리를 회복한 OB라거맥주

하이트의 돌풍으로 시장선도자리를 내주었던 OB맥주는 젊은 층을 표적시장으로 하는 라거맥주의 출시와 함께 지속적인 제품개선을 통해 시장점유율을 회복하고 있다. 이러한 노력의 일환으로 라거맥주의 마케팅담당자들은 경쟁브랜드들과 비교한 라거맥주의 맛에 대한 재검토를 통해 시장경쟁력을 강화시키려는 목적으로 CLT조사를 실시하였다.

CLT조사를 위해 우선 현재 판매되고 있는 라거맥주, 기존 라거맥주의 맛을 개선한 신제품, 그리고 비교평가에 이용될 하이트와 카스맥주를 조사대상제품으로 선정하였다. 다음 수도권지역에 거주하는 맥주의 주소비자인 25~35세 사이의 남녀 약 300명을 할당표본추출방법을 이용하여 조사대상으로 선정하였다.

조사대상자의 조건으로 성별과 연령, 그리고 매주 1회 이상 맥주를 마시며 30분 동안 3잔 이상 맥주를 마실 수 있는 사용행태 등이 고려되었다.

CLT조사의 현장 진행을 위해 서울 시내 4개의 주요 상권(종로, 대학로, 강남, 신촌)별로 1층에 소재한 주방시설이 갖추어진 카페를 낮시간(2~6시) 동안 임대하였다. 맥주의 맛을 평가하는 데 있어 온도가 중요한 변수가 되므로 일정한 온도를 유지하기 위해 아이스박스와 전자온도계 등을 준비하였다. 응답자들은 조사원들과의 사전약속을 통하여 지정된 시간에 조사에 참여하도록 하였다.

조사의 진행과정에서 먼저 각 참여자들은 현재의 맥주 음용실태에 관한 간단한 설문지를 작성하였다. 다음으로 조사대상제품을 순서대로(순서는 각 응답자마다 다르게 배정함) 1컵 정도 마시고 5점척도를 이용하여 제품의 다양한 맛(순한 맛, 부드러운 맛, 톡 쏘는 맛 등)을 평가하도록 하였다. 각 제품을 마신 후에는 전에 마신 제품의 영향을 없애기 위해 약간의 안주와 물을 먹도록 하였다.

이러한 과정을 통해 라거맥주의 담당자는 경쟁맥주들과 비교한 라거맥주의 강약점을 파악할 수 있었으며, 이를 통해 제품개선과 경쟁력 강화를 위한 마케팅 프로그램의 개발에 성공할 수 있었다.

## 3.2 가정내 사용조사

가정내 사용조사(Home Usage Test : HUT)는 응답자로 하여금 실제 소비상황하에서 제품을 일정기간 사용하도록 하고 이에 대한 소비자반응을 조사하는 방법으로, 가정유치조사(home placement test)라고도 한다. 예를 들어, 새로운 화장품의 개발과정에서 응답자가 시제품을 집으로 가지고 가서 실제상황하에서 다른 화장품들과 함께 사용해 본 후 향기나 피부민감도 등에 대한 반응을 조사하는 것이 이에 해당된다.

### (1) 조사의 진행과정

가정내 사용조사는 자료수집에 있어 응답자의 장기간에 걸친 협조를 필요로 하므로 응답자의 선발·관리가 중요하다. 이를 위하여 선발된 응답자들에게 조사의 목적, 소요되는 시간, 기타 주의사항 등을 설명하고 적절한 사례비를 제공한다. 조사대상자들로부터 제품사용실태 및 기존제품에 대한 평가 등의 정보를 먼저 수집한 후, 신제품의 특성과 사용법 등을 자세히 설명한다. 가정내 사용조사는 제품사용과정에 대한 통제가 거의 불가능하기 때문에 교육과정을 통하여 제품의 사용방법에 대해 상세히 설명해야 하며, 가정방문을 통해 응답자들이 지시한 대로 제품을 사용하고 있는지를 확인해야 한다.

예를 들어, 새로운 세탁세제에 대한 가정내 사용조사를 실시할 경우 사용하는 세제의 양과 세제를 투입하는 시점 등의 제품성능에 영향을 미칠 수 있는 요인들에 대한 사전설명을 응답자들이 준수하고 있는지를 가정방문과 사용과정에 대한 관찰을 통하여 점검하여야 한다. 일정의 유치기간이 지난 후, 응답자들과 제품사용상의 문제점에 대해 토론하고 기존제품들과 비교평가하도록 한다. 이를 통해 신제품의 성공가능성을 판단하고 발견된 문제점을 토대로 제품출시 전에 제품을 수정한다.

### (2) 조사상의 유의사항

앞서 설명한 바와 같이 가정내 사용조사에서는 응답자의 제품사용과정에 대한 통제가 어려우므로 사용방법에 대한 사전교육 및 가정방문을 통한 실제 사용실태의 점검을 통해 조사에 대한 통제를 철저히 해야 한다. 또한 신제품의 사용과정에서 예상치 못했던 부작용이 발생될 가능성에 대해서도 대비해야 한다. 가령, 응답자가 시식이나 신체의 접촉과정에서 부작용이 발생될 경우, 이에 대한 조치사항이나 연락처 등을 교육해야 한다. 가정내 사용조사기간 동안 신제품개발에 관한 정보가 기업외부로 노출될 위험성도 크다. 따라서 응답자의 선발과정에서 경쟁기업 및 관련산업(조사회사, 광고회사 등)에 종사하고 있는지를 파악한다.

마케팅조사Highlight

### 가정내 사용조사의 사례

여성용 화장품을 판매하는 Z사는 피부에 영양을 공급하기 위해 이용되는 팩류나 에센스형의 기존제품을 대체할 수 있는 얼굴 전면마스크형 팩제품에 대한 소비자반응을 조사하려 한다.

현재 본 제품은 일본시장에 출시되어 좋은 반응을 얻고 있으나, 아직 국내에는 시판되지 않고 있다. 이에 동 사에서는 제품개발을 어느 정도 완료한 상태에서 제품특성의 추가적 개선과 가격대의 결정을 위해 가정유치조사를 실시하기로 하였다.

이를 위해 20대 및 30대 주부 100명을 선발하였으며, 제품의 특성 및 사용법을 설명한 후 가정에서 직접 사용하도록 하였다. 여성들에게 있어 화장품은 관여수준(involvement)이 매우 높은 제품(부작용에 따른 제품위험이 높음)이어서 조사에 대한 협조를 주저하는 경향이 있으므로, 마스크 팩에 포함되어 있는 성분이 기존에 널리 사용되는 에센스 타입의 제품과 유사하다는 설명으로 참여자들의 협조를 유도하였다. 참여자들을 대상으로 먼저 현재 이용하고 있는 경쟁제품들의 브랜드와 사용빈도 등과 같은 사용실태를 간단한 설문조사를 통해 수집하였다.

조사에는 세 가지 향의 시제품이 이용되었다. 조사자는 참여자들에게 향기별로 2개씩 총 6개의 시제품을 제공하였으며, 1주에 3개씩 2주간 사용하도록 하였다. 2주 후 조사원이 참여자의 집을 방문하여 설문조사를 통하여 사용경험에 대한 정보를 수집하였다.

조사결과 소비자반응은 매우 긍정적인 것으로 나타났다. 마스크가 얼굴에 밀착되고 주성분이 건조되지 않으며, 피부에 잘 스며든다는 반응을 보였다. 소비자들의 향후 구매의사는 5점척도에서 3.7의 높은 점수를 보였다. 또한 제품구매 시 소비자들이 기꺼이 지불하겠다는 가격이 개당 3,000원 미만으로 나타나 5개 묶음으로 제품을 판매할 경우 제품가격을 15,000원 미만으로 정해야 할 것으로 평가되었다. 마케팅담당자는 세 가지 향에 대한 평가자료와 소비자가 원하는 가격대를 근거로 추가적인 제품개발을 하기로 하였다.

## (3) 표본의 규모 및 조사비용

가정내 사용조사는 CLT조사와 마찬가지로 전국적 조사보다는 대도시지역에서 소규모로 진행된다. 표본의 규모는 일반적으로 100~200명 정도이며, 표본당 조사비용은 조사기간에 따라 차이가 있지만 약 100,000원 정도이다.

# 4 마케팅정보시스템

## 4.1 마케팅정보시스템의 의미

기업내부의 2차자료를 활용함에 있어 발생하는 문제점은 이러한 자료들이 많은 경우 비체계적으로 수집·보관된다는 것이다. 마케팅부서 구성원들 간에 정보가 공유되지 못하고, 각 담당자별로 정보가 분산되어 있으며, 조직구조가 변화되는 경우 전임자와 후임자 간에 정보전달이 제대로 이루어지지 않음으로 인해 사내자료가 제대로 활용되지 못하는 경우가 흔하다. 그리고 제품테스트조사 혹은 서베이조사를 통해 1차자료를 수집하는 경우에도 실무자들의 분석기법에 대한 이해가 부족하여 정보가 제대로 활용되지 못하는 경우가 발생한다. 또 반복적으로 이루어지는 마케팅조사의 결과들을 체계적으로 축적하지 못함으로써 많은 비용을 투자한 조사가 단발성으로 끝나는 경우도 자주 발생한다. 이와 같이 마케팅실무자들은 수집된 정보에 대해 전문적인 분석기법을 적용하고 수집된 자료를 체계적으로 정리·관리하는 데 있어 한계가 있으므로 전문적인 지식을 갖춘 전문가와 정보관리를 전담하는 부서의 도움을 필요로 한다.

이에 따라 마케팅의사결정에 요구되는 정보를 체계적으로 수집·활용하기 위해 최근 사내에 마케팅정보시스템을 구축·운영하는 기업이 늘어나고 있다. 마케팅정보시스템(Marketing Information System : MKIS)이란 마케팅문제를 해결하기 위하여 기업 내외의 자료를 체계적으로 수집·분석·정리하여 마케팅담당자들에게 시의적절한 정보를 제공함으로써, 마케팅의사결정에 도움을 줄 수 있도록 하는 것이다. 이를 위해 기업들은 마케팅조직 내에 공식적이고 지속적으로 정보관련 업무를 수행하는 기구인 마케팅정보센터(Marketing Information Center)를 설치·운영하고 있다. 예를 들어, 초코파이로 유명한 오리온은 각 소매점별 제품판매자료에 대한 분석을 통하여 판매점관리시스템을 개발하고 영업사원들의 소매관리에 활용하고 있다. 이 시스템에서는 우선 각 소매점별로 최근의 판매실적자료를 근거로 일정 시점에서의 재고를 예측한 후, 이러한 정보를 휴대용 단말기를 통하여 영업사원들에게 제공한다. 이러한 정보를 활용하면 영업사원들은 모든 점포를 일일이 방문하여 재고를 확인하는 대신 단말기상에서 재고수준이 낮은 것으로 나타난 점포만을 우선적으로 방문하여 생산성을 향상시킬 수 있다. 실제로 이러한 시스템의 도입 후 오리온의 영업사원당 관리점포의 수는 60~70개에서 120~150개로 증대되어 많은 생산성 향상이 이루어졌다.

## 4.2 마케팅정보시스템의 구성

마케팅정보센터의 주요 업무는 [그림 7-5]에 나타난 바와 같이 크게 자료수집기능, 자료의 분석 및 정보화기능, 자료제공기능으로 이루어진다.

### (1) 자료수집기능

마케팅정보시스템의 첫 번째 역할은 기업내외부의 환경으로부터 일어나는 변화에 관한 자료를 수집해서 이를 체계적으로 정리하는 것인데, 이를 위해 다음과 같은 네 가지 자료수집시스템을 활용한다.

- 내부정보시스템
- 마케팅인텔리전스시스템
- 마케팅조사시스템
- 고객 DB시스템

**그림 7-5** 마케팅정보시스템의 구성

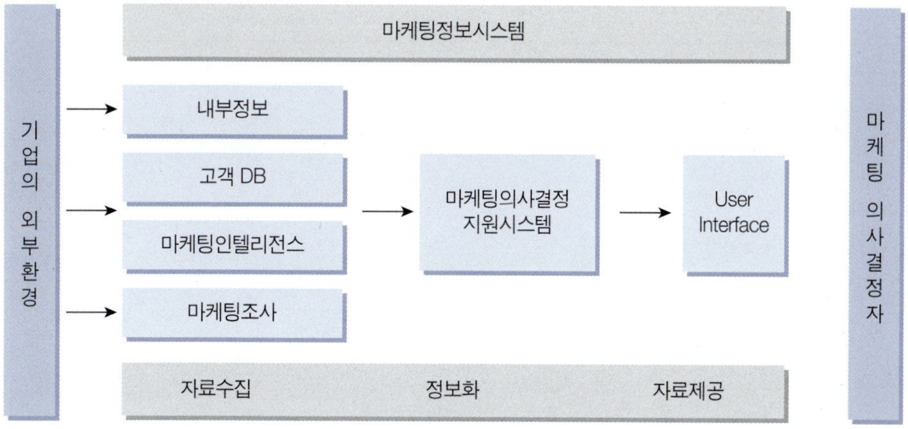

### ① 내부정보시스템(Internal Information System)

내부정보란 기업의 통상적인 경영활동과 관련되어 기업내부에서 발생하는 정보를 의미한다. 예를 들어 매일매일의 영업활동과 관련하여 제품별, 브랜드별, 포장용기별, 포장용량별, 지역별, 점포형태별 매출자료가 집계된다. 또 회계부서에서는 기업의 손익계산서, 대차대조표를 포함한 회계정보가 만들어지며, 그 외의 생산부서, 구매부서, 연구개발부서 등으로부터 보고서 형태의 2차자료가 발생된다.

마케팅정보시스템에서는 이러한 정보 중에서 마케팅활동과 관련된 정보들을 선별하여 데이터베이스로 축적한 후, 마케팅담당자들의 요구에 따라 필요한 정보를 정리하여 제공하는 역할을 한다.

### ② 마케팅인텔리전스시스템(Marketing Intelligence System)

내부정보시스템이 기업내부의 정보를 체계화하는 것이라면, 마케팅인텔리전스 및 마케팅조사시스템은 기업외부의 정보를 수집하는 기능이다. 마케팅인텔리전스란 기업의 외부에서 일상적으로 발생하는 다양한 사건들 가운데서 기업활동에 영향을 미칠 수 있는 것들을 말한다. 기업 내의 여러 구성원들은 〈표 7-3〉과 같은 다양한 정보원을 통해 마케팅인텔리전스에 접하게 되지만, 이러한 정보가 체계적으로 수집 · 정리되지 못함으로 인해 적절하게 활용되지 못하는 사례가 흔히 발생한다. 마케팅정보시스템은 기업내부정보와 함께 이러한 기업외부정보를 수집 · 정리하여 이들이 향후 기업활동에 미치는 영향을 분석한 다음, 그 결과를 해당부서에 전달함으로써 이에 대한 대응책을 수립하도록 한다.

**표 7-3** 마케팅인텔리전스의 주요원천

- 소비자들의 의견, 불평
- 판매원(고객과의 접점)으로부터의 정보
- 유통단계 또는 공급자로부터의 정보
- 경쟁업체의 직원
- 대중매체정보
- 정부기관 연구소들로부터의 보고서
- 정부의 정책, 규제

### ③ 마케팅조사시스템(Marketing Research System)

마케팅조사란 앞서 살펴본 바와 같이 마케팅활동과 관련하여 발생된 문제를 현재 회사가 보유 중인 2차자료로 해결하기 어려운 경우에 1차자료의 수집을 위해 실시된다. 마케팅조사시스템의 역할은 마케팅의사결정자가 당면하고 있는 문제를 제대로 해결할 수 있도록 마케팅조사를 기획하고, 감독하며, 의사결정지원시스템과의 유기적인 협조를 통하여 의미 있는 대안을 도출할 수 있도록 하는 것이다.

### ④ 고객 DB시스템

마케팅정보시스템의 중요한 영역은 바로 고객에 대한 정보와 이를 활용한 고객관리이다. 고객정보에 대한 필요성은 제한된 시장과 치열한 경쟁 속에서 차별적 서비스의 제공을 통해 고객을 확보하려는 노력인 DB마케팅의 확산에서 비롯되고 있다. 즉 기존의 대량마케팅이나 세분화마케팅만으로는 유사한 마케팅전략을 구사하는 경쟁사들에 비해 차별성을 확보하기 어려워지자 개별고객수준에서 욕구를 파악하고 개별고객단위의 차별적 관리 프로그램을 개발함으로써 충성도를 확보하려고 하는 것이다.

고객정보시스템에서는 우선 고객들에 대한 정보를 수집하여 이를 데이터베이스화하게 된다. DB마케팅의 운영을 위해 필요한 기본적인 정보는 고객의 인구통계적 정보와 고객별 구매정보이다. 이러한 정보를 수집하기 위해 최근 정유사, 항공사, 백화점 등은 마일리지카드나 보너스카드를 발급하면서 고객에 대한 개인정보를 수집하고 각 고객의 구매기록을 누적하여 데이터베이스에 축적하고 있다.

고객에 대한 정보를 수집한 후, DB마케팅의 두 번째 단계는 고객의 자사에 대한 공헌 정도를 평가하고, 이러한 정보에 근거하여 고객집단별로 차별적인 마케팅 프로그램을 개발하여 접근하는 것이다. 고객평가를 위해서는 RFM 포인트분석법이 많이 활용된다. 이는 고객이 자사제품을 얼마나 최근에(recency), 자주(frequency), 그리고 많이(monetary) 구매하였는가를 분석하여 고객별 공헌점수를 계산하고 이를 토대로 고객의 등급을 정하는 방법이다. 기업은 고객의 공헌점수, 즉 제품구매실적에 따라 고객별로 차별적인 판촉 프로그램을 제공하게 된다. 예를 들어 대한항공의 FTBS(Frequent Traveler Bonus System)는 이용거리에 따라 무료 항공권을 제공하거나 보다 좋은 좌석으로 업그레이드(upgrade)를 시켜 준다. 신용카드사에서는 사용금액에 따라 보너스점수를 주고 이 점수를 현금처럼 사용토록 하는 프로그램을 운영하고 있다.

최근 인터넷기술의 발전에 따라 개별고객에 대한 효율적인 접근이 가능해지자 많은 기업들이 활발하게 DB마케팅을 벌이고 있다. 과거에는 고객 DB를 보유하고 있어도 고객에게 접근하기 위해 우편물을 발송하든지 혹은 직원이 직접 전화통화를 해야 고객과 접촉할 수 있어 고객관리에 많은 비용이 소요되었으므로 DB마케팅이 금융 · 유통분야의 일부 대기업들에 한정되어 있었다. 그러나 현재는 인터넷을 통해 많은 고객들에 대한 경제적인 접근과 관리가 가능해짐에 따라 많은 기업들이 고객관리를 위해 활용해오던 기존의 CRM(Customer Relation Management) 방식에 e-CRM(인터넷을 통한 고객관리방법)기능을 강화시켜 활발하게 DB마케팅을 벌이고 있다.

### (2) 자료의 분석 및 정보화기능

마케팅정보시스템의 두 번째 기능은 수집된 자료를 심층적으로 분석하여 의미 있는 정보로 전환시키는 것으로, 이는 마케팅의사결정지원시스템(Marketing Decision Support System)에 의해 수행된다. 이 시스템의 역할은 수집된 자료에 대한 전문적인 분석을 통해 마케팅관리자들의 의사결정에 필요한 정보를 생산하는 것이다. 예를 들면 슈퍼마켓이나 편의점에서 제품을 선반에 진열할 때 어떤 제품과 브랜드를, 어느 위치에, 몇 개씩, 어떤 형태(세로로 또는 가로로)로 진열하는 것이 가장 효과적인가와 같은 세부적인 의사결정문제에 대해서 최적화모형을 이용하여 적절한 대안을 제시해 주는 것이 이에 해당된다.

이러한 분석을 위하여 마케팅의사결정분석시스템에서는 수집된 자료들에 대해 통계적 분석과 다양한 마케팅모형들이 적용된다. 그러나 현업에 종사하는 모든 마케팅관리자가 이러한 분석모형을 이해하고 활용하는 데는 한계가 있다. 이에 따라 의사결정시스템에서는 시장상황에 대한 지식과 분석모형들에 대한 이해 및 이의 활용능력을 보유한 전문인력을 확보하여 의사결정자에게 의미 있는 정보를 제공하게 된다.

### (3) 자료제공기능

자료제공시스템(User Interface System)이란 마케팅관리자와 마케팅정보시스템을 연결시켜 주는 기능이다. 수집된 정보가 아무리 우수하고 정교한 모형을 통해 의미 있는 분석결과가 도출되었다 하더라도 실제로 정보를 활용하여 의사결정을 내리는 마케팅관리자가 이를 편리하게 사용할 수 없다면 아무런 가치를 갖지 못한다. 이에 따라 마케팅정보센터는 마케팅관리자가 쉽게 정보를 검색할 수 있도록 컴퓨터장치와 검색절차를 준비한다. 즉 마케팅관리자가 원하는 내용을 이해하기 쉬운 형태(format)로 정리하여, 관리자에게 익숙한 컴퓨터장치를 통해 활용할 수 있도록 하여야 한다.

## 4.3 마케팅정보시스템의 구축과 운영

마케팅정보시스템의 구축을 위해서는 마케팅분야의 전문지식과 컴퓨터기술의 도움이 필수적이다. 컴퓨터 전문가들은 마케팅에 대한 전문지식을 갖고 있지 못하기 때문에 현업을 잘 아는 실무자, 마케팅분야에서 개발된 모형에 대한 지식을 갖고 있는 학문적 전문가, 그리고 컴퓨터전문가 간의 협조가 필요하다.

체계적인 마케팅정보시스템의 구축을 위해서는 마케팅담당자와 컴퓨터전문가들이 모여 필요한 정보의 내용, 의사결정의 종류, 정보의 제공방식, MDSS 등을 면밀히 협의하여야 한다. 다음으로 컴퓨터전문가들의 도움을 받아 시스템을 구축하고 이에 대한 교육을 받은 실무자들은 마케팅정보시스템을 의사결정에 활용하게 된다. 마케팅정보시스템은 마케팅환경의 변화에 따라 지속적인 수정과 보완이 이루어진다.

## 연습문제

**1.** 1차자료(primary data)와 2차자료(secondary data)의 차이점은 무엇인가?

**2.** 다음과 같은 상황에서 2차자료의 정보원을 나열하시오.

(1) 청량음료 제조기업의 마케팅조사담당자는 청량음료산업 전반에 대한 보고서를 작성하고자 한다.

(2) 최근 조사결과 콘도미니엄과 같은 주택형태가 인기 있을 것이라고 한다.

(3) K씨가 식료품점을 운영하는 것이 꿈이었는데 마침내 이를 현실화하기로 마음먹었다. 그가 해야 할 첫 번째 조치는 자신이 사는 마을에서의 식료품사업에 대한 정보를 수집하는 것이다.

# 04 자료의 수집

# 제 8 장
# 측정

1. 측정대상의 결정

2. 척도

3. 측정방법

4. 측정의 평가

우리는 어떤 사람을 만날 때 흔히 그 사람의 매력됨을 마음속으로 평가하게 된다. 그 사람의 눈이 크기 때문에, 키가 크기 때문에, 또는 몸매가 멋있기 때문에 매력적이라고 판단한다. 마찬가지로 기업은 자사제품의 현상태 파악을 위해 자사제품과 경쟁제품의 구매량이나 자사제품과 경쟁제품에 대한 고객의 태도를 측정한다. 한편 한국소비자원에서 발간하는『소비자시대』는 여러 제품들의 성능을 객관적으로 평가하여 그 결과를 발표하기도 한다. 이처럼 우리는 어떤 사람이나 대상(제품)이 가진 특성을 다양한 방법으로 측정하여 측정대상에 대한 평가를 내리는 것이다. 다양한 평가방법들 중 어떤 부분은 쉽게 평가가 이루어지기도 하지만, 다른 부분은 평가가 쉽지 않아 정확하고 신뢰성 높은 평가방법을 개발하는 것이 측정(measurement)에서의 중요과제가 되고 있다.

측정이란 대상(사람 또는 제품 등)의 속성(특징)에 숫자를 부여하는 체계적인 과정으로 정의된다. 마케팅조사에서는 흔히 응답자의 소득, 연령과 같은 응답자의 인구통계적 정보, 브랜드들의 속성별 평가와 같은 응답자의 생각, 그리고 제품의 구매, 점포의 방문과 같은 응답자의 행동을 설문지상에서 수치(number)로 나타내도록 함으로써 응답자의 특성을 측정한다. 본장에서는 다음과 같은 측정의 주요주제에 대해 설명하기로 한다.

① 응답자로부터 무엇을 측정할 것인가?(측정대상)
② 측정대상에 부여하는 수(number)는 무엇이며, 어떤 종류가 있는가?(척도의 종류)
③ 측정대상에 수를 부여하는 체계적 방법
④ 측정과정을 통해 얻어진 자료가 측정대상(가령 소비자)의 특성을 제대로 반영하고 있는가의 검토(측정의 평가)

# 1 측정대상의 결정

측정의 첫 번째 단계는 조사자가 측정대상으로부터 수집하려는 정보가 무엇인지를 명확히 규정하는 것인데, 이는 앞서 설명한 조사의 목적과 관련되어 결정된다. 일반적으로 마케팅조사에 자주 포함되는 측정대상에는 소비자의 나이와 소득와 같은 인구통계적 변수, 라이프스타일, 소비자지각과 관련된 변수(브랜드인지도, 광고인지도, 브랜드별 선호도(또는 태도), 브랜드속성별 신념, 향후 구매의사), 소비자행동과 관련된 변수(구매량, 구매액, 구매브랜드, 방문점포) 등이 있다. 이들 중 소비자의 나이나 구매량 등은 객관적으로 측정할 수 있지만, 브랜드인지도나 선호도(또는 태도) 등과 같은 변수는 응답자의 주관적 판단이 요구되는 추상적이고 눈으로 직접 관찰할 수 없는 개념이어서 정확히 측정하기가 쉽지 않다. 관찰할 수 없는 추상적 개념들을 사회과학에서는 구성개념(construct)이라고 한다.

추상적인 측정대상에 대해서는 응답자마다 서로 다른 의미를 부여할 수 있으므로 조사자는 보다 구체적이고 객관적인 정의를 내려야 할 필요가 있다. 가령, 소비자는 선호브랜드와 구매예정브랜드를 정확히 구분하지 못하거나 동일한 개념으로 생각할 수 있다. 또한 실제로 동일한 수준의 브랜드태도를 가진 두 응답자라 하더라도 서로 다른 답변을 할 수도 있다(한 사람은 '매우 긍정적', 다른 사람은 '상당히 긍정적'인 것으로 응답함). 따라서 조사자는 추상적인 개념의 측정대상에 대해서 측정에 앞서 명확한 개념적 정의(conceptual definition)와 조작적 정의(operational definition)를 내려줌으로써 보다 신뢰성과 타당성이 있는 측정을 할 수 있다.

## 1.1 개념적 정의

개념적 정의(conceptual definition)란 측정대상이 되는 어떤 개념(concept) 또는 구성개념(construct)의 의미를 사전적으로 정의를 내린 것이다. 가령, 조사자는 브랜드충성도(brand loyalty)라는 개념( 혹은 구성개념)에 대해 '여러 개의 구매가능한 브랜드들 중 어떤 한 브랜드를 지속적으로 구매하는 성향'으로 개념적 정의를 내릴 수 있다.

다음은 마케팅에서 많이 사용되는 용어들에 대한 개념적 정의의 예들이다.

- 라이프스타일(life-style) : 사람들이 살아가는 방식
- 사회계층(social class) : 한 사회내에서 거의 동일한 지위에 있는 사람들로 구성된 집단

그러나 개념적 정의만으로는 추상적인 개념을 정확히 측정할 수 없다. 즉 응답자들은 개념적 정의를 서로 다르게 이해할 수 있으며, 응답자들이 측정대상에 대한 개념적 정의를 동일하게 이해했다고 하더라도 측정되는 개념에 대한 응답자의 생각을 어떻게 나타내도록 하느냐에 따라 측정결과가 달라질 수 있는 것이다. 가령, 응답자의 브랜드선호도를 5점척도로 할 것인지, 100점 만점으로 할 것인지, 또는 동일한 5점척도라고 하더라도 각 등급을 어떻게 설명할 것인지(약간 좋아한다, 조금 좋아한다, 좋아한다, 많이 좋아한다, 가장 좋아한다 등)에 따라 응답이 달라질 수 있다. 따라서 조사자는 응답자가 자신의 생각을 쉽게 나타낼 수 있도록 개념적 정의를 보다 구체적인 조작적 정의로 전환하여야 한다.

## 1.2 조작적 정의

조작적 정의(operational definition)란 어떤 개념에 대해 응답자가 구체적인 수치(number)를 부여할 수 있는 상태로 상세한 정의를 내린 것을 말한다. 즉 앞서 설명한 브랜드충성도의 경우 어떤 브랜드를 5번 이상 연속해서 반복구매한 경우를 7점, 동일 브랜드를 3회 이상 반복구매하거나 5회 구매 중 4번 구매한 경우를 6점으로 하는 등의 정의를 내리는 것이 그 예이다.

사람들이 살아가는 방식으로 개념적 정의가 내려진 라이프스타일(life-style)은 사람들의 행위(activity), 관심(interest), 의견(opinion)의 총체로서 보다 구체적인 개념적 정의를 내릴 수 있다. 그리고 라이프스타일의 개념적 정의는 사람들이 자신의 시간을 어떻게 소비하는가(행위), 주위환경에서 특별히 중요하게 고려한 것은 무엇

인가(관심), 그리고 자신과 주변세계들에 대한 생각은 무엇인가(의견) 등을 반영하는 구체적 측정항목들로 구성된 조작적 정의로 전환된다.

조사자는 동일한 개념적 정의에 대해 다양한 조작적 정의들을 내릴 수 있으므로, 어떤 조작적 정의를 선택하여 개념을 측정하느냐에 따라 조사결과가 완전히 달라질 수 있다.

가령, 어떤 두 소비자의 일정기간 동안의 구매형태가 다음과 같다고 가정하자.

소비자 1 : ABCABB
소비자 2 : ACBCCC

조작적 정의에 따라 브랜드충성도는 여섯 번의 구매 중 가장 많이 구매된 브랜드가 차지하는 비율로 측정될 수 있다. 이 경우 소비자 1은 6번의 구매 중 브랜드 B를 3번 구매했으므로 브랜드충성도는 0.5가 되며, 소비자 2는 6번의 구매 중 브랜드 C를 4번 구매했으므로 브랜드충성도는 0.67이 될 것이다. 한편 브랜드충성도를 소비자가 구매한 상이한 브랜드의 수로 조작적 정의를 내리면 두 소비자는 같은 기간 동안 각각 3개의 브랜드를 구매했으므로 브랜드충성도에 대한 측정값이 같다. 이와 같이 두 소비자의 브랜드충성도에 대한 결론은 조사자가 어떤 조작적 정의를 사용하느냐에 따라 달라질 수 있다.

따라서 어떤 개념에 대한 조작적 정의와 이를 토대로 개발되는 측정문항은 이미 기존의 조사를 통하여 신뢰성과 타당성이 검증된 것을 이용하거나, 아니면 전문가나 해당 실무자들에 의해 적절한 것으로 인정받을 수 있는 것이어야 한다. 실제의 조사에서는 둘 이상의 조작적 정의들을 함께 사용하여 측정결과를 비교분석하는 것도 바람직한 방법이다.

# 2 척도

측정에서의 두 번째 고려사항은 측정대상에 부여하는 수(number)를 결정하는 부분으로 이를 위해 우선 수가 가지는 의미를 파악하고, 측정하려는 개념에 적합한 척도를 선정하는 문제를 다룬다.

## 2.1 수의 의미

우리는 측정을 '어떤 대상의 속성에 숫자를 부여하는 과정'으로 정의하였다. 따라서 조사자는 측정을 하기 위해 측정대상의 속성(특성)에 숫자를 부여하는 규칙을 정해야 한다. 즉 측정대상의 속성은 조사자가 부여한 숫자와 이에 대한 해석과정을 통해서 의미를 갖는 것이다.

가령, 성별이라는 속성에 대하여 여자를 1로, 남자를 2로 조작적 정의를 내려 응답자의 성별을 측정한다면, 1과 2라는 수는 4칙연산이 가능한 일반적인 수와는 전혀 다른 성격의 수가 된다. 이 경우 1과 2는 단지 2개의 집단을 구분하는 의미만을 갖는 것이다. 실제로 마케팅조사에서 얻어지는 수치화된 자료의 상당부분은 이렇게 4칙연산이 불가능한 경우가 많으므로, 조사자는 수집된 자료의 분석을 위해서 우선 수치화된 자료(또는 숫자부여에 사용된 규칙)의 특성을 정확히 알고 있어야 한다.

측정은 어떤 형태의 척도(scale : 예를 들면 미터, 킬로그램, 원, 개수 등)를 이용해 이루어진다. 척도화(scaling)란 거리(미터, 킬로미터)나 무게(킬로그램)를 재거나 브랜드태도나 구매량을 측정하는 것처럼 대상의 특성을 숫자로 표현하기 위해 수량화(quantification)하는 과정을 말하며, 척도를 이용하여 측정된 숫자는 측정대상의 속성을 충분히 반영할 수 있어야 한다. 척도의 선정이 마케팅조사에서 중요한 의미를 갖는 것은 조사자가 어떠한 척도를 선택하느냐에 따라, 수집된 숫자에 내재된 정보의 양이 달라지며 나아가 적용가능한 통계분석기법도 달라지기 때문이다.

척도는 크게 명목척도, 서열척도, 등간척도 및 비율척도로 나누어지며, 어떤 척도를 사용하느냐에 따라 측정의 결과 얻어진 숫자들의 의미와 사용되는 통계기법이 달라진다. 이하에서는 측정에 사용되는 척도의 종류를 자세히 살펴보기로 한다.

## 2.2 척도의 종류

### (1) 명목척도

조사대상의 소속여부나 대상의 분류를 위해 사용된 수를 명목척도(nominal scale)라고 하며, 성별, 직업, 구매브랜드 등이 명목척도의 예이다. 따라서 이 경우 조사대상에 할당된 수는 대상들간의 구분 이외의 의미는 전혀 없으므로 네 가지 척도 중 내재된 정보량이 가장 적은 척도라 할 수 있다. 다음은 명목척도로 측정되는 자료의 예이다.

- 성별 : 1) 남, 2) 여
- 직업 : 1) 전문직, 2) 사무직, 3) 노무직, 4) 주부, 5) 학생 등
- 구매여부 : 1) 구매자, 2) 비구매자
- 지역 : 1) 서울, 2) 부산 등
- 구매브랜드 : 1) 삼성, 2) LG, 3) 대우 등

가령, 소비자의 성별을 분류하기 위해 사용된 1과 2라는 수는 단지 집단간의 구분만을 나타내며, 순서의 개념도 없고 크기의 개념도 없으며 4칙연산(+, −, ×, ÷)에 의해 얻어진 숫자는 아무런 의미를 갖지 못한다. 즉 1과 2를 더하여 얻어진 3이라는 수는 어떤 의미를 갖지 못하는 것이다.

명목척도를 사용하여 수집된 자료는 단지 집단별 빈도(frequency), 비율, 백분율(%)에 대한 분석만이 가능하며, 전체집단에 대한 대표치는 최빈치(mode)를 이용하여 나타낼 수 있다. 최빈치는 분류된 집단들 중 소속개체의 수가 가장 많은 집단을 나타내는 수로, 예를 들어 105명의 응답자 중 ① 남자가 54명, 그리고 ② 여자가 51명으로 나타난 경우 105명 전체 응답자집단의 대표값인 최빈치는 빈도수가 많은 1번 남자집단이 된다.

### (2) 서열척도

서열척도(ordinal scale)는 집단구분 외에 측정대상들간의 순서개념을 측정하기 위해 사용된 수를 말한다. 예를 들어 1, 2, 3, 4학년은 집단간의 구분 외에 순서의 개념이 들어가므로 1, 4, 2, 3학년이라고는 말하지 않게 되는 것이다. 다음은 서열척도로 측정된 변수의 예들이다.

- 직급 : 1) 사원, 2) 대리, 3) 과장, 4) 차장, 5) 부장, 6) 임원

- 소득수준을 상중하로 평가한 경우
  귀하 가정의 생활수준은 어느 정도라고 생각하십니까? 다음 보기에서 선택 (    )
  ① 상류층,  ② 중산층,  ③ 하류층

- 선호하는 브랜드나 그 이유를 순서대로 선택하는 경우
  보기에 제시된 중형차브랜드 중 좋아하는 브랜드를 순서대로 세 개만 선택해주세요.
  1) 가장 좋아하는 브랜드 (    )
  2) 두 번째로 좋아하는 브랜드 (    )
  3) 세 번째로 좋아하는 브랜드 (    )
  보기 : ① 쏘나타, ② K5, ③ SM5, ④ 쉐보레 말리부

조사대상들간의 선호도를 측정하기 위해 서열척도로 선호순서를 측정하였다면, 1위를 차지한 대상이 2위를 차지한 대상보다 선호되며, 2위를 차지한 대상이 3위보다 선호됨을 나타낸다. 그러나 순위를 표시하는 수들은 한 측정대상이 다른 대상들보다 얼마만큼 더 선호되는지를 반영하지는 못한다. 가령, 한 소비자가 4개의 소주브랜드들에 대한 선호도를 1, 2, 3, 4의 순위로 다음과 같이 표시하였다고 하자.

처음처럼(2)  진로 참이슬(1)  무학(4)  금복주(3)

측정결과에 의하면 '진로 참이슬' 소주가 가장 선호되며 '처음처럼', '금복주', '무학'의 순서로 선호되었다. 이러한 소비자반응은 소주브랜드들에 대한 선호도의 순위만을 나타낼 뿐이며, 브랜드들간의 선호도 차이의 정도에 대한 정보는 포함되어 있지

않다. 즉 서열척도를 사용하여 측정된 숫자들은 단지 대상들간의 순위만을 나타내므로 1위 브랜드와 2위 브랜드간의 선호도 차이는 2위 브랜드와 3위 브랜드간의 선호도 차이와 같다고 가정할 수는 없다. 앞의 예에서 우리는 서열척도로 수집된 자료로부터 '진로 참이슬'이 '처음처럼'보다 선호된다는 것은 알지만 얼마만큼 더 선호되는지를 알 수 없다. 서열척도로 측정된 자료(ordinal data)는 대상들간의 순위만 유지된다면 다른 수치로 변환(transformation)될 수도 있다. 즉 브랜드 A, B, C, D에 대한 선호도를 1, 2, 3, 4 대신 10, 20, 35, 45로 나타낼 수 있는 것이다.

서열척도를 사용해 표시된 숫자들은 순위만을 나타내므로, 측정값들의 대표치로서 중위수(median)를 이용하게 된다. 중위수란 전체조사대상들의 반응을 서열에 따라 나열했을 때 가운데에 위치한 응답자의 반응을 말하며, 이 값이 전체표본을 대표하게 된다. 가령, 93명의 소비자들에게 A, B, C, D브랜드에 대한 순위를 조사한 결과 A브랜드에 대한 순위별 응답자 수가 다음과 같았다고 하자.

1위(25명) 2위(32명) 3위(18명) 4위(8명)

이 경우 A브랜드의 선호도에 대한 응답자 반응들의 대표값을 정해야 한다면, 전체 93명의 응답자들 가운데 중위수에 해당하는 47번째 소비자의 응답인 2위가 A브랜드의 대표순위가 된다. 즉 서열에 의해 전체응답자를 나열하여 가운데에 위치한 응답자의 응답이 전체표본을 대표하는 것이다.

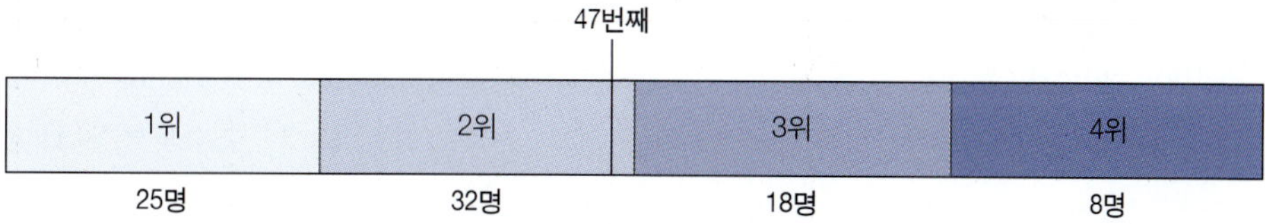


(A브랜드 순위에 대한 측정결과)

상업적 마케팅조사에서는 브랜드선호도를 측정하기 위해 흔히 서열척도가 사용된다. 즉 응답자들에게 자사브랜드를 포함한 경쟁브랜드들에 대한 선호도 순위를 매기도록 하는 것이 그 예이다.

### (3) 등간척도

등간척도(interval scale)는 서열척도에 포함된 정보 외에 측정대상들간의 속성의 차이비교를 가능하게 한다. 즉, 등간척도에서는 측정값 2와 3간의 차이는 3과 4간의 차이와 같다. 또한 1과 2간의 차이는 2와 4간의 차이의 1/2이다. 등간척도는 덧셈과 뺄셈이 가능하며, 표본집단의 대표값(central tendency)에는 산술평균이, 표본내 측정값들의 변이(dispersion)를 나타내는 데는 표준편차(standard deviation)가 가장 흔히 사용된다. 그러나 등간척도에 의해 수집된 자료는 측정값들 간의 절대적 비교가 불가능하다. 즉 등간척도를 사용해 얻은 측정값 6은 측정값 3보다 2배 더 많은 속성값을 가진 것으로 말할 수 없다는 것이다. 가령, 섭씨 30도는 섭씨 10도보다 3배 더 덥다고 말할 수 없다. 이는 섭씨 0도가 열이 전혀 없는 상태인 절대 0점(absolute 0)이 아니라 편의에 의해 설정된 상대적 0점이기 때문이다. 즉 섭씨 30도는 화씨로는 86도이고, 섭씨 10도는 화씨로 50도가 되어 섭씨 30도와 10도가 절대적으로 3배의 차이가 있다고는 말할 수 없게 되는 것이다.

그러나 등간척도는 평균계산이 가능하고 서열척도로 측정된 것에 비해 측정된 값에 포함된 정보의 양이 많으며, 이에 따라 적용할 수 있는 통계기법 또한 다양해진다. 즉 측정값들의 전체적 분포를 보여주는 평균(mean)과 분산(variance)을 구할 수 있으므로 소위 말하는 모수통계학(parametric statistics)의 적용이 가능해지는 것이다. 반면에 서열척도와 명목척도는 평균과 분산을 구할 수 없으므로 적용범위가 보다 제한적인 비모수통계학(non-parametric statistics)을 적용하여야 하는 것이다. 실제로 명목척도와 서열척도는 비모수척도(non-parametric scale) 또는 비계량적 척도(non-metric scale)로 불리기도 하며, 등간척도와 비율척도는 모수척도(parametric scale) 또는 계량적 척도(metric scale)로 분류되기도 한다. 모수통계는 내포된 정보의 양이 제한적인 비모수통계보다 더욱 의미 있고 다양한 분석이 가능하다 (비모수통계분석과 모수통계분석간의 차이에 대한 자세한 설명은 제12장을 참조하기 바란다).

등간척도는 상업적 마케팅조사에서 흔히 사용되며, 특히 브랜드(점포)에 대한 태도나 제품속성별 소비자지각(가령, 지각된 품질수준)을 측정하는 경우에 많이 사용된다. 다음은 등간척도를 사용한 예이다.

**질문** 귀하는 다음의 커피브랜드들에 대해 어떻게 평가하는지를 적절한 위치에 표시해 주시기 바랍니다.

| | 우수함 | 약간 우수함 | 보통 수준 | 약간 문제 | 형편없음 |
|---|---|---|---|---|---|
| 스타벅스 | 5 | 4 | 3 | 2 | 1 |
| 이디야 | 5 | 4 | 3 | 2 | 1 |
| 투썸플레이스 | 5 | 4 | 3 | 2 | 1 |

조사자는 가능하다면 내포된 정보가 많은 등간척도를 이용하여 측정을 하려고 한다. 그러나 위와 같은 소비자의 브랜드신념, 태도, 혹은 구매의도를 측정하는 것처럼 사람들이 마음속에 갖고 있는 생각을 측정하는 데 있어 등간척도의 사용이 문제점이 없는 것은 아니다. 예를 들어 위의 커피브랜드 평가에 대한 예나 어떤 제품에 대한 소비자의 구매의도를 측정하기 위해 다음과 같은 5점(또는 7점)척도를 이용하는 경우를 살펴보자.

**질문** 귀하는 향후 1개월내에 냉장고를 구매할 의향이 있습니까? 다음의 척도를 이용하여 답변하여 주시기 바랍니다. (  )

| 1 | 2 | 3 | 4 | 5 |
|---|---|---|---|---|
| 절대 구매하지 않을 것이다 | | 잘 모르겠다 | | 꼭 구매할 것이다 |

이 경우 조사자가 응답자에게 1~2, 2~3, 3~4, 4~5의 간격이 동일한 것으로 생각하고 응답을 하라고 요청하더라도 응답자들이 각 간격을 동일하게 인식하고 응답하지 않을 수 있다. 이러한 한계에도 불구하고 조사자는 응답자들이 각 간격을 동일하게 인식할 것으로 가정하고 그들로부터 수집한 응답자료를 분석하는 것이 일반적이다.

또한 조사자는 서열척도로 측정된 것을 마치 등간척도로 측정된 것처럼 가정하여 모수통계를 이용하는 경우도 흔히 있다. 가령 한 소비자가 서열척도를 이용한 브랜드별 선호도에서 스타벅스를 1위, 이디야를 2위, 투썸플레이스를 3위로 응답한 경우, 조사자는 1, 2, 3위의 순위가 마치 등간인 것으로 가정하고 통계분석을 하는 경우가 있는 것이다. 실제로 이러한 적용에 대해 많은 사회과학분야에서 주관적 생각을 정확히 반영하는 등간척도를 개발하는 것이 어려워, 실제의 분석에서는 서열척도로 측정된 자료를 등간척도로 측정된 것으로 가정하고 모수통계처리를 하는 경우가 많다. 실제로 등간척도로 측정된 자료와 서열척도로 측정된 자료에 동일한 모수통계기법을 적용하였을 경우 결과에는 큰 차이가 없음이 밝혀졌다. 이러한 이유로 마케팅조사자는 흔히 자료수집시간이나 비용상에 있어 효율적인 서열척도를 이용하여 측정한 후 이를 등간척도로 측정된 것처럼 가정하고 모수통계기법들을 적용하는 경우가 흔히 있다.

### (4) 비율척도

비율척도(ratio scale)는 등간척도가 갖는 특성을 모두 포함하며, 이외에도 등간척도가 갖지 못하는 절대적 기준점인 절대 0점(absolute 0)이 존재하는 척도이다. 즉 비율척도로 측정된 측정값 4는 측정값 2의 2배임을 자신 있게 이야기할 수 있다. 비율척도는 일반적으로 직접 관찰할 수 있는 물리적 사건이나 현상을 측정하는 데 사용된다. 가령 매출액이나 광고비 등이 비율척도의 대표적인 예이다.

경쟁브랜드들에 대한 선호도, 인지도, 제품속성별 신념 등과 같은 소비자의 심리적 반응을 측정하는 경우가 많은 마케팅조사에서 비율척도는 생각보다 매우 제한적으로 활용되며, 제품가격, 소득과 같이 금액으로 표시될 수 있는 경우나 연령, 종업원의 수와 같이 수량으로 표시될 수 있는 경우에 주로 활용된다. 비율척도의 경우 대표값은 평균이며, 수학에서 쓰이는 4칙연산이 모두 가능해진다.

〈표 8-1〉과 〈표 8-2〉는 앞에 설명한 4종류의 척도별 특성과 각 척도의 적용예를 보여준다.

**표 8-1** 척도별 자료의 특성 및 분석방법

| 척도 | 비교방법 (숫자부여방법) | 대표값의 측정 | 적용가능 분석방법 | 예 |
|---|---|---|---|---|
| 명목척도 | 집단분류 | 최빈값 | 빈도분석, 비모수통계, 교차분석 | 성별 분류, 상품유형별 분류, 시장세분구역분류, 존재유무 |
| 서열척도 | 순위비교 | 중앙값 | 서열상관관계, 비모수통계 | 상품선호순위, 상품품질등위, 사회계층 |
| 등간척도 | 간격비교 | 평균 | 모수통계 | 온도, 광고인지도, 브랜드선호도, 주가지수 |
| 비율척도 | 절대적 크기 비교 | 평균 | 모수통계 | 매출액, 구매확률, 무게, 소득, 나이 |

**표 8-2** 각 척도의 예

| 명목척도 | | 서열척도 | | 등간척도 | 비율척도 |
|---|---|---|---|---|---|
| 분류 | 백화점 | 순위 | 선호점수 | 선호도 평가 (7점척도 이용) | 지난 3개월간 구입액 |
| 1 | 뉴코아 | 6 | 65 | 4 | 0 |
| 2 | 애경 | 7 | 88 | 3 | 0 |
| 3 | 롯데 | 2 | 20 | 7 | 30만 원 |
| 4 | 갤러리아 | 4 | 35 | 5 | 10만 원 |
| 5 | 신세계 | 1 | 10 | 7 | 35만 원 |
| 6 | NC | 5 | 50 | 5 | 5만 원 |
| 7 | 현대 | 3 | 27 | 6 | 20만 원 |

## 2.3 척도의 선정

조사자는 네 가지 척도 중 보다 많은 정보를 얻을 수 있고 다양한 통계분석이 가능한 비율척도나 등간척도를 선호할 것이다. 그러나 비율척도나 등간척도는 응답자로부터 정확한 응답을 얻어내기가 어렵거나 신뢰성 있는 척도를 개발하기가 쉽지 않은 경우가 많다. 반면에 서열척도나 명목척도를 이용한 측정은 설문에 대한 응답자의 협조를 구하기가 쉬운 장점이 있으나 수집된 정보에 적용될 분석방법에 있어 한계가 있다. 따라서 조사담당자는 수집될 자료의 품질과 응답자의 협조가능성 및 조작적 정의를 내리는 과정에서의 어려움 등을 고려하여 적절한 척도를 선정하여야 할 것이다. 예를 들어 소비자의 맥주브랜드선호도를 측정한다고 가정하자. 이 경우 조사자는 브랜드선호도를 비율척도, 등간척도 또는 서열척도를 이용하여 측정할 수 있다.

### (1) 비율척도로 측정하는 경우

**질문** 다음의 맥주브랜드들에 대한 귀하의 선호의 정도를 0~100점 사이에서 골라 기입해 주시기 바랍니다. 가령, 전혀 좋아하지 않는다면 0점, 완벽하게 좋아한다면(더 이상 좋아할 수 없음) 100점으로 적으시면 됩니다.

• 카스 ( ) • OB라거 ( ) • 하이트 ( )

### (2) 등간척도로 측정하는 경우

**질문** 다음의 맥주브랜드들에 대한 귀하의 선호도는 어느 정도입니까? 다음의 척도를 이용하여 응답해 주시기 바랍니다.

| 1 | 2 | 3 | 4 | 5 |
|---|---|---|---|---|
| 전혀 좋아하지 않는다 | | 보통이다 | | 매우 좋아한다 |

• 카스 ( ) • OB라거 ( ) • 하이트 ( )

### (3) 서열척도로 측정하는 경우

**질문** 다음의 맥주브랜드들에 대한 귀하의 선호도를 적어 주시기 바랍니다. 가장 좋아하는 것은 1번, 다음으로 좋아하는 것은 2번 등으로 순위를 표시해 주십시오.

• 카스 ( ) • OB라거 ( ) • 하이트 ( )

앞의 세 가지 예에서 응답자의 입장에서는 답변하기 쉬운 서열척도를 선호하는 반면, 조사자의 입장에서는 정보의 질이 좋은 비율척도를 선호하게 된다. 그러나 비율척도에 의한 질문은 응답자가 생각하는 바를 정확한 수치로 답변하기가 어렵다. 그러므로 조사자는 전체적으로 수집되는 정보의 양과 난이도를 고려하여 척도를 선정하여야 한다.

## 3 측정방법

앞에서 측정의 의미와 척도의 종류에 대한 설명을 하였으므로, 이하에서는 마케팅조사에서 많이 이용되는 각 척도별 구체적 측정방법들에 대해 알아보기로 한다.

### 3.1 서열척도를 이용한 측정방법

다음과 같은 측정방법들이 이용되는 경우 측정된 자료의 척도는 서열척도가 된다.

#### (1) 순위법

순위법(ranking)은 응답자들로 하여금 어떤 속성에 대한 조사대상들의 순위를 기록하게 하는 방법으로 다음과 같은 예를 들 수 있다.

**질문** 귀하는 다음의 여러 음료들을 얼마나 좋아하시는지요? 가장 좋아하는 것을 1번, 다음으로 좋아하는 것을 2번 등으로 하여 순위를 기록하여 주시기 바랍니다.

• 콜라( )　• 사이다( )　• 우유( )　• 이온음료( )　• 주스( )

순위법은 비교대상이 많지 않은 경우에는(대개 5~7개 정도) 다른 척도법에 비해 일반소비자들이 응답하기가 용이한 방법이다. 반면에 비교대상이 많아지면 비교하여야 하는 경우의 수[즉 대상의 수×(대상의 수−1)/2]가 급증하게 되어 응답에 어려움이 생기게 된다. 또한 선호의 정도에 대한 상대적 평가가 불가능하다는 단점이 있다.

### (2) 범주별 순위할당법

범주별 순위할당법(ordered-category sorting)은 비교대상의 수가 많을 때 이용 가능한 측정방법으로, 모든 조사대상들에 대하여 순위를 기입케 하는 대신 속성소유의 정도에 따라 대상들을 몇 개의 집단(범주)으로만 분류하게 하는 방법이다.

가령, 다양한 스파게티 시제품(test product)들을 개발한 후, 소비자들에게 현재 시중에서 판매되는 경쟁제품들과 동시에 시식케 한 다음, 각 시제품을 다음과 같은 5가지 범주들 중의 하나에 분류되도록 하는 것이 그 예이다.

① 경쟁제품보다 맛이 월등하다.
② 경쟁제품보다 조금 낫다.
③ 경쟁제품과 대등한 수준이다.
④ 경쟁제품보다 조금 못하다.
⑤ 경쟁제품보다 맛이 형편없다.

## 3.2 등간척도를 이용한 측정방법

마케팅조사에서 많이 활용되는 등간척도를 이용한 측정방법들에는 등급법, 어의차이척도법, 스타펠척도법, 그리고 리커트형 척도법 등이 있다.

### (1) 등급법

등급법(rating)이란 응답자로 하여금 어떤 측정대상이 갖고 있는 속성의 정도를 글(verbal), 그림(graphic), 또는 숫자(numeric)를 이용하여 평가하도록 하는 방법이다.

① 글을 이용한 등급법의 예

**질문** 당신이 최근에 구매한 치약브랜드에 대한 만족도는 어느 정도입니까? (   )

1) 아주 불만족했다.

2) 조금 불만족스러웠다.

3) 보통이었다.

4) 조금 만족스러웠다.

5) 아주 만족스러웠다.

② 숫자를 이용한 등급법의 예

**질문** 당신이 최근에 구매한 치약브랜드에 대한 만족도는 어느 정도입니까? 다음의 5점으로 표시된 척도상에서 적절한 위치를 표시해 주시기 바랍니다.

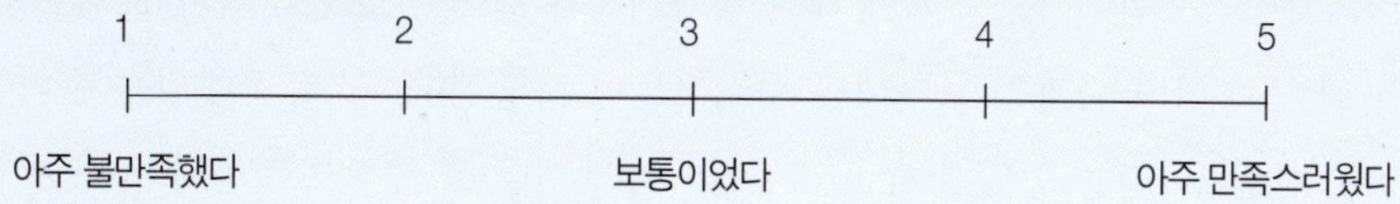


③ 그림을 이용하는 등급법의 예

**질문** 당신이 최근에 구매한 치약브랜드에 대한 만족도는 어느 정도입니까? 다음의 보기 중에서 골라 주시기 바랍니다. (   )

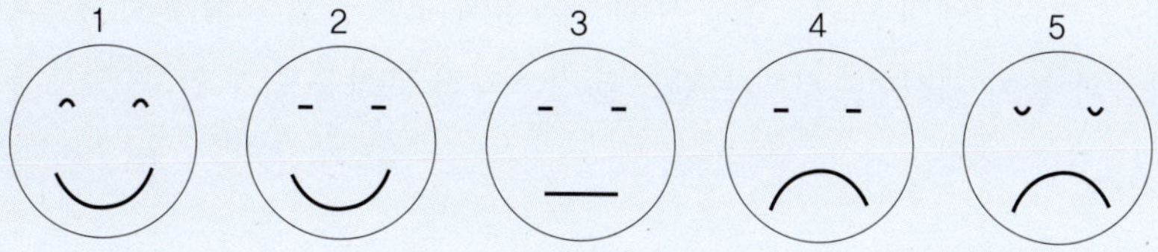


## (2) 어의차이척도법

어의차이척도법(semantic differential scale)은 척도의 양끝에 속성의 정도를 나타내는 서로 상반되는 수식어(bipolar scale)를 제시하고, 조사대상(예를 들면 특정 브랜드)의 속성보유정도에 대한 소비자의 생각을 측정하는 방법으로, 브랜드이미지나 점포이미지조사에서 많이 이용된다. 다음은 어의차이척도법의 한 예이다.

**질문** 현재 소유하고 있는 스마트폰 브랜드에 대해 다음의 각 속성을 이용하여 평가하여 주시기 바랍니다.

① 무게 ( )

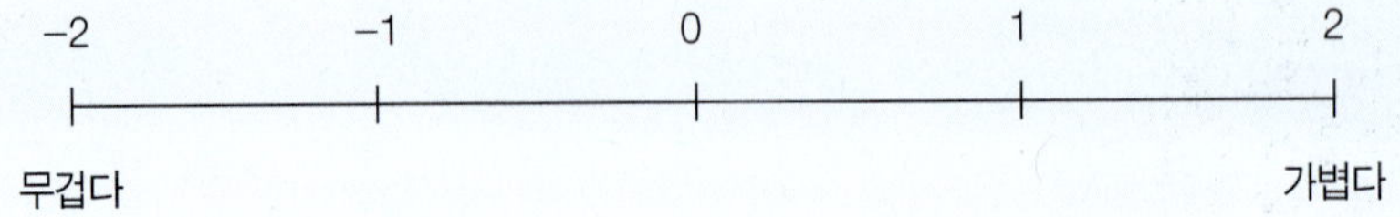


② 잡음의 정도 ( )

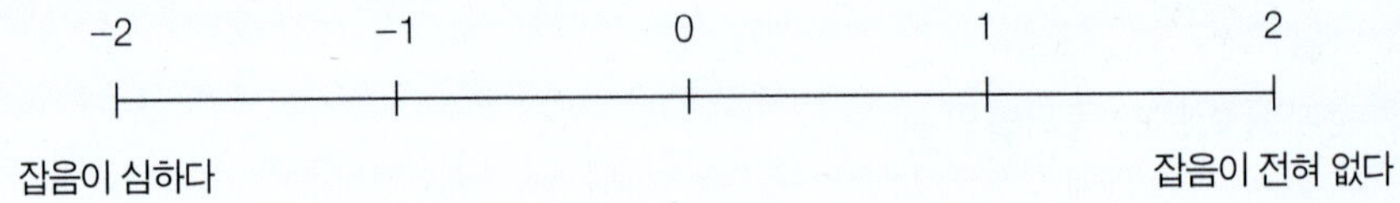


어의차이척도법에서는 무게에 대한 평가에서와 같이 서로 반대되거나, 잡음의 정도와 같이 속성의 다과를 나타내는 수식어들이 사용된다. 서로 반대되는 수식어가 인용될 경우 0이라는 중립점(neutral point : 보통이다)을 중심으로 양과 음의 등급이 많이 사용되며, 속성의 다과를 측정하는 어의차이척도법은 일반적으로 양의 값으로 구성된 5점 또는 7점 척도가 일반적으로 이용된다.

실제로 어의차이척도법을 이용하는 경우에는 각 브랜드별 · 속성별 평균점수를 구하여, 브랜드간의 차이를 명확히 보여주는 프로파일분석(profile analysis)을 하게 된다. 즉 소비자들에게 브랜드별로 각 제품속성에 대한 응답을 하게 한 후 그 평균점수를 다음과 같이 제시함으로써 브랜드별 강 · 약점 분석을 쉽게 할 수 있도록 한다.

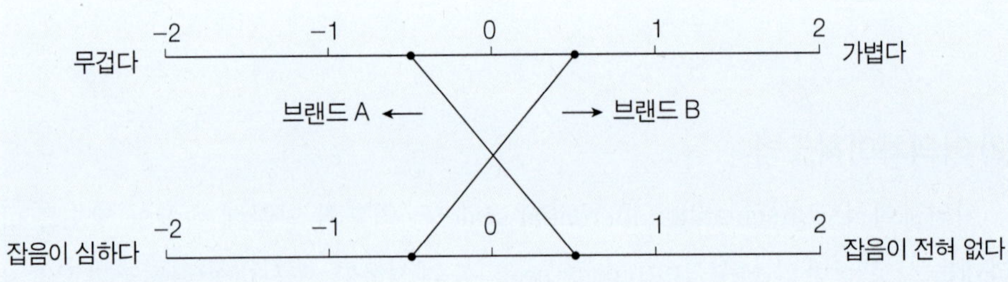


### (3) 스타펠척도법

스타펠척도법(Stapel scale)은 어의차이척도법의 한 변형으로 양극단의 수식어 대신 하나의 수식어(unipolar rating scale)만을 평가기준으로 제시하고, 조사대상의 속성보유정도에 대한 소비자의 생각을 측정하는 방법이다. 일반적으로 각 측정항목은 −5에서 +5까지 10개의 범주로 나누어 설명되며, 중립점인 0이 없다. 응답자들은 각 측정항목별로 조사대상을 평가하여 해당번호에 표시한다. 여기서 −5는 조사대상을 전혀 제대로 설명하지 못한다는 것을, +5는 조사대상을 매우 정확히 설명함을 뜻한다. 스타펠척도는 일반적으로 수직형으로 제시되며, 다음은 스타펠척도를 이용한 측정방법의 예이다.

**질문** 귀하가 소유하고 있는 스마트폰을 설명하는 다음과 같은 항목(단어)들에 대해 귀하의 생각을 해당번호에 표시하여 주시기 바랍니다. +5는 매우 정확한 설명인 것으로 생각할 경우이며, −5는 전혀 적절하지 않은 설명이라고 생각할 경우입니다.

| | |
|---|---|
| +5 | +5 |
| +4 | +4 |
| +3 | +3 |
| +2 | +2 |
| +1 | +1 |
| 무겁다 | 잡음이 심하다 |
| −1 | −1 |
| −2 | −2 |
| −3 | −3 |
| −4 | −4 |
| −5 | −5 |

### (4) 리커트형 척도법

리커트형 척도법(Likert type scale)은 응답자들에게 서술형(statement)으로 작성된 각 질문항목에 대한 동의 또는 반대의 정도를 표시하도록 하는 방법이다. 리커트형 척도는 보통 20개에서 30개의 서술문을 이용하며, 대개 긍정적 서술문과 부정적 서술문들을 함께 포함시켜야 한다. 조사자는 각각의 서술문에 대한 응답자의 점수를 합산하여 응답자의 브랜드태도를 측정하게 된다. 리커트형 척도를 이용하여 응답자의 브랜드태도를 계산할 때 유의할 점은 총응답점수가 높을수록 보다 호의적인 태도를 보이도록 각 서술문에 대한 응답점수를 재조정한 후 합산하여야 한다는 것이다. 가령 '소유하고 있는 스마트폰의 사이즈가 크다'라는 서술문에 강하게 동의한 경우(+5에 답한 경우)는 그 브랜드에 대한 부정적 태도를 반영하므로 응답점수 합산시 +1로 재조정하여야 할 것이다.

다음은 리커트형 척도를 이용한 측정방법의 한 예이다.

**질문** 현재 소유하고 있는 스마트폰을 이용하면서 평소 느끼셨던 생각을 각 항목별로 아래의 기준(척도)을 이용하여 응답하여 주시기 바랍니다.

| 1 | 2 | 3 | 4 | 5 |
|---|---|---|---|---|
| 전혀 그렇지 않다 | | 모르겠다 | | 정말 그렇다 |

① 그 스마트폰은 무게가 가볍다. (　　)
② 그 스마트폰은 소음이 거의 없다. (　　)
③ 그 스마트폰은 사이즈가 크다 (　　)

## (5) 등간척도를 이용한 측정방법에서의 고려사항들

등급법이나 어의차이척도법, 스타펠척도법 그리고 리커트형 척도법을 이용한 측정방법은 조사자의 척도개발과 척도에 대한 응답자들의 대답이 용이하므로 마케팅조사에서 널리 이용되고 있으나, 이용시 다음과 같은 사항에 유의하여야 한다.

### 1) 응답범주의 수

마케팅조사자는 충분한 정보를 얻을 수 있도록 응답범주(또는 척도점 : scale points, categories)의 개수를 결정하여야 한다. 조사자들이 많이 사용하는 응답범주 또는 척도점의 개수는 5~7개이다.

마케팅조사에서 가장 널리 이용되는 응답범주의 수는 5개이다. 5점척도는 응답자가 응답하기가 용이하다는 장점이 있으나, 많은 응답자들이 1점과 5점과 같은 극단값을 회피함에 따라 2점부터 4점 사이에 응답이 집중되는 경우가 많다. 따라서 측정값의 변화의 정도(variability)가 너무 적어 모수통계기법을 이용한 모수추정이 어려운 경우가 흔히 발생된다. 이러한 문제점을 해결하기 위해 7점척도가 흔히 사용되기도 하는데, 이 경우 각 항목을 설명할 적절한 용어를 찾는 데 어려움이 따르는 한계가 있다.

다음은 7점척도를 이용한 등급법의 예이다.

**질문** 당신이 최근에 구매한 의류브랜드에 대한 만족도는 어느 정도입니까? 다음의 척도를 이용해 말씀해 주시기 바랍니다. ( )

| 1 | 2 | 3 | 4 | 5 | 6 | 7 |
|---|---|---|---|---|---|---|
| 아주 불만족했다 | | | 보통이었다 | | | 아주 만족스러웠다 |

위의 5점 또는 7점척도의 경우와 같이 홀수 개의 응답범주를 갖는 경우에는 대개 응답의 중심화경향이 발생하게 된다. 즉 응답자가 질문을 명확히 이해하지 못하거나 정답을 모르는 경우 대개 중심값을 선택하는 경향을 보이게 된다.

이러한 경향을 막기 위해 다음과 같은 6점척도를 이용하는 경우도 있다.

**질문** 당신이 최근에 구매한 의류브랜드에 대한 만족도는 어느 정도입니까? 다음의 척도를 이용해 말씀해 주시기 바랍니다. ( )

| 1 | 2 | 3 | 4 | 5 | 6 |
|---|---|---|---|---|---|
| 아주 불만족 | 불만족 | 약간 불만족 | 약간 만족 | 만족 | 매우 만족 |

6점척도를 이용한 등급법은 응답자로 하여금 반드시 부정적(negative) 또는 긍정적(positive) 의사를 표현하도록 함으로써 중심화의 경향을 방지할 수 있다. 물론 이 경우 실제로 중립적(neutral)인 의견을 갖는 응답자가 대답할 항목이 없어 강제적으로 부정적 또는 긍정적 의사를 표현해야 하는 문제가 있음을 고려하여야 한다.

응답범주(또는 척도점)가 7개를 초과하면 응답자가 자신의 생각을 정확히 표현하기가 어려워지므로 수집된 정보의 신뢰성에 문제가 있을 수 있게 된다.

### 2) 수의 표현방법

일반적으로 등급법의 각 척도점은 1부터 시작하여 양의 수로 표현하게 되나, 다음과 같이 가운데 척도점을 0으로 하고 좌우항목을 음과 양의 수로 나타내는 것도 가능하다.

**질문** 당신이 최근에 구매한 의류브랜드에 대한 만족도는 어느 정도입니까? 다음의 척도를 이용해 말씀해 주시기 바랍니다. (  )

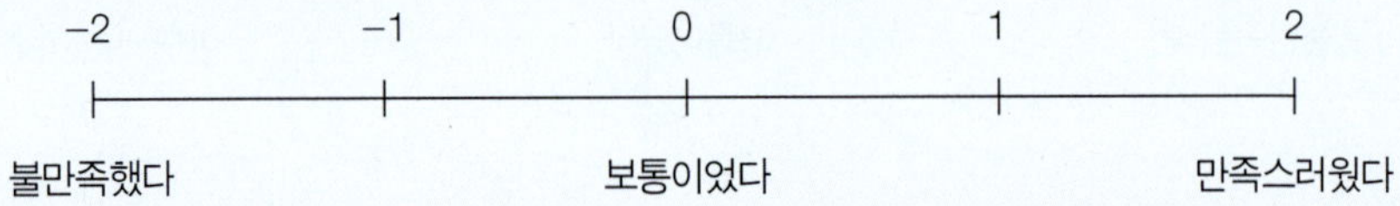


### 3) 기준점(Anchor Point)의 결정

조사자는 속성의 정도를 표시함에 있어 속성이 적은 정도를 왼쪽에 표시할지, 아니면 속성이 많은 정도를 왼쪽에 표시할지를 결정해야 한다. 가령, 제품만족도를 측정할 때 '아주 불만족'을 1점으로 할지, 아니면 '아주 만족'을 1점으로 할지를 결정하는 문제이다.

일반적으로 응답자들은 왼쪽편에 있는 항목(1, 2번)들을 오른쪽(4, 5번)에 있는 항목들보다 더 많이 선택하는 성향을 보인다. 따라서 보수적(conservative) 입장을 취해야 하는 경우가 많은 상업적 마케팅조사에서는 부정적인 평가항목(예 : 불만족, 나쁘다, 구매의사가 없다)들을 왼편에 제시하여 평가결과가 실제보다 좋게 나타나는 것을 방지하여야 한다. 그렇지 않은 경우 사전조사에서 소비자들로부터 좋은 평가를 받은 시제품이 실제 제품출시시 실패하는 사태가 발생할 수 있기 때문이다.

마케팅조사Highlight

## 태도척도(Attitude Scales)

조사자들은 흔히 응답자들에게 여러 제품대안들 혹은 제품속성들의 목록을 제시하고, 각 제품대안과 제품속성에 대한 (상대적) 느낌 또는 평가를 표시하도록 요구한다. 이러한 평가자료를 수집하기 위해 흔히 이용되는 측정도구가 태도척도이다. 태도척도의 대표적 유형에는 리커트척도(Likert scales), 의미차별화척도(semantic differential scales), 행동의도척도(behavior intention scales), 서열척도(rank-order scales) 등이 있다.

### ■ 리커트척도

다음은 온라인점포의 이용과 관련된 서술문이다. 각 서술문에 대해 자신이 어느 정도 동의하는지를 해당하는 위치에 표시하세요.

① 온라인에서 쇼핑하는 것이 즐겁다

| 매우 동의함 | 다소 동의함 | 중립적임 | 다소 동의하지 않음 | 매우 동의하지 않음 |
|---|---|---|---|---|

② 온라인으로 신용카드번호를 제시하는 것이 부담스럽다

| 매우 동의함 | 다소 동의함 | 중립적임 | 다소 동의하지 않음 | 매우 동의하지 않음 |
|---|---|---|---|---|

리커트척도를 응용한 것으로서 소비자태도를 측정하는 데 흔히 사용되는 척도에는 만족척도와 중요성척도가 있다.

#### ▶ 만족척도(Satisfaction Measures)

전반적으로 당신은 '은행의 온라인뱅킹서비스'에 대해 어느 정도 만족하십니까?

| 매우 만족 (very satisfied) | 다소 만족 (somewhat satisfied) | 만족하지도 불만족하지도 않음 (neither satisfied nor dissatisfied) | 다소불만족 (somewhat dissatisfied) | 매우 불만족 (very dissatisfied) |
|---|---|---|---|---|

#### ▶ 중요성 척도(Importance Scales)

다음은 인터넷쇼핑과 관련된 속성(특성)들을 제시한 것이다. 각 속성이 자신에게 어느 정도 중요한지를 해당되는 위치에 표시해주세요.

• 주문양식 다운로드의 신속성

| 매우 중요함 (extremely important) | 다소 중요함 (somewhat important) | 중립적임 (neither important nor unimportant) | 다소 중요하지 않음 (somewhat unimportant) | 매우 중요하지 않음 (not at all important) |
|---|---|---|---|---|

• 사이트 등록의 용이성

| 매우 중요함 (extremely important) | 다소 중요함 (somewhat important) | 중립적임 (neither important nor unimportant) | 다소 중요하지 않음 (somewhat unimportant) | 매우 중요하지 않음 (not at all important) |
|---|---|---|---|---|

## ■ 의미차별화척도

다음은 온라인뱅킹의 특성을 제시한 것이다. 온라인뱅킹의 특성에 대해 당신이 갖고 있는 생각(느낌)을 가장 잘 표현한 곳에 V로 표시해주세요.

가격이 저렴한 |—|—|—|—|—|—|—|—| 가격이 비싼

신뢰할 만한 |—|—|—|—|—|—|—|—| 신뢰할 수 없는

## ■ 행동의도척도

X은행의 온라인뱅킹서비스를 향후 6개월 동안 계속 이용할 가능성은 어느 정도입니까?

| 확실하게 계속 이용할 것이다 | 아마 계속 이용할 것이다 | 중립적이다 | 아마 계속 이용하지 않을 것이다 | 확실하게 계속 이용하지 않을 것이다 |
|---|---|---|---|---|

X은행의 온라인뱅킹서비스를 친구들에게 추천할 가능성은 어느 정도입니까?

| 반드시 추천할 것이다 | 아마 추천할 것이다 | 중립적이다 | 아마 추천하지 않을 것이다 | 반드시 추천하지 않을 것이다 |
|---|---|---|---|---|

## ■ 서열척도

은행이용방식에 대한 당신의 선호도를 알기 위한 질문입니다. 가장 선호하는 이용방식에 대해서는 1로, 다음으로 선호하는 이용방식에 대해서는 2로 하여 각각의 이용방식에 대해 선호도 순위를 매겨 주시기 바랍니다.

1) 은행창구 (  )　2) 온라인뱅킹 (  )　3) 전화뱅킹 (  )　4) ATM (  )

## 3.3 비율척도를 이용한 측정방법

### (1) 총합고정척도법

총합고정척도법(constant sum scale)은 응답자들에게 일정한 수(대개 10점 또는 100점)를 주고 이 점수를 속성의 상대적 다과에 따라 여러 측정대상들에게 나누어 주게 하는 방법이다. 다음은 총합고정척도법의 한 예이다.

**질문** 해외여행을 위해 항공사를 선정하는 경우 다음의 각 속성들이 얼마나 중요하다고 생각하십니까? 중요도의 전체 합이 10점이라고 생각하시고 다음의 속성들의 중요도에 따라 10점을 나누어 주시기 바랍니다.

| | |
|---|---|
| 안전성 | (   )점 |
| 스케줄의 정확성 | (   )점 |
| 승무원의 서비스 | (   )점 |
| 총계 | 10 점 |

총합고정척도법의 문제는 속성의 수가 많아지면 응답하는 데 어려움이 따르게 된다는 것이다. 대개 항목의 수가 5개 이상이 되면 응답자들이 점수를 할당하는 것이 어려워진다.

이 경우 다음의 예와 같이 전체를 한 번에 물어보지 말고 부분별로 물어보면 응답하기가 용이해진다. 이를 위해 우선 전체 변수들을 유사한 변수들(또는 요인)끼리 묶어주고, 각 요인내에서 상대적 중요도를 먼저 측정한다.

**요인 1** 핵심속성

| | |
|---|---|
| 안전성 | ( 5 )점 |
| 스케줄의 정확성 | ( 3 )점 |
| 요금 | ( 2 )점 |
| 계 | 10 점 |

**요인 2** 부가적 속성

| | |
|---|---|
| 좌석의 편안함 | ( 5 )점 |
| 기내식 | ( 3 )점 |
| 승무원의 서비스 | ( 2 )점 |
| 계 | 10 점 |

요인내 각 측정항목에 대한 점수할당이 이루어진 다음, 각 요인에 대해 다시 한 번 중요도를 평가하도록 한다.

| | |
|---|---|
| 요인 1의 중요도 | ( 6 )점 |
| 요인 2의 중요도 | ( 4 )점 |
| 계 | 10 점 |

앞의 두 척도를 이용하면 다음과 같이 6개 속성 각각에 대한 중요도 점수를 얻을 수 있게 된다.

안전성의 중요도 : 6×(5/10)=3점

기내식의 중요도 : 4×(3/10)=1.2

### (2) 비율분할법

비율분할법(fractionation)은 대상들의 속성보유정도를 평가할 때, 한 속성의 보유정도를 기준으로 다른 속성들을 상대적으로 평가토록 하는 방법이다. 예를 들어 항공사 선택시 속성별 중요도를 평가할 때 비율분할법을 이용하면 다음과 같이 질문할 수 있다.

**질문** 항공사를 선택하는 데 고려하는 많은 속성들 중 승무원의 서비스의 중요도를 100점이라 한다면 다음 각 속성들의 중요도는 몇 점 정도 된다고 생각하십니까?

| | |
|---|---|
| 승무원의 서비스 | ( 100 ) 점 |
| 안정성 | (  ) 점 |
| 스케줄의 정시성 | (  ) 점 |

# 4 측정의 평가

설문지를 작성하여 실제로 조사를 실시하고 자료를 수집하는 과정, 즉 측정과정에서는 많은 오류(error)가 발생할 수 있다. 조사를 실시하기 전에 문항을 개발하는 과정에서 측정대상에 대한 개념적 정의를 잘못하거나, 등급에 대한 설명을 명확하게 하지 않음으로 인해 오류가 발생된다. 이외에도 자료를 수집하는 과정이나 처리과정 등에서도 오류가 발생되기도 한다. 예를 들어 조사원이 질문을 잘못 이해한 경우, 응답자가 잘못 대답을 하는 경우, 코딩 및 펀칭상의 오류와 같은 문제가 생길 수 있다.

따라서 조사자는 수집된 자료의 분석에 앞서 수집된 자료가 측정대상의 속성을 얼마나 정확히 반영하고 있는가에 대한 평가를 실시하여 오류가 없거나 적은 자료에 근거해 분석을 실시해야 한다.

이하에서는 우선 측정의 과정상에 어떠한 오류들이 발생할 수 있는지와 이러한 오류를 평가하는 방법에 대해 보다 구체적으로 살펴보기로 한다.

## 4.1 오류의 종류

측정의 과정에서 발생할 수 있는 여러 오류들을 살펴보면 다음과 같다.

① 응답자의 개인적 특성으로 인한 오류

- 응답자가 항상 긍정적으로 또는 부정적으로 대답하는 성향을 가진 경우
- 응답자의 지식수준의 한계로 질문내용을 이해하지 못하는 경우
- 윤리적 문제에 관련된 질문에 대한 답변을 회피할 때

(예 : 당신은 지난 한 달 동안 당신의 부인을 구타한 적이 있습니까?)

② 응답자의 조사시점에서의 일시적 특성으로 인한 오류

장시간에 걸친 설문조사로 응답자가 피곤하거나, 시장하여 응답에 성의를 보이지 않는 경우이다.

③ 자료가 수집되는 상황의 영향으로 인한 오류

이는 조사장소의 주변환경의 문제로 응답자가 집중해서 응답하기 어려운 상황에서 발생되며, 주위의 소음이 심한 경우나, 날씨가 덥거나 추워 응답을 꺼리는 상황에서 조사가 이루어지는 경우가 그 예이다.

④ 응답자와 질문자간의 상호작용에 의한 오류

이는 응답자와 질문자의 성별, 직업, 출신지역이 상이하여 측정이 정확히 이루어지지 않는 경우이다. 예를 들어 정치적으로 민감한 부분에 대한 조사의 경우 대학생 조사원이 질문을 하는 경우와 주부조사원이 질문을 하는 경우 결과에 많은 차이가 발생하게 된다.

⑤ 설문지 자체의 오류

이는 선호도를 측정해야 하는데 구매의사를 물어보는 것과 같이 자료수집에 이용한 설문 자체에 문제가 있는 경우이다.

⑥ 자료처리상의 오류

이는 수집된 자료의 처리과정인 검정, 코딩 및 펀칭상의 오류를 말한다. 따라서 조사자는 마케팅조사를 통하여 수집된 자료가 얼마나 많은 오류를 갖고 있는지를 검토하는 과정을 거쳐야 한다. 만약 잘못된 자료를 이용하여 분석을 실시하고 마케팅 전략을 도출한다면, 이는 기업에 치명적 결과를 초래할 수 있다.

## 4.2 측정항목들의 신뢰성과 타당성

마케팅조사에서는 추상적 개념(가령, 소비자의 구매의도, 만족/불만족, 브랜드개성 등)을 측정하기 위해, 이러한 개념이 반영된 문항들을 사용해 자료를 수집한다. 개념은 하나의 문항(즉, 단일항목척도) 혹은 여러 개의 문항(즉, 다항목척도)을 사용해 측정할 수 있으나, 일반적으로 하나의 개념이 포함하고 있는 다양한 내용을 반영하기 위해서는 여러 개의 문항들을 통해 개념을 측정하는 것이 바람직하다. 가령, 개인의 지능을 측정하기 위해 지능의 여러 영역(수리능력과 언어능력)을 반영하는 문항들을 개발하여 동시에 활용하는 것이 이에 해당한다.

연구자들은 개발된 항목척도를 사용해 수집된 자료의 오류를 평가하는 기준으로 신뢰성(reliability)과 타당성(validity)을 고려한다. 연구자들은 정교한 척도개발과정을 통해 신뢰성과 타당성이 확보된 항목척도를 개발해야 한다. 신뢰성이란 비체계적(non-systematic) 또는 일시적(transient) 오류의 발생을 의미한다. 예를 들어 응답자가 피로하여, 또는 항목을 잘못 이해하여 잘못된 응답을 하였다면 다음번에 같은 조사를 실시할 경우에는 올바른 응답을 할 수 있을 것이다. 이와 같이 응답자(가령, 응답자의 기분), 조사원(가령, 조사원의 충분하지 않은 설명), 조사장소의 주변환경(가령, 주변이 매우 소란스러움) 등 측정 당시의 일시적 상황변화에 기인하여 측정상의 오류가 발생된다면 이는 측정의 신뢰성에 문제가 있는 것이다.

반면에 타당성이란 측정항목에서의 체계적인(systematic), 또는 지속적인(permanent) 오류의 발생정도를 의미하며, 타당성이 결여된 측정은 다시 조사하여도 계속해서 오류가 발생된다. 예를 들어, 설문지의 문항 자체가 잘못된 경우 아무리 측정을 반복하여도 동일한 오류가 반복적으로 발생하게 되며, 이러한 오류가 발생할 경우 그 측정과정에는 타당성이 결여되어 있다고 한다. 따라서 타당성이란 주로 설문항목을 작성할 때 조사자가 분석하려는 개념(가령, 브랜드이미지)을 정확히 반영하고 있는가와 같이 측정항목 또는 설문문항의 개발과 관련된 문제이다. 일반적으로 어떤 개념을 하나의 항목으로 측정하는 것보다 다항목척도를 이용하는 경우 척도의 신뢰성과 타당성이 높아진다. 가령, 개인의 지능을 측정할 때 수리나 언어능력이 반영된 여러 문항을 사용하는 것이 하나의 문항으로 전반적인 지능수준을 평가하는 것보다 신뢰성과 타당성이 높은 측정치를 얻을 수 있을 것이다.

[그림 8-1]은 신뢰성과 타당성의 의미를 보여준다. [그림 8-1]의 ①은 동일한 오류가 반복적으로 일어나 측정의 타당성이 결여된 경우이며, ②는 측정과정에서 오류가 비체계적으로 발생하여 측정의 신뢰성이 결여된 경우를 보여준다.

**그림 8-1** 측정된 자료의 분포를 통해 살펴본 신뢰성과 타당성의 의미

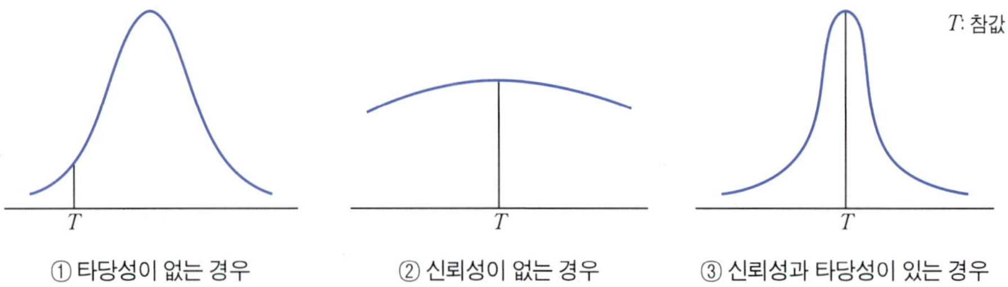


이하에서는 신뢰성과 타당성에 대해 보다 구체적으로 살펴보기로 한다.

## (1) 신뢰성 평가방법 및 개선방안

조사자는 다음과 같은 방법들을 이용하여 구성개념을 측정하기 위해 개발된 항목 척도의 신뢰성 정도를 평가할 수 있다.

### 1) 신뢰성 평가방법

① 반복측정 신뢰성(Test-Retest Reliability)

이는 유사한 상황하에서 동일표본을 대상으로 동일한 측정도구를 이용하여 반복적으로 측정을 실시한 후 그 결과를 비교하는 방법이다. 이 경우 두 측정점수간의 상관관계가 높거나(모수척도의 경우), 두 점수가 일치되는 비율(비모수척도의 경우)이 높은 경우에 측정의 신뢰성이 높다고 한다.

이 방법은 이해하기 쉽고 적용이 쉬우나 적용상에 있어 두 측정 사이의 간격을 잘 조정하여야 한다. 예를 들어 두 측정 사이의 간격이 짧은 경우에 시험효과(testing effect)가 나타날 수 있다. 즉 응답자가 지난번에 한 대답을 기억하고 있어 그와 동일한 응답을 함으로 인해 신뢰성이 높아지거나, 제품광고시안에 대한 선호도를 측정하는 실험에서 첫 번째 측정으로 인해 그 제품에 대해 높은 관심을 갖게 된 응답자가

두 번째 측정에서도 높은 선호도를 보여 측정의 신뢰성이 떨어지는 경우가 이에 해당된다. 반대로 측정 사이의 간격이 너무 긴 경우에는 이 사이에 새로운 경쟁제품의 출시, 해당회사에 폐수누출사건 발생과 같은 우발적 사건(history effect)이 발생해 측정의 신뢰성을 낮출 수 있다. 일반적으로 반복측정 신뢰도는 보통 2주 정도의 간격을 두고 반복측정을 실시한다.

② 두 가지 측정도구를 이용한 신뢰성(Alternative Form Reliability)

이는 두 개의 유사한 측정도구(설문지)를 사용하여 측정을 실시한 후 두 자료간의 상관관계를 검토하는 것이다. 그러나 이 방법은 유사한 측정도구를 개발해야 한다는 문제점으로 인하여 상업적 마케팅조사에서는 거의 적용되지 않고 있다.

③ 내적일관성에 의한 신뢰성(Internal Consistency Reliability)

이는 동일한 개념을 여러 문항으로 질문하여 이러한 항목들이 유사한 값들을 갖는지를 측정하는 방법이다. 내적일관성에 의한 신뢰성은 Cronbach's Alpha($\alpha$)계수를 이용하여 측정된다. 이는 개별측정항목과 다른 항목들간의 상관관계를 말하는데, 만일 어떤 항목의 다른 항목들과의 상관관계가 낮은 항목은 상이한 개념을 측정하는 것으로 처리하여 이를 제거시킴으로써 남아 있는 항목들간의 상관관계, 즉 항목들간의 내적일관성을 향상시키는 것이다.

한샘에서는 소비자들의 가구구매시 중요하게 생각하는 속성을 크게 제품관련속성들과 기업이미지관련 속성들로 분류하고, 다시 각 속성들을 다음과 같은 소항목들로 구분하여 제품구매시 각 속성의 중요도를 파악하고자 한다.

| 제품관련 속성들 | 기업이미지관련 속성들 |
|---|---|
| • 소재($X_1$) | • 브랜드의 신뢰성($X_7$) |
| • 가격($X_2$) | • A/S ($X_8$) |
| • 디자인($X_3$) | • 기업의 크기($X_9$) |
| • 색상($X_4$) | • 전문업체여부($X_{10}$) |
| • 수납공간($X_5$) | • 광고($X_{11}$) |
| • 견고성($X_6$) | |

이 경우 앞의 소항목들이 과연 제품의 특성과 기업이미지를 제대로 반영하는지를 파악하기 위하여 Cronbach's Alpha($\alpha$)분석을 통하여 내적일관성을 검토해 보기로 하자. 제품관련속성들과 기업이미지에 관련된 소항목들의 내적일관성을 추정하기 위해 SPSS 초기화면에서 해당자료파일을 연 상태에서 분석−척도화분석−신뢰도분석을 차례로 선택하면 [그림 8−2]와 같은 신뢰도분석 화면이 제시된다(SPSS의 실행방법에 대해서는 제11장 부록을 참조하기 바란다).

**그림 8−2** 신뢰도분석 화면

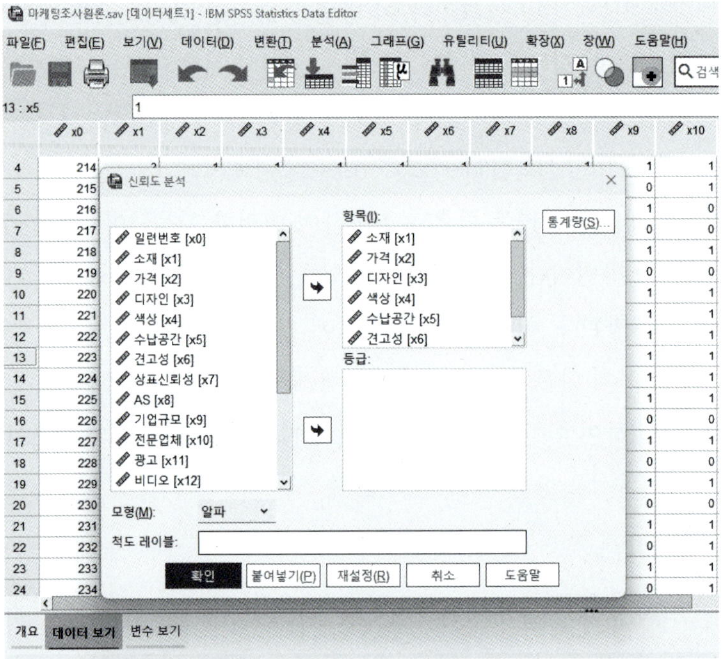

[그림 8−2] 화면에서 분석할 변수들을 선정하고 통계량에서 문항제거시척도를 선택하고 계속−확인을 클릭하면 〈표 8−3〉과 〈표 8−4〉와 같은 결과가 출력된다.

〈표 8−3〉과 〈표 8−4〉에서 소항목들간의 신뢰성수준인 Alpha는 각각 0.647과 0.542로 전반적으로 높은 편이다($\alpha$계수에 대한 해석은 상관계수와 같이 함). 마지막 열인 ALPHA IF ITEM DELETED는 만일 각 변수들이 빠졌을 때 전반적 신뢰성에 어떤 변화가 일어나는지를 보여주는데, 변수가 빠졌을 때 Alpha가 증가된다면 그 변수는 제거되어야 한다. 가령, 〈표 8−4〉의 기업이미지 관련변수 중 광고변수의 경

**표 8-3** 신뢰도분석 컴퓨터 출력결과(제품관련 속성)

| RELIABILITY ANALYSIS FOR SCALE(TEST) ITEM TOTAL SCALE CORRECTED STATISTICS | | | | | |
|---|---|---|---|---|---|
| | MEAN IF ITEM DELETED | VARIANCE IF ITEM DELETED | ITEM TOTAL CORRELATION | SQUARED MULTIPLE CORRELATION | ALPHA IF ITEM DELETED |
| $X_1$ | .77787 | 51.08586 | .87652 | .76671 | .72354 |
| $X_2$ | 7.06667 | 63.29091 | .81453 | .66346 | .62475 |
| $X_3$ | .91111 | 47.12828 | .79365 | .62988 | .60431 |
| $X_4$ | 2.86667 | 44.48182 | .77565 | .60163 | .58437 |
| $X_5$ | 4.02222 | 45.11313 | .72576 | .52672 | .51354 |
| $X_6$ | 6.88889 | 70.23737 | .85374 | .72887 | .68436 |

RELIABILTY COEFFICIENTS
ALPHA = .64724

**표 8-4** 신뢰도분석 컴퓨터 출력결과(기업이미지관련 속성)

| RELIABILITY ANALYSIS FOR SCALE(TEST) ITEM TOTAL SCALE CORRECTED STATISTICS | | | | | |
|---|---|---|---|---|---|
| | MEAN IF ITEM DELETED | VARIANCE IF ITEM DELETED | ITEM TOTAL CORRELATION | SQUARED MULTIPLE CORRELATION | ALPHA IF ITEM DELETED |
| $X_7$ | .77787 | 51.08586 | .75432 | .56900 | .53257 |
| $X_8$ | 7.06667 | 63.29091 | .74446 | .55422 | .51365 |
| $X_9$ | .91111 | 47.12828 | .76435 | .58423 | .48256 |
| $X_{10}$ | 2.86667 | 44.48182 | .74485 | .55480 | .53257 |
| $X_{11}$ | 4.02222 | 45.11313 | .46394 | .21524 | .57257 |

RELIABILTY COEFFICIENTS
ALPHA = .54235

우, 만일 분석에서 제외시킬 경우 다른 항목들간의 신뢰도가 증가되므로 이 변수는 기업이미지와는 다른 차원의 속성으로 해석하여 제거하는 것이 바람직하다.

Cronbach's $\alpha$와 비슷한 개념으로 전체항목을 반으로 나누어 두 부분간의 상관관계를 검토하는 분할신뢰성(split-half reliability)이라는 개념도 있다.

### 2) 신뢰성을 향상시키는 방법

실제로 상업적 목적의 마케팅조사에 있어서는 시간과 예산상의 제약으로 인하여 위와 같은 신뢰성의 검토는 거의 이루어지지 않는다. 즉 동일한 설문지를 갖고 동일한 표본에 대한 반복조사를 하는 경우나 두 개의 서로 다른 설문지를 작성하는 경우는 거의 없다. 그러나 상업적 조사의 경우에도 구체적인 수치로 제시되는 신뢰도의 계산은 어려워도 신뢰도를 높이는 노력은 이루어져야 한다. 신뢰도를 향상시키기 위해서는 구체적으로 다음과 같은 방안을 이용할 수 있다.

① 설문지의 문항별 설명을 명확히 하여 응답자별로 해석상의 차이가 발생하지 않도록 한다.
② 조사원들에 대한 교육을 강화하여 설문을 명확히 이해하도록 하고, 질문방식 등을 표준화시킨다.
③ 답례품을 증정하여 성실한 응답을 구하거나, 길거리가 아닌 제과점, 다방 등과 같은 장소를 단기간 임대하여 조사를 함으로써 기후, 소음 등의 환경적 요인의 영향을 제거한다.
④ 성의가 없거나 일관성이 없게 응답한 경우 설문지 자체를 폐기시킨다. 이러한 자료가 분석에 이용될 경우 오히려 잘못된 조사결과가 발생하므로 차라리 잘못된 응답이 포함된 설문지를 제외시켜 표본의 수를 줄이는 것이 바람직하다.
⑤ 중요한 질문의 경우 유사한 질문을 이용하여 반복하여 질문을 하고 대답을 구한다.
⑥ 기존의 조사를 통해 신뢰성이 높은 것으로 판명된 설문지 또는 측정항목을 이용한다.
⑦ 코딩, 펀칭과 같은 자료처리과정의 검증을 강화하여 자료처리상의 오류를 줄인다.

## (2) 타당성의 종류 및 개선방안

타당성은 자료수집을 위해 개발한 항목척도들이 연구자가 조사하려고 하는 개념(가령, 브랜드개성)을 정확히 반영하고 있는지의 문제로, 설문지개발단계에서 평가되어야 한다.

### 1) 타당성의 종류

타당성의 종류와 그 의미를 구체적으로 살펴보면 다음과 같다.

① 내용타당성

내용타당성(content validity)은 측정항목이 연구자가 관심을 갖고 있는 개념(가령, 고객만족)을 실제로 반영하고 있는가의 문제이다. 측정항목의 내용타당성은 조사영역에 대한 전문지식을 갖고 있는 연구자의 주관적 판단에 의하여 결정되며, 명목타당성(face validity)이라고도 한다.

예를 들어 제품의 선호도(preference)를 질문할 경우 '귀하가 좋아하는 브랜드는 무엇입니까?'라는 질문 대신에 '귀하가 다음에 구매하려는 브랜드는 무엇입니까?'로 질문을 한다면, 이는 구매의도(purchase intention)를 묻는 질문이 되어 내용타당성이 없는 측정도구로 판단되는 것이다. 따라서 마케팅조사를 실시하는 연구자는 해당분야의 전문가로 하여금 문항의 내용들이 원하는 개념을 측정하는 데 적절한지를 평가하도록 하여 타당성이 높은 측정항목들을 선별해야 한다. 만일 다른 개념을 측정하는 문항들을 이용한다면, 이는 내용타당성이 결여되어, 결과의 해석이 잘못될 수 있다.

② 개념타당성

내용타당성은 측정문항들이 측정하려는 개념을 구성하는 영역별 내용을 적절히 반영하고 있는지의 문제인 반면, 개념타당성(construct validity)은 측정문항들이 조사하려는 추상적인 개념을 얼마나 정확히 측정하고 있는지에 관한 것이다. 가령, 소비자의 브랜드충성도나 개성과 같은 추상적 개념들은 직접적으로 관찰될 수 없기 때문에 관찰가능한 여러 항목들을 이용하여 측정되는데, 이 경우 추상적 개념을 측정하기 위한 측정항목들이 적정한가의 문제가 제기되는 것이다. 개념타당성을 검토하기 위해 조사자는 다음과 같은 유형의 타당성들을 이용하기도 한다.

- **판별타당성** : 판별타당성(discriminant validity)은 서로 다른 개념을 측정하는 문항들이 구별되는 정도를 말하는데, 서로 다른 개념을 측정하는 문항들에 의해 얻어진 측정치간에 상관관계가 낮으면 판별타당성이 있다고 할 수 있다. 가

령, 브랜드에 대한 만족도를 측정하기 위해 사용된 항목들에 대한 측정치와 소비자개성을 측정하는 항목들에 대한 측정치간의 상관관계가 낮게 나와야 만족도에 대한 측정항목들이 판별타당성을 갖는 것이다.

• **집중타당성** : 집중타당성(convergent validity)은 동일한 개념을 서로 다른 측정방법들을 사용하여 측정하더라도 두 측정치가 같은 방향으로 수렴하는지, 즉 두 측정치 간에 높은 상관관계가 있는지를 나타낸다. 예를 들어 브랜드충성도를 측정하는 문항들을 5점 리커트척도와 5점 어의차이척도법을 사용해 측정하고, 두 측정치 간에 상관관계가 높다면 측정문항들은 집중타당성이 있다고 볼 수 있다.

### 2) 타당성을 높이는 방법

타당성은 측정상의 체계적 오류로 주로 잘못된 연구가설의 설정, 개념에 대한 부정확한 정의, 그리고 설문지 작성과정에서의 오류 등에서 발생하게 된다. 따라서 타당성의 많은 부분은 연구담당자의 연구분야에 대한 이론적 지식의 정도에 의해 결정된다. 예를 들어 소비자의 제품구매과정에 대한 실태를 파악하기 위한 자료를 수집할 경우, 소비자행동이론을 토대로 가설이 설정되고, 가설에 대한 개념적 정의가 정확히 내려진 후, 이에 근거하여 설문지가 작성되어야 타당성이 있는 측정이 가능한 것이다. 따라서 타당성 제고의 첫 번째 방법은 연구담당자가 마케팅 전반의 영역에 대한 깊은 지식을 습득하는 것이다.

타당성을 개선시키는 또 다른 방법은 이미 타당성을 인정받은 문항들을 이용하는 것이다. 즉 기존의 연구를 통하여 어느 정도 타당성이 있는 것으로 인정된 정의 및 측정문항들을 이용하는 것이다.

하나의 추상적 개념을 여러 항목으로 측정하는 경우에는 사전조사를 통하여 항목들에 대한 상관관계(correlation)분석과 요인분석(제15장 참조)을 적용하여 상관관계가 낮은 항목들을 제거한 후 관계가 높은 변수들만을 개념측정에 이용하여야 한다.

# 연습문제

**1.** 측정에 있어서 개념적 정의(conceptual definition)와 조작적 정의(operational definition)의 중요성에 대해 설명하시오.

**2.** 다음의 질문에서 이용되어지는 척도는 무엇인가? 각 질문에 이용된 척도를 제시하고, 그에 대한 이유를 설명하시오.

(1) 귀하의 성별은 무엇입니까?

여 □ 남 □

(2) 귀하는 어느 계절에 태어났습니까?

봄 □ 여름 □ 가을 □ 겨울 □

(3) 귀하의 가정의 연간소득은 얼마입니까? ( ) 원

(4) 귀하는 다음의 네 가지 여성 의류브랜드 중 어떤 브랜드의 제품을 가장 선호합니까?

선호도에 따라 1점에서 5점까지 점수를 기재하여 주십시오.

가장 선호하는 경우 5점을, 선호하지 않는 경우는 1점을 기입해 주십시오.

H&M □ 타임 □

베스띠벨리 □ Zara □

(5) 매일 직장에 출근하는 데 얼마의 시간이 소비됩니까?

5분 이하 소요 □ 6~15분 소요 □

16~30분 소요 □ 30분 초과 소요 □

(6) 귀하가 선호하는 여성 의류브랜드에 대해 귀하는 얼마나 만족합니까?

매우 만족 □ 만족 □ 보통 □ 불만족 □ 매우 불만족 □

**3.** 등간척도를 이용한 측정방법들 중 어의차이척도법(semantic differential scale)과 스타펠척도법(Stapel scale), 리커트형 척도법(Likert type scale)의 차이점은 무엇인가?

**4.** 마케팅조사시 자료수집 및 측정에 있어서 무엇보다 중요한 것은 자료수집상의 오류를 최소화하는 것이다. 이에 대한 평가기준으로는 크게 수집된 자료 또는 측정과정상의 신뢰성(reliability)과 타당성(validity)이 이용되고 있다. 측정에 있어서 완벽한 의미의 신뢰성과 타당성의 확보가 가능한가? 만약 가능하지 않다면 이의 개선방안은 무엇인가?

# 제 9 장
# 설문지의 작성

1. 설문지 작성을 위한 사전준비단계
2. 개별질문항목의 완성
3. 질문순서의 결정
4. 설문지 초안의 완성
5. 설문지에 대한 사전조사 및 설문지의 완성

소비자들로부터 직접 1차자료를 수집하기로 결정하면 조사자는 원하는 자료를 수집하기 위해 설문지를 작성하게 된다. 설문지 외에도 관찰표 등과 같은 여러 형태의 측정도구가 있으나, 이 장에서는 가장 일반적인 측정도구인 설문지를 중심으로 설명하기로 한다. 마케팅조사에 있어서 설문지의 작성은 매우 중요한 비중을 차지하는데, 그 이유는 잘못 작성된 설문지에 의해 수집된 자료는 적절치 못한 마케팅의 사결정을 내리게 하여 마케팅성과에 부정적인 영향을 미칠 수 있기 때문이다.

설문지를 작성하는 방법은 조사의 종류와 수집될 자료의 종류에 따라 다소의 차이가 있기는 하지만, 일반적으로 다음과 같은 절차를 따르게 된다.

① 설문지 작성을 위한 사전준비단계
② 개별질문항목의 완성
③ 질문순서의 결정
④ 설문지 초안의 완성
⑤ 설문지에 대한 사전조사 및 설문지의 완성

# 1 설문지 작성을 위한 사전준비단계

설문지 작성은 이를 위한 사전준비단계로부터 시작된다. 사전준비단계란 앞서 설명한 조사문제의 구체화와 자료수집방법 및 측정부분에서 결정된 내용을 다시 한 번 검토하는 부분으로, 다음과 같은 문제들이 고려되어야 한다.

## 1.1 수집될 정보의 확인

이는 확정된 조사문제를 해결하는 데 필요한 자료를 구체적으로 파악하는 과정으로, 조사자는 문제영역별로 필요한 세부적인 정보를 열거한다. 예를 들어 소비자의 브랜드 선택과정과 경쟁브랜드 대비 자사브랜드의 장단점에 대한 서베이조사가 이루어져야 한다면, 〈표 9-1〉과 같은 내용의 정보들이 수집되어야 할 것이다.

**표 9-1** U&A조사 시 수집되는 조사항목의 예

| 구분 | 조사항목 |
|---|---|
| 제품이용행태 | • 구매빈도 및 구매량<br>• 구매장소(유통채널)<br>• 제품이용상황(time, place, occasion)<br>• 제품이용빈도 및 용도<br>• 제품사용과정에서의 문제점, 개선요구사항<br>• 제품사용 후 (불)만족도 |
| 브랜드선택과정 | • 제품관련 정보습득원<br>• 제품구매시 주요 고려사항<br>• 구매시 고려하는 브랜드<br>• 주 구매브랜드<br>• 주 구매브랜드 선택이유 |
| 브랜드관련지표 | • 브랜드인지도(최초상기, 비보조인지도, 보조인지도)<br>• 브랜드선호도 및 연상(association)되는 내용<br>• 최근 구매 브랜드<br>• 향후 구매예정 브랜드 |
| 인구통계적 변수 | • 성별/연령/직업/소득/학력/결혼여부/주거형태/가족사항<br>• 라이프스타일 |

## 1.2 개념의 조작화

조사자는 수집될 각 정보에 상응한 질문내용을 개발해야 하는데, 이는 수집될 정보에 대한 개념적 및 조작적(conceptual & operational) 정의를 내리는 과정에 의해 이루어진다. 가령, 브랜드별 구매의도를 조사하기 위해 '다음번 제품구매시 선택할 브랜드'와 같이 측정가능한 내용으로 질문을 구체화해야 한다.

## 1.3 응답자 접촉방법의 결정

설문지 작성에 앞서 자료수집을 위해 이용하게 될 응답자 접촉방법이 미리 고려되어야 한다. 수집될 정보의 내용이나 양을 고려하여 대인면접, 전화조사, 우편에 의한 조사 중 어떤 방법으로 자료를 수집할 것인지를 결정하여야 한다. 수집되어야 할 자료의 양이 많지 않고 내용이 간단한 경우라면 전화조사가 바람직하며, 설문의 양이 많고 각 문항들에 대한 보조적인 설명이 필요한 경우라면 대인면접법을 이용하는 것이 바람직하다. 각 방법별 장단점은 제7장에서 이미 설명을 하였으므로 이를 참조하기 바란다.

# 2 개별질문항목의 완성

사전적 준비단계가 이루어지면 조사자는 조사내용을 측정하기 위한 개별질문과 응답항목을 검토하고 이를 완성하는 단계로 넘어간다. 조사자는 추상적 개념(가령, 브랜드충성도)에 대한 개념적 및 조작적 정의를 토대로 응답자가 이해하기 쉬운 용어로 질문과 응답을 준비해야 한다. 또한 각 질문문항들이 조사문제의 해결에 꼭 필요한 것인지, 응답자들이 각 질문에 대해 응답을 해줄 것인지도 검토되어야 한다.

## 2.1 개별질문항목의 작성시에 고려해야 할 사항

조사자는 개별질문항목을 작성하면서 다음과 같은 사항들을 검토하여야 한다.

### (1) 이 질문이 꼭 필요한 것인가

조사자는 조사문제와 관련이 없다고 하더라도 가능한 한 많은 정보를 수집하려고 한다. 그러나 설문의 양이 많아지면 응답자들로부터의 협조 및 성실한 응답을 기대하기가 어렵다. 일반적으로 조사시간이 15분을 넘어가면(설문지의 양으로는 6~7페이지) 응답자의 집중도가 떨어지면서 응답의 성실도와 정확성이 떨어지게 된다. 이와 같이 의사결정에 별 도움이 되지 않는 질문이 포함된 과다한 질문을 제시하는 것은 수집자료의 전반적 품질과 조사결과의 신뢰도를 떨어트리게 된다. 설문지에 대해 기업이 지불하는 평균 조사비용을 분석하면, 10페이지 정도의 설문지 1매에 대한 조사비용은 약 30,000~40,000원 정도이다. 만약 설문지 1페이지당 7문항 정도의 질문이 포함되면, 1문항에 소요되는 경비는 500원 정도가 된다. 따라서 1,000명의 응답자를 대상으로 실시되는 설문조사의 경우에는 1문항에 500,000원 정도의 비용이 소요될 것이다. 따라서 조사자는 질문항목이 조사문제해결에 꼭 필요한지를 검토하여 반드시 필요한 정보만을 설문지에 포함시켜야 한다.

### (2) 응답자가 필요한 정보를 알고 있는가

이는 과연 응답자가 질문에 적절한 응답을 하기 위한 정보를 갖고 있는가의 문제이다. 예를 들어 소비자들에게 대한항공과 아시아나항공의 서비스를 평가해 주도록 요구할 경우 비행기를 타본 경험이 없는 응답자들은 처음부터 정확한 응답이 불가능할 것이다. 또 지나치게 자세한 질문을 한다면 소비자들은 비록 필요한 정보를 알고 있다고 하더라도 정확한 응답을 할 수 없게 된다. 예를 들어 응답자에게 '귀하가 지난 1년 동안 마신 술의 양을 종류별로 말씀하여 주시기 바랍니다'라는 질문을 할 경우에 응답자는 정확한 응답을 할 수 없을 것이다.

### (3) 응답자가 그 정보를 제공하여 줄 것인가

응답자가 필요한 정보를 보유하고 있다고 하더라도 그러한 정보를 기꺼이 제공해 줄 것인지도 고려해야 한다. 일반적으로 질문내용이 개인의 사적인 정보이거나 사회적으로 민감한 주제에 대해서는 응답자들이 답변을 주저하게 된다. 예를 들어 '귀하가 지난 1년간 벌어들인 총소득을 다음의 항목별로 알려주시기 바랍니다'라는 질문을 하였다고 하자.

| | |
|---|---|
| 1) 근로소득(상여금, 연월차 수당 포함) | (　　)원 |
| 2) 재산소득 | 계 (　　)원 |
| 　금융소득 | (　　)원 |
| 　부동산소득 | (　　)원 |
| 3) 기타소득 | 계 (　　)원 |
| 　상속 | (　　)원 |
| 　증여소득 | (　　)원 |
| 　복권당첨소득 | (　　)원 |
| 　기타 | (　　)원 |
| 　내용 1. (　　　　) | (　　)원 |
| 　내용 2. (　　　　) | (　　)원 |
| 4) 총계 | (　　)원 |

응답자는 이러한 개인적이고 부담스러운 질문에 대해 응답을 거부할 가능성이 높다. 또 다른 예로 '당신은 섹스를 집중적으로 다루거나 연예인의 가십을 많이 다루는 잡지를 선호하십니까?'와 같은 사회적으로 민감한 질문에 대해 솔직한 대답을 기대하기는 매우 어려우며, 이러한 질문으로 인하여 면접이 중단되는 사태가 발생될 수도 있다. 이러한 내용의 질문이 포함된 조사는 대인면접에 의한 조사보다는 우편 또는 전화를 이용한 무기명 비인적(non-personal) 조사를 이용하는 것이 응답자의 부담을 줄이는 데 효과적일 것이다.

## 2.2 응답형태의 결정

질문방식은 응답자의 응답방식에 따라 개방형 질문과 선택형 질문으로 나누어진다.

### (1) 개방형 질문

개방형 질문(open-ended question)이란 응답자가 자유스럽게 생각나는 답변을 하도록 하는 질문방법이다. 다음은 개방형 질문의 예들이다.

**질문 1** 귀하가 가장 최근에 구입하신 숙녀복 브랜드는 무엇입니까? (                    )

**질문 2** 그 숙녀복을 입으시면서 느끼셨던 좋은 점 또는 나빴던 점을 각각 세 가지만 말씀하여 주시기 바랍니다.

(1) 좋았던 점

① ______________________________

② ______________________________

③ ______________________________

(2) 나빴던 점

① ______________________________

② ______________________________

③ ______________________________

개방형 질문은 조사자가 응답내용을 만들지 않아도 되기 때문에 쉽게 설문지를 작성할 수 있다는 장점이 있다. 예를 들어 신제품에 대한 소비자의 생각은 제품출시 전에 파악하는 것이 어려우므로 개방형 질문이 효과적이다.

반면에 개방형 질문은 다음과 같은 단점을 가진다.

첫째, 자료수집 후 자료분석을 위해서 복잡한 자료처리과정인 탤리(tally)과정을 거쳐야 한다(제11장 참조). 즉 조사자는 개방형 질문에 의한 자료수집이 끝난 후 다음과 같은 자료처리과정을 실시하여야 한다.

① 각 개방형 질문별로 어떠한 응답이 나왔는지를 확인하고,

② 이들 응답내용을 항목(category)으로 분류한 후,

③ 각 항목별로 일정한 항목번호를 할당하고,

④ 이 기준에 의하여 각 설문지의 응답내용을 수치화하는 과정을 거쳐야 한다.

즉, 개방형 질문에 대한 주관적 답변을 수치화하는 작업을 하여야 하는데 조사대상자의 수와 개방형 질문의 수가 많은 경우에는 수집된 자료를 처리하는 데 많은 시간이 소요된다.

둘째, 응답자들이 질문에 대해 즉각적으로 생각이 나지 않는 경우, 성의 있는 응답을 받아내기가 어렵다. 개방형 질문에 대해 소비자들은 대개 '모르겠다'고 답하거나, 또는 답변을 회피하는 등 성실한 응답을 기대하기가 어렵다.

## (2) 선택형 질문

선택형 질문(choice question)이란 응답자로 하여금 주어진 응답항목들 중 하나 또는 그 이상을 선택하도록 하는 질문방법이다. 다음은 선택형 질문의 예들이다.

**질문** 귀하(운전자)가 가장 최근에 이용한 주유소는 어느 회사의 주유소입니까? 다음의 보기 중에서 골라 주시기 바랍니다. (    )

1) SK주유소 2) GS주유소 3) S-Oil 4) Oilbank

5) 기타 (    ) 6) 모르겠다

**질문** 귀하의 월평균소득은 어느 정도입니까? 월급, 재산소득, 금융소득 등을 모두 포함하여 다음 보기에서 골라 주시기 바랍니다. (    )

1) 100만 원 미만

2) 100만 원 이상 ~ 200만 원 미만

3) 200만 원 이상 ~ 300만 원 미만

4) 300만 원 이상 ~ 400만 원 미만

5) 400만 원 이상

선택형 질문은 자료수집 후 자료처리가 용이하며, 응답자들에게 응답해야 할 내용들을 제공함으로써 응답을 얻기가 용이하다는 장점을 갖는다. 그러나 선택형 질문의 경우에는 응답항목을 작성하기 위해 연구자가 사전조사를 통하여 응답자들의 가능한 응답을 모두 파악하여야 한다는 단점이 있다. 이를 위해 조사자는 소비자 면접과 같은 사전조사를 통해 가능한 응답을 미리 파악하여야 하며, 조사자가 생각하지 못한 응답이 나오는 경우를 대비하여 개방형의 기타란을 추가함으로써 선택형 질문의 단점을 보완하여야 한다.

다음은 선택형 질문의 단순한 형태인 양자택일형 질문(binary choice question)의 예이다.

**질문** (주유소에서 나오는 운전자를 대상으로) 지금 이 주유소를 이용하신 이유는 무엇입니까? 해당란에 모두 ○표하여 주시기 바랍니다.

(  ) 1) 항상 가기 때문에

(  ) 2) 가격이 싸다.

(  ) 3) 위치가 편리하다.

( ) 4) 주유소가 넓다.

( ) 5) 기다리지 않는다.

( ) 6) 직원들이 친절하다.

( ) 7) 내가 좋아하는 회사의 주유소이기 때문에

( ) 8) 괜찮은 판촉물을 준다.

( ) 9) 세차를 해준다.

( ) 10) 주유소가 깨끗하다.

( ) 11) 기타 ( )

## 2.3 질문용어 결정시 유의할 사항들

조사자는 각 질문 및 응답에 사용되는 용어를 결정하는 과정에서 다음과 같은 내용들을 고려하여야 한다.

### (1) 응답자들이 전문용어를 이해할 것으로 가정해서는 안 된다

가령, 자녀들의 스마트폰 사용실태를 알아보기 위해 주부들을 대상으로 서베이조사를 실시할 경우, 많은 주부들이 브랜드인지도, 브랜드충성도, 제품속성신념 등과 같이 마케팅/경영학에서 자주 사용되는 용어의 의미를 정확히 모를 수 있다는 점을 고려해야 한다. 이와 같이 조사담당자의 지식수준과 응답자들의 지식수준 간에 많은 차이가 날 수 있으므로 조사자는 응답자가 쉽게 이해할 수 있는 용어를 사용하거나, 또는 용어에 대한 자세한 사전설명을 해줌으로써 응답자가 질문내용을 충분히 이해할 수 있도록 해야 한다.

### (2) 선택형 질문에 대해서는 모든 가능한 응답을 제시해 주어야 한다

선택형 질문을 할 경우 주의할 점은 개방형 질문인 기타란을 포함시켜 가능한 모든 응답항목을 제시해 주어야 한다는 것이다. 예를 들어 '자동차로 인해 발생되는 환경오염을 해결하기 위해 누가 비용을 부담해야 하는가?'라는 질문에 대해 다음과 같이 가능한 응답대안을 모두 제시해야만 정확한 답변을 얻을 수 있다.

| | |
|---|---|
| 1) 정부 | 2) 승용차 제조회사 |
| 3) 구매고객 | 4) 정부+승용차 제조회사 |
| 5) 정부+구매고객 | 6) 승용차 제조회사+구매고객 |
| 7) 정부+승용차 제조회사+구매고객 | 8) 기타 (　　　　　) |

또는 다음과 같이 가능한 응답을 모두 선택할 수 있는 기회를 제공해야 한다.

| | |
|---|---|
| (　　) 1) 정부 | (　　) 2) 승용차 제조회사 |
| (　　) 3) 구매고객 | (　　) 4) 기타 (　　　) |

다른 예로 '주부께서는 얼마나 자주 세탁을 하시는지요?'라는 질문에 대하여 다음과 같은 응답란을 제시하였다고 가정하자.

| | |
|---|---|
| 1) 매일 1회 이상 | 2) 1주일에 3회 정도 |
| 3) 1주일에 2회 정도 | 4) 1주일에 1회 정도 |
| 5) 2주일에 1회 정도 | 6) 2주일에 1회 미만 |

만약 응답자가 이틀에 평균 3번 정도 세탁을 한다면, 정확한 응답을 할 수 없을 것이다. 따라서 선택형 질문의 경우 응답란은 모든 응답자가 선택할 수 있는 항목들로 구성되어야 한다.

### (3) 선택형 질문의 경우 응답항목들간에 내용상 중복이 있어서는 안 된다

예를 들어 '주부께서는 세탁기를 이용해서 빨래를 하는 경우, 보통 어느 정도 세제를 사용하시는지요?'라는 질문에 대해 다음과 같은 응답항목들을 제시하였다고 하자.

| | |
|---|---|
| 1) 많이 넣는 편이다. | 2) 적당히 넣는다. |
| 3) 조금 넣는다. | 4) 거의 안 넣는다. |
| 5) 전혀 안 넣는다. | |

이 경우 응답자는 '적당히'와 '조금' 그리고 '거의'를 정확히 구분하기가 어렵다. 따라서 비슷한 양을 이용하는 응답자들도 자신의 주관적 판단에 따라 상이한 응답을 할 수 있다.

### (4) 한 질문에 두 가지 내용을 포함하지 않아야 한다

새로 나올 아이스티의 용기에 대한 소비자의 반응을 테스트하기 위해 다음과 같은 질문을 하였다고 하자.

**질문** 다음에 제시된 새로운 아이스티 용기의 재질과 색상이 얼마나 좋다고 생각하십니까? (　　　)

1) 아주 좋다. 　　2) 좋은 편이다.
3) 보통이다. 　　4) 나쁘다.
5) 매우 나쁘다.

위의 질문은 새로운 제품의 포장이 얼마나 매력적인지를 평가하는 데 용기의 재질(캔, 병, PET 등)과 색상(투명, 파스텔 색상, 적색 등)이라는 두 가지 제품속성을 동시에 제시하고 있다. 만일 소비자가 용기의 재질에는 만족하고 색상에는 만족하지 않는 경우 소비자는 이에 대해 정확한 응답을 하기 어려워진다.

### (5) 조사자 임의로 가정을 하지 않아야 한다

'만일 ○○○ 후보가 차기 시장으로 선출된다면, 어떤 일을 우선적으로 해야 한다고 생각하십니까?'라는 질문에 대해서, 그 후보를 지지할 생각이 전혀 없고 그 후보가 당선되리라고 생각하지 않는 유권자라면 이러한 질문에 응답을 하지 않으려 할 것이다.

### (6) 유도하는 질문을 하지 않아야 한다

예를 들어 치과를 개업하기에 앞서 병원개설 예정지역에 거주하는 주민들의 치과 이용실태를 알아보기 위하여 다음과 같은 질문을 하였다고 하자.

> **질문** 최근에 치과의사협회에서는 과다한 당분의 섭취로 초등학생들 사이에 충치의 발생빈도가 매우 높다고 발표하였습니다. 당신은 초등학생 자녀들에 대한 치과검진을 얼마나 자주 하여야 한다고 생각하십니까?(　　　　)
> 1) 1년에 3회 이상　　　　2) 1년에 2회 정도
> 3) 1년에 1회 정도　　　　4) 2년에 1회 정도

이 경우 응답자는 서두에 서술된 유도성 문구의 영향을 받아 실제보다 훨씬 높은 방문의사를 보이게 될 것이다.

### (7) 너무 자세한 질문을 하지 않아야 한다

매우 자세한 지식이 요구되는 질문에 대해 응답자는 대체로 응답을 회피하게 된다. 예를 들어 다음과 같은 질문을 이용하여 응답자의 소득을 조사한다고 하자.

**질문** 귀하의 지난 1년간 소득내역을 다음의 각 항목별로 알려주시기 바랍니다.

| 항목 | | 금액 |
|---|---|---|
| 1) 근로소득 | 계 | (　　　　)원 |
| 　월간 정액임금 | | (　　　　)원 |
| 　상여금 | | (　　　　)원 |
| 　연월차수당 | | (　　　　)원 |
| 　기타 특별수당 | | (　　　　)원 |
| 　부업소득 | | (　　　　)원 |
| 　연금소득 | | (　　　　)원 |
| 2) 재산소득 | 계 | (　　　　)원 |
| 　부동산 임대소득 | | (　　　　)원 |
| 　유가증권 매매소득 | | (　　　　)원 |
| 　금융기관으로부터의 이자소득 | | (　　　　)원 |
| 3) 보험지급금 | | (　　　　)원 |
| 4) 복권당첨금 | | (　　　　)원 |
| 5) 기타 소득 | 계 | (　　　　)원 |
| 　상속으로 인한 소득 | | (　　　　)원 |
| 　증여로 인한 소득 | | (　　　　)원 |
| 　기타 (　　　　) | | (　　　　)원 |
| 6) 총계 | | (　　　　)원 |

응답자들은 실제로 이러한 질문에 대한 정보를 갖고 있지 않은 경우가 많으며, 자료를 찾아 응답을 할 수 있다 하더라도 이를 위해 많은 시간을 할애하려고 하지 않을 것이다.

### (8) 대답하기 곤란한 질문은 간접적으로 물어본다

조사자는 사회적으로 민감한 주제나 윤리 · 규범에 관한 질문에 대해 일반적으로 응답자로부터 정확한 응답을 얻기가 곤란하다. 예를 들어 '귀하는 지난 3개월간 귀하의 배우자(남편 또는 부인)를 구타한 적이 있습니까?'라는 질문에 실제로 배우자를 구타한 적이 있더라도 조사원 앞에서 '예'라고 응답하기는 쉽지 않다. 따라서 응답자가 민감하게 반응할 가능성이 있는 주제에 대해서는 다음과 같이 응답자 본인이 아니라 제3자의 입장에서 간접적으로 질문을 함으로써 응답자 자신의 생각을 이끌어낼 수 있다.

**질문** 귀하의 친한 친구 한 명을 생각해 주십시오. 당신은 그 친구가 배우자를 구타한 적이 있다고 생각하십니까?(  )

1) 예  2) 아니요  3) 모르겠다

## 3 질문순서의 결정

개별질문항목이 완성되면 조사자는 질문항목들의 순서를 결정하여야 한다. 질문의 순서를 결정하기 위한 일반적인 지침은 다음과 같다.

① 일반적으로 응답자는 설문조사가 시작될 때 조사의 목적(설문조사를 가장하여 범죄가 발생한 경우가 있었음)에 대해 다소 회의적이고 경계적인 태도를 취하게 된다. 따라서 첫 번째 질문은 이러한 응답자의 부담감을 덜어줄 수 있도록 쉽고 재

미있으며 응답자가 관심을 가질 수 있는 내용이어야 한다. 또한 첫 번째 질문은 설문지의 내용이 어떤 것인지를 짐작하게 해주는 내용이어야 한다. 예를 들어 '최근에 캔커피를 마셔보신 적이 있습니까?'라는 질문으로 조사가 시작되면, 응답자는 이 조사가 캔커피제조회사에서 실시하는 조사이며 응답에 그리 큰 부담은 되지 않을 것으로 생각하여 조사에 쉽게 응하게 된다.

② 응답자들은 일반적으로 인구통계학적인 질문(소득, 학력, 직업, 성별, 연령)에 대해 응답을 회피하므로, 이는 가능한 설문지의 마지막 부분에 배치하는 것이 좋다. 대부분의 응답자들이 소득과 학력에 대한 질문을 민감하게 받아들이며, 특히 젊은 여성들은 연령에 대한 응답을 회피하는 경우가 많다. 상업적 조사에 있어서는 추후의 검증을 위하여 응답자의 성명과 연락처를 기재하도록 하는 경우가 많은데, 이러한 질문은 설문조사의 마지막에 하는 것이 바람직하다.

③ 조사자는 가능한 쉽게 대답할 수 있는 질문들을 전반부에 배치하고, 응답하기 어려운 질문들을 후반부에 배치하여야 한다. 가령, 브랜드인지여부나 최근 구매브랜드와 같이 즉각적으로 응답이 나올 수 있는 항목들은 설문지의 앞부분에 포함시키고, 각 브랜드들의 속성별 평가나 브랜드간 비교, 개방형 질문 등과 같이 응답에 생각이 요구되는 질문들은 뒤로 배치하는 것이 좋다.

④ 갑작스러운 논리의 전환이 이루어지지 않도록 질문의 순서를 정해야 한다. 만약 질문의 주제가 바뀌는 경우는 설문지의 장을 달리하여야 하고, 이제부터는 어떤 내용에 대한 질문을 할 것이라는 설명을 한 후 질문을 시작하는 것이 좋다.

⑤ 응답자의 응답내용에 따라 다음 질문들의 일부를 대답하지 않고 넘어가는 경우, 어떤 질문으로 가야 하는지에 대한 지시를 명확히 하여야 한다. 다음은 그러한 질문방식의 한 예이다.

1. 지금 이 점포에서 옷을 구매하셨습니까? (　　　)
   1) 네　　　　　→ 3번으로
   2) 아니오　　　→ 다음으로
2. 물건을 구매하지 않은 이유는 무엇입니까? 두 가지만 말씀하여 주시기 바랍니다.
   (　　　　　　　　　　)
   (　　　　　　　　　　)
3. '신사복' 하면 가장 먼저 생각나는 브랜드는 무엇입니까?(　　　　　　　　　　)

## 왜 질문에 대한 응답과 소비자의 실제행동 및 태도간에 차이가 나는 걸까?

마케팅조사결과의 질을 평가함에 있어 연구자들은 주로 표본의 대표성이나 조사결과의 통계적 유의성에만 관심을 기울이는 경향이 있다. 그러나 통계적 분석방법 자체에는 아무 문제가 없는데도 잘못된 질문으로 인해 잘못된 결론이 도출될 수 있다. 이하에서는 소비자에게 질문을 하는 것 자체가 갖는 여러 가지 문제점, 즉 잘못된 조사결과를 초래할 가능성에 대해 살펴보기로 한다.

### 1. 질문은 생각할 대상이 무엇인지를 알려준다

뭔가를 질문한다는 것은 그 뭔가를 의식적으로 생각하게 만들며 의식적 반응을 유도하게 만든다. 누군가가 뭔가에 대해 무슨 생각을 하는지에 대해 질문을 던졌다는 사실 자체로 인해 현실이 왜곡될 가능성이 있다. 예를 들어 조사자가 소비자에게 어떤 브랜드(또는 당신 자신)를 얼마나 믿을 만하다고 생각하는지 물어본다면, 그 조사자는 이미 신뢰성이라는 요소를 소비자의 의사결정에 영향을 미치는 변수로 가정하고 있는 것이다.

한 조사회사가 고객 피드백을 얻기 위해 소비자 동반조사(accompanied shop : 조사자가 고객의 상점 방문시 동행하여 고객이 현장에서 하고 있는 경험에 대해 직접 질문을 하는 조사방법)를 활용했다. 조사결과, 새로운 매장의 구성에 대해 고객들이 매우 마음에 들어 한다는 결론이 나왔다. 그 조사결과에 기반해 더 많은 매장의 디자인을 변경했지만, 새롭게 변경된 매장의 판매실적을 변경하지 않은 나머지 매장들과 비교해본 결과 추가적인 투자를 정당화할 만큼 수익이 증가하지 않은 것으로 나타났다.

문제는 소비자 동반조사를 할 때, 조사자가 던진 질문들 때문에 고객들이 매장의 다양한 구성요소, 그중에서도 특히 회사가 돈을 투자하여 새롭게 단장을 하고, 조사회사가 열심히 소비자반응을 얻어내고 싶어하던 바로 그 구성요소들을 주의 깊게 살펴보게 되었다는 점이었다. 그런 질문들이 고객들로 하여금 매장에서 뭔가 새로운 경험을 했고, 그 새로운 구성요소가 중요하다는 인식을 갖게 만든 것이다. 조사자가 매장의 특정한 구성요소에 대해 질문을 하자마자, 응답자는 당연히 그 요소를 꼼꼼히 살펴보고, 그 요소에 대한 의식적인 판단을 내려 응답을 했던 것이다.

### 2. 질문은 응답자의 생각을 변화시킨다

사람들에게 뭔가에 대한 질문을 하면 사람들의 대답이 바뀐다는 증거가 있다. 한 연구에서 피험자들에게 (전문가 패널의 맛테스트를 근거로 결정된) 다양한 품질의 여러 가지 잼을 맛보게 한 뒤 등급을 매겨달라고 요청하는 실험을 실시했다. 피험자 중 일부에게는 등급을 매기기 전에, 각각의 잼을 좋아하고 싫어하는 이유에 대해 물어본 다음 등급을 매기도록 했다. 다른 피험자들에게는 잼과 아무 관련이 없는 질문지를 먼저 작성하도록 한 후 등급을 매기도록 했다. 잼선호도를 의식적으로 분석해야 했던 피험자집단은 전문가들이 사용한 평가기준과는 다른 기준을 만들어 내고, 그 기준에 의거하여 잼의 등급을 매겼으며, 그 결과 가장 맛이 좋은 잼에 대해 전문가패널과 전혀 다른 결론에 도달했다. 반면에 인위적인 방식으로 왜 잼의 맛이 좋은지에 대해 생각해볼 필요가 없었던 피험자집단은 전문가패널과 매우 유사한 선호도를 보였다.

우리는 자신의 판단이 독립적으로 이루어진 것이라고 믿고 싶어한다. 즉 판단은 내 자신이 내리는 것이고, 앞으로도 그럴 것이라고 말이다. 하지만 연구결과는 우리의 판단이 우리가 믿고 싶은 것보다 훨씬 더 외부의 영향에 민감함을 보여준다.

### 3. 동일한 내용을 어떻게 질문하느냐(프레이밍)에 따라 응답자의 대답이 달라진다

예를 들어, 만약 누군가가 당신에게 앞으로 5년 후 당신의 삶이 어떻게 달라질 것 같은지를 묻는다면, 당신은 자신의 일상적 삶의 여러 측면을 생각해보고, 그것이 어떻게 달라질지 생각할 것이다. 하지만 만약 누군가가 당신에게 당신의 삶이 어떻게 달라질 것 같은지 물으면서 한두 마디 곁들인다면, 예를 들어 앞으로도 계속 같은 집에서 같은 직업을 갖고 살고 있을 것 같은지 등을 함께 묻는다면, 아마도 당신은 주거나 직업에 관한 대답을 하게 될 가능성이 높다.

한 실험에서 의사와 환자, 학생들에게 두 가지 폐암 치료법 중 하나를 선택하도록 했다. 피험자들은 수술과 방사선치료의 효과에 대한 생존자 데이터를 받았다. 한 그룹은 생존확률에 관한 정보를 받았고, 다른 그룹은 사망확률에 관한 정보를 받았다. 수술을 택한 환자의 1년 후 생존확률이 68%였다는 정보의 틀이 주어졌을 때, 75%의 피험자가 수술을 선택했다. 하지만 사망확률(즉 1년 안에 32%가 사망함)을 근거로 질문의 틀을 구성했을 때는, 수술을 선택한 피험자가 58%에 불과했다.

여론조사 역시 단어 선택에 극도로 민감하다는 사실이 밝혀지고 있다. 예를 들어, 여론조사를 하면서 정부가 '금지한다'보다는 '허용하지 않는다'라는 질문의 틀을 사용했을 때, 국민의 지지도가 더 높은 경향이 있다.

### 4. 상세하게 묘사된 질문은 우발적인 호의적 반응을 불러일으킨다

소비자들에게 조사자들이 듣고 싶은 뭔가를 보여주거나 묘사하는 것은 실제와 다르게 소비자들의 응답을 유발시킬 수 있다. 정보가 생생하게 묘사될수록 사람들은 더 큰 영향을 받는다. 예를 들어, 기아로 죽어가는 아프리카 어린이를 돕기 위한 '세이브 더 칠드런(Save the Children)' 프로그램의 후원을 호소할 때, 연구자가 죽어가는 한 소녀의 비참한 모습을 생생하게 묘사했을 때의 모금액이 수백만 명이 죽어가고 있다는 통계적 숫자를 제시했을 때에 비해 2배 더 높았다.

조사 중에 특정한 문제에 대해 깊이 생각해보라고 하거나, 평가해야 하는 브랜드나 제품에 대해 상세히 묘사하는 식으로 응답자를 조사주제에 집중하게 만드는 것은 인위적으로 응답자의 반응을 특정한 방향으로 유도할 수 있다. 응답자가 고려할 만한 상세한 정보를 많이 제공하면 할수록, 응답자는 더 많은 말을 할 것이다. 하지만 그런 식으로 브랜드와 제품, 서비스 등에 관한 생생한 묘사를 제공하면(또는 응답자가 그런 상세한 묘사를 마음속에 그려볼 수 있게 만드는 질문을 던지면), 소비자는 실제상황에서 구매결정을 내릴 때의 반응과 동떨어진 반응을 보이게 될 것이다.

### 5. 어떤 부분이 마음에 드느냐는 질문 자체가 특정 제품 및 사람을 좋아하게 만들 수 있다

면접조사에서는 소비자들에게 특정 제품에서 특히 어느 부분이 마음에 드느냐는 질문을 자주 한다. 개발이 진행되고 있는 제품에 대한 평가조사도 대개 소비자들에게 그 제품에 대한 의견을 묻는 식으로 진행된다. 이러한 질문을 받은 소비자들은 뭔가 긍정적인 부분이 있을 것이라는 가정하에 열심히 긍정적인 부분을 찾는 과정에서 무의식적으로 응답자의 제품에 대한 태도가 호의적으로 바뀔 가능성이 있다.

누군가에게 뭔가에 대해 말해달라고 요청하는 행위 자체가 그 주제에 대한 상대방의 의견을 바꾸어놓을 수 있다. 소비자들에게 몇 가지 제품을 제시하고 각 제품을 구매할 것인지 아닌지 결정하라고 물어보는 것만으로도, 응답자들은 그렇게 호감을 갖지 않는 제품들에서 뭔가 호감가는 특징을 찾으려 애를 쓰게 되고, 그 결과 그 다음에 제시되는 새로운 제품에 대해서도 그렇지 않았을 경우보다 더욱 호감을 보일 수 있다. 즉, 질문 자체가 사람들을 보다 긍정적으로 사고하도록 '프라이밍'하는 것이다. 결국 누군가에게 뭔가를 판단해달라고 요청하는 과정 자체가 사람들이 그 뭔가에 대해서 실제로 어떻게 느끼는지를 바꾸어놓을 수 있다.

## 4 설문지 초안의 완성

질문항목들의 순서가 결정되면 조사자는 설문지의 외관을 결정함으로써 설문지의 초안을 완성한다. 설문지 초안의 완성과정에서 고려하여야 할 사항들은 다음과 같다.

① 설문지는 가능한 소책자 형태로 제본하여 내용물의 분실을 막도록 하여야 한다. 또한 조사진행이 용이하게 이루어질 수 있도록 양면인쇄를 한다.

② 설문지의 표지는 일반적으로 다음과 같은 내용들을 포함한다(부록에 제시된 설문지의 예 참조).

- 조사목적과 조사기관에 대한 간단한 설명
- 응답자에 대한 비밀보장
- 조사내용에 대해 문의를 원하거나 조사원의 신원확인을 요구하는 응답자를 위한 조사회사의 연락처

③ 표본할당표(sample quota)에 의해 응답자를 선정하는 경우, 응답예정자가 주어진 표본요건에 맞는지의 여부를 확인할 수 있는 성별, 연령과 같은 문항이 설문지의 첫 페이지에 포함되어야 한다.

④ 조사기관이나 조사내용이 경쟁사에 유출되는 것을 예방하기 위하여 본 내용에 앞서 응답자나 응답자 가족의 직업에 대한 질문을 삽입한다. 응답자 또는 응답자의 가족구성원이 경쟁사에 근무하는지, 또는 다른 조사회사나 광고회사에 근무하는지를 확인함으로써 마케팅조사에 대한 정보가 경쟁회사에 알려지는 것을 방지할 수 있을 것이다.

⑤ 설문지의 진행단계별로 조사원들이 주의해야 할 사항들을 Box형태로 제시한다. 조사원에 대한 지시사항은 설문내용과 다른 활자체를 이용하거나 진하게 인쇄함으로써 조사원의 눈에 잘 띄도록 한다. 질문순서상에서 질문을 뛰어넘는 경우, 어느 질문으로 가야 하는지를 분명히 표시해야 한다.

⑥ 질문내용이 바뀌는 경우에는 가능한 페이지를 달리하는 것이 좋으며, 조사원은 응답자에게 이에 대해 설명한 후 다음 질문을 시작하여야 한다.

## 5 설문지에 대한 사전조사 및 설문지의 완성

설문지 작성의 마지막 단계는 본조사에 들어가기에 앞서 설문지 초안을 이용한 사전조사를 실시하는 것이다. 사전조사는 표본으로서의 자격을 갖춘 소수의 응답자들에게 설문지를 이용한 조사를 직접 실시함으로써 문제점을 찾는 과정이다. 소비자 및 회사의 실무담당자들과 충분한 면접을 실시하여 설문지가 작성되었더라도, 사전조사를 통해 예상치 못한 문제들을 발견할 수 있다. 가령, 질문의 내용이나 사용된 용어가 너무 어렵거나, 질문량이 많아 너무 많은 시간이 소요되거나, 질문의 순서가 자연스럽지 않는 등의 조사담당자가 예상하지 못했던 문제들이 발생하게 된다.

사전조사에는 2인 이상의 조사담당자들이 함께 면접조사를 실시하는데, 한 사람은 직접 설문조사를 실시하고 다른 조사담당자는 각 질문항목당 걸리는 시간과 응답의 난이도 및 논리적 흐름을 점검한다.

조사자는 사전조사를 통하여 발견된 문제들을 수정한 후 사전조사를 다시 실시한다. 이러한 과정이 반복되어 문제가 어느 정도 해결된 것으로 판단되면 조사자는 설문지를 인쇄한다. 그러나 아무리 사전조사를 철저히 하더라도 대개의 경우 조사기간 동안 예상치 못한 문제들이 발생하게 되므로, 실사과정의 초기에도 설문지에 대한 계속적인 수정조치가 필요하다.

# 연습문제

1. 설문지 작성시 사전준비단계에서 구체적으로 고려하여야 하는 문제는 무엇인가?

2. 다음의 개방형 질문에 응답하고 선택형 질문으로 작성하시오.
   (1) 귀하는 자주 영화를 보러 가십니까?
   (2) 귀하는 1주일에 몇 번이나 식료품점에 가십니까?
   (3) 귀하가 가장 선호하는 커피브랜드는 무엇입니까?

3. 개방형 질문과 선택형 질문의 차이는 무엇이며, 조사자는 어떤 경우에 개방형 혹은 선택형 질문을 이용하게 되는가?

4. 선택형 질문을 작성하는 경우 특히 주의하여야 하는 점은 무엇인가?

5. 설문지의 작성에 있어서 질문순서의 중요성에 대해 논하시오.

# 부록 1 아이스크림 구매행태에 대한 조사설문지

ID 번호

| | | | |
|---|---|---|---|
| | | | |

안녕하십니까?

저는 소비자조사 전문기관인 경인조사연구소에서 일하고 있는 조사원 ________입니다.

이번에 저희 연구소에서는 소비자들의 아이스크림 구매실태를 파악하기 위한 시장조사를 실시하고 있습니다.

답변해 주신 자료는 개인적 처리는 이루어지지 않으며 통계자료로만 활용될 것이오니 바쁘시더라도 잠시 시간을 내주셔서 답변해 주시면 귀중한 자료로 활용될 것입니다.

혹시 저나 설문내용에 대하여 궁금한 점이 있으면, 저희 연구소(담당연구원 : 김미경, 전화번호 : 032-860-7740)로 문의하여 주시기 바랍니다.

**SAMPLE QUOTA 확인란**

| 성별 | 연령 |
|---|---|
| 1) 남 ( ) | 1) 20대 ( ) |
| 2) 여 ( ) | 2) 30대 ( ) |
| | 3) 40대 이상 ( ) |

귀하는 최근 한 달 동안 고급아이스크림(하겐다즈, 베스킨라빈스, 나뚜르 등)을 구매하신 적이 있으신가요

1) 네 → 다음으로　　　　2) 아니오 → 면접중단

## 최근 한 달간 구매해본 아이스크림과 관련한 질문입니다.

1. '아이스크림' 하면 가장 먼저 떠오르는 브랜드는 무엇입니까? 아래 보기에 표시할 것

2. 귀하는 지난 한 달간 몇 번이나 아이스크림을 구입하셨습니까? (　　)회

3. 지난 한 달간 구입해본 아이스크림 브랜드에 모두 표시해 주시기 바랍니다.

| | 1번 응답란 | 3번 응답란 | 4번 응답란 | 5번 응답란 | 6번 응답란 |
|---|---|---|---|---|---|
| 1) 베스킨라빈스 31 | | | | 원 | |
| 2) 하겐다즈 | | | | 원 | |
| 3) 나뚜르 | | | | 원 | |
| 4) Ben & Jerry's | | | | 원 | |
| 5) Magnum | | | | 원 | |
| 6) 폴바셋 | | | | 원 | |
| 7) Palazzo | | | | 원 | |
| 8) 본젤라또 | | | | 원 | |
| 9) 롯데 | | | | 원 | |
| 10) 빙그레 | | | | 원 | |
| 11) 해태 | | | | 원 | |
| 12) 패스트푸드점 아이스크림 | | | | 원 | |
| 13) 기타 (　　　　) | | | | 원 | |

만일 한 브랜드를 두 번 이상 구매한 경우에는 가장 최근에 한 구매를 기준으로 응답해 주시기 바랍니다.

4. 3번에서 구입한 아이스크림은 누구와 함께 드셨나요? → 답변은 위의 보기란에

1) 나 혼자　2) 동성친구　3) 이성친구　4) 애인　5) 직장동료
6) 선 · 후배　7) 가족　8) 기타 (　　　　)

5. 3번에서 구입한 아이스크림들 각각의 가격은 얼마였나요? (금액단위 : 원)

→ 답변은 앞의 보기란에

6. 각 아이스크림의 종류(또는 형태)는 어떤 것이었습니까? → 답변은 앞의 보기란에

1) 바 타입

2) 콘 타입

3) 컵 타입

4) 펜슬 타입

5) 홈 타입

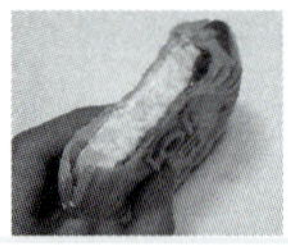

6) 모나카 타입

7) 기타 (                )

7. 앞 장의 아이스크림 브랜드 중 가장 자주 드시는 아이스크림 브랜드를 하나만 선택하세요.(            )

8. 앞 장의 아이스크림 브랜드 중 (가격은 생각하지 말고) 가장 좋다고 생각하는 아이스크림을 하나만 선택하세요. (            )

9. 앞 장의 아이스크림 브랜드 중 가격을 감안할 때 가장 좋다고 생각하는 아이스크림을 하나만 선택해 주십시오. (            )

10. 이번에는 현재 시중에서 판매되는 주요 아이스크림 브랜드들에 대해 귀하가 느끼는 생각을 알려주시는 부분입니다. 다음의 척도를 이용해 브랜드별로 평가해 주시기 바랍니다.

| 1 | 2 | 3 | 4 | 5 |
|---|---|---|---|---|
| 별로다<br>아니다 | | 모르겠다<br>보통이다 | | 그렇다<br>우수하다 |

| | 하겐다즈 | 베스킨 라빈스 | 나뚜르 | 롯데 | 빙그레 | 해태 | 맥도날드 |
|---|---|---|---|---|---|---|---|
| 1) 이미지가 고급스럽다 | | | | | | | |
| 2) 서구적이다 | | | | | | | |
| 3) 낭만적이다 | | | | | | | |
| 4) 사랑스럽다 | | | | | | | |
| 5) 젊은 사람들과 어울린다 | | | | | | | |
| 6) 가족적이다 | | | | | | | |
| 7) 연인들에게 어울린다 | | | | | | | |
| 8) 아이들에게 어울린다 | | | | | | | |
| 9) 즐거움이 있다 | | | | | | | |
| 10) 대중적이다 | | | | | | | |
| 11) 여성에게 어울린다 | | | | | | | |
| 12) 친근감이 있다 | | | | | | | |
| 13) 전문적이다 | | | | | | | |
| 14) 부담이 없다 | | | | | | | |
| 15) 구입이 용이하다 | | | | | | | |
| 16) 광고를 많이 한다 | | | | | | | |
| 17) 광고내용이 좋다 | | | | | | | |
| 18) 맛이 좋다 | | | | | | | |
| 19) 맛의 종류가 다양하다 | | | | | | | |
| 20) 신제품이 계속 나온다 | | | | | | | |
| 21) 포장과 모양이 예쁘다 | | | | | | | |
| 22) 전문매장이 많이 있다 | | | | | | | |
| 23) 매장분위기가 좋다 | | | | | | | |
| 24) '바' 타입을 기준으로 적정가격은? | | | | | | | |

11. 보통 아이스크림을 구매할 때 브랜드선택은 언제 하시나요? (　　　　)

1) 가게에 오기 전에　　　　2) 가게에 와서

12. 아이스크림에 대한 제품정보는 주로 어디에서 얻으시는지요? 두 가지만 골라 주시기 바랍니다. (　　　　), (　　　　)

1) TV광고　　2) 라디오 · 신문 · 잡지광고　　3) 매장에 진열된 제품

4) 주변사람들　　5) 이전 구매경험　　6) 기타 (　　　　)

**다음은 이상적인 고급 아이스크림의 조건과 관련한 질문입니다.**

13\. 고급 아이스크림이 갖추어야 할 조건이라고 생각하는 부분에 모두 표시하여 주시기 바랍니다.

(　　) 1) 맛이 좋아야 한다.

(　　) 2) 맛이 다양해야 한다.

(　　) 3) 천연의 좋은 원료를 써야 한다.

(　　) 4) 건강을 생각하는 제품이어야 한다.

(　　) 5) 다이어트에 맞는 제품이 있어야 한다.

(　　) 6) 외국 브랜드여야 한다.

(　　) 7) 아이스크림 전문 브랜드여야 한다.

(　　) 8) 전문매장이 많아야 한다.

(　　) 9) 광고를 재미있게 해야 한다.

(　　) 10) 젊은 연인들에게 어울리는 이미지여야 한다.

(　　) 11) 재미있는 이벤트를 많이 해야 한다.

(　　) 12) 가족적이어야 한다.

(　　) 13) 집 밖에서 먹기에 편하게 되어 있어야 한다.

(　　) 14) 고객카드가 있어 나에게 맞는 제품을 권해주는 고객서비스가 있어야 한다.

(　　) 15) 가끔씩 부담 없이 먹을 수 있는 판촉행사(가격인하 · 무료쿠폰 등)가 있어야 한다.

(　　) 16) 가격이 비싸도 고급(원료 · 이미지) 아이스크림을 사먹겠다.

(　　) 17) 고급 아이스크림의 적정한 가격은 '바' 타입을 기준으로 얼마?

(　　　　)원

**다음은 응답자의 통계분류를 위한 배경질문을 여쭤보겠습니다.**

D1. 귀하의 성별은? (　　)

1) 남자　　　　　　　　　　2) 여자

D2. 귀하의 (만)연령은? (　　)세

D3. 귀하의 직업은? (　　)

1) 중 · 고등학생
2) 대학(원)생
3) 직장인
4) 주부
5) 기타 (　　　　　　　　　　　　)

D4. 결혼하셨나요? (　　)

1) 미혼　　　　　　　　　　2) 기혼

D5. 자녀의 수는? (　　)명

D6. 귀하의 월평균 개인 용돈은? (　　)

1) 10만 원 미만
2) 10만 원 이상 ~ 30만 원 미만
3) 30만 원 이상 ~ 50만 원 미만
4) 50만 원 이상 ~ 70만 원 미만
5) 70만 원 이상

D7. 귀하 가정의 (월급, 보너스, 금융, 임대소득을 모두 포함하여) 월평균소득은?

1) 200만 원 미만　2) 200만 원 이상 ~ 400만 원 미만　3) 400만 원 이상

# 부록 2 자동차 구매 및 이용실태에 대한 소비자조사

ID 번호

|  |  |  |  |
|---|---|---|---|
|  |  |  |  |

안녕하십니까?

저는 마케팅 및 소비자조사회사에서 일하고 있는 면접원 ______입니다.

본 조사는 소비자의 전반적인 의견을 수집하여 좀 더 나은 상품과 서비스를 제공하고자 하는 목적으로 마련되었습니다.

답변해 주신 내용은 순수하게 통계처리를 위해서만 사용되며, 고객의 개인정보는 법에 의해 유출되지 않고 보호됨을 약속드립니다. 바쁘시더라도 잠시 시간을 내어 설문에 응해 주시면 감사하겠습니다.

마케팅조사, 산업조사 전문기관

경인조사연구소

담당자 : 김미경 TEL : 032-860-7740

* 면접원 : 면접 완료 후 다음을 기록해 주십시오.

| 응답자 |  | 전화번호 |  |
|---|---|---|---|
| 주소 |  |  |  |

* 면접원 성명 : ______________

| 응답일시 | 월 일 | 응답시작시간 | 시 분 | 응답완료시간 | 시 분 |
|---|---|---|---|---|---|

* 검증원 : 검증 완료 후 다음을 기록하십시오.

| 검증원 설명 |  | 검증일시 |  |
|---|---|---|---|
| 검증결과 |  |  |  |

## 응답자 선정질문

SQ1. 실례지만 본인 또는 귀하의 가족 또는 친한 친지 중에서 다음의 업종에 종사하시는 분이 있습니까?

| 1) 자동차 관련업종<br>2) 광고회사, 조사회사, 컨설팅회사 |
|---|

(1) 예 → 면접중단　　　　(2) 아니오

SQ2. 귀하께서는 현재 운전면허를 가지고 있습니까?

(1) 예　　　　(2) 아니오 → 면접중단

SQ3. 귀하께서는 평소 자동차를 운전하시나요?

(1) 예　　　　(2) 아니오 → 면접중단

SQ4. 귀하께서 현재 운전하고 다니는 자동차의 차종은 다음 중 어떤 종류입니까?

(1) 세단　　　　(2) 밴 → 면접중단

SQ5. 귀하께서 운전하고 다니는 자동차의 배기량은 어느 정도입니까?

(1) 소형(1,800cc 미만) → 면접중단　　　　(2) 중형 및 대형(1,800cc 이상)

## 자동차 브랜드인지도

문 1. 귀하께서는 '자동차' 하면 가장 먼저 떠오르는 브랜드는 무엇입니까?

문 1-1. 그 밖에 '자동차' 하면 떠오르는 브랜드를 2개만 더 말씀해 주십시오.

문 2. 귀하께서는 '자동차 광고' 하면 가장 먼저 떠오르는 광고는 무엇입니까?

문 2-1. 그 밖에 '자동차 광고' 하면 떠오르는 광고를 2개만 더 말씀해 주십시오.

문 3. 귀하께서 ________(문 2에서 응답한) 광고를 어디에서 보거나 들으셨습니까? 해당되는 것 모두를 말씀해 주십시오.

( ) (1) TV ( ) (2) 신문 ( ) (3) 잡지

( ) (4) 라디오 ( ) (5) 기타 ( )

## 자동차 구매관련 질문

문 4. 귀하께서 현재 이용하시는 자동차의 생산년도는 언제입니까? ( )

(1) 2017년 이전 (5) 2021년

(2) 2018년 (6) 2022년

(3) 2019년 (7) 2023년

(4) 2020년

문 5. 귀하께서 현재 주로 이용하시는 자동차는 다음 중 어디에 해당하나요?

(1) 현재 이용하는 자동차가 첫 자동차이다 → 문 6

(2) 이전 자동차 이외에 추가구입하여 사용한다 → 문 5-1

(3) 이전 자동차 대신 대체구입하였다 → 문 5-1

문 5-1. 귀하가 자동차를 교체 또는 추가구입한 가장 큰 이유를 순서대로 3가지만 말씀해 주십시오.

1순위 : 2순위 : 3순위 :

(1) 사고로 심하게 파손됨

(2) 차가 오래되고 낡아서

(3) 마음에 드는 신차가 나와서

(4) 기존 차의 기능에 대한 불만(잔고장, 성능 등)

(5) 고급스러운 차로 바꾸고 싶어서

(6) 싫증이 나서

(7) 주위사람이 신차를 구입해서

(8) 가족구성원의 변화 등으로 인해 더 큰 차가 필요해서

(9) 기타 (적을 것 : ______________________________ )

문 6. 귀하의 운전경력은 몇 년이십니까?

| | |
|---|---|
| (1) 1년 미만 | (4) 3~4년 미만 |
| (2) 1~2년 미만 | (5) 4~5년 미만 |
| (3) 2~3년 미만 | (6) 5년 이상 |

문 7. 귀하는 현재 사용하고 있는 자동차를 얼마 정도 운행하고 계시나요?

| | |
|---|---|
| (1) 1년 미만 | (4) 3~4년 미만 |
| (2) 1~2년 미만 | (5) 4~5년 미만 |
| (3) 2~3년 미만 | (6) 5년 이상 |

문 8. 귀하께서는 자동차 구입시 다음의 속성을 얼마나 중요하게 고려하셨나요? 전혀 중요하게 생각하지 않았으면 1점에서, 매우 중요하게 생각했다면 7점까지로 평가해 주십시오.

| 전혀 중요하지 않다 | | | 보통이다 | | | 매우 중요하다 |
|---|---|---|---|---|---|---|
| 1 | 2 | 3 | 4 | 5 | 6 | 7 |

| 속성 | 항목 | 문 8. 중요도 |
|---|---|---|
| 경제성 | (1) 저렴한 유지비용(세금, 보험료, 연료비) | |
| | (2) 적절한 구입가격 | |
| | (3) 구매조건(할부조건, D/C) | |
| | (4) 승용차 구입시 오토카드 등 금융서비스 | |
| | (5) 교체시 중고차 처분가격 | |
| | (6) 내구성 | |

| | | |
|---|---|---|
| 엔진성능 | (7) 주행연비 운전편리성 | |
| | (8) 배기량 | |
| | (9) 제동성능 | |
| | (10) 주행시 안전성 | |
| | (11) 엔진성능 | |
| 서비스 | (12) 애프터서비스(다양성, 신속성, 성실성) | |
| | (13) 구입편리와 간편성(출고 용이, 서류구비 등) | |
| | (14) 영업사원의 태도 | |
| | (15) 보증수리기간 중 무상점검 | |
| 이미지 | (16) 신모델 | |
| | (17) 주위의 평가 | |
| | (18) 자동차 생산기업의 이미지 및 신뢰도 | |
| | (19) 차량보급비율 또는 시장점유율 | |
| 외양/스타일 | (20) 차의 크기 | |
| | (21) 실내공간 및 디자인 | |
| | (22) 도색상태/마무리를 고려한 제작 정밀성 | |
| | (23) 디자인, 색상, 옵션의 다양성 | |
| 승차감 | (24) 승차감 | |
| | (25) 안락성 | |
| | (26) 자동차 소음 | |
| | (27) 동작 편의성(핸들, 기어 등) | |

문 8-1. 귀하께서 자동차 구입시 가장 중요하게 고려하였던 속성은 무엇입니까?

(1) 경제성 (4) 이미지

(2) 엔진성능 (5) 외양/스타일

(3) 이용편리 (6) 승차감

## 자동차 사용관련 질문

문 9. 귀하께서는 자동차를 주로 어떤 용도로 사용하십니까?

(1) 출퇴근용
(2) 여행/레저용
(3) 쇼핑
(4) 업무용
(5) 기타 (적을 것 ______________ )

문 10. 귀하께서 현재 보유하고 있는 자동차의 주행거리는 얼마입니까?

(1) 1만 5천km 미만
(2) 1만 5천~3만km 미만
(3) 3만~6만km 미만
(4) 6만~9만km 미만
(5) 9만km 이상

문 11. 귀하께서 현재 사용하고 있는 자동차에 대해 어느 정도 만족하시나요? 전혀 만족하지 않으면 1점, 매우 만족하면 7점 등으로 평가해 주십시오.

전혀 만족하지 않는다 | 보통이다 | 매우 만족한다

1 — 2 — 3 — 4 — 5 — 6 — 7

| 속성 | 항목 | 문 11. 중요도 |
|---|---|---|
| 경제성 | (1) 저렴한 유지비용(세금, 보험료, 연료비) | |
| | (2) 적절한 구입가격 | |
| | (3) 구매조건(할부조건, D/C) | |
| | (4) 승용차 구입시 오토카드 등 금융서비스 | |
| | (5) 교체시 중고차 처분가격 | |
| | (6) 내구성 | |
| 엔진성능 | (7) 주행연비 운전편리성 | |
| | (8) 배기량 | |
| | (9) 제동성능 | |
| | (10) 주행시 안전성 | |
| | (11) 엔진성능 | |

| | | |
|---|---|---|
| 서비스 | (12) 애프터서비스(다양성, 신속성, 성실성) | |
| | (13) 구입편리와 간편성(출고 용이, 서류구비 등) | |
| | (14) 영업사원의 태도 | |
| | (15) 보증수리기간 중 무상점검 | |
| 이미지 | (16) 신모델 | |
| | (17) 주위의 평가 | |
| | (18) 자동차 생산기업의 이미지 및 신뢰도 | |
| | (19) 차량보급비율 또는 시장점유율 | |
| 외양/스타일 | (20) 차의 크기 | |
| | (21) 실내공간 및 디자인 | |
| | (22) 도색상태/마무리를 고려한 제작 정밀성 | |
| | (23) 디자인, 색상, 옵션의 다양성 | |
| 승차감 | (24) 승차감 | |
| | (25) 안락성 | |
| | (26) 자동차 소음 | |
| | (27) 동작편의성(핸들, 기어 등) | |

## 자동차 재구매관련 질문

문 12. 귀하께서는 현재의 자동차를 언제쯤 바꾸실 계획이신가요?

(1) 6개월 이내　　(4) 2~3년 이내

(2) 6개월~1년　　(5) 3년 이후

(3) 1~2년 이내

문 13. 귀하께서는 자동차를 바꾸실 경우 어떤 제조회사의 브랜드명을 구입하시겠습니까?

(1) 제조회사 :　　(2) 브랜드명 :

문 14. 귀하께서는 자동차를 바꾸실 경우 어떤 점을 가장 주의 깊게 고려하시겠습니까?

(1) 경제성 (4) 이미지

(2) 엔진성능 (5) 외양/스타일

(3) 이용편리 (6) 승차감

문 15. 귀하께서 현재 사용하고 있는 자동차 제조회사의 자동차를 다시 구입할 의향은 어느 정도입니까?

| 전혀 구매하지 않겠다 | | | 보통이다 | | | 전적으로 구매할 것이다 |
|---|---|---|---|---|---|---|
| 1 | 2 | 3 | 4 | 5 | 6 | 7 |

문 16. 귀하는 현재 소유하고 있는 자동차 제조회사의 자동차를 주변의 친지 및 동료에게 추천하실 의사가 어느 정도입니까?

| 추천의사가 전혀 없다 | | | 보통이다 | | | 추천의사가 매우 크다 |
|---|---|---|---|---|---|---|
| 1 | 2 | 3 | 4 | 5 | 6 | 7 |

문 17. 귀하께서 현재 소유하고 있는 자동차에 가장 불만스러운 부분은 어떤 것입니까?

(1) 경제성 (2) 엔진성능

(3) 서비스 (4) 이미지

(5) 외양/스타일 (6) 승차감

(7) 기타 (적을 것 ____________________ )

## 기업이미지관련 질문

문 18. 다음 이미지 평가항목들이 가장 잘 어울릴 것 같은 회사를 한 가지씩만 말씀해 주십시오.

| 항목 | 현대자동차 | 한국GM 자동차 | 쌍용자동차 | 기아자동차 | 르노코리아 자동차 |
|---|---|---|---|---|---|
| (1) 기술이 좋은 기업 | | | | | |
| (2) 신제품개발에 열심일 것 같은 기업 | | | | | |
| (3) 전통이 있는 기업 | | | | | |
| (4) 친근감이 있는 기업 | | | | | |
| (5) 광고선전을 잘하는 기업 | | | | | |
| (6) 신뢰성 있는 기업 | | | | | |
| (7) 안정성 있는 기업 | | | | | |
| (8) 시대의 변화를 잘 따라가는 기업 | | | | | |
| (9) 해외경쟁력이 있는 기업 | | | | | |
| (10) 적극적인 기업 | | | | | |
| (11) 사풍이 좋은 기업 | | | | | |
| (12) 환경을 생각하는 기업 | | | | | |
| (13) 사회에 공헌하는 기업 | | | | | |

문 19. 다음은 자동차의 속성을 가장 잘 반영하여 생산할 것 같은 자동차 제조업체를 한 가지씩만 말씀해 주십시오.

| 항목 | 현대자동차 | 한국GM 자동차 | 쌍용자동차 | 기아자동차 | 르노코리아 자동차 |
|---|---|---|---|---|---|
| (1) 승차감 | | | | | |
| (2) 안전성 | | | | | |
| (3) 고급사양장착 | | | | | |
| (4) 주행성능 | | | | | |
| (5) (내/외부)디자인 | | | | | |
| (6) 브랜드이미지 | | | | | |
| (7) 가격/구입조건 | | | | | |
| (8) A/S | | | | | |
| (9) 차체 크기 | | | | | |

## 인구통계학적 질문

이제부터는 통계상 분류를 위해 몇 가지만 여쭤보겠습니다. 응답내용은 자료처리만을 위해 사용될 것임을 다시 한 번 밝혀드리며, 정확한 응답을 부탁드립니다.

문 1. 귀하의 성별은 무엇입니까?

(1) 남자 (2) 여자

문 2. 귀하는 올해 만으로 나이가 어떻게 되시나요?

(1) 만 19세 이하
(2) 20~29세
(3) 30~39세
(4) 40~49세
(5) 50~59세
(6) 60세 이상

문 3. 귀하께서는 결혼을 하셨나요?

(1) 예 (2) 아니오

문 4. 귀하의 학력은 어떻게 되시나요?

(1) 중졸 이하
(2) 고졸
(3) 대재
(4) 대졸
(5) 대학원 재학 이상

문 5. 귀하의 직업은 어떻게 되시나요?

(1) 대학(원)생
(2) 연구/개발직
(3) 영업/마케팅
(4) 관리직
(5) 경영직
(6) 사무직
(7) 전문직
(8) 프리랜서
(9) 자영업
(10) 주부
(11) 기타 (적을 것 ____________________ )

문 6. 귀하의 월평균 가계소득은 상여금을 포함하여 어떻게 되십니까?

(1) 199만 원 이하
(2) 200~299만 원
(3) 300~399만 원
(4) 400~499만 원
(5) 500만 원 이상

* 오랜 시간 협조해 주셔서 감사합니다. *

# 제10장
# 표본의 추출

조사담당자는 설문지 작성과 함께 표본계획을 수립하여야 한다. 이를 위해 조사자는 전체 소비자를 대표할 수 있는 응답자들이 표본에 포함되어야만 신뢰성 있는 조사가 이루어짐에 유의하여 표본계획을 수립하여야 한다. 가령, 자영업자나 영업사원들이 주구매층인 휴대폰에 대한 시장조사를 위하여 주부나 대학생들에게 설문조사를 실시한다면 얻어진 조사결과는 아무런 의미를 갖지 못할 것이다. 그러므로 조사담당자는 제품의 특성과 사용자, 브랜드결정자, 지역특성 등을 고려하여 적절한 표본계획을 세워야 한다. 이하에서는 우선 모든 대상을 조사하는 전수조사와 비교한 표본조사의 의미를 살펴보고 구체적인 표본계획의 절차를 설명하기로 한다.

## 1 표본조사와 전수조사

표본조사는 전체 조사대상인 모집단 내에서 모집단의 특성을 잘 나타낼 수 있는 일부 대상들을 추출하여 이들로부터 자료를 수집하고, 이를 근거로 전체 모집단의 특성을 추정하는 것이다. 표본조사와 상반되는 개념인 전수조사 또는 센서스(census)는 모집단 내에 포함된 모든 대상들을 조사하는 방법을 말한다. 예를 들어 정부에서 5년마다 한 번씩 실시하는 전국민인구조사가 전수조사의 대표적인 예이다.

표본조사를 실시하는 가장 큰 이유는, 첫째, 모집단 내의 대상의 수가 너무 많을 경우 이들을 모두 조사한다는 것이 어렵고 비용이 많이 들기 때문이다. 예를 들어 표적시장이 20대 미혼여성으로 명확히 규명되어 있는 경우라도 수백만 명이 되는 표적소비자들 모두를 조사하는 것은 비용과 시간을 고려할 때 가능하지도 않으며, 효율적이지 못하다.

둘째, 어떤 경우는 처음부터 전수조사가 불가능할 수도 있다. 예를 들어 전구의 강도를 보기 위한 파괴검사에서 조사자는 모든 전구를 깨뜨릴 수도 없으며, 포탄의 성능을 검사하기 위해 모든 포탄을 쏴볼 수는 없는 것이다.

셋째, 표본조사는 전수조사보다 오류(error)의 정도가 오히려 작을 수 있다. 마케팅조사의 오류는 크게 표본오류(sampling error)와 비표본오류(non-sampling error)로 나누어진다. 표본오류란 모집단을 대표할 수 있는 표본단위들이 추출되지 못함으로써 발생되는 오류로 전수조사에서는 발생되지 않으며 표본조사에서만 발생되는 오류이다.

가령, 실제 모집단 내 대부분의 소비자들은 자사브랜드에 대한 구매의도가 그렇게 높지 않은데 추출된 표본단위들의 구매의도는 상당히 높은 것으로 나타났다고 하자. 마케팅관리자가 이러한 조사결과에 근거하여 신제품을 출시한다면 실패의 위험은 매우 높아지게 되는 것이다. 그러나 표본의 수가 증가할수록 표본의 분포는 모집단의 분포와 유사해져 표본오류의 크기는 줄어들게 된다.

한편 비표본오류란 조사대상자들로부터 자료를 수집하는 과정에서 발생되는 오류이며, 조사대상자의 수가 많아짐에 따라 증가하는 오류이다. 예를 들어 중국에서 인구조사를 실시하면 약 600~1,000만 명이 넘는 조사원이 동원된다. 이러한 전수조사에서는 표본오류는 적다고 하더라도 수많은 조사원에 대한 통제와 13억 명이 넘는 조사대상자들에 대한 자료수집과정에서 발생되는 비표본오류의 정도는 상상하기가 어려울 정도이다.

비표본오류는 다시 관찰오류와 비관찰오류로 나눌 수 있으며, 관찰오류에는 조사현장에서의 오류와 자료처리과정에서의 오류가 있으며, 비관찰오류는 불포함오류와 무응답오류 등이 있다. 조사현장에서의 오류는 조사자나 응답자가 설문항목을 이해하지 못하거나 조사자가 면접과정에서 응답자에게 영향을 미치는 경우, 또는 면접 시 조사자 또는 응답자의 기분상태 등으로 발생된다. 자료처리과정에서의 오류는 조사자가 코딩이나 펀칭과정에서 실수를 함으로써 발생될 수 있다. 한편 불포함오류는 표본추출방법이 잘못되거나 표본프레임이 완전하지 않아 모집단에 포함된 대상이 표본으로 추출될 가능성이 없을 경우에 발생된다. 예를 들어 전화조사를 실시하는 경우, 전화번호부에 등재되지 않은 대상들이 조사에서 제외되는 경우이다. 또 인터넷조사를 할 경우 인터넷 비사용자들이 조사에서 배제되는 경우도 이에 해당된다. 무응답오류는 선정된 표본 중에서 접촉이 되지 않거나 응답을 거부한 무응답자들이 응답자들과 어떤 특성에서 큰 차이를 보이는 경우이다. 비표본오류는 실사과정에서 주로 발생되므로 제11장에서 다시 설명된다.

[그림 10-1]은 오류의 종류를 보여준다. 표본오류와 비표본오류를 포함한 전체오류를 생각할 때 표본조사에 비해 전수조사가 반드시 좋은 것은 아니다. 즉 전수조사

그림 10-1 오류의 종류

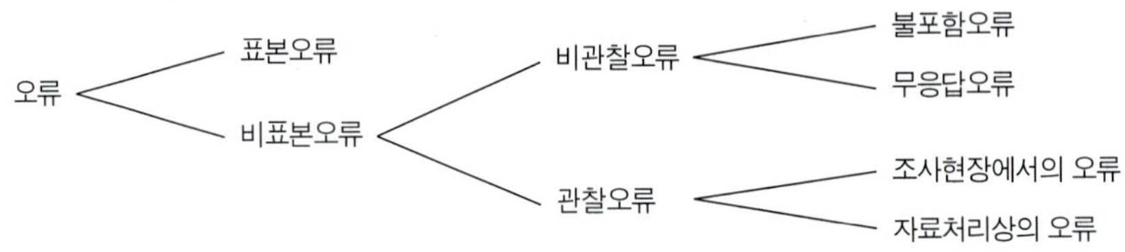


에서 발생되는 비표본오류가 표본조사에서 발생되는 표본오류와 비표본오류보다 훨씬 클 수 있기 때문이다. 따라서 조사자는 모집단의 규모와 성격, 조사예산, 그리고 표본오류와 비표본오류의 정도를 고려하여 전수조사/표본조사의 결정 및 표본의 크기를 결정하여야 한다. 즉 모집단의 규모가 작고 조사예산이 충분한 경우(예를 들어 인천지역 내의 종업원 100인 이상 사업자 약 500개)라면 전수조사가 가능하다. 그러나 다수의 일반 소비자를 대상으로 하는 상업적 시장조사에 있어서 전수조사의 활용은 거의 이루어지지 않고 있다.

다음은 표본조사의 일반적 절차와 구체적 표본추출방법들에 대하여 살펴보기로 한다.

# 2 표본추출과정

일반적으로 표본추출과정은 [그림 10-2]와 같이 5개의 단계로 나누어진다.

## 2.1 모집단의 설정

표본추출과정은 조사대상인 모집단(population)을 결정하는 것으로부터 시작된다. 모집단은 조사담당자의 관심의 대상이 되는 사람, 제품, 기업, 지역 등의 집합체(set)이다. 가령, 자사제품을 구매할 수 있는 잠재적 소비자들(개인 또는 조직체), 우리

## 2022년 대통령 선거에서 여론조사마다 대선후보 지지율이 제각각이었던 이유는?

바야흐로 여론조사의 계절이다. 대선이 80여 일 앞으로 다가오면서 하루가 멀다 하고 여야 후보 지지율이 나오고 있다. 지지율은 여론조사기관별로 들쑥날쑥하다. 바로 전날 역전했다가 또다시 뒤집히는 경우도 있고, 어떤 조사에선 격차를 한참 벌리기도 한다. 전문가들은 기관별로 다른 △여론조사방식 △구체적인 질문내용 △표본선정 △응답률 등이 조사에 영향을 미치기 때문이라고 설명했다. 따라서 단순히 수치만 따지기보다 지지율 흐름을 파악할 것을 권했다.

**(1) ARS · 면접 등 조사방식**

한국갤럽은 12월 17일 대선 후보 지지율 조사 결과 이재명 더불어민주당 후보(36%)가 윤석열 국민의힘 후보(35%)를 1%포인트 앞섰다고 발표했다. 하지만 15일 공개된 한길리서치 조사에선 윤 후보(41.8%)가 이 후보(40.6%)를 1.2%포인트 차로 앞섰다. 두 조사 모두 오차범위 이내 접전이긴 하지만 여야 후보 간 승부가 엇갈렸다.

비슷한 시기 시행된 여론조사에 기관별로 편차가 생기는 가장 큰 이유는 조사방식의 차이 때문이다. 이번주 공개된 여론조사 결과를 보면 미리 녹음된 기계음으로 진행하는 ARS(자동응답) 조사가 사람이 직접 전화를 통해 물어보는 전화면접 방식보다 윤 후보 지지율이 대체로 높게 나왔다. 반면 이 후보가 우세한 것으로 나온 한국갤럽(17일), 넥스트리서치(16일) 등 조사는 모두 전화면접이었다. 한 전문가는 "ARS는 정치성향을 보다 적극적으로 드러내는 진보나 보수층 답변 비율이 상대적으로 높다. 전화면접 조사에선 냉정하게 전화를 끊기가 어렵다보니 상대적으로 중도층 응답자가 많이 포함되는 경향이 있다"고 설명했다. ARS 조사에서 윤 후보 지지율이 대체로 높게 나오는 이유에 대해선 "윤 후보 지지자들의 충성도가 이 후보보다 높기 때문"이라고 분석했다. ARS 조사가 면접조사에 비해 더 정확하다는 반론도 있다. 사람보다 기계에 속내를 털어놓는 게 덜 부담스럽다는 이유에서다.

**(2) 구체적인 설문내용**

설문내용도 여론조사 결과에 영향을 미치는 주요 변수로 꼽힌다. KSOI가 공개한 여론조사에서 윤 후보(43.2%)는 이 후보(40.8%)를 2.4%포인트 차로 앞섰다. 같은 날 발표된 NBS 조사에선 이 후보(38%)가 윤 후보(36%)를 눌렀다. 두 업체 모두 무선 전화면접을 통해 설문을 했다. 설문문항이 결과를 가른 것으로 추정됐다. KSOI는 '지지 여부와 상관없이 내년 대선에서 승리할 가능성이 큰 후보'를 물었다. 이에 따라 두 후보의 지지율은 평시보다 소폭 상승한 반면 평소 5% 안팎의 지지를 받던 안철수 국민의당 대선 후보(0.6%), 심상정 정의당 대선 후보(0.2%) 지지율은 1% 미만으로 떨어졌다. 사표를 꺼리는 심리가 작동한 것이다. 반면 NBS 조사에선 4명의 대선 후보를 모두 예시한 뒤 '누구에게 투표할 생각이냐'고 물었다.

**(3) 표본 선정 · 응답률**

표본선정방식도 여론조사에 영향을 미친다. 성별, 지역별, 연령별 유권자 비율을 실제와 비슷하게 가져가야 정확하게 민심을 읽을 수 있다. 최근 SK텔레콤 · KT · LG유플러스 등 통신 3사로부터 받은 가상번호(안심번호)를 활용한 여론조사가 늘어나는 것은 표본확보가 쉽다는 이점 때문이다. 그러나 이런 방식은 1000만 명에 육박하는 알뜰폰 사용자가 배제되는 문제가 있다. 이런 이유 등으로 여론조사업체들은 10~20% 비율로 유선전화 설문을 병행한다. 최형민 입소스 수석연구원은 "휴대폰이 없거나 잘 쓰지 않는 고령자 의견 등을 반영하기 위한 목적"이라고 했다. 응답률도 조사에 영향을 미치는 주요 변수다. 응답률이 낮아 할당된 표본을 채우지 못하는 경우 가중치를 높이는 등 통계적 기법이 활용되는데, 이 과정에서 결과가 왜곡될 수 있다.

전문가들은 가급적 같은 조사기관의 여론조사 결과를 추세적으로 비교하라고 조언했다. 한 전문가는 "여론조사 업체 몇 개를 정한 뒤 추세를 시계열로 관찰하면 대략적인 민심의 흐름을 볼 수 있다"고 했다.

자료원: 세계일보, 2023. 05. 23.; 한경, 2021. 12. 18.

나라의 3,574개의 동/읍/면 단위의 행정구역, 국내 편의점 등이 모집단의 예이다.

마케팅조사에서 모집단은 현재 또는 향후 자사제품을 구입할 수 있는 표적소비자집단(target market)이 되는 경우가 많다. 모집단을 정확히 규정하기 위해 조사담당자는 소비자집단, 기업의 담당자, 소매점에서 제품을 직접 판매하는 판매원들과의 면접을 통하여 잠재적인 고객을 파악하고 이에 근거해 모집단을 정의하여야 한다.

모집단은 조사대상의 인구통계적 특성, 거주지역 및 시간개념을 이용하여 구체적으로 규정되어야 한다. 예를 들어 대통령선거에 대한 유권자조사를 실시하는 경우라면 다음과 같이 모집단을 정의할 수 있다.

- 투표일 현재 대한민국에 거주하는 만 20세 이상의 일반국민

또 다른 예로 도시의 MZ세대를 겨냥한 새로운 탄산음료를 출시한다면 조사자는 다음과 같이 구체적으로 모집단을 규정하게 된다.

**그림 10-2** 표본추출의 일반적 과정

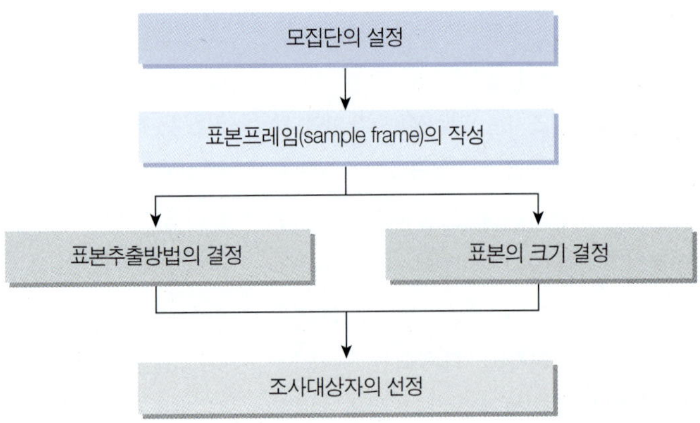

- 2024년 2월 10일 현재 만 15세 이상~25세 미만의 남녀
- 서울특별시 및 전국 5대 광역시 지역에 거주하는 자
- 최근 1개월간 탄산음료를 1회 이상 구입한 자

## 2.2 표본프레임의 선정

모집단이 정의되면 조사자는 실제로 표본추출의 대상이 되는 표본프레임(sample frame)을 선정하여야 한다. 표본프레임이란 모집단 내에 포함된 조사대상들의 명단이 수록된 목록을 의미한다. 행정구역편람에 수록된 우리나라의 동/읍/면의 목록이나 기업연감에 수록된 상장기업들의 목록은 표본프레임의 예들이다.

일반가구를 대상으로 한 마케팅조사의 경우 표적시장에 속한 소비자들의 전체목록을 입수하여야 하나, 현실적으로 이들에 관한 목록을 입수하는 것이 쉽지 않으므로 차선책으로 전화번호부를 표본프레임으로 많이 이용하고 있다. 전화번호부는 현재 일반가구에 대한 전화보급률이 95%를 상회하기 때문에 모집단의 대표성이 인정되지만, 전화를 2대 이상 갖고 있는 가구들, 전화번호가 수록되지 않은 가구, 그리고 전화가 없는 가구들의 특성을 반영하지 못하는 문제점이 있다. 실제로 국회의원 선거에서 전화번호부를 표본프레임으로 한 전화여론조사가 수도권의 집전화가 없는 20~30대 젊은 층 1인가구의 의견을 적절히 반영치 못하여 선거예측이 잘못된 경우가 그 한 예이다.

그러나 실제로 표본추출에 이용될 표본프레임이 존재하지 않는 경우도 많이 존재한다. 예를 들어 2024년 8월 1일부터 8월 6일 사이에 현대백화점을 방문한 고객을 모집단으로 규정하는 경우 모집단 자체가 유동적이어서 표본프레임이 존재하지 않을 것이다. 많은 상업적 조사에서는 표본프레임 선정의 어려움으로 인해 표본프레임을 필요로 하지 않는 비확률표본추출방법(non-probability sampling)이 주로 이용된다.

## 2.3 표본추출방법의 결정

모집단에 대한 규정과 표본프레임의 선정이 이루어지면(만약 입수 가능하다면), 조사자는 구체적으로 표본을 추출하는 방법을 결정하여야 한다. 표본추출방법은 크게 확률표본추출방법(probability sampling)과 비확률표본추출방법(non-probability sampling)으로 나누어진다.

확률표본추출방법은 모집단을 구성하는 대상들의 명단이 기재된 표본프레임을 이용하여 표본을 추출함으로써 모집단 내의 각 대상들이 선택될 확률을 미리 알 수 있는 표본추출방법이다. 따라서 추출된 표본이 얼마나 모집단을 잘 대표하는지를 정확히 파악할 수 있다. 예를 들어 조사자는 확률표본추출방법을 이용한 조사결과를 다음과 같이 제시함으로써 추출된 표본이 모집단의 특성을 어느 정도 정확히 반영하는지를 추정할 수 있다.

> "본 표본조사의 결과는 모집단 내의 대상들을 모두 조사했을 경우와 비교해서 약 ±2% 이내의 차이가 발생할 확률이 95% 정도입니다."

반면에 비확률표본추출방법은 표본프레임이 없어 모집단 내의 대상들이 선택될 확률을 사전에 모르는 상태에서 표본이 선정되는 방법이다. 따라서 이러한 추출방법에서는 추출된 표본이 모집단을 얼마나 잘 대표하는지, 그리고 조사결과에 어느 정도의 오류가 발생할 것인지에 대한 정보를 정확히 제시해 주지 못한다. 그럼에도 불구하고 비확률표본추출이 확률표본추출보다 덜 바람직한 표본추출방법인 것은 아니다. 표본의 수가 많지 않고 표본프레임의 입수가 가능하다면 확률표본추출방법을 이용하는 것이 바람직하다. 그러나 만약 모집단의 규모가 크다면 확률표본추출방법은 비용과 시간 측면에서 비효율적일 뿐 아니라 시행하기가 어렵다. 예를 들어 우리나라의 약 1,850만 일반가구에서 1,000가구를 확률표본추출하기 위해서는 우리나라의 모든 가구에 대한 정보가 필요하며, 이러한 정보가 있더라도 추출된 표본가구를 일일이 찾아가 협조를 구하고 조사를 하는 것은 현실적으로 불가능하다. 이러한 이유로 소비자조사나 여론조사와 같은 상업적 조사에서는 확률표본추출방법을 이용하기가 현실적으로 쉽지 않다.

그림 10-3 표본추출방법의 종류

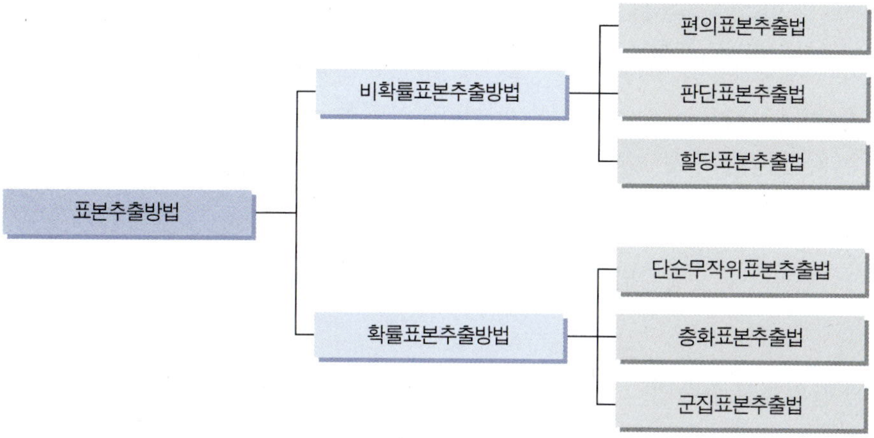


또한 조사의 특성상 확률표본추출방법보다는 비확률표본추출방법을 이용하는 것이 더 효과적일 수도 있다. 예를 들어 AI TV에 대한 소비자들의 반응을 알아보는 조사에서 일반소비자들은 이러한 신제품에 대한 이해가 부족하므로 이들로부터 마케팅의사결정에 유용한 자료를 수집할 수 없게 될 것이다. 따라서 이 경우에는 이러한 분야에 대해 전문적 지식을 갖고 있는 통신관련 전문가 또는 유사한 제품을 판매한 경험이 있는 유통점의 점주들에 대한 일종의 전문가조사인 판단표본추출방법(purposive sampling)을 이용하는 것이 보다 효과적이다.

[그림 10-3]은 여러 가지 표본추출방법들을 요약한 것이다.

이하에서는 비확률표본추출방법과 확률표본추출방법의 종류에 대해 구체적으로 살펴보기로 한다.

### (1) 비확률표본추출방법

비확률표본추출방법(non-probability sampling)은 모집단 내의 각 구성요소가 선택될 확률을 알 수 없으므로 이들로부터 수집된 자료가 모집단을 대표하는지에 대한 추정이 어렵다고 설명하였다. 그러나 조사대상 모집단의 규모가 커 표본프레임을 입수하기가 쉽지 않은 상업적 조사에서는 비확률표본추출방법이 흔히 사용된다. 예를 들어 서울특별시 주민들의 소비성향을 알기 위해 확률표본추출방법을 이용하여 1,000명의 표본을 추출한다면, 1,000만 명이 넘는 서울특별시 주민들의 명단(성명, 주민등록번호, 주소 등의 정보가 필요함)을 입수하여야 할 것이다. 그러나 이러한 자료에 대한 입수가 가능하지 않을 뿐더러, 1,000명 정도의 표본을 추출하기 위해 이러한 자료를 입수하는 데 투입해야 할 시간과 비용을 고려할 때 비효율적인 조사방법인 것이다. 이러한 이유로 많은 수의 일반소비자를 대상으로 하는 상업적 마케팅조사는 대부분 비확률표본추출방법을 이용한다. 이용가능한 비확률표본추출방법에는 편의표본추출법, 판단표본추출법, 할당표본추출법 등이 있다.

다음은 비확률추출방법의 각 유형에 대하여 구체적으로 살펴보기로 한다.

### 1) 편의표본추출법

편의표본추출법(convenience sampling)은 가장 간단한 형태의 표본추출방법으로서 임의로 선정한 지역과 시간내에 조사자가 원하는 사람들을 표본으로 선택하는 방법이다. 예를 들면 TV뉴스에서 오후 7시에 서울 명동을 지나는 행인들을 대상으로 유통시장개방에 대한 의견을 물어보는 경우가 이에 해당된다. 한국 대학생의 라이프스타일을 조사하기 위하여 어떤 특정 대학 앞에서 지나가는 대학생들 중에서 협조해주는 대학생들을 상대로 조사하는 경우도 편의추출법의 예이다. 편의추출방법은 표본추출비용이 거의 들지 않고 절차가 간단하다는 장점을 갖고 있으나 추출된 표본이 모집단을 대표하지 못하는 단점이 있다. 또 응답에 협조하는 대상들만을 조사하게 됨으로써 응답을 거부하는 사람들의 특성이 반영되지 못한다는 문제점도 있어 실제의 마케팅조사에서는 별로 활용되지 않는 기법이다.

### 2) 판단표본추출법

판단표본추출법(purposive sampling, judgement sampling)은 조사문제를 잘 알고 있거나 모집단의 의견을 반영할 수 있을 것으로 판단되는 특정 집단을 표본으로 선정하는 방법이다. 가령, 일반소비자들은 기가인터넷이라는 제품개념을 명확히 이해하지 못하므로 이들로부터 의미 있는 정보를 수집하는 데는 한계가 있다. 따라서 조사자는 통신관계 전문가들이나 유사한 통신관련서비스를 취급한 경험이 있는 판매원들로부터 정보를 구하는 것이 보다 효과적이다. 물론 판단표본추출방법은 모집단의 특성을 대표하지 못한다는 문제점은 있으나, 적은 비용으로 의미 있는 자료를 수집할 수 있다는 장점을 갖고 있어 표적집단면접과 같이 본조사 실시 전의 사전조사에서 널리 활용되어진다.

판단표본추출방법을 사용하는 데 있어 조사자는 조사문제와 관련하여 전문적 지식을 가진 표본을 찾아내는 것이 중요하다. 만일 조사자가 필요한 표본을 충분히 확보하지 못했다면 먼저 접촉한 대상자들에게 유사한 지식을 가진 다른 대상자들을 소개해 달라고 부탁함으로써 연속적으로 새로운 표본을 찾아낼 수 있는데, 이러한 표본추출방법을 스노우볼 표본추출법(snowball sampling)이라고 한다.

### 3) 할당표본추출법

할당표본추출법(quota sampling)은 미리 정해진 분류기준에 의해 전체표본을 여러 집단으로 구분하고 각 집단별로 필요한 대상을 추출하는 방법으로, 상업적 마케팅조사에서 가장 널리 이용되는 표본추출방법이다. 즉 추출된 표본이 인구통계적 특성에서 어느 한 부분으로 편중되지 않고 모집단의 특성이 적절히 반영되도록 모집단의 특성에 비례하여 표본을 추출한다. 예를 들어 신세계백화점에 대한 이미지조사에서 조사자는 연령과 신세계카드 소유 여부에 따라 고객들을 분류하고 각 고객집단별로 필요한 표본의 수를 할당한다. 이 경우, 각 집단 내에서의 표본선정은 표본프레임이 없이 조사자의 주관적 판단 또는 편의표본추출방법에 의해 이루어진다.

상업적 마케팅조사에서 설문면접대상자를 선정할 때 조사자는 흔히 나이, 성별 또는 소득에 따라 표본을 할당한다. 예를 들어 자사제품 구매고객의 30%가 30대의 연령층이라면, 조사자는 전체표본 중 30%를 30대의 연령층에 할당하는 것이다.

할당표본추출법이 상업적 마케팅조사에서 널리 이용되는 이유는 다음과 같다.

첫째, 할당표본추출은 비확률표본추출방법이지만 조사자가 집단분류기준을 잘 선정하면 모집단의 특성을 충분히 반영할 수 있다는 장점을 갖는다. 편의표본추출법이나 판단표본추출법과는 달리 할당표본추출법은 모집단 내의 상이한 특성을 가진 대상들을 표본집단에 포함함으로써 어느 정도의 대표성을 확보할 수 있다. 이를 위해 조사담당자는 모집단에 대한 특성을 사전에 충분히 파악하여 적절한 할당기준을 선정하여야 한다. 그러나 최종응답자들이 조사자의 편의대로 추출되므로 조사자가 이 과정에 대한 통제를 소홀히 하면 추출된 표본이 모집단을 대표하지 못할 수 있다.

둘째, 할당표본추출법에 의해 추출된 각 집단의 표본크기가 충분히 큰 경우(30개 이상), 각 집단별 측정자료는 정규분포를 가지므로(즉 모집단의 평균과 표본의 평균이 일치되므로) 할당표본추출법에 의한 조사결과는 모집단의 특성을 제대로 반영할 수 있다. 또한 확률표본추출방법과 같이 조사결과의 오류 정도도 계산할 수 있다.

실제 마케팅조사회사에서 실시하고 있는 할당표본추출법의 몇 가지 사례를 제시하면 〈표 10-1〉과 같다.

**표 10-1** 상업적 마케팅조사에서 활용되는 할당표본추출의 예

**1. 전국 주요 대도시에서 1,000명의 표본을 추출하는 경우**

| 조사대상지역 | 표본의 수 |
|---|---|
| 서울 | 300명 |
| 인천 | 80명 |
| 경기 | 120명 |
| 부산 | 200명 |
| 대구 | 100명 |
| 대전 | 100명 |
| 광주 | 100명 |
| 계 | 1,000명 |

**2. 전국 주요 대도시와 중소도시에서 1,500명의 표본을 추출하는 경우**

| 조사대상지역 | 표본의 수 |
|---|---|
| 서울 | 400명 |
| 인천 | 100명 |
| 경기 | 250명 |
| 부산 | 200명 |
| 창원 | 50명 |
| 대구 | 100명 |
| 대전 | 100명 |
| 청주 | 50명 |
| 광주 | 100명 |
| 전주 | 50명 |
| 춘천 | 50명 |
| 제주 | 50명 |
| 계 | 1,500명 |

### (2) 확률표본추출방법

확률표본추출방법(probability sampling)이란 앞서 설명한 바와 같이 조사대상(사람, 조직, 제품 등)의 명단이 수록된 표본프레임이 있어 특정 조사대상이 뽑힐 확률에 대한 사전계산이 가능하며, 이에 따라 표본추출과정에서 발생되는 오류의 정도에 대한 추정이 가능한 추출방법이다.

이러한 특성으로 인해 이론적으로 확률표본추출방법은 비확률표본추출방법보다 바람직한 방법이긴 하나, 실무적으로 적용하는 데는 어려움이 있다. 즉, 확률표본추출방법은 조사대상의 명단이 수록된 표본프레임의 확보가 전제되어지나, 표적시장의 규모가 방대한 일반소비자들을 대상으로 하는 마케팅조사에서 이들 명단의 입수는 현실적으로 거의 불가능한 경우가 많다. 그러나 확률표본추출은 가령 2,500개의 슈퍼체인협회에 등록된 슈퍼마켓 중 100개를 표본으로 추출하는 경우나, 인천지역에 소재한 종업원 수 100명 이상의 약 500개 업체에서 50개 기업을 선정하는 경우와 같이 모집단의 수가 비교적 적은 경우에는 효과적으로 사용될 수 있다.

이하에서는 여러 가지 확률표본추출방법 중 널리 알려진 단순무작위표본추출법, 층화표본추출법, 군집표본추출법을 살펴보고 표본크기를 결정하는 데 있어 고려해야 할 요인들을 설명하기로 한다.

#### 1) 단순무작위표본추출법

단순무작위표본추출법(simple random sampling)은 표본프레임 내의 각 표본들에 대해 일련번호를 부여하고, 이를 이용해 일정수의 표본을 무작위(random)로 추출하는 것으로 확률표본추출방법 중 가장 기본적인 방법이다. 즉 복권을 추첨하는 것과 같은 방법으로 표본을 추출하는 것이다. 이에 따라 단순무작위추출법에서는 각 표본단위가 선택될 확률이 계산되며 모든 표본단위가 선택될 확률이 동일하다.

단순무작위표본추출법에서의 표본추출과정은 다음과 같다.

① 모집단을 대표할 수 있는 표본프레임을 확보한다.

② 표본프레임 내의 모든 표본들에 대하여 일련번호를 부여한다.

③ 난수표(random number table)를 이용하여 표본수만큼의 난수(random

**표 10-2** 난수표의 예

| | | | |
|---|---|---|---|
| 0443 | 3806 | 7424 | 5201 |
| 6029 | 8478 | 2972 | 6483 |
| 6788 | 4596 | 5167 | 5336 |
| 8951 | 2321 | 5551 | 9066 |
| 3265 | 3018 | 9512 | 5068 |
| 9591 | 3154 | 0513 | 7727 |
| 5586 | 4216 | 9413 | 1224 |

number)를 추출하고, 추출된 번호에 해당되는 표본이 선정된다. 난수란 규칙성이 없는 연속되는 수들이며, 이런 수를 모아놓은 것이 난수표이다. 실제로 난수표를 이용하여 난수를 추출하는 방법을 살펴보기로 한다.

첫째, 본서의 〈부표〉에 제시된 난수표에서 전체표본의 크기에 해당되는 자릿수를 단위로 하여 난수들을 분류한다. 예를 들어 표본프레임 내의 표본의 수가 9,900개일 경우 〈표 10-2〉의 예에서와 같이 난수들을 4자리씩으로 분류하는 것이다.

둘째, 이들 수들 중 하나를 역시 무작위로 선정한다. 즉 조사자의 주관성을 배제하기 위하여 다트(dart)를 던지든지, 눈을 감고 한 점을 선택한다. 이런 과정을 통하여 위의 난수표상에서 1행의 1열에 해당되는 0443이 제일 먼저 선정되었다고 하자. 그러면 이 번호에 해당되는 표본을 조사대상으로 선정하여 조사를 실시한다.

셋째, 1에서 10까지의 수들 중에서 역시 무작위로(제비뽑기 등으로) 한 수를 고른다. 만약 3이 선택된다면, 위의 난수표에서 옆으로 3칸, 밑으로 3칸을 가서 그에 해당되는 번호, 위의 난수표의 경우에는 9,066번째 표본을 두 번째 조사대상으로 선정하는 것이다. 물론 이 경우 동일한 수치가 나오게 되면 다음으로 넘어가고 9,999번과 같이 본 예에 해당되는 표본이 없는 경우에는(표본의 수가 9,900개뿐임) 역시 다음으로 넘어가게 된다.

④ 위의 과정을 반복하여 조사대상 표본수만큼의 표본단위를 추출한다.

단순무작위추출법은 확률표본추출방법 중 가장 적용하기가 쉬운 방법이나, 실제의 상업적 조사에서는 별로 사용되지 않는다.

그 이유는, 첫째, 마케팅조사는 표본의 규모가 매우 큰 일반소비자를 조사대상으로 하는 경우가 많아 표본프레임의 입수가 어렵기 때문이다.

둘째, 표본프레임의 입수가 가능하다 하더라도 각 표본에 번호를 붙이고, 다시 난수를 이용해서 표본을 추출하여 이에 해당되는 소비자들을 일일이 찾는 과정이 매우 번거롭다.

셋째, 단순무작위표본추출법이 전체모집단을 제대로 반영하지 못하는 경우가 있을 수 있다. 예를 들어 서울특별시의 25개의 구 중 6개의 구를 무작위추출하여 서울특별시의 특성을 파악하려고 하는 경우, 6개의 구 모두가 강남이나 강북에서 추출될 수도 있기 때문이다.

최근 들어 단순무작위추출법은 전화번호를 컴퓨터의 난수발생기(random number generator)를 통하여 무작위로 선정하고, 이에 의해 전화면접을 하는 경우에 종종 사용되고 있다.

이하에서는 단순무작위표본추출법보다 추출과정이 다소 복잡하지만, 보다 효율적인 표본추출방법인 층화표본추출법과 군집표본추출법을 설명하기로 한다.

### 2) 층화표본추출법

층화표본추출법(stratified sampling)이란 모집단을 어떤 기준에 따라 서로 상이한 소집단(strata)들로 나누고 이들 각 소집단들로부터 표본을 무작위로 추출하는 방법이다. 가령, 서울에서의 소비자조사를 위해 우선 서울을 몇 개의 지역으로 구분하고 각 지역에서 표본을 추출하거나, 전국을 여러 개의 행정구역으로 나누고 각 행정구역별로 일정수의 표본을 선택하는 경우이다. 이를 통해 무작위적인 표본추출에 의해 모집단 내 각 소집단의 특성이 적절히 반영되지 않을 수 있는 무작위표본추출법의 단점을 해결하고 표본의 대표성을 높이게 된다. 가령, 산업재시장조사의 경우 기업들을 종업원의 수나 자본금규모 등을 기준으로 몇 개의 집단으로 나눈 후 각 집단별로 표본을 할당하여 조사하는 방법이 층화표본추출의 예이다. 또 다른 예로 OB맥주가 10,000개의 식품점으로 구성되는 모집단으로부터 210개의 점포를 추출하여 OB라거맥주의 매출액을 조사하려고 한다고 하자. 조사자는 다음과 같이 점포규모에 따라 모집단을 대형 점포, 중형 점포, 소형 점포의 3개의 소집단(strata)으로 나눌 수 있다.

| 점포규모별 소집단 | 모집단 내 점포의 수 | 점포의 비율 |
|---|---|---|
| 대형 점포 | 1,000개 | 10% |
| 중형 점포 | 3,000개 | 30% |
| 소형 점포 | 6,000개 | 60% |
| 합계 | 10,000개 | 100% |

조사자는 210개의 표본수를 각 소집단별로 70개씩 동일하게 할당하고, 각 소집단 내에서 70개씩 무작위적으로 선정하면 된다. 이러한 방법으로 조사자는 추출된 표본이 우연하게 특정 소집단에 편중되는 것을 방지할 수 있는 것이다.

층화표본추출은 위의 예들과 같이 집단구분을 한 번만 하고 표본추출이 이루어지는 경우도 있으나, 특별시/광역시/도 → 구/시/군 → 동/읍/면 → 통/리와 같이 여러 단계에 걸쳐 집단구분을 하고 각 단계별로 표본을 추출할 수도 있는데 이러한 추출 방법을 다단계층화표본추출법(multi-stage stratified sampling)이라 한다.

층화표본추출법은 소집단 내에서 추출되는 표본의 수가 소집단의 크기에 비례하는 비례층화추출법(proportionate stratified sampling)과 그렇지 않은 불비례층화추출법(disproportionate stratified sampling)으로 구분된다. 가령, 앞의 OB맥주의 예에서 비례층화추출법을 이용하면 각 소집단이 전체모집단에서 차지하는 비율에 따라 추출될 표본의 수가 결정되므로 대형 점포의 수는 (210)×(0.1)=21개, 중형 점포는 (210)×(0.3)=63개, 소형 점포는 (210)×(0.6)=126개가 각 집단별로 추출될 것이다. 그러나 불비례층화표본추출법을 이용하면 집단별 표본수가 달라진다.

가령, 대형 점포가 소형 점포보다 맥주매출액이 훨씬 높으므로 대형 점포에 보다 많은 표본을 할당할 수 있다. 즉 대형 점포에 21개의 표본을 할당하는 대신 50개를 할당하는 것이다. 불비례층화표본추출이 집단의 크기에 비례하지 않도록 표본을 추출하는 이유는 조사문제에 따라 구성원의 수가 작은 집단이 매우 중요할 수 있기 때문이다. 예를 들어 고가의 다이아몬드나 수입승용차에 대한 잠재고객을 조사하기 위해, 전체소비자를 지역에 따라 대도시/중소도시/농촌지역으로 나누고 다시 각 지역별로 소비자를 소득에 따라 상/중/하로 구분한다면, 소비자는 모두 9개의 집단으로 구분되어진다. 이 경우 조사자는 고가제품의 주소비자층이 될 대도시지역의 상류층으로부터 가능한 많은 표본을 추출하여야 하기 때문이다.

층화표본추출법은 모집단을 선정된 분류기준에 따라 소집단들로 분류한 후, 각 소집단별로 표본이 추출된다는 점에서 비확률표본추출방법의 하나인 할당표본추출방법과 유사하다. 그러나 할당표본추출법은 각 소집단 내에서 표본이 추출되는 과정이 편의표본추출과 같이 비확률적인 방법임에 반하여, 층화표본추출법은 각 소집단 내에서의 표본의 추출이 무작위적으로 이루어진다는 차이점이 있다.

층화표본추출방법은 집단 간의 이질성(heterogeneity)이 존재하는 경우(즉 모집단이 다양한 특성을 가진 집단으로 구성되어 있는 경우) 무작위표본추출법보다 추출된 표본이 모집단의 특성을 더 잘 대표한다는 장점을 갖고 있다.

그러나 층화표본추출방법에 있어서도 할당표본추출법과 마찬가지로 집단구분을 위한 변수의 선정에 주의를 기울여야 한다. 가령 고가제품의 구매자에 대한 마케팅 조사에서 소득을 고려하지 않은 출신지역에 의한 집단구분은 마케팅의사결정에 유용한 정보를 제공하지 못할 것이다.

### 3) 군집표본추출법

층화표본추출방법은 모집단을 소집단(strata)으로 나눈 후 각각의 소집단으로부터 최종표본단위들을 다시 무작위적으로 추출하는 데 반하여, 군집표본추출방법(cluster sampling)은 모집단을 소집단[또는 군집(cluster)]들로 나누고 일정수의 소집단을 무작위적으로 표본추출한 다음, 추출된 소집단 내의 구성원들을 모두 조사하는 방법이다. 예를 들어 대학생의 라이프스타일을 조사하는 경우 전국에서 몇 개의 대학을 선정하고 이들로부터 다시 몇 개의 학과와 학년을 선정하여 그에 해당되는 학생들을 모두 조사하는 경우가 군집표본추출방법이다.

군집표본추출방법은 조사에 소요되는 시간이나 경비를 줄일 수 있다는 장점을 갖는다. 가령, 조사자가 조사지역을 구/군이나 우편번호를 기준으로 여러 군집으로 나눈 후 표본으로 선출된 군집들(구/군 또는 우편번호구역) 내의 모든 가구들에 대해 면접을 하면 면접시간과 비용을 줄일 수 있다. 그러나 선출된 집단 내 표본들이 인구통계적 특성에서 동질적이면 모집단을 충분히 대표하지 못한다는 단점이 있다. 예를 들어 행정구역을 이용하여 서울특별시에서 10개 정도의 동과 통을 뽑고 각 통 안에 거주하는 가구를 모두 조사할 경우, 각 통 안의 가구들이 너무 동질적이기 때문에(예를 들어 모두 동일 아파트지역) 모집단의 다양한 특성을 정확히 반영하지 못할 것이다. 이 방법은 추출된 군집별 구성원들의 수가 다르기 때문에 사전에 설정된 전체표본의 수를 정확히 맞추기 어렵다는 문제점도 갖고 있다.

군집표본추출법의 하나로 지역표본추출법(area sampling)이 있는데, 이는 집단분류의 기준으로 지리적 구역이나 행정구역을 이용하여 모집단을 분류하고 이들로부터 무작위적으로 선출된 일정수의 지역들을 대상으로 각 지역내 모든 구성원들을 조사하는 방법이다.

군집표본추출의 또 다른 형태로는 체계적 표본추출법(systematic sampling)을 들 수 있다. 이는 전체표본에 대해 일정한 간격을 두고 표본단위를 선정하는 방법으로 백화점을 방문하는 고객의 조사를 위하여 백화점 정문을 통해 입장하는 고객들 중 10번째마다 조사를 하는 경우가 그 예이다. 이는 전체표본을 10개의 군집으로 나누고 이들 중 한 군집을 선택하여 그 군집 내의 대상을 모두 조사하는 것과 같은 방법이 된다. 체계적 표본추출방법은 상업적 조사에서 표본프레임이 없이도 쉽게 적용할 수 있는 확률표본추출방법이나, 전체 집단구성원들이 행동에서 규칙성을 보일 경우 이러한 규칙성이 제거되도록 추출간격을 정한 후 표본선정이 이루어져야 한다. 예를 들어, 주부의 쇼핑행태를 보면 대개 1주일을 기준으로 주말에 많은 쇼핑을 하고 주중에 보조적인 쇼핑을 한다. 1주일 단위로 쇼핑행태의 조사를 실시하면 특정요일의 쇼핑이 과대하게 반영되기 때문에, 가령 5일이나 6일에 한 번씩 조사를 함으로써 이러한 규칙성을 제거하도록 하여야 한다.

## 2.4 표본크기의 결정

표본추출과정에 있어서 조사자는 표본추출방법과 함께 표본크기(sample size)에 대한 결정을 내려야 하는데, 표본의 수는 연구목적 및 조사의 유형, 조사예산, 시간의 제약 등을 고려하여 결정되어야 한다.

### (1) 연구목적 및 조사의 유형

표본의 크기는 연구목적이나 조사유형에 따라 달라진다. 가령, 조사의 목적이 신제품의 반응을 보기 위해 소비자면접을 실시하는 것이라면 표본의 수는 집단별로 6~12명 정도면 충분할 것이다. HUT(Home Usage Test)조사나 CLT(Central

Location Test)조사가 실시된다면 조사지역에 대한 제약과 1회 수용인원을 감안하여 일반적으로 100~200명 정도를 표본으로 하여 대도시 중심으로 실시하게 된다. 전국의 대도시를 중심으로 한 서베이조사에서는 약 500~1,000명 정도를 표본으로 이용하게 된다.

### (2) 조사예산

다음으로 표본의 수를 결정하는 데 있어 중요한 고려사항은 조사예산의 제약이다. 앞에서 제시된 조사유형별 표본의 규모는 개략적인 것으로 정확한 표본의 크기는 조사예산을 감안하여 조정되어야 한다. 일반소비자 대상 서베이나 제품조사의 경우 표본당 약 35,000~50,000원 정도의 조사비가 소요되며, 소비자면접에는 면접당 3,000,000~4,000,000원 정도의 비용이 소요된다고 한다. 예를 들어 전체 조사예산이 3,000만 원이고 2번의 사전 소비자면접과 1회의 일반소비자들에 대한 서베이가 필요하다고 하자. 이 경우 소비자면접에 약 700만 원 정도가 소요될 것이므로, 나머지 2,300만 원의 예산으로 서베이를 실시한다면 표본수는 500~600명 정도로 제한될 것이다.

### (3) 시간의 제약

표본크기의 결정에 영향을 미치는 또 다른 요인은 조사에 소요되는 기간이다. 제품테스트를 위한 마케팅조사는 짧은 기간 내에 실시되어야 하므로 표본의 수가 적다. 가령, 신제품에 대한 소비자반응을 보기 위해 CLT(Central Location Test)조사를 하기로 하고, 이 조사를 위해 3개의 시제품(prototype product)을 만들었다고 하자. 만약 하루에 각 제품별로 6명 정도의 응답자들을 조사할 수 있다면 1일당 조사가능 응답자는 20명 내외로 제한될 것이다. 만일 주어진 조사기간이 10일 정도라면 조사가능한 표본의 수는 200명 정도가 상한선이 된다.

### (4) 신뢰구간을 이용한 표본의 결정

조사자가 예상하는 자료의 신뢰구간 또는 오차의 범위도 표본크기에 영향을 미친다. 예를 들어 국회의원 후보자들에 대해 여론조사를 실시하여 갑 후보의 지지율이

37%, 을 후보의 지지율이 32%로 나왔다고 가정하자. 이때 과연 갑 후보가 실제 선거에서 이길 수 있다고 단언할 수 있는가? 만일 오차의 한계가 ±1%라면, 갑 후보의 예상득표율은 36~38%이며, 을 후보의 예상득표율은 31~33%로 갑 후보의 당선이 확실시된다. 그러나 오차의 한계가 ±3%라면 갑 후보의 득표율은 34~40%이며, 을 후보의 예상득표율은 29~35%로 을 후보가 당선될 가능성을 배제할 수 없게 된다. 실제로 최근의 국회의원 보궐선거에서 이러한 사례가 발생하기도 하였다.

조사자가 표본으로부터 구해질 추정값의 오차와 신뢰수준의 범위를 결정했다면, 다음과 같은 방법을 통해 이를 충족시킬 수 있는 표본의 크기를 결정할 수 있다.

① 표본추정치의 허용할 수 있는 오차의 범위($E$)(가령, 모집단의 참값 ±5%)를 결정한다.

② ①에 대한 신뢰수준을 결정한다. 즉 오차의 범위가 95%의 신뢰수준에서 믿을 수 있는지(20번 중 1번 정도는 잘못된 결론을 내릴 수 있는 것인지) 아니면 99%의 신뢰수준에서 믿을 수 있는 것인지를 결정하는 것이다.

③ 정규분포하에서 ②에서 결정된 신뢰수준에 해당하는 표본통계량인 $Z$값을 결정한다. 예를 들어 정규분포하에서 신뢰구간 95%에 해당하는 $Z$값은 $\pm 1.96$이 된다.

④ 모집단의 평균을 $\mu$, 표본의 평균을 $X$, 모집단 표준편차를 $\sigma$, 표본평균의 표준오차(standard error)를 $SE\left(=\frac{\sigma}{\sqrt{n}}\right)$라 할 경우, $Pr[X-1.96SE<\mu<X+1.96SE]=95\%$의 관계가 성립된다. 여기서 $SE$는 표본평균을 중심으로 표본값들이 분산되어 있는 정도를 말한다. 이때 정규분포하에서 [그림 10-4]와 같이 $\pm 1.96SE$가 바로 ①에서 조사자가 결정한 표본추정치에 대한 오차의 범위가 된다.

**그림 10-4** 신뢰수준과 오차의 범위 간의 관계

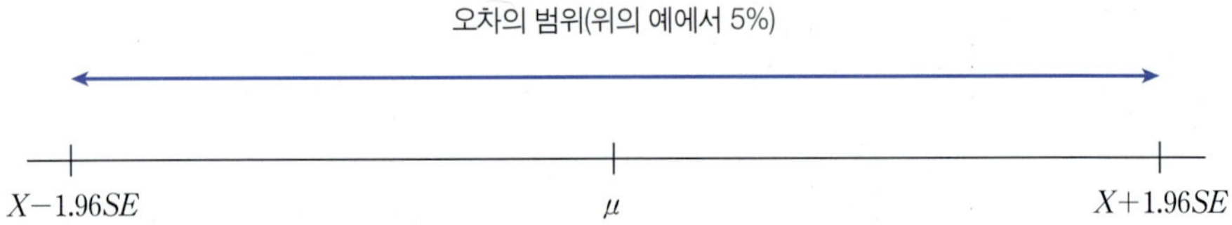

이를 수식으로 표시하면,

$$E=Z\cdot SE=\frac{Z\sigma}{\sqrt{n}}$$

따라서 조사자에 의해 결정된 신뢰수준과 오차의 범위를 충족시켜 주기 위한 표본의 크기는 다음과 같이 결정된다.

$$n=\frac{Z^2\sigma^2}{E^2}$$ (위의 예에서, $Z=1.96$, $E=5$)

위의 식에서 모집단의 표준편차인 $\sigma$를 추정하는 것이 어려우므로, 과거의 추정치를 대신 이용하게 된다. 즉 과거 유사한 시장자료들을 이용하여(앞의 선거자료의 경우 과거 득표율의 표준편차를 이용함) $\sigma$를 추정한다.

## 2.5 조사대상의 선정

표본추출과정의 마지막 단계는 이상의 과정을 통해 선정된 조사대브랜드본을 직접 찾아 조사를 실시하는 과정이다. 주어진 할당표에 맞는 조사대상자를 선정하여 이러한 조건을 만족시키는지의 여부를 확인하고 조사를 하는 부분이다. 선정된 조사대상자들에 대한 조사의 실시는 제11장의 실사편에서 보다 구체적으로 살펴보기로 한다.

# 연습문제

**1.** 표본조사와 전수조사의 차이점을 설명하고 전수조사보다 표본조사가 선호되는 이유를 설명하시오.

**2.** 마케팅조사에 따른 오류에는 크게 표본오류(sampling error)와 비표본오류(non-sampling error)가 있다. 이러한 오류는 각각 어떠한 경우에 발생하는가?

**3.** 표본추출과정에 대해 설명하시오.

**4.** 다음의 상황에서 모집단(target population)과 표본프레임(sample frame)은 무엇인가?

(1) 한국의 결핵협회에서는 흡연 남성들을 대상으로 하여 "금연을 해야 하는 12가지 이유"라는 제목의 캠페인의 효과를 측정하고자 한다.

(2) 신세계백화점에서는 새로운 신용정책에 대한 만족도를 측정하고자 한다.

(3) 제조기업에서 소매업자들의 재고부족을 막기 위해 소매업자들이 적당한 재고를 보유하고 있는지의 여부를 평가하고자 한다.

(4) 학교 주변에 위치한 카페에서 새로운 청량음료에 대한 소비자의 반응을 테스트해 보고자 한다.

**5.** 표본추출방법 중 확률표본추출방법(probability sampling)과 비확률표본추출방법(non-probability sampling)의 차이점은 무엇인가?

**6.** 국민카드는 인천지역에 약 30만 명의 신용카드 이용자를 확보하고 있다. 신용카드신청서에는 신청자의 이름과 주소, 전화번호, 수입, 교육수준 및 기타의 신청자에 대한 정보를 포함하고 있다. 국민카드에서는 카드의 사용 여부와 카드이용자들의 사회경제적인 특성 간에 어떤 관계가 있는지에 관심을 갖고 있다.

(1) 국민카드에서 이용하게 될 모집단과 표본프레임은 무엇인가?

(2) 이상의 표본프레임에서 단순무작위표본을 어떻게 추출할 수 있는가?

(3) 이상의 표본프레임에서 층화표본추출은 어떻게 할 수 있는가?

(4) 이상의 표본프레임에서 군집표본을 어떻게 추출할 수 있는가?

(5) 이상의 표본프레임에서 어떤 방법이 가장 합당한가? 그 이유는 무엇인가?

# 제 1 1 장
# 조사의 실시

1. 실사의 의미 및 중요성

2. 실사의 일반적 절차

3. 데이터파일의 완성

# 1 실사의 의미 및 중요성

설문지가 완성되고 표본계획이 세워지면, 자료를 수집하는 실사로 들어가게 된다. 실사란 조사원들을 선발하여 교육을 시키고, 표본계획에 맞는 응답자들을 찾아 설문지를 이용하여 자료를 수집하고, 수집된 자료에 대한 코딩 및 펀칭과 같은 자료처리의 과정을 거쳐 분석가능한 상태로까지 편집하는 과정을 의미한다. 마케팅조사에서 실사가 중요한 이유는 마케팅조사에서 발생할 수 있는 오류의 상당부분이 실사과정 동안에 발생하기 때문이다. 잘못된 실사를 통해 수집된 자료를 토대로 하여 내린 마케팅의사결정은 기업에 치명적인 결과를 초래할 수 있다.

마케팅조사에서 실사의 중요성을 이해하기 위해 실사과정에서 발생하는 오류를 중심으로 마케팅조사의 오류에 대하여 살펴보기로 하자. 제10장에서 마케팅조사의 오류는 크게 표본오류(sampling error)와 비표본오류(non-sampling error)로 나누어진다고 설명하였다. 표본오류란 표본에 의해 수집된 자료가 모집단을 적절히 반영하지 못함으로써 발생하는 오류를 말한다. 그러나 이러한 오류는 표본의 수가 증대됨에 따라 표본의 분포 자체가 모집단과 유사한 정규분포를 취하게 되어 표본오류의 크기가 줄어들게 된다. 따라서 표본의 규모가 비교적 큰 상업적 마케팅조사에 있어서 표본오류보다는 표본의 증가와 함께 증대되는 비표본오류가 더 중요한 문제로 대두된다.

비표본오류는 실사과정에서 흔히 발생되는데, 그 예는 다음과 같다.

① 조사원이 교육 중 다른 생각을 하여 설문의 내용을 잘못 이해한 경우
② 조사원이 응답자들에게 질문을 잘못하는 경우, 예를 들어 브랜드에 대한 비보조 인지도(unaided recall)를 측정하는 조사에서 부주의로 브랜드목록을 보여주는 경우
③ 조사원의 개인적 특성이 응답자에게 영향을 주는 경우. 예를 들어 정치적으로 민감한 부분(가령, 어떤 대통령후보를 지지하는가?)에 대하여 대학생이 질문을 하는 경우와 40대의 주부 조사원이 질문을 하는 경우
④ 설문조사 후 검증과정에서 발견된 잘못된 응답에 대해 응답자에게 연락이 불

가능하여 검증 없이 넘어간 경우

⑤ 코딩이나 펀칭과정에서의 오류

실제로 위의 예들은 마케팅조사과정에서 빈번히 발생되는 비표본오류들이다. 이러한 오류들을 통제하지 않고 수집된 자료는 신뢰성이 낮으며 잘못된 의사결정으로 연결될 수 있다.

마케팅조사에서 조사자들은 5%의 유의수준(significance level)에서 조사결과를 검증한다는 말을 흔히 한다. 5%의 유의수준이란 20번 중 1번은 조사에 의해 내려진 결론이 틀릴 수 있음을 의미한다. 유의수준을 낮게 설정할수록 보다 엄격한 조사가 요구된다. 비표본오류가 조사자가 설정한 유의수준에 어떠한 영향을 미치는지를 예를 들어 설명해 보기로 하자. 가령, 펀칭과정에서 100글자를 컴퓨터에 입력하였을 때, 만약 1타의 오류가 발생해도 벌써 1%의 오류가 발생한 것이다.

코딩과정에서 다시 오류가 발생하고, 조사원의 자료수집, 검증과정에서 발생하는 사소한 오류들을 모두 합하면 표본오류를 제외한 비표본오류만으로도 5% 이하의 오류수준을 유지하기는 매우 어렵다. 5%의 유의수준에서 신뢰성 있는 결론을 내리기 위해서 조사자는 실사과정을 철저히 통제하여 양질의 자료를 수집해야 한다. 이하에서는 실사의 진행과정 및 각 단계별로 오류를 줄이기 위한 방법에 대해 살펴보기로 한다.

## 2 실사의 일반적 절차

실사는 일반적으로 다음과 같은 단계를 거친다.

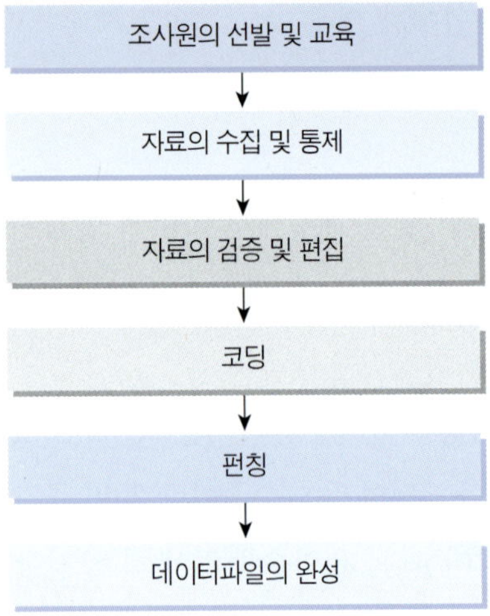


이하에서는 각 단계별로 살펴보기로 한다.

## 2.1 조사원의 선발 및 교육

실사의 첫 번째 단계는 조사원들을 선발하고 효율적이고 정확한 자료수집에 필요한 교육을 시키는 것이다. 조사원들은 자료의 수집을 직접 담당하기 때문에, 이들에 대한 통제는 마케팅조사에서 매우 중요한 비중을 차지하게 된다. 따라서 어떻게 조사원들을 선발하여 교육을 실시하느냐는 조사의 성공에 있어 중요한 관건이다. 마케팅조사담당자는 조사원을 선발 · 교육하는 데 있어 다음과 같은 사항들을 고려해야 한다.

- 어떤 기준으로 조사원들을 선발하는가?
- 어떻게 설문지의 내용과 조사방법을 교육시킬 것인가?
- 조사원들이 설문지의 내용을 동일하게 이해할 수 있는가?
- 각 조사원에 대한 지역할당을 어떻게 할 것인가?
- 조사원들이 각 설문에 대해 어떻게 질문을 하여야 하는가?
- 조사원의 출신지역과 사투리가 조사에 영향을 미치지는 않는가?
- 조사원들의 조사수행여부를 어떻게 확인할 것인가?

- 조사원이 수집한 설문지의 일부에 문제가 발생될 때, 이를 어떻게 처리할 것인가?

조사담당자는 이러한 질문들에 대해 해결방안들을 사전에 준비하고 이에 따라 조사원들을 선발, 교육 및 관리하여야 한다.

### (1) 조사원의 선발

조사책임자는 일정학력(설문의 난이도에 따라 고졸 또는 대학 재학 이상)을 갖추고 조사경험이 있는 조사원을 선발하여야 한다. 현재 활동하고 있는 조사원들은 대개는 비상근으로 근무하고 있으며, 성별로는 여성(약 80%)의 비율이 많다. 특히 주부들이 부업으로 조사원을 하는 경우도 많이 있다. 학력은 80% 이상이 대학 재학 이상의 학력을 소지하고 있다. 현재 대부분의 조사회사는 경력 있는 조사원들로 구성된 패널을 구성하고 이를 지속적으로 활용하고 있다.

경력이 없는 조사원은 1일 1~2부 정도의 쉬운 설문조사를 실시하는 등의 일정기간 동안의 교육을 거친 후 정식조사원으로 활용된다.

### (2) 교육

조사책임자는 조사경력이 없는 조사원은 물론 과거에 조사경험을 갖고 있는 조사원들에게도 조사의 특성과 유의사항에 관한 교육을 실시하여야 한다.

조사자는 교육장에 참석하여 우선 조사의 목적과 조사될 제품 등에 대한 설명을 하여야 한다. 물론 이 경우 조사를 의뢰한 회사의 이름은 밝히지 않아야 한다. 이는 조사원들이 의뢰기업을 알면 무의식적으로 그 기업에 유리하도록 조사를 진행할 가능성이 있기 때문이다.

다음으로 각 설문문항별로 질문의 목적과 질문방식, 응답을 표시하는 방법에 대해 설명을 한다. 특히 대답에 따라 몇 개의 질문을 건너뛰는 경우 이에 대한 설명을 상세히 해주어야 한다.

조사책임자는 항목별 설명이 끝난 후 조사원들에게 자신을 대상으로 설문조사를 해보도록 하며, 다시 2명씩 짝을 지어 조사를 해보도록 한다. 이러한 과정을 거쳐 조사자들은 최소 2회 이상 설문조사에 대한 연습을 실시한 후 실사에 들어가야 한다.

설문조사에 대한 연습이 완료되면 각 조사원별로 표본할당표와 조사지역을 나누어 주고 응답자를 찾는 방법에 대한 지침을 준다. 예를 들어 서울특별시의 어떤 동에 대한 가구방문조사에서 우선 그 동의 짝수번째 통의 통장집을 확인한 후 통장집에서 우측으로 매 2번째 집을 조사하라는 지침을 줌으로써 응답자를 찾는 방법을 구체적으로 제시해 주어야 한다. 또한 추후의 검증을 위해 응답자의 연락처를 설문지상에 명기할 것을 주지시킨다. 마지막으로 1~2일분의 설문지(1일당 대개 3부 정도)를 나누어주고 현장에 나가 조사를 실시토록 한다. 조사를 끝낸 설문지는 회사로 가져와 바로 검증과정을 거치도록 해야 한다.

## 2.2 자료의 수집 및 통제

조사원들이 자료를 수집하는 동안 조사담당자는 조사원들을 통제하는 슈퍼바이저(supervisor)들과 함께 현장에서의 예상치 못한 상황에 대비함으로써 조사현장에 대한 지속적인 통제를 해야 한다. 조사원들이 지시된 대로 현장조사를 하는지를 확인하고 설문지에서 예상치 못한 문제가 발견되는 경우 조사가 진행 중이라도 설문지에 대한 수정이 이루어질 수 있도록 하여야 한다.

예를 들어 청량음료의 최적 맛을 내는 온도를 조사하는 과정에서 병에 넣은 온도계가 깨져 응답자가 수은이 누출된 음료를 시음했다고 가정하자. 연구담당자 또는 슈퍼바이저는 해결방법을 몰라 당황하는 현장의 조사원들에게 신속하고 적절한 처리를 지시해야 한다. 물론 이러한 상황이 자주 발생하는 것은 아니지만, 연구담당자는 이러한 상황에 대한 준비를 하고 있어야 한다. 또 새로운 청량음료에 대한 제품테스트에서 음료의 색깔이 음료의 맛의 평가에 영향을 줄 수 있다. 조사원이 조사장소의 조명이 자연광이 아니어서 조사결과가 달라질 수 있음을 발견했을 때 조사담당자는 현장의 조사원들에게 이에 대한 적절한 조치를 취할 수 있어야 한다.

## 2.3 자료의 검증 및 편집

조사원에 의해 조사된 설문지는 검증(validation) 및 편집(editing)과정을 거친다. 설문지의 검증은 조사원들이 성의 있게 조사를 하였는지를 검토하는 과정으로 다음과 같은 항목들을 평가한다.

① 설문지의 주요 문항들이 빠지지 않고 모두 완성되었는가?

② 실제로 조사를 하였는가? 이를 검증하기 위해 조사책임자는 조사원별로 전체 조사설문지의 30% 정도를 추출하여 실제로 조사를 했는지의 여부를 전화로 확인한다. 문제가 된 설문지에 대해서는 전량 폐기하고 추가적인 조사를 실시하여야 한다.

③ 응답자들이 성의 있게 응답하였는가? 이를 검증하기 위해 조사담당자는 대개 항목들간의 내적일관성(internal consistency)을 검토하게 된다. 예를 들어 소득을 100만 원 미만으로 표시한 응답자가 중형 이상의 승용차를 소유하고 있다고 응답한 경우에는 신뢰성 있는 응답으로 볼 수 없으므로 차후의 자료분석과정에서 제거되어야 한다.

검증과정을 거친 설문지는 편집과정을 실시하게 되는데, 편집과정은 다시 개방형 질문들에 대한 처리인 탤리(tally)과정과 설문지의 응답을 코딩화하는 과정으로 나누어진다.

개방형 질문에 대한 탤리과정이란 차후의 분석이 용이하도록 개방형 질문에 대한 응답내용을 분류하고 응답항목별로 수치를 부여함으로써 코딩 및 펀칭이 가능하도록 하는 작업을 말한다. 다음과 같은 개방형 질문과 이에 대한 응답내용의 예를 이용하여 탤리과정을 설명하기로 한다.

**질문** 귀하가 다음에 휴대폰을 구매하신다면 어떤 색의 휴대폰을 선택하시겠습니까?
( )

조사자는 각각의 개방형 질문에 대한 응답의 유형들과 각 응답별 빈도수를 확인한 후 향후의 자료처리·분석을 위해 각 항목별로 일련번호를 부여한 표를 작성한다. 이와 같은 표를 오픈가이드(open guide : 개방형 질문의 응답에 대한 처리지침서)라 부르며, 〈표 11-1〉은 오픈가이드(또는 처리지침서)의 한 예이다.

**표 11-1** 개방형 질문의 응답에 대한 처리지침서(open guide)의 예

| 할당된 항목번호 | | 빈도 |
|---|---|---|
| (1) | 검정 | 119 |
| (2) | 파랑 | 17 |
| (3) | 회색 | 11 |
| (4) | 흰색 | 11 |
| (5) | 빨강 | 9 |
| (6) | 투명 | 7 |
| (7) | 녹색 | 5 |
| (8) | 곤색 | 5 |
| (9) | 파스텔 | 4 |
| (10) | 하늘색 | 4 |
| (11) | 형광 | 4 |
| (12) | 밝은색 | 4 |
| (13) | 분홍색 | 4 |

이러한 탤리작업은 모든 개방형 질문에 대해 이루어져야 하므로 가능한 한 선택형 질문을 만드는 것이 자료처리 및 분석에 보다 용이하다. 그러나 응답자들의 응답을 예상하기 어렵거나, 아이디어를 파악하기 위해 개방형 질문을 이용하는 경우에는 탤리의 과정을 거쳐야 한다.

탤리과정이 완료되면 조사자는 조사설문지에 대한 편집작업으로 들어간다. 실사를 담당하는 감독자는 각 설문지마다 개방형 질문의 응답에 대해 탤리과정에서 작성된 오픈가이드를 이용하여 해당되는 번호를 부여하고, 코딩작업이 쉽게 이루어질 수 있도록 선택형 질문들의 응답에 대해서도 해당되는 번호를 명확히 기록한다.

## 2.4 코딩과 편칭

코딩(coding)이란 효율적인 전산처리를 위해 편집과정을 거친 모든 응답내용들

을 수치화하여 코딩용지에 기록하는 과정이다. 코딩작업은 설문지상의 응답내용을 옮겨 적기 위한 코딩용지(coding sheet)와 옮겨 적는 방법을 명시한 코딩북(coding book)을 필요로 한다. 코딩북이란 설문지의 정보가 코딩지에 어떤 규칙에 의해 옮겨지는지, 즉 코딩용지의 어떤 줄의 어떤 칸에 설문문항 몇 번의 내용이 옮겨지는지를 알려주는 설명서이다. 코딩작업이 이루어지면 조사자는 설문내용을 확인하기 위해서 각 설문지를 확인할 필요가 없이 자료와 코딩북만을 대조하면 된다. 〈표 11-2〉는 설문지의 일부와 이를 처리한 코딩북의 예이다.

**표 11-2** 설문지 및 코딩북의 예

처리해야 할 설문지의 일부

ID번호

| | | |
|---|---|---|
| | | |

1. 당신의 성별은? ( )
   1) 여자 2) 남자
2. 귀하의 한 달 용돈은 얼마나 됩니까? 만 원 단위로 말씀하여 주시기 바랍니다.
   ( )만 원
3. 귀하의 연령(만 나이 기준)은 다음의 보기 중 어디에 해당됩니까? ( )
   1) 20세 미만 2) 20세~30세 미만 3) 30세~40세 미만
   4) 40세~50세 미만 5) 50세~60세 미만 6) 60세 이상

위의 설문지를 처리하기 위한 코딩북

| 설문 번호 | 변수명 | 카드 번호 | 칸 번호 | 자료의 입력형태 | 변수설명 | 응답항목 설명 | 기타 |
|---|---|---|---|---|---|---|---|
| 0 | ID | 1 | 1~3 | F3.0 | 인식번호 | | |
| 1 | A1 | 1 | 5 | F1.0 | 성별 | ① 남자<br>② 여자<br>③ 무응답 | |
| 2 | A2 | 1 | 6~10 | F5.0 | 용돈 | 단위 : 만 원<br>9999 : 무응답 | |
| 3 | A3 | 1 | 11 | F1.0 | 연령 | ① 20세 미만<br>② 20대<br>③ 30대<br>④ 40대<br>⑤ 50대<br>⑥ 60대 이상<br>⑨ 무응답 | |

〈표 11-2〉의 코딩북에서 각 항목에 대한 설명은 다음과 같다.

- **설문번호** : 이는 설문지상의 질문번호이며, 코딩용지의 첫 부분은 대개 각 응답자 또는 설문지를 구분하기 위한 인식번호(ID number)가 코딩된다. 설문번호 0은 응답자 인식번호를 의미한다.
- **변수명** : 이는 각 응답내용에 대해 이름을 지정하는 부분이다. 가령, 응답자 인식번호는 ID란 변수명으로 지정되며, 부여된 변수명은 자료처리에 사용된다.
- **카드번호** : 코딩용지에는 대개 한 라인당 80칼럼의 자료가 입력되며, 자료의 양이 80칼럼을 넘는 경우 설문지당 2라인 이상이 이용된다. 이 경우 카드번호는 라인을 구분하기 위한 번호이다. 라인번호 대신 카드번호라고 부르는 이유는 과거에 한 라인의 자료를 한 장의 OMR카드를 이용하여 입력하던 때의 습관을 그대로 따른 것이다.
- **칸번호** : 이는 각 응답내용이 각 라인의 몇 번째 칸(칼럼)에 수치화되어야 하는지를 표시한다.
- **자료의 입력형태(input format)** : 이는 코딩된 자료가 컴퓨터에서 어떻게 처리되어야 할지를 지정해 주는 부분이며, 일반적으로 컴퓨터언어 중 FORTRAN에서 쓰이는 자료지정형태가 많이 이용된다.

① F형식 : 이는 정수와 소수를 동시에 처리할 수 있는 형식으로 일반적인 형태는 다음과 같다.

nFa.b

a : 한 번에 읽어야 하는 칼럼의 수

b : a개의 칼럼의 수 중 소수점 이하의 수가 b자리임을 뜻함.

n : 이러한 형태의 자료가 n번 반복됨을 의미함.

F형식의 자료처리방법을 다음의 예를 들어 설명해 보기로 하자.

원자료 : 1234567890123456

〈1〉 4F4.0으로 지정되면 16자리의 숫자는 4자리의 정수로 구성된 4개의 변수로 구성된 것으로 처리된다.

1234, 5678, 9012, 3456

〈2〉 4F4.1로 지정되면 4개의 변수는 각각 다음과 같이 처리된다.

12.4, 56.8, 90.2, 34.6

각 변수는 4칸을 차지하며, 4칸 중 첫 두 칸은 정수부분을, 세 번째 칸은 소수점을, 네 번째 칸은 소수점 이하의 수가 기록된다.

〈3〉 4F4.2로 지정하는 경우 4개의 변수는 각각 다음과 같이 처리된다.

1.34, 5.78, 9.12, 3.56

〈4〉 2F8.3으로 지정되면 16자리의 숫자는 8자리씩 2개의 변수로 구성된 것으로 처리된다.

1234.678, 9012.456

② a형식 : 이는 문자로 입력된 자료를 처리하기 위한 자료입력형태로 다음과 같이 처리된다.

nac
c : 이는 한 번에 c칸씩 문자가 처리됨을 의미하며, 앞의 F형식에서의 a와 같다.
n : 이는 c칸씩의 자료처리를 n번 반복함을 의미한다.

다음과 같은 예를 들어 a형식에 의한 자료처리의 예를 살펴보기로 한다.

원자료 : abcdefghijkl

〈1〉 3a4는 12개의 문자를 4칸씩 세 부분으로 나누라는 의미이다.

abcd, efgh, ijkl

〈2〉 6a2는 12개의 문자를 2칸씩 6부분으로 나누라는 의미이다.

ab, cd, ef, gh, ij, kl

③ '/' 형식 : 이는 한 설문지당 코딩된 자료가 2라인 이상인 경우 '/'는 다음 라인으로 넘어가 자료를 처리하라는 의미이다. 다음은 '/'형의 입력형태에 대한 자료처리의 예이다.

원자료 : 1234567890
0987654321
자료입력형태 : 2F2.0, F4.1, /, F4.2
입력되는 자료 : 12, 34, 567.8, 9.87

즉 '/' 가 나타나면 그 라인에서 더 이상의 자료처리가 이루어지지 않으며, 다음 라인의 자료가 처리된다.

- **변수 설명** : 이는 앞의 변수명에 대한 보다 상세한 설명이다. 가령, A1변수는 성별을 나타내며, A2변수는 용돈을 의미한다는 것을 보여주며, 이는 후에 SPSS와 같은 전산처리에서 Variable Label로 입력된다. 이러한 변수 설명과 다음의 응답항목 설명이 필요한 이유는 이러한 내용이 SPSS 프로그램에 입력될 경우 컴퓨터 출력에 설명이 자세히 나타남으로써, 각 출력결과를 보면서 설문지와 코딩북을 일일이 대조해야 하는 불편함을 없애줄 수 있기 때문이다.
- **응답항목 설명** : 응답항목 설명란은 각 변수명에 대한 응답자의 응답내용을 설명하는 부분이며, SPSS 프로그램상의 Value Label에 해당되는 부분이다. 한편 수집된 자료 중 무응답자료(missing value)는 9 또는 99로 표시되며, 이는 전산처리에서 그 자료는 처리하지 말 것을 지정하는 수이다.

[그림 11-1]은 코딩지의 예이다.

설문지가 주로 선택형 질문만으로 이루어지고 자유응답형의 질문이 없는 경우에는 코딩북을 작성하는 과정이 생략되기도 하는데, 이때는 설문지가 바로 코딩북으로 이용된다. 즉 설문지상에 바로 변수명과 카드번호 및 칼럼번호를 표시하고, 각 설문마다 비처리자료(missing value)의 값을 제시해 줌으로써 코딩북을 만드는 과정을 생략할 수 있다. 〈표 11-3〉은 설문지를 코딩북으로 직접 이용한 예이다.

그림 11-1 코딩지의 예

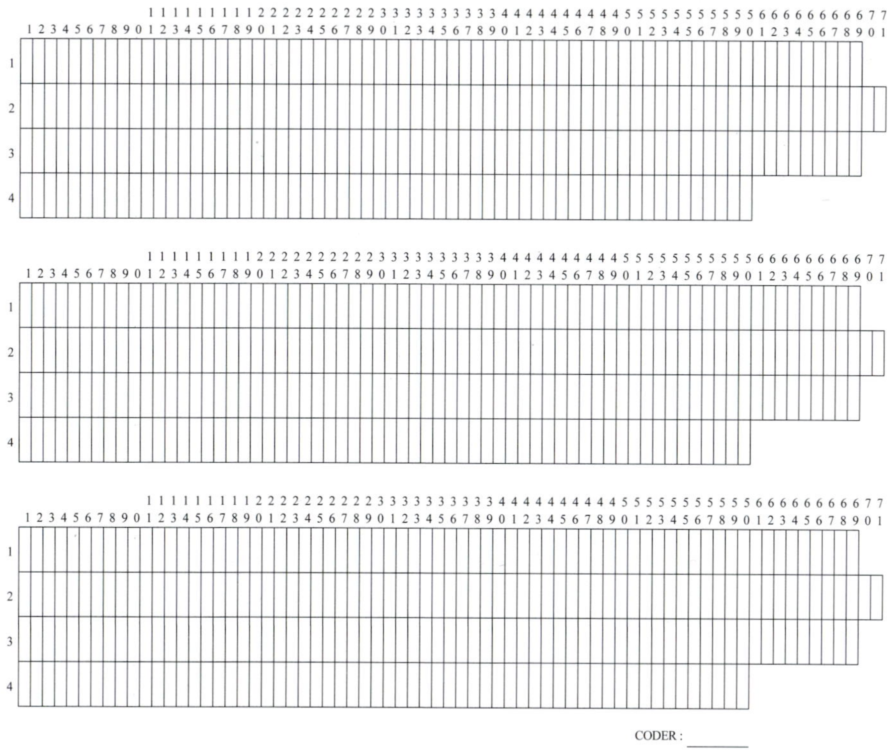


편칭(punching)이란 코딩과정을 통해 수치화 또는 부호화된 자료를 컴퓨터파일에 입력하는 과정이다. 자료의 입력은 아래한글이나 MS Word와 같은 프로그램을 이용하기도 하지만 국내 주요 조사회사들에서는 별도로 구축한 편칭 프로그램을 이용하여 작업을 진행한다. [그림 11-2]는 코딩 및 편칭과정을 거쳐 수치화된 자료의 예이다.

최근에는 [그림 11-3]과 같이 엑셀 프로그램을 이용하여 하나의 셀(cell)에 하나의 변수에 해당하는 자료를 입력하는 방식으로 편칭작업을 진행하고, 이 파일을 바로 SPSS와 같은 통계 프로그램에서 불러들여 작업을 진행하기도 한다.

대부분의 상업적 조사의 경우 자료의 양이 많아 전문적인 천공원(puncher)들에게 작업을 의뢰한다. 편칭과정에서 주의해야 할 사항은 편칭작업은 많은 오류를 발생시킬 수 있으므로 이에 대한 통제가 이루어져야 한다는 것이다. 즉 편칭된 자료 중 일부를 표본으로 추출하여 정확하게 자료입력이 이루어졌는지를 확인하여야 한다. 대개 1,000타 중에 오류가 5타 이상 발생하게 되면, 즉 0.5% 이상의 오류가 발생되면

**표 11-3** 설문지를 코딩북으로 직접 이용한 예

**배경질문**

카드번호 : 8

D1. 귀하의 나이는 만으로 ( )세

변수명 : D1, 칼럼번호 : 5~7, Missing Value : 999

D2. 성별 ( ) 1) 남 2) 여

변수명 : D2, 칼럼번호 : 8, Missing Value : 9

D3. 귀하의 직업은 무엇입니까? ( )

1) 자영업(상점, 숙박업, 공장 등의 주인)
2) 판매업(세일즈맨, 판매원 등)
3) 기능직업직(생산직, 배달원, 운전기사 등)
4) 공무원(교사, 6급 이하의 공무원) 및 사무직
5) 고급 공무원 및 기업체 간부(사무관 이상, 교감 이상, 기업체 부장 이상)
6) 전문, 자유직(의사, 약사, 법조인, 교수, 예술가, 연예인 등)
7) 농림, 수산업
8) 대학(원)생
9) 중고등학생
10) 주부
11) 기타 ( )

변수명 : D3, 칼럼번호 : 9~10, Missing Value : 99

D4. 귀하 가정의 수입은 상여금과 기타 수입(금융재산, 부동산임대수입 등)을 포함하여 월평균 얼마나 됩니까? ( )

1) 100만 원 이내
2) 100만 원~200만 원 이내
3) 200만 원~300만 원 이내
4) 300만 원~400만 원 이내
5) 400만 원~500만 원 이내
6) 500만 원 이상

변수명 : D4, 칼럼번호 : 11, Missing Value : 9

자료로서의 신뢰성이 떨어져 재작업이 요구된다. 즉 5%의 유의수준에서 결론을 내리기 위해서는 펀칭 또는 코딩과정에서 발생하는 오류는 각각 0.5% 이하의 수준을 유지해야 하는 것이다.

따라서 조사자는 전체 조사일정 중 코딩과 펀칭에 많은 시간을 할애하는데, 최근

**그림 11-2** 코딩 및 펀칭이 완료된 자료의 예

```
01012120111000000000000229999402110021999999999999999999999010000103022
    0100100101101010010020109010101111101100110010000010020103040812222
    77666654556645467524743125344256426554350199299999999999999999992
    6065227208120111101011110010001010019901000040001720931
01021220111100000011001299994011100229999999999999999999999000100116991
    1000000000000000000007080110000101001000000000100000100102030408100000
    44454454445555545555444444444444555544444010229999999999999999991
    50702212021201001010110011100000000019901000001001810823
010312201110000100000072999940710401199999999999999999999990001001040111
    0010001000101000000010710111101111111110110100010010070102030410000
    5555564444565554544536333599995655555555019929999999999999999991
    3060121207110111111011111111111110019900100000502610833
010413208110100010100042999930411302199999999999999999999990000000102011
    0000000000001000000106111110010101100001001000000010040102031012222
    47657156475666656765167544444444665646646060429999999999999999991
    30502222013301111010111000001000000299002000100031104131
010521209110101000100041991940411202294101180229999999999999000111101012
    0010001100101000000004080111010111100110000100000000004100102081122 2
    46435552346743442455246634255347434564340599299999999999999999991
    50902241101401111011100110110001100399000500007015209211
01061310111111010011001299994011120119999999999999999999990001001110211
    0000000111000110000001070811111111101111101101000100000102030408100 0
    666665556445554555555455444444446555455555410991100000100000000102 51
    809012120432011110111110111000011001990070001000311022 3
```

**그림 11-3** 엑셀 프로그램을 이용하여 자료를 펀칭한 화면의 예

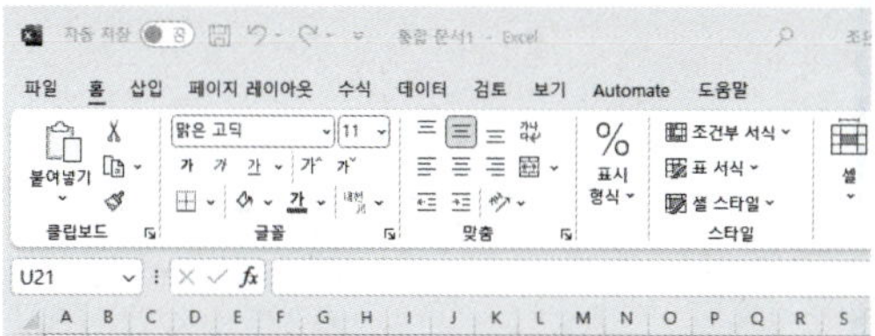


| | A | B | C | D | E | F | G | H | I | J | K | L | M | N | O | P | Q | R | S |
|---|---|---|---|---|---|---|---|---|---|---|---|---|---|---|---|---|---|---|---|
| 1 | 6 | 30 | 8 | 8 | 7 | 7 | 8 | 8 | 7 | 8 | 10 | 10 | 150 | 4 | 4 | 0 | 2 | 3 | 2 |
| 2 | 13 | 25 | 9 | 6 | 9 | 9 | 6 | 6 | 7 | 4 | 10 | 5 | 100 | 4 | 5 | 0 | 2 | 1 | 4 |
| 3 | 23 | 29 | 8 | 7 | 7 | 10 | 9 | 9 | 9 | 10 | 14 | 9 | 76 | 5 | 5 | 0 | 2 | 3 | 4 |
| 4 | 27 | 32 | 8 | 7 | 9 | 9 | 8 | 8 | 7 | 7 | 15 | 5 | 30 | 4 | 5 | 0 | 1 | 1 | 4 |
| 5 | 32 | 30 | 7 | 6 | 5 | 8 | 6 | 5 | 5 | 4 | 15 | 15 | 200 | 4 | 4 | 0 | 1 | 1 | 3 |
| 6 | 46 | 25 | 10 | 5 | 10 | 10 | 10 | 10 | 10 | 10 | 10 | 5 | 100 | 5 | 5 | 0 | 2 | 1 | 4 |
| 7 | 73 | 39 | 8 | 5 | 5 | 9 | 5 | 5 | 5 | 5 | 10 | 5 | 50 | 4 | 5 | 0 | 1 | 3 | 4 |
| 8 | 78 | 56 | 7 | 8 | 6 | 6 | 5 | 6 | 6 | 5 | 9 | 7 | 80 | 4 | 4 | 0 | 1 | 3 | 4 |
| 9 | 80 | 40 | 5 | 5 | 5 | 5 | 5 | 5 | 5 | 7 | 20 | 18 | 50 | 3 | 3 | 0 | 1 | 1 | 3 |
| 10 | 84 | 29 | 7 | 6 | 8 | 8 | 9 | 8 | 7 | 5 | 4 | 3 | 30 | 3 | 4 | 0 | 2 | 1 | 2 |
| 11 | 93 | 23 | 8 | 8 | 7 | 6 | 7 | 7 | 7 | 7 | 5 | 2 | 25 | 3 | 3 | 0 | 2 | 1 | 3 |
| 12 | 94 | 25 | 9 | 8 | 3 | 5 | 9 | 10 | 10 | 8 | 5 | 3 | 30 | 4 | 4 | 0 | 2 | 1 | 4 |
| 13 | 100 | 32 | 10 | 10 | 9 | 9 | 8 | 9 | 7 | 10 | 10 | 6 | 320 | 5 | 5 | 1 | 1 | 3 | 4 |
| 14 | 109 | 30 | 8 | 7 | 7 | 8 | 7 | 7 | 7 | 7 | 8 | 6 | 200 | 4 | 4 | 0 | 2 | 1 | 3 |
| 15 | 111 | 33 | 6 | 6 | 5 | 6 | 5 | 8 | 5 | 7 | 5 | 3 | 20 | 3 | 4 | 0 | 2 | 1 | 4 |
| 16 | 117 | 43 | 10 | 8 | 9 | 9 | 10 | 10 | 9 | 10 | 10 | 5 | 100 | 5 | 5 | 0 | 1 | 2 | 3 |
| 17 | 124 | 29 | 8 | 9 | 6 | 3 | 2 | 4 | 2 | 6 | 25 | 15 | 30 | 3 | 3 | 0 | 2 | 1 | 2 |
| 18 | 134 | 44 | 5 | 5 | 6 | 5 | 6 | 3 | 5 | 5 | 25 | 10 | 100 | 3 | 3 | 0 | 1 | 2 | 3 |
| 19 | 137 | 32 | 7 | 6 | 8 | 7 | 8 | 8 | 8 | 10 | 10 | 7 | 50 | 4 | 4 | 0 | 2 | 1 | 4 |
| 20 | 141 | 30 | 8 | 9 | 7 | 8 | 7 | 10 | 6 | 8 | 7 | 3 | 20 | 4 | 5 | 0 | 1 | 1 | 2 |

에는 이러한 자료처리의 시간을 줄이기 위해 코딩의 과정을 생략하는 직접펀칭(direct punching)방법도 활용되고 있다. 이는 설문지에 대한 편집(editing)과정에서 바로 코딩을 실시하는 방법이다. 즉 〈표 11-4〉의 예와 같이 설문지의 각 페이지마다 하단 부분에 코딩할 수 있는 공간을 마련하고 편집과정 동안 이곳에 바로 코딩작업까지를 수행함으로써 코딩지가 아닌 설문지로부터 펀칭작업이 이루어지도록 하는 방법이다.

**표 11-4** 직접펀칭을 위한 설문지의 예

**배경질문**

D1. 귀하의 나이는 만으로 (    )세

D2. 성별 (    )    1) 남    2) 여

D3. 귀하의 직업은 무엇입니까? (    )
- 1) 자영업(상점, 숙박업, 공장 등의 주인)
- 2) 판매업(세일즈맨, 판매원 등)
- 3) 기능직업직(생산직, 배달원, 운전기사 등)
- 4) 공무원(교사, 6급 이하의 공무원) 및 사무직
- 5) 고급 공무원 및 기업체 간부(사무관 이상, 교감 이상, 기업체 부장 이상)
- 6) 전문, 자유직(의사, 약사, 법조인, 교수, 예술가, 연예인 등)
- 7) 농림, 수산업
- 8) 대학(원)생
- 9) 중고등학생
- 10) 주부
- 11) 기타 (    )

D4. 귀하 가정의 수입은 상여금과 기타 수입(금융재산, 부동산임대수입 등)을 포함하여 월평균 얼마나 됩니까? (    )

| | |
|---|---|
| 1) 100만 원 이내 | 2) 100만 원~200만 원 이내 |
| 3) 200만 원~300만 원 이내 | 4) 300만 원~400만 원 이내 |
| 5) 400만 원~500만 원 이내 | 6) 500만 원 이상 |

**코딩란**

| D1 | D2 | D3 | D4 |
|---|---|---|---|
| 8P−5, 6, 7 | 8P−8 | 8P−9, 10 | 8P−11 |
| □□□ | □ | □□ | □ |

## 3 데이터파일의 완성

자료에 대한 펀칭과정이 완료되면 조사자는 분석작업에 들어간다. 이러한 분석의 중심은 통계처리과정을 통해 이루어지며 대개 SPSS(Statistical Package for Social Science)나 SAS(Statistical Analysis System)와 같은 통계패키지를 통하여 이루어진다. 조사자는 위의 통계패키지들을 이용하여 통계처리를 하기에 앞서 펀칭된 자료를 통계패키지 내에서 처리할 수 있도록 전환시킨 데이터파일(data file)을 작성하는 작업을 먼저 실시하여야 한다. SPSS를 이용하여 데이터파일을 만드는 과정은 본장의 부록에 상세히 설명하였다. SAS를 이용하여도 동일한 통계처리결과를 얻을 수 있으나, 본서에서는 가능한 SPSS를 이용해 데이터파일을 만들고 통계처리하는 과정을 설명할 것이다.

## 연습문제

1. 실사에 있어서 발생할 수 있는 오류에는 어떤 것들이 있는가? 또한 이러한 오류가 발생하는 경우 어떠한 문제점들이 발생하게 될 것인가에 대해 논하시오.

2. 실사의 일반적인 절차를 설명하시오.

3. 실사처리가 완료된 자료에 대하여 빈도분석을 실시하는 과정에 예상치 못한 수[(1) 남, (2) 여의 경우 3번]가 나타났다. 이러한 현상이 발생한 원인과 해결책을 제시하시오.

# 부록 Windows환경에서 SPSS 프로그램의 실행방법

통계분석전문 프로그램인 SPSS는 Windows환경에서 메뉴방식을 이용해 쉽게 통계작업을 할 수 있도록 되어 있으며, 지속적인 개선을 통해 2024년 현재 SPSS 29.0 버전이 보급되어 있다(SPSS 패키지 구입에 대한 문의는 www.spss.co.kr을 참조하기 바란다). SPSS 작업을 실행하는 과정은 [그림 11A-1]과 같이 크게 세 단계로 구분된다.

그림 11A-1 SPSS의 통계처리과정

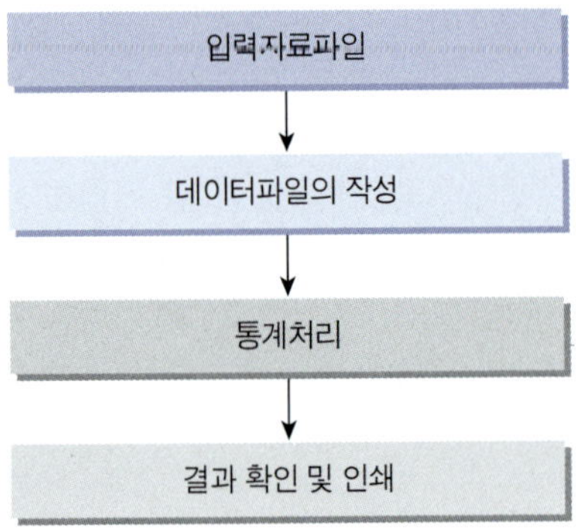


## 1. 데이터파일의 작성

SPSS에서의 통계처리를 위해서는 우선 분석할 자료가 있어야 한다. SPSS에서 자료를 입력하는 방법은 크게 두 가지로 나누어진다. 첫 번째는 SPSS 패키지내에서 직접 자료를 입력하는 경우로 자료의 양이 많지 않은 경우 이용할 수 있다. 자료의 양이 많은 경우에는 대개 미리 작성해 놓은 외부의 자료파일을 불러오게 된다.

① SPSS내에서 직접 자료를 입력하는 경우

SPSS 프로그램을 설치한 후 SPSS 아이콘을 클릭하여 SPSS를 구동시키면 [그림 11A-2]와 같은 초기화면이 나타난다. 이 화면을 데이터편집기(data editor)라 부

**그림 11A-2** 데이터편집기 화면

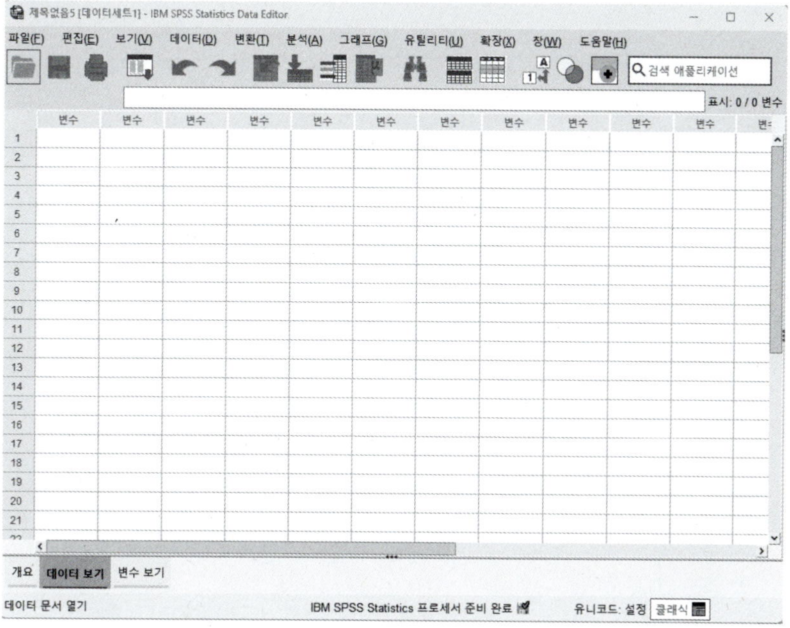

르며 자료의 양이 적은 경우 이 상태에서 직접 자료를 입력할 수 있다.

자료를 입력하기 위해서는 [그림 11A-3]과 같이 각 응답자별로 한 줄씩 각 변수를 구분하여 순차적으로 자료를 입력하여야 한다. 다음으로 [그림 11A-3]의 아랫부분에 있는 변수보기를 선택하여 각 변수의 명칭과 특성을 입력해주어야 한다.

[그림 11A-4]에 제시된 변수보기 화면에서 **이름**부분을 선택하여 각 변수별로 변수명(한글도 가능함)을 부여하고, 자료의 특성에 따라 자료의 유형, 자릿수와 자릿수 중 소수점 이하 자릿수를 지정해준다. 다음 변수의 의미가 무엇인지를 **설명**부분에 입력해주면 다음 〈표 11A-1〉에서와 같이 통계처리결과에 설명내용이 제시되어 쉽게 자료를 해석할 수 있게 된다. **값**부분은 각 변수값에 대한 설명을 입력해주는 부분이며, 이러한 설명을 입력시켜주면 〈표 11A-1〉에서 보듯이 그 내용이 출력결과에 표시되어 결과를 쉽게 해석할 수 있도록 해준다. 이를 위해 각 변수별로 값 아래의 해당 셀을 클릭하면 [그림 11A-5]와 같은 화면이 제시되며, 변수값과 설명을 하나씩 입력한 후 **추가**를 클릭하고, 입력이 모두 끝나면 **확인**을 클릭한다.

**그림 11A-3** 데이터편집기에서 자료입력 화면의 예

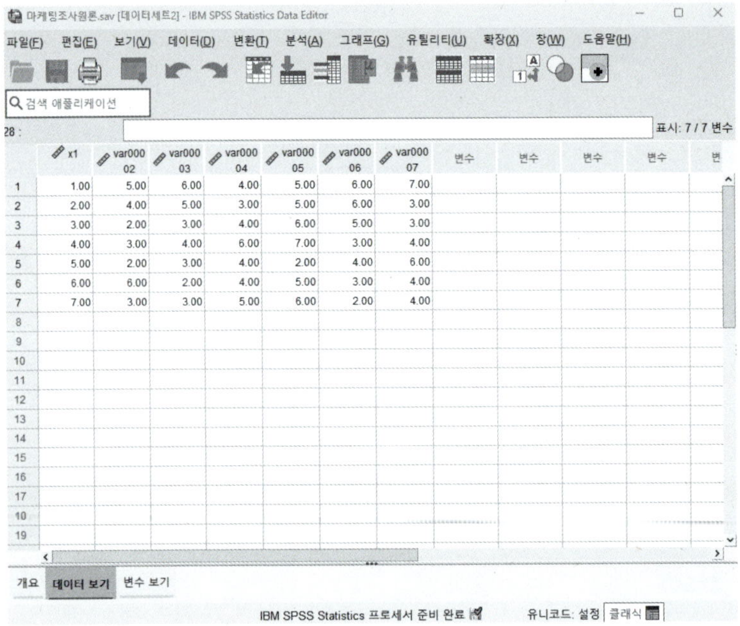


**그림 11A-4** 변수보기 화면의 예

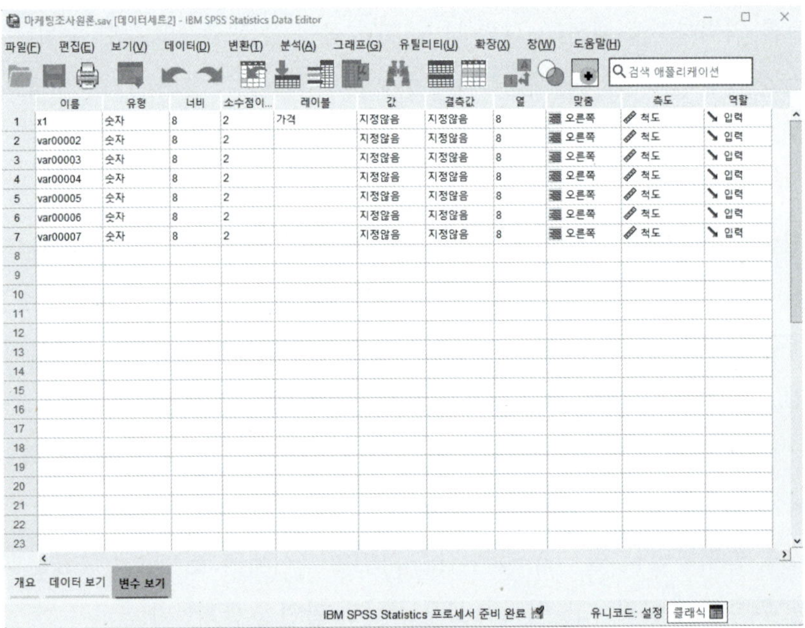

**표 11A-1** 변수에 대한 빈도분석 결과

| 성별 Value Label | Value | Frequency | Percent | Valid Percent | Cum Percent |
|---|---|---|---|---|---|
| 남자 | 1 | 110 | 47.6 | 55.0 | 55.0 |
| 여자 | 2 | 90 | 45.0 | 45.0 | 100.0 |
| | 99 | 10 | 7.4 | Missing | |
| | Total | 210 | 100.0 | 100.0 | |

**그림 11A-5** 변수값 입력화면

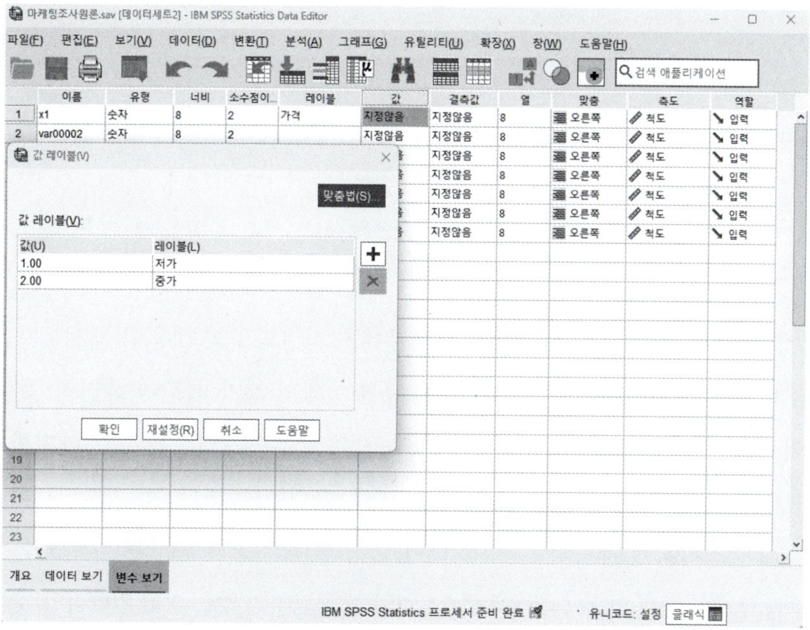

② 텍스트파일 형태의 외부파일을 불러오기

입력할 자료의 양이 많거나 다른 패키지에서 작성된 자료파일이 있는 경우라면 이 파일을 SPSS내로 불러서 작업을 할 수 있다. 텍스트파일(아래한글이나 워드와 같은 프로그램에서 자료를 입력한 후 자료를 저장할 때 반드시 텍스트파일로 저장하여야 SPSS에서 자료를 인식할 수 있음)로 작성된 자료를 불러들이기 위해서는 초기화면에서 **파일－열기－데이터－파일유형:텍스트** 키를 순차적으로 선택한 후, [그림 11A-6] 화면에서 해당 파일을 선택하고 **열기** 키를 선택한다.

[그림 11A-6]에서 **열기**를 선택하면 [그림 11A-7]과 같은 '텍스트가져오기마법사

**그림 11A-6** 외부파일을 지정해주는 화면

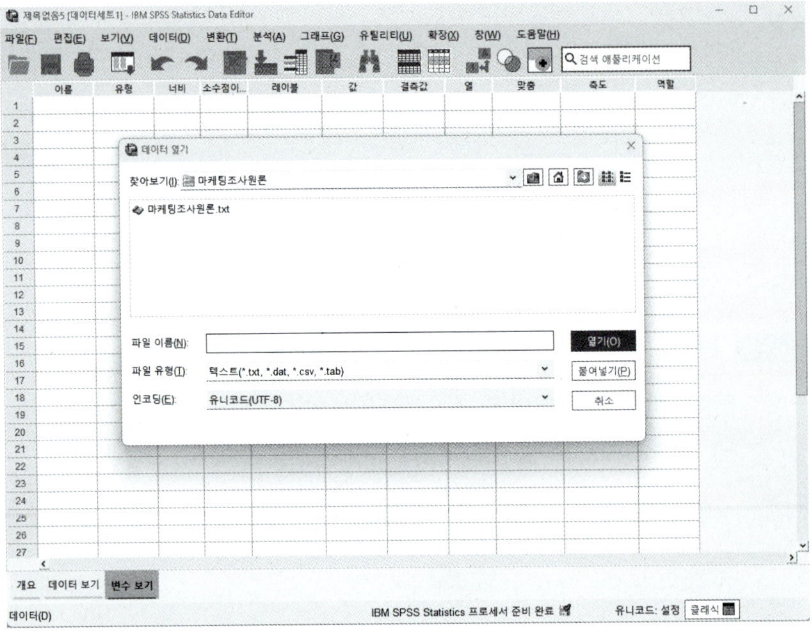

-1단계' 화면이 나타나며, 화면의 아랫부분에는 자료파일의 내용이 제시된다. 일반적으로 텍스트파일 자체에는 아무런 설명이 추가되지 않기 때문에 화면의 중간부분에서 **아니오**와 **다음**을 선택하면 [그림 11A-8]과 같은 '텍스트가져오기마법사-2단계' 화면이 나타난다.

[그림 11A-8]에서 자료의 형식에 있어 변수간 특별한 구분(공란이나 콤마 등으로 각 변수를 구분할 수도 있으나 펀칭과정에서 변수를 구분하지 않는 것이 일반적임) 없이 연속적으로 제시되어 있음을 나타내는 **고정 너비로 배열**과 변수이름이 파일내에 없다는 **아니오**를 선택하고, 마지막으로 **다음**을 선택하면 [그림 11A-9]와 같은 '텍스트가져오기마법사-3단계' 화면이 나타난다. 여기서 데이터의 첫 번째 케이스가 1번째 줄부터 시작함을 선택하고, 하나의 케이스가 몇 줄의 데이터로 구성되는지를 선택하고, **다음**을 선택하면 [그림 11A-10] '텍스트가져오기마법사-4단계' 화면이 나타난다.

그림 11A-7 텍스트가져오기마법사－1단계 화면

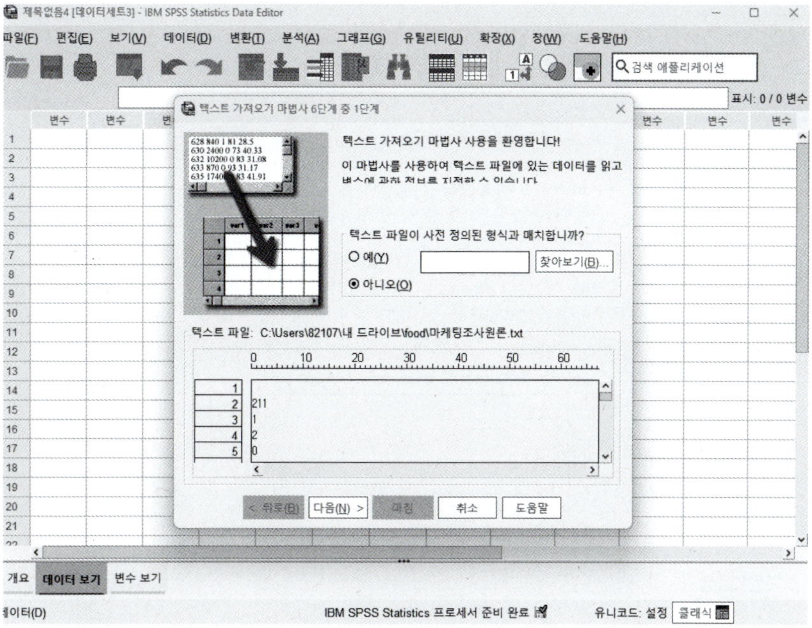

그림 11A-8 텍스트가져오기마법사－2단계 화면

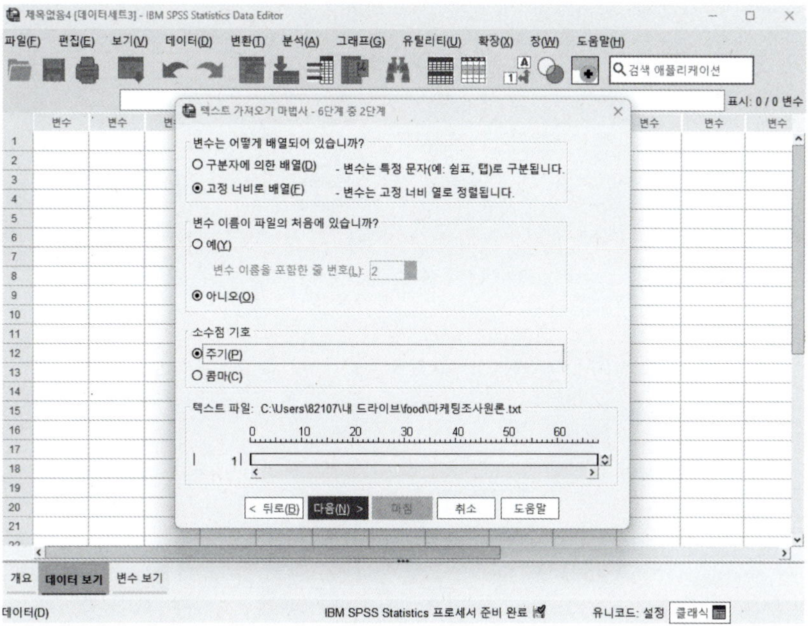

**그림 11A-9** 텍스트가져오기마법사-3단계 화면

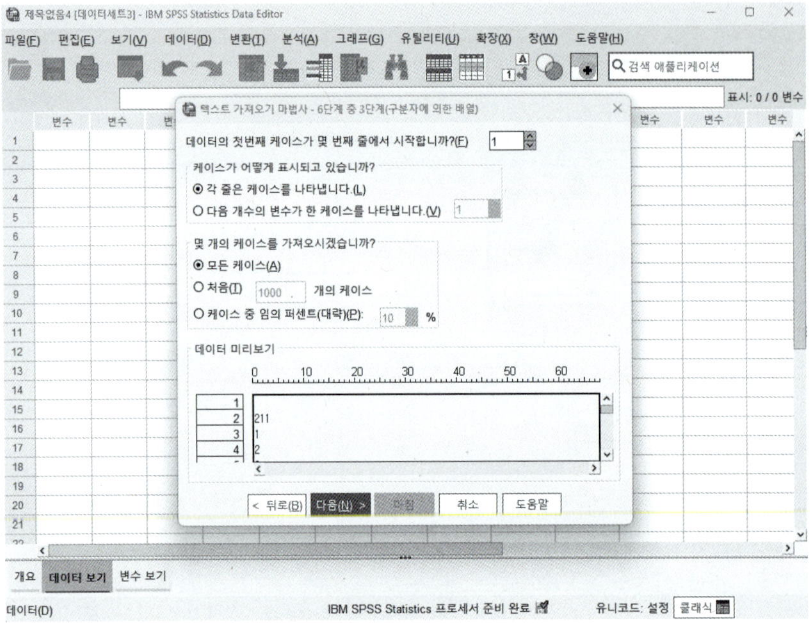


**그림 11A-10** 텍스트가져오기마법사-4단계 화면

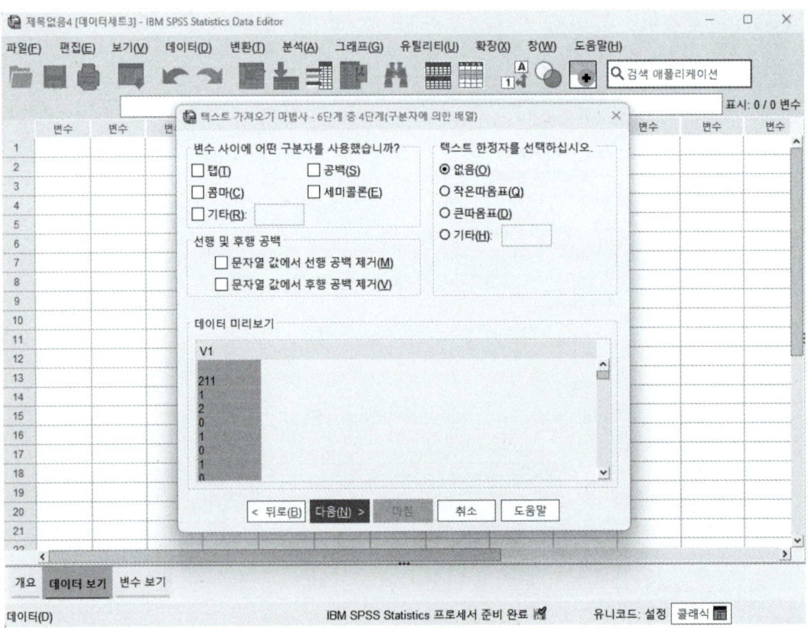

**그림 11A-11** 외부파일을 불러온 결과 화면

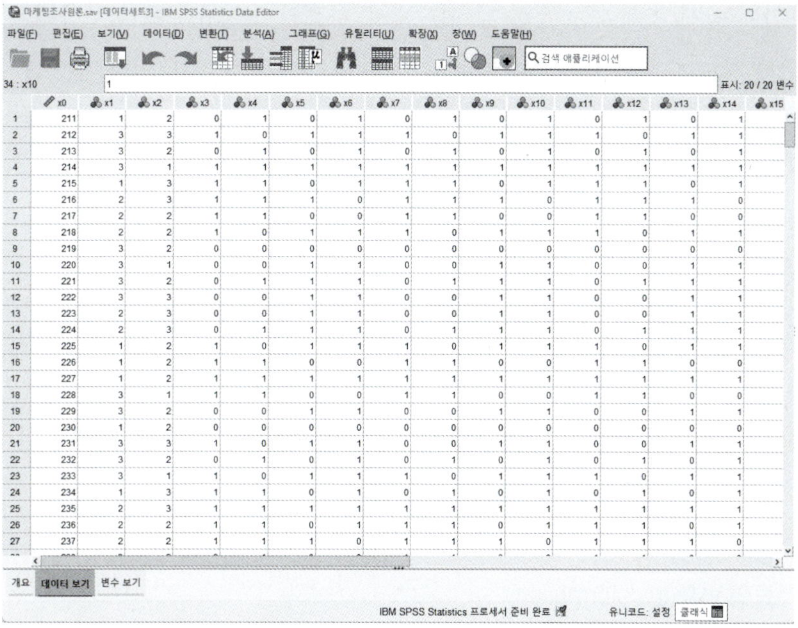


'텍스트가져오기마법사－4단계'는 각 변수들이 몇 칸으로 이루어져 있는지를 지정하는 부분이다. 화면의 아랫부분에 제시된 자료창에서 커서로 각 변수의 영역을 구분하여 클릭한 후 **다음**을 선택한다. 텍스트가져오기마법사의 5단계와 6단계에서는 현재까지 처리된 자료의 예를 보여주며, 6단계에서 **마침**을 선택하면 [그림 11A-11]과 같은 화면이 나타나며 외부파일 불러오기 과정이 종료된다.

[그림 11A-11]의 화면은 앞의 [그림 11A-3]과 동일한 상태이며, 앞서 설명한 SPSS내에서 직접 자료를 입력하는 경우와 마찬가지로 **변수보기**를 통하여 각 변수별 특성과 설명을 추가해 주어야 한다.

원자료의 편칭이 엑셀에서 이루어진 경우라면 **파일－열기－데이터**에서 확장자가 xls로 된 엑셀파일을 지정하면 [그림 11A-11]과 같은 상태의 화면을 볼 수 있다.

③ 데이터파일의 완성

데이터파일이란 이상의 과정을 거쳐 변수들에 대한 정보가 입력된 상태로 저장된 파일이며, 파일명은 sav의 확장자를 갖는다. 일단 데이터파일이 작성되어 저장된 후에는 앞의 과정을 다시 거치지 않고 작업이 완료된 데이터파일만을 불러내어 필요한 통계작업을 실시할 수 있게 된다. ①이나 ②의 과정을 마친 결과를 데이터파일로 저장하기에 앞서 조사자는 우선 각 변수별로 자료의 이상유무를 검토하여야 한다. 이를 위해 각 변수별로 빈도표(frequeny table)를 출력하고 코딩이나 펀칭상의 실수로 인하여 잘못된 자료가 있는지의 여부를 확인하여야 한다. 가령, 앞의 〈표 11-4〉에 제시된 성별을 나타내는 D2변수의 빈도표에서 1(남자)과 2(여자) 외에 3이나 4가 빈도표상에 나타나면 이는 코딩이나 펀칭과정상에 잘못이 있음을 의미한다. 이 경우 조사자는 오류가 발생한 설문지를 찾아 코딩과 펀칭상의 오류를 정정하여야 한다. 이러한 과정을 거쳐 실사과정상의 오류가 모두 수정되면 이 결과를 **파일-저장하기**를 선택함으로써 완성된 데이터파일을 저장할 수 있게 된다. 다음에 이 데이터파일을 불러오기 위해서는 **파일-열기**를 차례로 선택하고 해당 파일을 선택하면 된다.

④ 자료의 변환(transformation)

만일 데이터파일내의 일부 변수의 자료를 다른 내용으로 바꾸는 코딩변경(re-coding) 작업이 필요하면 **변환**메뉴를 이용하여 수행할 수 있다. 예를 들어 5, 6, 7, 9로 답변한 케이스를 모두 5로 다시 코딩하기 위해 **변환-같은 변수로 코딩변경**을 선택하면 [그림 11A-12] 화면이 나타난다. 이 화면에서 해당변수를 지정하고 **기존값** 및 **새로운 값**을 선택하면 [그림 11A-13] 화면이 제시된다. [그림 11A-13]에서 기존값과 새로운 값을 하나씩 지정해주고 **추가-계속-확인**을 순서대로 클릭하면 기존자료의 내용이 수정된다.

기존변수를 이용해 새로운 변수를 만드는 과정은 **변환**메뉴내의 **변수계산**(com-pute)부분에서 실행할 수 있다. 예를 들어 X1과 X2변수를 곱하여 새로운 변수 Y1을 만들고 싶다면 [그림 11A-14] 화면에서 기존변수들과 새로운 변수와의 관계를 각각 **숫자표현식**과 **목표변수**부분에 표시하고 **확인**을 선택하면 원래의 데이터파일에 새로운 변수가 추가되어진다. 향후 분석에서 변환된 자료가 계속 필요하다면 **파일-저장** 버튼을 클릭하여 데이터파일을 업데이트(update)시켜 준다.

그림 11A-12 코딩변경 화면 1

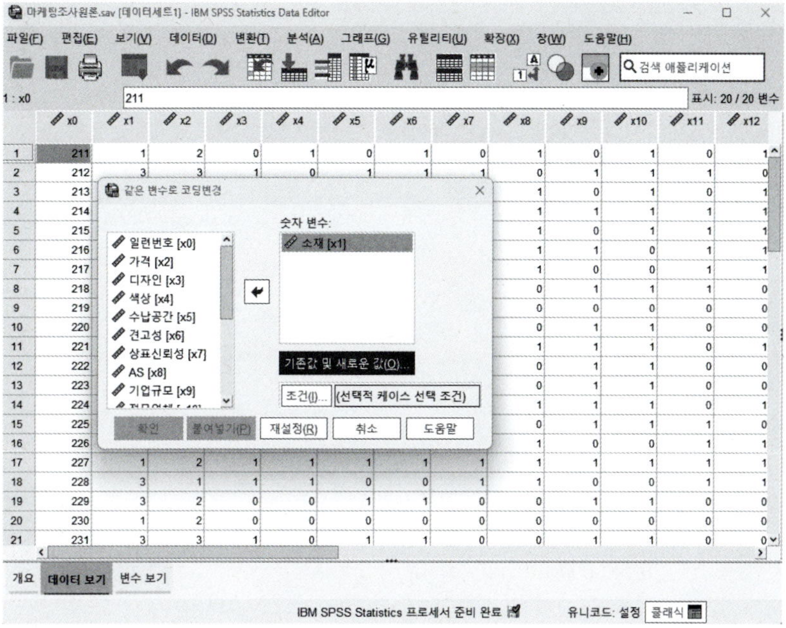

그림 11A-13 코딩변경 화면 2

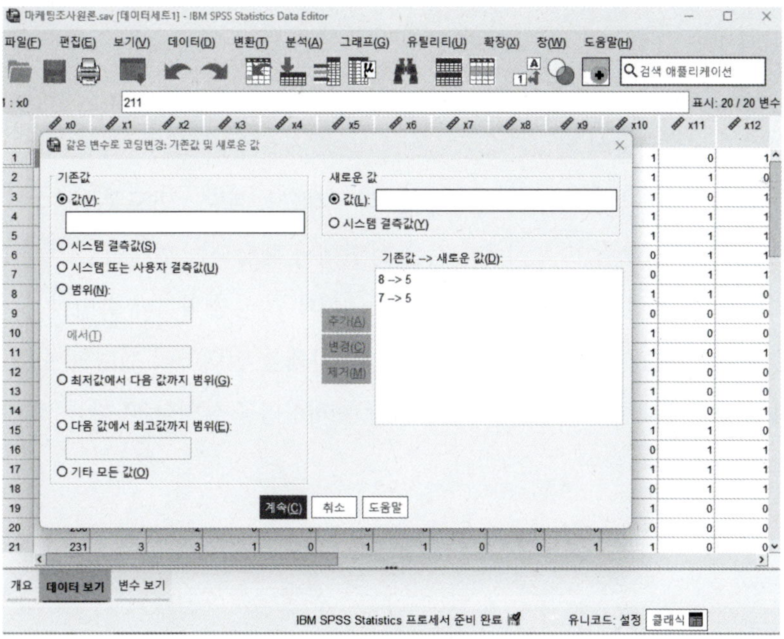

**그림 11A-14** 변수계산 화면

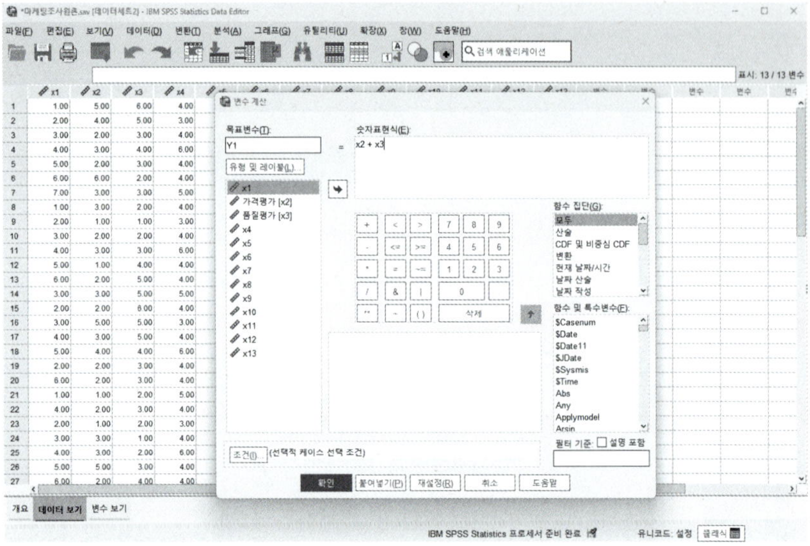


## 2. 통계처리

앞의 과정을 통해 데이터파일이 완성되면 필요한 통계처리를 수행할 수 있다. SPSS 프로그램에서 통계분석은 [그림 11A-15]와 같이 분석메뉴를 선택한 후 필요한 통계기법을 선택하여 처리한다.

예를 들어 빈도분석을 실시하는 경우 **분석-기술통계량-빈도분석**을 차례로 선택한 후 나타나는 [그림 11A-16]과 같은 화면에서 해당되는 변수를 선택하고 **통계량**을 지정한 후 **확인**을 선택하면 [그림 11A-17]과 같은 출력결과 화면이 제시된다. 출력결과의 인쇄는 출력결과 화면에서 **파일-인쇄**를 선택하여 실행할 수 있다. 다른 통계기법들에 대한 자세한 처리과정은 각 통계기법을 설명할 때 다룰 것이다.

**그림 11A-15** 통계기법 선택화면

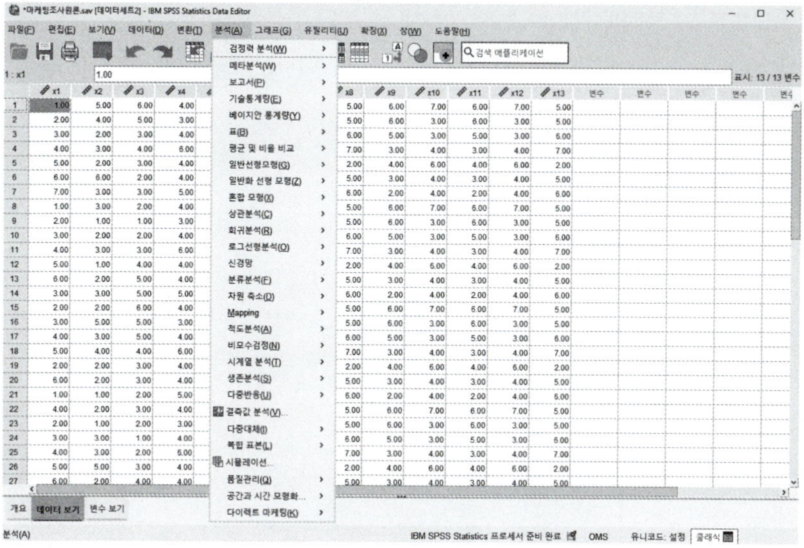


**그림 11A-16** 빈도분석 실행화면

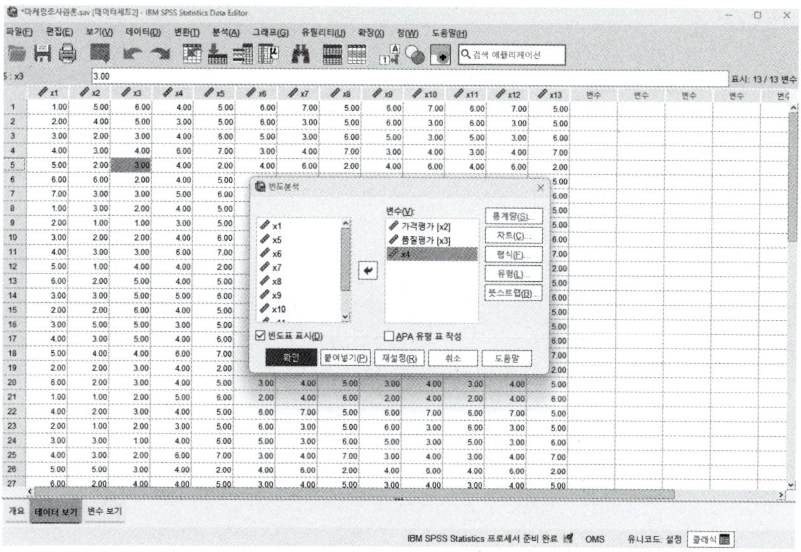

그림 11A-17 통계처리 결과화면

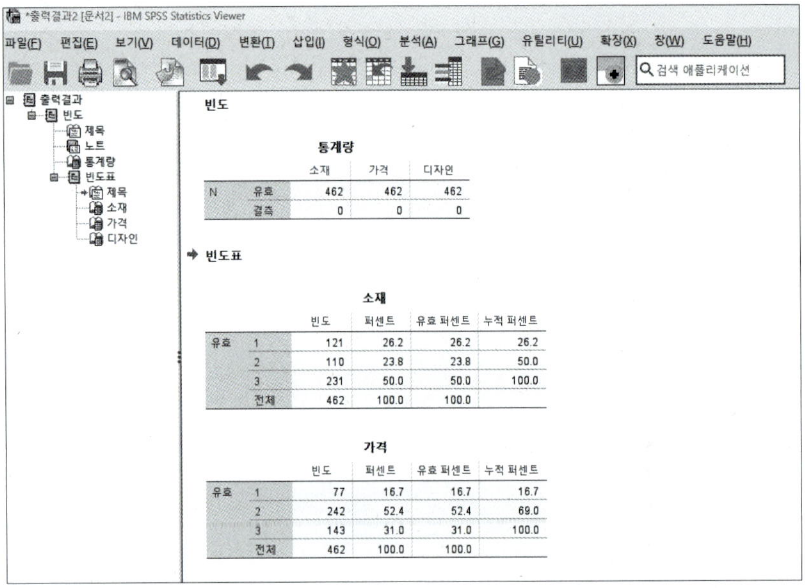

# 05 자료의 분석

# 제 12 장
# 가설검증과 통계기법의 구분

1. 가설검증의 의미 및 절차

2. 단일모집단 평균과 비율에 대한 가설검증

3. 통계기법의 구분

마케팅의사결정을 내리기에 앞서 마케터는 마케팅믹스변수의 변화(가령, 새로운 광고캠페인의 도입)가 소비자반응(가령, 제품광고에 대한 태도와 브랜드에 대한 태도)에 미치는 효과에 대해 추정하려고 한다. 이를 위해 마케팅담당자는 시장반응(예를 들어 예상되는 소비자행동 또는 마케팅변수의 효과)에 대한 가정 또는 가설을 설정하고, 마케팅조사를 통해 수집된 실증적 자료를 토대로 이러한 가정이 맞는지를 검증한다. 가령, 현대자동차의 아반떼 마케팅담당자는 타겟 소비자집단(20대와 30대 소비자), 판매사원들과의 면접을 통하여 20대와 30대 소비자의 승용차 구매행동이 다르다는 것을 발견하고, 각 세분시장에 대한 광고전략을 차별화해야 한다는 가설(가령, 20대 소비자에게는 감성적 어필이, 그리고 30대 소비자에게는 이성적 어필이 더 높은 광고태도를 유발할 것이다)을 설정한다. 그리고 해당 연령대의 소비자들을 각각 표본으로 선정해 서베이조사를 통해 자료를 수집하여 이의 사실여부를 검증하게 된다. 이하에서는 먼저 가설의 의미와 가설검증의 절차에 대해 살펴보고, 가설검증을 위해 이용하는 다양한 통계기법의 종류를 설명하기로 한다.

# 1 가설검증의 의미 및 절차

## 1.1 가설의 의미

가설(hypothesis)이란 어떤 현상에 대한 연구자의 추측을 서술한 것이다. 예를 들어 마케팅관리자는 자사제품에 대한 가격인상(또는 인하), 또는 새로운 포장방법도입의 효과에 관한 자신의 생각을 문장으로 나타낼 수 있다. '경쟁제품보다 가격을 10% 올려도 매출은 현수준에서 유지될 것이다' 또는 '새로운 포장방법의 도입이 자사제품에 대한 선택확률을 증가시킬 것이다'와 같은 마케팅변수의 효과에 대한 추측이나, '20대 소비자와 30대 소비자는 자동차 구매시 중요하게 생각하는 제품속성에서 차이가 있을 것이다'와 같은 소비자의 구매행동에 대한 마케터의 추측이 바로 가설이 되는 것이다.

마케터의 추측에 의해 설정된 가설은 마케팅조사를 통해 수집된 자료를 토대로 통계적 검증을 거치게 된다. 통계적 검증을 거치지 않은 가설(즉, 마케터의 추측)을 토대로 이루어진 마케팅의사결정은 실패의 확률이 높아 기업성과에 부정적인 결과를 초래할 수 있다. 따라서 마케터는 가설적 주장에 대해 수집된 자료를 토대로 통계적 검증을 거친 후 최종의사결정을 내리는 것이 실패의 확률을 줄일 수 있다.

## 1.2 가설의 종류

통계적 검증을 통해 설정되는 가설은 귀무가설(null hypothesis)과 대립(연구)가설(alternative hypothesis)의 두 가지가 있다. 대립가설(또는 연구가설)은 조사자가 수집된 자료를 통해 지지하기를 원하는 진술이며, 기호 $H_a$로 표시된다. 귀무가설이란 대립가설과 반대되는 진술로서, 조사자가 부정하고 싶은(즉, 통계적 검증의 대상이 되는) 가설이다. 귀무가설은 $H_0$로 표시된다. 통계검증에서는 귀무가설을 참이라고 가정한다는 것에 유의할 필요가 있다. 가령, 사회과학 연구에서 새 이론(대립가설)이 옳음을 밝히기 위해 기존이론(귀무가설)이 참이라고 가정하고 실증분석을 통해 이것이 사실이 아님을 증명함으로써 새 이론(대립가설)이 타당함을 주장한다.

일반적으로 연구자는 자신의 주장을 대립가설로 설정하고, 그 반대의 내용을 귀무가설로 설정한다. 자료의 수집과 분석을 통하여(즉, 통계적 가설검증을 통해) 자신의 주장이 사실로 밝혀진 경우에만 귀무가설을 기각하고 연구자가 지지하기를 원하는 대립가설을 받아들일 수 있다. 만약 귀무가설이 기각되지 않는다면(즉, 대립가설이 지지되지 않는다면), 연구자는 자신의 주장을 포기 또는 수정해야 한다. 예를 들어 광고비와 매출은 양의 상관관계를 갖는 것으로 알려져 있다. 그러나 연구자가 몇 개의 제품에 대한 관찰을 토대로 성숙기에서는 광고가 매출액 증가에 별 영향을 미치지 않는다는 주장을 제기하였다고 하자.

연구자는 이러한 주장의 사실여부를 확인하기 위해 '성숙기 제품에 있어서 광고비와 매출은 관계가 없다'라는 것을 대립가설로 설정한다. 그런 다음 성숙기에 들어선 제품들의 광고비와 매출자료를 수집 · 분석함으로써 이 주장이 지지될 수 있는지

**마케팅조사Highlight**

## 마케터는 고정관념에서 벗어나 마케팅현상에 대한 다양한 가설을 개발 · 검증해야 한다

1970년대 스파게티 소스 제조업체 프레고(Prego)와 라구(Ragu)는 치열한 경쟁을 벌이고 있었다. 프레고는 이 싸움에서 고전을 면치 못했다. 프레고는 자사의 소스 품질이 더 뛰어났는데도 왜 라구에 밀리는지 이유를 알지 못했다.

프레고는 정신물리학 박사이자 컨설턴트인 하워드 모스코위츠에게 도움을 청했다. 하워드는 소비재에 대한 여러 프로젝트를 수행한 경험이 풍부했다. 예를 들어 그는 '펩시가 신제품에 아스파탐이란 새로운 물질을 몇 퍼센트 정도 넣어야 적정할까'를 연구했다. 소비자는 8% 이하는 심심하고, 12% 이상은 너무 달다고 느낀다. 대부분의 상품기획자라면 등급별로 함량을 조절한 제품을 소비자가 시음하게 하고 선호도를 그래프로 그려본 뒤 아스파탐의 적정 수준을 도출했을 것이다. 문제는 소비자의 선호도가 종형곡선(bell curve)을 따르지 않았다는 데 있었다(종형곡선을 따른다는 것은 정규분포를 따르며, 이는 소비자선호도의 평균값을 찾을 수 있음을 의미한다).

하워드는 결국 아스파탐의 적정수준을 찾는 실험에 실패했다. 그는 몇 년간 고민하다가 어느 날 가정 자체가 잘못됐다는 것을 깨달았다. 완벽한 펩시가 하나만 있다는 가정하에서 하나의 완벽한 펩시를 찾았는데, '완벽한 펩시는 하나가 아닐 수 있다'는 것이었다.

하워드는 이런 통찰력을 스파게티 소스에도 적용했다. 하워드는 스파게티 소스 45가지를 들고 여러 지역을 돌아다녔다. 많은 사람들에게 다양한 소스를 사용해서 만든 파스타를 시식시키고 선호도에 따라 점수를 매기게 했다. 그렇게 하워드는 여러 달 동안 같은 실험을 반복해 미국인들의 스파게티 소스 선호도에 대한 데이터를 축적할 수 있었다.

데이터를 취합한 하워드는 사람들의 특징에 따라 선호도를 분류했다. 그는 미국인들을 단조로운 맛을 좋아하는 그룹, 강한 양념 맛을 좋아하는 그룹, 과육 덩어리가 많은 상태를 좋아하는 그룹(Chunky)으로 나눴다. 이 중 덩어리가 많은 스파게티 소스는 당시엔 없었다. 결국 프레고는 덩어리가 많은(Extra Chunky) 스파게티 소스를 출시했고, 미국 시장을 순식간에 평정했다. 프레고는 10년간 이 소스로 60억 달러를 벌어들일 수 있었다.

당시나 지금이나 기업은 고객들에게 직접 물어야 한다고 생각한다. 그래서 라구와 프레고 역시 소비자그룹을 초청해 앉혀 두고 어떤 맛이 좋은지를 토의하는 FGD(Focus Group Discussion)를 20~30년간 실시했다. 그런데 이 과정에서 '덩어리가 많으면 좋겠다'는 소비자의 의견은 한 번도 나오지 않았다. FGD는 비교적 저비용으로 빠르게 소비자의 선호도를 조사할 수 있기 때문에 기업들이 많이 사용하고 있다. 그러나 이를 통해 현재 제품에 대한 소비자들의 생각과 선호는 알 수 있지만, 이들이 진짜 어떤 제품을 원하는지는 알 수 없는 한계가 있다. 이를 극복하려면 상품기획자가 더 많이 관여해서 고객의 행동을 관찰하고 그들의 무의식을 살펴봐야 한다.

자료원 : 동아비즈니스리뷰, No. 78, 2011년 4월, pp.134-135.

를 통계적으로 검증하게 된다. 이 경우 귀무가설은 '광고비와 매출은 양의 상관관계가 있다'가 된다. 통계적 가설검증결과 연구자의 주장인 대립가설이 지지되는 것으로 밝혀진다면, 광고비의 상당부분을 다른 판촉활동에 전환하는 의사결정이 내려질 수 있을 것이다.

마찬가지로 신제품의 성능이 경쟁제품이나 자사의 기존제품보다 우수한지를 파악하기 위해 실시되는 마케팅조사에서 마케팅관리자는 신제품이 경쟁제품이나 자사의 기존제품과 성능에서 차이가 없다고 가정하는 귀무가설을 설정하고, 신제품이 경쟁제품이나 자사의 기존제품보다 성능이 더 우수하다는 주장(즉, 마케터가 바라는 결과)을 대립가설로 세운다.

마케터가 귀무가설을 참이라고 가정하고 마케팅조사를 통해 이것이 사실이 아님을 밝히려는 이유는 수집된 자료를 통해 신제품의 성능이 훨씬 우수하다는 확실한 증거가 있기까지는 신제품과 기존제품간에 성능에서 차이가 없다고 일단 가정하는 것이 신제품 출시과정에서 막대한 마케팅비용을 잘못 투입할 위험을 줄일 수 있기 때문이다.

## 1.3 가설검증의 일반적 절차

가설검증과정은 일반적으로 다음과 같은 4단계를 거친다.

① 가설의 설정
② 검증통계량(test statistics)의 결정
③ 가설채택기준의 마련
④ 가설채택여부의 결정

### (1) 가설의 설정

가설검증과정의 첫 번째 단계는 연구에 필요한 가설을 설정하는 것이다. 가설은 마케팅담당자의 생각이나 의견을 문장으로 표현한 대립가설(alternative hypothesis : $H_a$)과 그와 반대되는 진술인 귀무가설(null hypothesis : $H_0$)로 구성된다. 기업들은 제품속성의 변화, 새로운 포장방법, 브랜드명의 변경, 가격조정, 광고내용의 변경, 새로운 판촉방법의 도입과 같은 마케팅의사결정의 효과에 관한 가설을 제기하고, 이를 검증하기 위해 마케팅조사를 실시하는 경우가 많다.

예를 들어 마케팅의사결정자는 20대와 40대의 커피제품 구매패턴에 관해 다음과 같은 가설을 설정할 수 있다.

$H_0$ : 20대와 40대 소비자는 커피제품 구매패턴에서 차이가 없다.
$H_a$ : 20대와 40대 소비자는 커피제품 구매패턴에서 차이가 있다.

그러나 위의 가설은 너무 광범위하기 때문에 마케팅의사결정에 도움을 주기 위해 보다 구체적인 가설을 설정하는 것이 바람직하다.

$H_0$ : 20대와 40대 소비자는 커피 구매브랜드에서 차이가 없다.
$H_a$ : 20대와 40대 소비자는 커피 구매브랜드에서 차이가 있다.

$H_0$ : 20대와 40대 소비자는 선호하는 커피 구매가격에서 차이가 없다.
$H_a$ : 20대와 40대 소비자는 선호하는 커피 구매가격에서 차이가 있다.

$H_0$ : 커피구매에 있어서 20대와 40대 소비자가 이용하는 정보원천(source)에는 차이가 없다.
$H_a$ : 커피구매에 있어서 20대와 40대 소비자가 이용하는 정보원천에는 차이가 있다.

### (2) 검증통계량의 결정

귀무가설과 대립가설을 설정한 다음 조사자는 이 두 가설 중 하나를 선택하기 위한 기준인 검증통계량(test statistics)을 결정하고 수집된 표본자료로부터 통계량의 값을 계산해야 한다. 연구자는 설정된 가설의 성격에 따라 어떤 검증(가령, $Z$검증, $t$검증, $F$검증, $\chi^2$ 검증 등)을 할 것인지를 선택하게 되며, 수집된 표본자료로부터 검증통계량을 계산한다. 검증통계량은 귀무가설의 기각/채택여부를 결정하는 데 기준이 되는 수학식으로, 연구자는 표본자료를 이 수식에 대입하여 검증통계량의 값을 구한다. 검증통계량의 수식에는 표본에서 계산된 값과 연구자가 귀무가설에서 설정한

값간의 차이가 포함된다. 따라서 이들간의 차이가 크면 검증통계량의 값도 커지게 된다. 만약 계산된 검증통계량의 값이 커지면 귀무가설이 기각될 가능성이 높으며 검증통계량의 값이 작으면 귀무가설이 지지될 가능성이 높아진다.

가설검증에서 이용되는 검증통계량은 기본적으로 귀무가설이 맞다는 가정하에 유도된 통계식으로, 이 식에 표본자료를 대입해 통계량의 값을 구하게 된다. 이러한 통계량들은 모두 특정의 확률분포(예 : 정규분포, $t$분포, $F$분포, $\chi^2$분포 등)를 따르게 된다.

적절한 검증통계량의 결정은 검증의 대상(평균, 비율 등), 비교되는 집단의 수, 표본의 수, 표본의 분산에 대한 정보, 표본간의 독립성을 고려하여 이루어진다.

예를 들어, 동서식품의 커피제품 마케팅담당자가 20대와 40대간에 무카페인 커피에 대한 구매비율에서 차이가 있는지를 검증하려고 한다고 하자. 최근 한 달간 커피를 구매한 20대와 40대의 소비자들 중에서 각각 200명씩을 선정하여 무카페인 커피의 구매비율을 조사하였다. 이 경우 가설은 다음과 같이 설정될 것이다.

$H_0 : P_{20대} = P_{40대}$

(20대와 40대 소비자는 무카페인 커피의 구매비율에서 차이가 없다)

$H_a : P_{20대} \neq P_{40대}$

이 예에서 무카페인 커피에 대한 구매비율에서 두 소비자집단간 차이를 검증하기 위한  방법으로 $Z$검증이 선택되며, 이에 따라 검증통계량으로는 $Z$통계량($Z$ statistics)이 사용된다. $Z$통계량은 다음과 같이 표시되며, 이 통계량은 귀무가설이 옳다는 가정하에서 정규분포를 따르는 것으로 알려져 있다.

$$Z = \frac{P_{20대} - P_{40대}}{S_{difference}}$$

여기서 $S_{difference}$는 두 소비자집단의 무카페인 커피 평균구매비율간의 차이에 대한 표준오차를 나타낸다. 검증통계량인 Z통계량의 관측치는 표본자료를 이용하여 $P_{20대}$, $P_{40대}$, $S_{difference}$의 값을 구함으로써 계산된다.

검증대상에 따른 검증통계량의 선택과 이의 계산과정은 본장의 제2절, 제3절에서 자세히 설명된다.

### (3) 가설채택여부를 결정하기 위한 기준의 결정

가설검증의 다음 단계는 귀무가설의 기각 또는 채택여부를 판단하기 위해, 표본으로부터 계산된 검증통계량의 값과 비교할 수 있는 기준, 즉 임계치(critical value)를 정하는 것이다. 즉 귀무가설을 지지할 것인지의 여부는 통계량의 확률분포로부터 얻어진 기준치(임계치)와 표본에서 계산된 검증통계량값을 비교하여 결정된다.

통계적 가설검증에서는 통계량의 확률분포로부터 임계치를 찾기 위해(즉 표본으로부터 계산된 통계량값과 비교할 기준을 찾기 위해), 먼저 $\alpha$ 또는 $p$값($p$-value)을 설정해야 한다. $\alpha$란 귀무가설이 옳음에도 연구자가 잘못해서 대립가설을 채택하는 오류를 범하는 확률이며, 이를 제1종 오류(type I error)라고 하기도 한다.

조사자는 가설검증에서 일반적으로 $\alpha=0.01$, 0.05, 0.10 등으로 설정하는데, 이때 선택된 $\alpha$의 값을 유의수준(significance level)이라고 한다. 조사자가 유의수준 $\alpha=0.05$를 선택했다면, 이는 실제로는 귀무가설이 사실인데도 통계적 검증을 통해 귀무가설을 부정하고 대립가설을 채택할 확률이 5%임을 의미한다. 따라서 조사자는 잘못된 의사결정을 내릴 확률인 $\alpha$가 보통 작은 값(즉 0.01, 0.05 또는 0.10)들을 갖도록 선택하며, 흔히 $\alpha$의 값으로 0.05를 선택한다. 즉 20번 중에 1번 정도(귀무가설이 사실임에도 불구하고 대립가설이 채택될) 오류를 범하는 것을 인정해주는 것이다.

유의수준(또는 $\alpha$값)이 정해지면(가령 $\alpha=0.05$), 다음으로 연구자는 통계량의 확률분포로부터 임계치(또는 기준치)를 구할 수 있다(그림 12-1 참조). 임계치(critical value)는 귀무가설을 채택하거나 기각시키기 위한 판단기준이 되는 통계량으로, 이를 기준으로 기각역과 채택역이 설정된다. 연구자는 표본자료로부터 계산된 통계량의 값을 임계치와 비교하여 귀무가설의 기각여부를 결정한다. 표본자료로부터 계산된 검증통계량의 값이 임계치보다 큰 영역을 기각영역(region of rejection)이라고 한다. 따라서 계산된 검증통계량의 값이 임계치보다 크면(즉 기각영역에 속하면), 귀무가설이 기각된다.

즉 [그림 12-1]의 (a)와 같이 계산된 검증통계량의 값이 임계치보다 크면, 귀무가설을 기각하고 대립가설을 채택하게 된다. 그리고 실제로 귀무가설이 진실인데도 이를 기각하고 대립가설을 채택할 가능성은 5% 이하로 매우 낮다. 반면에 (b)와 같

**그림 12-1** $\alpha$ 값을 이용한 가설검증

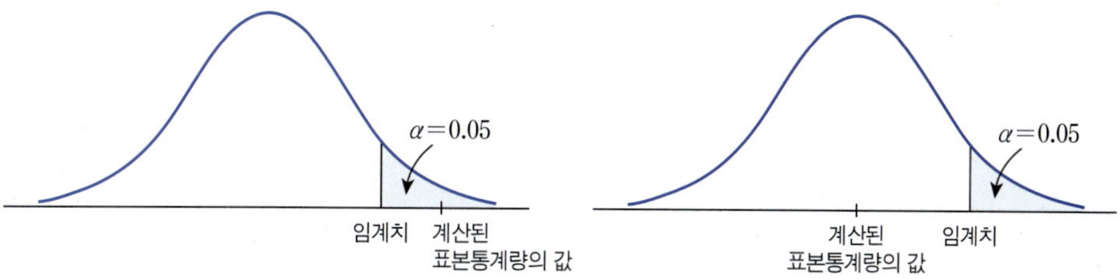


(a) 대립가설의 채택 (b) 귀무가설의 채택

이 계산된 검증통계량의 값이 임계치보다 작으면, 귀무가설을 기각할 수 없으므로 연구자의 가설이 맞다고 주장하기가 어려워지는 것이다.

가설검증에서 조사자는 유의수준 $\alpha=0.05$에서 통계적으로 유의하다(statistically significant)라는 표현을 사용하는데, 이는 표본에서 계산된 검증통계량이 우연히 매우 큰 값을 가짐으로 인해 실제로는 귀무가설이 사실인데도 대립가설을 채택하는 잘못된 의사결정을 내릴 확률이 0.05 이하로 매우 낮음을 뜻한다. 즉 귀무가설이 기각되는 것이 당연하다는 의미인 것이다.

앞의 무카페인 커피에 대한 소비자구매행동의 예에서 $Z$통계량은 정규분포를 따르며 [그림 12-2]의 정규분포도에서 음영부분은 $\alpha=0.05$에서 기각영역(region of rejection)이 설정된 것이다. 이 경우 계산된 검증통계값이 이 범위에 위치하면 귀무가설은 기각(reject)되고 대립가설이 채택(accept)된다. 가령, 표본으로부터 계산된 $Z$통계량의 값이 3.23이면 $\alpha=0.05$에서의 임계치인 1.645보다 크므로 $Z$통계량의 값은 기각영역에 해당된다. 따라서 귀무가설은 기각될 것이다.

**그림 12-2** 정규분포도에서의 기각영역

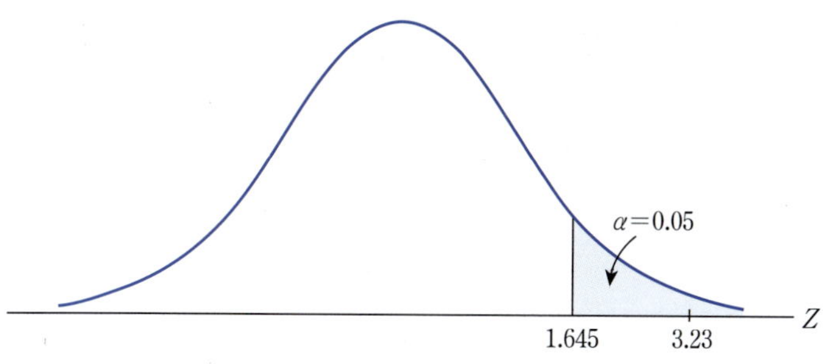

$\alpha$값 이외에 통계적 가설검증을 위한 비교기준으로 $p$값($p$-value)을 이용하기도 한다. $p$값은 귀무가설이 맞는데도 잘못 기각할 확률이다. 따라서 $p$값이 낮을수록, 연구자는 귀무가설을 기각하고, 자신의 주장(즉, 대립가설)을 지지하는 데 있어 더 자신을 가질 수 있다. 예를 들어, $p$값이 0.03(귀무가설을 잘못 기각할 확률이 0.03임)인 경우가 $p$값이 0.06(귀무가설을 잘못 기각할 확률이 0.06임)인 경우에 비해 귀무가설을 보다 자신 있게 기각할 수 있을 것이다. 연구자는 귀무가설을 기각하고 자신의 연구가설(대립가설)을 지지하기를 원하므로 낮은 $p$값을 얻기를 원한다. $p$값이 낮을수록 귀무가설을 보다 자신 있게 기각할 수 있지만, 과연 $p$값이 어느 수준일 때 귀무가설을 기각하는 것이 바람직할까? 이에 대한 명확한 기준은 없지만, $p$값이 허용 유의수준($\alpha$값)보다 작으면 귀무가설을 기각할 수 있을 것이다. 일반적으로 $p$값이 0.01보다 작으면, 귀무가설의 기각이 통계적으로 매우 유의하다고 한다.

$p$값은 귀무가설이 사실인데 귀무가설을 기각하고 대립가설을 채택하게 될 확률이라고 설명하였다. $p$값을 이용한 유의성 검증에서는 표본으로부터 계산된 검증통계량값보다 큰 값이 발생될 확률을 계산하고, 이 확률이 매우 낮은 경우에 귀무가설을 기각하게 된다. 가령, 무카페인 커피의 구매행동에 관한 예에서 표본자료로부터 계산된 $Z$통계량이 3.23이라고 할 경우 $p$값은 관찰된 $Z$통계량이 3.23보다 클 확률이다. 즉 $p$값은 $p=P_r(Z>3.23)=0.00062(=0.5-0.49938)$이다. 여기서 $p$값 0.00062는 매우 낮은 확률값으로서, 이는 귀무가설이 맞는데 3.23 이상의 매우 큰 통계량값이 나와 귀무가설이 틀렸다고 결론을 내릴 확률이 매우 낮음을 의미하므로, 조사자는 자신 있게 대립가설을 지지할 수 있다. 따라서 집단간에 차이가 없다는 귀무가설은 기각되며, 가설검정결과는 '매우 유의하다'라고 할 수 있다. 즉 20대의 커피 구매행동과 40대의 커피 구매행동이 다르다는 대립가설이 채택된다. [그림 12-3]은 정규분포상에서의 $p$값을 보여주며, 〈표 12-1〉은 정규분포표에서 $p$값을 구하는 예이다.

**그림 12-3** 정규분포도를 이용한 $p$값의 계산

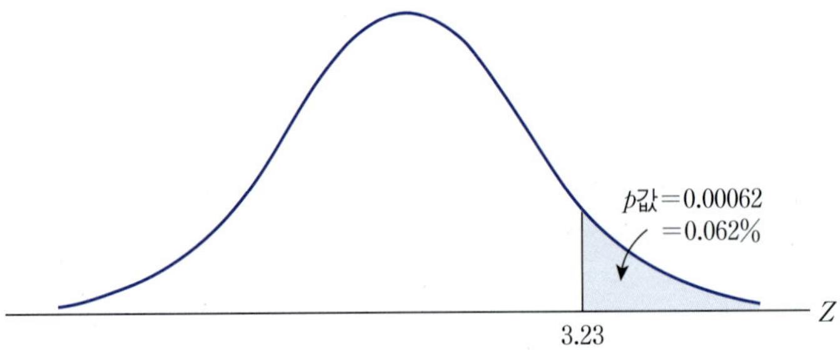

**표 12-1** $P_r(Z>3.23)$을 구하기 위한 정규분포도

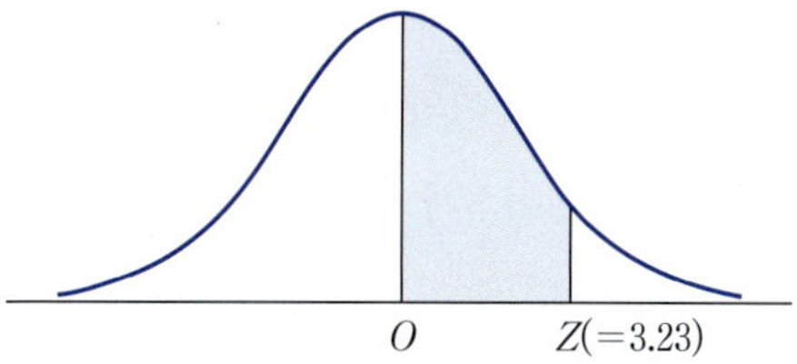


| $Z$ | .00 | .01 | .02 | .03 | .04 | .05 | .06 | .07 | .08 | .09 |
|---|---|---|---|---|---|---|---|---|---|---|
| 3.0 | .49865 | .49869 | .49874 | .49878 | .49882 | .49886 | .49889 | .499893 | .49897 | .49900 |
| 3.1 | .49903 | .49906 | .49910 | .49913 | .49916 | .49918 | .49921 | .49924 | .49926 | .49929 |
| 3.2 | .49931 | .49934 | .49936 | .49938 | .49940 | .49942 | .49944 | .49946 | .49948 | .49950 |
| 3.3 | .49952 | .49953 | .49955 | .49957 | .49958 | .49960 | .49961 | .49962 | .49964 | .49965 |
| 3.4 | .49966 | .49968 | .49969 | .49970 | .49971 | .49972 | .49973 | .49974 | .49975 | .49976 |
| 3.5 | .49977 | .49978 | .49978 | .49979 | .49980 | .49981 | .49981 | .49982 | .49983 | .49983 |
| 3.6 | .49984 | .49985 | .49985 | .49986 | .49986 | .49987 | .49987 | .49988 | .49988 | .49989 |
| 3.7 | .49989 | .49990 | .49990 | .49990 | .49991 | .49991 | .49992 | .49992 | .49992 | .49992 |
| 3.8 | .49993 | .49993 | .49993 | .49994 | .49994 | .49994 | .49994 | .49995 | .49995 | .49995 |
| 3.9 | .49995 | .49995 | .49996 | .49996 | .49996 | .49996 | .49996 | .49996 | .49997 | .49997 |

* 표에 제시된 수치는 분포도 음영부분이 차지하는 비율을 의미함.

조사자가 이 가설검증에서 선택하는 $\alpha$값이 0.05라면, 관찰된 $p$값(=0.00062)이 0.05보다 작기 때문에 귀무가설은 기각된다. 즉 계산된 검정통계량의 값보다 클 확률인 $p$값이 $\alpha=0.05$보다 훨씬 작으므로, 귀무가설은 기각되며 우리는 이 경우 '통계적으로 유의하다'라고 한다.

### (4) 가설채택여부의 결정

조사자는 계산된 검증통계량의 값(관측치)과 통계량의 확률분포로부터 구한 임계치를 서로 비교하여 귀무가설의 채택/기각여부를 결정한다. 만약 계산된 검증통계량의 값이 임계치보다 크면(즉, 기각영역에 해당되면), 귀무가설이 기각된다(대립가설이 맞다는 결론을 내린다). 만약 계산된 검증통계량의 값이 임계치보다 작으면(즉, 기각영역에 해당되지 않으면), 이는 표본자료가 대립가설을 지지하기에(또는 귀무가설을 기각하기에) 충분한 증거를 제시하지 못함을 의미한다. 조사자는 이러한 결론에 따라 이에 상응하는 마케팅의사결정을 내리게 된다. 가령, 앞의 커피 구매행동에 대한 예에서 20대 소비자의 커피 구매행동이 40대와는 다른 것으로 나타났기 때문에 마케

터는 각 세분시장별로 다른 마케팅계획을 수립하여야 할 것이다.

이상으로 가설의 의미와 가설검증의 과정에 대한 설명을 살펴보았다. 이하에서는 먼저 단일모집단 및 두 모집단 평균차이와 비율차이를 검증하는 방법들에 대하여 살펴보기로 하며, 제14장에서는 집단이 3개 이상인 경우의 집단간 차이 검증방법과 기타 통계기법을 이용한 가설검증방법에 대하여 설명하기로 한다.

## 2 단일모집단 평균과 비율에 대한 가설검증

가장 기본적인 형태의 가설검증은 한 모집단의 특성에 대한 가설을 검증하는 것으로, 크게 평균과 비율에 대한 가설검증으로 나누어진다.

### 2.1 단일모집단 평균에 대한 검증

단일표본집단을 이용하여 모집단평균에 대한 가설을 검증하는 절차에 대해 다음과 같은 사례를 이용하여 설명하기로 한다.

오리온은 20대 전후(10대 후반~20대 초반)를 표적고객으로 한 새로운 스낵류의 제품을 출시하려고 한다. 이를 위해 표적고객 중 200명을 표본으로 추출하여 이들을 대상으로 CLT조사를 실시하였다. 조사자는 참가자들로 하여금 시제품을 시식하게 한 후, 향후 구매의사를 다음과 같은 5점척도를 이용하여 수집하였다.

| 1 | 2 | 3 | 4 | 5 |
|---|---|---|---|---|
| 절대로 안 사먹겠다 | | 잘 모르겠다 | | 꼭 사먹겠다 |

과거 유사한 조사결과에 의하면 신제품출시 결정을 위한 기준점(action standard)은 3.3점이다. 마케팅담당자는 조사결과 향후 구매의사의 평균이 3.3점보다 높게 나온 경우에만 신제품을 출시하기로 하였다.

### (1) 가설의 설정

연구가설은 방향성을 가질 수도 있고 갖지 않을 수도 있다. 비방향적 연구가설은 '≠'로 표현되며, 양측검증(two-sided test)이 실시된다. 따라서 기각역은 좌우에 위치한다. 이에 반해 방향적 연구가설은 '>' 혹은 '<'의 형태로 표현되며, 단측검증(one-sided test)이 실시된다. 이때 기각역이 우측에 위치하면 오른쪽 단측검증이라고 하며, 기각역이 좌측에 위치하면 왼쪽 단측검증이라고 한다.

$\mu$를 모집단내 고객들의 평균 구매의사라고 하면, 다음과 같이 가설이 설정된다.

$$H_0 : \mu \leq 3.3$$
$$H_a : \mu > 3.3$$

모집단평균에 대한 가설검증의 경우, 조사자가 대립가설에서 설정한 모집단평균(여기서는 평균 구매의사)이 방향성을 갖느냐의 여부에 따라 가설검증은 단측검증(one-sided test)과 양측검증(two-sided test)으로 나누어진다. 모집단평균 $\mu$가 어떤 값보다 클 것으로 대립가설에서 기대하는 경우에는 오른쪽 단측검증, $\mu$가 어떤 값보다 작을 것으로 대립가설에서 기대하는 경우에는 왼쪽 단측검증, 그리고 $\mu$가 부호에 관계없이 극단적인 값을 가질 것으로 기대하는 경우(또는 어떤 값과 같지 않을 것으로 기대하는 경우)에는 양측검증이 적용된다.

즉 가설을 표현하는 방식에 따라 다음과 같이 3가지 유형의 가설검증으로 나누어진다(음영부분이 기각영역임).

① 양측검증

$$H_0 : \mu = 3.3$$
$$H_a : \mu \neq 3.3$$

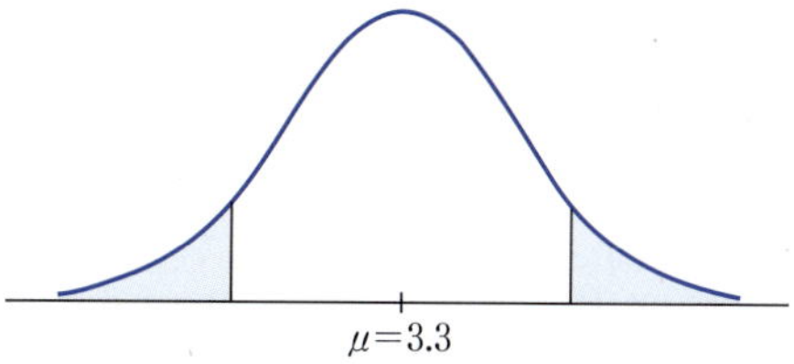

② 오른쪽 단측검증

$H_0 : \mu = 3.3$

$H_a : \mu > 3.3$

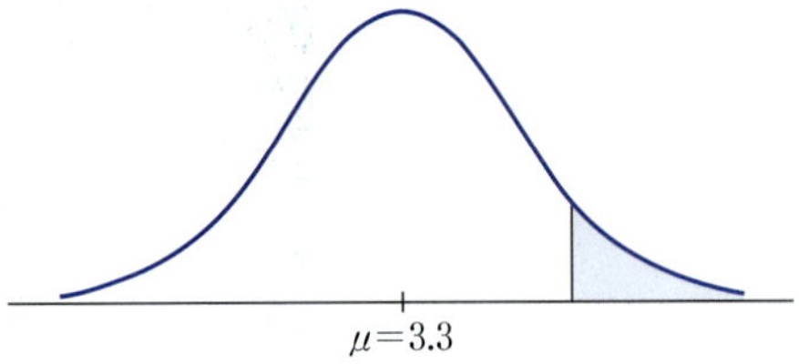


③ 왼쪽 단측검증

$H_0 : \mu = 3.3$

$H_a : \mu < 3.3$

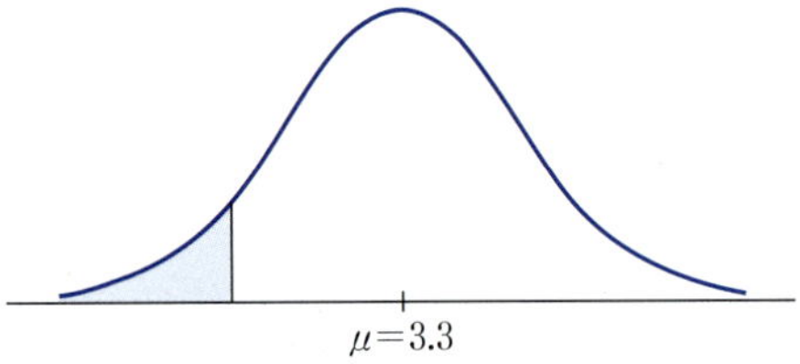


스낵제품 구매의도조사의 예에서 대립가설을 채택하기 위해서는 표본평균의 값이 3.3보다 커야 한다. 따라서 기각역이 우측에 위치하므로 오른쪽 단측검증(one-sided test)이 된다.

## (2) 검증통계량 및 가설채택기준의 결정

단일표본을 이용한 모집단평균에 대한 가설검증에서 검증통계량의 결정은 표본의 크기에 따라 달라진다. 모집단의 분산을 알고 있거나 표본크기가 클 경우에 사용되는 검증통계량은 $Z$통계량이며, 다음과 같은 식으로 표시된다.

$$Z = \frac{\overline{X} - \mu}{\frac{\sigma}{\sqrt{n}}} = \frac{\overline{X} - \mu}{\frac{S}{\sqrt{n}}}$$

여기서 $\overline{X}$ : 표본평균(즉 응답자표본으로부터 계산된 구매의사의 평균)

$\mu$ : 모집단평균[즉 귀무가설하에서의 평균 구매의사점수(3.3)]

$\sigma$ : 모집단의 표준편차

$S$ : 표본의 표준편차

$n$ : 표본의 수

표본의 크기가 크면(보통 30명 이상), $Z$통계량의 표본분포는 정규분포를 따른다. 따라서 모집단의 표준편차를 모르더라도 중심극한정리(central limit theorem)에 따라 조사자는 모집단 표준편차의 근사치로 표본 표준편차를 자신 있게 대용(代用)할 수 있다. 중심극한정리란 표본의 크기가 충분히 크면 표본평균의 표본분포가 정규분포에 가깝게 됨을 말한다.

그러나 표본의 크기가 작고 모집단의 분산(또는 표준편차)을 모를 경우에는 $Z$통계량 대신 $t$통계량이 사용된다. 표본크기가 작으면 표본분포가 정규분포를 이룬다고 자신 있게 말할 수 없으므로 모집단 표준편차 $\sigma$를 사용할 수 없다. 따라서 모집단 표준편차 $\sigma$가 표본 표준편차 $S$에 의해 대체된 $t$통계량이 사용되는 것이다.

$$t = \frac{\overline{X} - \mu}{\frac{S}{\sqrt{n}}}$$

$t$통계량은 자유도 $n-1$의 $t$분포를 따른다.

한편 조사자는 가설채택여부의 기준으로 유의수준 $\alpha=5\%$를 선택하였다.

### (3) 가설채택여부의 결정

200명의 표본에 대한 조사결과 표본평균은 3.5로, 모집단 표준편차의 근사치인 표본 표준편차는 0.7로 나타났다. 계산된 $Z$통계량의 값은 다음과 같다.

$$Z^* = \frac{3.5 - 3.3}{\frac{0.7}{\sqrt{200}}} = 4.04$$

본 예는 오른쪽 단측검증을 이용해서 가설을 검증하므로(즉, $H_0 : \mu = 3.3$, $H_a : \mu > 3.3$), $\alpha = 0.05$에서의 $Z$값(즉 임계치)은 1.645이다. [그림 12-4]에 제시된 바와 같이 계산된 $Z^* = 4.04$는 기각영역에 해당되므로 귀무가설은 기각되고, 새로운 스낵제품에 대한 구매의사가 매우 높다는 대립가설이 채택된다. 따라서 마케팅조사결과 시제품의 성공확률이 매우 높을 것으로 판단되므로 이 신제품을 출시하기로 결정한다.

그림 12-4 평균의 가설검증

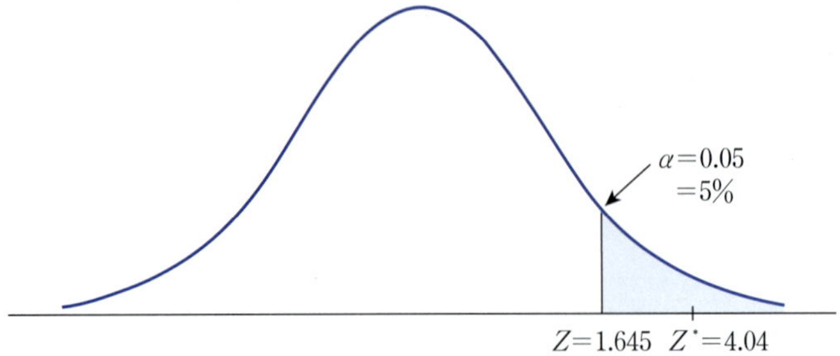


## 2.2 단일모집단 비율에 대한 검증

아모레퍼시픽 화장품에서 새로운 형태의 안면용 보습팩을 개발하고, 이를 알리기 위한 광고카피를 제작하였다고 하자. 시청자들의 광고에 대한 반응을 보기 위하여 고객집단인 20대와 30대 초반의 200명의 여성들을 광고회사내의 실험실로 초대하여 광고카피를 보여주고, 소비자의 반응에 따라 광고집행여부를 결정하려 한다.

이를 위해 현재 방영중인 인기 TV 프로그램의 마지막 부분을 약 5분 정도 보여준 후, 현재 실제로 광고되는 6편의 제품광고 사이에 새로운 광고카피를 삽입하여 보여주었다. 광고노출 후 약 10분 정도가 경과한 후에 이들에게 신제품 광고내용을 얼마나 회상(recall)할 수 있는지를 조사하였다. 과거의 경험에 의하면 회상률이 최소한 30%는 되어야 성공적인 광고로 판단된다.

### (1) 가설의 설정

이 경우 $\pi$를 광고내용에 대한 모집단 평균회상률이라고 하면, 가설은 다음과 같이 설정된다.

$$H_0 : \pi \leq 0.3$$

$$H_a : \pi > 0.3$$

평균회상률이 특정값(0.3) 이상일 것이라는 대립가설에 대한 검증은 오른쪽 단측검증이다.

### (2) 검증통계량 및 가설채택기준의 결정

모집단비율에 대한 가설검증은 정규분포를 따르는 $Z$통계량을 이용한다.

$$Z = \frac{p-\pi}{\sqrt{\frac{\pi(1-\pi)}{n}}}$$

여기서 $p$ : 표본으로부터 계산된 비율값

$\pi$ : 귀무가설로 설정된 모집단의 비율값

$n$ : 표본의 수

조사자는 가설채택의 기준으로 유의수준 $\alpha=0.05$를 선택하였다.

### (3) 가설채택여부의 결정

200명의 표본으로부터 계산된 표본비율(즉 평균회상률)은 $p=0.24$로 나타났으며, 검증통계량 $Z$는 다음과 같이 계산된다.

$$Z = \frac{0.24-0.30}{\sqrt{\frac{0.3\times0.7}{200}}} = -1.875$$

본 예에서는 오른쪽 단측검증을 토대로 대립가설을 검증하므로(즉, $H_0 : \pi \leq 0.3$, $H_a : \pi > 0.3$), 유의수준 $\alpha=0.05$에서의 $Z$통계량의 임계치는 1.645이다(주 : 단측검증인 경우임). 계산된 검증통계량 $Z^*$의 값 $-1.875$는 임계치보다 작으므로 [그림 12-5]에서 보는 바와 같이 기각영역에 해당되지 않는다. 따라서 귀무가설이 채택되었으므로 새로운 광고카피의 집행을 포기하거나 광고카피의 수정을 고려해야 한다.

**그림 12-5** 비율의 가설검증

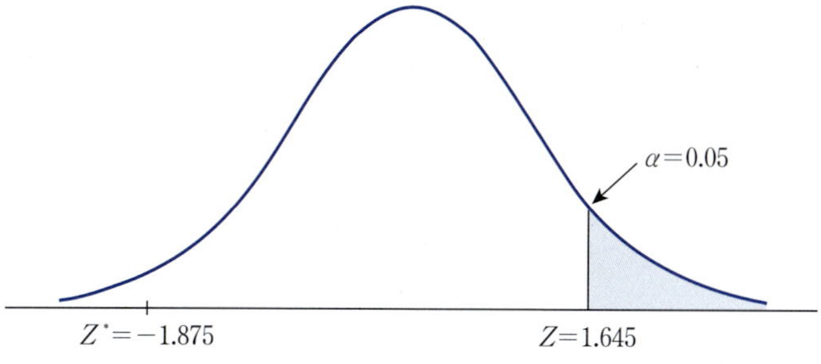

이하에서는 단일집단의 평균 및 비율의 차이에 대한 가설검증과정에서 이용한 $t$검정과 $Z$검정 외에 다양한 통계기법의 종류에 대해 설명하기로 한다.

## 3 통계기법의 구분

조사자는 적절한 통계기법을 사용하여 수집된 자료를 분석한다. 적절하지 못한 통계기법을 이용한 자료분석은 의사결정자로 하여금 잘못된 마케팅의사결정을 내리게 한다. 따라서 조사담당자는 수집된 자료에 대해 어떤 통계기법들이 적용가능한지, 각 통계기법의 한계점은 무엇인지를 염두에 두고 분석을 실시하여야 한다. 이하에서는 통계기법들의 종류와 분류방법을 검토하고, 각각의 통계기법을 설명하기로 한다.

통계기법들은 다음과 같은 두 개의 기준을 이용하여 분류될 수 있다.

① 변수의 수
② 척도의 종류

### 3.1 변수의 수에 의한 통계기법의 분류

통계기법은 분석의 대상이 되는 변수의 수에 따라 단일변량 통계분석(univariate statistical analysis)과 다변량 통계분석(multivariate statistical analysis)으로 나누어진다. 단일변량분석은 하나의 변수를 분석하는 데 사용되며, 다변량분석은 여러 변수들의 상호관계를 분석하는 데 사용된다.

## (1) 단일변량 통계분석

단일변량 통계분석(univariate statistical analysis)은 한 변수의 분포상의 특성을 파악하는 데 사용되는 분석방법이며, 빈도 및 백분율, 대표값, 분산(dispersion)의 정도 등과 같은 기술통계량(descriptive statistics)이 단일변량분석에 해당된다. 예를 들어 연령이나 교육수준에 따라 조사대상자들이 어떻게 분포되어 있는지를 조사하거나 소비자집단별로 상표만족도의 평균점수를 비교하는 것은 단일변량분석에 해당된다. 상업적 마케팅조사에서 이루어지는 대부분의 자료분석은 복잡한 통계분석 기법보다는 빈도, 백분율, 대표값과 같은 기본적 통계량에 의존하고 있다. 이에 따라 상업적 목적의 자료분석에서 단일변량분석은 중요한 비중을 차지한다.

빈도와 백분율(%) 외에 마케팅조사에서 사용되는 대표적인 기술통계량에는 대표값과 분산(variance)이 있다. 이하에서는 대표값과 분산에 대해 설명하기로 한다.

### 1) 대표값의 측정

대표값(central tendency)은 어떤 질문에 대한 가장 일반적인 응답자반응을 의미하며, 흔히 사용되는 대표값에는 평균, 최빈수, 중위수 등이 있다.

평균(mean)은 등간척도나 비율척도를 사용하여 수집된 자료의 대표값을 측정하는 데 사용되는 기술통계량인데, 다음과 같은 수식으로 표현된다.

$$\overline{X} = \frac{\sum X_i}{n}$$

여기서 $X_i$ : 응답자 $i$의 변수 $X$에 대한 응답값(반응)

$n$ : 응답자(표본)의 수

가령, OLED TV제품에 대한 구매의도를 조사하면서 조사자는 표본집단 전체의 평균 구매의도점수를 구하거나, 남녀 또는 연령별로 나누어진 세분집단별 평균 구매의도를 측정함으로써 소비자의 가장 일반적인 구매의도반응을 파악할 수 있다.

최빈수(mode)는 가장 많이 발생된 응답자반응이다. 가령, "가장 선호하는 맥주브랜드는 무엇입니까?"라는 질문에 ① 하이트에 응답한 소비자의 수가 110명, ② OB라거에 응답한 소비자의 숫자가 130명, ③ 카스에 응답한 소비자의 숫자가 90명이라면, 최빈수는 2번(OB라거)이 된다. 최빈수는 명목척도로 측정되어 범주화(categorization)될 수 있는 소비자반응에 대한 중심값을 측정하는 데 적절한 통계량이다.

중위수(median)는 비율척도, 등간척도 또는 서열척도로 측정된 변수의 대표값을 계산하는 데 사용되는 통계량으로, 응답자의 반응을 가장 낮은 값에서부터 가장 높은 값까지 나열했을 때 중간에 위치하는 값을 말한다. 가령, 지난 2개월 동안 5명의 소비자의 하이트맥주 구매량이 각각 2병, 4병, 6병, 10병, 15병이면, 세 번째에 위치한 6병이 이 소비자표본에서 하이트맥주 구매량의 중위수가 된다. 만약 응답자의 수가 짝수이면 나열된 수들 중 가운데에 위치한 두 숫자의 평균값이 중위수가 된다. 가령, 지난 2개월 동안 4명의 소비자의 하이트맥주 구매량이 각각 2병, 4병, 6병, 10병이면, 이 표본에서 하이트맥주 구매량의 중위수는 $\frac{4+6}{2}=5$ 병이다.

### 2) 변이에 대한 측정 : 분산

변이(variability)란 수집된 자료가 평균을 중심으로 어느 정도 흩어져 있는지를 의미한다. 마케팅조사에서 변이를 측정하는 데 가장 자주 사용되는 기술통계량은 분산(variance) 혹은 표준편차(standard deviation)이다. 분산은 응답자반응이 평균을 중심으로 얼마만큼 퍼져 있는지를 요약한 기술통계량을 의미하며, 다음과 같은 식으로 표시된다.

$$S_{X_i}^2=\sum_{i=1}^{n}\frac{(X_i-\overline{X})^2}{n-1}$$

여기서 $n$ : 전체표본의 크기

$X_i$ : $i$번째 관찰값

$\overline{X}$ : 관찰값들의 평균

표준편차 $(S_{X_i})$ : 분산의 제곱근

분산은 평균을 중심으로 측정값들이 흩어져 있는 정도를 의미하는데, 분산의 계산은 등간척도 이상의 척도를 사용하여 수집된 자료에 대해 이루어질 수 있다. 명목척도와 서열척도를 이용하여 측정된 자료는 변이를 측정하는 데 적절한 통계량이 없으므로 연구자의 주관적 판단에 의하여 변이의 정도를 추정하게 된다. 마케팅조사의 자료분석과정에서 분산이 중요한 이유는 평균이 같더라도 분산이 차이가 나면 서로 다른 결론이 유도되며 이에 따라 상이한 마케팅전략이 적용되기 때문이다.

다음의 예를 이용하여 자료의 평균과 분산이 시사하는 바를 살펴보기로 하자.

SUV 차량들의 브랜드별 이미지를 파악하기 위해 200명의 응답자들에게 5개의 자동차속성에 대해 7점척도(1은 '전혀 그렇다고 생각하지 않는다', 그리고 7은 '정말 그렇다고 생각한다'를 나타냄)상에서 3개의 SUV 브랜드(쏘렌토, 싼타페, 렉스턴)를 평가하도록 하였다. 〈표 12-2〉에 나타난 평균과 분산은 각 응답자가 SUV 브랜드들의 제품속성에 대해 평가한 값들(즉 200×3=600개의 관찰치)을 요약한 것이다.

**표 12-2** SUV 차량들에 대한 제품속성 평가

| 제품속성 | 평균 | 분산 |
|---|---|---|
| 남성적이다 | 4.61 | 2.13 |
| 스포티하다 | 5.93 | 4.31 |
| 견고하다 | 4.27 | 5.92 |
| 파워가 있다 | 6.11 | 1.78 |
| 고품질이다 | 4.09 | 2.47 |

〈표 12-2〉를 보면 응답자들은 평균적으로 세 승용차 브랜드들이 모두 파워가 있으며 스포티한 것으로 평가하였다. 한편 분산은 흥미 있는 정보를 제공하는데, 파워에 대한 평가치들의 분산은 작은 반면 견고함에 대한 평가치들의 분산은 비교적 크게 나타났다. 파워에 대한 분산이 작다는 것은 파워와 관련하여 세 브랜드에 대한 응답자의 지각이 동질적임을 의미한다. 즉 대부분의 응답자들이 파워면에서 세 승용차를 비슷하게 평가하고 있는 것이다.

제품속성에 대한 응답자 평가치들의 분산이 큰 것은 두 가지 요인에 의해 설명될 수 있는데, 개별응답자들이 각 SUV형 승용차 브랜드들을 다르게 지각하거나 또는 개별응답자들이 각 승용차 브랜드를 비슷하게 지각하지만 각 응답자의 취향에서 차이가 있기 때문에 분산이 커지게 된다. 〈표 12-3〉은 분산의 차이가 어디에서 비롯되는지를 보여준다.

**표 12-3** '파워가 있다'라는 제품속성에 대한 브랜드별 · 응답자별 평가자료

| 개별응답자 | 쏘렌토 | 싼타페 | 렉스턴 |
|---|---|---|---|
| • 낮은 분산 : 브랜드간 차이가 없는 경우 | | | |
| 응답자 1 | 5 | 5 | 5 |
| 응답자 2 | 4 | 4 | 4 |
| 응답자 3 | 5 | 5 | 5 |
| 응답자 4 | 4 | 4 | 4 |
| • 높은 분산 : 브랜드간 차이에 기인한 높은 분산 | | | |
| 응답자 1 | 4 | 6 | 1 |
| 응답자 2 | 3 | 7 | 1 |
| 응답자 3 | 4 | 6 | 1 |
| 응답자 4 | 3 | 7 | 1 |
| • 높은 분산 : 개인별 취향의 차이에 기인한 높은 분산 | | | |
| 응답자 1 | 1 | 1 | 1 |
| 응답자 2 | 7 | 7 | 7 |
| 응답자 3 | 4 | 4 | 4 |
| 응답자 4 | 3 | 3 | 3 |

위에서 살펴본 단일변량 통계분석을 위한 SPSS 프로그램은 [그림 12-6]에서와 같이 **분석－기술통계량－빈도분석**을 누른 후, 다시 **통계량**을 선택하고 필요한 구체적 통계량들을 선택해야 한다.

**그림 12-6** 단일변량분석을 위한 SPSS 입력화면

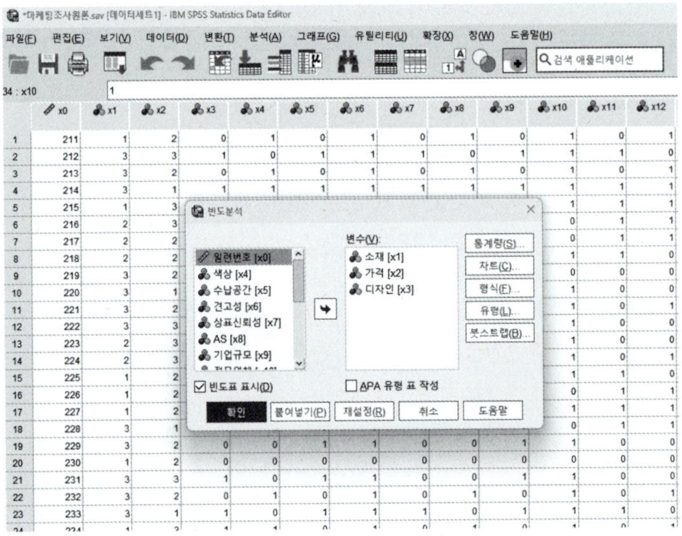

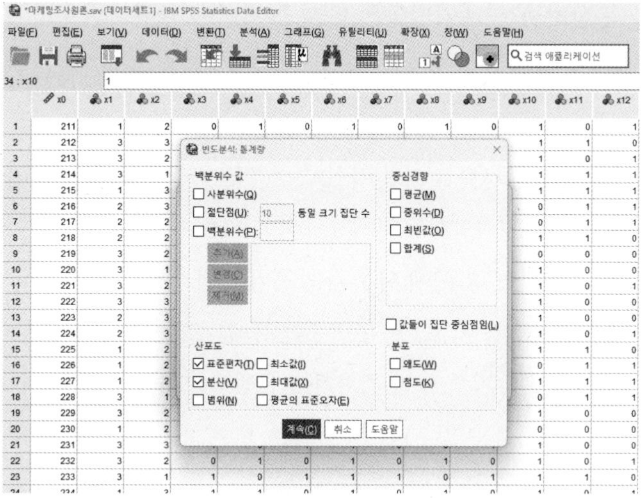

## (2) 다변량 통계분석

다변량 통계분석(multivariate statistical analysis)은 2개 또는 그 이상의 변수들 사이의 관계를 파악하는 것을 목적으로 하며, 다시 분석의 대상이 되는 변수의 수가 2개인 경우를 이원변량분석(bivariate analysis), 3개 이상인 경우를 다변량분석(multivariate analysis)으로 구분하기도 한다.

다변량 통계분석에 이용되는 통계기법들은 변수들간의 종속관계(causality)를 파악하느냐, 또는 상호의존관계(interdependence)를 파악하느냐에 따라 다시 분류된다. 이하에서는 이 기준에 의해 분류된 다변량 통계기법들을 설명하기로 한다.

### 1) 변수들간의 종속관계에 대한 분석에 사용되는 다변량 통계기법

종속관계의 분석에 이용되는 통계기법들은 분석의 대상이 되는 변수들을 두 집단으로 나누어, 어떤 한 집단의 변수(들)가 다른 변수(들)에 어떤 영향을 미치는지를 파악하는 데 이용된다. 예를 들어, 이러한 통계기법들은 광고비의 변화가 매출에 어떤 영향을 미치는지, 또는 소비자연령에 따라 백화점 방문빈도에서 차이가 나는지와 같이 한 변수가 다른 변수에 미치는 영향을 파악하는 데 이용된다. 종속관계를 분석하는 통계기법에서 다른 변수들에 의해 영향을 받는 변수를 종속변수(dependent variable)라 하며, 종속변수의 변화에 영향을 미치는 변수를 독립변수(independent variable)라 한다.

종속관계를 분석하는 통계기법들은 다시 독립변수와 종속변수의 측정에 사용된 척도의 종류에 따라 다음과 같이 구분된다.

① 독립변수가 명목척도(범주형 변수)이고 종속변수가 범주별 응답자의 수(빈도수)인 경우(예를 들어 자사브랜드 구매자 수의 지역별 차이나 스마트폰 소유자 수의 연령별 차이를 조사하는 경우)에 사용되는 통계기법 : $\chi^2$ (Chi-Square) 분석

② 독립변수가 명목척도이고, 종속변수는 등간 또는 비율척도로 측정된 경우(예를 들어 서울시의 거주 구별 백화점 방문빈도, 또는 연령집단별 소유 스마트폰의 가격차이를 조사하는 경우)에 사용되는 통계기법 : $t$검정($t$-test), 분산분석(Analysis of Variance : ANOVA)

③ 독립변수가 등간 또는 비율척도이고, 종속변수가 명목척도인 경우(예를 들어 소비자의 소득 및 가족 수와 중형자동차 소유여부와의 관계를 파악하거나, 또는 소비자의 연령 및 가처분소득과 유통업태 선택간의 관계를 조사하는 경우)에 사용되는 통계기법 : 판별분석(Discriminant Analysis), 로짓분석(Logit Analysis)

④ 독립변수와 종속변수가 모두 등간 또는 비율척도로 측정된 경우(예를 들어 광고비의 변화에 따른 매출의 변화를 파악하려는 경우)에 사용되는 통계기법 : 회귀분석(Regression)

### 2) 변수 또는 응답자들간의 상호관계를 분석하여 이들을 묶어주기 위한 다변량 통계기법

이는 여러 변수 또는 응답자들간의 상호관련성을 파악하여 유사한 변수나 응답자를 새로운 변수나 집단으로 묶어주는(grouping) 기법들로서, 이에는 요인분석, 군집분석 등이 대표적이다. 요인분석(factor analysis)은 다수의 변수들간의 상관관계를 분석하여 여러 변수들을 공통으로 설명하는 소수의 요인으로 줄이는 통계기법이다. 예를 들어 샴푸제품 브랜드에 대한 태도를 조사하기 위해 소비자들로 하여금 많은 제품속성들을 평가하도록 할 수 있다. 그러나 조사자가 평가에 사용한 제품속성들은 유사한 경우가 많으므로, 비슷한 제품속성들을 함께 묶어 이를 설명해 줄 적은 수의 새로운 변수(요인)를 만들면 분석이 용이해진다. 가령, 요인분석은 패키지디자인의 매력도와 샴푸의 색상을 제품의 시각적 매력도라는 요인으로, 그리고 머릿결의

부드러움 정도, 비듬제거 정도, 먼지・기름세척 정도를 샴푸제품의 물리적 매력도라는 요인으로 묶어줌으로써 분석에 용이한 적은 수의 새로운 변수(요인)들을 도출해 낼 수 있게 한다.

군집분석(cluster analysis)은 다수의 대상들(가령, 소비자들이나 브랜드들)을 그들이 공유하는 속성을 토대로 유사한 특성을 가진 대상들끼리 하나의 집단으로 묶는데 사용되는 통계기법으로, 시장세분화에 유용하게 활용할 수 있다. 가령, 군집분석은 샴푸제품 이용실태에 대한 자료를 토대로 이용행태(사용량, 브랜드애호도, 추구하는 편익 등)가 비슷한 소비자들끼리 동일집단으로 분류함으로써 다수의 세분시장을 찾아낼 수 있다. 요인분석과 군집분석의 차이는 [그림 12-7]을 보면 쉽게 이해될 수 있다(요인분석과 군집분석에 대한 구체적인 설명은 제15장에서 다시 살펴보기로 한다).

**그림 12-7** 요인분석과 군집분석의 비교

| | 요인 1 (샴푸제품의 시각적 매력도) | | 요인 2 (샴푸제품의 물리적 매력도) | | | |
|---|---|---|---|---|---|---|
| 제품속성 / 응답자 | 패키지디자인의 매력도 | 샴푸의 색 | 머릿결의 부드러움 정도 | 비듬제거 정도 | 먼지・기름 세척 정도 | |
| 응답자 1 (10대) | | | | | | 군집 1 |
| 응답자 2 (10대) | | | | | | |
| 응답자 3 (10대) | | | | | | |
| 응답자 4 (30대) | | | | | | 군집 2 |
| 응답자 5 (30대) | | | | | | |
| … | | | | | | |

지금까지 설명된 통계기법들을 하나의 도표로 정리하면 [그림 12-8]과 같다.

그림 12-8 통계기법의 종류

## 3.2 척도의 종류에 따른 통계기법의 분류

통계기법은 분석의 대상이 되는 변수들을 측정하는 데 사용된 척도(scale)의 유형에 따라 모수통계분석(parametric statistical analysis)과 비모수통계분석(non-parametric statistical analysis)으로 나누어진다. 등간 또는 비율척도와 같은 척도유형을 이용하여 측정된 변수들에 대한 통계분석을 모수통계분석이라 하며, 명목 또는 서열척도로 측정된 변수들에 대한 통계분석을 비모수통계분석이라고 한다.

# 연습문제

**1.** 양측검증(two-tailed test)이 단측검증(one-tailed test)보다 선호되는 경우는 어떤 때인가? 또 이와 반대의 경우는 어떤 경우인가?

**2.** 소비재를 생산하는 중소기업에서 신제품의 도입을 고려하고 있다. 이 기업이 신제품 도입 초기에 1.5%의 시장점유율을 차지할 수만 있다면 신제품 도입을 추진하고자 한다. 이에 따라 다음과 같은 가설을 설정하였다.

$$H_0 : \pi \le 0.015$$

$$H_a : \pi > 0.015$$

이상의 가설을 검증하는 과정을 설명하시오.

**3.** 다변량 통계분석의 종류를 구분하는 기준을 설명하고, 이 기준을 이용하여 다변량 통계분석기법들을 체계적으로 구분해 보시오.

# 제 1 3 장
# 집단간 차이 검증을 위한 통계분석

1. 두 집단간 평균차이에 대한 가설검증

2. 두 집단간 비율차이에 대한 가설검증

3. 분산분석

4. 카이자승($\chi^2$)검증

마케터는 세분시장 도출과 목표시장 선정을 위해 남녀별, 연령별, 또는 주거지역별로 선호하는 브랜드 또는 선택하는 브랜드에 있어 차이가 있는지(또는 경쟁브랜드와 비교하여 자사브랜드를 얼마나 더 구매하는지)를 알고 싶어 한다. 그리고 여당이나 야당은 선거 전에 지역별로 유권자들의 정당후보자들에 대한 지지도에 차이가 있는지를 파악하려고 한다. 이와 같이 집단별로 어떤 특성에서 차이가 있는지를 파악하고자 할 때 이용되는 통계기법이 집단간 차이 검증을 위한 통계분석이며, 집단간 차이를 보기 위해 사용되는 변수(종속변수)의 척도에 따라 이용되는 통계분석방법이 달라진다.

# 1 두 집단간 평균차이에 대한 가설검증

두 집단간 평균차이에 대한 검증은 서로 독립적인 두 집단의 평균간에 차이가 있는지를 검증하는 것과 동일집단에 대해 마케팅자극을 노출하기 전과 노출한 후의 효과를 검증하는 경우와 같이 한 모집단내에서 표본의 값이 짝을 이루고 있고 이 값들간에 차이가 있는지를 검증하는 것으로 나누어진다. 가령, 남성과 여성간의 음료구매량에서의 차이와 같이 서로 배타적이고 독립적인 두 집단 간에 평균에서 차이가 나는지에 대한 검증과 한 집단에 대하여 새로운 광고의 방영 전과 후의 제품선호도에서 차이가 있는지에 대한 검증이 이에 해당된다.

## 1.1 두 집단이 독립적인 경우

한국타이어는 현재 두 가지 유통경로를 이용하여 타이어를 판매하고 있다. 첫 번째 유통망은 타이어 전문대리점이며, 두 번째는 시중의 카센터들이다. 한국타이어는 예산상의 문제로 두 유통경로 중 하나에 대해서만 판촉지원을 계획하고 있다. 우선적 지원을 받을 유통경로를 정하기 위해 전문대리점 및 카센터를 각각 100개 업소씩 추출하여 본사지원에 대한 만족도를 7점척도를 사용하여 측정하였다. 조사결과 만족도가 낮은 유통경로에 대해 더 많은 지원을 제공할 예정이다.

### (1) 가설의 설정

전문대리점 및 카센터의 만족도점수의 평균을 각각 $\mu_1$과 $\mu_2$라 하면, 다음과 같은 가설이 설정될 수 있는데, 이 경우는 양측검증(two-sided test)에 해당된다.

$$H_0 : \mu_1 = \mu_2$$
$$H_a : \mu_1 \neq \mu_2$$

물론 조사자는 사전조사나 과거의 경험을 통하여 어느 한 집단의 점수가 다른 집단에 비해 '높다' 또는 '낮다'와 같은 사전지식이 있는 경우에는 다음과 같은 가설을 설정하고 단측검증을 실시할 수도 있다.

$$H_0 : \mu_1 < \mu_2$$
$$H_a : \mu_1 \geq \mu_2$$

### (2) 검증통계량 및 가설채택기준의 결정

두 집단간의 평균의 차이에 대한 가설검증에서는 다음과 같은 $t$통계량이 사용된다. 이 경우 $t$통계량은 $n_1 + n_2 - 2$의 자유도를 갖는 $t$분포를 따른다.

$$t = \frac{\overline{X_1} - \overline{X_2}}{\sigma(\overline{X}_1 - \overline{X}_2)} = \frac{\overline{X_1} - \overline{X_2}}{\sqrt{\left(\frac{S_1^2}{n_1}\right) + \left(\frac{S_2^2}{n_2}\right)}}$$

여기서 $\overline{X}_1$과 $\overline{X}_2$ : 각 표본집단의 평균값(각 표본집단으로부터 계산된 평균 만족도점수)

$\sigma(\overline{X}_1 - \overline{X}_2)$ : 두 표본집단들이 독립적이라는 가정하에서의 두 평균 차이의 표준오차

$S_1$과 $S_2$ : 각 집단의 표준편차 $\left(\text{가령, } S_1 = \sqrt{\frac{\sum_{i=1}^{n_1}(X_i - \overline{X_1})^2}{n_1 - 1}}\right)$

$n_1$과 $n_2$ : 각 집단의 표본의 수

그러나 $t$분포는 표본의 수가 증대됨에 따라 정규분포에 접근해간다. 표본의 수가 30을 넘는 경우 $t$분포는 실제로 정규분포와 동일해진다.

조사자는 가설채택의 기준으로 유의수준 $\alpha=5\%$를 이용하며, 본 검증이 양측검증이므로 유의수준 $\alpha$는 [그림 13-1]과 같이 양쪽으로 각각 2.5%씩 할당된다.

**그림 13-1** 양측검증의 기각영역

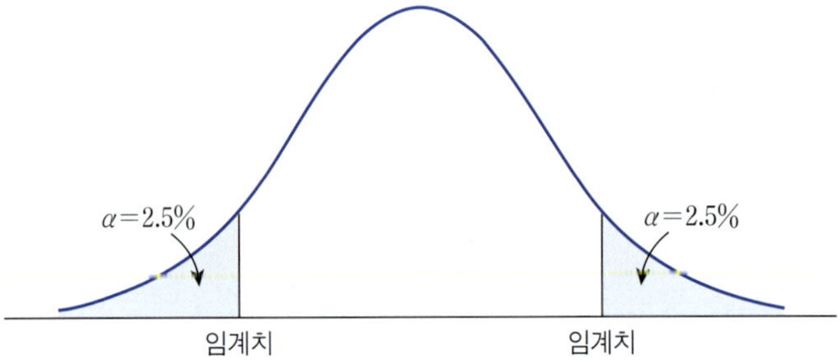


### (3) 가설채택여부의 결정

각 유통경로로부터 100개씩 표본으로 선출된 점포들에 대해 만족도를 조사한 결과는 다음과 같다.

| | 집단 1(대리점) | 집단 2(카센터) |
|---|---|---|
| 만족도 평균 | 4.4 | 4.7 |
| 표본의 수 | 100 | 100 |
| 만족도의 표준편차 | 1.0 | 0.9 |

각 표본집단으로부터 조사된 값들을 이용하여 $t$통계량은 다음과 같이 계산된다.

$$t=\frac{4.4-4.7}{\sqrt{\frac{(1.0)^2}{100}+\frac{(0.9)^2}{100}}}=-2.23$$

자유도 198, 유의수준 $\alpha=2.5\%$(양측검증이므로 양쪽에 각각 2.5%씩임)에서 $t$통계량의 임계치는 ±1.96이므로, [그림 13-2]에서 보는 바와 같이 계산된 $t$통계량인

**그림 13-2** 평균차이에 대한 가설검증(두 집단이 독립적인 경우)

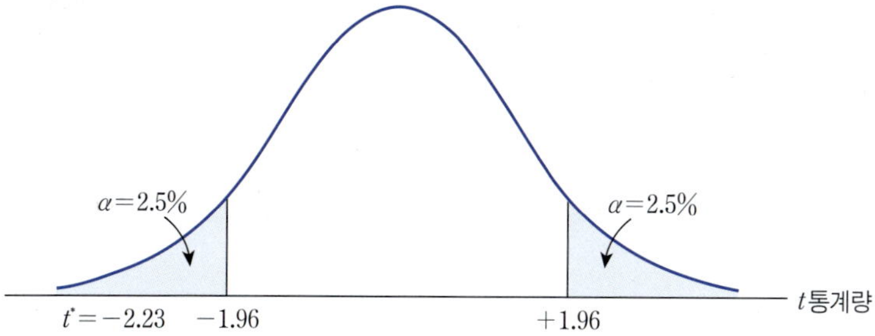


* 본 검증은 양측검증임.
* 자유도가 큰 경우 $t$분포는 정규분포와 동일해짐.

$t^* = -2.23$은 기각영역에 해당된다. 따라서 두 집단간의 만족도점수의 평균에 차이가 없다는 귀무가설은 기각되며, 두 집단간의 만족도에는 차이가 있다는 대립가설은 통계적으로 유의하다. 이러한 검증결과를 토대로 마케팅담당자는 만족도점수가 낮은 대리점에 더 많은 지원을 하여야 할 것이다.

## 1.2 한 집단에서 짝을 이룬 값들의 차이를 검증하는 경우

앞에서 두 집단간 차이에 대한 가설검증에서 두 집단은 상호독립적이라고 가정하였다. 즉 한 집단에 대한 측정이 다른 집단의 측정에 영향을 미치지 않는다는 것이다. 그런데 이와 유사해 보이지만 다른 것으로, 표본의 값이 짝을 이루고 있으며, 이 값들간에 차이가 있는지를 검증하는 경우가 있다. 가령, 한 표본집단에 대해 새로운 광고를 방영하기 전과 후의 제품선호도의 차이를 검증하는 경우가 이에 해당된다.

이 경우 가설검증은 두 집단간 평균의 차이를 비교하기보다는, 동일집단에 대해 짝을 이루고 있는 표본값들간의 차이에 대한 검증이 된다. 이 경우 짝을 이룬 값들은 서로 독립적이지 않게 된다. 다음의 예를 이용하여 짝을 이룬 값들의 차이에 대한 검증(a paired-difference test)을 설명하기로 한다.

롯데칠성은 최근 판매가 부진한 탄산음료 A에 대한 개선방안으로 제품의 속성(당분 및 향)을 바꾸어 MZ세대를 겨냥한 신제품을 출시하려 한다고 하자. 제품출시에 앞서 MZ세대들의 반응을 보기 위하여 100명의 표본을 선정하여 기존제품과 신제품의 시음조사를 실시하였다. 두 제품에 대한 구매의사를 5점척도를 이용하여 비교・평가토록 하여 신제품이 기존제품보다 높은 평가를 받은 경우에 한하여 제품을 출시하기로 하였다.

### (1) 가설의 설정

표본의 값들이 짝을 이루고 있고 이들간에 차이가 있는지를 검증하는 경우에는, 각 표본값의 평균을 직접 비교하지 않고 두 표본값의 차이가 0인지 여부를 검증하는 간접적인 방법을 이용하게 된다. 즉 두 표본값 차이의 평균이 0이 아닌지를 검증하는 것으로, 단일집단 평균에 대한 검증과 유사하다. 위의 예의 경우 가설은 다음과 같이 설정되며, 단측검증을 통하여 검증이 실시된다.

$$H_0 : d=0$$
$$H_a : d>0$$

$d$ : 쌍을 이룬 표본값들의 차이를 말하며, 여기서는 (신제품에 대한 구매의사점수 −기존제품에 대한 구매의사점수)임.

### (2) 검증통계량 및 가설채택기준의 결정

이 경우 이용하는 검증통계량은 다음과 같은 $t$통계량이며, $t$통계량은 $n-1$의 자유도를 갖는 $t$분포를 따른다.

$$t^* = \frac{\overline{d}}{\frac{S_d}{\sqrt{n}}}$$

여기서 $\overline{d}$ : 두 측정점수간 차이의 평균$\left(=\frac{\sum d_i}{n}\right)$

$S_d$ : 두 점수간 차이의 표준편차$\left(=\sqrt{\sum\frac{(d_i-\overline{d})^2}{n-1}}\right)$

$n$ : 표본의 크기

### (3) 가설채택여부의 결정

100명의 표본을 측정한 결과차이의 평균 $\overline{d}$ 는 0.04, 차이의 표준편차($S_d$)는 0.25로 나타나, $t$통계량의 값은 다음과 같이 계산된다.

$$t = \frac{0.04}{\frac{0.25}{\sqrt{100}}} = 1.6$$

자유도 99, 유의수준 $\alpha = 5\%$ 에서 $t$통계량의 임계치는 1.645이므로, [그림 13-3]을 보면 계산된 $t$통계량(=1.6)은 임계치보다 작다. 계산된 $t$통계량(=1.6)은 기각영역에 포함되지 않아, 두 제품간 구매의사점수의 차이는 통계적으로 유의하지 않은 것으로 밝혀졌다. 그러므로 마케터는 MZ세대의 기호를 보다 잘 반영할 수 있도록 신제품을 개선해야 할 것이다.

**그림 13-3** 평균의 차이에 대한 가설검증(두 집단이 관련된 경우)

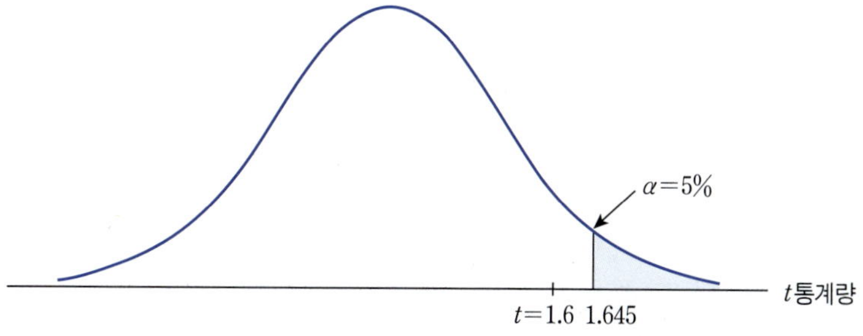


## 1.3 두 집단간 평균차이에 대한 가설검증을 위한 SPSS 프로그램

### (1) 두 집단이 독립된 경우의 T-test

Windows 프로그램의 경우 **분석-평균 및 비율비교-독립표본T검정**을 선택하여 나타나는 [그림 13-4] 화면에서 검증을 실시할 수 있다.

**그림 13-4** 독립된 표본에 대한 T-검정 화면

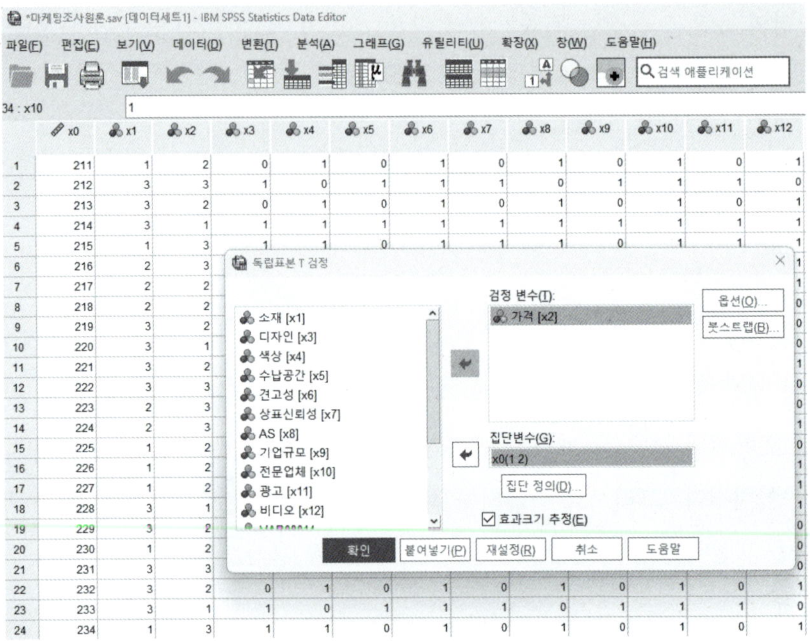


위의 화면에서 **집단변수**와 집단 정의를 지정해주고 종속변수에 해당되는 **검정변수**를 지정하고 확인키를 누르면 분석결과를 얻을 수 있다.

### (2) 짝을 이룬 값들의 차이검증(동일한 표본에 대하여 2회 반복측정한 경우의 차이검증)을 위한 T-test

이 경우에는 **분석－평균 및 비율 비교－대응표본T검정**을 선택하고 [그림 13-5]에 나타난 화면의 대응변수창에 분석할 변수들을 선택만 하면 원하는 분석결과가 제시된다.

**그림 13-5** 동일한 표본에서 반복측정된 변수들에 대한 T-검정 화면

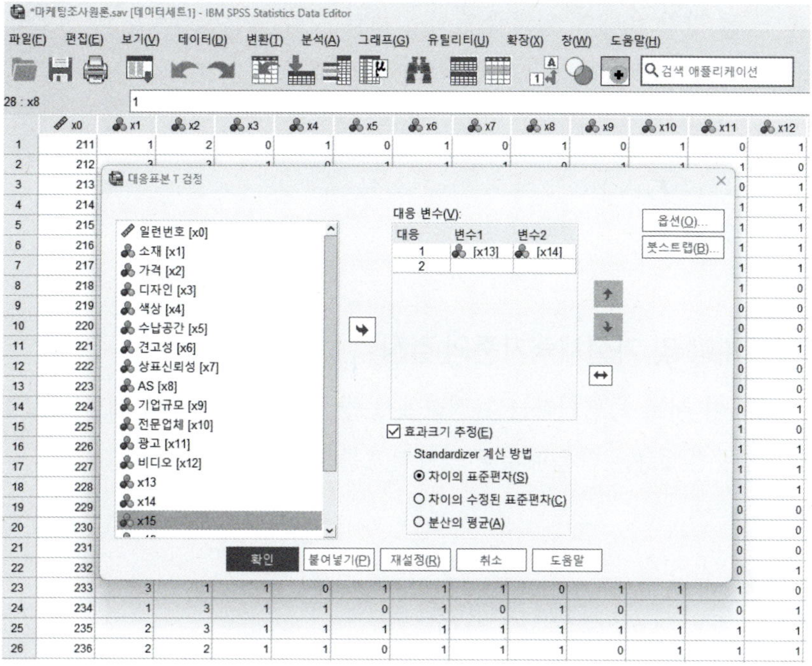

# 2 두 집단 간 비율차이에 대한 가설검증

## 2.1 두 집단이 독립적인 경우

스마트폰시장에서 주요 표적세분시장의 하나인 20대 시장을 공략하기 위해 이들이 선호할 것으로 예상되는 AI기능 스마트폰 시제품을 만들었다. 본격적인 출시에 앞서 20대와 30대 각 100명에게 시제품을 보여주고 두 집단간에 AI기능 스마트폰에 대한 선호도에 차이가 있는지를 측정하려 한다. 이를 통해 조사자는 기존의 일반형 스마트폰보다 AI기능 스마트폰을 더 선호하는 응답자의 비율을 조사하여 두 집단 간에 유의한 차이가 있는지를 검토하고 이를 토대로 표적시장의 범위를 정할 예정이다.

### (1) 가설의 설정

$\pi_1$과 $\pi_2$를 각각 20대와 30대에 있어서 새로운 기능의 신제품을 더 선호하는 모집단비율이라고 할 때, 가설은 다음과 같이 설정된다.

$$H_0 : \pi_1 \leq \pi_2$$

$$H_a : \pi_1 > \pi_2$$

### (2) 검증통계량 및 가설채택기준의 결정

두 모집단이 서로 독립이라는 가정하에서 두 집단 비율차이에 대한 가설검증에 사용되는 검증통계량은 다음과 같은 정규분포를 갖는 $Z$통계량이다.

$$Z = \frac{p_1 - p_2}{S_{(p_1 - p_2)}} = \frac{p_1 - p_2}{\sqrt{p^*(1-p^*)\left(\frac{1}{n_1} + \frac{1}{n_2}\right)}}$$

여기서 $S_{(p_1 - p_2)}$ : 표본비율간의 차이에 대한 표준오차

$p_1$과 $p_2$ : 각각 표본 1과 표본 2의 비율값(여기서는 20대와 30대 표본집단의 신제품 선호비율)

$$p^* = \frac{n_1 p_1 + n_2 p_2}{n_1 + n_2}$$

$n_1$과 $n_2$ : 각 집단의 표본의 수

가설채택의 기준으로 유의수준=5%를 이용하며, 본 검증은 단측검증이다.

### (3) 가설채택여부의 결정

100명씩의 표본으로부터 수집된 조사결과를 토대로 $p_1$과 $p_2$는 각각 0.3과 0.1로, $p^*$은 0.2임이 밝혀졌다. 이를 이용하여 $Z$통계량은 다음과 같이 계산된다.

$$Z = \frac{0.3 - 0.1}{\sqrt{0.2 \times 0.8 \times \left(\frac{1}{100} + \frac{1}{100}\right)}} = 3.54$$

유의수준 $\alpha=5\%$에서 $Z$통계량의 임계치는 1.645이다. 따라서 [그림 13-6]을 보면 계산된 $Z$통계량인 $Z^*=3.54$는 임계치보다 커 기각영역에 해당되므로 귀무가설은 기각된다. 즉 20대가 30대보다 AI기능을 갖춘 스마트폰을 더 선호하는 것으로 나타났다. 따라서 마케팅담당자는 20대를 표적으로 새로운 기능의 스마트폰 신제품을 도입하기로 하였다.

**그림 13-6** 비율의 차이에 대한 가설검증(두 집단이 독립적인 경우)

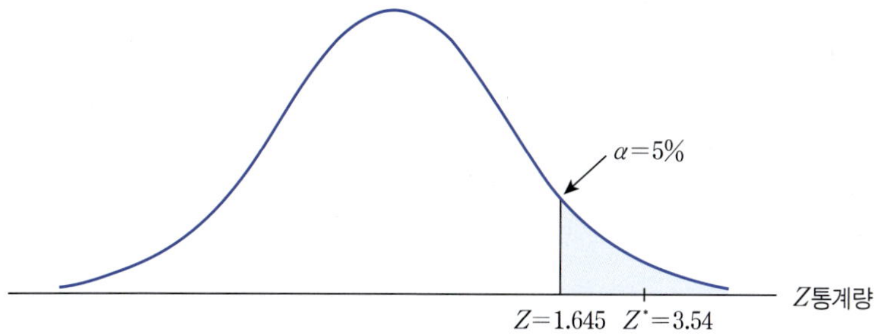


## 2.2 두 표본값이 쌍을 이루어 관련되어 있는 경우

롯데칠성은 수차에 걸친 제품개량을 통하여 완성된 시제품을 위해 광고카피를 제작하였고, 마케팅담당자는 본격적인 방영에 앞서 제작된 광고에 대한 소비자반응을 조사하기로 한다고 하자. 이에 따라 100명의 20대 전후의 소비자를 초대해 우선 신제품을 포함하는 몇 개의 경쟁제품을 시음하게 하여 가장 좋아하는 제품을 선택하도록 하였다. 같은 소비자들에게 신제품광고를 보여준 후 다시 시음하도록 하고 가장 좋아하는 브랜드를 선택하게 함으로써 광고노출 전과 후에 신제품이 선택되는 비율에 차이가 나는지를 검토하기로 하였다.

### (1) 가설의 설정

광고노출 전과 후에 신제품이 선택되는 모집단비율을 각각 $\pi_1$과 $\pi_2$라고 할 경우, 광고의 효과가 긍정적으로 나타날 것으로 기대하여 다음과 같이 가설이 설정되었다. 이 가설에 대한 검증은 단측검증이 사용된다.

$$H_0 : \pi_1 \geq \pi_2$$
$$H_a : \pi_1 < \pi_2$$

### (2) 검증통계량 및 가설채택기준의 결정

동일한 집단에 대해 반복측정이 이루어지는 경우와 같이 표본값들이 쌍을 이루고 있고 서로 관련이 되어 있는 경우의 비율차이검증은 다음과 같은 정규분포를 따르는 $Z$통계량을 사용한다.

$$Z = \frac{p_2 - p_1}{S_{(p_2 - p_1)}} = \frac{p_2 - p_1}{\sqrt{\dfrac{b + c - \dfrac{(b-c)^2}{n}}{n(n-1)}}}$$

여기서 $S_{(p_2 - p_1)}$은 광고노출 전후의 비율의 차이에 대한 표준오차이며, 다음의 식으로 추정될 수 있다.

$$S_{(p_2 - p_1)} = \sqrt{\frac{b + c - \dfrac{(b-c)^2}{n}}{n(n-1)}}$$

$b$, $c$는 다음과 같이 신제품 광고노출 전과 후에 응답자들의 제품선택에 대한 교차분석표(cross-tabulation table)를 만들었을 경우, 브랜드전환이 일어난 응답자의 수를 의미한다.

| 광고노출 전 / 광고노출 후 | 신제품을 선택함 | 신제품을 선택하지 않음 | 계 |
|---|---|---|---|
| 신제품을 선택함 | $a$ | $b$ | $a+b$ |
| 신제품을 선택하지 않음 | $c$ | $d$ | $c+d$ |
| 계 | $a+c$ | $b+d$ | $a+b+c+d$ |

조사자는 가설채택의 기준으로 유의수준 $\alpha=5\%$를 선택하였다.

### (3) 가설채택여부의 결정

100명의 표본으로부터 얻어낸 광고노출 전후의 선택비율이 다음과 같이 나타났다.

| 광고노출 후 \ 광고노출 전 | 신제품을 선택함 | 신제품을 선택하지 않음 | 계 |
|---|---|---|---|
| 신제품을 선택함 | 25 | 15 | 40 |
| 신제품을 선택하지 않음 | 5 | 55 | 60 |
| 계 | 30 | 70 | 100 |

이에 따라 통계량 $Z^*$은 다음과 같이 계산된다.

$$Z^* = \frac{0.4-0.3}{\sqrt{\dfrac{15+5-\dfrac{(15-5)^2}{100}}{100(100-1)}}} = 2.28$$

[그림 13-7]을 보면 유의수준 $\alpha=5\%$ 에서 임계치는 1.645이므로 계산된 통계량 $Z^*(=2.28)$은 임계치보다 크며, 계산된 통계량 $Z^*$은 기각영역에 포함되므로 귀무가설은 기각된다. 즉 광고노출 후 소비자들의 신제품에 대한 선택비율이 증가될 것이라는 대립가설이 채택되었다.

**그림 13-7** 비율차이검증(짝을 이루고 있는 비율값들의 차이검증)

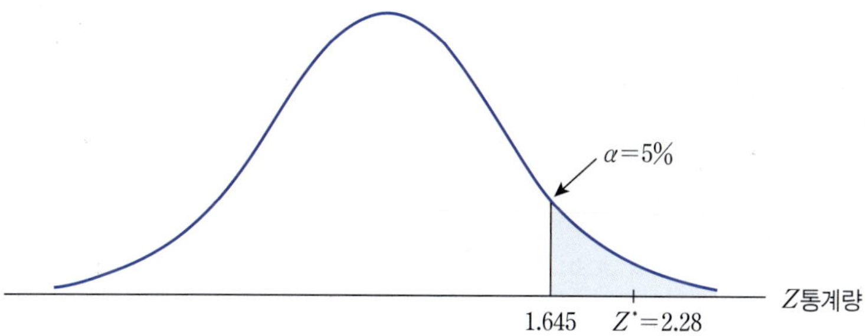

# 3 분산분석

## 3.1 이용상황

분산분석(Analysis of Variance : ANOVA)이란 명목척도로 측정된 독립변수[혹은 처치변수(treatment variable)]와 등간 또는 비율척도로 측정된 종속변수 사이의 관계를 연구하는 통계기법이다. 즉 분산분석은 독립변수(처치변수)에 의해 분류된 두 개 이상의 집단간의 평균값(종속변수 혹은 결과변수의 값)을 비교하는 데 사용되는 통계기법이다. 분산분석에서 사용되는 검증통계량은 $F$이다.

예를 들어, 10대와 20대 세분시장간에 선호하는 청바지의 가격에서 차이가 나는지, 서울 강남의 압구정동과 강북지역 주부들 간에 한 달간 백화점 쇼핑횟수에서 차이가 나는지, 또는 대리점, 직영점 등 서로 다른 유통형태별로 매출액이나 이익에서 차이가 있는지 등과 같이 두 개 이상의 집단들의 평균값에서 차이가 있는지를 검증하는 데 이용된다. 분산분석은 $\chi^2$ 검증과 함께 마케팅조사에서 널리 사용되는 통계기법이다.

분산분석은 하나의 범주형 독립변수(처치변수)와 종속변수(결과변수)간의 관계를 분석하는 일원분산분석(one-way ANOVA)과 둘 이상의 독립변수(처치변수)의 수준변화가 종속변수(결과변수)에 미치는 효과를 조사하는 다원분산분석(n-way ANOVA)으로 다시 분류될 수 있다. 두 개의 독립변수(처치변수)의 수준변화가 종속변수(결과변수)에 미치는 효과를 조사하는 데 사용되는 통계기법은 이원분산분석으로 불린다. 가령, 소비자의 제품사용량(다량사용자, 평균사용자, 소량사용자)에 따라 시리얼 브랜드선호도(가령, 7점척도로 측정된 선호도 자료)에 차이가 나는지를 검증하는 경우에는 일원분산분석이 적용되며, 소비자의 제품사용량(다량사용자, 소량사용자)과 나이(10대, 20대, 30대 이상)에 따라 시리얼 브랜드선호도에 차이가 나는지를 검증하는 경우에는 다원분산분석이 적용된다.

분산분석의 진행과정은 4단계로 구성되는데, 이하에서는 사례를 이용하여 분산분석의 적용과정에 대하여 살펴보기로 한다.

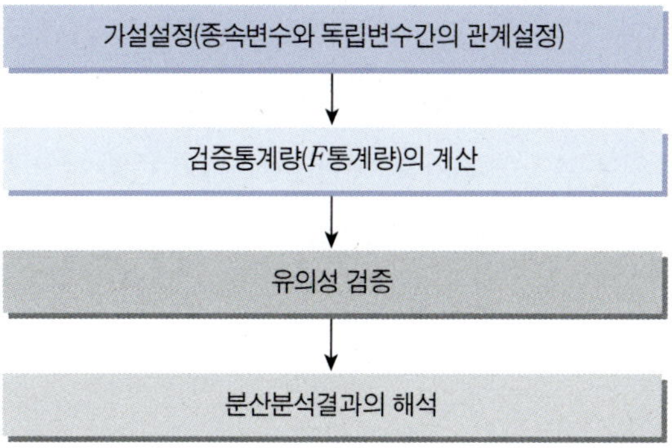


## 3.2 분산분석의 적용과정

분말형태의 세탁세제를 판매하는 애경산업은 최근 두 달간의 매출감소를 만회하기 위해 다음 달부터 적극적인 판촉을 계획하고 있다. 이를 위하여 현재 20% 가격인하와 판촉물을 제공하는 방법 중 보다 효과적인 판촉수단을 선택하기 위해 서울시내 15개의 슈퍼마켓을 표본으로 선정하여 판촉유형이 매출액에 미치는 효과에 관한 조사를 실시하기로 하였다.

조사자는 5개 점포에 대해서는 아무런 판촉도 실시하지 않고, 다른 5개의 슈퍼마켓에 대해서는 가격을 20% 인하하는 판촉방법을 이용하고, 나머지 5개 점포에 대해서는 제품가격의 약 20%에 상당하는 판촉물(플라스틱 용기와 자사의 샴푸 중 하나를 선택)을 제공하였다. 〈표 13-1〉은 1주일 경과 후의 판촉유형에 따른 점포별 매출증가율(%) 자료이다.

**표 13-1** 판촉유형별 매출증가율 자료

| 판촉유형 | | |
|---|---|---|
| 판촉을 실시하지 않음<br>(점포집단 1) | 20% 가격인하<br>(점포집단 2) | 판촉물 제공<br>(점포집단 3) |
| 3 | 24 | 15 |
| 0 | 32 | 21 |
| 2 | 17 | 14 |
| 1 | 20 | 16 |
| 4 | 11 | 18 |

### (1) 가설설정

분산분석에서 귀무가설은 각 집단의 종속변수 평균값이 동일하다는 것이다. 즉 독립변수(앞의 예의 경우 판촉형태)가 종속변수(매출)의 변화에 영향을 주지 못한다는 것이다. 세 집단들의 평균값에서 차이가 있는지를 검증하는 경우에는 다음과 같이 가설이 설정된다.

귀무가설 : $\mu_1 = \mu_2 = \mu_3$
대립가설 : 각 집단의 평균값이 동일하지 않다.

세탁세제 사례에서 조사자는 다음과 같은 가설을 설정한다.

$H_0$ : 판촉유형은 매출액에 영향을 주지 못할 것이다.
$H_a$ : 판촉유형에 따라 매출액에 차이가 있을 것이다.

### (2) 집단특성에 대한 가정의 검토

분산분석을 적용하기 전에 조사자는 각 집단이 다음과 같은 전제조건들을 충족하는지를 검토해야 한다. 만약 이러한 조건이 충족되지 않으면 분산분석의 결과가 의미를 갖지 못할 수 있으므로 분산분석의 사용을 재고해야 한다.

① 각 집단은 서로 독립적이어야 한다. 가령, 한 집단에 대해 시간간격을 두고 세 번 종속변수의 값을 측정한 후 이들 간의 차이를 조사하는 경우는 각 집단이 동일하므로 분산분석의 적용이 어렵다.
② 각 집단은 정규분포를 이루어야 한다. 이를 충족시키기 위해 집단별로 표본의 수가 30명 이상 되는 것이 바람직하며, 어느 한 집단의 표본 수가 적은 경우 이 집단을 제거하든지 또는 가장 유사한 집단과 합쳐 분석을 실시한다. 예를 들어, 학력별 백화점 이용실태에 대한 조사에서 중졸 이하나 대학원 이상의 학력을 가진 응답자가 적은 경우, 이들을 분석에서 제외하거나 고졸 이하나 대졸 이상 집단에 포함시켜 분석을 실시한다.
③ 집단별 분산(variation)의 정도가 비슷해야 한다. [그림 13-8]에서 보면 집단 A

그림 13-8 집단별 분산의 정도에 따른 평균의 비교

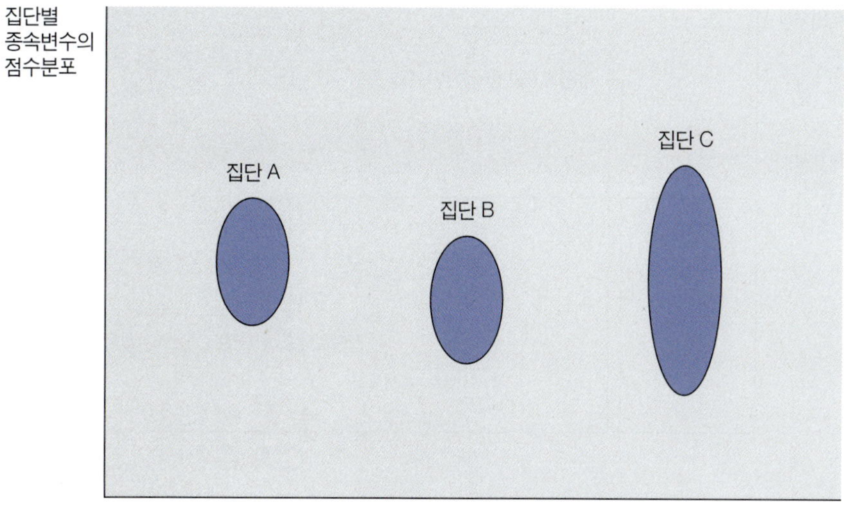


와 집단 B는 분산의 정도가 비슷하므로 평균의 비교가(즉 분산분석이) 의미가 있으나, 집단 A와 집단 C는 집단간 분산의 차이가 너무 커서 평균의 비교가(즉 분산분석이) 의미를 갖지 못한다. 따라서 조사자는 분산분석의 적용에 앞서 집단별 분산의 크기를 검토하여야 한다.

### (3) 검증통계량의 계산

분산분석에서 가설검증(즉, 판촉유형에 따라 매출액이 달라지는지)을 위해 사용되는 검증통계량은 $F$통계량이다. 이하에서는 $F$통계량의 수식을 도출하는 과정을 설명하기로 한다.

조사자는 [그림 13-9]와 같이 종속변수의 각 관찰값(가령, 집단별 각 점포의 매출액)을 '전체평균과 집단평균간의 차이'와 '집단평균과 개별관찰치와의 차이'로 구분하고, 이들 차이의 크기를 토대로 집단간 차이가 유의한지를 검토한다.

어떤 집단내의 한 표본단위의 관찰치는 표본전체평균을 중심으로 다음과 같이 재구성될 수 있다.

$$(\text{전체평균}-\text{개별관찰값})=(\text{전체평균}-\text{집단평균})+(\text{집단평균}-\text{개별관찰값})$$

**그림 13-9** 분산분석에서 관찰값에 대한 설명

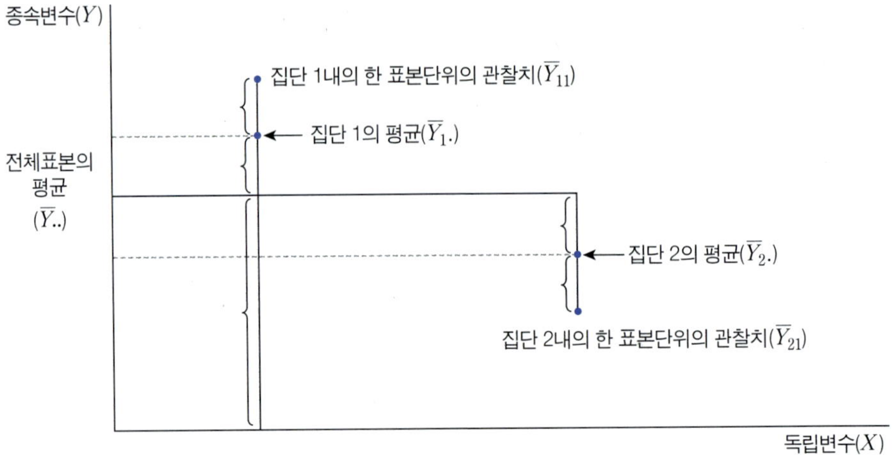


이 식의 세 구성요소에 대해 각각 다음과 같은 세 가지 유형의 변량(variation)을 얻을 수 있다.

총변량(Sum of Squares Total : $SST$)
= 집단간 변량(Sum of Squares Between groups : $SSB$)
+집단내 변량(Sum of Squares Within groups : $SSW$)

각 유형의 변량을 수식으로 나타내면 다음과 같다.

- 총변량($SST$)은 각 관찰값들이 전체표본의 평균을 중심으로 얼마만큼의 변량을 보이는가를 측정하는 것으로, 다음과 같이 표시된다.

$$SST=\sum_{i=1}^{c}\sum_{j=1}^{n_i}(Y_{ij}-\overline{Y}_{..})^2$$

여기서 $Y_{ij}$ : 종속변수 $Y$의 개별관찰값
$\overline{Y}_{..}$ : 전체표본에서의 종속변수의 평균
$n_i$ : 집단 $i$의 표본의 수
$c$ : 집단의 수

앞의 〈표 13-1〉의 자료를 이용하여 $SST$를 계산하면 다음과 같다.

$$SST=(3-13.2)^2+(0-13.2)^2+\cdots+(18-13.2)^2=1,268.4$$

• 집단간 변량($SSB$)은 독립변수(판촉유형)에 의해 나누어진 각 집단(판촉을 실시하지 않은 점포집단, 가격인하 점포집단, 판촉물제공 점포집단)의 평균이 전체표본의 평균을 중심으로 어느 정도의 변량을 보이는지를 측정하며, 다음과 같은 수식으로 표현된다.

$$SSB=\sum_{i=1}^{c} n_i(\overline{Y_{i\cdot}}-\overline{Y_{\cdot\cdot}})^2$$

여기서 $n_i$ : $i$번째 집단의 표본 수

$\overline{Y_{i\cdot}}$ : $i$번째 집단의 평균

〈표 13-1〉의 판촉유형별 매출증가율 자료를 이용하여 집단간 변량($SSB$)을 계산하면 다음과 같다.

$$SSB=5(2-13.2)^2+5(20.8-13.2)^2+5(16.8-13.2)^2=980.8$$

$n_1$ (=판촉을 실시하지 않은 점포의 수)=5

$n_2$ (=가격할인을 실시한 점포의 수)=5

$n_3$ (=판촉을 제공한 점포의 수)=5

$\overline{Y_{1\cdot}}$ (=판촉을 실시하지 않은 점포들의 매출증가율의 평균)=2.0

$\overline{Y_{2\cdot}}$ (=가격할인을 실시한 점포들의 매출증가율의 평균)=20.8

$\overline{Y_{3\cdot}}$ (=판촉물을 제공한 점포들의 매출증가율의 평균)=16.8

$\overline{Y_{\cdot\cdot}}$ (=전체 점포들의 매출증가율의 평균)=13.2

• 집단내 변량($SSW$)은 각 표본집단내 개별관찰치들이 각 표본집단의 평균을 중심으로 어느 정도의 변량을 보이는지를 측정하며, 다음과 같은 수식으로 표현된다.

$$SSW = \sum_{i=1}^{c}\sum_{j=1}^{n_i}(Y_{ij} - \overline{Y_{i\cdot}})^2$$

〈표 13-1〉의 판촉유형별 매출증가율 자료로부터 $SSW$는 다음과 같이 계산된다.

$$\begin{aligned} SSW =& [(3-2)^2 + (0-2)^2 + (2-2)^2 + (1-2)^2 + (4-2)^2] \\ &+ [(24-20.8)^2 + (32-20.8)^2 + (17-20.8)^2 + (20-20.8)^2 + (11-20.8)^2] \\ &+ [(15-16.8)^2 + (21-16.8)^2 + (14-16.8)^2 + (16-16.8)^2 + (18-16.8)^2] \\ =& 287.6 \end{aligned}$$

집단간 변량과 집단내 변량이 구해지면, 조사자는 이를 이용해 집단간 차이를 검증할 수 있다. 분산분석에서 집단간 차이가 유의하기 위해서는 집단내 변량은 가능한 적어야 하며 집단간의 변량은 가능한 커야 한다. 이를 위해 분산분석에서는 집단간 변량값과 집단내 변량값의 상대적 비율을 나타내는 $F$통계량을 이용하여 집단간 차이를 검증한다. $F$통계량은 다음과 같은 수식으로 표시될 수 있다.

$$\begin{aligned} F =& \frac{\text{집단 간 분산(=독립변수에 의해 설명된 분산)}}{\text{집단 내 분산(=독립변수에 의해 설명되지 않는 분산)}} \\ =& \frac{\text{집단 간 변량/집단 간 변량의 자유도}(=c-1)}{\text{집단 내 변량/집단 내 변량의 자유도}(=N-c)} \end{aligned}$$

$$\frac{SSB/c-1}{SSW/N-c} = \frac{\sum_{i=1}^{c} n_i(Y_{i\cdot} - \overline{Y_{\cdot\cdot}})^2/(c-1)}{\sum_{i=1}^{c}\sum_{j=1}^{n_i}(Y_{ij} - \overline{Y_{i\cdot}})^2/(N-c)}$$

- 집단간 분산은 종속변수의 총분산 중 독립변수에 의해 설명되는 분산이며, 집단간 제곱평균(Mean Squares Between groups : $MSB$)으로 불린다. 본 예에서 집단간 분산은 상이한 판촉유형(독립변수)을 도입한 세 점포집단간의 매출액차이가 상이한 판촉수단의 도입에 기인한 것임을 반영하는 것이다. 집단간 분산은 다음과 같은 식으로 표시된다.

$$MSB = \frac{\text{집단간 변량}}{\text{집단 간 변량의 자유도}} = \frac{SSB}{c-1}$$

여기서 집단간 변량인 $SSB$를 $c-1$로 나누어 준 이유는, 한 집단의 평균분산을 보기 위해서이다.

- 집단내 분산은 종속변수의 총분산량 중 독립변수(집단구분)에 의해 설명되지 않는 부분으로, 집단내 제곱평균(Mean Squares Within groups : $MSW$)으로 불린다. 앞의 예에서 집단내 분산은 상이한 판촉유형(즉 독립변수)을 실시한 세 점포 집단간의 매출액차이가 판촉유형의 차이가 아닌 다른 요인(가령, 점포의 크기나 위치 등)들에 의해 발생된 부분을 의미한다. 집단내 분산은 다음과 같은 식으로 표시된다.

$$MSW = \frac{\text{집단내 변량}}{\text{집단내 변량의 자유도}} = \frac{SSW}{N-c}$$

$F$통계량을 계산하는 과정은 〈표 13-2〉와 같이 하나의 표로 요약될 수 있는데, 이러한 표를 분산분석표(ANOVA table)라고 한다.

이러한 계산과정을 거쳐 얻어진 $F$통계량은 집단간 변량의 자유도($c-1$)와 집단내 변량의 자유도($N-c$)를 갖는 $F$분포를 따르며, 이를 이용해 집단간 차이검증이 이루어진다.

**표 13-2** 분산분석표

| 변량의 종류 | 제곱합(Sum of Squares) | 자유도 | 제곱평균 (Mean Squares) | $F$ |
|---|---|---|---|---|
| 집단간 변량 | $SSB=\sum_{i=1}^{c} n_i(\overline{Y_{i\cdot}}-\overline{Y_{\cdot\cdot}})^2$ | $c-1$ | $MSB=\frac{SSB}{c-1}$ | $\frac{MSB}{MSW}$ |
| 집단내 변량 | $SSW=\sum_{i=1}^{c}\sum_{j=1}^{n_i}(Y_{ij}-\overline{Y_{i\cdot}})^2$ | $N-c$ | $MSW=\frac{SSW}{N-c}$ | |
| 총변량 | $SST=\sum_{i=1}^{c}\sum_{j=1}^{n_i}(Y_{ij}-\overline{Y_{\cdot\cdot}})^2$ | $N-1$ | | |

앞의 판촉유형별 세탁세제 매출효과에 대한 예를 이용하면 다음과 같은 분산분석표를 작성할 수 있다.

| 변량의 종류 | 제곱합(Sum of Squares) | 자유도 | 제곱평균 (Mean Squares) | $F$ |
|---|---|---|---|---|
| 집단간 변동 | 980.8 | 2 | 490.4 | 20.46* |
| 집단내 변동 | 287.6 | 12 | 23.97 | |
| 총변동 | 1,268.4 | 14 | | |

* Significance[유의확률($p$-value)] : 0.001
$p$-value에 대해서는 제12장 제1절을 참조하기 바람.

### (4) 유의성 검증과 결과의 해석

조사자는 집단간 차이에 대한 가설검증을 위해 분산분석표를 이용하여 계산된 $F$통계량과 비교하기 위한 기준값인 임계치를 설정해야 한다. $F$통계량은 자유도 $c-1$과 $N-c$의 $F$분포를 따르며, 이에 따라 조사자는 분산분석표에서 계산된 $F$값과 $F$분포표에서 얻어진 유의수준 $\alpha=5\%$, 자유도 $c-1$과 $N-c$의 $F$통계량의 값(즉, 임계치)을 비교하여 가설의 채택/기각여부를 결정한다.

만약 계산된 $F$값이 $F$의 임계치(즉 $F_{(\alpha=0.05\,;\,c-1,\ N-c)}$의 값)보다 작으면, 귀무가설이 채택된다. 반면 계산된 $F$값이 $F$의 임계치보다 크면, 집단간의 차이가 충분히 큰 것으로 인정되어 귀무가설을 기각한다. 만약 귀무가설이 기각된다면, 조사자는 집단간에 평균에서 차이가 있다고 결론을 내릴 수 있다. 즉 독립변수와 종속변수의 값 사이에는 어떤 인과관계가 있음을 알 수 있다.

앞 예의 경우 유의수준 $\alpha=5\%$와 분자 및 분모의 자유도가 각각 2와 12인 $F$분포의 임계치는 3.89이다. 따라서 표본에서 구한 $F$통계량의 값 20.5가 임계치보다 훨씬 큰 것으로 나타나 집단간에 평균차이가 없다는 귀무가설은 기각되고, 집단간에 평균에서 유의한 차이가 있다는 대립가설이 채택된다. 즉, 두 가지 판촉방법 모두가 의미있게 매출을 증가시키는 것으로 나타나(판촉을 실시하지 않은 경우 : 2% 증가, 가격인하의 경우 : 20.8% 증가, 판촉물 제공의 경우 : 16.8% 증가), 매출증대를 위해 판촉방법이 도입되어야 함을 시사한다.

## 3.3 실험설계유형에 따른 분산분석의 종류

앞에서 살펴본 분산분석은 독립변수(처치변수)와 종속변수가 각각 하나인 가장 기본적인 형태의 일원분산분석(one-way ANOVA)이다. 분산분석에는 독립변수와 함께 외생변수(control variable)의 효과를 고려할 수 있는 다양한 분석방법이 개발되어 있다. 예를 들어 앞에서 설명한 판촉유형에 따른 세탁세제의 매출효과에 대한 조사에서 몇 개의 점포에서 우리 회사뿐만 아니라 경쟁기업에서도 동시에 판촉을 진행하고 있음이 밝혀졌다면, 경쟁사 판촉전략의 효과가 적절히 통제되어야 한다. 즉, 경쟁업체의 판촉이 있는 경우와 없는 경우가 우리 회사 매출액에 미치는 효과를 반영해야만, 우리 회사의 순수한 판촉효과를 도출할 수 있다. 이를 위해 〈표 13-3〉과 같이 경쟁업체의 판촉여부를 함께 고려하여 수집된 매출자료를 분류하고, 집단간의 차이검증이 이루어져야 한다.

이러한 경우의 분산분석도 앞에서 이미 설명한 분석과정이 그대로 적용된다. 차이점은 개별관찰치의 총변량을 '총변량=집단간 차이(즉 독립변수에 의해 설명되는 부분)+통제변수간 차이(즉 통제변수에 의해 설명되는 부분)+집단내 차이(즉 독립변수와 통제변수에 의해 설명되지 않는 부분)'으로 나누어 통제변수의 효과를 반영한다는 것이다. 독립변수의 수와 통제변수의 수에 따라 분산분석은 〈표 13-4〉와 같이 다양한 유형으로 분류된다. 가령, 무작위 블록디자인(randomized block design)에 의한 분산분석은 종속변수에 영향을 미칠 수 있는 외생변수를 통제하기 위해 외생변수를 블록으로 설정하는 실험설계에 기반하여 이루어지는 분산분석을 말한다. 팩토리얼디자인(factorial design)에 의한 분산분석은 두 개 이상의 독립변수의 수준변화가 종속변수값의 변화에 미치는 효과를 조사하기 위한 실험설계에 기반하여 이루어지는 분산분석이다.

**표 13-3** 점포별 매출증가율 자료(통제변수가 1개 있는 경우)

| | 집단 1 | 집단 2 | 집단 3 |
|---|---|---|---|
| 경쟁업체 판촉이 있음 | 3 | 17 | 15 |
| | 0 | 20 | 14 |
| | 2 | 11 | 16 |
| 경쟁업체 판촉이 없음 | 1 | 24 | 21 |
| | 4 | 32 | 18 |

**표 13-4** 분산분석의 종류

| 분산분석의 유형 | 독립변수의 수 | 통제변수의 수 |
|---|---|---|
| Completely Randomized Design | 1 | 0 |
| Randomized Block Design | 1 | 1 |
| Latin Square Design | 1 | 2 |
| Factorial Design | 2 이상 | 0 |

## 3.4 다원분산분석을 이용한 가설검증절차

지금까지는 하나의 독립변수와 종속변수간의 관계를 검정하는 데 이용되는 일원분산분석에 대하여 설명하였다. 그러나 마케터는 현실적으로 둘 이상의 독립변수와 종속변수간의 관계에 더 관심을 가질 수 있다. 가령 HITE맥주의 마케팅담당자는 제품판매량이 광고수준(상, 중, 하)과 판매촉진의 정도(상, 중, 하)에 따라 어떻게 달라지는지에 대해 관심을 가질 수 있으며, 신세계백화점은 교육수준(고, 저)과 연령층(고, 중, 저)에 따라 신세계백화점에 대한 점포이미지가 어떻게 달라지는지에 대해 알고 싶어할 것이다. 이와 같이 둘 이상의 범주형(categorical) 독립변수와 종속변수간의 관계를 검증하는 데 사용되는 통계기법을 다원분산분석(n-way ANOVA) 또는 팩토리얼디자인에 의한 분산분석이라고 한다. 이하에서는 다원분산분석 중 2개의 분류형 독립변수들과 종속변수간의 관계에 대한 가설검정에 이용되는 이원분산분석(two-way ANOVA)을 중심으로 다원분산분석을 설명하기로 한다.

이원분산분석(또는 다원분산분석)의 이점은 각 독립변수의 변화가 종속변수에 미치는 영향인 주효과(main effect)뿐만 아니라 독립변수들간의 상호작용효과(interaction effect)를 검증할 수 있다는 것이다. 여기서 상호작용효과란 한 독립변수(의 수준)가 종속변수에 미치는 효과가 다른 독립변수의 변화에 의해 영향을 받는 경우를 말한다.

이하에서는 이원분산분석을 이용한 가설검증의 절차를 가상적인 치약제품의 사례를 가지고 설명하기로 한다.

LG생활건강의 치약제품 마케팅책임자는 제품향(오렌지향, 장미향, 박하향)과 가격수준(500원, 600원, 650원)이 매출에 미치는 효과를 조사하려고 한다. 마케팅관리자는 세 가지 제품향과 세 가지 가격수준의 조합에 의해 9개의 시제품을 개발한 후 유사한 소매점포를 9개 선정하여 각 점포별로 하나의 시제품만을 취급하도록 하였다. 〈표 13–5〉는 각 점포별 시제품의 판매량을 보여준다.

**표 13–5** 제품향과 가격수준별 판매량

| 가격 ($X_1$) | 제품향 ($X_2$) | | | 행의 평균 ($\overline{Y_{i\cdot}}$) |
|---|---|---|---|---|
| | 오렌지향 | 장미향 | 박하향 | |
| 500원 | 800 | 800 | 1,400 | 1,000 |
| 600원 | 400 | 1,400 | 1,200 | 1,000 |
| 650원 | 900 | 800 | 1,300 | 1,000 |
| 열의 평균 ($\overline{Y_{\cdot j}}$) | 700 | 1,000 | 1,300 | 전체평균 ($\overline{Y_{\cdot\cdot}}$ =1,000) |

### (1) 가설의 설정

다원분산분석(또는 factorial design)의 경우 가설검증은 독립변수 각각의 효과와 독립변수들간의 상호작용효과에 대해 이루어지게 되며, 다음과 같은 가설이 설정된다.

① 제품향과 매출액간의 관계에 대한 가설

$H_{01}$ : 제품향은 매출에 영향을 미치지 않는다.

$H_{a1}$ : 제품향은 매출에 영향을 미친다.

② 가격수준과 매출액간의 관계에 대한 가설

$H_{02}$ : 가격수준은 매출에 영향을 미치지 않는다.

$H_{a2}$ : 가격수준은 매출에 영향을 미친다.

③ 제품향과 가격수준간의 상호작용에 대한 가설

$H_{03}$ : 제품향과 가격수준간에 상호작용이 없다.

$H_{a3}$ : 제품향과 가격수준간에 상호작용이 있다.

본 예에서는 독립변수간의 상호작용이 존재하지 않는다고 가정하여 이에 대한 가설검증은 생략하고, 상호작용효과의 의미만을 간략히 설명하기로 한다.

[그림 13-10]은 독립변수들간의 상호작용효과를 보여주는 한 예이다. ①은 독립변수들간에 상호작용이 존재하지 않는 경우이다. 가령, 제품향의 종류에 상관없이 저가격(500원)의 치약이 가장 많이 판매되거나 가격수준에 상관없이 장미향의 치약이 가장 많이 판매되는 경우를 말한다. 반면에 ②는 독립변수들간에 상호작용이 존재하는 경우의 예로, 가령 박하향의 치약은 다른 향의 치약보다 고가격인 경우에 더 많이 판매되어 두 변수들에 상호작용효과가 있음을 보여준다.

**그림 13-10** 상호작용의 의미

① 변수간 상호작용이 없는 경우

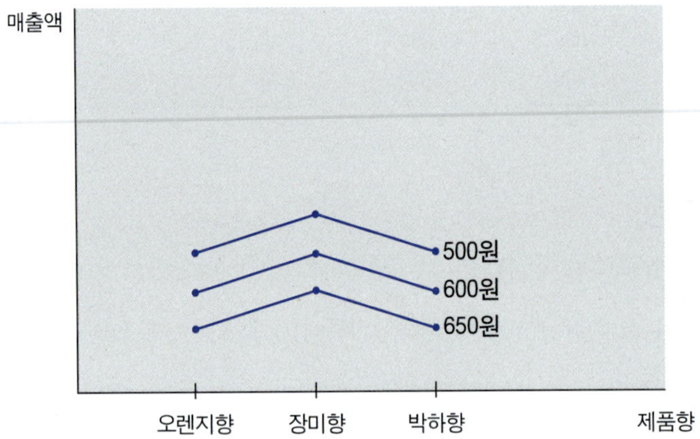


② 변수간 상호작용이 있는 경우

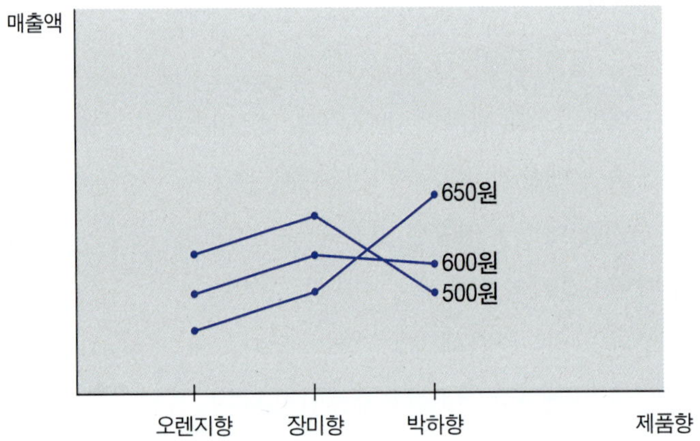

### (2) 검증통계량의 계산

이원분산분석도 일원분산분석과 마찬가지로 가설검증에 $F$통계량이 사용된다. 이원분산분석에서도 $F$통계량의 계산을 위해 변량분석(variation analysis)이 먼저 수행된다. 변량분석을 위해 독립변수 $X_1$과 $X_2$가 각각 $C_1$과 $C_2$개의 범주로 나누어진다고 가정하자. 치약 시제품의 예에서는 가격과 제품향은 각각 3개의 범주로 나누어진다.

종속변수($Y$)의 관찰된 총변량(total variation)은 다음과 같은 부분들로 구성된다.

(종속변수의) 총변량＝독립변수 $X_1$의 수준변화에 따른 (종속변수의) 변량
＋독립변수 $X_2$의 수준변화에 따른 (종속변수의) 변량
＋(두 독립변수에 의해) 설명되지 않은 변량

치약 시제품의 예에서 매출액($Y$)의 총변량은 치약가격의 차이(수준변화)에 의해 설명되는 변량, 제품향의 종류(수준변화)에 의해 설명되는 변량, 그리고 가격 및 제품향에 의해 설명되지 못하는(즉 가격 및 제품향 이외의 요인에 의해 설명되는) 변량으로 나누어진다.

각 구성요소를 수식으로 표시하면 다음과 같다.

$$\text{종속변수의 총변량}(=SS_Y)=\sum_{i=1}^{c_1}\sum_{j=1}^{c_2}(Y_{ij}-\overline{Y_{..}})^2$$

$$\text{독립변수 } X_1\text{에 의한 종속변수의 변량}(=SS_{X_1})=C_2\sum_{i=1}^{c_1}(\overline{Y_{i\cdot}}-\overline{Y_{..}})^2$$

$$\text{독립변수 } X_2\text{에 의한 종속변수의 변량}(=SS_{X_2})=C_1\sum_{i=1}^{c_2}(\overline{Y_{j\cdot}}-\overline{Y_{..}})^2$$

$$\text{설명되지 않은 변량}(=SS_{error})=SS_Y-(SS_{X_1}+SS_{X_2})$$

$F$통계량의 계산은 이러한 각 유형의 변량을 토대로 작성된 분산분석표(two-way ANOVA table)를 이용하여 이루어진다(표 13-6 참조).

**표 13-6** 분산분석표

| 변량의 종류 | 제곱합 (Sum of Squares : $SS$) | 자유도 | 제곱평균 (Mean Squares : $MS$) | $F$ |
|---|---|---|---|---|
| 독립변수 $X_1$ | $SS_{X_1}$ | $C_1-1$ | $MS_{X_1}=\dfrac{SS_{X_1}}{C_1-1}$ | $\dfrac{MS_{X_1}}{MS_{error}}$ |
| 독립변수 $X_2$ | $SS_{X_2}$ | $C_2-1$ | $MS_{X_2}=\dfrac{SS_{X_2}}{C_2-1}$ | $\dfrac{MS_{X_2}}{MS_{error}}$ |
| 오류(error) | $SS_{error}$ | $(C_1-1)(C_2-1)$ | $MS_{error}=\dfrac{SS_{error}}{(C_1-1)(C_2-1)}$ | |
| 합계 | $SS_Y$ | $C_1C_2-1$ | | |

치약 시제품 사례를 이용하여 각 유형의 변량을 계산해 보기로 하자. 먼저 종속변수 관찰값(즉 치약 시제품 판매량)의 총변량($SS_Y$)은 다음과 같이 계산된다.

$$\begin{aligned}SS_Y=&(800-1,000)^2+(800-1,000)^2+(1,400-1,000)^2+(400-1,000)^2\\&+(1,400-1,000)^2+(1,200-1,000)^2+(900-1,000)^2+(800-1,000)^2\\&+(1,300-1,000)^2=940,000\end{aligned}$$

독립변수 $X_1$의 수준변화(즉 가격수준의 변화)에 의한 종속변수(매출량)의 변량을 표시하는 $SS_{X_1}$은 다음과 같이 구해진다.

$$SS_{X_1}=3[(1,000-1,000)^2+(1,000-1,000)^2+(1,000-1,000)^2+(1,000-1,000)^2]=0$$

독립변수 $X_2$의 수준변화(즉 치약향의 종류)에 의한 종속변수(매출량)의 변량을 표시하는 $SS_{X_2}$는 다음과 같이 계산된다.

$$SS_{X_2}=3[(700-1,000)^2+(1,000-1,000)^2+(1,300-1,000)^2]=540,000$$

가격수준과 치약향에 의해 설명되지 않는 변량인 $SS_{error}$는 다음과 같이 구해진다.

$$\begin{aligned}SS_{error}&=\text{총변량}-(SS_{X_1}+SS_{X_2})\\&=940,000-(0+540,000)\\&=400,000\end{aligned}$$

각 유형의 변량이 계산되면 〈표 13-7〉과 같은 분산분석표를 이용하여 $F$통계량을 계산할 수 있다.

**표 13-7** 치약 시제품 예에 대한 분산분석표

| 변량의 원천 | 제곱합($SS$) | 자유도 | 제곱평균($MS$) | $F$ |
|---|---|---|---|---|
| $X_1$(제품가격) | 0 | 2 | 0 | $\frac{0}{100,000}=0$ |
| $X_2$(치약향) | 540,000 | 2 | 270,000 | $\frac{270,000}{100,000}=2.7$ |
| 오차(error) | 400,000 | 4 | 100,000 | |
| 합계 | 940,000 | 8 | | |

### (3) 유의성 검증 및 결과해석

계산된 $F$통계량의 값이 통계적으로 유의한지를 알아보기 위해 (또는 귀무가설 채택여부를 결정하기 위해) 조사자는 $F$분포표에서 $F$값의 임계치를 찾아 계산된 $F$값과 임계치를 비교한다. 유의수준 $\alpha=5\%$, 분자와 분모가 각각 2와 4의 자유도를 갖는 경우의 $F$분포의 임계치는 6.94이다. 제품가격과 치약향 각각에 대해 계산된 $F$통계량의 값(=0과 2.7)이 모두 6.94보다 작으므로, 귀무가설이 모두 기각될 수 없다고 결론을 내리게 된다. 즉 제품가격의 변화와 치약향의 유형이 치약 시제품의 판매량에 영향을 미치지 않는 것으로 해석할 수 있다.

## 3.5 분산분석을 위한 SPSS 프로그램

앞서 설명한 일원분산분석을 실행하기 위한 SPSS 프로그램은 **분석-평균 및 비율 비교-평균분석**을 차례로 선정한 후 나타나는 [그림 13-11]에서 집단변수를 **독립변수**로, 평균을 비교하려는 변수를 **종속변수**로 지정해주기만 하면 된다.

앞서 설명한 다양한 실험설계유형에 따른 집단별 차이를 SPSS를 이용해 검정하는 경우에는 **분석-일반선형모형** 메뉴에서 **일변량**(Randomized Block Design이나 Latin Square Design의 경우) 또는 **다변량**(Factorial Design의 경우) 옵션을 선택하여 변수들을 지정해주며, 통제변수를 공변량으로 지정하면 원하는 처리결과를 얻을 수 있다.

**그림 13-11** 일원분산분석을 실시하기 위한 SPSS 처리화면

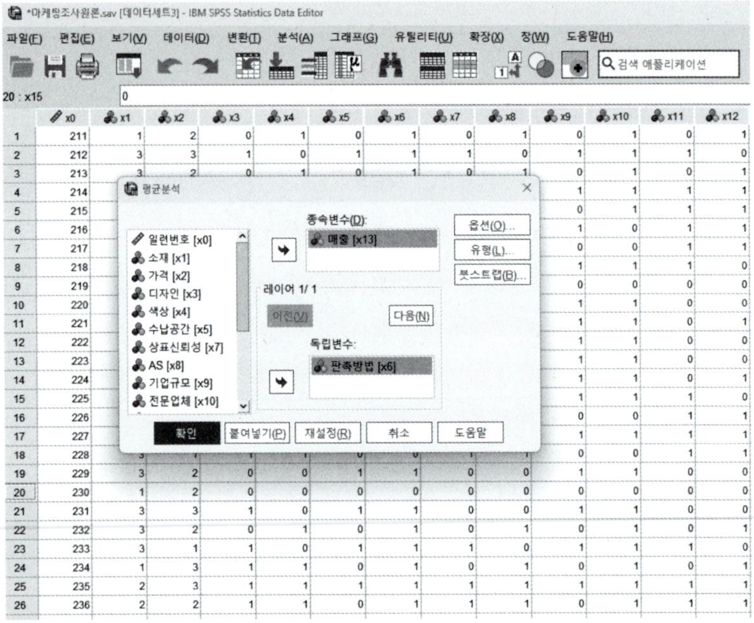


## 4 카이자승($\chi^2$)검증

카이자승검증은 집단별로 명목척도나 서열척도로 측정된 변수의 분포에 차이가 있는지를 파악하기 위한 통계기법이다. 예를 들어 서울을 포함한 광역시별로 자동차브랜드 선택에 차이가 있는지를 파악하거나, 연령별로 선호하는 정당에 차이가 있는지를 분석할 때 널리 이용되는 기법이다.

$\chi^2$ 검증을 위해서 조사자는 먼저 수집된 자료를 토대로 두 개의 범주형(category) 변수들 간의 교차분석표(cross-tabulation table) 또는 상황표(contingency table)를 작성해야 하는데, 교차분석표의 각 cell에는 관측빈도(실제 발생빈도)가 기입된다. 다음 교차분석표상의 실제발생빈도를 두 변수가 아무 관계가 없다는 가정(즉 독립이라는 가정)하에서 얻어진 기대빈도(expected frequency)와 비교하는데, 이 차이가 크면 두 변수는 독립적이지 않음을, 즉 어떤 관계가 있음을 의미한다. 이하에서는 구두브랜드들에 대한 소비자선호도 자료를 이용하여 $\chi^2$ 검증의 절차를 설명하기로 한다.

## 4.1 $\chi^2$ 검증의 절차

에스콰이어제화는 연령별로 선호브랜드에 차이가 있는지를 알아보기 위해 320명의 소비자를 대상으로 시장조사를 실시하여 자료를 수집하고, 마케팅조사자는 다음과 같은 4단계의 절차를 거쳐 $\chi^2$ 검증을 실시하였다.

### (1) 교차분석표(또는 상황표)의 작성

조사자는 수집된 자료를 토대로 다음과 같이 연령별 선호브랜드에 대한 교차분석표(또는 상황표)를 작성한다.

| | 에스콰이어제화 | 금강제화 | 엘칸토제화 | 총계 |
|---|---|---|---|---|
| 20대 초반 | 45 | 25 | 30 | 100 |
| 20대 후반 | 40 | 40 | 20 | 100 |
| 30대 이상 | 35 | 65 | 20 | 120 |
| 총계 | 120 | 130 | 70 | 320 |

### (2) 가설의 설정

조사자는 연령별로 선호브랜드에서 차이가 있는지를 검증하기 위해 다음과 같은 두 개의 가설을 설정한다.

$H_0$(귀무가설) : 연령별로 선호하는 브랜드에 차이가 없다.
$H_a$(대립가설) : 연령별로 선호하는 브랜드에 차이가 있다.

귀무가설(null hypothesis)에서는 두 변수간의 관계가 서로 독립적임을 제시하고, 대립가설(alternative hypothesis)에서는 두 변수가 독립적이지 않고 어떤 관계가 있음을 제시하게 된다. 그러나 $\chi^2$ 검정에서는 구체적으로 이 관계가 어떤 형태를 갖는지는 알 수 없으며 단지 독립적인지 여부만을 검증하게 된다.

### (3) $\chi^2$ 통계량의 계산

$\chi^2$ 통계량을 계산하기 위해 조사자는 우선 귀무가설이 맞다는 가정하에(즉 두 변수가 독립적이라는 가정하에) 다음과 같은 공식을 이용하여 각 칸(cell)의 기대빈도를 구한다. 여기서 기대빈도는 두 변수가 독립적이라는 가정하에서 기대되는 빈도를 말한다.

$$E_{ij} = N \times P_{i\cdot} \times P_{\cdot j} \tag{13.1}$$

여기서 $E_{ij}$ : $ij$번째 칸의 기대빈도

$N$: 전체표본의 수

$P_{i\cdot}$ : $i$번째 행의 한계확률$\left(= \frac{N_{i\cdot}}{N}\right)$

$P_{\cdot j}$ : $j$번째 열의 한계확률$\left(= \frac{N_{\cdot j}}{N}\right)$

$N_{i\cdot}$ : $i$행의 총빈도수

$N_{\cdot j}$ : $j$열의 총빈도수

식 (13.1)에서 $N_{ij}$, $N_{i\cdot}$, $N_{\cdot j}$, $N$ 의 의미는 다음의 표를 이용하면 쉽게 파악할 수 있다.

| | 에스콰이어제화 | 금강제화 | 엘칸토제화 | 총계 |
|---|---|---|---|---|
| 20대 초반 | $N_{11}$ | $N_{12}$ | $N_{13}$ | $N_{1\cdot}$ |
| 20대 후반 | $N_{21}$ | $N_{22}$ | $N_{23}$ | $N_{2\cdot}$ |
| 30대 이상 | $N_{31}$ | $N_{32}$ | $N_{33}$ | $N_{3\cdot}$ |
| 총계 | $N_{\cdot 1}$ | $N_{\cdot 2}$ | $N_{\cdot 3}$ | $N$ |

가령, 20대 초반의 응답자들 가운데 에스콰이어제화를 선호하는 응답자들의 기대빈도($E_{11}$)와 금강제화 제품을 선호하는 응답자들의 기대빈도($E_{12}$)는 식 (13.1)을 이용하여 다음과 같이 계산된다.

$$\begin{aligned} E_{11} &= N \times P_{1\cdot} \times P_{\cdot 1} \\ &= 320 \times \left(\frac{100}{320}\right) \times \left(\frac{120}{320}\right) \\ &= 37.5 \end{aligned}$$

$$E_{12} = N \times P_{1.} \times P_{.2}$$
$$= 320 \times \left(\frac{100}{320}\right) \times \left(\frac{130}{320}\right)$$
$$= 40.6$$

다음의 교차분석표는 식 (13.1)을 이용하여 얻어진 각 칸에 대한 기대빈도와 실제 관찰빈도를 함께 표시한 것이다.

| | 에스콰이어제화 | | 금강제화 | | 엘칸토제화 | | 총계 |
|---|---|---|---|---|---|---|---|
| 20대 초반 | 45 | (37.5) | 25 | (40.6) | 30 | (21.9) | 100 |
| 20대 후반 | 40 | (37.5) | 40 | (40.6) | 20 | (21.9) | 100 |
| 30대 이상 | 35 | (45.0) | 65 | (48.8) | 20 | (26.3) | 120 |
| 총계 | 120 | | 130 | | 70 | | 320 |

* 각 칸에서 앞의 수치는 실제관측빈도이며, (　) 내의 수치는 기대빈도임.

다음으로 두 변수의 독립성 여부를 파악하기 위해 다음과 같은 공식을 사용하여 $\chi^2$ 통계량을 계산한다.

$$\chi^2 = \sum_i \sum_j \frac{(O_{ij} - E_{ij})^2}{E_{ij}} \qquad (13.2)$$

여기서 $E_{ij}$ : $ij$번째 칸(cell)의 기대빈도

$O_{ij}$ : $ij$번째 칸의 실제빈도

식 (13.2)를 이용하여 $\chi^2$ 통계량의 값은 다음과 같이 계산된다.

$$\chi^2 = \sum_i \sum_j \frac{(O_{ij} - E_{ij})^2}{E_{ij}}$$
$$= \frac{(45-37.5)^2}{37.5} + \frac{(25-40.6)^2}{40.6} + \cdots + \frac{(20-26.3)^2}{26.3}$$
$$= 19.94$$

계산된 $\chi^2$값, 19.94가 과연 의미 있게 (실제관찰빈도와 기대빈도간에) 큰 차이가 있음을 보이는 값인지를 검증하기 위한 비교기준인 임계치는 $\chi^2$ 분포를 이용하여 찾

는다. 여기서 $\chi^2$ 분포가 이용되는 이유는 식 (13.2)의 $\chi^2$ 통계량이 통계적으로 $\chi^2$ 분포를 따르기 때문이다. 구체적으로 $\chi^2$ 통계량은 (행의 수−1)×(열의 수−1)의 자유도를 갖는 $\chi^2$ 분포를 따르게 된다.

### (4) 유의성 검증

계산된 $\chi^2$ 통계량이 $\chi^2$ 분포도에서 찾은 임계치보다 작으면 두 변수가 독립적이라는 귀무가설이 채택되며, 계산된 통계량이 임계치보다 크면 대립가설이 채택된다. 앞의 예에서 자유도 4, 유의수준 $\alpha=0.05$ ($\alpha$의 의미는 제12장을 참조하기 바람)에서의 $\chi^2$ 임계치는 9.49이다. 계산된 $\chi^2$ 통계량(=19.94)이 임계치보다 크므로 두 변수가 독립적이라는 귀무가설은 기각된다.

결론적으로 연령과 구매브랜드는 서로 독립적이지 않은 것으로, 즉 연령층에 따라 구두 브랜드선호에서 차이가 난다고 결론을 내리게 된다. 실제로 상황표를 살펴보면 20대의 젊은 층은 에스콰이어제화의 제품을 선호하고, 연령이 높아짐에 따라 금강제화의 제품을 선호함을 알 수 있다. 따라서 에스콰이어제화는 젊은 층을 겨냥한 기존브랜드를 유지하면서, 30대 이상을 표적시장으로 한 새로운 컨셉트의 브랜드를 출시하기 위한 계획을 세워야 할 것이다.

## 4.2 $\chi^2$ 검증 이용시 고려요인

상황표에서 대개 기대빈도가 5 이하인 칸이 전체 칸 중 25% 이상이 되는 경우에는 $\chi^2$ 검증의 적용이 어렵다. 즉 $\chi^2$ 검증을 이용하기 위해서는 각 범주별로 적정수의 표본이 확보되어야 한다. 따라서 어떤 칸의 관측빈도가 적은 경우에는 다른 칸과 합하여 분석을 하든지, 표본의 수가 적은 행 또는 열을 제외하고 나머지 부분에 대해서만 분석을 실시한다.

$\chi^2$ 검증을 통하여 얻는 결론은 단지 두 변수가 독립적인지 여부만을 보여주며 두 변수들간의 구체적인 관계(관계의 방향성)를 제시해 주지는 않는다. 그러므로 $\chi^2$ 검증 결과 두 변수간에 관계가 있는 것으로 결론이 나면, 조사자는 상황표와 자신의 직관을 토대로 이들간의 구체적 관계를 찾아내야 한다. 가령, 앞의 예에서 조사자는 상

황표의 분석을 통해 에스콰이어제화는 20대에서 강세를 보이는 반면, 금강제화의 경우는 20대 후반 이후 특히 30대 이상의 장년층에서 강세를 보이고 있음을 알 수 있다.

## 4.3 SPSS 프로그램 및 출력결과

SPSS 프로그램에서 $\chi^2$ 분석을 실행하기 위해 데이터파일창에서 **분석-기술통계량-교차분석**을 차례로 선택하면 [그림 13-12]와 같은 화면이 나타난다.

**그림 13-12** $\chi^2$ 분석을 실시하기 위한 SPSS 화면

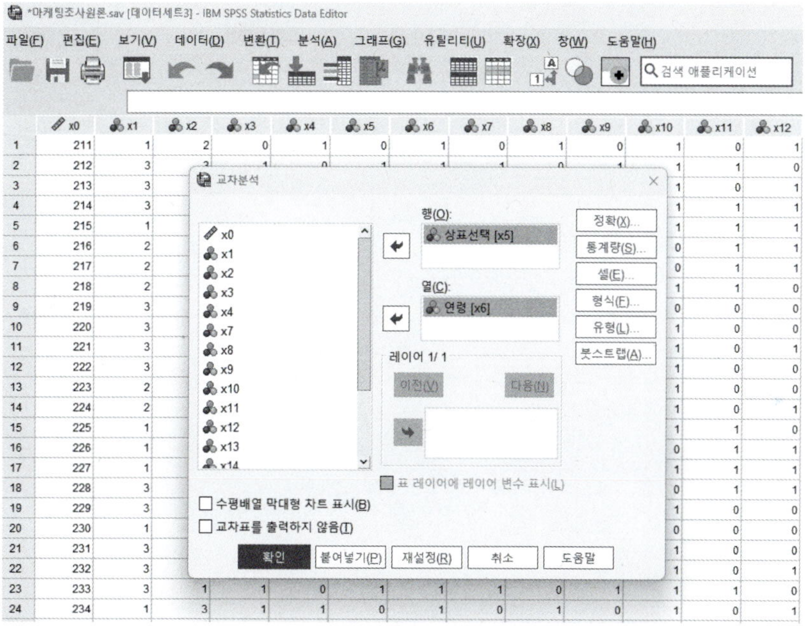

[그림 13-12]의 화면에서 행과 열에 해당되는 변수를 선정하고, 통계량에서 카이제곱을 선택한다. 만일 행과 열의 백분비를 보고 싶으면 셀을 선택하여 행과 열의 백분비를 선택하고 확인을 클릭하면 다음과 같은 출력결과가 제시된다.

**출력결과**

GR by CHOICE

| | | Count | CHOICE ES 1 | KK 2 | EL 3 | Row Total |
|---|---|---|---|---|---|---|
| GR | 20대초 | 1 | 45 | 25 | 30 | 100<br>31.25 |
| | 20대후 | 2 | 40 | 40 | 20 | 100<br>31.25 |
| | 30대 | 3 | 35 | 65 | 20 | 120<br>37.5 |
| | | Column Total | 120<br>37.5 | 130<br>40.6 | 70<br>21.9 | 320<br>100.0 |

| Chi-Square | Value | DF | Significance[유의확률(p-value)] |
|---|---|---|---|
| Pearson | 19.94 | 4 | .001 |

# 연습문제

**1.** $\chi^2$ 분석의 이용목적은 무엇인가? $\chi^2$ 의 통계치는 어떻게 계산되는가? 또한 기대빈도수는 어떻게 결정되는가?

**2.** 다음과 같이 두 개의 독립적인 표본간의 평균의 차이에 대하여 통계적 유의성을 검증하고자 한다. 다음과 같은 경우에 가장 적합한 통계적 절차는 무엇인가?

(1) 두 표본 각각의 모집단의 분산을 알고 있는 경우

(2) 두 표본 각각의 모집단의 분산은 알려져 있지 않으나 동일하다고 가정하는 경우

(3) 두 표본 각각의 모집단의 분산이 알려져 있지도 않고 동일하다고 가정할 수 없는 경우

**3.** 2번 문항에서 만약 두 표본 간에 관계가 있다면 어떻게 될 것인가?

**4.** 한 출판사에서 10대들의 독서습관을 평가하기 위해 네 가지 종류의 책자에 대한 10대들의 선호도에 차이가 있는지의 여부를 조사하기로 하였으며 표본으로 대도시에 거주하고 있는 1,600명의 10대를 선정하여 좋아하는 책을 선택하게 하였다. 네 가지 책자에 대한 선호도는 다음과 같이 나타났다.

| 독서물 | 선호 빈도수 |
|---|---|
| A | 350 |
| B | 500 |
| C | 450 |
| D | 300 |
| 합계 | 1,600 |

(1) 위에서 귀무가설(null hypothesis)과 대립가설(alternative hypothesis)은 무엇인가?

(2) 자유도는 얼마인가?

(3) 5% 유의수준에서 $\chi^2$ 의 임계치(critical value)는 얼마인가?

(4) 계산된 $\chi^2$ 의 값은 얼마인가? 계산과정과 계산식을 보여라.

(5) 귀무가설이 기각되었는가? 그 이유는 무엇인가?

5. 분산분석의 기본적인 아이디어는 무엇인가? 또한 분산분석에 있어서 평균간의 차이를 검증하는 데 이용되는 기본적인 통계량(statistic)은 무엇인가?

# 제 14 장
# 변수간 종속관계의 검증을 위한 통계분석

1. 상관관계
2. 회귀분석
3. 판별분석

# 1 상관관계

## 1.1 상관계수의 의미

마케팅관리자는 일상적인 마케팅활동에서 "매출액과 광고비간에는 밀접한 상관관계(correlation)가 있다"라든지, "브랜드태도와 브랜드구매의도는 상관관계가 높다"라는 말을 흔히 한다. 상관계수(Pearson correlation coefficient)란 등간척도 또는 비율척도로 측정된 두 변수들간의 연관(association)의 정도를 측정하는 지표이다. 즉, 상관계수(correlation coefficient)는 한 변수의 변화(증감)에 따라 다른 변수가 어떻게 변화하는지를 보여주는 지표이다.

예를 들어 제화업계의 유통담당자가 회사별 매장의 수와 매출액간의 관계를 알고 싶어 수집된 자료를 이용하여 [그림 14-1]과 같은 산포도(scattergram)를 작성하였다고 가정하자. [그림 14-1]을 보면 두 개의 변수는 서로 높은 연관이 있음을 알 수 있다. 즉 매장의 수가 많아짐에 따라 매출액도 같이 증가하는 패턴을 보이고 있다. 이렇게 두 변수가 서로 같은 방향으로 움직이면, 즉 한 변수의 값이 증대될 때 다른 변수의 값도 같이 커지는 경향을 보일 때 두 변수간에는 양(positive)의 상관관계가 있다고 하고, 반대로 한 변수가 증가될 때 다른 변수의 값이 줄어들게 되면 이 두 변수는 음(negative)의 상관관계에 있다고 한다. 이와 같이 상관계수란 두 변수간의 관계의 정도를 측정하는 지표로서, +1에서 −1 사이의 값을 갖는다.

그림 14-1 매장의 수와 매출액의 관계

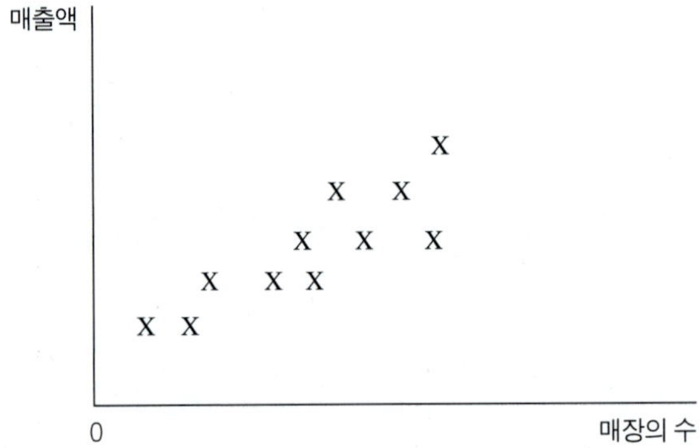

**그림 14-2** 상관계수의 다양한 형태($X$, $Y$ 두 변수의 관계)

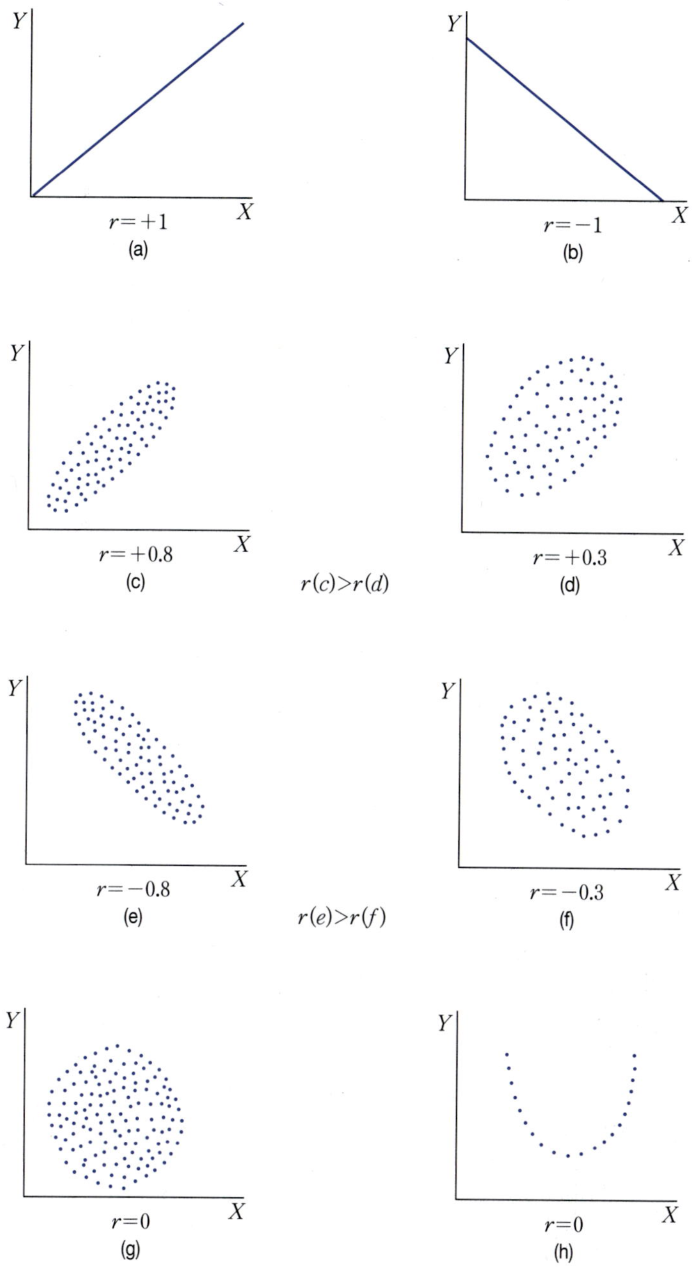


상관계수의 개념을 보다 쉽게 이해하기 위해 [그림 14-2]와 같이 다양한 형태의 산포도와 그에 대응하는 상관계수를 살펴보기로 하자. [그림 14-2]는 상관계수의 값과 두 변수간의 관계를 산포도를 이용하여 시각적으로 보여준다. (a)와 (b)는 한 변

수의 값이 증가됨에 따라 다른 변수도 규칙적으로 증가되어 두 변수의 관계는 하나의 직선으로 나타나는데, 이는 두 변수들의 상관관계가 매우 높아 +1 또는 −1의 상관계수를 갖는 경우이다. 상관계수에 있어서는 부호에 관계없이 계수의 절대값이 상관정도의 기준이 된다. 반면에 (c)는 강한 양의 상관관계를, (d)는 약한 양의 상관관계를 보여준다.

강한 양의 상관관계란 일반적으로 소비자의 가처분소득이 증가함에 따라 제품소비액수도 증가하지만, 그렇지 않은 소비자들도 조금 있을 수 있음을 의미한다. 강한 양의 상관관계에서는 +1의 상관관계를 보이는 직선 주변에 관찰값들이 집중된다.

한편 약한 양의 상관관계의 예를 들면, 소비자의 가처분소득이 증가함에 따라 제품소비금액도 어느 정도 증가하지만 그렇지 않은 소비자들이 상당히 있는 경우이다. 따라서 자료의 산포를 보면 (d)와 같이 관찰값들이 상당히 분산되어 있음을 알 수 있다. 마찬가지로 (e)는 강한 음의 상관관계를, (f)는 약한 음의 상관관계를 보여준다. (g)는 두 변수들간의 관계를 파악하기가 매우 어려우며, 이때 상관계수는 거의 0에 가까워진다. 이는 두 변수들간의 관계가 전혀 없는 독립적인 관계임을 의미한다. (h)는 두 변수들간의 관계의 정도는 매우 높으나, 변수들의 관계가 선형(linear)이 아니어서 상관계수의 값이 매우 낮은 경우이다. 일반적으로 상관계수가 0.4 이상이면 두 변수간에 상관관계가 높다고 하며 0.7을 넘으면 상관관계가 매우 높다고 한다.

산포도를 이용하여 조사자는 두 변수들간의 상관관계를 시각적으로 파악할 수 있지만, 이들간의 관계를 계량화하기 위해 상관계수가 사용된다. 상관계수의 종류는 등간척도 이상으로 측정된 두 변수들간의 상관관계를 측정하는 데 사용되는 피어슨 상관계수(Pearson correlation)와 서열척도로 측정된 두 변수들간의 상관관계를 측정하는 데 사용되는 스피어만 상관계수(Spearman correlation)로 나누어진다. 일반적으로 상관계수라 할 때는 피어슨 상관계수를 지칭하며, $r$로 표시한다. (피어슨)상관계수 $r$을 계산하는 공식은 다음과 같다.

$$r = \frac{S_{XY}}{S_X S_Y}$$

$$= \frac{\dfrac{\sum(X_i - \overline{X})(Y_i - \overline{Y})}{n-1}}{\sqrt{\dfrac{\sum(X_i - \overline{X})^2}{n-1}}\sqrt{\dfrac{\sum(Y_i - \overline{Y})^2}{n-1}}}$$

여기서 $S_X$는 $X$(첫 번째 변수)의 표준편차, $S_Y$는 $Y$(두 번째 변수)의 표준편차, $S_{XY}$는 두 변수 $X$, $Y$간의 공분산, $X_i$는 응답자 $i$의 $X$변수에 대한 관찰값, $\overline{X}$는 $X$변수의 평균값, $Y_i$는 응답자 $i$의 $Y$변수에 대한 관찰값, $\overline{Y}$는 $Y$변수의 평균값이다. 이하에서는 피어슨 상관계수의 계산과정에 대해 예를 들어 살펴보기로 한다.[01]

## 1.2 상관계수 계산의 예

현재 새로운 샴푸의 출시를 계획하고 있는 아모레퍼시픽의 마케팅담당자는 소비자들의 시제품에 대한 구매의도와 출시 후 시장점유율간에 어떤 관계가 있는지를 파악하고, 이에 근거해 향후 제품출시여부를 결정하려 한다. 이를 위해 과거 시제품테스트를 실시했던 제품들에 대하여 〈표 14-1〉과 같은 자료가 수집되었다.

**표 14-1** 제품구매의도와 출시 후 3개월째의 시장점유율

| 제품 | 향후구매의도 | 시장점유율(%) |
|---|---|---|
| A | 3.5 | 2.5 |
| B | 4.5 | 7.7 |
| C | 4.8 | 8.2 |
| D | 3.2 | 0.2 |
| E | 3.9 | 3.0 |
| F | 4.0 | 2.8 |
| G | 4.4 | 7.3 |
| H | 4.9 | 9.3 |

* 제품구매의도는 7점척도로 측정되었음.

〈표 14-1〉을 이용하여 두 변수들의 상관계수를 계산하면 다음과 같다. 세부적인 계산내용은 〈표 14-2〉를 참조하기 바란다.

$$r=\frac{\frac{13.84}{8-1}}{\sqrt{\frac{2.58}{8-1}\times\frac{79.32}{8-1}}}=0.967$$

01 스피어만 상관계수에 대한 설명은 통계학 관련서적들을 참조하기 바란다.

**표 14-2** 상관계수를 구하는 과정

| 제품 | 구매의도 $(X)$ | $(X_i-\overline{X})$ | $(X_i-\overline{X})^2$ | $(X_i-\overline{X})(Y_i-\overline{Y})$ | $(Y_i-\overline{Y})^2$ | $(Y_i-\overline{Y})$ | 시장점유율 $(Y)$ |
|---|---|---|---|---|---|---|---|
| A | 3.5 | −.65 | .4225 | 1.69 | 6.76 | −2.6 | 2.5 |
| B | 4.5 | .35 | .1225 | .91 | 6.76 | 2.6 | 7.7 |
| C | 4.8 | .65 | .4225 | 2.015 | 9.61 | 3.1 | 8.2 |
| D | 3.2 | −.95 | .9025 | 4.655 | 24.01 | −4.9 | 0.2 |
| E | 3.9 | −.25 | .0625 | .525 | 4.41 | −2.1 | 3.0 |
| F | 4.0 | −.15 | .0225 | .345 | 5.29 | −2.3 | 2.8 |
| G | 4.4 | .25 | .0625 | .55 | 4.84 | 2.2 | 7.3 |
| H | 4.9 | .75 | .5625 | 3.15 | 17.64 | 4.2 | 9.3 |
| 총계 | 33.2 | | 2.58 | 13.84 | 79.32 | | 41 |
| 평균 | 4.15 | | | | | | 5.1 |

계산결과에 의하면 이들 두 변수간의 상관관계는 0.967로 매우 높다. 이는 시제품에 대한 구매의도가 시장점유율 예측에 매우 신뢰성이 높은 자료로 이용될 수 있음을 의미한다.

## 1.3 상관계수의 유의성에 대한 검증

앞서 계산된 상관계수의 값이 과연 통계적으로 유의한지를 알아보기 위해 다음과 같은 가설을 설정하고, 이의 유의성을 검증하게 된다.

$$H_0 : r=0$$
$$H_a : r>0\text{, 또는 } r<0$$

가설을 검증하기 위한 검증통계량(test statistics)은 $t$통계량이며, $t$통계량은 자유도 $n-2$의 $t$분포를 따른다.

$$t=\frac{r\sqrt{n-2}}{\sqrt{1-r^2}}$$

여기서 $r$은 계산된 상관계수의 값이며, $n$은 표본의 수이다.

앞의 예를 이용해 계산된 $t$통계량의 값은 9.299이다.

$$t=\frac{(0.967)\sqrt{6}}{\sqrt{1-(0.967)^2}}=9.299$$

이 값은 자유도 6, 유의수준 $\alpha=5\%$ 에서의 임계치인 $t$값(=1.943)보다 크므로 상관계수가 0이라는 귀무가설은 기각된다. 따라서 두 변수는 통계적으로 유의하게 높은 상관관계를 갖는다고 할 수 있다. 실제로 상관계수를 구하는 통계패키지들은 계산된 상관계수에 대한 유의성 검증을 기본적으로 제시하고 있다.

## 1.4 SPSS를 이용한 프로그램

SPSS에서 변수들간의 상관계수의 계산은 데이터파일창에서 **분석－상관분석－이변량상관분석**을 선택한 후 나타나는 [그림 14－3] 화면에서 분석할 변수들을 지정

그림 14-3 상관계수를 구하기 위한 SPSS 화면

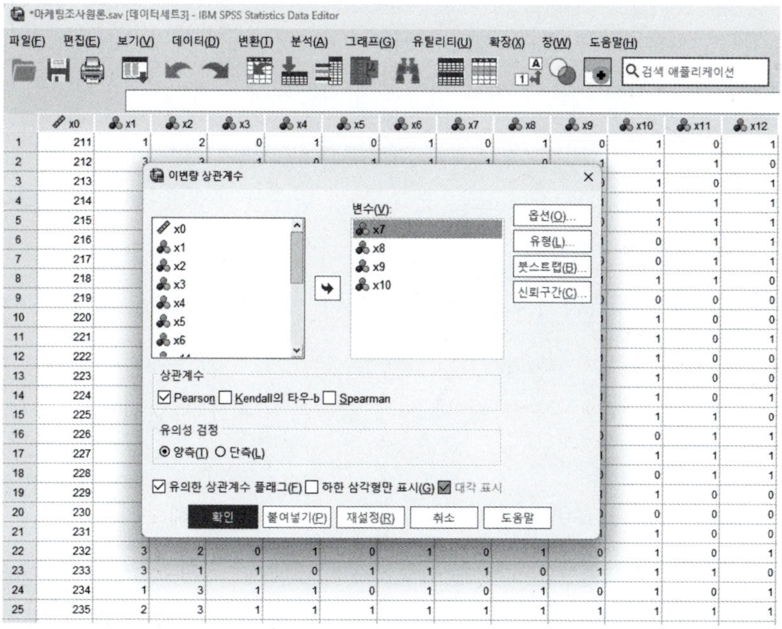

해주고 **피어슨상관계수**를 선택한 후 확인을 선택하기만 하면 쉽게 이루어진다. 만일 상관계수의 유의성을 검증하고 출력결과에 별(*)표시로 상관계수의 유의성을 나타내고 싶으면 유의성 검증과 유의한 상관계수 별표시에 클릭한 후 확인을 선택하면 된다.

# 2 회귀분석

## 2.1 회귀분석의 이용상황

조사자는 상관계수를 이용하여 두 마케팅변수들간의 관계의 정도는 파악할 수 있지만, 변수들간의 정확한 관계를 알기는 어렵다. 예를 들어, 매출의 증감에 광고비, 영업사원의 수, 점포의 수 등이 영향을 미친다고 하자. 이 경우 광고비와 매출액의 관계정도는 상관계수를 이용하여 파악할 수 있다. 그러나 상관계수는 이들 두 변수가 양 또는 음의 관계에 있다는 것만을 제시할 뿐, 광고비의 증가에 따른 매출액의 변화를 예측할 수는 없다. 또 상관계수는 광고비, 영업사원의 수 및 점포의 수와 같이 여러 변수가 동시에 매출에 어떤 영향을 미치는지를 설명해 주지 못한다. 회귀분석은 상관분석이 갖는 이러한 한계점을 해결해줄 수 있는 통계기법이다.

회귀분석(regression)은 하나 또는 둘 이상의 변수들(독립변수)이 다른 하나의 변수(종속변수)에 미치는 영향의 정도와 방향을 파악하고, 독립변수들의 변화에 따른 종속변수의 변화를 예측하기 위한 통계기법이다. 보다 구체적으로 회귀분석은 다음과 같은 목적을 위해 사용된다.

첫째, 회귀분석은 종속변수(가령, 매출)에 영향을 미치는 독립변수들을 파악할 수 있게 한다.

둘째, 독립변수가 종속변수에 미치는 영향의 정도를 제시해준다. 즉, 각 독립변수의 값이 한 단위 증가(또는 감소)할 때 종속변수에 미치는 변화를 알 수 있다.

셋째, 회귀분석은 종속변수의 변화를 예측하는 데 이용될 수 있다. 예를 들어 조사자는 회귀분석을 이용하여 광고비, 영업사원의 수, 점포의 수와 매출액간의 관계를 추정한 후, 새로 수집된 자료를 이용하여 변화된 마케팅상황(즉 독립변수들의 새로운 값)하에서의 매출액을 예측할 수 있다.

이하에서는 하나의 독립변수와 종속변수 사이의 관계를 분석하기 위해 사용되는 단순회귀분석의 모형과 계산과정을 살펴본 후, 2개 이상의 독립변수와 종속변수간의 관계를 다루는 다중회귀분석 및 회귀분석의 특수한 형태를 차례로 설명하기로 한다.

## 2.2 단순회귀분석

### (1) 단순회귀분석의 모형

단순회귀분석(simple regression analysis)은 다음과 같이 하나의 독립변수와 종속변수와의 관계를 선형관계식으로 표시하고, 독립변수와 종속변수에 관한 관찰자료를 이용하여 회귀계수($\alpha$와 $\beta$)를 추정하는 통계기법이다.

$$Y_i = \alpha + \beta X_i + \varepsilon_i$$

여기서 $Y_i$ : 종속변수

$X_i$ : 독립변수

$\varepsilon_i$ : 오류항

$\alpha$, $\beta$ : 추정되어야 할 회귀계수(parameters)

여기서 $\alpha$는 회귀식의 절편(intercept)으로 독립변수 $X$의 관찰치가 0일 때 종속변수 $Y$의 값을 나타내는 수치이며, $\beta$는 기울기로서 독립변수 $X$의 한 단위 변화가 종속변수 $Y$의 값에 미치는 효과를 나타내는 계수이다.

회귀분석은 [그림 14-4]와 같이 독립변수와 종속변수간의 관계를 보여주는 산포도상에서 이들 두 변수들간의 관계를 가장 잘 나타내는 회귀선(regression line)을 찾아내는 방법으로 볼 수 있다. 회귀선으로 설명되지 못하는 부분은 오류항 $\varepsilon_i$로 처리된다.

**그림 14-4** 회귀선의 의미

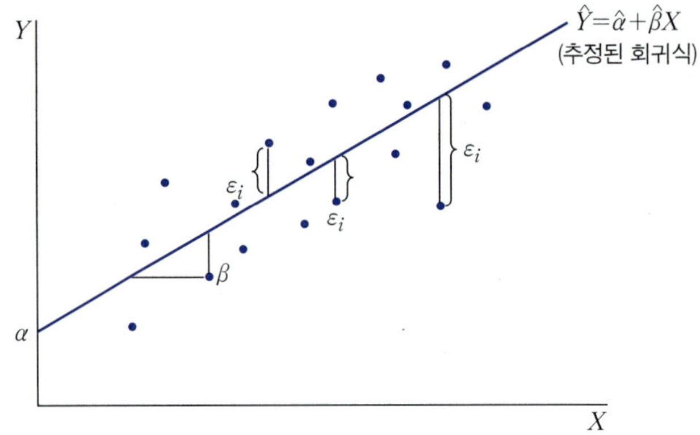


* $\varepsilon_i$은 잔차 '관찰값($Y_i$)과 회귀식에 의해 얻어진 값($\hat{Y_i}$) 간의 차이'임.

### (2) 단순회귀분석의 가정

회귀분석의 모형은 오류항($\varepsilon_i$)의 분포에 따라 다양한 회귀계수 추정방법이 있으나, 본서에서는 이들 중 가장 기본적인 회귀계수 추정방법인 최소자승법(OLS : Ordinary Least Squares)을 중심으로 설명하기로 한다. 최소자승법을 이용해 추정하는 단순회귀모형에서 오류항 $\varepsilon_i$ 에 대한 가정은 다음과 같다.

① 오류항 $\varepsilon_i$ 의 기대값은 0이다.
② 오류항 $\varepsilon_i$ 의 분산은 모든 관측치에 대하여 동일한 분산을 갖는다.
③ 오류항 $\varepsilon_i$ 는 정규분포를 따르며, 각 관측치들의 분산은 서로 독립적이다.

### (3) 최소자승법을 이용한 모수(회귀계수) 추정방법

오류항에 대한 가정이 충족되면, 연구자는 독립변수와 종속변수간의 관계를 파악하기 위해서 두 모수(회귀계수) $\alpha$, $\beta$를 추정해야 한다. 회귀분석에서 관찰자료를 가장 잘 적합(fit)시켜 주는 회귀선(또는 회귀계수 $\alpha$와 $\beta$)을 추정하는 데 많이 사용되는 방법의 하나가 최소자승법이다. 최소자승법이란 잔차(residual)제곱의 합을 최소화시키도록 $\alpha$, $\beta$의 추정값(또는 회귀식)을 구하는 것이다. 여기서 잔차($e_i$)란 [그림 14-4]에 제시된 바와 같이 종속변수의 실제관찰치인 $Y_i$와 회귀선을 사용하여 구한 종속변수의 예측치 $\hat{Y}$ 간의 차이를 말하며, $e_i=Y_i-\hat{Y_i}$ 로 표시될 수 있다.

최소자승법은 잔차제곱의 합$\left(=\sum_{i=1}^{n} e_i^2\right)$을 최소화시키는 회귀계수 추정치 $\hat{\alpha}$와 $\hat{\beta}$를 구하는 방법으로 다음과 같은 수식으로 표시된다.

$$\min \sum (Y_i - \hat{Y}_i)^2 \tag{14.1}$$

여기서 $\hat{Y}_i$는 최소자승법에 의해 추정된 회귀식(회귀계수)을 이용하여 계산된 종속변수의 예측값이며, 다음과 같은 식으로 표시된다.

$$\hat{Y}_i = \hat{\alpha} + \hat{\beta} X_i \tag{14.2}$$

여기서 $\hat{\alpha}$, $\hat{\beta}$ : $\alpha$, $\beta$의 추정치

따라서 식 (14.1)에 식 (14.2)를 대입하면 식 (14.3)이 얻어진다. 최소자승법에서는 식 (14.3)을 $\hat{\alpha}$와 $\hat{\beta}$에 대하여 각각 미분하고 그 결과가 0이 되도록 하여 $\hat{\alpha}$와 $\hat{\beta}$의 값을 구하게 된다.

$$\begin{aligned} &\min \sum (Y_i - \hat{Y}_i)^2 \\ &= \min \sum [Y_i - (\hat{\alpha} + \hat{\beta} X_i)]^2 \end{aligned} \tag{14.3}$$

최소자승법에 의해 추정된 회귀계수인 $\hat{\alpha}$와 $\hat{\beta}$는 다음과 같은 식으로 표시된다.

$$\hat{\alpha} = \overline{Y_i} - \hat{\beta}\overline{X_i}$$
$$\hat{\beta} = \frac{\sum x_i Y_i}{\sum x_i^2}$$

여기서 $x_i = X_i - \overline{X_i}$이고, $\overline{Y_i}$와 $\overline{X_i}$는 각각 종속변수의 관찰치인 $Y_i$와 독립변수의 관찰치인 $X_i$의 평균값이다.

단순회귀분석모형에서 두 회귀계수 $\alpha$, $\beta$를 추정하는 과정에 대해 다음의 사례를 이용하여 설명하기로 한다.

우리나라의 신사복 제조업체들은 치열한 경쟁 속에서 제품차별화를 위하여 많은 노력을 기울이고 있다. 브랜드간 제품속성에서의 차이가 줄어듦에 따라 점포내의 서비스와 같은 제품 외의 속성들이 점차 중요시되고 있다. 이에 따라 패션전문기업 LF의 남성 정장 캐주얼 브랜드 마에스트로는 10개의 매장을 선정하여 점포서비스에 대한 소비자들의 만족도를 조사하고, 이를 매장별 매출액과 비교하여 두 변수간에 어떤 관계가 있는지를 파악하려고 한다. 〈표 14-3〉은 조사를 통해 수집된 10개 매장의 월평균 매출액과 매장별 고객만족도에 대한 자료이며, 추가적으로 점포별 종업원의 수와 점포의 위치(대도시지역 및 중소도시지역)에 관한 자료도 수집했다.

**표 14-3** 점포별 서비스만족도 및 매출액 자료

| 점포명 | 매출액 (단위 : 백만 원) | 서비스만족도 | 종업원의 수 | 지역 |
|---|---|---|---|---|
| A | 120 | 5.3 | 15 | L |
| B | 80 | 4.8 | 13 | L |
| C | 70 | 4.7 | 13 | L |
| D | 65 | 5.1 | 12 | L |
| E | 40 | 4.6 | 9 | L |
| F | 73 | 5.2 | 10 | S |
| G | 53 | 5.0 | 8 | S |
| H | 45 | 5.1 | 7 | S |
| I | 32 | 4.8 | 5 | S |
| J | 28 | 4.3 | 3 | S |

* 서비스만족도는 각 점포별로 100명의 방문고객에 대하여 7점척도로 점포서비스에 대한 만족도를 물어본 후, 점포별 평균점수를 계산한 것임.
* 지역에서 L은 대도시지역, S는 중소도시지역을 의미함.

먼저 [그림 14-5]에서 매장별 매출액과 서비스만족도에 대한 관찰값들의 산포도(scattergram)를 이용하여 두 변수들간의 관계를 시각적으로 살펴보기로 한다. [그림 14-5]를 보면 두 변수간에는 양의 상관관계가 있음을 알 수 있다. 즉 고객서비스 만족도가 높아짐에 따라 점포의 매출수준이 향상되고 있다.

앞의 예에서 최소자승법을 이용하여 두 변수간의 관계를 가장 정확히 반영할 수 있는 추정회귀계수 $\hat{\alpha}$와 $\hat{\beta}$를 구하는 과정은 다음과 같다(자세한 자료는 〈표 14-4〉를 참조).

그림 14-5 매출액과 서비스만족도에 대한 산포도

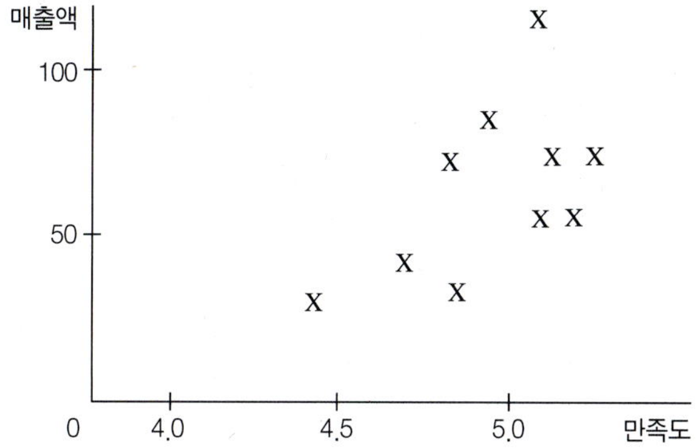


$$\hat{\beta} = \frac{\sum x_i Y_i}{\sum x_i^2} = \frac{49.26}{0.849} = 58.02$$

$$\hat{\alpha} = \overline{Y}_i - \hat{\beta}\overline{X}_i$$

$$= 60.6 - (58.02 \times 4.89) = -223.1$$

$$\therefore \hat{Y}_i = -223.1 + 58.02 X_i$$

최소자승법에 의한 계산의 결과, 두 변수간의 관계를 설명해주는 회귀식은 $Y_i = -223.1 + 58.02X_i$로 제시된다. 회귀식에서 추정된 회귀계수 $\hat{\beta}(=58.02)$는 독립변수($X_i$), 즉 서비스 만족도점수가 1단위(1점) 증가함에 따라 종속변수인 매출액이 평균 58.02(단위 100만 원)단위만큼 증가됨을 의미한다. 즉 서비스만족도의 향상이 점포의 매출에 매우 의미 있는 영향을 미치고 있음을 제시해 주는 것이다.

또한 다른 매장의 고객서비스 만족도점수를 입수할 수 있다면, 연구자는 추정된 회귀식을 이용하여 그 매장의 예상매출액을 예측할 수 있다. 예를 들어 특정 매장의 서비스에 대한 고객만족도수준이 평균 4.5점 정도이면, 그 점포는 월평균 약 4,000만 원[$= -223.1 + (58.02)(4.5)$] 정도의 매출을 거둘 것으로 예상할 수 있을 것이다. 이와 같이 회귀분석은 독립변수가 종속변수에 미치는 영향력의 크기와 방향을 파악할 수 있을 뿐 아니라, 독립변수의 새로운 관찰치에 대응되는 종속변수의 값을 예측하도록 하는 이점을 가진다.

**표 14-4** 최소자승법에 의한 회귀계수 $\alpha$와 $\beta$의 추정에 필요한 자료

| | (1) | (2) | (3) | (4) | (5) | (6) | (7) | (8) |
|---|---|---|---|---|---|---|---|---|
| | $X_i$ | $Y_i$ | $x_i$ | $x_i Y_i$ | $x_i^2$ | $\hat{Y}_i$ | $Y_i - \hat{Y}_i$ | $(Y_i - \hat{Y}_i)^2$ |
| 점포명 | 서비스 만족도 | 매출액 | $X_i - \overline{X}_i$ | (3)×(2) | | | (2)−(6) | $(7)^2$ |
| A | 5.3 | 120 | 0.41 | 49.2 | .1681 | 84.406 | 35.594 | 1266.9 |
| B | 4.8 | 80 | −.09 | −7.2 | .0081 | 55.396 | 24.604 | 605.36 |
| C | 4.7 | 70 | −.19 | −13.3 | .0361 | 49.594 | 20.406 | 416.40 |
| D | 5.1 | 65 | .21 | 13.65 | .0441 | 74.802 | −7.802 | 60.871 |
| E | 4.6 | 40 | −.29 | −11.6 | .0841 | 43.792 | −3.792 | 14.379 |
| F | 5.2 | 73 | .31 | 22.63 | .0961 | 78.604 | −5.604 | 31.405 |
| G | 5.0 | 53 | .11 | 5.83 | .0121 | 67.000 | −14.00 | 196.00 |
| H | 5.1 | 45 | .21 | 9.45 | .0441 | 72.802 | −27.80 | 772.95 |
| I | 4.8 | 32 | −.09 | −2.88 | .0081 | 55.396 | −23.39 | 547.37 |
| J | 4.3 | 28 | −.59 | −16.52 | .3481 | 26.386 | 1.614 | 2.6050 |
| 총계 | 48.9 | 606 | 0 | 49.26 | .849 | | | 3914.2 |
| 평균 | 4.89 | 60.6 | | | | | | |

## (4) 추정된 회귀계수(독립변수)의 유의성과 설명력에 대한 평가

### 1) 추정회귀계수(독립변수)에 대한 유의성 검증

회귀계수에 대한 추정이 이루어지면, 조사자는 최소자승법에 의해 추정된 회귀계수 $\hat{\alpha}$와 $\hat{\beta}$가 통계적으로 의미가 있는지를 검증하여야 한다. 즉 다음과 같은 가설을 이용하여 추정된 회귀계수의 통계적 유의성을 검증하여야 한다.

$H_0 : \beta = 0$ (즉 독립변수가 종속변수의 변화를 잘 설명하지 못할 것이다)

$H_a : \beta \neq 0$ (즉 독립변수가 종속변수의 변화를 잘 설명할 것이다)

가설검증에 사용되는 검증통계량은 $t$통계량이며, $t$통계량은 $n-2$(여기서 $n$은 표본의 수를 말함)의 자유도를 갖는 $t$분포를 따른다.

$$t = \frac{\hat{\beta}}{S_{\hat{\beta}}} = \frac{\hat{\beta}}{\frac{S}{\sqrt{\sum x_i^2}}}$$

여기서 $\hat{\beta}$ : 추정된 회귀계수

$S_{\hat{\beta}}$ : 회귀계수 $\hat{\beta}$의 표준오차

$S$ : 오차항의 표준오차로서, $S = \sqrt{\dfrac{\sum(Y_i - \hat{Y}_i)^2}{n-2}}$

$x_i$ : $X_i - \overline{X_i}$

본 예에서 계산된 $t$통계량의 값은 2.42로서, 이는 자유도 8과 5%의 유의수준에서 얻어진 $t$분포의 임계치인 1.86보다 크므로 귀무가설이 기각된다. 즉 조사자는 독립변수(즉 서비스만족도)가 종속변수(점포매출액)의 변화를 잘 설명한다고(또는 $\beta \neq 0$ 이라는 대체가설이 통계적으로 유의하다고) 결론을 내릴 수 있다.

### 2) 회귀모형의 적합도(독립변수의 설명력)

추정된 회귀계수에 대한 유의성 검증과 함께 조사자는 추정된 회귀식이 독립변수와 종속변수간의 관계를 얼마나 잘 설명하는지를 검토해야 한다. [그림 14–6]의 (a)와 (b)는 추정된 회귀계수가 모두 통계적으로 유의하더라도 회귀식의 종속변수에 대한 설명력에서 차이가 있음을 보여준다. 이와 같이 추정된 회귀식이 종속변수의 변화(분산)에 대해 어느 정도의 설명력을 갖는지를 검토하는 것을 회귀분석모형의 적합도(model fitness)를 검토한다고 한다.

회귀분석에서는 모형의 적합도를 측정하기 위해 결정계수(coefficient of determination) 또는 $R^2$ ($R$ 스퀘어)라는 지표가 이용된다. 결정계수($R^2$)는 회귀식(또는 독

**그림 14–6** 모형 적합도의 의미

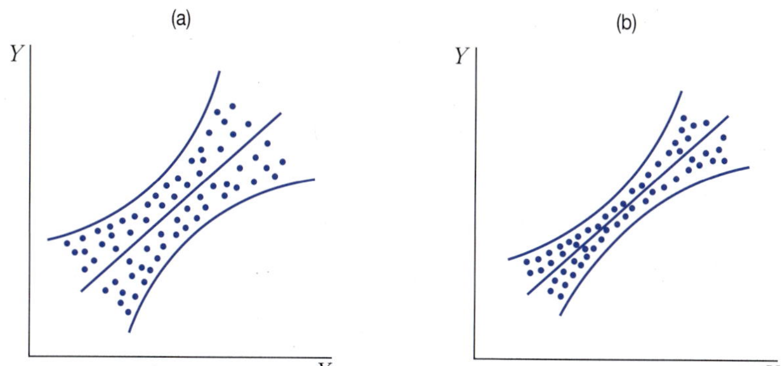

립변수들)이 종속변수의 분산을 설명하는 정도를 나타내는 지표이다. 결정계수는 0에서 1 사이의 값을 가지며, 1에 가까울수록 회귀식의 설명력(적합도)이 커진다. 결정계수의 의미를 [그림 14-7]을 이용하여 설명하기로 한다. 만약 조사자가 종속변수 값의 변화를 예측함에 있어서 독립변수에 관한 정보가 전혀 없다면, 종속변수 관찰치들의 평균을 예측치로 이용할 수밖에 없을 것이다. 그러나 독립변수에 관한 자료를 토대로 추정된 회귀식을 이용할 수 있다면 이는 종속변수값들의 평균을 이용하는 것보다 $B$만큼 예측력을 증가시킬 것이다. 따라서 결정계수는 종속변수관찰치의 평균을 이용할 때보다 회귀식을 이용하였을 때 종속변수의 예측이 얼마나 향상되었는지를 보여주는 $B/A$의 개념으로 볼 수 있다.

즉 결정계수는 $Y$(종속변수)의 평균으로부터의 총변동 중 회귀식에 의해 설명되는 부분이 차지하는 비율($B/A$)로 정의되며, 다음과 같은 식으로 나타낼 수 있다.

$$R^2 = \frac{RSS}{TSS} = \frac{\sum(\hat{Y}_i - \overline{Y})^2}{\sum(Y_i - \overline{Y})^2}$$

여기서 $TSS$(=Total Sum of Squares : 총제곱합)는 $Y$의 총변동을 말하며([그림 14-7]의 $A$에 해당됨), $RSS$(=Regression Sum of Square : 회귀제곱합)는 $Y$의 변동 중 회귀식에 의해 설명되는 부분([그림 14-7]의 $B$에 해당됨)이다.

앞의 예에서 결정계수는 0.42로 설명력이 다소 높은 것으로 나타났다. 즉 $Y$ 전체의 변동(또는 분산) 중 42%가 회귀식에 의해 설명된다(독립변수의 수가 1개인 단순회귀분석에 있어서 결정계수는 상관계수의 제곱과 일치한다).

**그림 14-7** 결정계수의 의미

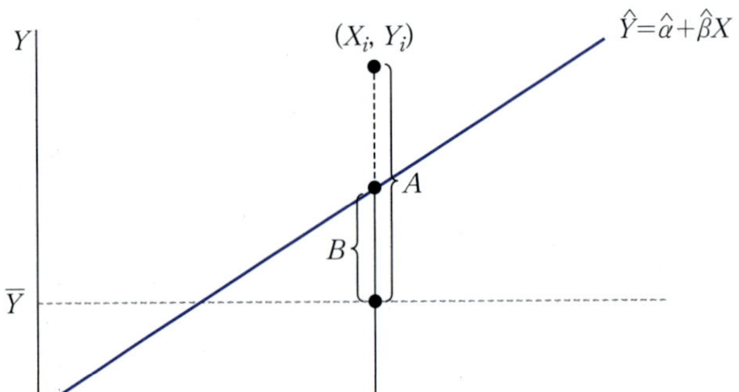

### 3) 회귀분석모형에 대한 유의성 검증

회귀분석에서는 추정된 회귀식의 설명력을 검토하기 위하여 결정계수( $R^2$ )와 함께 추정된 회귀식 전체의 유의성에 대해 $F$검증을 추가적으로 실시한다. $F$검증은 종속변수의 총분산이 독립변수 전체(또는 회귀식)에 의해 충분히 설명되는지를 검증하는 것으로, $F$통계량이 사용된다. 이 경우 사용되는 가설은 다음과 같다.

$H_0$ : 독립변수들과 종속변수간에 유의적인 관계가 존재하지 않는다.

(또는 $\beta_1 = \beta_2 = \cdots = \beta_k = 0$ )

$H_a$ : 독립변수들과 종속변수간에 유의적인 관계가 존재한다.

(또는 회귀계수들 중 최소한 하나는 0이 아니다)

가설검증에 사용되는 $F$통계량은 다음의 식으로 표시된다.

$$F = \frac{\text{설명된 분산}}{\text{설명되지 않은 분산}} = \frac{\sum(\hat{Y}_i - \overline{Y})^2/(k+1)-1}{\sum(Y_i - \hat{Y})^2/n-(k+1)} = \frac{RSS/(k+1)-1}{ESS/n-(k+1)}$$

여기서 $\hat{Y}$ : 종속변수 예측치

$\overline{Y}_i$ : 종속변수 관찰치의 평균

$Y_i$ : 종속변수 관찰치

$k$ : 독립변수의 수

$n$ : 표본의 수

$RSS$ : Regression Sum of Squares(=회귀제곱합)

$ESS$ : Error Sum of Square(=잔차의 제곱합)

$F$통계량은 분자의 자유도가 $(k+1)-1$이고, 분모의 자유도가 $n-(k+1)$인 $F$분포를 따른다. 따라서 단순회귀분석의 경우에는 $F$통계량은 분자의 자유도 1, 분모의 자유도 $n-2$인 $F$분포를 따른다. 가설검증에 필요한 임계치는 주어진 유의수준 $\alpha$값에서 $F$분포표를 통해 구할 수 있으며, 계산된 $F$값이 $F_{(k,\, n-(k+1));\, \alpha}$ (=임계치)보다 크면 귀무가설은 기각된다.

## (5) SPSS를 이용한 단순회귀분석의 프로그램 및 출력결과

SPSS에서 단순회귀분석을 실행하기 위해서는 자료가 입력된 데이터파일창에서

**분석-회귀분석-선형** 메뉴를 선택한 후 제시되는 [그림 14-8] 화면에서 종속변수와 독립변수를 선택한 후 확인을 선택하기만 하면 출력결과가 제시된다.

**그림 14-8** 단순회귀분석을 실행하기 위한 SPSS 화면

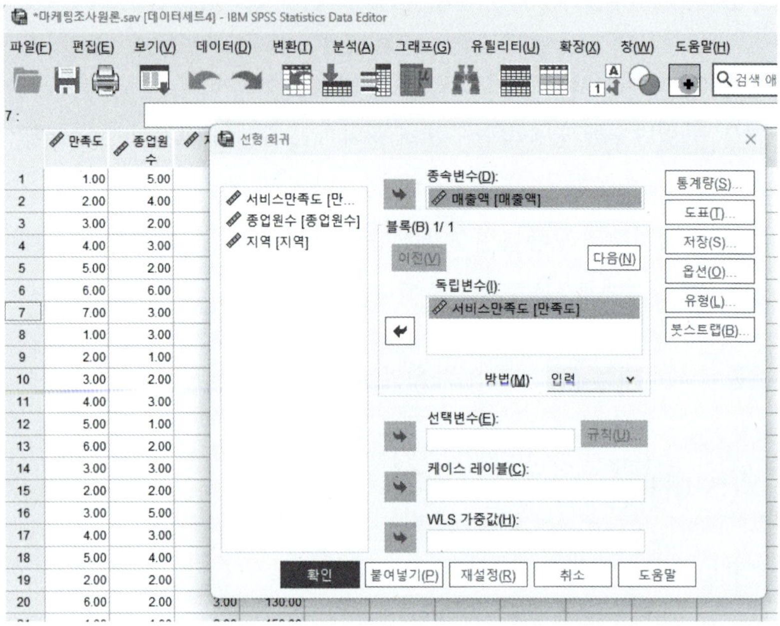


**출력결과**

*** MULTIPLE REGRESSION ***

Equation Number Dependent Variables. SALES 매출액
Variable(s) Entered on Step Number 1. CS 만족도 점수

| | | | | Analysis of Variance | |
|---|---|---|---|---|---|
| Multiple R | .64963 | | | | |
| R Square | .42203 | | DF | Sum of Square | Mean Square |
| Adjusted R Square | .34978 | Regression | 1 | 2858.12438 | 2858.12438 |
| Standard Error | 22.11978 | Residual | 8 | 3914.27562 | 489.28445 |
| | | F=5.84144 | | Signif F=0.0421 | |

........ Variables in the Equation ........

| Variable | B | SE B | Beta | T | Sig T |
|---|---|---|---|---|---|
| CS | 58.021201 | 24.006390 | .649635 | 2.417 | 0.0421 |
| (Constant) | −223.123675 | 117.599463 | | −1.897 | 0.0944 |

이하에서는 출력결과를 간단히 설명하기로 한다. 추정된 회귀식은 다음과 같다.

$$Y = -223.12 + 58.02X_i$$

$R^2$은 0.42로서, 추정된 회귀식이 $Y$의 전체분산 중 42%를 설명함을 의미한다. 전체모형의 유의성에 대한 $F$검증 결과, $F$값이 5.84로서 유의수준 $\alpha=5\%$에서 유의한 것으로(즉, 추정된 회귀모형이 관찰값들을 잘 설명하는 것으로) 나타났다. 독립변수(즉 고객만족도)계수의 통계적 유의성에 대한 $t$검증에서 $t$값이 2.42로 유의수준 $\alpha=5\%$에서 유의하므로, 추정된 회귀계수가 0이라는 귀무가설은 기각된다.

Beta는 추정된 (회귀)계수를 표준화시킨 값으로 각 독립변수의 종속변수에 대한 상대적 영향력을 의미한다(다중회귀분석을 참조).

## 2.3 다중회귀분석

### (1) 다중회귀분석모형

다중회귀분석(multiple regression)은 2개 이상의 독립변수와 종속변수간의 관계를 분석하는 데 이용되는 기법이다. 가령, 서비스만족도, 종업원의 수와 점포매출액 간의 관계를 분석하는 것이 그 예이며, 다중회귀분석모형은 다음과 같이 표시된다.

$$Y_i = \alpha + \beta_1 X_{1i} + \beta_2 X_{2i} + \varepsilon_i$$

여기서 $Y_i$ : 점포별 평균 매출액

$X_{1i}$ : 점포별 서비스만족도 점수

$X_{2i}$ : 종업원의 수

$\alpha$, $\beta_1$, $\beta_2$ : 추정되어야 할 모수(회귀계수)들

$\varepsilon_i$ : 오류항

다중회귀분석모형에 있어서도 오류항의 분포에 대한 가정이나 모수에 대한 추정방법, 결과의 해석 등은 단순회귀분석모형과 동일하다. 따라서 이하에서는 다중회

귀분석을 적용할 때 유의해야 될 사항들을 중심으로 설명하기로 한다.

### (2) 다중회귀분석에서 고려해야 할 점

다중회귀분석은 둘 이상의 독립변수들이 모형에 포함되므로 단순회귀분석에서는 발생되지 않는 문제들이 대두된다. 이하에서는 이러한 문제들과 관련하여 독립변수의 투입순서 결정(다중회귀식의 추정방식)과 다중공선성을 다루기로 한다.

#### 1) 다중회귀식의 추정방식

다중회귀식을 추정하는 방식은 크게 단계적 변수입력방법과 동시적 변수입력방법으로 나누어진다.

① **단계적 변수입력방법**(stepwise method) : 이는 여러 개의 독립변수 중 가장 설명력이 높은 독립변수부터 순서대로 모형에 포함시키는 방법이다. 이 방법은 각 단계마다 어떤 독립변수가 가장 의미 있게 모형의 설명력을 높여주는지(즉 결정계수를 높여주는지)를 $F$검정을 이용하여 선별하며, 이러한 과정을 반복하여 유의한 변수들만을 모형에 포함시킨다. 이러한 회귀식 추정방법은 SPSS에서의 FORWARD 옵션을 이용하여 처리하게 된다. 경우에 따라 전체 독립변수들을 모형에 포함시키고, 모형에 포함되었을 때 설명력 향상에 도움이 안 되는 변수를 하나씩 제거하는 방법을 적용하기도 한다. 이러한 방법은 SPSS에서 BACKWARD 옵션으로 처리된다.

② **동시적 변수입력방법**(enter method) : 조사자가 고려하는 모든 독립변수들을 회귀모형에 포함시키고 동시에 모든 회귀계수들을 추정하는 방법이며, 이는 SPSS에서 ENTER라는 옵션을 이용하여 처리된다. 이 경우 조사자는 유의성 검증에 의해 유의하지 않은 독립변수들을 최종모형에서 제외한다.

#### 2) 다중공선성

다중회귀분석에서 회귀식에 포함된 독립변수들은 서로 높은 상관관계를 가질 경우가 많다. 예를 들어 백화점의 매출액을 예측하기 위해 점포의 크기와 상품구색을 독립변수로 설정하였다고 하자. 이 경우 점포의 규모가 커지면 취급되는 상품의 수도 많아질 것이므로 점포의 크기와 상품구색 사이에 높은 상관관계가 존재한다. 이와 같이 둘 이상의 독립변수들간에 상관관계가 높을 때, 이들 변수들간에 다중공선성(多重共線性, multi-collinearity)이 있다고 한다.

만약 독립변수들 사이에 다중공선성이 존재한다면, 추정된 계수가 통계적으로 유의하지 않게 나타날 가능성이 있다. 즉 결정계수($R^2$)의 값이 매우 높고 다중회귀식 전체의 유의성 검증에서 $F$통계량이 유의하다고 하더라도, 다중공선성으로 인해 추정된 회귀계수 각각에 대한 $t$검증결과 일부 계수들이 통계적으로 유의하지 않은 것으로 나타날 수 있다. 이러한 결과는 변수들간의 높은 상관관계로 인해 한 변수의 설명력이 다른 변수에 의해 흡수되기 때문인 것으로 해석될 수 있다. 따라서 연구자는 다중공선성의 발생을 방지하기 위하여, 미리 변수들간의 상관계수를 파악하여 상관관계가 높은 두 변수들 중 하나를 회귀식에서 제거하거나, 단계적 변수입력방법을 이용하여 상관관계가 높은 변수들 중 가장 설명력이 있는 독립변수만을 모형에 포함시키도록 하여야 한다.

### (3) SPSS 프로그램 및 출력결과

다중회귀분석을 실시하기 위해서는 단순회귀분석과 같이 **분석-회귀분석-선형** 메뉴를 선택한 후 나타나는 [그림 14-9] 화면에서 우선 2개 이상의 독립변수와 종속변수를 지정해주어야 한다. 다중회귀분석에서는 독립변수의 수가 2개 이상이므로 이들 변수들을 어떤 순서로 모형에 포함시킬 것인지를 지정해주어야 하는데, 이는 [그림 14-9] 화면의 독립변수창에 있는 **방법** 옵션을 통하여 지정해줄 수 있다. 변수가 추가됨에 따라 모형의 유의도가 어떻게 변화하는지를 보기 위해 통계량 옵션에서 ***R*제곱 변화량**과 **기술통계** 등도 선택해 주어야 한다.

현재 SPSS에서는 독립변수들간의 공선성을 검토할 수 있는 옵션도 제공하고 있는데, 이는 **통계량**에서 **공선성진단** 옵션을 선택함으로써 시행되어진다. 이 옵션을 사용할 경우 각 변수별로 VIF(Variance Inflation Factor)값이 제시되는데, VIF값의 의미는 이 변수가 추가됨으로써 다른 변수들의 추정치의 분산을 증대시키는(이에 따라 유의성을 낮추는) 정도를 나타낸다. 따라서 각 변수들의 VIF값을 보고 다른 변수들에 비해 이 값이 높은 경우 다중공선성이 높은 것으로 판단하고 이 변수를 모형

**그림 14-9** 다중회귀분석을 위한 SPSS 처리화면

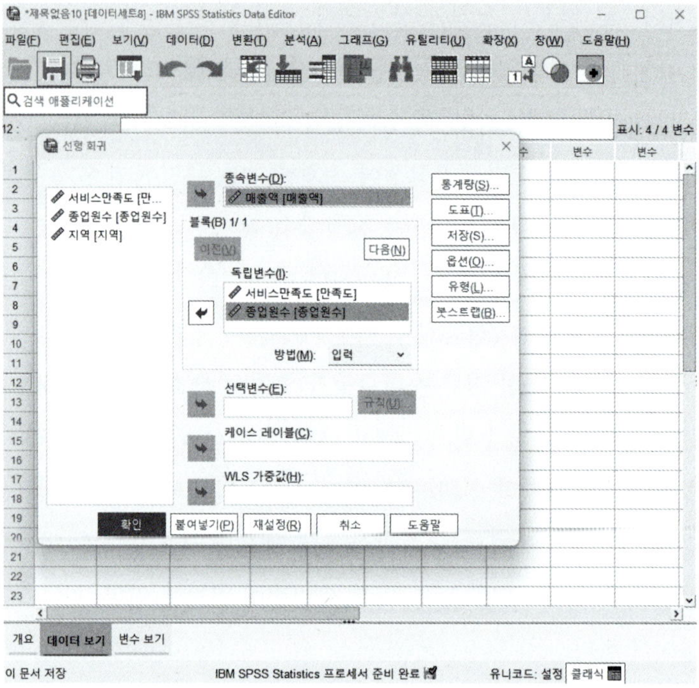


에서 제거해주어야 한다.

다음의 출력결과를 보면 모델의 적합도를 보는 결정계수는 0.84로 매우 높은 것으로 나타났다.

**출력결과**

*** MULTIPLE REGRESSION ***

Equation Number Dependent Variables. SALES 매출액
Variable(s) Entered on Step Number 1. NSM 종업원의 수
2. CS 만족도 점수

| | | | | Analysis of Variance | |
|---|---|---|---|---|---|
| Multiple R | .91641 | | | | |
| R Square | .83981 | | DF | Sum of Square | Mean Square |
| Adjusted R Square | .79404 | Regression | 2 | 5687.53498 | 2843.7749 |
| Standard Error | 12.44913 | Residual | 7 | 1084.86502 | 154.98072 |
| | | F=18.34917 | | Signif F=.0016 | |

Variables in the Equation

| Variable | B | SE B | Beta | T | Sig T |
|---|---|---|---|---|---|
| NSM | 5.460283 | 1.277927 | .763751 | 4.273 | .0037 |
| CS | 21.683629 | 15.964675 | .242781 | 1.358 | .2165 |
| (Constant) | −97.305635 | 72.440523 | | −1.343 | .2211 |

Correlation Matrix

| | SALES | CS | NSM |
|---|---|---|---|
| SALES | 1.000 | .650 | .893 |
| CS | .650 | 1.000 | .533 |
| NSM | .893 | .533 | 1.000 |

전체모형의 유의성(설명력)을 검증하기 위해 사용되는 $F$검증에서, 계산된 $F$값이 18.34로 나타나 유의수준 $\alpha=5\%$에서 모형의 설명력이 통계적으로 유의하게 나왔다. 그러나 추정회귀계수 각각의 유의성을 검증하기 위해 $t$검증을 실시한 결과, 앞의 단순회귀분석에서 유의한 것으로 나왔던 CS(서비스만족도)의 추정회귀계수에 대해 계산된 $t$값이 1.36으로 나타나 추정된 회귀계수가 통계적으로 유의하지 않은 것으로 밝혀졌다(즉 서비스만족도의 계수가 0이라는 귀무가설을 기각할 수 없음). 따라서 최종 회귀모형(새로 추정해야 함)에서 독립변수 CS(서비스만족도)를 제거해야 할 상황이 발생되었다. 왜 이런 문제가 발생했는지를 검토하기 위해 서비스만족도와 종업원 수 간의 상관관계를 조사한 결과 두 독립변수 간의 상관계수가 0.533으로 매우 높게 나와 다중공선성이 발생하였음을 알 수 있다. 따라서 이러한 경우 두 독립변수를 모두 모형에 넣는 것보다 둘 중 하나의 변수만을 넣은 단순회귀분석을 이용하는 것이 보다 바람직할 것이다.

참고로 출력상의 Beta($\beta$)의 의미는 각 독립변수들의 추정된 모수를 척도에 관계없이 표준화하여 상대적 영향력을 비교할 수 있도록 한 지표로, 출력결과를 보면 NSM(종업원 수)의 Beta값이 0.76, CS(고객만족도)의 Beta값이 0.24이므로 종업원 수가 고객만족도보다 매출액 변화에 훨씬 중요한 변수임을 알 수 있다.

### (4) 명목척도로 측정된 독립변수가 포함된 회귀식

명목척도로 측정된 독립변수는 다음과 같은 과정을 통해 범주형 변수인 더미변수(dummy variable)로 전환하여 회귀식에 포함시킨 다음 회귀분석을 실시하게 된다.

① 명목척도로 측정된 독립변수의 범주(category) 수보다 하나 적은 수의 새로운 더미변수를 만든다. 가령, 점포매출액 예측에 대한 사례에서 점포의 위치는 대도시와 중소도시라는 두 개의 범주로 나누어지므로 하나의 더미변수만을 필요로 한다.

② 다음과 같은 규칙을 이용하여 원래의 변수를 더미변수로 전환한다. 가령, 점포별 매출액에 영향을 미치는 중요한 독립변수가 서비스만족도와 계절이라고 하자. 이 경우 명목척도로 측정되는 계절(봄, 여름, 가을, 겨울)은 4개의 범주로 구성되므로 필요한 더미변수의 수는 3개($D_1$, $D_2$, $D_3$)가 되며, 각 더미변수는 다음 표와 같은 값을 갖는 변수로 새롭게 정의된다.

| 원래의 변수 \ 더미변수 | $D_1$ | $D_2$ | $D_3$ |
|---|---|---|---|
| 봄(기준점) | 0 | 0 | 0 |
| 여름 | 1 | 0 | 0 |
| 가을 | 0 | 1 | 0 |
| 겨울 | 0 | 0 | 1 |

즉 원래의 독립변수(계절)의 네 범주(봄, 여름, 가을, 겨울) 중 하나를 기준점으로 선정하고, 나머지 세 범주를 더미변수로 표시한다. 표에서 보면 기준점으로 정한 봄을 제외한 나머지 세 범주(즉 여름, 가을, 겨울)는 각각 $D_1$, $D_2$, $D_3$라는 더미변수로 표시된다. 기준점으로 선정된 범주(가령, 봄)는 모든 더미변수에서 0의 값을 갖는다. 한편 다른 세 범주들에 대해서는 각 범주를 나타내는 더미변수에 대해서만 1을 부여하고 나머지 더미변수들은 0으로 한다.

가령, 위의 예에서 봄이 기준점으로 설정되었으므로, 점포의 매출액을 측정한 시점이 봄이면 더미변수 $D_1$, $D_2$, $D_3$는 모두 0의 값을 취하게 된다. 만약 점포의 매출액을 측정한 시점이 여름이면, 더미변수 $D_1$에는 1, $D_2$와 $D_3$에는 0이 부여된다.

③ 더미변수를 포함한 회귀식을 설정한다. 가령, 점포의 매출액에 영향을 미치는 독립변수로 서비스만족도와 점포의 위치를 포함한다면, 다음과 같은 회귀식이 설정될 수 있다.

$$Y_i = \alpha + \beta_1 X_{1i} + \beta_2 D_1 + \varepsilon_i$$

여기서 $Y_i$ : 점포별 매출액

$X_{1i}$ : 점포별 서비스만족도 점수

$D_1$ : 점포의 위치를 나타내는 더미변수로 다음과 같은 값을 취한다.

$$D_1 = \begin{cases} 0 : \text{대도시인 경우} \\ 1 : \text{점포위치가 중소도시인 경우} \end{cases}$$

$\varepsilon_i$ : 오류항

한편 점포매출액에 영향을 미치는 독립변수로 서비스만족도와 (더미변수로 전환된) 계절을 포함한다면, 회귀식은 다음과 같다.

$$Y_i = \alpha + \beta_1 X_{1i} + \beta_2 D_{1i} + \beta_3 D_{2i} + \beta_4 D_{3i} + \varepsilon_i$$

여기서 $Y_i$ : 점포별 매출액

$X_{1i}$ : 점포별 서비스만족도 점수

$D_1$, $D_2$, $D_3$ : 더미변수들로 다음과 같은 값들을 취한다.

$$D_1 = \begin{cases} 1 : \text{계절이 여름이면} \\ 0 : \text{계절이 봄, 가을, 겨울이면} \end{cases}$$

$$D_2 = \begin{cases} 1 : \text{계절이 가을이면} \\ 0 : \text{계절이 봄, 여름, 겨울이면} \end{cases}$$

$$D_3 = \begin{cases} 1 : \text{계절이 겨울이면} \\ 0 : \text{계절이 봄, 여름, 가을이면} \end{cases}$$

$\alpha$, $\beta_1$, $\beta_2$, $\beta_3$, $\beta_4$ : 추정되어야 할 회귀계수들

$\epsilon_i$ : 오류항

### (5) 결과의 해석

더미변수가 포함된 회귀식의 처리는 앞의 [그림 14-9] 화면에서 더미변수를 하나

**표 14-5** 더미변수를 이용한 회귀분석결과

*** MULTIPLE REGRESSION ***

Listwise Deletion of Missing Data
Equation Number Dependent Variables. SALES 매출액
Block Number 1. Method : Enter CS LOC
Variable(s) Entered on Step Number 1. LOC 점포의 위치
2. CS 만족도 점수

| | | | | Analysis of Variance | |
|---|---|---|---|---|---|
| Multiple R | .83926 | | DF | Sum of Square | Mean Square |
| R Square | .79437 | Regression | 2 | 4770.24198 | 2385.12099 |
| Adjusted R Square | .61990 | Residual | 7 | 2002.15802 | 286.02257 |
| Standard Error | 16.91220 | F=8.33893 | | Signif F=.0140 | |

Variables in the Equation

| Variable | B | SE B | Beta | T | Sig T |
|---|---|---|---|---|---|
| LOC | −27.672170 | 10.702521 | −.531670 | −.586 | .0362 |
| CS | 56.391509 | 18.365478 | .631388 | 3.071 | .0181 |
| (Constant) | −201.318396 | 90.308117 | | −2.229 | .0610 |

의 독립변수처럼 처리하여 모형에 입력시켜 주기만 하면 된다. 〈표 14-5〉는 서비스 만족도, 점포의 위치와 점포의 매출액간의 관계에 대한 회귀식의 회귀분석결과를 보여준다.

더미변수를 독립변수로 포함하여 회귀분석을 실시하였을 경우, 결과에 대한 해석은 다음과 같이 이루어진다. 점포의 위치(대도시와 중소도시)와 같이 더미변수의 수가 하나인 경우, 더미변수에 대한 추정된 계수의 값은 기준점으로 사용된 대도시지역에 비해 중소도시의 매출이 평균적으로 얼마나 차이가 나는지를 나타낸다. 가령, 회귀분석의 결과 얻어진 점포위치에 대한 추정계수 −27.67은 중소도시의 점포들이 대도시지역의 점포들에 비해 월평균 매출액이 2,700만 원만큼 낮음을 의미하는 것이다.

더미변수를 이용한 회귀분석은 [그림 14−10]과 같이 기울기가 동일하고 절편이 다른 두 개의 회귀식을 구하는 것과 같은 개념으로 볼 수 있다. 추정된 더미변수의 계수가 가설검증결과 유의하지 않은 경우(0에 가까운 경우) 대도시와 중소도시지역간의 매출액차이는 없으므로 하나의 식으로 나타나지만, 그렇지 않은 경우 [그림

그림 14-10 더미변수를 이용한 회귀분석의 의미

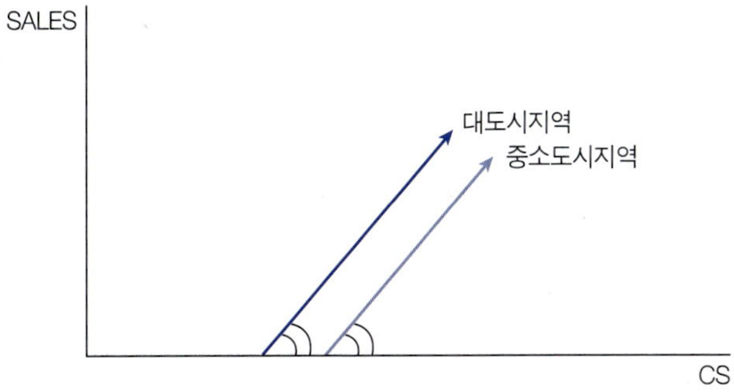


14-10]에서 보는 바와 같이 기울기가 같은 두 개의 회귀식이 나타난다. 이들 두 식간의 절편차이는 바로 더미변수의 영향력을 반영한 것이다. 즉 매출에 영향을 미치는 중요한 변수이면서도 명목척도이기 때문에 고려되지 못했던 독립변수의 효과를 반영함으로써 회귀식의 설명력이 보다 향상될 수 있다. 실제로 더미변수가 포함됨으로써 결정계수의 값도 앞에서 설명된 단순회귀분석모형에서의 결정계수값인 42.2%에서 70.4%로 증가되어 전체적인 설명력이 크게 향상되었다.

# 3 판별분석

## 3.1 판별분석의 이용상황

기업의 마케팅부서는 시장조사를 통하여 자사제품을 구매하는 고객들에 대한 많은 인구통계적 특성자료(가령, 연령, 학력, 소득수준, 가족 수 등)를 축적한다. 마케팅관리자는 이러한 자료를 이용하여 자사브랜드를 항상 구매하는 소비자집단과, 가끔 구매하거나 또는 전혀 구매하지 않은 소비자집단을 구분해 주는 특성을 파악하려고 한다. 가령, OB라거맥주 마케팅책임자는 OB라거맥주를 선호하는 고객집단이 갖고 있지만, 하이트맥주 또는 카스맥주를 선호하는 고객집단이 갖고 있지 않은 특성이 무엇인지에 대해 관심을 갖게 된다. 한편 유통부에서는 판매실적이 우수한 판매원은 갖고 있으나, 판매실적이 불량한 판매원이 갖지 못한 특성을 파악하여 향후 판매원 채용 및 교육에 이용하려 한다.

이와 같이 집단들간의 차이를 판별해주는 (독립)변수들을 파악하는 데 이용되는 분석방법이 바로 판별분석이다. 즉, 판별분석(discriminant analysis)은 분류된 집단간(가령, 페리오치약 선호 소비자집단과 비선호 소비자집단)의 차이를 의미 있게 설명해줄 수 있는 독립변수들로 이루어진 최적 판별식을 찾아내는 통계기법이다.

판별분석을 통해 조사자는 ① 측정대상들을 소속집단으로 분류하는 데 의미 있는 독립변수들을 알 수 있으며, ② 이러한 집단구분에 있어 각 변수들의 기여도를 파악하며, ③ 향후 새로운 측정대상이 소속될 집단을 예측할 수 있다.

## 3.2 판별분석의 적용과정

판별분석은 [그림 14−11]에서 보는 것과 같이 독립변수(예 : $X_1$과 $X_2$)를 적절히 조합한 새로운 판별식(discriminant function)을 만들어, 대상들에 대한 집단구분이 보다 명확히 이루어질 수 있도록 하는 통계기법이다.

### (1) 판별식의 도출

일반적으로 판별식(discriminant function)은 다음과 같이 독립변수들간의 선형결합으로 표시될 수 있다. 여기서 선형결합이란 종속변수($Y$)가 독립변수들($X_1$, $X_2$, …, $X_n$)의 1차식에 의해 설명됨을 의미한다. 판별분석이란 집단간의 차이를 가장 잘 판별할 수 있는 판별식, 즉 새로운 축 $Y$를 찾아내는 기법이며, 이는 판별식에서의 각 독립변수의 계수($X_i$)들을 추정하는 것과 같은 의미이다.

$$Y = W_1X_1 + W_2X_2 + \cdots + W_nX_n$$

여기서 $Y$ : 판별점수(discriminant score) (그림 14−11에서 새로운 축상의 점수임)

$X_i$ : 독립변수

$W_i$ : 판별분석에 의해 추정되어야 할 판별계수

**그림 14-11** 판별분석의 의미

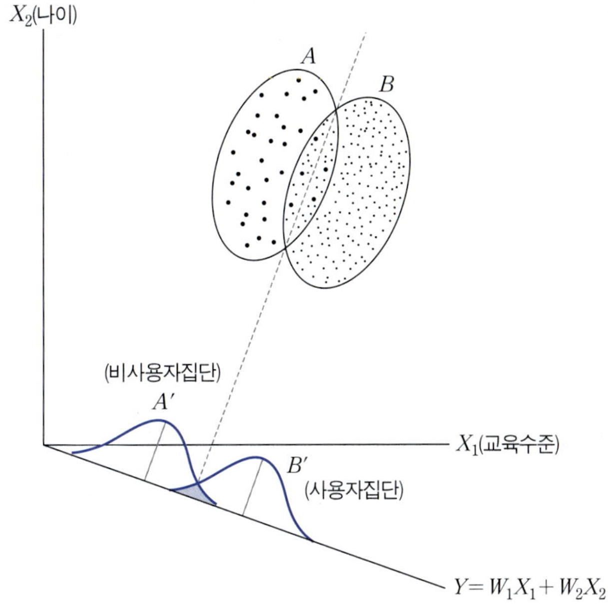


판별분석에서는 $Y$축을 조금씩 변화시키면서 집단내의 변이는 가능한 작게, 집단간의 변이는 가능한 크게 하는 조건을 만족시키도록 각 계수의 최적추정치를 구한다. 즉 판별분석의 목적이 집단간의 구분을 명확히 하는 판별식을 구하는 것이므로, 구해진 식은 집단내의 판별점수($Y$점수)의 변이(variation)는 가능한 작고, 집단간의 판별점수($Y$점수)의 변이는 가능한 크도록 해야 한다. [그림 14-12]는 추정된 두 판별식의 판별력을 보여준다. 집단간의 차이가 크기 위해서는(즉 판별식의 조건을 보다 잘 충족시키기 위해서는) 집단간의 중복이 적어야 하므로 (a)의 판별식이 (b)의 판별식보다 집단간 판별력이 높다.

각 응답자별 판별점수($Y$)는 그 응답자의 독립변수($X_i$)에 대한 원자료를 추정된 판별식에 대입하여 얻어지게 된다. 각 응답자의 판별점수는 그 응답자가 어느 집단에 소속될 것인지를 결정하는 데 이용된다.

그림 14-12 최적판별식의 도출

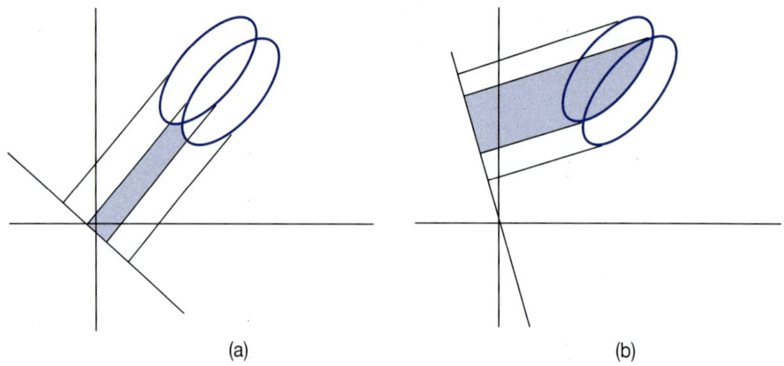


### (2) 추정되는 판별식의 수

판별분석에서 하나의 판별식만으로 각 조사대상의 소속집단을 정확히 구분할 수 있으면 이상적이지만, 집단의 수(또는 독립변수의 수)가 많아지면 명확한 집단구분을 위하여 많은 수의 판별식이 이용되기도 한다.

판별분석에서 추정되는 판별식의 수는 '독립변수의 수'와 '집단의 수−1' 중에서 작은 값 이하이어야 한다. 가령, 독립변수의 수가 5개이며, 집단의 수가 2개이면 판별분석에서 추정되는 판별식은 1개이다. 만약 판별분석에서 2개 이상의 판별식이 얻어질 경우 첫 번째 판별식이 집단을 가장 잘 판별하며, 두 번째 판별식은 첫 번째 판별식을 보조하여 집단구분에 필요한 추가적 정보를 제공해 준다.

### (3) 판별식의 유의성 검증

둘 이상의 판별식이 추정될 수 있다고 하더라도 이들 식이 모두 의미 있는 것은 아니다. 따라서 조사자는 각 식에 대하여 유의성을 검증하고 의미 없는 식은 분석에서 제거한다. 추정된 판별식이 집단간의 차이를 잘 판별하는지(또는 추정된 판별식이 통계적으로 유의한지)에 대한 검증은 Wilks' Lamda($\lambda$)값에 의해 이루어진다.

Wilks' Lamda의 의미는 $\frac{\text{집단내 분산}}{\text{집단내 분산} + \text{집단간 분산}}$이며, 이는 0에서 1 사이의 값을 갖는다. 집단간 분산이 집단내 분산에 비하여 상대적으로 커질수록(즉 집단간의 차이가 클수록) $\lambda$값이 작아진다. 따라서 $\lambda$값이 작을수록(0에 가까울수록) 판별식(함수)의 집단간 판별력이 높다고 판단할 수 있다. 조사자는 이러한 검증을 통하여 유의한 것으로 밝혀진 판별식만을 이용하여 분석을 한다.

### (4) 집단중심값과 조사대상에 대한 집단판별

각 집단에 소속된 조사대상들에 대해 판별식을 이용하여 판별점수가 계산되는데, 각 집단구성원들의 판별점수의 평균을 집단중심값(group centroid)이라고 한다. 집단중심값은 조사대상자들의 소속집단을 분류하는 데 이용된다. 즉 판별분석에서는 [그림 14-13]과 같이 각 개인별로 계산된 판별점수와 집단중심값을 비교하여 그 대상의 소속집단이 결정된다. 가령, 응답자의 판별점수가 집단 1의 집단중심값에 보다 가까우면 그 응답자는 집단 1에 소속되는 것으로 분류된다.

**그림 14-13** 집단중심값을 이용한 집단판별

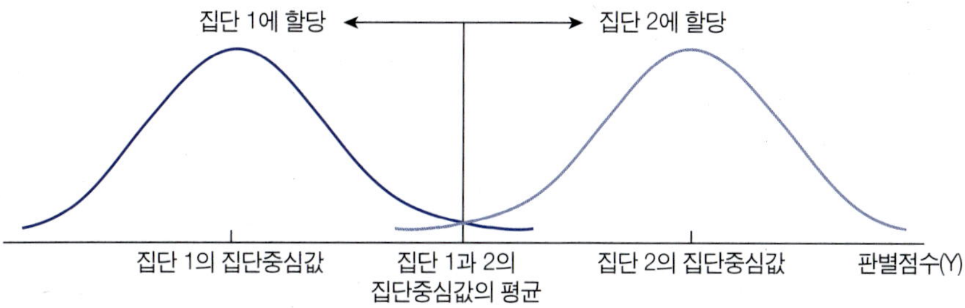


### (5) 판별식의 판별력(설명력)

조사자는 판별식이 각 응답자의 소속집단을 얼마나 정확히 예측하는가를 검토하여야 한다. 판별식의 판별력(즉 판별식이 각 개인의 소속집단을 얼마나 잘 분류하는지)은 [그림 14-14]와 같은 분류표(classification table)를 이용하여 'hit ratio'를 계산함으로써 파악될 수 있다. 분류표란 각 개인의 실제소속집단과 판별식에 의해 예측된 소

**그림 14-14** 분류표의 예

| | | 예측집단 | | |
|---|---|---|---|---|
| | | 1 | 2 | 계 |
| 실제집단 | 1 | 70 | 30 | 100 |
| | 2 | 30 | 70 | 100 |
| | 계 | 100 | 100 | 200 |

속집단간의 교차표이다. hit ratio는 정확히 분류된 표본의 수를 전체표본의 수로 나눈 값으로, [그림 14-14]의 분류표에서 판별식에 의해 정확히 분류된 표본들인 대각선상의 숫자와 전체표본의 수를 비교한 것이다.

[그림 14-14]의 분류표에서 보면 실제로 집단 1에 소속된 대상들(100명) 중에서 판별식에 의해 집단 1에 소속된 것으로 정확히 예측된 수는 70명이며, 실제로 집단 2에 소속된 대상들(100명) 중에서 판별식에 의해 집단 2에 소속된 것으로 정확히 예측된 수가 70명이다. 따라서 판별식의 hit ratio는 140÷200=0.7 이다.

## 3.3 판별분석의 적용사례

판별분석을 이해하기 위해 4륜구동형 승용차를 사는 소비자와 일반 승용차를 사는 소비자를 판별식을 통하여 구분하는 과정을 예로 들어 살펴보기로 한다.

### (1) 변수의 선정

조사자는 집단간의 차이를 잘 설명해줄 수 있는 변수들을 독립변수로 선정하여야 한다. 가령, 4륜구동형 승용차의 구매자집단과 비구매자집단을 판별하는 데 소득($X_1$)과 연령($X_2$), 주거지역($X_3$), 여가생활(야외에서의 여가활동정도)($X_4$) 및 교통사고에 대한 걱정정도($X_5$)와 같은 독립변수들을 고려할 수 있다. 집단별로 각 100명씩에 대한 소비자의 자료를 이용하였다.

### (2) 판별식의 수

'변수의 수'인 5와 '집단의 수(2)−1' 중 적은 수인, 하나의 판별식이 얻어진다.

### (3) 판별분석 적용을 위한 SPSS 프로그램의 예

SPSS에서 판별분석을 실행하기 위해서는 **분석−분류분석−판별분석**을 선택한 후 나타나는 [그림 14-15] 화면에서 먼저 **집단변수**와 **독립변수**들을 지정해 주어야 한다. 집단변수는 **범위지정** 옵션을 선택하여 분석의 대상이 되는 집단의 영역을 표

**그림 14-15** 판별분석 처리화면

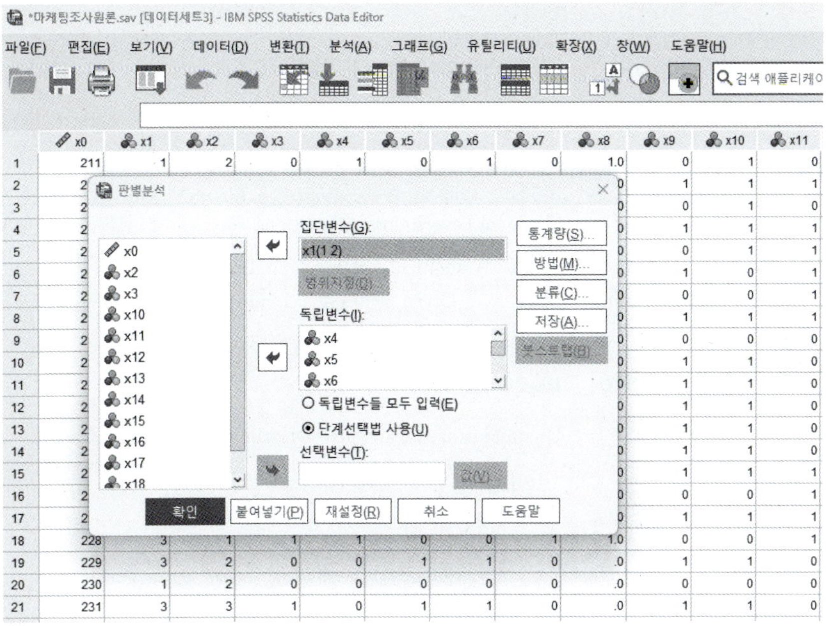


시해주어야 한다. 독립변수의 경우 의미 있는 변수부터 판별식에 포함시키라는 **단계별선택** 옵션을 선택한다.

다음으로 **방법**에서는 Wilk**의 람다** 옵션을 선택하고, 분류에서는 **요약표**(분류표)를 출력하라는 옵션을 선택한다. 마지막으로 각 응답자가 어떤 집단으로 분류되었는지에 대한 정보를 새로운 변수로 저장하고 싶으면 **저장**옵션을 선택한 후 **예측소속집단**을 선택한다.

### (4) 판별식의 도출

컴퓨터 처리를 통하여 집단간의 구분을 가장 잘할 수 있는 판별식이 도출된다. 〈표 14-6〉, 〈표 14-7〉, 〈표 14-8〉은 추정된 판별식과 각 집단의 판별점수평균(집단중심값) 및 분류표를 보여주는 컴퓨터 처리결과의 예이다.

판별분석 출력결과에서는 $\chi^2$(chi-square)값 11.894를 제시하는데, 이는 추정된 판별식이 통계적으로 유의한지를 검증하는 데 사용된다. 그리고 유의도가 0.002로 나타나 추정된 판별식이 통계적으로 매우 의미 있음을 보여준다. 다음으로 추정된 판별식이 제시된다. 본 예에서는 $X_1$(소득)과 $X_5$(교통사고에 대한 걱정정도)가 유의한 독립변수로 판별식에 포함되었으며, 이에 따라 다음과 같은 판별식이 도출되었다.

$$Y = 0.657273 \times X_1 + 0.2611388 \times X_5 - 5.143106$$

**표 14-6** 판별식의 출력결과

Canonical Discriminant Functions

| Fcn | Eigenvalue | Pct of Variance | Cum Pct | Canonical Corr | After Fcn | Wilks' Lambda | Chisquare | DF | Sig |
|---|---|---|---|---|---|---|---|---|---|
| | | | | | : 0 | .1828 | 11.894 | 2 | .002 |
| 1* | 3.2500 | 100.00 | 100.00 | .9040 | : | | | | |

Unstandardized Canonical Discriminant Function Coefficients

| | FUNC 1 |
|---|---|
| $X_1$ | .6572730 |
| $X_5$ | .2611388 |
| (constant) | −5.143106 |

**표 14-7** 집단중심값

Canonical Discriminant Functions evaluated at group Means(Group Centroids)

| Group | FUNC 1 |
|---|---|
| 1 | 1.89082 |
| 2 | −1.89082 |
| | −5.143106 |

* Group 1 : 4륜구동형 구매자집단, Group 2 : 4륜구동형 비구매자집단

**표 14-8** 분류표

Classification Results for cases selected for use in the analysis

| Actual Group | No. of Cases | Predicted 1 | Group Membership 2 |
|---|---|---|---|
| Group 1 | 100 | 90 | 10 |
| | | 90.0% | 10.0% |
| Group 2 | 100 | 22 | 78 |
| | | 22.0% | 78.0% |

Percent of "grouped" cases correctly classified : 84%

### (5) 집단의 구분

각각의 응답자들을 집단에 할당(구분)하는 방법은 각 응답자별 독립변수의 점수를 판별식에 대입하여 얻어진 개인별 판별점수를 각 집단의 판별점수평균(집단중심값)과 비교하여 보다 가까운 집단에 그 응답자를 할당하게 된다. 가령, 앞의 예에서 계산된 응답자의 판별점수가 0.254이고 각 집단의 판별점수의 중심점이 〈표 14-7〉과 같다면, 그 응답자는 점수가 보다 가까운 1번 집단(4륜구동형 승용차 구매집단)에 할당되는 것이다. 판별분석 적용결과 hit ratio는 〈표 14-8〉과 같이 $84\%\left(=\frac{90+78}{2}\right)$로 나타나, 판별식의 판별력이 매우 높음을 보여준다.

## 연습문제

**1.** 측정된 두 변수간에 '상관관계가 높다'는 말이 의미하는 바는 무엇이며, 두 변수간의 상관관계의 정도를 나타내는 상관계수(correlation coefficient)는 어떻게 측정되는가?

**2.** 상관분석과 회귀분석간의 차이점은 무엇인가?

**3.** 회귀모형의 적합도를 검정하는 지표는 무엇이며 어떻게 측정되는가?

**4.** 다중회귀분석에서 특히 주의하여야 하는 사항은 무엇인가?

**5.** 더미변수란 무엇이며, 어떤 경우에 이용하고 어떻게 해석하는가?

**6.** 만약 당신이 LG생활건강의 치약담당 마케팅관리자라면, 어떤 분야에 판별분석을 활용할 수 있는가? 활용분야와 분석과정을 설명하시오.

# 제 15 장

# 유사성이 높은 변수 혹은 응답자들을 묶어주기 위한 통계분석

1. 요인분석

2. 군집분석

마케팅전략의 핵심은 제품시장을 세분화하고 가장 매력적인 목표세분시장을 선정하는 것이다. 이를 위해 마케팅조사자는 서베이조사 전체응답자를 제품구매행동(예를 들면 구매량, 선호하는 브랜드, 제품으로부터 얻으려고 하는 편익 등)에서 유사한 특성을 보이는 집단으로 구분하는 과정을 필요로 한다. 이와 같이 응답자를 일정기준에 따라 여러 개의 집단(또는 세그먼트)으로 구분하는 기법을 군집분석이라 한다. 분석대상을 구분하는 기법에는 응답자를 대상으로 유사한 사람끼리 묶어주는 군집분석과 함께 유사한 변수들을 묶어주는 요인분석이 있다. 요인분석이란 상관관계가 높은 변수들을 묶어 하나의 새로운 변수(또는 요인)로 설명하는 기법이며, 이하에서는 요인분석과 군집분석의 특성에 대해 자세히 설명하기로 한다.

# 1 요인분석

## 1.1 요인분석의 이용상황

마케팅관리자는 제품선택시 소비자가 중요하게 생각하는 제품속성들을 정확히 파악하지 못한 상태에서 제품선택에 영향을 줄 것으로 생각되는 모든 가능한 제품속성들에 대한 소비자평가를 조사하는 경우가 흔히 있다. 그러나 자료가 수집된 후 방대한 양의 제품속성 평가자료를 토대로 마케팅의사결정을 내리는 것이 어렵다는 것을 발견하고, 수집된 속성평가자료를 마케팅의사결정에 꼭 필요한 정보들만으로 축약하기를 원할 것이다. 마케터가 당면한 이러한 문제를 해결해줄 수 있는 통계기법이 요인분석이다. 요인분석(factor analysis)은 다수의 변수들을 유사한 성격을 가진 항목들끼리 묶어 적은 수의 요인으로 축약시키는 것이다. 즉, 요인분석은 수집된 자료에 유사한 성격의 변수들이 많이 포함되어 있을 경우 변수에 포함되어 있는 정보의 손실을 최소화하면서 소수의 요인으로 축약하는 통계기법으로서, 차후의 분석을 용이하게 한다.

예를 들어 대통령후보의 국정처리능력을 조사하기 위해 수차례에 걸친 유권자 면접을 통하여 다음과 같은 국정처리능력 평가항목들에 대해 여론조사를 실시하였다고 가정하자.

| | | |
|---|---|---|
| 1) 물가안정 | 2) 경제성장 | 3) 금융실명제 실시 |
| 4) 중소기업 육성 | 5) 증권시장 안정 | 6) 사회의 비리 해소 |
| 7) 빈부격차 해소 | 8) 지도층의 기강 확립 | 9) 남북통일 |
| 10) 내각책임제 실현 | 11) 노사문제 해결 | 12) 취업난 해소 |
| 13) 지역간 균형적 발전 | 14) 민생치안 확립 | 15) 지방자치 조기실시 |
| 16) 여권신장 | 17) 사회복지제도 확충 | 18) 주택문제 해결 |
| 19) 교통난 해소 | 20) 환경오염문제 개선 | 21) 입시제도 개선 |
| 22) 국제사회에서의 지위향상 | | |

여론조사담당자는 수집된 평가자료를 분석한 후 다음과 같은 사항들을 고려할 필요가 있다.

첫째, 수집된 항목들 모두가 유권자들에게 중요한 것은 아니라는 점이다. 따라서 측정된 22개의 항목들 중 유권자들에게 중요한 항목들만을 추출하여야 할 필요가 있다.

둘째, 측정항목들간에 내용이 중복되지는 않았는가의 문제이다. 가령, 물가안정, 경제성장, 중소기업 육성 등과 같은 항목들은 국민경제에 관한 질문들로 서로 높은 상관관계를 가질 수 있다. 이렇게 항목들이 많고 항목들간에 중복이 많은 경우, 조사자는 요인분석을 이용하여 원자료의 정보를 가능한 잃지 않는 상태에서 국정처리능력을 잘 반영하는 소수의 중요한 요인들만을 추출하는 것이 조사결과의 분석에 보다 효과적일 것이다.

## 1.2 요인분석의 적용과정

LG생활건강 치약제품 마케팅관리자는 소비자가 치약사용으로부터 추구하는 편익을 파악하여 이들이 치약구매에 얼마만큼 중요한지를 조사하기로 하였다. 다음은 중요성 평가에 이용된 제품편익들이며, 7점척도상에서 각 제품편익이 치약구매에 있어 중요하다는 것에 전혀 동의하지 않으면 1, 매우 동의하면 7점을 부여하도록 하여 자료를 수집하였다.

$X_1$ … 충치예방력
$X_2$ … 치약의 미백효과
$X_3$ … 잇몸강화정도
$X_4$ … 악취제거력
$X_5$ … 풍치예방력
$X_6$ … 매력적인 치이
$X_7$ … 튼튼한 치아

### (1) 상관관계의 계산과 주성분분석의 실시

요인분석의 기본은 상관관계가 높은 변수들을 함께 묶어주는 것이다. 이를 위해 요인분석의 초기단계에서는 먼저 변수들간의 상관계수를 계산하고, 주성분분석(principal component analysis)을 적용하여 초기분석결과를 도출한다. 주성분분석은 전체분산을 토대로 요인들을 추출하는 방법이다.

주성분분석의 경우 상관관계행렬의 대각선에 1이 사용되는데, 이는 모든 분산이 변수들에 의해 공유됨을 의미한다. 〈표 15-1〉은 요인분석의 사전단계로 주성분분석을 이용한 초기분석결과를 보여준다. 주성분분석에서는 상관관계행렬을 토대로 변수들간의 공통적 성격(즉 상관되어 있는 부분)을 가장 많이 설명해줄 수 있는 요인을 우선적으로 추출한다. 다음으로 첫 번째 요인과는 독립이면서 변수들간의 공통분산을 그 다음으로 많이 설명해줄 수 있는 두 번째 요인을 추출하며, 이러한 과정을 반복해서 원래 변수의 수만큼의 요인을 추출한다. 〈표 15-1〉은 이러한 분석결과를 보여주고 있는데, 앞서 설명한 대로 7개의 변수에 대응하는 7개의 요인이 도출되어 있다.

**표 15-1** Principal Component 분석결과

| Variable | Communality | * * | Factor | Eigenvalue | % of Variance | Cum. % |
|---|---|---|---|---|---|---|
| $X_1$ | 1.00000 | * | 1 | 3.38111 | 48.3 | 48.3 |
| $X_2$ | 1.00000 | * | 2 | 1.96150 | 28.0 | 76.3 |
| $X_3$ | 1.00000 | * | 3 | .65723 | 9.4 | 85.7 |
| $X_4$ | 1.00000 | * | 4 | .42106 | 6.0 | 91.7 |
| $X_5$ | 1.00000 | * | 5 | .32176 | 4.6 | 96.3 |
| $X_6$ | 1.00000 | * | 6 | .18706 | 2.7 | 99.0 |
| $X_7$ | 1.00000 | * | 7 | .07028 | 1.0 | 100.0 |

이 표에서 아이겐값은 각 요인이 기존 변수의 정보를 어느 정도 설명하는지를 나타내는 지표이다. 아이겐값(eigenvalue)은 '변수 하나(가령, $X_1$)에 담겨진 정보의 양을 1이라고 했을 때 추출된 요인에 포함된 상대적 정보의 양이 얼마인지를 보여주는 것'으로 해석된다. 따라서 〈표 15-1〉에 제시된 결과를 보면 첫 번째 요인은 원래 변수 3.4개에 해당되는 정보가 담겨 있고 두 번째 변수에는 약 2개 변수의 정보가 포함되어 있음을 알 수 있다. 7개 요인에 해당되는 아이겐값을 전부 더할 경우 합은 7이 되는데, 이는 7개의 변수에 포함된 정보가 7개의 요인에 의해 손실 없이 그대로 설명되어짐을 나타낸다. 커뮤낼리티(communality)란 추출된 요인들이 각 변수를 어느 정도 설명하는지를 보여주는 지표로서, 〈표 15-1〉에서는 변수의 수만큼 7개의 요인이 모두 추출되었기 때문에 각 변수들의 분산이 요인들에 의해 100% 설명됨을 보여준다.

### (2) 요인의 수 결정

요인분석에서 요인의 수는 최대 변수들의 수만큼 추출될 수 있다. 가령, 〈표 15-1〉을 보면 변수의 수가 7개이므로 최대로 7개의 요인이 추출될 수 있다. 그러나 요인분석의 목적이 변수의 수를 줄이는 것이므로 가능한 적은 수의 요인을 추출하는 것이 바람직하다. 요인의 수를 몇 개로 하느냐는 요인의 아이겐값을 검토함으로써 결정된다. 추출된 각 요인에 포함된 정보량이 최소한 원래 변수에 담겨진 정보량보다 많아야 요인분석이 의미를 갖게 되므로 요인분석에서는 아이겐값이 1 이상인 요인들의 수만큼 요인을 추출한다.

### (3) 공통요인분석의 실시

공통요인분석(common factor analysis)은 공통분산만을 이용하여 요인을 추출하는 방법이다. 조사자가 공통요인분석을 실시한다는 것은 앞의 주성분분석결과를 바탕으로 원래 변수의 수보다 적은 수의 요인을 이용하여 요인분석을 진행함을 의미한다. 즉 〈표 15-1〉에서 아인겐값이 1보다 크게 나타난 두 개의 요인만을 이용해 분석을 실시하는 것이며, 그 결과는 〈표 15-2〉와 〈표 15-3〉에 제시되어 있다.

〈표 15-2〉에서 $X_1$의 커뮤널리티가 0.70471인 것은 추출된 두 요인이 $X_1$의 분산 중 0.70471(즉 70.471%)을 설명하고 있음을 의미하며, 다른 변수들에 대해서도 두 요인만을 이용하여도 각 변수의 분산의 70% 이상을 설명하고 있음을 알 수 있다. $X_1$의 커뮤널리티는 〈표 15-3〉의 요인적재량을 토대로 다음과 같이 계산된다.

$$X_1\text{의 커뮤널리티(communality)} = (0.63572)^2 + (-0.54825)^2 = 0.70471$$

**표 15-2** 요인분석결과 1

| Variable | Communality | * * | Factor | Eigenvalue | % of Variance | Cum, % |
|---|---|---|---|---|---|---|
| $X_1$ | .70471 | * | 1 | 3.38111 | 48.3 | 48.3 |
| $X_2$ | .80066 | * | 2 | 1.96150 | 28.0 | 76.3 |
| $X_3$ | .70680 | * | | | | |
| $X_4$ | .80169 | * | | | | |
| $X_5$ | .72541 | * | | | | |
| $X_6$ | .78882 | * | | | | |
| $X_7$ | .77962 | * | | | | |

**표 15-3** 요인분석결과 2 – 초기 요인행렬표

| | Factor 1 | Factor 2 |
|---|---|---|
| $X_1$ | .63572 | −.54825 |
| $X_2$ | .54753 | .65739 |
| $X_3$ | .66730 | −.49328 |
| $X_4$ | .57256 | .62354 |
| $X_5$ | .65375 | −.55701 |
| $X_6$ | .58325 | .57842 |
| $X_7$ | .76340 | −.45693 |

요인분석의 다양한 기법들과 각 기법에서 요인을 도출하는 수학적 계산과정은 매우 복잡하므로 본서에서는 생략하기로 한다. 관심이 있는 독자는 다변량통계분석 서적을 참조하기 바란다.

### (4) 요인행렬표와 요인회전

〈표 15-3〉의 요인행렬표는 요인분석결과 얻어진 새로운 요인들과 각 변수들간의 관계를 보여준다. 요인행렬표에서 제시된 수치는 각 요인과 변수와의 상관관계로서, 이를 요인적재량(factor loading)이라고 부른다. 가령, 〈표 15-3〉에서 요인 1과 $X_1$간의 관계를 보여주는 요인적재량은 0.63572로 $X_1$과 요인 1이 양의 상관관계를 갖고 있음을 보여준다.

일반적으로 공통요인분석을 실시하는 경우 나타나는 문제점은 각 변수들이 여러 요인과 동시에 높은 상관관계를 보인다는 것이다. 〈표 15-3〉에서 보면 $X_1$은 요인 1과 높은 상관관계를 갖지만 요인 2와도 높은 (부의) 상관관계를 갖는 것으로 나타나 각 요인들간의 명확한 구분이 이루어지지 않음을 알 수 있다. 이에 따라 요인분석에서는 하나의 변수가 가능한 하나의 요인과 높은 상관관계가 나타나도록 요인을 조정하는 회전(rotation)과정을 실시하게 된다. 회전의 의미는 그림을 이용하여 쉽게 설명될 수 있다.

[그림 15-1]의 (a)에서 각 축은 요인을 의미하고, 각 점들은 〈표 15-3〉에 제시된 것과 같이 각 변수와 요인들간의 요인적재량을 보여준다. 요인분석에서 회전과정이란 [그림 15-1]의 (b)처럼 요인축을 회전시켜 하나의 변수가 하나의 요인과 높게 적재되도록(높은 상관관계를 갖도록) 조정하는 과정을 의미하며, 회전 후의 요인행렬표는 〈표 15-4〉에 나타나 있다. 회전과정을 거쳐도 각 요인의 아이겐값과 각 변수들의 커뮤낼리티에는 변화가 발생하지 않는다.

〈표 15-4〉에서 요인 1은 $X_1$, $X_3$, $X_5$, $X_7$과 높은 상관관계를 가지며, 요인 2는 $X_2$, $X_4$, $X_6$와 높은 상관관계를 보인다. 따라서 $X_2$, $X_4$, $X_6$를 개별적으로 분석하는 것과 요인 2를 분석하는 것이 같은 효과를 갖는다. 이 경우 요인 1과 요인 2는 앞서 주성분분석에서 설명한 대로 서로 독립적인 관계를 유지하면서 요인분석이 이루어진다 (추출된 요인들이 서로 독립적이지 않은 요인분석도 가능함).

**그림 15-1** 요인회전의 의미

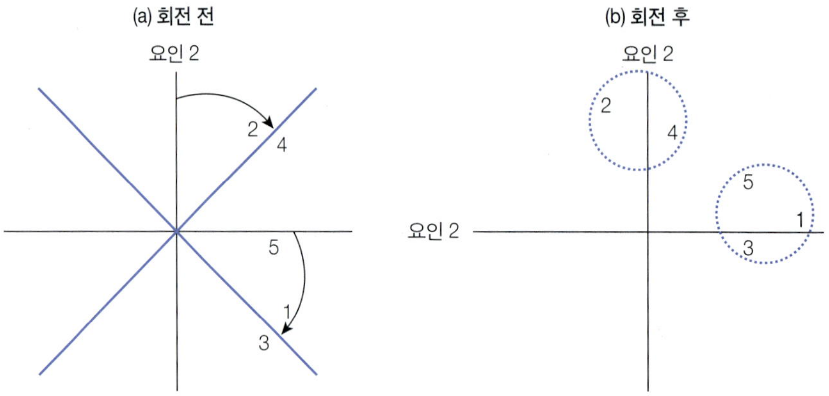


**표 15-4** 회전 후의 요인행렬표

| | 요인 1 | 요인 2 |
|---|---|---|
| $X_1$(충치예방력) | <u>.85906</u> | .04039 |
| $X_2$(미백효과) | .09201 | <u>.89005</u> |
| $X_3$(잇몸강화정도) | <u>.83302</u> | .11348 |
| $X_4$(악취제거력) | .10890 | <u>.88872</u> |
| $X_5$(풍치예방력) | <u>.84842</u> | .07478 |
| $X_6$(매력적인 치아) | .12705 | <u>.87902</u> |
| $X_7$(튼튼한 치아) | <u>.85752</u> | .21043 |

### (5) 요인명의 결정

조사자는 추출된 요인에 적절한 명칭을 붙여야 한다. 요인분석을 위한 컴퓨터패키지는 요인명(factor name)을 지정해 주지는 않는다. 따라서 조사자는 요인행렬표에서 각 요인과 높은 상관관계(요인적재량)를 갖는 변수들을 검토하여 적절한 요인명을 부여하여야 한다. 〈표 15-4〉의 요인행렬표에서 요인 1($F_1$)은 치아의 건강과 관련된 요인으로, 그리고 요인 2($F_2$)는 치아의 미적인 요인으로 명명될 수 있다.

### (6) 요인점수의 계산

요인분석을 통하여 얻어진 새로운 요인들은 차후의 분석에 이용하기 위해 [그림 15-2]와 같이 원래의 자료($X_1$~$X_7$) 외에 2개의 요인에 대해 각 응답자별로 요인점수(factor score)를 계산해 준다. 응답자별 요인점수는 〈표 15-5〉의 요인점수계수(factor score coefficient)를 이용하여 계산된다. 요인점수계수란 응답자별로 각 요인점수를 구하는 데 이용되는 원래 변수들의 중요도(가중치)를 말한다. 가령, 어떤 응답자의 요인 1($F_1$)에 대한 요인점수는 $0.30931X_1-0.05548X_2+0.29250X_3-0.04918X_4+0.30199X_5-0.04160X_6+0.29173X_7$에 의해 계산된다. 각 응답자별 요인점수는 추후의 다른 통계분석(가령, 회귀분석의 독립변수)에 새로운 변수로 사용될 수 있다.

**그림 15-2** 원자료와 요인점수간의 관계

| 변수명 \ 응답자 | 원자료 $X_1$ | 원자료 $X_2$ | 원자료 $X_3$ | 원자료 $X_4$ | 원자료 $X_5$ | 원자료 $X_6$ | 원자료 $X_7$ | 새로운 요인점수 $F_1$ | 새로운 요인점수 $F_2$ |
|---|---|---|---|---|---|---|---|---|---|
| 1 | | | | | | | | | |
| 2 | | | | | | | | | |
| 3 | | | | | | | | | |
| 4 | | | | | | | | | |
| … | | | | | | | | | |

**표 15-5** Factor Score Coefficient Matrix(요인점수계수행렬)

| | Factor 1 | Factor 2 |
|---|---|---|
| $X_1$ | .30931 | −.06814 |
| $X_2$ | −.05548 | .38315 |
| $X_3$ | .29250 | −.03331 |
| $X_4$ | −.04918 | .38087 |
| $X_5$ | .30199 | −.05191 |
| $X_6$ | −.04160 | .37478 |
| $X_7$ | .29173 | .00697 |

## 1.3 요인분석을 위한 SPSS 프로그램

요인분석의 시행은 **분석－차원축소－요인분석**을 선택한 후 나타나는 [그림 15-3] 화면에서 우선 해당되는 변수를 지정해주어야 한다. 다음 기술통계 버튼을 선택하여 초기해법, 상관계수 등을 선택하고, 요인추출부분에서는 일반적으로 주성분분석과 요인추출기준으로 아이겐값(고유값)이 1 이상인 요인을 선정하라는 명령을 지정한다. 요인회전방법으로는 앞서 설명한 요인들간의 관계가 독립적인 (그래서 도표상에서 축간의 관계가 직각으로 나타나는) 베리멕스 회전방법을 선택하고 그 결과를 출력하라는 옵션을 선택한다. 만일 요인점수를 계산하여 새로운 변수로 만들고 싶다면 요인점수 버튼을 선택하여 변수로 저장하라는 옵션을 선택한다.

**그림 15-3** 요인분석 화면

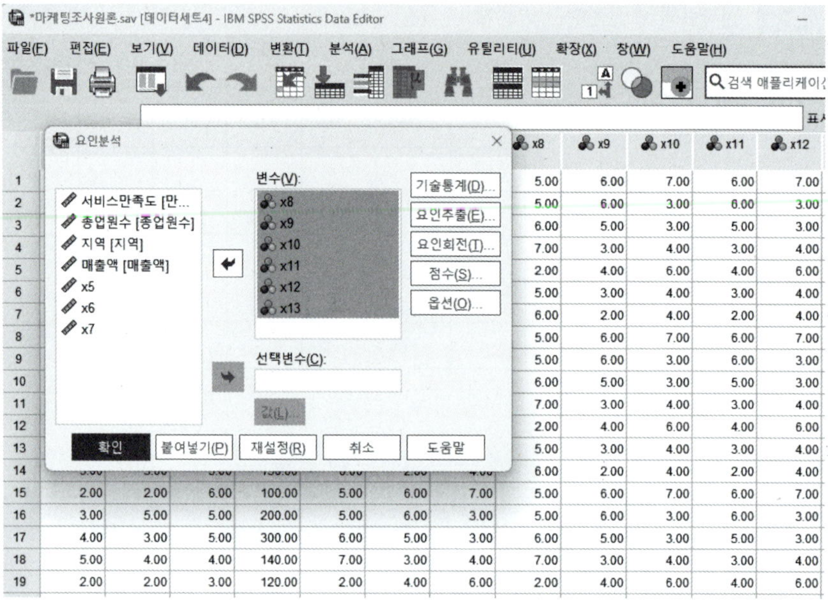

# 2 군집분석

## 2.1 군집분석의 이용상황

군집분석(cluster analysis)은 측정대상(제품, 소비자, 유권자 등)들을 그들이 공유하는 특성을 토대로 유사한 대상들끼리 그룹핑하는 통계기법으로, 다음과 같이 시장세분화나 시장내의 경쟁구조분석 등에 이용될 수 있다.

① 인구통계학적 변수(성별, 연령별, 직업별 등) 또는 제품사용상의 특성변수(선호브랜드, 구매량, 구매장소 등)들을 이용하여 비슷한 특성의 소비자들끼리 묶음으로써 시장세분화의 분석도구로 활용된다. 가령, 스포츠용품 제조업체인 코오롱스포츠는 소비자들로부터 각종 레저활동에 대한 관심도, 다양한 실·내외 스포츠에 대한 선호도 등을 조사하여 각종 스포츠용품의 세분시장을 발견하는 데 군집분석을 이용할 수 있다.

② 시장내의 경쟁브랜드들에 대하여 소비자들에 의해 유사하게 지각되는 브랜드들끼리 묶어줌으로써 시장내의 브랜드들간의 경쟁관계를 파악할 수 있게 해준다. 가령, LG생활건강은 프리미엄 농축세제인 피지(FiJi)가 다른 회사의 농축세제 브랜드 및 일반가루세제 브랜드 중 어떤 브랜드집단과 보다 직접적인 경쟁관계에 있는지를 파악하는 데 군집분석을 이용할 수 있다.

## 2.2 군집분석의 적용과정

군집분석은 조사대상들의 속성을 이용하여 조사대상들간의 유사성(similarity)을 반영하는 지표를 만들고, 이 지표에 의해 비슷한 대상들부터 순차적으로 묶어나가는 통계기법이다. 앞에서 설명한 요인분석이 주로 비슷한 변수들을 함께 묶어주는 기법이었다면, 군집분석은 유사한 특성을 가진 조사대상들을 함께 묶어주는(grouping) 기법이다.

군집분석의 통계적 처리과정은 다음과 같다.

① 먼저 조사대상들간의 유사성(similarity) 정도를 측정하는 데 이용될 변수들을 선정한다. 이를 위해 조사자는 소비자들을 대상으로 한 심층면접 또는 사전조사를 통하여 조사대상의 분류에 유의한 것으로 밝혀진 변수들을 선정하고, 이를 이용하여 각 측정대상들간의 유사성을 측정한다.

예를 들어 OB맥주는 소비자들에 대한 사전조사를 통해 맥주선호도를 결정하는 데 있어 맥주맛의 신선도와 부드러움 정도가 중요한 제품속성(변수)임을 발견하였다. OB맥주 마케팅관리자는 맥주시장에서의 브랜드간 경쟁정도를 파악하기 위해 응답자로 하여금 OB라거맥주, CASS맥주, HITE맥주, 버드와이저맥주를 대상으로 위의 두 제품속성에 대해 7점척도상에서 평가하도록 하였다. 즉 맥주맛의 신선도가 매우 약하면 1점, 신선도가 매우 높으면 7점을, 그리고 맥주맛이 매우 강하면 1점, 매우 부드러우면 7점을 부여한 7점척도상에서 각 맥주브랜드를 평가하도록 하였다.

② 조사대상제품들에 대한 평가자료를 토대로 조사대상들간의 유사성 지표(측정치)인 거리를 계산하며, 조사대상들간의 거리가 가까울수록 보다 유사한 것으로 해석된다. 거리를 계산하는 여러 공식들 중 가장 대표적인 것은 유클리디안 거리(Euclidean distance)이다. 이는 [그림 15-4]와 같이 각 변수를 축으로 하는 좌표상에 각 조사대상들의 위치를 표시하고 피타고라스의 정리에 의해 거리를 계산하는 방법이다.

$$d_{AB} = \sqrt{(a_1 - a_2)^2 + (b_1 - b_2)^2}$$

여기서 $d_{AB}$ : 대상 A와 대상 B간의 거리

$a, b$ : 거리계산에 이용하는 변수들

**그림 15-4** 거리 계산과정(변수가 2개인 경우)

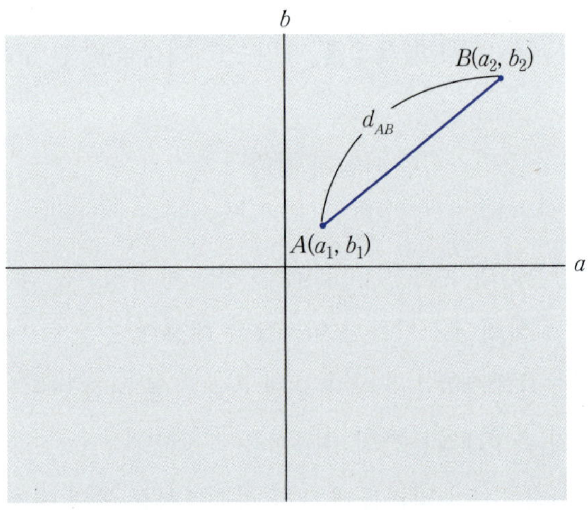

각 대상들간의 거리는 위의 식을 이용해 계산된다. 가령, 한 응답자가 CASS 맥주의 신선도를 5, 부드러움 정도를 6으로, HITE맥주의 신선도를 5, 부드러움 정도를 7로 평가하였다면, CASS맥주와 HITE맥주간의 거리는 $\sqrt{(5-5)^2+(6-7)^2}=1$ 이다.

다른 맥주브랜드들 간의 거리도 같은 방법으로 계산된다. 모든 조사대상들에 대해 거리를 계산하면 각 대상들간의 거리는 하나의 행렬로 나타낼 수 있다. [그림 15-5]는 4개 맥주브랜드들의 상대적 위치를 표시한 것이며, 〈표 15-6〉은 [그림 15-5]에 표시된 맥주브랜드들간의 거리를 계산한 것이다.

**그림 15-5** 4개 맥주브랜드들간의 상대적 위치

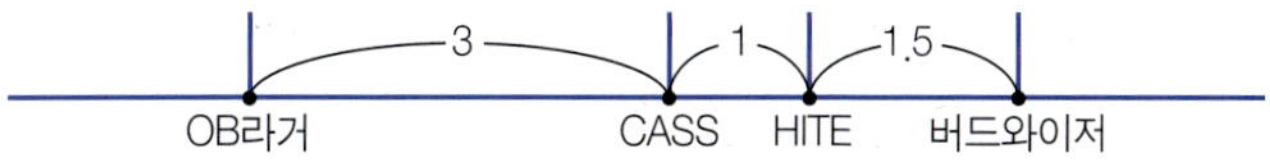


**표 15-6** 조사대상들간의 거리행렬(Distance Matrix)의 예

| | OB라거맥주 | CASS맥주 | HITE맥주 | 버드와이저맥주 |
|---|---|---|---|---|
| OB라거맥주 | | 3 | 4 | 5.5 |
| CASS맥주 | | | 1 | 2.5 |
| HITE맥주 | | | | 1.5 |
| 버드와이저맥주 | | | | |

③ 군집분석의 세 번째 단계는 〈표 15-6〉의 거리행렬에 표시된 각 지표를 이용하여 유사한 조사대상들을 묶어주는 과정으로, 거리가 가장 가까운 대상들부터 차례로 묶어나가게 된다. 가령, 〈표 15-6〉의 거리행렬에서 제시된 OB라거맥주, CASS맥주, HITE맥주, 버드와이저맥주의 브랜드간 거리를 토대로, 대상간의 거리가 가장 가까운 CASS맥주와 HITE맥주를 먼저 하나의 집단으로 묶고, 그 다음으로 거리가 가까운 버드와이저맥주를, 마지막으로 OB라거맥주를 집단에 포함시키는 방식으로 진행된다.

대상들을 묶어나가는 과정에서 기존집단과 새로운 대상(또는 집단)간 거리를 계산하는 방법은 다음과 같이 3가지로 구분되지만, 일반적으로 평균결합방식이 널리 이용된다.

- **단일결합(single linkage)방식** : 이는 집단간(또는 집단과 대상간의) 거리를 계산할 때 대상과 가장 가까운 위치에 있는 집단구성원과의 거리를 기준으로 대상을 새로운 집단구성원으로 묶어주는 방법이다. 예를 들어 [그림 15-5]에서 거리가 가장 가까운 CASS맥주와 HITE맥주를 하나의 집단으로 묶은 후(두 브랜드간 거리는 1), OB라거맥주와 버드와이저맥주 중 어떤 브랜드를 다음 단계에 묶을 것인지를 결정한다고 하자. 단일결합방식의 경우 'CASS맥주+HITE맥주'와 버드와이저맥주 간의 거리를 계산함에 있어 CASS맥주와 버드와이저맥주 간 거리(2.5)에 비해 HITE맥주와 버드와이저맥주 간 거리(1.5)가 더 짧기 때문에 1.5가 선택된다. 다음으로 'CASS맥주+HITE맥주'와 OB라거맥주간의 거리를 계산함에 있어 CASS맥주와 OB라거맥주간 거리(3)가 HITE맥주와 OB라거맥주간 거리(4)에 비해 더 짧기 때문에 3이 선택된다. 선택된 둘(즉, 1.5와 3) 중 'CASS맥주+HITE맥주'집단(군집)과 거리가 더 가까운 버드와이저맥주를 그 다음 집단구성원으로 묶어준다.
- **완전결합(complete linkage)방식** : 이는 단일결합방식과는 반대로 대상과 가장 먼 거리에 있는 집단구성원과의 거리를 기준으로 대상을 새로운 집단구성원으로 묶는 방식이다. 위의 예에서 'CASS맥주+HITE맥주'와 버드와이저맥주간의 거리를 계산할 경우 단일결합방식과는 달리 HITE맥주에 비해 버드와이저맥주와 더 멀리 떨어져 있는 CASS맥주와의 간격인 2.5가 선택된다. 다음으로 'CASS맥주+HITE맥주'와 OB라거맥주간 거리는 CASS맥주에 비해 OB라거맥주와 더 멀리 떨어져 있는 HITE맥주와의 간격인 4가 선택된다. 이렇게 계산된 'CASS맥주+HITE맥주'와 두 브랜드 버드와이저맥주, OB라거맥주 간의 거리(즉, 2.5와 4) 가운데 'CASS맥주+HITE맥주'와 거리가 더 가까운 버드와이저맥주를 집단의 다음 구성원으로 묶어준다.
- **평균결합(average linkage)방식** : 이는 단일결합방식과 완전결합방식의 절충안으로 집단내 대상들의 중간 위치(또는 평균값)를 기준으로 거리를 계산하는 방식이다. 위의 예에서 'CASS맥주+HITE맥주'와 버드와이저맥주간의 거리는 CASS맥주와 HITE맥주의 중간 위치를 기준으로 2(즉, 2.5와 1.5의 중간거리인 2)로 계산하고 'CASS맥주+HITE맥주'와 OB라거맥주간의 거리는 3.5(즉, 3과 4의 중간거리인 3.5)로 계산한 후, 거리가 더 가까운 버드와이저

맥주를 다음 집단구성원으로 묶어준다.

이상의 과정을 통해 모든 조사대상들을 하나씩 묶어나가는 과정은 [그림 15-6]과 같이 하나의 도표로 표현될 수 있는데, 이를 덴드로그램(dendrogram)이라고 한다.

**그림 15-6** 덴드로그램의 예

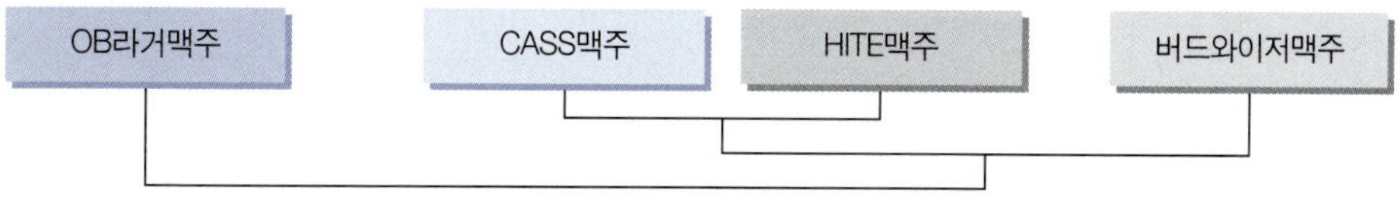


④ 조사자는 군집들간의 특성차이가 가장 유의하게 나타나는 군집의 수를 선택하고 각 군집별로 적절한 이름을 붙여주어야 한다. 앞의 예의 경우, HITE, CASS맥주들은 저온처리제품들이므로 이들을 직접적인 경쟁을 하는 하나의 소시장 혹은 경쟁집단(partition)으로 분류하고, OB라거맥주를 다른 맥주들과 함께 또 하나의 소시장 혹은 경쟁집단으로 분류할 수 있다.

## 2.3 군집분석을 위한 SPSS 프로그램

SPSS에서 군집분석을 실시하기 위해서는 **분석－분류분석－계층적 군집**을 선택한 후, [그림 15-7]과 같은 화면에서 우선 대상들간의 거리를 구하는 데 이용할 변수를 지정해주어야 한다.

[그림 15-7] 화면에서 군집의 대상이 **케이스**이고, **통계량**과 **도표**를 출력하라는 부분에 클릭한다. 다음으로 **도표**에서 **덴드로그램**을 출력하라는 옵션을 선택하고, **방법**에서는 가장 널리 이용되는 **집단간거리**를 이용한 군집방법과 **제곱유클리디안 거리**를 대상간 거리계산의 기준으로 선택한다(군집분석에서 변수들간의 거리를 구하고 대상을 묶어주는 다양한 방법에 대해서는 고급통계학 책을 참조하기 바란다). 만일 분석을 통해 각 응답자가 어떤 군집에 속하게 되었는지를 새로운 변수로 저장하고 싶으면 **저장 옵션**을 이용한다.

그림 15-7 군집분석을 위한 SPSS 화면

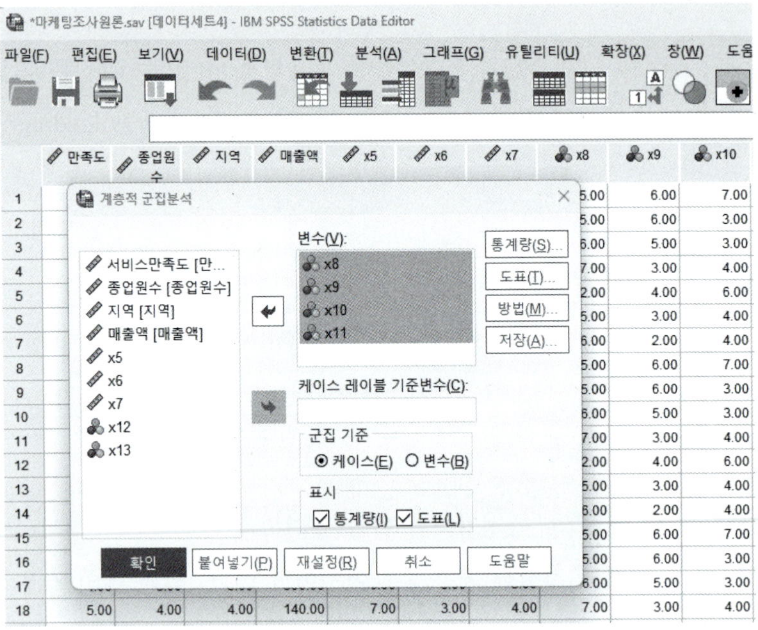

## 2.4 군집분석의 한계점

이상에서 살펴본 바와 같이 군집분석은 조사대상들의 특성을 이용하여 이들을 여러 집단으로 분류해주는 분석기법으로 시장세분화나 시장내 브랜드간의 경쟁구조를 파악하는 데 유용하게 활용될 수 있다.

그러나 이러한 유용성에도 불구하고 실제의 상업적 시장조사에서 군집분석의 적용은 다소 제한되어 있다. 그 이유는 군집분석의 실행과정이 매우 임의적이어서 분석결과의 신뢰성이 낮기 때문이다. 예를 들어 대상간 거리를 측정하기 위한 변수의 선정, 거리계산방법, 대상들을 묶는 방법의 선택에 있어 연구자는 객관적 기준보다는 연구자의 주관적 판단에 의존하게 된다. 가령, 거리계산에 있어서 어떤 변수가 이용되며, 이들을 어떻게 측정하였느냐에 따라 조사대상들간에 계산된 거리가 달라진다. 군집의 수를 결정하는 데에 있어서도 연구자의 주관적 판단에 따라 그 결과가 달라질 수 있다. 또한 응답자의 수가 많아지는 경우 모든 응답자간 거리를 계산하는 과정이 길어지고 덴드로그램를 이용해 분석결과를 제시하기 어려워진다.

이와 같은 한계점을 극복하기 위해 최근에는 앞서 설명한 군집분석(대상들을 하나씩 순차적으로 묶어주기 때문에 이를 계층적 군집분석이라 표현함)보다는 비계층적 군집분석인 K-평균(K-means)분석이 널리 이용되고 있다.

## 2.5 K-평균분석

대상들을 하나씩 묶어나가는 계층적 군집분석과 달리 K-평균분석에서는 집단의 수 K를 미리 지정하고, 전체대상자를 K개의 집단으로 구분하는 방법이다. 만일 최적 집단의 수를 모르는 경우에는 대개 2~5개 정도의 집단 수(K)에 대해 분석을 반복한 후, 집단간의 차이가 가장 명확하게 나타나는 분석결과를 제시하는 집단 수를 최적안으로 결정하게 된다. K-평균분석기법의 적용과정을 설명하면 다음과 같다.

### 1) K-평균분석기법의 적용과정

① K-평균분석에서 집단의 수 K와 대상간 거리를 계산하는 데 사용될 변수들이 지정되면, 이들 변수값을 토대로 전체대상을 K개의 집단으로 구분한다. 예를 들어 응답자의 소득을 기준변수로 지정하고 집단의 수를 3으로 지정하면 소득에 따라 전체응답자를 상중하의 세 집단으로 구분하고, 각 집단별 소득의 평균값을 집단의 중심점(centroid)으로 정한다.

② 각 집단의 중심점을 기준으로 거리가 가까운 대상부터 대상들을 하나씩 묶어나간다. 이 과정에서 각 집단에 대상이 추가될 때마다 각 집단의 중심점을 새로 계산하며, 새로운 중심점을 기준으로 가까운 거리에 있는 대상을 계속 묶어나가는 과정을 반복한다.

③ 모든 대상이 K개의 집단으로 구분되면 각 집단별 변수들의 중심점과 각 대상들이 어느 집단으로 묶였는지를 결과로 제시한다.

앞서 살펴본 계층적 군집분석과 달리 K-평균분석기법에서는 하나의 대상을 집단에 할당할 때마다 대상들간의 거리를 반복적으로 계산하지 않음으로 분석대상이 많아져도 처리시간이 오래 걸리지 않는다는 장점을 갖고 있다. 그러나 계층적 군집분석과 마찬가지로 분석에 이용한 기준변수에 따라 결과가 달라질 수 있으며 최적 집단의 수를 연구자가 주관적으로 판단해야 한다는 제약점을 갖는다.

### 2) SPSS 프로그램을 이용한 K-평균분석기법의 적용

SPSS 프로그램에서 K-평균분석을 실시하기 위해서는 **분석-분류분석-K-평균군집**을 선택한 후 나타나는 [그림 15-8]과 같은 화면에서 먼저 대상들간의 거리를 구하는 데 이용할 **변수**를 지정해주어야 한다. 다음 **군집의 수**(K)와 **방법**에서 대상이 추가될 때마다 중심점을 다시 계산하라는 **반복계산** 및 **분류하기**를 선택하고 확인을 선택하면 분석이 이루어진다. 각 대상이 어느 집단으로 묶였는지를 확인하려한다면 [그림 15-8]의 오른쪽에 있는 **저장**을 선택한 후 **소속군집**을 선택하면 각 대상이 어느 집단으로 묶였는지를 보여주는 새로운 변수가 생성되어 데이터파일의 마지막 행에 저장된다.

**그림 15-8** K-평균분석을 위한 SPSS 화면

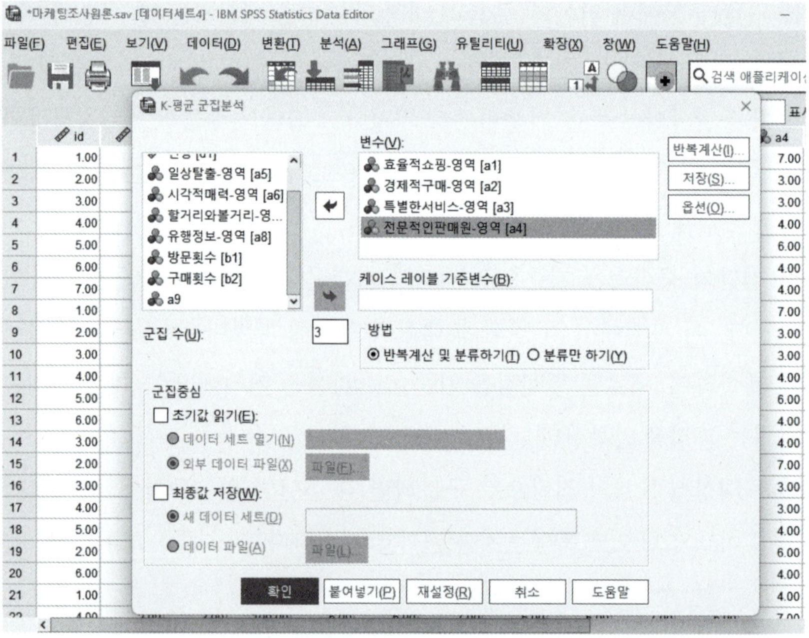

# 연습문제

1. 요인분석과 군집분석의 유사점과 차이점을 설명하라.

2. 당신을 커피회사의 마케팅담당자라고 가정하고, 군집분석을 이용하여 커피시장의 경쟁구조를 분석하는 과정을 설명하라.

3. 계층적 군집분석과 K-평균분석기법간의 차이를 비교하라.

# 제 16 장
# 소비자지각자료를 기반으로 한 분석기법 - 컨조인트 분석과 다차원척도법(MDS)

1. 컨조인트 분석

2. 포지셔닝 맵

기업들은 체계적인 신제품개발과 성공적 출시를 위해 많은 노력을 기울이고 있다. 이를 위해 마케팅관리자는 소비자조사를 통해 목표고객들이 제품선택에서 중요하게 생각하는 속성(예를 들면 연비, 가격, 디자인, 브랜드명성 가운데 중요하게 생각하는 승용차 속성)은 무엇이며, 경쟁제품들이 이러한 제품속성에서 얼마나 차이가 난다고 지각하는지, 그리고 타겟고객이 각 속성별로 어떤 수준의 제품대안(가령, 평균수준의 품질과 저렴한 가격대의 승용차 대안)을 원하는지를 파악하려 한다. 또 신제품 혹은 기존제품에 대한 차별적 포지션을 개발하기 위해 어떤 브랜드를 주경쟁자로 삼고, 마케팅 커뮤니케이션활동에서 어떤 속성을 차별점으로 목표고객에게 강조할 것인지를 결정해야 한다. 본장에서는 신제품개발과정에서 목표고객들이 이상적으로 생각하는 제품개념을 개발하는데 널리 활용되는 컨조인트 분석과 경쟁제품에 비교된 차별적 제품포지션을 시각적으로 보여주는 도표인 포지셔닝 맵(제품지각도)을 작성하는 데 이용되는 통계분석기법인 다차원척도법(Multi-dimensional Scaling : MDS)에 대해 설명하기로 한다.

# 1 컨조인트 분석

## 1.1 컨조인트 분석의 이용상황

컨조인트 분석(conjoint analysis)이란 제품구매시 소비자가 중요하게 생각하는 제품속성별로 소비자가 원하는 속성수준을 찾아냄으로써 최적의 신제품을 개발할 수 있게 하는 조사기법이다. 예를 들어 소비자들은 승용차를 선택함에 있어 최고속도, 가격, 안전성 등 많은 속성들을 고려한다. 기업의 제품개발담당자는 소비자들이 이러한 많은 속성들 중 어떠한 속성을 가장 중요하게 생각하는지를 파악하여 이를 반영한 제품을 개발하기를 원할 것이다. 또 가격이 중요하다면 어떤 가격수준을 소비자들이 원하는지를 파악하여 그들이 원하는 가격수준대의 제품을 제시해야 한다.

신세대를 겨냥한 자동차개발에서 자동차의 속도가 중요하다면 어느 정도의 최고속도를 내는 자동차를 원하는지를 파악하여 제품개발에 이를 반영해야 한다. 이와 같이 컨조인트 분석이란 지속적으로 신제품을 개발해야 하는 기업의 마케팅담당자에게 소비자들이 가장 원하는 속성수준들로 구성된 이상적 제품을 찾을 수 있도록 하기 때문에 신제품개발을 위한 상업적 시장조사에서 널리 활용된다. 이하에서는 컨조인트 분석의 적용과정을 사례를 가지고 설명하기로 한다.

## 1.2 컨조인트 분석의 적용사례

LG생활건강은 슈퍼마켓을 통해 판매되는 다양한 위생용품(치약, 칫솔, 비누, 샴푸 등)을 제조 · 판매하는 기업이다. 현재 LG생활건강은 칫솔시장에서 높은 점유율을 유지하고 있다. 그러나 최근 들어 다양한 경쟁업체의 진출, 특히 외국의 유명 칫솔브랜드의 국내시장진입으로 점유율이 하락하고 있는 상황이다. 이에 따라 LG생활건강에서는 고급 외국브랜드들과 경쟁하기 위한 신제품개발을 계획한다고 하자. 이를 위해 제품디자인실은 다음과 같은 세 가지 중요한 제품속성을 적절히 조합한 신제품 개념을 구상하고 있다.

① 솔의 강도(강한 솔－부드러운 솔)
② 솔의 양(1.5cm－2cm－3cm)
③ 칫솔대의 각도(수평형－5도의 경사－10도의 경사)

디자인실은 위의 세 가지 주요 속성들과 각 속성별로 가능한 속성수준(예 : 강한 솔과 부드러운 솔)을 조합하여 개발가능한 18종류의 칫솔대안 중 어느 것을 선택할 것인지를 결정하기 위해 다음과 같은 제품정보를 필요로 한다.

① 세 가지 속성들 중 소비자들이 가장 중요하게 생각하는 속성은 무엇이며, 세 가지 속성의 상대적 중요도는 어떠한가?
② 각 속성별로 어떤 속성수준을 선택하여 조합하는 것이 가장 이상적인가?

③ 18개의 가능한 칫솔제품 중 몇 종류를 어떤 비율로 생산하여야 하는가?

컨조인트 분석은 마케팅담당자에게 이러한 질문들에 대한 답을 제공해 줄 수 있다. 즉 제품을 구성하는 속성들 각각에 대해 응답자들이 부여하는 가치 또는 중요도를 수치로 계산해 주며, 또한 각 속성의 수준들에 대해서도 응답자가 부여하는 주관적 가치(효용값)를 계산해 줌으로써 이러한 질문들에 대한 답을 제시해 주는 것이다. 이하에서는 컨조인트 분석을 적용하는 과정을 앞에서 소개한 칫솔제품 개발사례를 이용하여 구체적으로 살펴보기로 한다.

### (1) 주요 제품속성의 선정

컨조인트 분석을 이용한 제품개발의 첫 번째 단계는 소비자들이 제품을 구매할 때 고려하는 주요 속성을 파악하는 것이다. 소비자들의 구매의사결정에 별 영향을 미치지 못하는 속성들을 근거로 신제품을 개발하면 시장에서 실패할 위험이 높다. 신제품 실패사례로 자주 인용되는 1950년대 Ford사에 의해 개발된 Edsel자동차는 제품차별화를 위하여, 기존의 승용차들과 달리 전조등의 위치를 높이고 공기흡입구를 수직으로 디자인하였다. 그러나 이러한 외관상의 변화는 가격이나 안전성, 또는 엔진의 출력 등과 같은 다른 제품속성에 비해 소비자의 구매의사결정에서 차지하는 중요도가 낮아 소비자의 제품선택에 큰 영향을 미치지 못하였다. 따라서 전조등이나 공기흡입구의 위치를 중요한 제품속성으로 선정하고 이를 토대로 실시된 컨조인트 분석은 소비자가 원하는 신제품을 찾는 데 도움을 주지 못할 것이다.

조사자는 제품개발실이나 영업부서의 전문가들 또는 판매사원들과의 표적집단면접(focus group interview)을 이용하거나, 소비자들과의 면접을 실시하여 주요 제품속성을 파악할 수 있다. 때로는 소비자들이 표현하기 어려운 제품속성을 발견하기 위해서 투사법(projective technique)이 이용되기도 한다.

### (2) 속성수준의 결정

주요한 제품속성이 파악되면 조사자는 각 속성별로 선택가능한 속성수준(attribute level)을 찾아야 한다. 가령, 솔의 양이 중요한 속성이라면, 소비자들이 어느 정도의 솔의 양을 선호하는지를 알고 싶을 것이다. 어떤 소비자는 솔의 양이 많은 칫솔을, 또 다른 소비자는 적당한 양의 칫솔을 선호할 수 있다. 이와 같이 솔의 양에 대한 선호도는 소비자에 따라 다를 수 있으므로 소비자들과의 사전면접과정에서 가능한 속성수준들이 파악되어야 한다.

### (3) 제품프로파일의 구성과 선호도자료의 수집

컨조인트 분석에 사용될 중요한 제품속성과 각 속성별로 가능한 속성수준이 결정되면, 조사자는 속성들을 조합하여 가상적인 제품개념들을 구성하고 응답자들로부터 이에 대한 선호도순위를 수집한다. 이러한 가상적인 제품개념을 컨조인트 분석에서는 제품프로파일(product profile)이라 부른다.

이하에서는 제품프로파일의 도출과 선호도자료의 수집과정을 칫솔제품의 개발에 대한 예를 가지고 설명하기로 한다. 사전조사결과, 칫솔구매에 있어 3개의 제품속성

**표 16-1** 컨조인트 분석을 위한 가상칫솔 제품프로파일들의 목록과 이에 대한 선호도

| 제품번호 | 솔의 강도 | 솔의 양 | 칫솔대의 각도 | 선호순위** |
|---|---|---|---|---|
| 1 | 강한 솔 | 1.5cm | 수평형 | 11 |
| 2 | 강한 솔 | 1.5cm | 5도 경사 | 6 |
| 3 | 강한 솔 | 1.5cm | 10도 경사 | 5 |
| 4 | 강한 솔 | 2.0cm | 수평형 | 12 |
| 5 | 강한 솔 | 2.0cm | 5도경사 | 10 |
| 6 | 강한 솔 | 2.0cm | 10도 경사 | 8 |
| 7 | 강한 솔 | 3.0cm | 수평형 | 18 |
| 8 | 강한 솔 | 3.0cm | 5도 경사 | 17 |
| 9 | 강한 솔 | 3.0cm | 10도 경사 | 15 |
| 10 | 부드러운 솔 | 1.5cm | 수평형 | 7 |
| 11 | 부드러운 솔 | 1.5cm | 5도 경사 | 2 |
| 12 | 부드러운 솔 | 1.5cm | 10도 경사 | 1 |
| 13 | 부드러운 솔 | 2.0cm | 수평형 | 9 |
| 14 | 부드러운 솔 | 2.0cm | 5도경사 | 4 |
| 15 | 부드러운 솔 | 2.0cm | 10도 경사 | 3 |
| 16 | 부드러운 솔 | 3.0cm | 수평형 | 16 |
| 17 | 부드러운 솔 | 3.0cm | 5도 경사 | 14 |
| 18 | 부드러운 솔 | 3.0cm | 10도 경사 | 13 |

* 가상적 제품들을 제시하는 순서에서는 마지막 속성의 수준들(즉 칫솔대의 각도)을 한 번씩 순서대로 제시한 후, 그 앞의 속성의 수준을 바꾸는 과정을 반복하게 됨.

** 표에 제시된 선호도자료는 소비자조사를 통해 수립된 소비자 1명에 대한 자료임.

**그림 16-1** 그림을 이용하여 가상제품을 제시하는 예

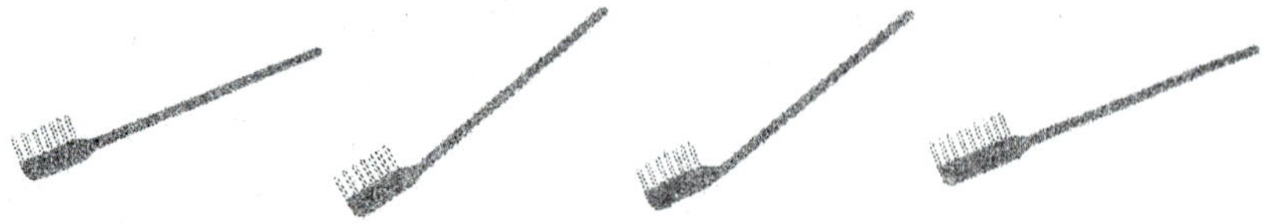


**그림 16-2** 카드를 이용하여 가상제품을 제시하는 예

- 솔의 강도 : 강함
- 솔의 양 : 1.5cm
- 칫솔대의 각도 : 수평형

(솔의 강도, 솔의 양, 칫솔대의 각도)이 중요한 것으로 나타났으며, 각 속성별로 소비자들이 고려하는 속성수준(강한 솔−부드러운 솔, 1.5cm−2cm−3cm, 수평형−5도 경사−10도 경사)들이 파악되어 이들을 조합하여 〈표 16−1〉과 같은 18개(즉 속성수준의 수의 곱, 2×3×3)의 가상적인 제품프로파일을 구성하였다.

제품프로파일은 〈표 16−1〉과 같이 글로 소비자들에게 제시되거나 경우에 따라 [그림 16−1]과 같이 그림 또는 사진으로 제시되기도 한다. 또한 글로 제품을 설명한 경우에는 각각의 가상적 제품을 카드에 기록하여 제시하기도 한다(그림 16−2 참조).

다음으로 조사자는 응답자들에게 각 프로파일들을 제시하고, 가장 좋아하는 프로파일부터 순위를 기록하도록 한다. 가령 〈표 16−1〉에서 제시된 18개의 가상제품들을 가장 좋아하는 제품부터 가장 마음에 들지 않은 제품까지 선호도의 순서를 결정하도록 한다. 각 제품개념에 대한 설명이 카드로 제시되었다면, 좋아하는 순서대로 카드를 배열하도록 한다. 가상제품에 대한 선호도자료가 수집되면, 조사자는 컴퓨터 프로그램을 이용하여 컨조인트 분석을 실시함으로써, 속성별 중요도를 계산한다. 컨조인트 분석에 사용될 수 있는 많은 통계기법이 개발되어 있으나, 본서에서는 현재 국내에서 많이 활용되는 SPSS에서 효용값을 추정하는 과정에 대해 설명하기로 한다.

## 1.3 SPSS를 이용한 컨조인트 분석

SPSS 프로그램을 이용하여 컨조인트 분석을 실시하는 과정은 크게 세 단계로 이루어진다.

### (1) 프로파일의 생성작업

SPSS 프로그램에서는 컨조인트 분석에 필요한 프로파일을 쉽게 작성할 수 있도록 별도의 옵션을 제공해주고 있다. SPSS의 최초화면인 데이터편집기상에서 **데이터－직교계획－생성**을 차례로 선택하면 [그림 16-3]과 같은 화면이 나타난다. 이 화면에서 우선 요인(속성)명을 차례대로 입력하고 추가를 선택한다.

그림 16-3 컨조인트 분석의 프로파일 생성작업 1

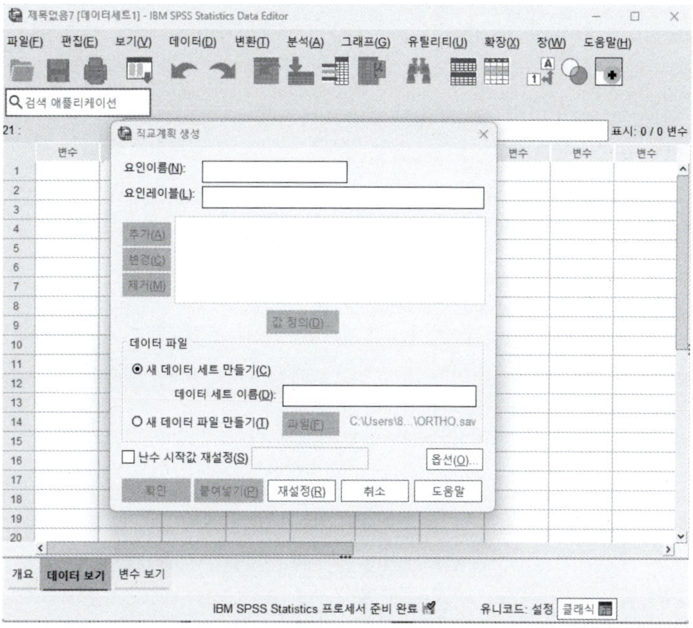


두 번째 단계로 각 속성별 수준값을 지정하기 위해서 화면의 중간부분에 입력되어 있는 각 속성을 클릭하고 값 정의 버튼을 선택하면 [그림 16-4]와 같은 화면이 나타나며 각 속성의 수준별로 더미변수명을 지정할 수 있게 된다. 세 번째로 옵션 버튼을 선택하여 몇 개의 프로파일을 생성시킬 것인지를 지정해주고 (위의 사례의 경우 18

**그림 16-4** 컨조인트 분석의 프로파일 생성작업 2

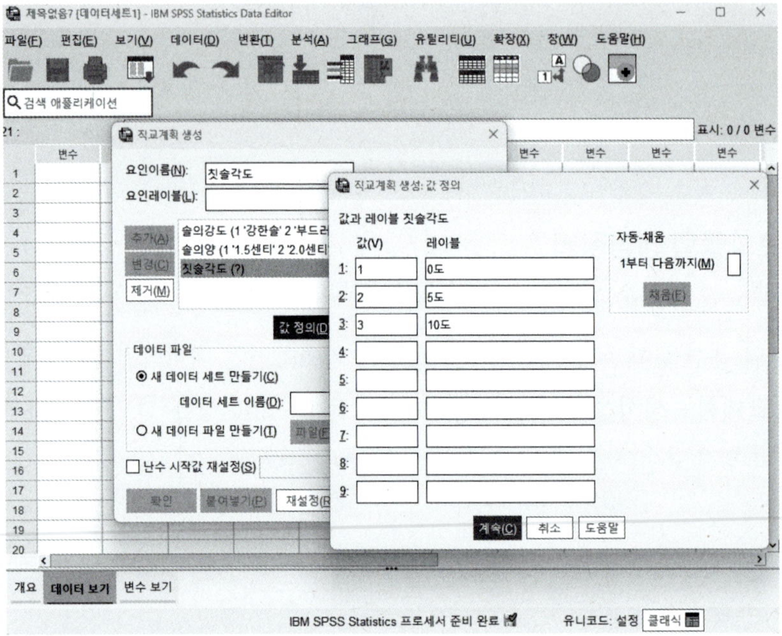


**그림 16-5** 완성된 프로파일별 특성자료

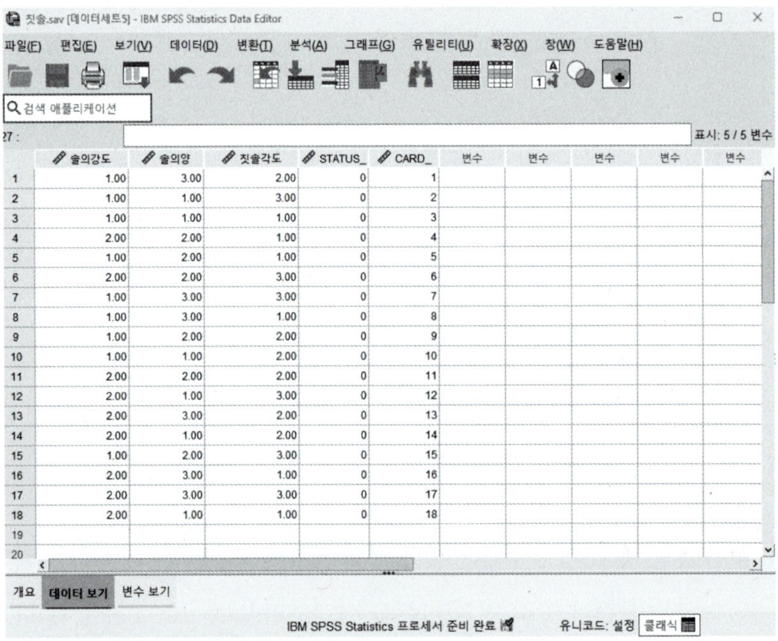

| | 솔의강도 | 솔의양 | 칫솔각도 | STATUS_ | CARD_ |
|---|---|---|---|---|---|
| 1 | 1.00 | 3.00 | 2.00 | 0 | 1 |
| 2 | 1.00 | 1.00 | 3.00 | 0 | 2 |
| 3 | 1.00 | 1.00 | 1.00 | 0 | 3 |
| 4 | 2.00 | 2.00 | 1.00 | 0 | 4 |
| 5 | 1.00 | 2.00 | 1.00 | 0 | 5 |
| 6 | 2.00 | 2.00 | 3.00 | 0 | 6 |
| 7 | 1.00 | 3.00 | 3.00 | 0 | 7 |
| 8 | 1.00 | 3.00 | 1.00 | 0 | 8 |
| 9 | 1.00 | 2.00 | 2.00 | 0 | 9 |
| 10 | 1.00 | 1.00 | 2.00 | 0 | 10 |
| 11 | 2.00 | 2.00 | 2.00 | 0 | 11 |
| 12 | 2.00 | 1.00 | 3.00 | 0 | 12 |
| 13 | 2.00 | 3.00 | 2.00 | 0 | 13 |
| 14 | 2.00 | 1.00 | 2.00 | 0 | 14 |
| 15 | 1.00 | 2.00 | 3.00 | 0 | 15 |
| 16 | 2.00 | 3.00 | 1.00 | 0 | 16 |
| 17 | 2.00 | 3.00 | 3.00 | 0 | 17 |
| 18 | 2.00 | 1.00 | 1.00 | 0 | 18 |

개) **계속** 버튼을 선택한다. 마지막으로 이러한 작업내용을 파일로 저장해주면 주어진 속성과 속성별 수준을 이용한 프로파일 생성작업이 완성되며, 확장자가 sav인 프로파일 파일이 생성되어진다.

생성된 프로파일 내용을 확인하기 위해서는 **데이터 – 직교계획 – 표시**를 선택해서 저장한 파일을 선택하면 [그림 16–5]와 같이 18개의 프로파일별 특성이 나타나게 된다.

### (2) 자료의 수집

SPSS를 이용한 컨조인트 분석의 두 번째 단계는 생성된 프로파일들을 소비자에게 제시하고 각 프로파일에 대한 선호도를 측정하는 것이다. 자료파일에서는 [그림 16–6]과 같이 먼저 각 응답자의 ID번호를 입력한 후 [그림 16–5]에 제시된 순서대로 각 프로파일별 선호도자료를 차례대로 입력한 후, 확장자가 sav인 SPSS 파일로 저장한다.

**그림 16–6** SPSS에서 컨조인트 분석을 위한 자료입력 화면

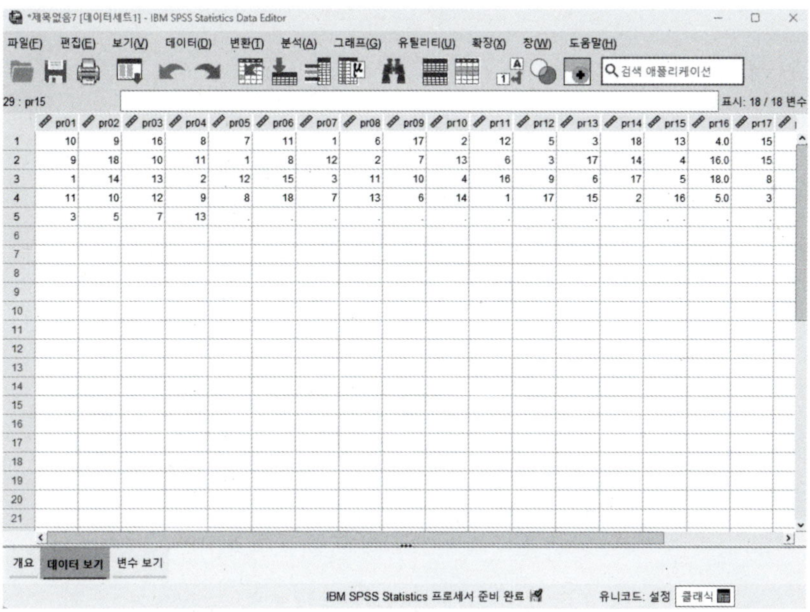

### (3) 컨조인트 분석의 실시

앞서 언급한 대로 SPSS 프로그램에서는 회귀분석이 아닌 별도의 컨조인트 분석 옵션을 제공하고 있다. 그러나 컨조인트 분석은 다른 통계기법들에 비해 상대적으로 활용빈도가 낮은 편이어서 기본 메뉴에 포함되어 있지는 않으며 간단한 명령문을 직접 입력하여 처리하도록 하고 있다.

컨조인트 분석의 명령문을 입력하기 위해서는 SPSS 초기화면에서 **파일 – 새로 만들기 – 명령문**을 선택하면 [그림 16–7]과 같은 명령문 편집기 화면이 나타난다. 이 편집기내에서 〈표 16–2〉와 같은 명령문을 입력하고 그 내용을 저장(확장자가 sps로 저장됨)한다. 다음에 추가적인 분석이 필요한 경우에는 **파일 – 열기 – 명령문**을 선택하면 이 파일을 다시 불러올 수 있다.

명령문 편집기에서 〈표 16–2〉의 내용을 입력한 후, 실행 메뉴를 선택하면 [그림 16–8]과 같이 개인별 분석결과가 제시되며, [그림 16–9]와 같이 전체집단에 대해 속성별 중요도 평가점수가 도표로 제시된다.

그림 16–7 명령문 편집기 화면

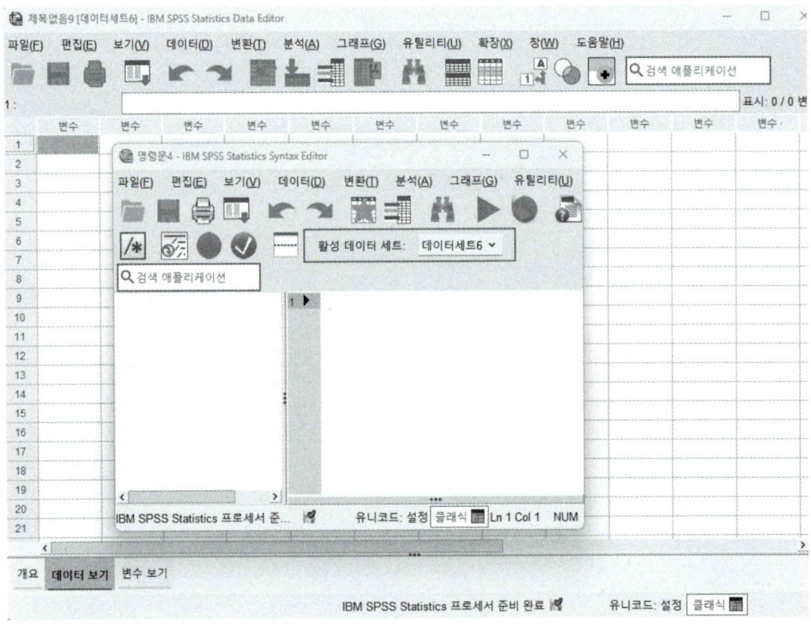

**표 16-2** 컨조인트 분석을 위한 명령문의 예와 설명

```
        CONJOINT PLAN='c:\data\testplan.SAV'
          /DATA='c:\data\testdata.SAV'
          /SEQUENCE=pr01 TO pr18
          /SUBJ=id
  /FACTORS=솔의 강도 (discrete) 솔의 양 (discrete) 솔의 각도 (discrete)
  /PRINT=ALL
  /UTILITY='c:\data\nfo\testout.SAV'
  /PLOT=ALL.
```

□ CONJOINT PLAN='c:\data\testplan.SAV' : ①단계에서 작성된 프로파일 파일을 지정하는 내용.

□ /DATA='c:\data\testdata.SAV' : ②단계에서 입력한 선호도자료 파일을 지정.
/SEQUENCE=Q_1 TO Q_18 : 선호도자료 파일에 있는 18개의 선호도자료의 변수명.
/SUBJ=id : 입력된 자료 중 첫 번째 변수인 ID를 응답자를 구분하는 변수로 처리하라는 명령.

□ /FACTORS=솔의 강도(discrete) 솔의 양(discrete) 솔의 각도(discrete) : 각 속성별 자료의 성격을 지정해주는 부분으로 discrete는 각 속성의 수준들이 명목척도로 측정되어졌음을 의미함.

□ /PRINT=ALL : 분석내용을 모두 제시하라는 명령.

□ /UTILITY='c:\data\nfo\testout.SAV' : 각 응답자별로 추정한 효용점수를 하나의 파일에 저장하라는 내용.

□ /PLOT=ALL. : 분석결과를 도표로 요약하여 제시하라는 명령문.

**그림 16-8** 컨조인트 분석의 출력결과 – 개인별 분석결과

```
SUBJECT NAME:       2.00
Importance       Utility(s. e. )        Factor
                                       솔의 강도
  10.94 [ ]       -3.889(1.3684)          -|        강한 솔
                   .3889(1.3684)           |-       부드러운 솔
                                        솔의 양
 [35.16]          1.5000(1.9352)           |--      1.5센티
                  -.5000(1.9352)          -|        2.0센티
                 -1.0000(1.9352)         --|        3.0센티
                                        칫솔각도
[ 53.91 ]         1.3333(1.9352)           |--      0도
                  1.1667(1.9352)           |--      5도
                 -2.5000(1.9352)       ----|        10도

                  9.5000(1.3684)      CONSTANT
```

[그림 16-8]에 제시된 컨조인트 분석결과를 토대로 마케팅담당자는 다음과 같은 정보를 도출할 수 있다.

① 이 응답자에 있어서 가장 중요한 제품속성은 칫솔각도이며, 그 다음으로 솔의 양, 그리고 솔의 강도의 순으로 중요도가 부여된다. 즉 칫솔각도에서 속성수준

**그림 16-9** 컨조인트 분석의 출력결과 – 전체집단에 대한 분석결과 요약

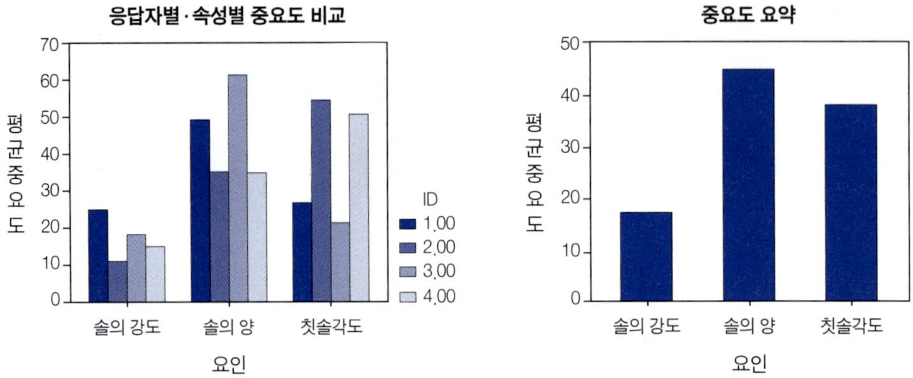


의 변화(즉 0도와 10도의 변화)에 따라 속성수준에 대해 부여하는 가치에 많은 변화가 발생되므로, 칫솔각도의 변화가 구매에 가장 많은 영향을 미칠 것으로 예상된다. 다음 솔의 양, 그리고 솔의 강도의 순으로 중요도가 내려간다.

② 이 응답자가 원하는 이상적 제품은 '부드러운 솔−1.5cm 두께의 솔, 0도의 각도'의 속성수준을 갖는 칫솔이다. 응답자는 이 제품개념에 대해 가장 높은 효용점수를 부여하므로 이 제품을 구매할 확률이 가장 높을 것이다.

③ 기업의 마케팅담당자는 개인별 컨조인트 분석자료를 종합하여 전체 소비자수준에서 중요도가 높은 속성을 파악하고, 이에 근거해 제품개발과 판촉계획을 수립할 수 있다. 또 각 소비자들이 원하는 이상적 제품의 분포를 이용해, 향후 제품구색에 대한 결정을 내릴 수 있다.

## 1.4 컨조인트 분석기법을 적용함에 있어 고려해야 할 사항들

컨조인트 분석은 기업들의 신제품개발에 널리 활용되는데, 현재 많은 프로그램들이 개발되어 상업적 조사에 이용되고 있다. 예를 들어 현재 컨조인트 분석을 적용하는 마케팅조사에서 조사회사들은 Sawtooth 프로그램을 많이 이용하고 있다. 이 프로그램은 컨조인트 분석을 위한 자료수집과 분석을 쉽게 처리해주고, 고객들과 접하는 조사현장에서 노트북을 이용하여 자료를 수집할 수 있도록 해주는 편리함으로 인해 그 활용도가 점차 높아지고 있다. 이하에서는 컨조인트 분석을 적용하는 과정에

**그림 16-10** 컨조인트 분석 전용 프로그램인 Sawtooth Program 화면

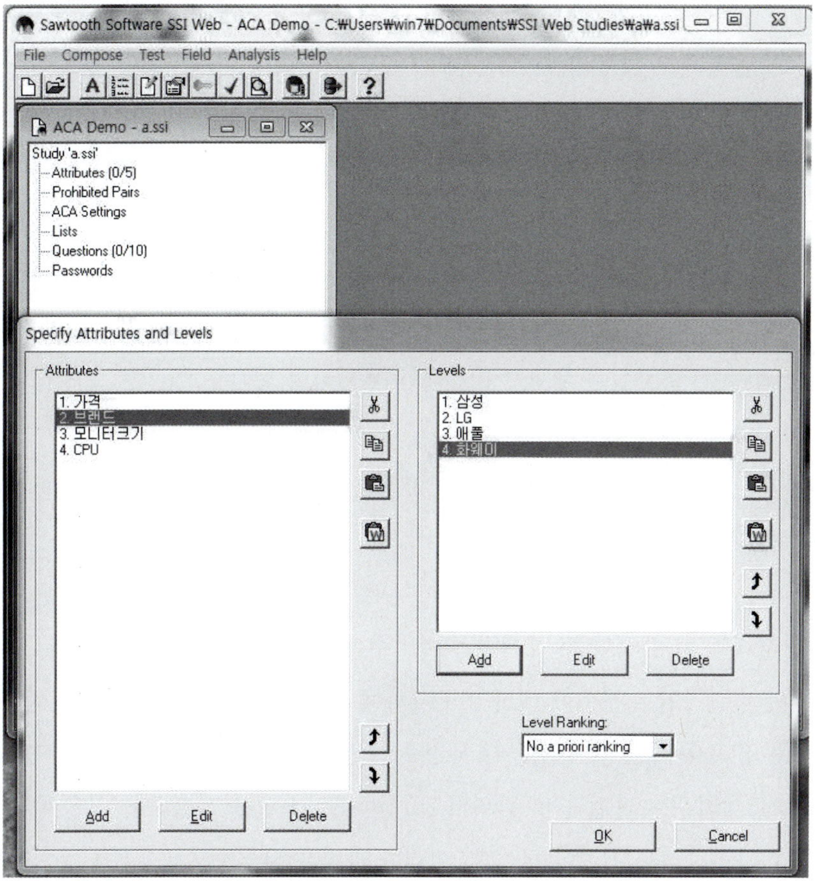


서 발생하는 문제점과 이에 대한 해결방법을 설명하기로 한다.

### (1) 자료수집의 어려움

컨조인트 분석에서는 속성의 수와 속성별 수준의 수가 증가하면 응답자들로부터 자료를 수집하기가 어려워진다. 가령, 고려되는 제품속성의 수가 5개이고 각 속성별 속성수준이 3개인 경우, 응답자가 평가과정에서 고려해야 할 제품프로파일의 수가 243개(=3×3×3×3×3)나 되어 이들에 대한 선호도순위를 매기는 작업이 매우 어려울 것이다. 일반적으로 고려하는 제품프로파일의 수가 15~20개를 넘어가는 경우 응답자들은 프로파일들의 순서를 정하는 데 어려움을 보이게 된다.

따라서 제품프로파일의 수가 많아지는 경우 전체 제품프로파일들을 좋아하는 제

품, 보통의 제품, 싫어하는 제품군으로 먼저 구분하고, 다시 각 집단 안에서 제품프로파일에 대한 선호도를 결정하도록 하는 방법을 고려할 수 있다. 또 속성과 속성수준의 수가 많아지는 경우에는 모든 속성들을 동시에 고려하여 제품프로파일을 구성하고 선호도를 측정하는 대신 한 번에 두 개씩의 속성만을 고려하여 선호도를 평가하는 방법(trade-off analysis)을 이용할 수도 있다.

즉 속성의 수가 5개(A, B, C, D, E)이고 각 속성별 속성수준이 3개씩인 경우 243개의 가상제품개념을 동시에 비교하는 대신, 한 번에 2개의 속성만을 고려하여 이들의 조합으로 얻어진 9개의 가상제품을 비교하는 것이다. 이 과정을 4회(A-B, B-C, C-D, D-E) 반복하고 결과를 비교하면 조사자가 원하는 자료를 큰 어려움 없이 얻을 수 있다.

제품프로파일의 수를 줄이는 또 다른 방법은 프로파일의 수를 체계적으로 줄이는 Fractional Factorial Design을 이용하는 것이다. 가령, 속성의 수가 5개이고 각 속성별로 수준의 수가 3개씩인 경우 더미변수를 이용한 회귀분석을 이용하면 추정해야 하는 모수는 각 속성당 두 개씩의 더미변수를 합하여도 10개에 불과하다.

현재까지 컨조인트 분석에 대한 연구결과에 의하면 프로파일의 수는 추정되는 모수의 2배 정도가 되면 의미 있는 효용점수를 얻을 수 있는 것으로 알려져 있다. 그렇다고 243개의 프로파일 중 무작위로 20개의 프로파일을 선별하는 것은 아니며 체계적인 디자인과정을 거쳐야 하는데, 이러한 과정은 SPSS 프로그램을 통하여 이루어질 수 있다. 앞서 설명한 SPSS의 **데이터-직교계획-생성**을 통해 나타난 [그림 16-5] 화면에서 옵션 버튼을 선택한 후 원하는 프로파일의 최소수를 20개로 지정하면 SPSS 프로그램에서 의미 있는 모수추정에 필요한 최소한의 프로파일들을 자동으로 생성시켜준다. 생성된 프로파일의 내용은 앞서 설명한 대로 **데이터-직교계획-표시**를 선택하면 확인할 수 있다.

### (2) 컨조인트 분석에서의 분석단위

컨조인트 분석의 적용과 결과해석은 개인수준(individual level)에서 이루어진다. 즉 제품개념들에 대한 선호도점수는 개인별로 측정되고, 이를 이용하여 실시된 컨조인트 분석은 개인별 효용점수를 계산해 준다. 조사자는 이러한 점수를 이용하여 속성별 중요도나 원하는 제품개념(효용점수가 높은 제품)이 유사한 소비자들을 동질적인 세분시장으로 묶어 이 세분시장에 맞는 제품을 개발할 수 있다. 그러나 소비자집단의 선호도점수를 평균하여 한 번의 컨조인트 분석을 실시할 경우, 각 소비자들의 선호도를 제대로 반영하지 못할 위험이 있다. 즉, 적은 양의 칫솔과 많은 양의 칫솔을 각각 원하는 두 명의 소비자들에게 중간 정도의 양을 가진 칫솔이 개발 · 제공될 수 있는 것이다.

개인수준에서 컨조인트 분석을 실시할 경우, 많은 응답자들의 자료를 하나하나 분석해야 하는 번거로움이 따르지만 앞서 살펴본 SPSS패키지를 이용하면 쉽게 분석이 가능하다. 최근에는 각 소비자들이 컴퓨터 화면에 제시되는 제품프로파일에 대한 선호도자료를 입력하면 개인별로 효용점수를 바로 계산하고, 이를 토대로 시장세분화까지 가능한 상업용 컨조인트 분석 프로그램도 개발되어 운영되고 있다.

# 2 포지셔닝 맵

## 2.1 포지셔닝 맵의 의미와 활용

포지셔닝 맵(positioning map)이란 시장내의 여러 경쟁브랜드들에 대한 소비자의 생각[예를 들어, 각 브랜드의 상대적 이미지나 소비자가 원하는 이상적 제품(ideal product) 등]을 하나의 도표상에 나타낸 것으로, 지각도(perceptual map)라고도 한다. 즉 제품의 주요 속성들을 축 또는 차원(dimension)으로 하여 구성된 공간내에 경쟁브랜드들의 상대적 위치와 소비자들이 원하는 이상적 제품을 시각적으로 표시해 주는 기법이다. [그림 16-11]은 포지셔닝 맵의 예를 보여준다.

### (1) 포지셔닝 맵의 활용방안

포지셔닝 맵은 마케팅전략 수립과정에서 널리 활용될 수 있다. 포지셔닝 맵의 활용방안을 구체적으로 살펴보기로 하자.

**그림 16-11** 포지셔닝 맵의 예

국내 섬유유연제시장의 포지셔닝 맵(대응일치분석 결과)

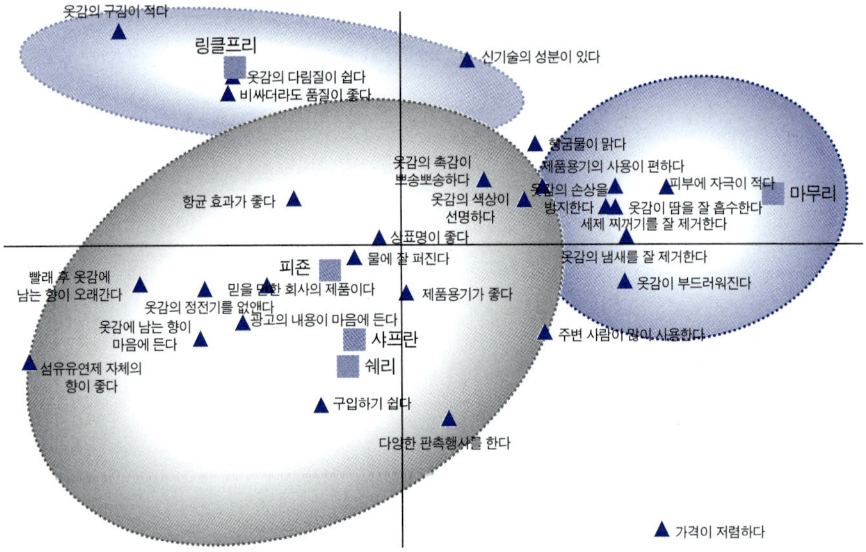


### 1) 시장의 경쟁구조 파악

포지셔닝 맵은 기업의 브랜드관리자들에게 어떤 브랜드들이 우리 회사의 브랜드와 경쟁관계에 있는지를 파악하도록 해준다. 즉, 소비자는 포지셔닝 맵상에서 가까운 거리에 위치한 브랜드들을 유사하고 대체가능한 것으로 지각하므로, 이들은 다른 브랜드들보다 더 경쟁관계에 있다고 할 수 있다.

브랜드들간의 경쟁관계는 포지셔닝 맵상에 표시된 이상적 제품을 이용해서도 설명될 수 있는데, 여기서 이상점(ideal point)이란 소비자들이 가장 선호하는 제품개념을 말한다. 예를 들어 [그림 16-12]에서 소비자는 자신의 이상점(이상적인 제품)으로부터 가까운 거리에 있는 브랜드인 A나 B를 이상점으로부터 멀리 떨어져 있는 C브랜드보다 더 선호한다. 따라서 B브랜드의 관리자는 브랜드선호도가 낮은 C브랜드보다는 자사브랜드와 선호정도가 비슷한 A브랜드를 상대로 한 경쟁전략을 세워야 할 것이다.

그림 16-12 포지셔닝 맵에 기반한 시장 경쟁구조 분석

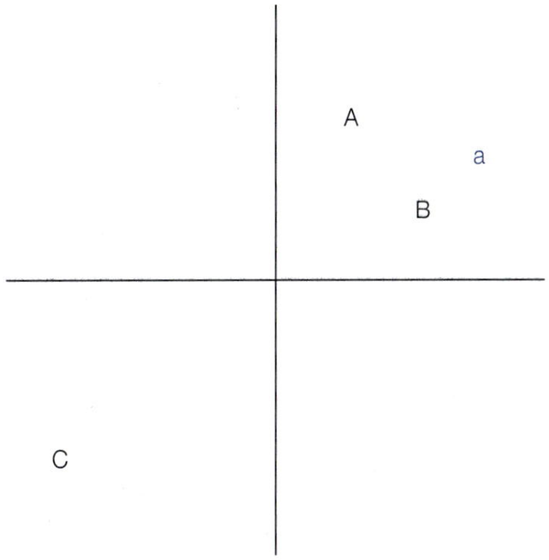


* A, B, C는 경쟁관계에 있는 브랜드들이며, a는 어떤 소비자의 이상점임.

### 2) 소비자 욕구파악 및 시장의 세분화

조사자는 포지셔닝 맵상에서 이상적 제품의 위치를 조사함으로써 소비자가 원하는 제품특성이 무엇인지를 알 수 있으며, 이를 통해 소비자욕구를 파악할 수 있다. 또한 소비자들의 이상점(또는 각 소비자의 원하는 이상적 제품)들의 분포를 이용하여 전체시장을 몇 개의 세분시장으로 나누고, 각 세분시장에 맞는 마케팅전략을 수립할 수 있다.

가령, [그림 16-13]은 탄산함유량과 단맛 정도에서 각 소비자들이 가장 선호하는 탄산음료제품을 포지셔닝 맵상에 표시한 것이다. 롯데칠성 마케팅담당자는 포지셔닝 맵상에 나타난 각 소비자들이 원하는 이상적인 탄산음료들 중에서 인접한 이상점들을 하나의 세분시장으로 분류하고 이들이 원하는 신제품을 개발할 수 있을 것이다.

### 3) 시장기회의 포착 및 경쟁적 마케팅전략의 수립

마케터는 포지셔닝 맵상에서 소비자들이 생각하는 이상점(이상적인 제품개념)과 경쟁브랜드들의 상대적 위치를 함께 분석하여 시장기회를 파악하고 이를 근거로 경

**그림 16-13** 포지셔닝 맵을 이용한 시장세분화

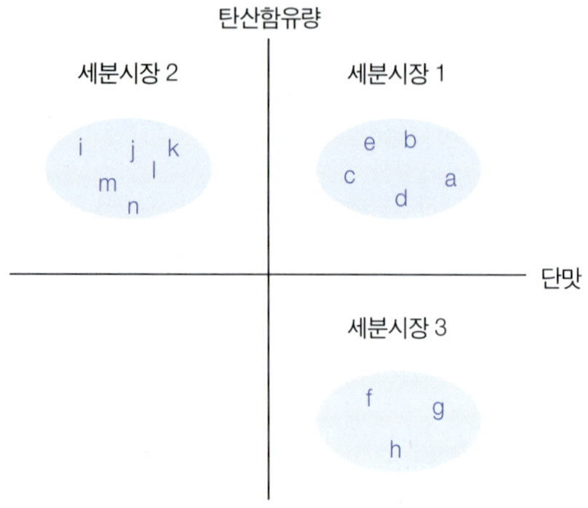


**그림 16-14** 포지셔닝 맵을 이용한 경쟁전략의 결정

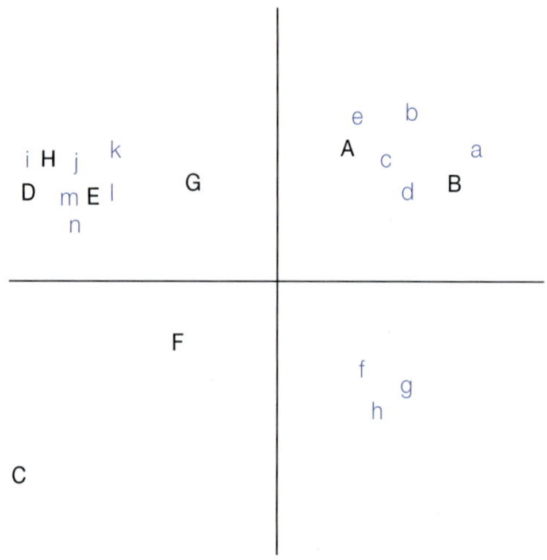


쟁적 마케팅전략을 수립할 수 있다. 예를 들어, [그림 16-14]에서 A, B, D, E 브랜드는 소비자들의 이상점이 밀집된 공간에 포지션되어 높은 매출액을 올릴 수 있으나, C, G, F 브랜드는 소비자들의 이상점들과 멀리 떨어져 높은 매출을 기대하기가 어렵다. 따라서 C, G, F 브랜드는 제품속성의 개선이나 가격변화, 또는 광고 등을 통하여 브랜드의 현 포지션을 이동시켜야 한다.

한편 f, g, h 등의 소비자들로 구성된 세분시장은 다른 세분시장에 비하여 시장의 크기는 작으나 해당 시장내에 경쟁브랜드가 없어, 새로운 브랜드가 출시될 경우 높은 매출을 기대할 수 있다. 즉 이러한 틈새시장(niche market)을 겨냥한 집중화전략을 시도하는 것도 바람직한 마케팅전략이다.

마케팅담당자는 포지셔닝 맵을 이용하여 타사브랜드들과의 경쟁관계뿐 아니라, 자사브랜드들간의 자기시장잠식(cannibalization) 가능성도 분석하여 이에 대한 대안을 제시할 수 있다. 만일 한 회사내의 두 개 이상의 브랜드들이 동일한 세분시장에서 경쟁관계에 놓여 있다면, 각 브랜드의 표적시장을 재정립하여 자사브랜드들간의 자기시장잠식을 최소화하도록 하여야 한다. 가령, [그림 16-14]의 포지셔닝 맵상에서 E와 H브랜드가 동일회사의 브랜들이라면 새로운 세분시장을 겨냥하도록 두 브랜드 중 하나의 포지셔닝전략을 변경함으로써 브랜드간 표적시장의 중복을 피하도록 하여야 한다.

이와 같이 포지셔닝 맵은 새로운 시장기회 및 최적의 브랜드포트폴리오(brand portfolio)에 대한 정보를 제공해 주므로 마케터는 이를 최대한 활용하여 경쟁우위를 확보하는 마케팅전략을 수립하도록 하여야 한다. 다음에는 포지셔닝 맵을 작성하는 방법에 대하여 살펴보기로 한다.

### (2) 포지셔닝 맵 작성기법의 구분

포지셔닝 맵을 작성하는 방법은 크게 두 가지로 나누어진다.

첫째는 각 브랜드에 대한 소비자의 속성별 평가자료를 바로 이용하는 방법이다. 이는 평가에 사용된 주요 속성을 축으로 하여 공간(space)을 구성하고, 이 공간상에 소비자들의 브랜드별 속성평가점수를 토대로 각 브랜드의 위치를 결정하는 방법이다.

두 번째는 각 브랜드에 대한 다양한 유형의 평가자료를 토대로 소비자에 의해 지각된 브랜드간 경쟁정도(즉 공간상의 브랜드들의 상대적 위치)를 간접적으로 찾아내는 방법으로, 이러한 기법을 다차원척도법(multi-dimensional scaling)이라 부른다.

## 2.2 제품속성 평가자료를 이용한 포지셔닝 맵의 작성

이하에서는 우선 소비자평가자료를 이용하여 포지셔닝 맵을 작성하는 방법을 설명한 후, 다차원척도법의 추정방법 및 이의 활용방안을 설명하기로 한다. 제품속성 평가자료(태도자료)를 이용한 포지셔닝 맵은 소비자가 제품구매시 중요하게 생각하는 속성들을 축으로 한 좌표상에 소비자의 속성평가자료를 근거로 각 브랜드의 상대적 위치를 나타내는 방법이다. 속성평가자료를 이용한 포지셔닝 맵의 작성과정을 다음의 사례를 이용하여 살펴보기로 한다.

신사복 판매업체인 LF패션은 3.5조 원에 이르는 기성신사복산업에서 시장선도기업으로서의 위치를 지켜왔다. 그러나 최근 들어 업체들간의 과당경쟁으로 인하여 매출성장률이 둔화되고 있다. 특히 LF패션 자체브랜드들간에 차별화가 이루어지지 않음으로 인하여, 자사내의 한 브랜드가 다른 브랜드의 매출액을 빼앗는 자사브랜드간 잠식(cannibalization) 현상이 심화되고 있다. 이에 따라 LF패션의 마케팅실은 소비자자료를 수집하여 포지셔닝 맵을 작성함으로써 신사복시장의 경쟁구조를 파악하고, 향후 각 브랜드들의 포지셔닝전략을 결정하려고 한다.

이 경우 포지셔닝 맵은 다음과 같은 절차에 따라 작성될 수 있다.

① 제품선택에 영향을 미치는 주요한 제품속성들을 조사한다. 소비자집단 및 판매사원들과의 면접을 통한 사전조사결과, 신사복의 구매에 있어서 가격, 패션성, 중후함, 편안함, 가벼움이라는 다섯 개의 속성이 중요한 것으로 나타났다.

② 소비자들에게 환기브랜드군(evoked set : 전에 구매 또는 사용경험이 있거나, 향후 구매를 위하여 고려하고 있는 브랜드들)을 생각하도록 요청한 후, 이들 브랜드들에 대해 제품속성별로 평가하도록 한다. 가령, 소비자의 환기브랜드군에 파크랜드, 로가디스, 마에스트로가 포함된다면 각 브랜드별로 가격, 패션성, 중후함 등에 대한 평가를 하도록 한다. 잘 모르거나 구매할 의사가 없는 브랜드들에 대한 소비자들의 평가는 중심화의 성향을 보여(즉 각 브랜드에 대해 제품속성이 적당한 것으로 대충 대답함) 그 브랜드의 실제 위치를 왜곡시키게 된다. 따라서 각 응답자들이 구매의도와 관심을 보이는 브랜드들에 대해서만 정보를 입

수한다. 〈표 16-3〉은 환기브랜드군내의 각 브랜드별 속성평가자료를 수집하기 위한 설문지의 예이다.

③ 수집된 자료를 분석하여 설문지에 사용된 원래의 제품속성들을 포지셔닝 맵 작성에 용이하도록 보다 적은 수의 속성으로 줄일 수 있는지를 검토한다. 가령, 앞에서 소비자의 신사복구매에 영향을 미치는 주요 속성의 수가 다섯 개였는데 이들을 모두 고려하여 하나의 도표상에 브랜드들간의 경쟁상황을 제시하기가 쉽지 않다. 따라서 조사자는 평가에 사용된 속성들 중에서 브랜드구매에 결정적인 역할을 하는 소수의 주요 제품속성들만을 선정하여 포지셔닝 맵 작성에 사용할 수 있다. 이를 위해 〈표 16-3〉의 설문 3을 활용할 수 있는데, 자료를 수집한 결과 가격이 가장 중요한 것으로 나타났으며(7점척도에서 5.8점), 다음 패션성과 편안함이 5.4점, 중후함과 가벼움이 5.2점의 중요도를 갖는 것으로 나타났다고 하자.

다음으로 속성들간의 상관계수를 계산하여 속성들간의 연관(association)정도를 살펴봄으로써, 상관관계가 높은 속성들 중 일부를 분석에서 제외할 수 있는지를 검토한다. 이 결과 패션성과 중후함 간에는 0.87 정도의 높은 상관관계를 갖는 것으로, 그리고 무게와 착용감 간에는 0.92 정도의 높은 양의 상관관계가 있는 것으로 나타났다. 이에 따라 신사복제품은 가격, 패션성(또는 중후함), 그리고 편안함(또는 옷의 무게)이라는 세 개의 속성들을 이용하여 설명될 수 있음을 알게 되었다. 그러나 추가적인 자료분석의 결과, 편안함이라는 속성은 브랜드들간에 차이가 적어 포지셔닝 맵 작성에(또는 브랜드간의 차이를 설명하는 데) 별 의미를 갖지 못하는 것으로 나타났다. 즉 패션성에 대한 브랜드별 평가점수는 4점에서 6점 사이에 다양하게 분포하고 있으나, 각 브랜드의 편안함에 대한 평가점수는 4.8점에서 5.2점 사이에 집중되어 브랜드간 차이가 별로 없는 것으로 나타났다. 이에 따라 최종적인 포지셔닝 맵을 작성함에 있어 가격과 패션성이라는 두 속성만을 이용하기로 하였다.

물론 조사자는 가격과 패션성 이외에 편안함도 고려하여 포지셔닝 맵을 작성할 수도 있다. 이 경우에는 한 번에 두 개의 속성을 사용하여(즉 가격과 패션성, 가격과 편안함, 패션성과 편안함 등) 세 개의 포지셔닝 맵을 작성하여야 한다.

④ 가격과 패션성이라는 두 제품속성을 축으로 이용하여 포지셔닝 맵을 구성한

**표 16-3** 브랜드별 속성평가자료를 얻기 위한 설문지의 예

**설문 1.** 귀하가 최근에 구매한 2개의 양복의 브랜드를 아래에 제시하여 주시기 바랍니다.
( ), ( )

**설문 2.** 위에서 응답한 신사복 브랜드 각각을 다음의 기준을 이용해 제품속성을 평가해 주시기 바랍니다.

| 형편없었다<br>전혀 그렇지 않다 | | | 보통이었다 | | | 매우 좋았다<br>정말로 그렇다 |
|---|---|---|---|---|---|---|
| 1 | 2 | 3 | 4 | 5 | 6 | 7 |

| | 가장 최근 구매브랜드 | 그전 구매브랜드 |
|---|---|---|
| | ( ) | ( ) |
| 1) 패션성이 좋다 | ( ) | ( ) |
| 2) 옷에서 중후한 멋이 풍긴다 | ( ) | ( ) |
| 3) 착용감이 좋다 | ( ) | ( ) |
| 4) 옷의 무게가 가볍다 | ( ) | ( ) |
| 5) 제품가격(단위 : 만 원) | ( ) | ( ) |

**설문 3.** 위에 제시된 다섯 개의 제품속성들이 얼마나 중요하다고 생각하십니까? 다음 척도를 이용하여 평가해주시기 바랍니다.

| 전혀 중요하지 않다 | | | 보통이다 | | | 매우 중요하다 |
|---|---|---|---|---|---|---|
| 1 | 2 | 3 | 4 | 5 | 6 | 7 |

| | |
|---|---|
| 1) 패션성 | ( ) |
| 2) 중후한 멋 | ( ) |
| 3) 착용감 | ( ) |
| 4) 옷의 무게가 가볍다 | ( ) |
| 5) 제품가격 | ( ) |

**설문 4.** 귀하가 가장 좋아하는 신사복브랜드는 어느 것입니까? ( )

다. 각 브랜드별 구매가격과 패션성에 대한 소비자평가점수의 평균을 좌표점으로 이용하여, 포지셔닝 맵상에 각 브랜드의 상대적 위치를 표시한다. [그림 16-15]는 가격과 패션성을 축으로 하여 작성된 신사복브랜드들에 대한 포지셔닝 맵의 예이다.

그림 16-15 신사복시장의 포지셔닝 맵의 예

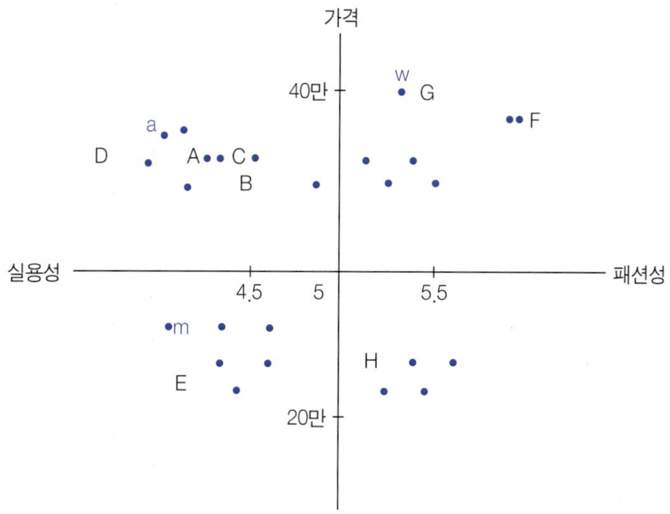


⑤ 각 소비자들이 신사복에서 원하는 이상적인 속성수준들을 조사하여, 이를 토대로 각 소비자별로 이상적 제품의 위치를 포지셔닝 맵상에 표시한다. [그림 16-15]를 보면 소비자 w는 가격이 높으면서 패션성이 있는 신사복제품을 가장 선호하며(즉, 가장 이상적인 신사복제품으로 생각하며), 소비자 m은 실용적이면서 가격이 저렴한 신사복을 가장 선호하는 것으로 나타난다.

요약하면 소비자의 제품속성 평가자료를 이용한 포지셔닝 맵의 작성법은 소비자들의 각 브랜드에 대한 속성별 평가자료를 토대로 조사자가 축으로 사용될 주요 속성들을 결정하고 각 브랜드에 대한 속성별 소비자지각을 도표상에 표시하는 방법이다.

속성평가자료를 이용하여 포지셔닝 맵을 작성할 때 조사자가 유의해야 할 사항들은 다음과 같다.

- **차원의 선정** : 포지셔닝 맵의 축 또는 차원은 제품의 주요 속성을 나타내는데, 조사자는 브랜드선택에 결정적인 영향을 미치는 제품속성을 파악하여 이를 축으로 사용해야 한다. 실제로 소비자들이 중요하다고 생각하지만 브랜드선택에 결

그림 16-16 브랜드선택에 결정적이지 못한 속성을 이용한 포지셔닝 맵의 예

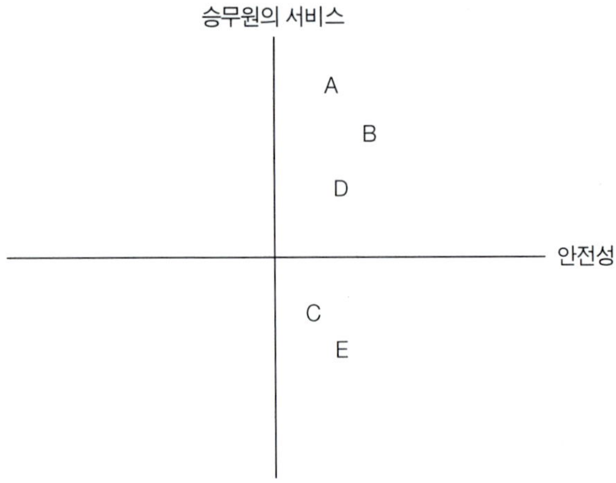


* A~E는 경쟁브랜드들임.

정적이지 못한 속성들도 있을 수 있다. 가령, 치약구매에서 충치예방력이 중요한 제품속성이라고 응답하더라도 모든 경쟁치약브랜드들이 충치예방력에서 비슷하게 지각된다면, 이 속성은 브랜드선택에 있어 결정적인 영향력을 발휘하지 못하게 된다.

[그림 16-16]은 브랜드평가시 소비자들이 중요하게 생각하는 제품속성이지만, 브랜드들간의 경쟁관계를 이해하는 데 별 도움이 되지 못하는 예를 보여준다. 예를 들어, 항공사를 선택하는 여행객들에게 '항공사의 선택에 있어서 가장 중요한 속성이 무엇이냐?'를 묻는 조사에서, 대부분의 여행객들이 안전성이 가장 중요하며, 다음으로 비행 스케줄의 정시성, 편안함, 승무원의 서비스의 순으로 대답하였다고 하자.

그러나 [그림 16-16]에서 보듯이 소비자들의 항공사별 안전성 평가에 별 차이가 없다면, 이 속성을 축으로 사용한 포지셔닝 맵은 자사브랜드의 경쟁전략을 수립하는 데 유용한 정보를 제공하지 못하게 된다. 즉 두 개의 중요한 제품속성을 축으로 하여 포지셔닝 맵을 작성하였지만, 안전성을 나타내는 X축은 안전성에서 경쟁사간의 차이를 보여주지 못하므로, [그림 16-16]은 Y축 하나만을 이용하는 것과 동일한 결과를 갖는다.

따라서 조사자는 소비자들의 브랜드별 평가에서 중요도가 낮은 것으로 파악

된 제품속성이 경쟁적 포지션결정에 보다 중요할 수 있음에 유의할 필요가 있다. 가령, TV의 구매시 화질이 중요한 제품속성이라고 하더라도 화질에 있어 브랜드들간에 차이가 없거나 일반소비자들이 화질에 대한 객관적 평가가 어렵다면, 중요도가 상대적으로 낮은 디자인을 포지셔닝 맵의 축으로 사용하는 것이 보다 설명력이 있을 것이다.

차원의 선정에 있어서 고려되어야 할 또 하나의 요소는 속성의 선정이 제품개발부서의 엔지니어의 입장이 아닌 소비자의 관점에서 이루어져야 한다는 것이다. 예를 들어, 세숫비누의 세척력을 평가함에 있어 개발담당엔지니어는 화학성분의 함량을 세척력을 나타내는 주요 속성으로 보지만, 전문적 지식이 없는 일반소비자는 비누거품의 양을 세척력을 반영하는 주요 속성으로 볼 수 있다.

- **차원의 수에 대한 결정** : 포지셔닝 맵 작성시 조사자는 몇 개의 속성 또는 축을 포지셔닝 맵 작성에 이용할 것인가의 문제를 고려해야 한다. 가능한 한 적은 수의 속성을 이용하여 경쟁브랜드들의 상대적 위치(즉 제품포지션)를 명료하게 보여줄 수 있다면 이상적이다. 그러나 브랜드평가시 여러 제품속성들이 이용된다면, 각 브랜드의 위치를 하나의 포지셔닝 맵상에 제시하는 것이 쉽지 않다. 만약 브랜드평가에 사용된 속성의 수가 4개인 경우 한 번에 2개의 속성을 이용하여 총 6개의 포지셔닝 맵이 작성되어야 하므로 전체적인 경쟁구조를 파악하기가 어렵다. 속성의 수가 3개인 경우에는 그래픽 프로그램을 이용하여 입체적인 포지셔닝 맵을 작성할 수 있으나 2차원의 포지셔닝 맵보다 이해가 어렵다.

만약 평가되어야 할 속성의 수가 많다면, 조사자는 우선 가장 중요한 2개의 속성을 이용하여 전반적인 경쟁구조(자사 및 경쟁브랜드들의 경쟁적 위치)를 분석하고, 보조적으로 이들 속성과 다른 속성들을 이용한 포지셔닝 맵을 제시하는 방법을 고려할 수 있다. 또 다른 대안으로는 요인분석을 이용하여 속성들을 2~3개의 요인으로 줄인 후 이들 요인들을 이용하여 포지셔닝 맵을 작성하는 것이다.

## 2.3 다차원척도법을 이용한 포지셔닝 맵의 작성

앞서 설명한 제품속성을 좌표축으로 하여 각 브랜드의 상대적 위치를 공간상에 직접적으로 표시하는 방법 대신, 조사자는 다양한 브랜드평가자료를 이용하여 브랜드들의 상대적 위치를 간접적으로 추론해내는 방법으로 포지셔닝 맵을 작성할 수도 있는데, 이를 다차원척도법(multi-dimensional scaling)이라고 한다. 예를 들면 브랜드들간의 유사성(similarity)정도의 비교자료, 각 브랜드에 대한 선호도(preference) 자료, 브랜드들과 사용자특성간의 교차분석표(cross-table) 등의 다양한 형태의 자료를 이용하여 포지셔닝 맵을 도출할 수 있다. 현재 다양한 유형의 포지셔닝 맵 작성 프로그램들이 개발되어 있으나, 본서에서는 다음과 같은 대표적인 방법들만을 설명하기로 한다.

① 브랜드들간의 유사성자료를 이용하여 브랜드들의 위치를 제시하는 기법 : KYST, ALSCAL
② 상황표를 이용하여 브랜드들의 위치를 표시하는 방법 : 대응일치분석

### (1) 브랜드들간의 유사성자료를 이용한 다차원척도법

브랜드들간의 유사성자료를 이용하는 다차원척도법 가운데 대표적인 것이 KYST 프로그램이다. KYST는 이 프로그램을 만든 Kruskal, Young, Shephard, Togerson 네 사람의 이름 앞글자를 따서 이름 붙여진 프로그램이다. 이하에서는 KYST 프로그램을 이용하여 포지셔닝 맵을 작성하는 과정을 승용차시장의 예를 가지고 설명하기로 한다.

현대자동차의 마케팅담당책임자는 우리나라 승용차(passenger car)시장의 경쟁구조를 파악하기 위해 어코드, 그랜저, 쏘나타, 아반떼, SM3, 프라이드, 마티즈와 같은 7종류의 차량을 선정하여 포지셔닝 맵을 작성하기로 하였다.

KYST 프로그램을 이용한 포지셔닝 맵의 작성과정은 크게 자료수집, 프로그램의 적용, 결과의 출력 및 해석으로 나누어진다.

### 1) 자료수집

KYST를 이용하기 위하여 조사자는 우선 브랜드간의 유사성을 측정한 자료를 수집하여야 한다. 본 예에서 조사자는 브랜드들간의 유사성을 측정하기 위하여 7개의 브랜드들 중 2개씩을 쌍으로 선택하여 총 21개[$n(n-1)/2$, 여기서 $n$은 브랜드의 수]의 브랜드쌍(brand pair)을 구성하고, 각 브랜드쌍들이 얼마나 유사한지를 7점척도를 이용하여 소비자들에게 응답하도록 하였다. 〈표 16-4〉는 브랜드간 유사성을 측정하는 설문지의 예이다. 〈표 16-4〉에서는 소비자들에게 각 브랜드쌍의 유사성(similarity)의 정도를 7점척도를 이용하여 평가하도록 하였다. 만약 비교하는 브랜드의 수가 적다면 서열척도(순서)를 이용하여 유사성의 정도에 따라 가장 비슷한 쌍

**표 16-4** 브랜드쌍의 유사성정도를 측정하는 설문지의 예

다음에 제시된 각 브랜드쌍에 대하여 아래의 기준을 이용하여 브랜드간의 유사성의 정도를 표시하여 주시기 바랍니다.

| 두 브랜드가 매우 유사하다 | | | 보통이다 | | | 두 브랜드가 전혀 다르다 |
|---|---|---|---|---|---|---|
| 1 | 2 | 3 | 4 | 5 | 6 | 7 |

1) 어코드–그랜저 (　)
2) 어코드–쏘나타 (　)
3) 어코드–아반떼 (　)
4) 어코드–SM3 (　)
5) 어코드–프라이드 (　)
6) 어코드–마티즈 (　)

7) 그랜저–쏘나타 (　)
8) 그랜저–아반떼 (　)
9) 그랜저–SM3 (　)
10) 그랜저–프라이드(　)
11) 그랜저–마티즈 (　)

12) 쏘나타–아반떼 (　)
13) 쏘나타–SM3 (　)
14) 쏘나타–프라이드(　)
15) 쏘나타–마티즈 (　)

16) 아반떼–SM3 (　)
17) 아반떼–프라이드(　)
18) 아반떼–마티즈 (　)

19) SM3–프라이드 (　)
20) SM3–마티즈 (　)

21) 프라이드–마티즈(　)

에서부터 가장 상이한 쌍의 순서대로 나열하게 하여 유사성자료를 수집하는 것이 효과적이다. 그러나 비교하는 브랜드의 수가 많아지면 〈표 16-4〉와 같이 7점척도와 같은 등간척도를 이용하는 것이 자료수집에 보다 용이하다.

### 2) KYST 프로그램의 적용

① 입력자료

자동차시장의 예에서 입력자료는 〈표 16-5〉와 같이 행렬에 의해 간단하게 나타낼 수 있으며, KYST 프로그램에는 이런 형태로 자료가 입력된다.

**표 16-5** KYST에 입력될 유사성자료의 예(SPSS 파일임)

| | 그랜저 | 쏘나타 | 아반떼 | SM3 | 프라이드 | 마티즈 |
|---|---|---|---|---|---|---|
| 어코드 | 1 | 3 | 4 | 6 | 7 | 7 |
| 그랜저 | | 2 | 4 | 4 | 7 | 7 |
| 쏘나타 | | | 2 | 3 | 5 | 6 |
| 아반떼 | | | | 1 | 5 | 5 |
| SM3 | | | | | 6 | 6 |
| 프라이드 | | | | | | 1 |

* 각 cell에 표시된 수치는 소비자 100명의 각 승용차상의 유사성 평가치의 평균점수임.

② KYST 프로그램내에서의 작업과정

입력자료가 주어지면 KYST 프로그램은 다음과 같은 과정에 따라 포지셔닝 맵을 작성한다.

KYST 프로그램은 우선 브랜드의 수를 보고 브랜드의 수보다 하나 적은 차원에서, 또는 입력 프로그램에서 지정된 최대 수의 차원에서 포지셔닝 맵을 그린다(예 : 3차원에서부터 시작).

KYST 프로그램은 각 브랜드를 임의로 공간상에 위치시킨 후 *S*(스트레스값)가 향상되도록 각 브랜드의 위치를 계속적으로 이동시킨다. *S*(또는 스트레스값 : stress value)는 KYST에서 그려낸 포지셔닝 맵이 얼마나 원래의 유사성자료와 일치하는지를 보여주는 기준으로, 다음의 식으로 표시된다.

$$S=\sqrt{\frac{\sum(d_{ij}-\hat{d}_{ij})^2}{\sum d_{ij}^2}}$$

여기서 $d_{ij}$ : 응답자로부터 수집된 유사성자료를 이용하여 계산된 브랜드 $i$와 $j$간의 거리(또는 유사성 측정치)

$\hat{d}_{ij}$ : 프로그램에 의해 추정된 포지셔닝 맵상에서의 브랜드 $i$와 $j$간의 거리

따라서 포지셔닝 맵상의 브랜드간 거리와 소비자가 평가한 브랜드간 유사성자료간에 차이가 없어질수록 스트레스값은 감소한다. 스트레스값이 작을수록, 도출된 포지셔닝 맵이 소비자가 지각하는 실제의 경쟁구조를 잘 반영하는 것으로 평가된다. 일반적으로 스트레스값의 평가기준은 〈표 16-6〉과 같다.

**표 16-6** 스트레스값의 해석

| 스트레스값 | 자료의 적합도(goodness of fit) |
|---|---|
| 0.2 이상 | 아주 나쁨 |
| 0.2 | 나쁨 |
| 0.1 | 보통임 |
| 0.05 | 좋은 편임 |
| 0.025 | 아주 좋음 |
| 0 | 완벽함 |

- KYST 프로그램은 스트레스값이 향상되도록 포지셔닝 맵상에서 브랜드의 위치를 조금씩 변화시킨다. 수차례에 걸친 브랜드위치의 변경을 통해서도 스트레스값이 개선되지 않거나 조사자가 제시한 기준에 도달하면, 프로그램은 작업을 중지하고 결과를 출력한다. 다음으로 KYST 프로그램은 한 단계 적은 수의 차원에서(예 : 2차원) 위의 과정을 다시 반복한다.

③ SPSS를 이용한 처리과정

SPSS패키지내에서는 KYST에 옵션을 추가하여 편리하게 사용할 수 있도록 개선한 ALSCAL 프로그램을 통해 다차원척도법을 수행할 수 있도록 해준다. SPSS 패키지에서 ALSCAL 프로그램을 수행하기 위해서는 우선 〈표 16-5〉에 제시된 자료창이 열린 상태에서 **분석–척도분석–다차원척도법** 버튼을 차례대로 선택하여 [

그림 16-17]과 같은 화면을 열어야 한다.

[그림 16-17]에서 우선 분석할 브랜드들을 변수로 지정해주고, 거리에서 데이터 자체가 거리행렬임을 선택해주어야 한다. 이 경우 행렬모양은 기본적으로 정방대칭형으로 선정되는데 만일 선정되지 않은 경우라면 행렬모양을 선택하여 지정해주면 된다. 다음으로 **모형** 버튼을 선택하면 [그림 16-18]의 분석모형 설정화면이 나타나는데, 원하는 척도(가령, 구간척도)와 원하는 차원 수, 척도화모형으로는 유클리디안 거리(제15장 군집분석편을 참조하기 바람)를 선정한다. 끝으로 옵션에서 집단도표를 출력할 것을 지정한 후 [그림 16-17]의 화면에서 **확인** 버튼을 클릭하면 분석이 이루어진다.

④ KYST 프로그램의 출력결과

KYST 프로그램은 조사자가 지정한 차원별로 반복하여 브랜드들의 최적 위치를 찾으며 매 차원별로 스트레스값이 더 이상 개선되지 않으면 각 차원별 브랜드들의 좌표를 제시해 준다. 〈표 16-7〉은 2차원에서의 출력결과를 보여준다.

그림 16-17 다차원척도법 시작화면

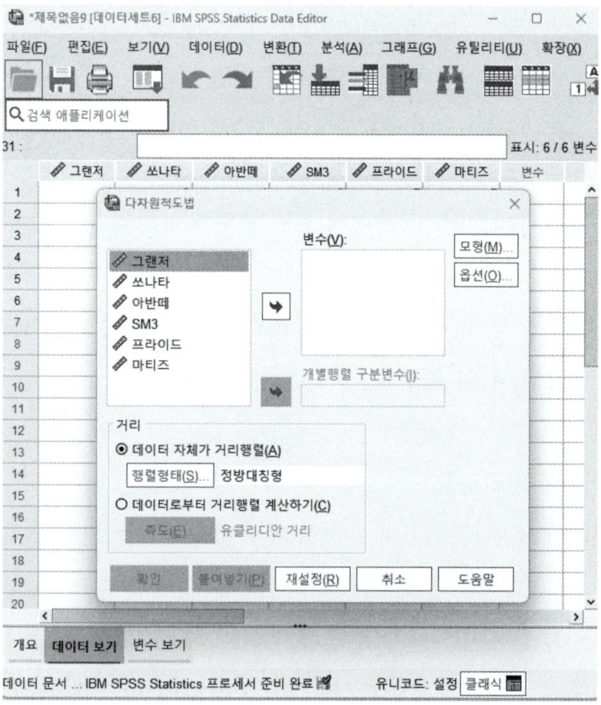

**그림 16-18** 다차원척도법의 분석모형 설정화면

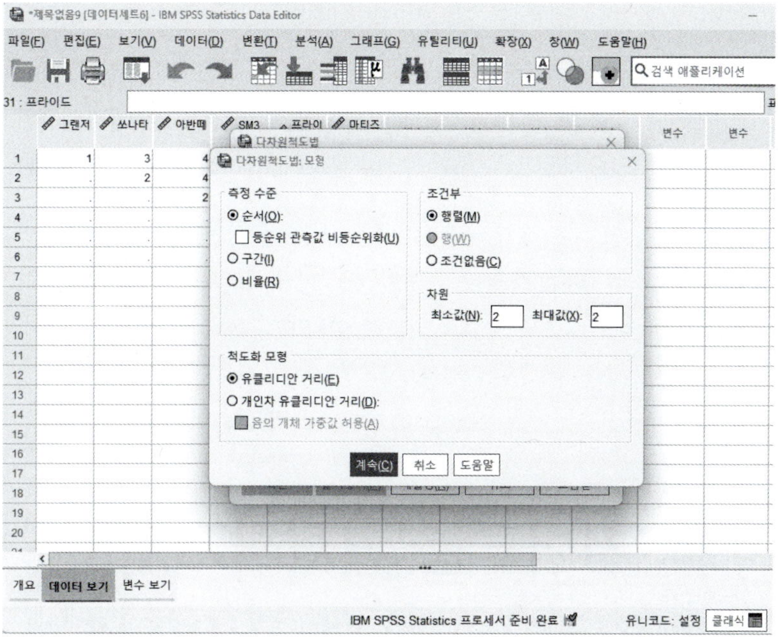


**표 16-7** KYST의 출력결과

| ITERATION | STRESS |
|---|---|
| 0 | .353 |
| 1 | .200 |
| 2 | .141 |
| … | … |
| 47 | .034 |
| 48 | .034 |
| 49 | .034 |
| 50 | .034 |

| | 1 | 2 |
|---|---|---|
| 1 | −1.456 | −.663 |
| 2 | −1.023 | .593 |
| 3 | −.328 | .418 |
| 4 | .283 | −.074 |
| 5 | .456 | −.241 |
| 6 | .967 | .335 |
| 7 | 1.102 | −.373 |

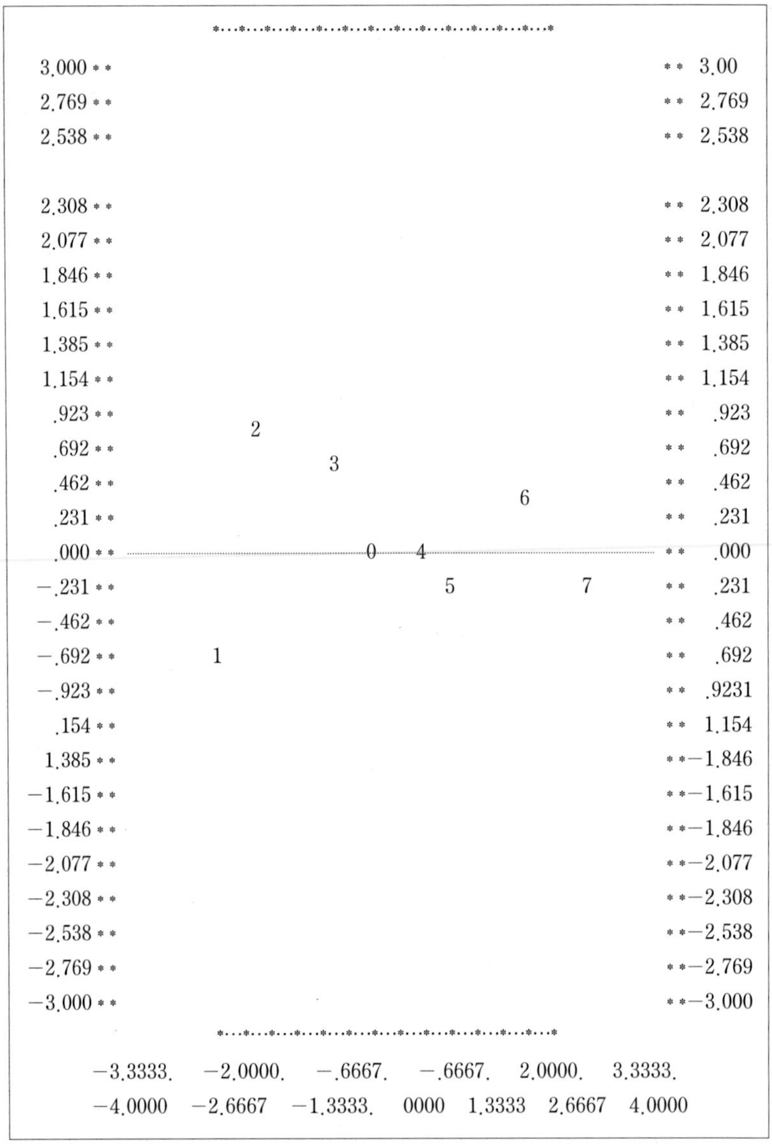


1: 어코드, 2: 그랜저, 3: 쏘나타, 4: 아반떼, 5: SM3, 6: 프라이드, 7: 마티즈

⑤ 출력결과의 해석

KYST 프로그램의 출력결과에 대한 해석은 다음과 같다.

- **최적차원의 수의 결정** : KYST 프로그램의 출력결과는 우선 각 차원 수별로 추정된 포지셔닝 맵과 유사성자료와의 일치도를 측정하는 스트레스값을 제시한다.

조사자는 각 차원별 스트레스값(위의 2차원인 경우 0.034)을 보고 도출된 포지셔닝 맵의 신뢰성을 판정하게 된다.

조사자는 가능하다면 스트레스값이 낮은 차원의 수를 선택하는 것이 좋다. 일반적으로 차원의 수가 많을수록 스트레스값이 감소하지만 해석의 어려움이 있다. 그러므로 스트레스값이 다소 높더라도 차원의 수를 적게 하는 것이 바람직하다. [그림 16-19]는 차원의 수와 스트레스값간의 관계를 보여주는데, 조사자는 대개 스트레스값의 개선이 아주 완만히 이루어지는 점(elbow point)에서 차원의 수를 선택하게 된다(본 예의 경우 2개의 차원을 채택). [그림 16-19]를 보면 1차원보다는 2차원에서 스트레스값이 현저히 감소하지만, 3차원 이상에서는 스트레스값이 완만히 감소함을 알 수 있다.

**그림 16-19** 차원 수별 스트레스값의 예

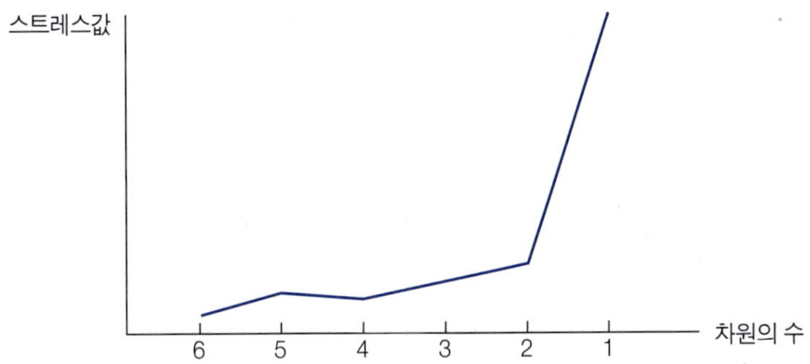


- **결과의 해석** : KYST의 출력결과는 공간상에 브랜드들의 상대적 위치만을 표시해주며, 사용된 축의 의미를 제시해주지는 않는다. 따라서 조사자는 제품담당자와 같은 전문가의 도움을 받아 포지셔닝 맵상의 각 브랜드들의 위치를 고려하여 축의 의미를 찾아야 할 것이다. 가령, 자동차시장의 예의 경우 [그림 16-20]과 같이 첫 번째 축 (A)는 자동차의 크기 또는 가격을, 두 번째 축 (B)는 자동차 제조국(즉 수입차와 국산차)을 의미하는 것으로 추론할 수 있다.

조사자는 전문가의 도움 외에도 응답자들로부터 브랜드간 유사성자료와 함께 각 브랜드에 대한 속성평가자료를 수집하고, 이를 각 축을 해석하는 데 이용할 수도 있다.

그림 16-20 KYST 출력결과에 대한 축의 의미부여

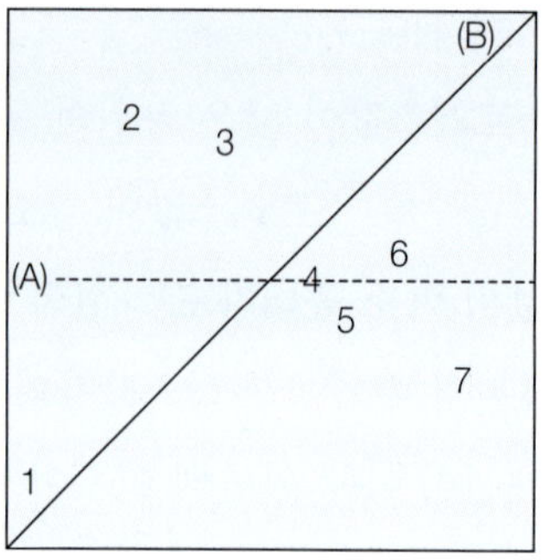


1 : 어코드, 2 : 그랜저, 3 : 쏘나타, 4 : 아반떼, 5 : SM3, 6 : 프라이드, 7 : 마티즈
(A)축 : 승용차의 가격
(B)축 : 수입차-국산차의 구분

## (2) 상황표와 대응일치분석을 이용하여 포지셔닝 맵을 작성하는 방법

### 1) 상황표의 작성

상황표(contingency table) 또는 교차분석표(cross table)란 〈표 16-8〉(제13장 제4절의 카이자승분석편에서 이용한 자료임)과 같이 두 개의 비계량척도간의 관계를 표시한 자료이며, 각 칸(cell)에 제시된 자료는 해당 빈도를 나타낸다. 예를 들면 각 브랜드를 선택한 소비자의 인구통계적 특성(성별, 연령, 지역)이나 브랜드별 소비자들의 속성평가(각 브랜드가 어떤 특성을 갖고 있다고 표시한 응답자의 수)를 하나의 상황표로 나타낼 수 있다.

〈표 16-8〉의 상황표는 제화브랜드를 구매하는 100명의 20대 초반 소비자 가운데 에스콰이어를 선호하는 소비자가 45명, 금강을 선호하는 소비자가 25명, 엘칸토를 선호하는 소비자가 30명임을 보여준다.

표 16-8 상황표의 예

| | 에스콰이어 | 금강 | 엘칸토 | 총계 |
|---|---|---|---|---|
| 20대 초반 | 45 | 25 | 30 | 100 |
| 20대 후반 | 40 | 40 | 20 | 100 |
| 30대 이상 | 35 | 65 | 20 | 120 |
| 총계 | 120 | 130 | 70 | 320 |

### 2) 대응일치분석의 처리과정

대응일치분석(correspondence analysis)이란 상황표를 이용하여 행과 열에 제시된 변수들간의 관계를 도표화하는 기법이며, 대응일치분석의 기본 로직은 제15장에서 설명한 요인분석과 유사하다.

요인분석에서는 [그림 16−21]의 (a)와 같이 응답자×변수로 구성된 자료행렬을 토대로 요인을 추출하고, 추출된 요인을 축으로 하여 [그림 16−21]의 (b)와 같이 요인적재량(factor loading)을 이용하여 요인들과 변수들간의 관계를 하나의 도표로 제시한다. 이러한 도표상에 요인점수(factor score)를 이용하여 각 응답자들의 위치(요인점수)를 표시해줄 수도 있다.

대응일치분석이란 상황표를 [그림 16−21]의 (a)와 같은 자료로 간주하여 요인분석을 실시한다고 생각하면 쉽게 이해가 될 수 있을 것이다. 즉 요인분석과정을 통해 얻어진 요인을 축으로 한 도표상에 행과 열에 제시된 각 변수값들이 하나의 좌표로 나타나게 된다.

**그림 16−21** 요인분석과정

(a) 요인분석에 이용되는 자료

| 응답자 | 변수 | | | | | |
|---|---|---|---|---|---|---|
| | X1 | X2 | X3 | X4 | X5 | X6 |
| 1 | 2.7 | 3.2 | 3.7 | 3.8 | 4.1 | 2.7 |
| 2 | 3.3 | 3.7 | 3.2 | 2.6 | 4.0 | 3.8 |
| 3 | 3.8 | 4.2 | 2.6 | 3.4 | 3.9 | 4.0 |
| … | | | | | | |

(b) 요인분석의 결과

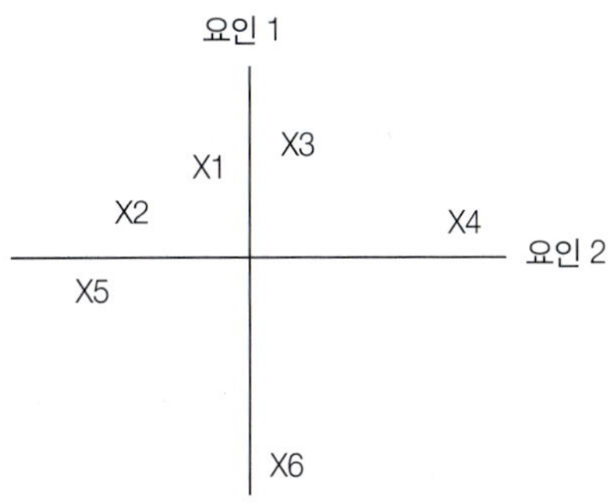

### 3) SPSS에서 대응일치분석의 처리과정

SPSS패키지를 이용하여 대응일치분석을 실시하는 과정에 대해 알아보기로 한다. SPSS패키지에서 대응분석을 실시하기 위해서는 상황표를 그대로 입력자료로 이용할 수는 없으며 [그림 16-22]와 같이 각 칸 단위로 자료를 입력한 후 **변수-값**에서 레이블을 입력하여야 한다.

다음으로 **데이터-가중케이스**를 선택한 후 나타나는 [그림 16-23]의 화면에서 빈도에 해당되는 사람수를 가중케이스로 지정해주어야 한다.

**그림 16-22** 대응일치분석을 위한 자료입력화면 1

| | 연령 | 선택상표 | 사람수 | 변수 | 변수 | 변수 |
|---|---|---|---|---|---|---|
| 1 | 1 | 1 | 45 | | | |
| 2 | 1 | 2 | 25 | | | |
| 3 | 1 | 3 | 30 | | | |
| 4 | 2 | 1 | 40 | | | |
| 5 | 2 | 2 | 40 | | | |
| 6 | 2 | 3 | 20 | | | |
| 7 | 3 | 1 | 35 | | | |
| 8 | 3 | 2 | 65 | | | |
| 9 | 3 | 3 | 20 | | | |
| 10 | | | | | | |
| 11 | | | | | | |
| 12 | | | | | | |
| 13 | | | | | | |
| 14 | | | | | | |
| 15 | | | | | | |
| 16 | | | | | | |

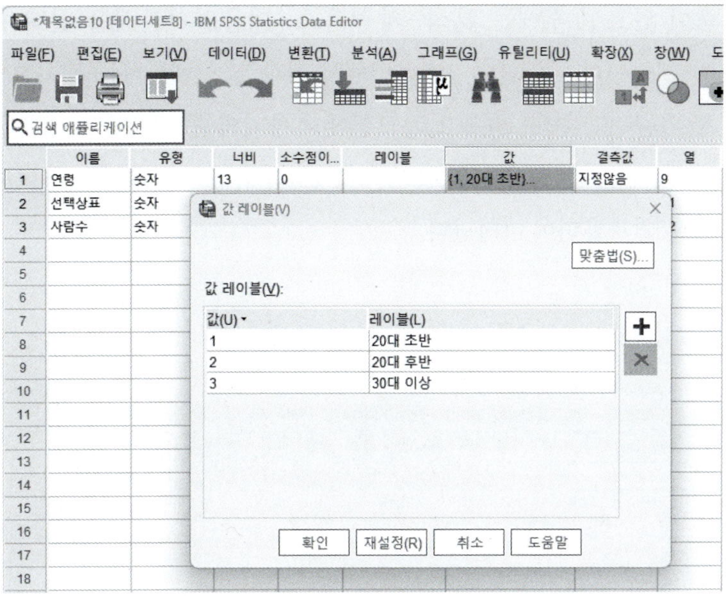


**그림 16-23** 대응일치분석을 위한 자료입력화면 2

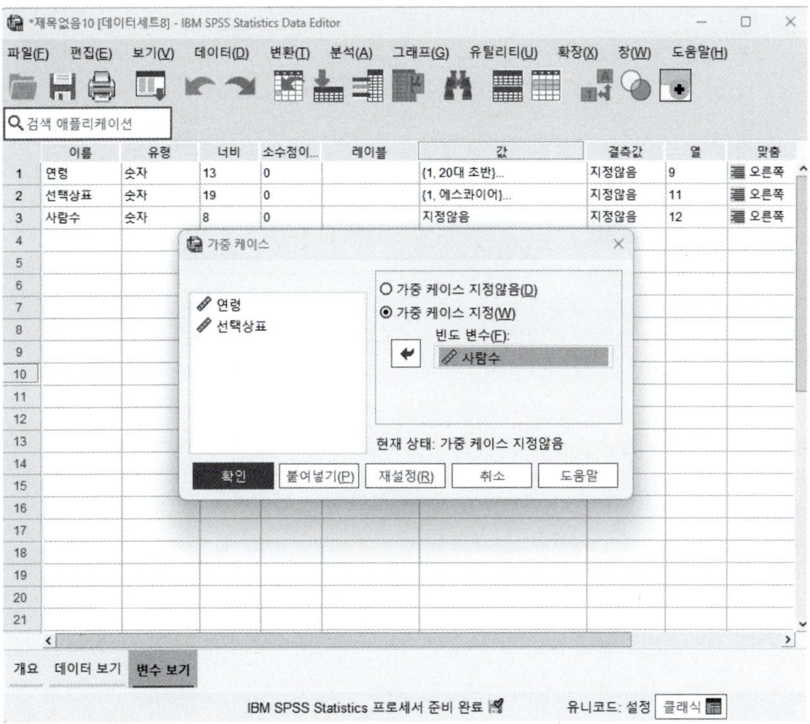

자료입력이 완료된 후에는 **분석-차원축소-대응일치분석**을 선택하면 [그림 16-24]와 같은 화면이 나타난다. 이 화면에서 행과 열에 해당하는 변수를 지정하고 각 변수의 범위를 지정한다. 다음으로 모형에서 차원의 수(일반적으로 2개)를 지정하고 도표에서 Bi-플롯을 선정한 후, [그림 16-24]의 화면에서 **확인**을 선택하면 [그림 16-25]와 같은 결과화면이 나타난다.

**그림 16-24** 대응일치분석의 초기화면

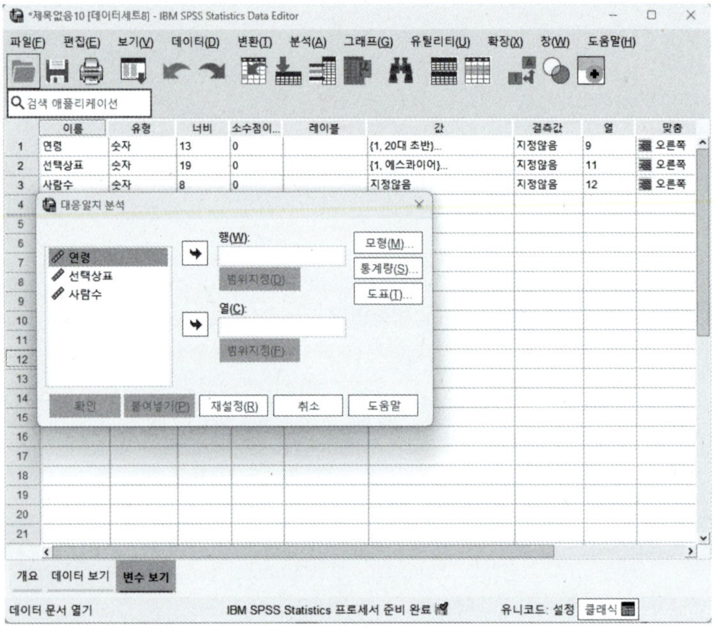

그림 16-25 대응일치분석의 결과화면

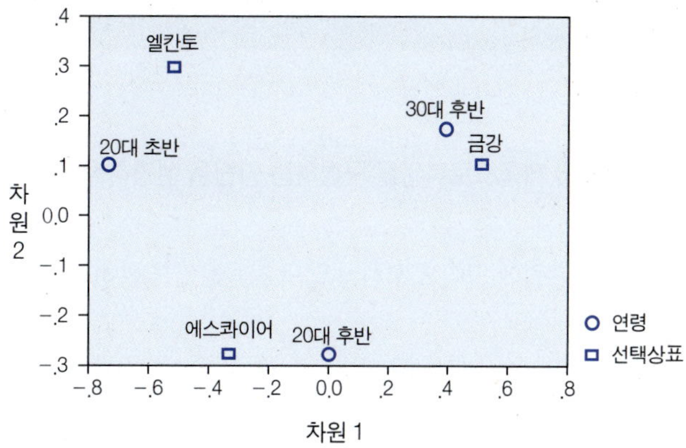


[그림 16-25]의 분석결과에서 각 브랜드와 소비자집단간의 거리를 이용해 각 소비자들이 선호하는 브랜드를 파악할 수 있다. 즉 어떤 소비자집단의 위치에서 거리가 가까운 브랜드일수록 선택될 확률이 높아진다.

## 연습문제

1. 컨조인트 분석기법에서 제품프로파일을 구성하는 방법을 설명하시오.

2. 기업의 마케팅전략의 수립에 있어 포지셔닝 맵의 활용방안을 논하시오.

3. 포지셔닝 맵을 작성함에 있어 태도자료를 이용하는 방법과 다차원척도법을 이용하는 방법 간의 차이점을 설명하시오.

# 06 보고서 작성 및 조사결과의 활용

제17장 보고서의 작성 및 마케팅조사의 윤리적 측면

# 제 1 7 장
# 보고서의 작성 및 마케팅조사의 윤리적 측면

1. 보고서의 역할

2. 보고서의 형식

3. 결과의 구두발표

4. 마케팅조사의 윤리적 측면

# 1 보고서의 역할

조사자가 자료를 수집하고 분석을 완료하였다고 하여 프로젝트가 끝나는 것은 아니다. 조사의뢰기업은 조사결과를 토대로 마케팅전략의 수립과 집행이라는 새로운 업무를 시작하는 것이다. 따라서 조사담당연구원은 분석결과와 이에 근거한 기업이 취할 수 있는 대안들을 제시하여 조사의뢰기업의 마케팅담당자가 적절한 마케팅의사결정을 내릴 수 있도록 해야 한다. 이러한 역할수행은 보고서(report)의 작성과 제출 및 조사결과에 대한 구두발표(oral presentation)를 통해서 이루어진다.

조사회사의 입장에서 마케팅조사의 최종단계인 보고서의 작성과 구두발표는 조사담당자들이 얼마나 충실히 프로젝트를 수행하였는지를 의뢰기업에게 보여주는 과정이다. 이를 통해 조사업체가 향후 의뢰기업으로부터 지속적으로 프로젝트를 의뢰받을 수 있는지의 여부가 결정되므로 조사회사는 보고서 작성에 신중을 기하여야 한다. 조사보고서의 기능을 구체적으로 살펴보면 다음과 같다.

- **조사내용의 요약정리** : 조사회사는 보고서 및 구두발표를 통하여 조사진행과정에서 이용된 조사방법, 분석결과와 대안제시 등과 같은 조사의 전반적 과정을 공식적으로 의뢰기업에 제시한다. 조사담당자와 의뢰기업의 담당자들은 조사진행 동안 비공식적으로 긴밀한 접촉을 통하여 문제점을 해결해 나가기는 하지만, 조사진행의 전반적 내용들은 조사보고서에 기록되어 공식적으로 기업에 전달된다.
- **조사회사와 의뢰기업간의 지속적 거래여부의 결정** : 의뢰기업은 해당 조사회사와 지속적인 거래관계를 유지할 것인지에 대한 의사결정의 기준으로 조사보고서에 제시된 내용에 대한 평가를 이용한다.
- **기업의 향후 마케팅활동의 지침** : 의뢰기업은 보고서에 나타난 대안을 토대로 마케팅의사결정을 내린다. 즉 조사결과에 의해 제시된 대안들은 표적시장의 수정, 신제품도입, 마케팅믹스의 변경과 같은 기업의 마케팅의사결정에 영향을 미치게 된다.

이하에서는 보고서의 종류 및 작성과정, 그리고 구두발표시의 일반적 유의사항에 대하여 살펴보기로 한다.

## 2 보고서의 형식

### 2.1 보고서의 종류

일반적으로 조사회사가 의뢰회사에 제출하는 조사보고서는 다음과 같은 세 가지의 형태가 있다.

① 1차 보고서
② 본 보고서
③ 임원진(executives)을 위한 요약보고서

1차 보고서는 분석이 어느 정도 진행된 상태에서 작성된 임시보고서를 의미하며, Top Line Report라 부르기도 한다. 이 보고서는 분석결과와 전략대안들이 현재의 기업상황을 정확히 반영하고 있는지, 그리고 제시되는 대안들이 실현가능한지 등 전반적 조사결과를 의뢰기업의 실무담당자와 함께 검토하는 데 이용된다. 1차 보고서를 토대로 기업의 실무담당자와 조사회사의 담당자간에 분석내용과 전략대안들에 대한 협의가 이루어지면, 기업의 실무담당자들이 전략을 수립하고 집행하는 데 활용될 최종보고서인 본 보고서를 작성하게 된다. 본 보고서는 자료분석을 정리하여 작성된 표와 도표, 이들에 대한 상세한 설명 및 이를 근거로 제시된 대안들로 구성된다.

임원진을 위한 요약보고서는 기업의 최고경영층을 위해 세부적인 설명보다는 조사의 목적 및 주요 결과, 그리고 향후 채택가능한 전략대안들에 관해 간략히 서술한 것으로 의뢰기업의 최고경영층에 대한 보고용 조사보고서이다.

## 2.2 본 보고서의 내용

본 보고서의 내용은 크게 다음과 같은 항목들로 구성된다.

① 제목
② 목차
③ 연구결과의 요약
④ 서론부분
⑤ 조사방법
⑥ 분석결과
⑦ 전략적 제안점
⑧ 표 및 도표

조사보고서는 첫 페이지에 조사의 제목과 조사회사의 로고 및 보고서의 제출일자를 제시한다. 다음에는 전체 조사내용에 대한 목차가 제시된다. 목차에 제시된 내용은 보고서의 진행이 어떤 식으로 이루어졌는지를 알려주는 역할을 하므로, 적절한 글자체의 선정과 보고서내의 소제목들의 적절한 제시를 통해 논리적 흐름이 일관될 수 있도록 하여야 한다. 연구결과의 요약부분은 임원진을 위한 요약보고서에 해당되는 내용으로 조사결과의 핵심내용을 3~4페이지로 요약정리하여 제시된다.

보고서의 서론은 조사를 진행하게 된 배경을 설명하는 부분으로, 현재 기업이 처한 문제점과 산업환경의 전반적 변화 등을 설명한다. 구체적으로 다음과 같은 내용들이 보고서의 서론부분에 서술된다.

① 경쟁기업들의 최근 동향이나 소비자행동의 변화 등과 같은 산업환경의 분석
② 의뢰기업이 현재 처해 있는 상황 또는 문제점
③ 조사의 목적
④ 조사를 통해 알고자 하는 구체적 내용들(연구가설이라 불리기도 함)

조사방법부분에서는 전반적인 조사진행절차가 설명된다. 조사방법부분은 구체적으로 다음과 같은 내용들을 포함한다.

① 조사의 형태(서베이 또는 소비자심층면접 등)

② 표본계획

③ 실사장소 및 시점

④ 실사진행과정에 대한 통제방법

⑤ 자료의 검증 및 처리(코딩, 편칭 등)과정

⑥ 분석기업 및 이용한 통계패키지

조사방법에 관한 설명에서 전문적인 용어가 너무 많이 사용되는 경우가 흔한데, 조사경험이 많은 실무담당자들을 제외하고는 이를 이해하는 사람들이 많지 않다. 따라서 중역이나 비전문가들도 보고서를 쉽게 이해할 수 있도록 가능한 어려운 전문용어의 사용은 피해야 한다. 만약 전문용어를 사용하는 경우 그 의미를 주석란에 설명해주는 것이 바람직하다(실제로 기업에서 CLT조사나 HUT조사라는 용어를 아는 사람은 그리 많지 않음). 조사의 형태에서는 왜 이러한 조사방법이 이용되었는지에 대하여 설명을 추가하여야 한다.

분석결과부분은 조사결과를 제시하며, 이 과정에서 향후 해당 기업의 마케팅활동의 방향이 다루어진다. 즉 조사결과로부터 전략대안이 도출된 과정을 설명하고, 이해를 돕기 위해 도표나 표를 적절히 활용하여야 한다(마케팅조사의 결과분석에 널리 활용되는 표와 도표의 종류는 본장의 부록을 참조하기 바란다). 조사자는 결론부분에 너무 많은 내용이 두서없이 포함되는 것을 방지하기 위해 전체적인 흐름을 도표로 작성하여 분석결과부분의 서두에 제시하고, 이 도표를 반복이용하면서 현재 어느 부분이 설명되는지를 시각적으로 제시함으로써 논리적 흐름이 이루어지도록 한다. 서베이형태의 마케팅조사는 분석결과부분에 흔히 다음과 같은 내용들을 포함한다.

① 소비자의 브랜드선택행동과 관련된 정보(브랜드별 인지도, 선호도, 향후구매의사, 점유율, 구매장소 등)

② 표적시장에 대한 분석(세분시장 결정방법, 세분시장별 구입브랜드, 선호브랜드, 구매량, 점유율, 구매장소, 판촉에 대한 구매반응)

③ 제품관련사항(브랜드별 제품속성평가, 브랜드별 만족도, 이상적 제품의 특성)

④ 가격(실제구매가격, 적정가격대)

⑤ 촉진활동(소비자들이 주로 이용하는 정보원천, 자사 및 경쟁사 광고의 인지도, 광고 내용에 대한 평가, 구매시점에서 점포들이 이용한 판촉수단 등)

전략적 제안점에서는 분석결과에서 논의되었던 주제별로 향후 기업이 고려할 전략적 대안들을 제시하며, 보고서의 끝부분에는 결과분석부분에서 활용된 표/도표들이 첨부된다. 보고서목차의 예는 본장의 부록을 참조하기 바란다.

## 2.3 보고서 작성시의 유의사항

마케팅조사에서 보고서는 조사의 전반적 진행과정과 조사결과를 의뢰기업에 설명하는 수단이며, 향후 기업의 마케팅활동의 지침이 된다. 또한 조사회사의 입장에서는 지속적 거래를 위한 의뢰기업의 평가수단이 된다. 따라서 조사자는 보고서의 작성과정에서 특히 다음과 같은 사항들에 주의를 하여야 한다.

첫째, 보고서는 논리적으로 쉽게 이해가 될 수 있도록 구성되어야 한다. 가령, 조사자는 분석결과부분의 서두에서 분석주제들의 목록과 분석의 순서를 도표화하여 제시함으로써 현재 설명된 것이 전체 조사결과 중 어느 부분에 해당하는지를 쉽게 이해할 수 있도록 해야 한다. 또한 표나 도표에 대한 설명은 가능한 같은 페이지내에서 이루어지도록 하여야 한다.

둘째, 전문적인 용어의 사용을 가능한 줄인다. 보고서를 읽는 기업의 많은 담당자들은 마케팅에 대한 전문적 지식을 갖추고 있지 못할 수 있다. 가령, 마케팅전문가들에게 익숙한 Fishbein(피쉬바인) 태도모형, 표적집단면접법(FGI), 투사법(projective technique) 등과 같은 용어의 사용은 기업의 실무자에게 거부감을 줄 수 있다.

셋째, 보고서의 양은 지나치게 많지 않도록 한다. 조사자는 조사과정에서 발생된 세부사항들을 보고서에 가능한 모두 포함시키려고 한다. 그러나 많은 기업의 담당자는 전체보고서보다는 10~20페이지 정도로 요약된 보고서를 읽고 싶어함에 유의해야 한다.

넷째, 실무자가 주로 관심을 가지는 문제에 대한 해결방안을 강조하여야 한다. 기업의 실무자는 보고서의 전체내용보다는 마케팅의사결정대안과 이의 실천방법에 더 많은 관심을 가진다. 따라서 결과편에서는 조사주제별로 기업이 택할 수 있는 의사결정의 대안들을 구체적으로 다루는 것이 좋으며, 또 전략적 제안편에서 이들을 요약하여 전달한다.

다섯째, 실무자의 이해를 돕기 위해 시각적인 보조자료를 많이 활용하여야 한다. 조사자는 보고서에서 표나 도표 외에도 사진, 지도, 그림 등을 이용하여 실무자의 이해를 돕도록 한다.

여섯째, 전문적 용어가 사용되거나 분석내용이 이해하기 어려운 경우 주석(foot-notes)을 이용하여 쉬운 용어로 추가설명을 한다. 또 2차자료를 활용한 경우 자료의 출처를 표시하여 실무자가 후에 참고할 수 있도록 한다.

# 3 결과의 구두발표

## 3.1 구두발표의 중요성

조사자는 의뢰기업에 보고서를 제출한 후 조사결과에 대하여 기업의 담당자들 및 임원진들에게 구두발표(oral presentation)를 실시하게 된다. 기업의 최고경영층들은 시간의 제약으로 인하여 보고서 전체를 읽기보다는 조사책임자가 중요한 내용을 구두발표를 통해 설명해주기를 바란다.

조사결과의 구두발표는 조사결과의 보고기능 외에도 기업의 중역들이 조사회사의 능력을 평가하고 앞으로 지속적인 거래가 이루어질지를 판단하는 지표가 되기도 한다. 그러므로 조사회사의 담당연구원은 구두발표를 위하여 사전에 철저한 준비를 하고 발표에 대비하여야 한다. 구두발표에 앞서 조사내용과 대안들을 제시하는 방법은 물론이거니와 발표장소, 참석자의 범위, 참석자들의 조사주제와 마케팅조사에 대한 사전지식의 정도, 발표장소에서 이용할 수 있는 기자재의 종류 등 수많은 사항들에 대하여 사전검토를 하여야 한다.

## 3.2 구두발표시 유의사항

구두발표시 고려해야 할 유의사항들은 다음과 같다.

### (1) 발표상황에 대한 사전점검

조사자는 구두발표가 이루어지는 장소에서 발생될 상황들에 대해 사전에 가능한 한 많은 정보를 갖고 있어야 하며, 이를 위해 기업의 실무자들과 상의를 하여야 한다.

우선 조사자는 구두발표에 이용할 시각기자재(visual aids)를 결정하기 위해 발표장소의 크기와 이용할 수 있는 시설과 같은 물리적 측면들을 검토해야 한다. 구두발표시 널리 이용되는 시각기자재로는 OHP(overhead projector)나 슬라이드 프로젝터, 비디오 또는 컴퓨터 화면을 바로 스크린에 보여줄 수 있는 기기 등이 있다. 또 발표장소의 크기에 따라 화면의 크기가 조정되어야 하며, 적정한 글자의 크기와 한 장의 유인물에 들어갈 수 있는 내용의 양이 달라져야 한다.

그 다음 조사자는 참석자들의 신원을 파악해야 한다. 즉 조사자는 참석자의 수 및 참석자들의 직급이나 담당업무를 파악하고 있어야 하며, 각 참석자들의 본 조사영역에 대한 사전지식과 관심도 등을 미리 파악하여 발표의 내용과 난이도수준(전문용어의 사용정도)을 조절하여야 한다.

### (2) 구두발표의 방법

일반적으로 구두발표는 조사담당연구원이 준비한 내용물을 파워포인트 등을 이용하여 화면에 제시한 상태에서 구두로 설명하며, 도중에 참석자들로부터 질문을 받는 형식을 취하게 된다. 시각기자재의 이용은 참석자들의 발표자에 대한 주의집중과 내용의 이해를 쉽게 한다. 조사자는 표나 도표 등의 내용을 구두로 자세히 설명하기 어려우므로 유인물을 함께 제공하여 발표를 진행할 수 있다. 그러나 이 경우 참석자들의 주의가 산만해질 가능성이 있으므로 제출한 보고서 외에 별도의 유인물은 이용하지 않는 것이 바람직하다. 표나 도표의 내용을 설명하기 어려운 경우 2개의 시각기자재를 사용하여 한 화면에 표를 제시하고, 다른 화면에 표에 대한 설명을 제시하는 방법을 이용할 수도 있다.

### (3) 발표 준비 및 진행

구두발표에 앞서서 조사담당자는 발표의 순서, 강조해야 할 부분, 예상되는 질문 등에 대하여 철저한 사전준비를 해야 한다. 조사자는 발표의 주요한 내용을 독서카드 등에 따로 준비하여 발표시 참고해야 하며, 가상참석자들을 대상으로 수차례에 걸쳐 발표과정을 연습해야 한다.

발표 당일에는 미리 발표장소에 도착하여 기자재를 설치하고 발표를 준비해야 한다. 특히 의뢰기업의 발표용 기자재를 사용하는 경우 작동방법 등을 미리 숙지하도록 해야 한다.

발표시간은 조사의 내용에 따라 달라지나, 발표내용이 많으면 1시간에 1회 정도 휴식시간을 갖도록 하여 참석자의 관심도를 유지시킬 수 있도록 한다. 발표를 마친 후에는 제시된 제안들에 대하여 토론할 수 있는 기회를 제공하여야 하며, 발표 중간에도 질문을 할 수 있음을 미리 알려주어야 한다. 조사자는 질문과 토론시간까지를 포함해 예상되는 발표시간을 미리 실무자에게 알려주어 참석자들이 발표 도중 자리를 떠나는 일이 발생하지 않도록 한다.

### (4) 구두발표 후의 보완사항

구두발표가 끝난 후에는 기업의 실무담당자와 함께 구두발표시 나타난 문제점이나 제안사항에 대해 의견을 나누고, 지적된 문제점에 대한 해결방안을 찾기 위해 추가적인 분석작업이 실시된다. 이를 통해 수정된 보고서가 다시 제출되기도 한다. 많은 조사회사들이 보고서의 제출과 구두발표로 프로젝트가 끝나는 것으로 생각하고 있으나 구두발표가 새로운 프로젝트의 시작으로 연결되어질 수 있음을 명심하여야 한다.

# 4 마케팅조사의 윤리적 측면

## 4.1 시장조사에 있어서의 윤리

우리나라의 마케팅조사산업은 연간 두 자리 수치의 성장을 지속하고 있다. 기업들은 마케팅조사를 통해 소비자욕구를 충족시킬 수 있는 제품의 개발과 변화하는 환경에 대응하는 새로운 마케팅전략수립에 유용한 정보를 수집할 수 있으므로, 마케팅조사산업은 소비자와 기업 모두에게 긍정적 영향을 미치고 있다.

그러나 최근 마케팅조사의 윤리(ethics)적 측면이 소비자 및 기업차원에서 관심의 대상이 되고 있다. 예를 들어 최근 국민 개개인의 사생활을 보호하기 위해 개인의 정보를 보호하는 법률이 계속 제정되고 있다. 이에 따라 과거에는 동사무소에서 쉽게 확인할 수 있는 가구별 구성원들에 대한 정보가 통제되며, 신용카드나 백화점카드 가입자들에 대한 개인정보들도 보호되고 있다.

그렇다면 마케팅조사과정에서 수집되는 많은 개인정보들은 어떻게 관리되고 보호되어야 하는가? 현재 상당수 조사회사들은 일방거울(one-way mirror)을 통하여 면접진행과정을 지켜보거나, 매장이나 거리에서 관찰조사를 진행하면서 피관찰자의 동의를 얻지 않고 조사를 진행하고 있다. 문제는 이 과정에서 이루어지는 개인의 신상정보를 수집하는 행위가 사생활 보호 같은 윤리적 이슈를 별로 고려하지 않고 진행된다는 것이다.

조사회사가 윤리적 측면을 고려해 시장조사를 수행해야 한다는 것은 응답자뿐만 아니라 조사를 의뢰한 기업에 대해서도 적용된다. 과거에 조사를 실시한 기업의 경쟁업체가 조사를 의뢰하는 경우 이 기업에 대한 조사업무를 수행하는 것이 적절한지가 그 한 예라 할 수 있다. 이하에서는 이러한 문제점들을 보다 구체적으로 살펴보기로 한다.

## 4.2 응답자들에 대한 윤리적 고려사항

대부분의 조사회사들은 면접원들이 면접을 적절히 실시하였는지를 검증하기 위하여 응답자의 이름과 전화번호 및 집주소를 설문지상에 기록하도록 하고 있다. 현재 통계법 개정법률 제8조에서는 개인이나 법인, 단체의 비밀에 속하는 사항에 대해서는 비밀을 보장하도록 되어 있고, 제9조에서는 지정된 통계목적 이외에는 사용치 못하도록 규정하고 있다. 그러나 이는 단지 국가기관의 통계조사에 국한된 것이며 사기업의 조사업무에까지 영향을 미치지는 못하고 있다. 조사자는 응답자들이 자신들에 관련된 사적정보가 외부에 공개되지 않을 것으로 기대하므로 자체적 윤리규정을 세우고 이를 지켜나가야 할 것이다.

일반적인 서베이형태의 마케팅조사에서는 응답자들에 대한 정보가 코딩과정을 거쳐 수치화된 정보로(이름, 전화번호 등은 이에 포함되지 않음) 분석되므로 일반적으로 개인정보가 보호된다. 그러나 실험실에서의 소비자면접에 있어서는 흔히 기업의 실무자들이 면접의 진행과정을 일방거울을 통하여 지켜보게 되는데, 이 경우 이러한 사실을 참석자들에게 미리 알려주어야 한다. 미국의 어떤 속옷제조업체는 새로운 브래지어의 개발을 위해 여성들이 어떻게 브래지어를 착용하는지에 대한 자료를 수집하려 하였다. 이를 위해 점포의 탈의실에 일방거울을 설치하고 착용과정에 대한 관찰조사를 실시하여 사회적 물의를 일으킨 적이 있다.

소비자들에게 시식을 하도록 하거나, 샴푸, 비누 등 피부에 부작용을 일으킬 수 있는 제품을 사용하는 제품테스트에서는 응답자들에게 발생가능한 문제점을 충분히 설명하고 만일의 사태에 대비해 응급조치를 할 수 있는 준비를 갖추어야 한다.

## 4.3 조사회사의 조사의뢰기업에 대한 윤리적 고려사항

현재 우리나라에서는 마케팅조사를 체계적으로 수행할 수 있는 조사업체들이 제한되어 있어 한 조사업체가 경쟁관계에 있는 기업들에 대한 마케팅조사를 함께 실시하는 경우가 흔히 발생한다. 이 경우 조사업체는 먼저 조사된 기업의 자료를 다른 의뢰기업의 조사에 활용할 수 있는가, 동일한 연구원이 두 경쟁업체의 프로젝트를 수행할 수 있는가 등의 윤리적 문제에 직면하게 된다. 이러한 문제를 해결함에 있어 조사회사는 한 업종에서 한 업체의 조사만을 실시하는 것이 원칙이다. 그러나 현실적으로 조사회사의 수가 제한되어 있는 상황에서 만일 한 조사회사가 동일업종내의 두 개의 업체에 대한 조사를 실시한다면, 독립된 부서들이 각 업체를 담당하도록 하여야 하며, 이 경우에도 조사회사의 각 부서는 상호간의 정보교환을 통제하여 의뢰기업에 대한 철저한 비밀보장이 이루어지도록 해야 한다.

### 4.4 조사의뢰기업의 조사회사에 대한 윤리적 고려사항

성공적인 마케팅조사를 위해서는 조사의뢰기업도 조사회사에 대하여 지켜야 할 윤리적 규범이 있다. 우선 의뢰기업은 조사회사의 연구원에게 계약시 결정된 내용 이외의 것을 요구하지 않아야 한다. 예를 들어 의뢰기업은 추가적인 자료수집과 분석, 수차례에 걸친 구두발표를 요구하기도 하며, 어떤 경우에는 계약 당시 약속한 자료제공이나 산업에 대한 설명을 이행하지 않기도 한다.

또한 의뢰기업의 담당자는 필요 이상으로 조사예산을 삭감하는 것을 피해야 한다. 조사예산이 삭감되면 조사회사의 담당자는 표본의 수를 줄이거나 통제의 정도를 낮추는 방법으로 예산을 줄일 것이므로 수집되는 자료의 질은 당연히 저하될 수밖에 없게 된다. 조사회사와 조사의뢰기업간의 불협화음은 조사의 진행 및 조사결과의 질(quality)에 부정적 영향을 미친다. 그러므로 성공적인 마케팅조사의 수행을 위해 의뢰기업은 조사에 있어서의 권리와 함께 의무사항들도 고려해야 할 것이다.

# 연습문제

**1.** 조사보고서는 완벽하면서도 간결해야 한다. 그렇다면 보고서의 완벽성과 간결성이라는 요건은 양립할 수 있는 것인가? 이 두 가지 요건을 확보할 수 있는 방안에 대해 논하여라.

**2.** 구두발표(oral presentation)의 경우 유의해야 하는 사항은 무엇인가?

**3.** 최근 들어 마케팅조사의 윤리적인 측면이 특히 강조되고 있다. 마케팅조사를 통해 수집한 응답자들의 개인정보의 보안확보방안에 대하여 논하여라.

# 부록 1 보고서에 활용되는 표 및 도표의 종류

## 1. 선그래프

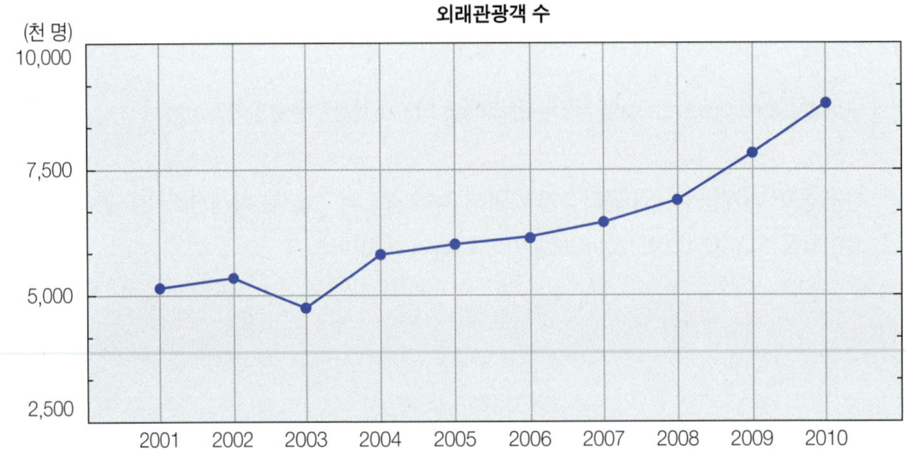


## 2. 막대그래프

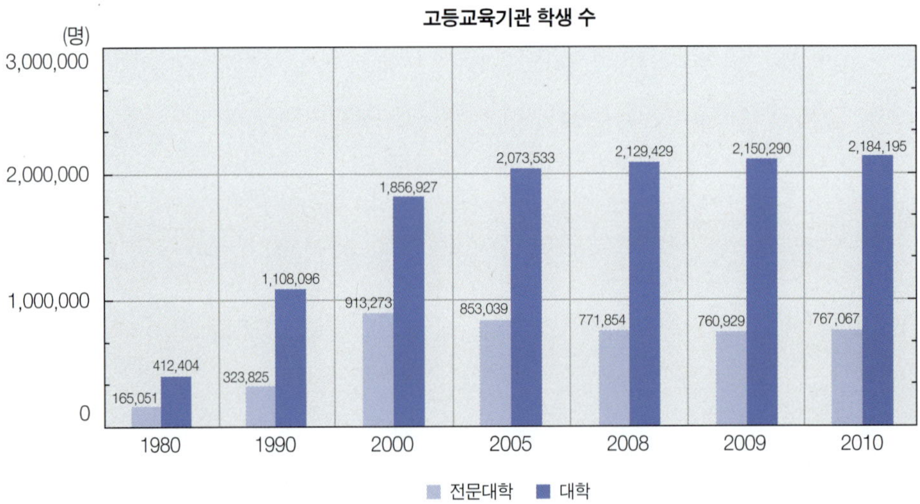

## 3. 층화막대그래프

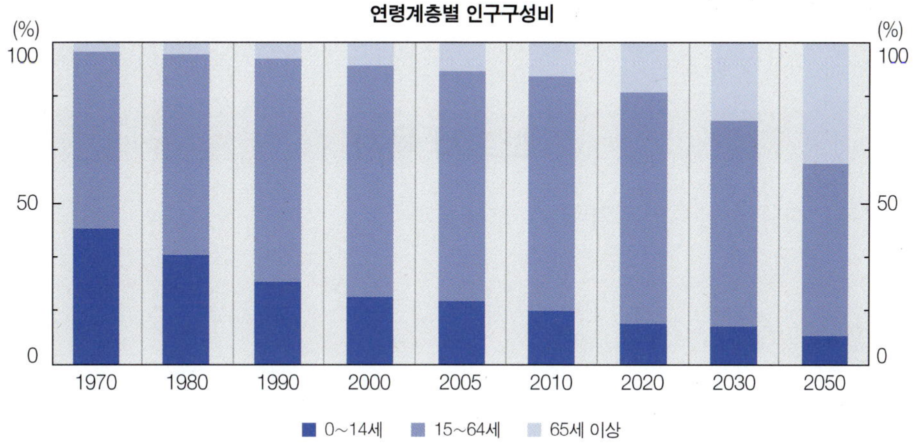


## 4. 막대그래프와 선그래프를 같이 제시한 예

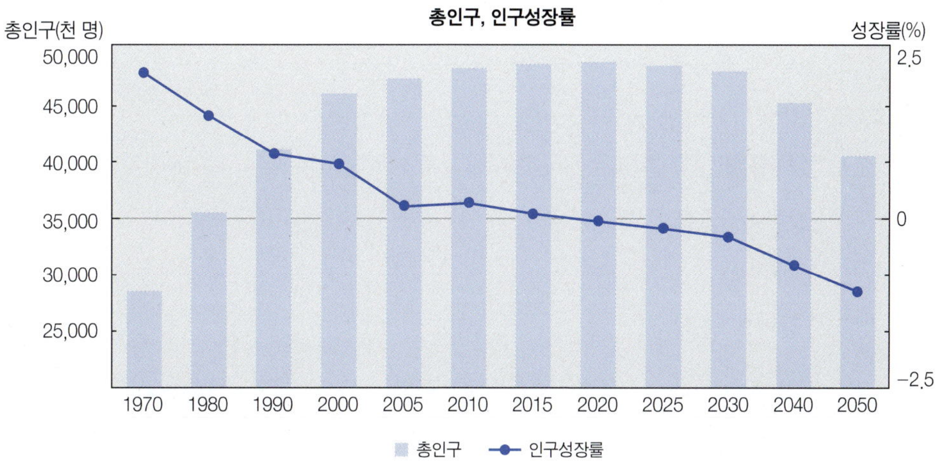

# 부록 2 보고서 목차부분의 예

## 보고서 목차

제목 : 신규 섬유유연제의 HUT 조사결과

# 부표

Ⅰ. 난수표

Ⅱ. 표준정규분포표

Ⅲ. $t$분포표

Ⅳ. $F$분포표

Ⅴ. $\chi^2$분포표

# Ⅰ. 난수표

| ROW \ COLUMN | 1 | 2 | 3 | 4 | 5 | 6 | 7 | 8 | 9 | 10 | 11 | 12 | 13 | 14 |
|---|---|---|---|---|---|---|---|---|---|---|---|---|---|---|
| 1 | 10480 | 15011 | 01536 | 02011 | 81647 | 91646 | 69179 | 14194 | 62590 | 36207 | 20969 | 99570 | 91291 | 90700 |
| 2 | 22368 | 46573 | 25595 | 85393 | 30995 | 89198 | 27982 | 53402 | 93965 | 34095 | 52666 | 19174 | 39615 | 99505 |
| 3 | 24130 | 48360 | 22527 | 97265 | 76393 | 64809 | 15179 | 24830 | 49340 | 32081 | 30680 | 19655 | 63348 | 58629 |
| 4 | 42167 | 93093 | 06243 | 61680 | 07856 | 16376 | 39440 | 53537 | 71341 | 57004 | 00849 | 74917 | 97758 | 16379 |
| 5 | 37570 | 39975 | 81837 | 16656 | 06121 | 91782 | 60468 | 81305 | 49684 | 60672 | 14110 | 06927 | 01263 | 54613 |
| 6 | 77921 | 06907 | 11008 | 42751 | 27756 | 53498 | 18602 | 70659 | 90655 | 15053 | 21916 | 81825 | 44394 | 42880 |
| 7 | 99562 | 72905 | 56420 | 69994 | 98872 | 31016 | 71194 | 18738 | 44013 | 48840 | 63213 | 21069 | 10634 | 12952 |
| 8 | 96301 | 91977 | 05463 | 07972 | 18876 | 20922 | 94595 | 56869 | 69014 | 60045 | 18425 | 84903 | 42508 | 32307 |
| 9 | 89579 | 14342 | 63661 | 10281 | 17453 | 18103 | 57740 | 84378 | 25331 | 12566 | 58678 | 44947 | 05585 | 56941 |
| 10 | 85475 | 36857 | 53342 | 53988 | 53060 | 59533 | 38867 | 62300 | 08158 | 17983 | 16439 | 11458 | 18593 | 64952 |
| 11 | 28918 | 69578 | 88231 | 33276 | 70997 | 79936 | 56865 | 05859 | 90106 | 31595 | 01547 | 85590 | 91610 | 78188 |
| 12 | 63553 | 40961 | 48235 | 03427 | 49626 | 69445 | 18663 | 72695 | 52180 | 20847 | 12234 | 90511 | 33703 | 90322 |
| 13 | 09429 | 93969 | 52636 | 92737 | 88974 | 33488 | 36320 | 17617 | 30015 | 08272 | 84115 | 27156 | 30613 | 74952 |
| 14 | 10365 | 61129 | 87529 | 85689 | 48237 | 52267 | 67689 | 93394 | 01511 | 26358 | 85104 | 20285 | 29975 | 89868 |
| 15 | 07119 | 97336 | 71048 | 08178 | 77233 | 13916 | 47564 | 81056 | 97735 | 85977 | 29372 | 74461 | 28551 | 90707 |
| 16 | 51085 | 12765 | 51821 | 51259 | 77452 | 16308 | 60756 | 92144 | 49442 | 53900 | 70960 | 63990 | 75601 | 40719 |
| 17 | 02368 | 21382 | 52404 | 60268 | 89368 | 19885 | 55322 | 44819 | 01188 | 65255 | 64835 | 44919 | 05944 | 55157 |
| 18 | 01011 | 54092 | 33362 | 94904 | 31273 | 04146 | 18594 | 29852 | 71585 | 85030 | 51132 | 01915 | 92747 | 64951 |
| 19 | 52162 | 53916 | 46369 | 58586 | 23216 | 14513 | 83149 | 98736 | 23495 | 64350 | 94738 | 17752 | 35156 | 35749 |
| 20 | 07056 | 97628 | 33787 | 09998 | 42698 | 06691 | 76988 | 13602 | 51851 | 46104 | 88916 | 19509 | 25625 | 58104 |
| 21 | 48663 | 91245 | 85828 | 14346 | 09172 | 30168 | 90229 | 04734 | 59193 | 22178 | 30421 | 61666 | 99904 | 32812 |
| 22 | 54164 | 58492 | 22421 | 74103 | 47070 | 25306 | 76468 | 26384 | 58151 | 06646 | 21521 | 15227 | 96909 | 44592 |
| 23 | 32639 | 32363 | 05597 | 24200 | 13363 | 38005 | 94342 | 28728 | 35806 | 06912 | 17012 | 64161 | 18296 | 22851 |
| 24 | 29334 | 27001 | 87637 | 87308 | 58731 | 00256 | 45834 | 15398 | 46557 | 41135 | 10367 | 07684 | 36188 | 18510 |
| 25 | 02488 | 33062 | 28834 | 07351 | 19731 | 92420 | 60952 | 61280 | 50001 | 67658 | 32586 | 86679 | 50720 | 94953 |

| COLUMN / ROW | 1 | 2 | 3 | 4 | 5 | 6 | 7 | 8 | 9 | 10 | 11 | 12 | 13 | 14 |
|---|---|---|---|---|---|---|---|---|---|---|---|---|---|---|
| 26 | 81525 | 72295 | 04839 | 96423 | 24878 | 82651 | 66566 | 14778 | 76797 | 14780 | 13300 | 87074 | 79666 | 95725 |
| 27 | 29676 | 20591 | 68086 | 26432 | 46901 | 20849 | 89768 | 81536 | 86645 | 12659 | 92259 | 57102 | 80428 | 25280 |
| 28 | 00742 | 57392 | 39064 | 66432 | 84673 | 40027 | 32832 | 61362 | 98947 | 96067 | 64760 | 64584 | 96096 | 98253 |
| 29 | 05366 | 04213 | 25669 | 26422 | 44407 | 44048 | 37937 | 63904 | 45766 | 66134 | 75470 | 66520 | 34693 | 90449 |
| 30 | 91921 | 26418 | 64117 | 94305 | 26766 | 25940 | 39972 | 22209 | 71500 | 64568 | 91402 | 42416 | 07844 | 69618 |
| 31 | 00582 | 04711 | 87917 | 77341 | 42206 | 35126 | 74087 | 99547 | 81817 | 42607 | 43808 | 76655 | 62028 | 76630 |
| 32 | 00725 | 69884 | 62797 | 56170 | 86324 | 88072 | 76222 | 36086 | 84637 | 93161 | 76038 | 65855 | 77919 | 88006 |
| 33 | 69011 | 65795 | 95876 | 55293 | 18988 | 27354 | 26575 | 08625 | 40801 | 59920 | 29841 | 80150 | 12777 | 48501 |
| 34 | 25976 | 57948 | 29888 | 88604 | 67917 | 48708 | 18912 | 82271 | 65424 | 69774 | 33611 | 54262 | 85963 | 03547 |
| 35 | 09763 | 83473 | 73577 | 12908 | 30883 | 18317 | 28290 | 35797 | 05998 | 41688 | 34952 | 37888 | 38917 | 88050 |
| 36 | 91576 | 42595 | 27958 | 30134 | 04024 | 86385 | 29880 | 99730 | 55536 | 84855 | 29080 | 09250 | 79656 | 73211 |
| 37 | 17955 | 56349 | 90999 | 49127 | 20044 | 59931 | 06115 | 20542 | 18059 | 02008 | 73708 | 83517 | 36103 | 42791 |
| 38 | 46503 | 18584 | 18845 | 49618 | 02304 | 51038 | 20655 | 58727 | 28168 | 15475 | 56942 | 53389 | 20562 | 87338 |
| 39 | 92157 | 89634 | 94824 | 78171 | 84610 | 82834 | 09922 | 25417 | 44137 | 48413 | 25555 | 21246 | 35509 | 20468 |
| 40 | 14577 | 62765 | 35605 | 81263 | 39667 | 47358 | 56873 | 56307 | 61607 | 49518 | 89656 | 20103 | 77490 | 18062 |
| 41 | 98427 | 07523 | 33362 | 64270 | 01638 | 92477 | 66969 | 98420 | 04480 | 45585 | 46565 | 04102 | 46880 | 45709 |
| 42 | 34914 | 63976 | 88720 | 82765 | 34476 | 17032 | 87589 | 40836 | 32427 | 70002 | 70663 | 88863 | 77775 | 69348 |
| 43 | 70060 | 28277 | 39475 | 46473 | 23219 | 53416 | 94970 | 25832 | 69975 | 94884 | 19661 | 72828 | 00102 | 66794 |
| 44 | 53976 | 54914 | 06990 | 67245 | 68350 | 82948 | 11398 | 42878 | 80287 | 88267 | 47363 | 46634 | 06541 | 97809 |
| 45 | 76072 | 29515 | 40980 | 07391 | 58745 | 25774 | 22987 | 80059 | 39911 | 96189 | 41151 | 14222 | 60697 | 59583 |
| 46 | 90725 | 52210 | 83974 | 29992 | 65831 | 38857 | 55790 | 83765 | 55657 | 14361 | 31720 | 57375 | 56228 | 41546 |
| 47 | 64364 | 67412 | 33339 | 31926 | 14883 | 24413 | 59744 | 92351 | 97473 | 89286 | 35931 | 04110 | 23726 | 51900 |
| 48 | 08962 | 00358 | 31662 | 25388 | 61642 | 34072 | 81249 | 35648 | 56891 | 69352 | 48373 | 45578 | 78547 | 81788 |
| 49 | 95012 | 68379 | 93526 | 70765 | 10592 | 04542 | 76463 | 54328 | 02349 | 17247 | 28865 | 14777 | 62730 | 92277 |
| 50 | 15664 | 10493 | 20492 | 38301 | 91132 | 21999 | 59516 | 81652 | 27195 | 48223 | 46751 | 22923 | 32261 | 85653 |
| 51 | 16408 | 81899 | 04153 | 53381 | 79401 | 21438 | 83035 | 92350 | 36693 | 31238 | 59649 | 91754 | 72772 | 02338 |
| 52 | 18629 | 81953 | 05520 | 91962 | 04739 | 13092 | 97662 | 24822 | 94730 | 06496 | 35090 | 04822 | 86774 | 98289 |
| 53 | 73115 | 35101 | 47498 | 87637 | 99016 | 71060 | 88824 | 71013 | 18735 | 20286 | 23153 | 72924 | 35165 | 43040 |

| COLUMN / ROW | 1 | 2 | 3 | 4 | 5 | 6 | 7 | 8 | 9 | 10 | 11 | 12 | 13 | 14 |
|---|---|---|---|---|---|---|---|---|---|---|---|---|---|---|
| 54 | 57491 | 16703 | 23167 | 49323 | 45021 | 33132 | 12544 | 41035 | 80780 | 45393 | 44812 | 12515 | 98931 | 91202 |
| 55 | 30405 | 83946 | 23792 | 14422 | 15059 | 45799 | 22716 | 19792 | 09983 | 74353 | 68668 | 30429 | 70735 | 25499 |
| 56 | 16631 | 35006 | 85900 | 98275 | 32388 | 52390 | 16815 | 69298 | 82732 | 38480 | 73817 | 32523 | 41961 | 44437 |
| 57 | 96773 | 20206 | 42559 | 78985 | 05300 | 22164 | 24369 | 54224 | 35083 | 19687 | 11052 | 91491 | 60383 | 19746 |
| 58 | 38935 | 64202 | 14349 | 82674 | 66523 | 44133 | 00697 | 35552 | 35970 | 19124 | 63318 | 29686 | 03387 | 59846 |
| 59 | 31624 | 76384 | 17403 | 53363 | 44167 | 64486 | 64758 | 75366 | 76554 | 31601 | 12614 | 33072 | 60332 | 92325 |
| 60 | 78919 | 19474 | 23632 | 27889 | 47914 | 02584 | 37680 | 20801 | 72152 | 39339 | 34806 | 08930 | 85001 | 87820 |
| 61 | 03931 | 33309 | 57047 | 74211 | 63445 | 17361 | 62825 | 39908 | 05607 | 91284 | 68833 | 25570 | 38818 | 46920 |
| 62 | 74426 | 33278 | 43972 | 10119 | 89917 | 15665 | 52872 | 73823 | 73144 | 88662 | 88970 | 74492 | 51805 | 99378 |
| 63 | 09066 | 00903 | 20795 | 95452 | 92648 | 45454 | 09552 | 88815 | 16553 | 51125 | 79375 | 97596 | 16296 | 66092 |
| 64 | 42238 | 12426 | 87025 | 14267 | 20979 | 04508 | 64535 | 31355 | 86064 | 29472 | 47689 | 05974 | 52468 | 16834 |
| 65 | 16153 | 08002 | 26504 | 41744 | 81959 | 65642 | 74240 | 56302 | 00033 | 67107 | 77510 | 70625 | 28725 | 34191 |
| 66 | 21457 | 40742 | 29820 | 96783 | 29400 | 21840 | 15035 | 34537 | 33310 | 06116 | 95240 | 15957 | 16572 | 06004 |
| 67 | 21581 | 57802 | 02050 | 89728 | 17937 | 37621 | 47075 | 42080 | 97403 | 48626 | 68995 | 43805 | 33386 | 21597 |
| 68 | 55612 | 78095 | 83197 | 33732 | 05810 | 24813 | 86902 | 60397 | 16489 | 03264 | 88525 | 42786 | 05269 | 92532 |
| 69 | 44657 | 66999 | 99324 | 51281 | 84463 | 60563 | 79312 | 93454 | 68876 | 25471 | 93911 | 25650 | 12682 | 73572 |
| 70 | 91340 | 84979 | 46949 | 81973 | 37949 | 61023 | 43997 | 15263 | 80644 | 43942 | 89203 | 71795 | 99533 | 50501 |
| 71 | 91227 | 21199 | 31935 | 27022 | 84067 | 05462 | 35216 | 14486 | 29891 | 68607 | 41867 | 14951 | 91696 | 85065 |
| 72 | 50001 | 38140 | 66321 | 19924 | 72163 | 09538 | 12151 | 06878 | 91903 | 18749 | 34405 | 56087 | 82790 | 70925 |
| 73 | 65390 | 05224 | 72958 | 28609 | 81406 | 39147 | 25549 | 48542 | 42627 | 45233 | 57202 | 94617 | 23772 | 07896 |
| 74 | 27504 | 96131 | 83944 | 41575 | 10573 | 08619 | 64482 | 73923 | 36152 | 05184 | 94142 | 25299 | 84387 | 34925 |
| 75 | 37169 | 94851 | 39117 | 89632 | 00959 | 16487 | 65536 | 49071 | 39782 | 17095 | 02330 | 74301 | 00275 | 48280 |
| 76 | 11508 | 70225 | 51111 | 38351 | 19444 | 66499 | 71945 | 05422 | 13442 | 78675 | 84081 | 66938 | 93654 | 59894 |
| 77 | 37449 | 30362 | 06694 | 54690 | 04052 | 53115 | 62757 | 95348 | 78662 | 11163 | 81651 | 50245 | 34971 | 52924 |
| 78 | 46515 | 70331 | 85922 | 38329 | 57015 | 15765 | 97161 | 17869 | 45349 | 61796 | 66345 | 81073 | 49106 | 79860 |

| COLUMN / ROW | 1 | 2 | 3 | 4 | 5 | 6 | 7 | 8 | 9 | 10 | 11 | 12 | 13 | 14 |
|---|---|---|---|---|---|---|---|---|---|---|---|---|---|---|
| 79 | 30986 | 81223 | 42416 | 58353 | 21532 | 30502 | 32305 | 86482 | 05174 | 07901 | 54339 | 58861 | 74818 | 46942 |
| 80 | 63798 | 64995 | 46583 | 09785 | 44160 | 78128 | 83991 | 42865 | 92520 | 83531 | 80377 | 35909 | 81250 | 54238 |
| 81 | 82486 | 84846 | 99254 | 67632 | 43218 | 50076 | 21361 | 64816 | 51202 | 88124 | 41870 | 52689 | 51275 | 83556 |
| 82 | 21885 | 32906 | 92431 | 09060 | 64297 | 51674 | 64126 | 62570 | 26123 | 05155 | 59194 | 52799 | 28225 | 85762 |
| 83 | 60336 | 98782 | 07408 | 53458 | 13564 | 59089 | 26445 | 29789 | 85205 | 41001 | 12535 | 12133 | 14645 | 23541 |
| 84 | 43937 | 46891 | 24010 | 25560 | 86355 | 33941 | 25786 | 54990 | 71899 | 15475 | 95434 | 98227 | 21824 | 19585 |
| 85 | 97656 | 63175 | 89303 | 16275 | 07100 | 92063 | 21942 | 18611 | 47348 | 20203 | 18534 | 03862 | 78095 | 50136 |
| 86 | 03299 | 01221 | 05418 | 38982 | 55758 | 92237 | 26759 | 86367 | 21216 | 98442 | 08303 | 56613 | 91511 | 75928 |
| 87 | 79626 | 06486 | 03574 | 17668 | 07785 | 76020 | 79924 | 25651 | 83325 | 88428 | 85076 | 72811 | 22717 | 50585 |
| 88 | 85636 | 68335 | 47539 | 03129 | 65651 | 11977 | 02510 | 26113 | 99447 | 68645 | 34327 | 15152 | 55230 | 93448 |
| 89 | 18039 | 14367 | 61337 | 06177 | 12143 | 46609 | 32989 | 74014 | 64708 | 00533 | 35398 | 58408 | 13261 | 47908 |
| 90 | 08362 | 15656 | 60627 | 36478 | 68648 | 16764 | 53412 | 09013 | 07832 | 41574 | 17639 | 82163 | 60859 | 75567 |
| 91 | 79556 | 29068 | 04142 | 16268 | 15387 | 12856 | 66227 | 38358 | 22478 | 73373 | 88732 | 09443 | 82558 | 05250 |
| 92 | 92608 | 82674 | 27072 | 32534 | 17075 | 27698 | 98204 | 63863 | 11951 | 34648 | 88022 | 56148 | 34925 | 57031 |
| 93 | 23982 | 25835 | 40055 | 67006 | 12293 | 02753 | 14827 | 23235 | 35071 | 99704 | 37543 | 11601 | 35503 | 85171 |
| 94 | 09915 | 96306 | 05908 | 97901 | 28395 | 14186 | 00821 | 80703 | 70426 | 75647 | 76310 | 88717 | 37890 | 40129 |
| 95 | 59037 | 33300 | 26695 | 62247 | 69927 | 76123 | 50842 | 43834 | 86654 | 70959 | 79725 | 93872 | 28117 | 19233 |
| 96 | 42488 | 78077 | 69882 | 61657 | 34136 | 79180 | 97526 | 43092 | 04098 | 73571 | 80799 | 76536 | 71255 | 64239 |
| 97 | 46764 | 86273 | 63003 | 93017 | 31204 | 36692 | 40202 | 35275 | 57306 | 55543 | 53202 | 18098 | 47625 | 88684 |
| 98 | 03237 | 45430 | 55417 | 63282 | 90816 | 17349 | 88298 | 90183 | 36600 | 78406 | 06216 | 95787 | 42579 | 90730 |
| 99 | 86591 | 81482 | 52667 | 61582 | 14972 | 90053 | 89534 | 76036 | 49199 | 43716 | 97548 | 04379 | 46370 | 28672 |
| 100 | 38534 | 01715 | 94964 | 87288 | 65680 | 43772 | 39560 | 12918 | 86537 | 62738 | 19636 | 51132 | 25739 | 56947 |

출처: Abridged from W. H. Beyer, Ed., *CRC Standard Mathematical Tables*, 24th ed. (Cleveland: The Chemical Rubber Company), 1976.

# Ⅱ. 표준정규분포표

## 1. 표준정규분포표 1

아래 표의 값들은 표준정규분포의 확률을 의미하며 그림에서 0과 $Z$값 사이의 면적으로 표시된다.

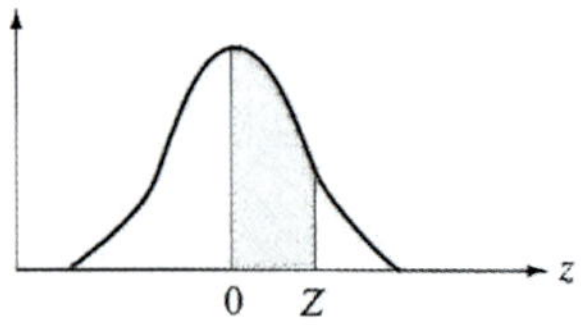

| Z | .00 | .01 | .02 | .03 | .04 | .05 | .06 | .07 | .08 | .09 |
|---|---|---|---|---|---|---|---|---|---|---|
| .00 | .0000 | .0040 | .0080 | .0120 | .0160 | .0199 | .0239 | .0279 | .0319 | .0359 |
| .10 | .0398 | .0438 | .0478 | .0517 | .0557 | .0596 | .0636 | .0675 | .0714 | .0753 |
| .20 | .0793 | .0832 | .0871 | .0910 | .0948 | .0987 | .1026 | .1064 | .1103 | .1141 |
| .30 | .1179 | .1217 | .1255 | .1293 | .1331 | .1368 | .1406 | .1443 | .1480 | .1517 |
| .40 | .1554 | .1591 | .1628 | .1664 | .1700 | .1736 | .1772 | .1808 | .1844 | .1879 |
| .50 | .1915 | .1950 | .1985 | .2019 | .2054 | .2088 | .2123 | .2157 | .2190 | .2224 |
| .60 | .2257 | .2291 | .2324 | .2357 | .2389 | .2422 | .2454 | .2486 | .2517 | .2549 |
| .70 | .2580 | .2611 | .2642 | .2673 | .2703 | .2734 | .2764 | .2793 | .2823 | .2852 |
| .80 | .2881 | .2910 | .2939 | .2967 | .2995 | .3023 | .3051 | .3078 | .3106 | .3133 |
| .90 | .3159 | .3186 | .3212 | .3238 | .3264 | .3289 | .3315 | .3340 | .3365 | .3389 |
| 1.00 | .3413 | .3438 | .3461 | .3485 | .3508 | .3531 | .3554 | .3577 | .3599 | .3621 |
| 1.10 | .3643 | .3665 | .3686 | .3708 | .3729 | .3749 | .3770 | .3790 | .3810 | .3830 |
| 1.20 | .3849 | .3869 | .3888 | .3907 | .3925 | .3944 | .3962 | .3980 | .3997 | .4015 |
| 1.30 | .4032 | .4049 | .4066 | .4082 | .4099 | .4115 | .4131 | .4147 | .4162 | .4177 |
| 1.40 | .4192 | .4207 | .4222 | .4236 | .4251 | .4265 | .4279 | .4292 | .4306 | .4319 |
| 1.50 | .4332 | .4345 | .4357 | .4370 | .4382 | .4394 | .4406 | .4418 | .4429 | .4441 |
| 1.60 | .4452 | .4463 | .4474 | .4474 | .4495 | .4505 | .4515 | .4525 | .4535 | .4545 |
| 1.70 | .4554 | .4564 | .4573 | .4582 | .4591 | .4599 | .4608 | .4616 | .4625 | .4633 |
| 1.80 | .4641 | .4649 | .4656 | .4664 | .4671 | .4678 | .4686 | .4693 | .4699 | .4706 |
| 1.90 | .4713 | .4719 | .4726 | .4732 | .4738 | .4744 | .4750 | .4756 | .4761 | .4767 |
| 2.00 | .4772 | .4778 | .4783 | .4788 | .4793 | .4798 | .4803 | .4808 | .4812 | .4817 |
| 2.10 | .4821 | .4826 | .4830 | .4834 | .4838 | .4842 | .4846 | .4850 | .4854 | .4857 |
| 2.20 | .4861 | .4864 | .4868 | .4871 | .4875 | .4878 | .4881 | .4884 | .4887 | .4890 |
| 2.30 | .4893 | .4896 | .4898 | .4901 | .4904 | .4906 | .4909 | .4911 | .4913 | .4916 |
| 2.40 | .4918 | .4920 | .4922 | .4925 | .4927 | .4929 | .4931 | .4932 | .4934 | .4936 |
| 2.50 | .4938 | .4940 | .4941 | .4943 | .4945 | .4960 | .4948 | .4949 | .4951 | .4952 |
| 2.60 | .4953 | .4955 | .4956 | .4957 | .4959 | .4970 | .4961 | .4962 | .4963 | .4964 |
| 2.70 | .4965 | .4966 | .4967 | .4968 | .4969 | .4978 | .4971 | .4972 | .4973 | .4974 |
| 2.80 | .4974 | .4975 | .4976 | .4977 | .4977 | .4984 | .4979 | .4979 | .4980 | .4981 |
| 2.90 | .4981 | .4982 | .4982 | .4983 | .4984 | .4989 | .4985 | .4985 | .4986 | .4986 |
| 3.00 | .4987 | .4987 | .4987 | .4988 | .4988 | .4992 | .4989 | .4989 | .4990 | .4990 |
| 3.10 | .4990 | .4991 | .4991 | .4991 | .4992 | .4994 | .4992 | .4992 | .4993 | .4993 |
| 3.20 | .4993 | .4993 | .4994 | .4994 | .4994 | .4996 | .4994 | .4995 | .4995 | .4995 |
| 3.30 | .4995 | .4995 | .4995 | .4996 | .4996 | .4997 | .4996 | .4996 | .4996 | .4997 |
| 3.40 | .4997 | .4997 | .4997 | .4997 | .4997 | .4998 | .4997 | .4997 | .4997 | .4998 |
| 3.50 | .4998 | .4998 | .4998 | .4998 | .4998 | .4998 | .4998 | .4998 | .4998 | .4998 |
| 3.60 | .4998 | .4998 | .4999 | .4999 | .4999 | .4999 | .4999 | .4999 | .4999 | .4999 |
| 3.70 | .4999 | .4999 | .4999 | .4999 | .4999 | .4999 | .4999 | .4999 | .4999 | .4999 |
| 3.80 | .4999 | .4999 | .4999 | .4999 | .4999 | .4999 | .4999 | .4999 | .4999 | .4999 |

예 : $0 \le Z \le 1.96$ 사이의 확률을 알려면 표의 첫번째 열에서 Z=1.90을 찾은 다음 다시 첫번째 행에서 0.06을 찾아 (Z=1.90+0.06=1.96) 두 숫자가 교차하는 지점에 위치한 0.4750을 읽으면 된다.

## 2. 표준정규분포표 2(−∞와 $Z$ 사이의 면적)

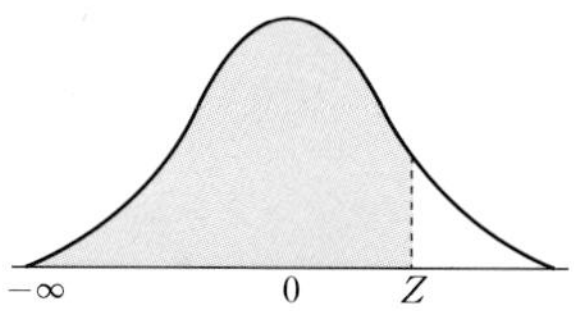


| Z | .00 | .01 | .02 | .03 | .04 | .05 | .06 | .07 | .08 | .09 |
|---|---|---|---|---|---|---|---|---|---|---|
| 0.0 | .5000 | .5040 | .5080 | .5120 | .5160 | .5199 | .5239 | .5279 | .5319 | .5359 |
| 0.1 | .5398 | .5438 | .5478 | .5517 | .5557 | .5596 | .5636 | .5675 | .5714 | .5753 |
| 0.2 | .5793 | .5832 | .5871 | .5910 | .5948 | .5987 | .6026 | .6064 | .6103 | .6141 |
| 0.3 | .6179 | .6217 | .6255 | .6293 | .6331 | .6368 | .6406 | .6443 | .6480 | .6517 |
| 0.4 | .6554 | .6591 | .6628 | .6664 | .6700 | .6736 | .6772 | .6808 | .6844 | .6879 |
| 0.5 | .6915 | .6950 | .6985 | .7019 | .7054 | .7088 | .7123 | .7157 | .7190 | .7224 |
| 0.6 | .7257 | .7291 | .7324 | .7357 | .7389 | .7422 | .7454 | .7486 | .7517 | .7549 |
| 0.7 | .7580 | .7611 | .7642 | .7673 | .7704 | .7734 | .7764 | .7794 | .7823 | .7852 |
| 0.8 | .7881 | .7910 | .7939 | .7967 | .7995 | .8023 | .8051 | .8078 | .8106 | .8133 |
| 0.9 | .8159 | .8186 | .8212 | .8238 | .8264 | .8289 | .8315 | .8340 | .8365 | .8389 |
| 1.0 | .8413 | .8438 | .8461 | .8485 | .8508 | .8531 | .8554 | .8577 | .8599 | .8621 |
| 1.1 | .8643 | .8665 | .8686 | .8708 | .8729 | .8749 | .8770 | .8790 | .8810 | .8830 |
| 1.2 | .8849 | .8869 | .8888 | .8907 | .8925 | .8944 | .8962 | .8980 | .8997 | .9015 |
| 1.3 | .9032 | .9049 | .9066 | .9082 | .9099 | .9115 | .9131 | .9147 | .9162 | .9177 |
| 1.4 | .9192 | .9207 | .9222 | .9236 | .9251 | .9265 | .9279 | .9292 | .9306 | .9319 |
| 1.5 | .9332 | .9345 | .9357 | .9370 | .9382 | .9394 | .9406 | .9418 | .9429 | .9441 |
| 1.6 | .9452 | .9463 | .9474 | .9484 | .9495 | .9505 | .9515 | .9525 | .9535 | .9545 |
| 1.7 | .9554 | .9564 | .9573 | .9582 | .9591 | .9599 | .9608 | .9616 | .9625 | .9633 |
| 1.8 | .9641 | .9649 | .9656 | .9664 | .9671 | .9678 | .9686 | .9693 | .9699 | .9706 |
| 1.9 | .9713 | .9719 | .9726 | .9732 | .9738 | .9744 | .9750 | .9756 | .9761 | .9767 |
| 2.0 | .9772 | .9778 | .9783 | .9788 | .9793 | .9798 | .9803 | .9808 | .9812 | .9817 |
| 2.1 | .9821 | .9826 | .9830 | .9834 | .9838 | .9842 | .9846 | .9850 | .9854 | .9857 |
| 2.2 | .9861 | .9864 | .9868 | .9871 | .9875 | .9878 | .9881 | .9884 | .9887 | .9890 |
| 2.3 | .9893 | .9896 | .9898 | .9901 | .9904 | .9906 | .9909 | .9911 | .9913 | .9916 |
| 2.4 | .9918 | .9920 | .9922 | .9925 | .9927 | .9929 | .9931 | .9932 | .9934 | .9936 |
| 2.5 | .9938 | .9940 | .9941 | .9943 | .9945 | .9946 | .9948 | .9949 | .9951 | .9952 |
| 2.6 | .9953 | .9955 | .9956 | .9957 | .9959 | .9960 | .9961 | .9962 | .9963 | .9964 |
| 2.7 | .9965 | .9966 | .9967 | .9968 | .9969 | .9970 | .9971 | .9972 | .9973 | .9974 |
| 2.8 | .9974 | .9975 | .9976 | .9977 | .9977 | .9978 | .9979 | .9979 | .9980 | .9981 |
| 2.9 | .9981 | .9982 | .9982 | .9983 | .9984 | .9984 | .9985 | .9985 | .9986 | .9986 |
| 3.0 | .9987 | .9987 | .9987 | .9988 | .9988 | .9989 | .9989 | .9989 | .9990 | .9990 |
| 3.1 | .9990 | .9991 | .9991 | .9991 | .9991 | .9992 | .9992 | .9992 | .9993 | .9993 |
| 3.2 | .9993 | .9993 | .9994 | .9994 | .9994 | .9994 | .9994 | .9994 | .9995 | .9995 |
| 3.3 | .9995 | .9995 | .9995 | .9996 | .9996 | .9996 | .9996 | .9996 | .9996 | .9997 |
| 3.4 | .9997 | .9997 | .9997 | .9997 | .9997 | .9997 | .9997 | .9997 | .9997 | .9998 |

## Ⅲ. $t$분포표

예 : $\alpha = 0.05$, 자유도$= 10$일 때, $t_\alpha = 1.812$

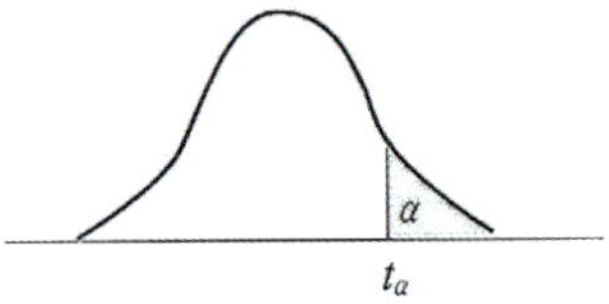


| 자유도 | $t_{.100}$ | $t_{.050}$ | $t_{.025}$ | $t_{.010}$ | $t_{.005}$ |
|---|---|---|---|---|---|
| 1 | 3.078 | 6.314 | 12.706 | 31.821 | 63.657 |
| 2 | 1.886 | 2.920 | 4.303 | 6.965 | 9.925 |
| 3 | 1.638 | 2.353 | 3.182 | 4.541 | 5.841 |
| 4 | 1.533 | 2.132 | 2.776 | 3.747 | 4.604 |
| 5 | 1.476 | 2.015 | 2.571 | 3.365 | 4.032 |
| 6 | 1.440 | 1.943 | 2.447 | 3.143 | 3.707 |
| 7 | 1.415 | 1.895 | 2.365 | 2.998 | 3.499 |
| 8 | 1.397 | 1.860 | 2.306 | 2.896 | 3.355 |
| 9 | 1.383 | 1.833 | 2.262 | 2.821 | 3.250 |
| 10 | 1.372 | 1.812 | 2.228 | 2.764 | 3.169 |
| 11 | 1.363 | 1.796 | 2.201 | 2.718 | 3.106 |
| 12 | 1.356 | 1.782 | 2.179 | 2.681 | 3.055 |
| 13 | 1.350 | 1.771 | 2.160 | 2.650 | 3.012 |
| 14 | 1.345 | 1.761 | 2.145 | 2.624 | 2.977 |
| 15 | 1.341 | 1.753 | 2.131 | 2.602 | 2.947 |
| 16 | 1.337 | 1.746 | 2.120 | 2.583 | 2.921 |
| 17 | 1.333 | 1.740 | 2.110 | 2.567 | 2.898 |
| 18 | 1.330 | 1.734 | 2.101 | 2.552 | 2.878 |
| 19 | 1.328 | 1.729 | 2.093 | 2.539 | 2.861 |
| 20 | 1.325 | 1.725 | 2.086 | 2.528 | 2.845 |
| 21 | 1.323 | 1.721 | 2.080 | 2.518 | 2.831 |
| 22 | 1.321 | 1.717 | 2.074 | 2.508 | 2.819 |
| 23 | 1.319 | 1.714 | 2.069 | 2.500 | 2.807 |
| 24 | 1.318 | 1.711 | 2.064 | 2.492 | 2.797 |
| 25 | 1.316 | 1.708 | 2.060 | 2.485 | 2.787 |
| 26 | 1.315 | 1.706 | 2.056 | 2.479 | 2.779 |
| 27 | 1.314 | 1.703 | 2.052 | 2.473 | 2.771 |
| 28 | 1.313 | 1.701 | 2.048 | 2.467 | 2.763 |
| 29 | 1.311 | 1.699 | 2.045 | 2.462 | 2.756 |
| ∞ | 1.282 | 1.645 | 1.960 | 2.326 | 2.576 |

출처 : M. Merrington, "Table of Percentage Points of the t-Distribution," *Biometrika*, 32, 1941, 300.

# Ⅳ. *F*분포표

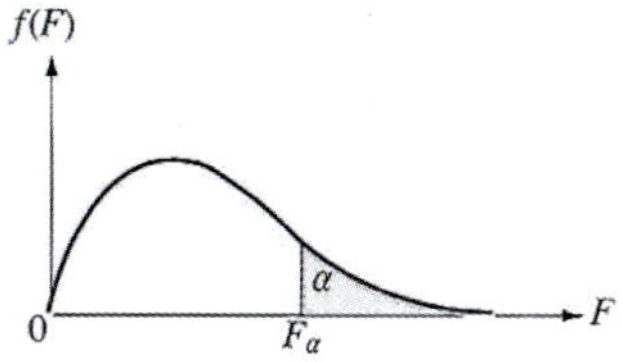


$\alpha = 0.10$

| $\nu_2$ (분모자유도) \ $\nu_1$ (분자자유도) | 1 | 2 | 3 | 4 | 5 | 6 | 7 | 8 | 9 |
|---|---|---|---|---|---|---|---|---|---|
| 1 | 39.86 | 49.50 | 53.59 | 55.83 | 57.24 | 58.20 | 58.91 | 59.44 | 59.86 |
| 2 | 8.53 | 9.00 | 9.16 | 9.24 | 9.29 | 9.33 | 9.35 | 9.37 | 9.38 |
| 3 | 5.54 | 5.46 | 5.39 | 5.34 | 5.31 | 5.28 | 5.27 | 5.25 | 5.24 |
| 4 | 4.54 | 4.32 | 4.19 | 4.11 | 4.05 | 4.01 | 3.98 | 3.95 | 3.94 |
| 5 | 4.06 | 3.78 | 3.62 | 3.52 | 3.45 | 3.40 | 3.37 | 3.34 | 3.32 |
| 6 | 3.78 | 3.46 | 3.29 | 3.18 | 3.11 | 3.05 | 3.01 | 2.98 | 2.96 |
| 7 | 3.59 | 3.26 | 3.07 | 2.96 | 2.88 | 2.83 | 2.78 | 2.75 | 2.72 |
| 8 | 3.46 | 3.11 | 2.92 | 2.81 | 2.73 | 2.67 | 2.62 | 2.59 | 2.56 |
| 9 | 3.36 | 3.01 | 2.81 | 2.69 | 2.61 | 2.55 | 2.51 | 2.47 | 2.44 |
| 10 | 3.29 | 2.92 | 2.73 | 2.61 | 2.52 | 2.46 | 2.41 | 2.38 | 2.35 |
| 11 | 3.23 | 2.86 | 2.66 | 2.54 | 2.45 | 2.39 | 2.34 | 2.30 | 2.27 |
| 12 | 3.18 | 2.81 | 2.61 | 2.48 | 2.39 | 2.33 | 2.28 | 2.24 | 2.21 |
| 13 | 3.14 | 2.76 | 2.56 | 2.43 | 2.35 | 2.28 | 2.23 | 2.20 | 2.16 |
| 14 | 3.10 | 2.73 | 2.52 | 2.39 | 2.31 | 2.24 | 2.19 | 2.15 | 2.12 |
| 15 | 3.07 | 2.70 | 2.49 | 2.36 | 2.27 | 2.21 | 2.16 | 2.12 | 2.09 |
| 16 | 3.05 | 2.67 | 2.46 | 2.33 | 2.24 | 2.18 | 2.13 | 2.09 | 2.06 |
| 17 | 3.03 | 2.64 | 2.44 | 2.31 | 2.22 | 2.15 | 2.10 | 2.06 | 2.03 |
| 18 | 3.01 | 2.62 | 2.42 | 2.29 | 2.20 | 2.13 | 2.08 | 2.04 | 2.00 |
| 19 | 2.99 | 2.61 | 2.40 | 2.27 | 2.18 | 2.11 | 2.06 | 2.02 | 1.98 |
| 20 | 2.97 | 2.59 | 2.38 | 2.25 | 2.16 | 2.09 | 2.04 | 2.00 | 1.96 |
| 21 | 2.96 | 2.57 | 2.36 | 2.23 | 2.14 | 2.08 | 2.02 | 1.98 | 1.95 |
| 22 | 2.95 | 2.56 | 2.35 | 2.22 | 2.13 | 2.06 | 2.01 | 1.97 | 1.93 |
| 23 | 2.94 | 2.55 | 2.34 | 2.21 | 2.11 | 2.05 | 1.99 | 1.95 | 1.92 |
| 24 | 2.93 | 2.54 | 2.33 | 2.19 | 2.10 | 2.04 | 1.98 | 1.94 | 1.91 |
| 25 | 2.92 | 2.53 | 2.32 | 2.18 | 2.09 | 2.02 | 1.97 | 1.93 | 1.89 |
| 26 | 2.91 | 2.52 | 2.31 | 2.17 | 2.08 | 2.01 | 1.96 | 1.92 | 1.88 |
| 27 | 2.90 | 2.51 | 2.30 | 2.17 | 2.07 | 2.00 | 1.95 | 1.91 | 1.87 |
| 28 | 2.89 | 2.50 | 2.29 | 2.16 | 2.06 | 2.00 | 1.94 | 1.90 | 1.87 |
| 29 | 2.89 | 2.50 | 2.28 | 2.15 | 2.06 | 1.99 | 1.93 | 1.89 | 1.86 |
| 30 | 2.88 | 2.49 | 2.28 | 2.14 | 2.05 | 1.98 | 1.93 | 1.88 | 1.85 |
| 40 | 2.84 | 2.44 | 2.23 | 2.09 | 2.00 | 1.93 | 1.87 | 1.83 | 1.79 |
| 60 | 2.79 | 2.39 | 2.18 | 2.04 | 1.95 | 1.87 | 1.82 | 1.77 | 1.74 |
| 120 | 2.75 | 2.35 | 2.13 | 1.99 | 1.90 | 1.82 | 1.77 | 1.72 | 1.68 |
| ∞ | 2.71 | 2.30 | 2.08 | 1.94 | 1.85 | 1.77 | 1.72 | 1.67 | 1.63 |

출처 : M. Merrington and C.M. Thompson, "Tables of Percentage Points of the Inverted Beta(F)-Distribution," *Biometrika*, 33, 1943, 73-88.

예 : $\alpha=0.05$, 분자자유도 $v_1=4$, 분모자유도 $v_2=7$일 때, $F_{0.05}=4.12$

$\alpha=0.10$

| | $\nu_2$ \ $\nu_1$ | 분자자유도 | | | | | | | | | |
|---|---|---|---|---|---|---|---|---|---|---|---|
| | | 10 | 12 | 15 | 20 | 24 | 30 | 40 | 60 | 120 | ∞ |
| | 1 | 60.19 | 60.71 | 61.22 | 61.74 | 62.00 | 62.26 | 62.53 | 62.79 | 63.06 | 63.33 |
| | 2 | 9.39 | 9.41 | 9.42 | 9.44 | 9.45 | 9.46 | 9.47 | 9.47 | 9.48 | 9.49 |
| | 3 | 5.23 | 5.22 | 5.20 | 5.18 | 5.18 | 5.17 | 5.16 | 5.15 | 5.14 | 5.13 |
| | 4 | 3.92 | 3.90 | 3.87 | 3.84 | 3.83 | 3.82 | 3.80 | 3.79 | 3.78 | 3.76 |
| | 5 | 3.30 | 3.27 | 3.24 | 3.21 | 3.19 | 3.17 | 3.16 | 3.14 | 3.12 | 3.10 |
| | 6 | 2.94 | 2.90 | 2.87 | 2.84 | 2.82 | 2.80 | 2.78 | 2.76 | 2.74 | 2.72 |
| | 7 | 2.70 | 2.67 | 2.63 | 2.59 | 2.58 | 2.56 | 2.54 | 2.51 | 2.49 | 2.47 |
| | 8 | 2.54 | 2.50 | 2.46 | 2.42 | 2.40 | 2.38 | 2.36 | 2.34 | 2.32 | 2.29 |
| | 9 | 2.42 | 2.38 | 2.34 | 2.30 | 2.28 | 2.25 | 2.23 | 2.21 | 2.18 | 2.16 |
| | 10 | 2.32 | 2.28 | 2.24 | 2.20 | 2.18 | 2.16 | 2.13 | 2.11 | 2.08 | 2.06 |
| | 11 | 2.25 | 2.21 | 2.17 | 2.12 | 2.10 | 2.08 | 2.05 | 2.03 | 2.00 | 1.97 |
| 분 | 12 | 2.19 | 2.15 | 2.10 | 2.06 | 2.04 | 2.01 | 1.99 | 1.96 | 1.93 | 1.90 |
| | 13 | 2.14 | 2.10 | 2.05 | 2.01 | 1.98 | 1.96 | 1.93 | 1.90 | 1.88 | 1.85 |
| 모 | 14 | 2.10 | 2.05 | 2.01 | 1.96 | 1.94 | 1.91 | 1.89 | 1.86 | 1.83 | 1.80 |
| | 15 | 2.06 | 2.02 | 1.97 | 1.92 | 1.90 | 1.87 | 1.85 | 1.82 | 1.79 | 1.76 |
| 자 | 16 | 2.03 | 1.99 | 1.94 | 1.89 | 1.87 | 1.84 | 1.81 | 1.78 | 1.75 | 1.72 |
| | 17 | 2.00 | 1.96 | 1.91 | 1.86 | 1.84 | 1.81 | 1.78 | 1.75 | 1.72 | 1.69 |
| 유 | 18 | 1.98 | 1.93 | 1.89 | 1.84 | 1.81 | 1.78 | 1.75 | 1.72 | 1.69 | 1.66 |
| | 19 | 1.96 | 1.91 | 1.86 | 1.81 | 1.79 | 1.76 | 1.73 | 1.70 | 1.67 | 1.63 |
| 도 | 20 | 1.94 | 1.89 | 1.84 | 1.79 | 1.77 | 1.74 | 1.71 | 1.68 | 1.64 | 1.61 |
| | 21 | 1.92 | 1.87 | 1.83 | 1.78 | 1.75 | 1.72 | 1.69 | 1.66 | 1.62 | 1.59 |
| | 22 | 1.90 | 1.86 | 1.81 | 1.76 | 1.73 | 1.70 | 1.67 | 1.64 | 1.60 | 1.57 |
| | 23 | 1.89 | 1.84 | 1.80 | 1.74 | 1.72 | 1.69 | 1.66 | 1.62 | 1.59 | 1.55 |
| | 24 | 1.88 | 1.83 | 1.78 | 1.73 | 1.70 | 1.67 | 1.64 | 1.61 | 1.57 | 1.53 |
| | 25 | 1.87 | 1.82 | 1.77 | 1.72 | 1.69 | 1.66 | 1.63 | 1.59 | 1.56 | 1.52 |
| | 26 | 1.86 | 1.81 | 1.76 | 1.71 | 1.68 | 1.65 | 1.61 | 1.58 | 1.54 | 1.50 |
| | 27 | 1.85 | 1.80 | 1.75 | 1.70 | 1.67 | 1.64 | 1.60 | 1.57 | 1.53 | 1.49 |
| | 28 | 1.84 | 1.79 | 1.74 | 1.69 | 1.66 | 1.63 | 1.59 | 1.56 | 1.52 | 1.48 |
| | 29 | 1.83 | 1.78 | 1.73 | 1.68 | 1.65 | 1.62 | 1.58 | 1.55 | 1.51 | 1.47 |
| | 30 | 1.82 | 1.77 | 1.72 | 1.67 | 1.64 | 1.61 | 1.57 | 1.54 | 1.50 | 1.46 |
| | 40 | 1.76 | 1.71 | 1.66 | 1.61 | 1.57 | 1.54 | 1.51 | 1.47 | 1.42 | 1.38 |
| | 60 | 1.71 | 1.66 | 1.60 | 1.51 | 1.51 | 1.48 | 1.44 | 1.40 | 1.35 | 1.29 |
| | 120 | 1.65 | 1.60 | 1.55 | 1.48 | 1.45 | 1.41 | 1.37 | 1.32 | 1.26 | 1.19 |
| | ∞ | 1.60 | 1.55 | 1.49 | 1.42 | 1.38 | 1.34 | 1.30 | 1.24 | 1.17 | 1.00 |

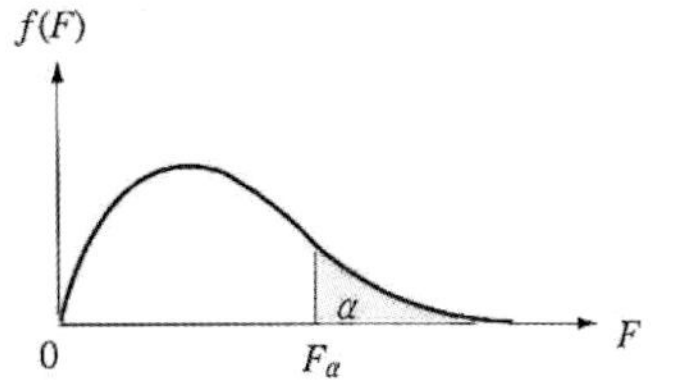

$\alpha = 0.05$

| $\nu_2$ \ $\nu_1$ (분자자유도) | 1 | 2 | 3 | 4 | 5 | 6 | 7 | 8 | 9 |
|---|---|---|---|---|---|---|---|---|---|
| 1 | 161.4 | 199.5 | 215.7 | 224.6 | 230.2 | 234.0 | 236.8 | 238.9 | 240.5 |
| 2 | 18.51 | 19.00 | 19.25 | 19.25 | 19.30 | 19.33 | 19.35 | 19.37 | 19.38 |
| 3 | 10.13 | 9.55 | 9.28 | 9.12 | 9.01 | 8.94 | 8.89 | 8.85 | 8.81 |
| 4 | 7.71 | 6.94 | 6.59 | 6.39 | 6.26 | 6.16 | 6.09 | 6.04 | 6.00 |
| 5 | 6.61 | 5.79 | 5.41 | 5.19 | 5.05 | 4.95 | 4.88 | 4.82 | 4.77 |
| 6 | 5.99 | 5.14 | 4.76 | 4.53 | 4.39 | 4.28 | 4.21 | 4.15 | 4.10 |
| 7 | 5.59 | 4.74 | 4.35 | 4.12 | 3.97 | 3.87 | 3.79 | 3.73 | 3.68 |
| 8 | 5.32 | 4.46 | 4.07 | 3.84 | 3.69 | 3.58 | 3.50 | 3.44 | 3.39 |
| 9 | 5.12 | 4.26 | 3.86 | 3.63 | 3.48 | 3.37 | 3.29 | 3.23 | 3.18 |
| 10 | 4.96 | 4.10 | 3.71 | 3.48 | 3.33 | 3.22 | 3.14 | 3.07 | 3.02 |
| 11 | 4.84 | 3.98 | 3.59 | 3.36 | 3.20 | 3.09 | 3.01 | 2.95 | 2.90 |
| 분모자유도 12 | 4.75 | 3.89 | 3.49 | 3.26 | 3.11 | 3.00 | 2.91 | 2.85 | 2.80 |
| 13 | 4.67 | 3.81 | 3.41 | 3.18 | 3.03 | 2.92 | 2.83 | 2.77 | 2.71 |
| 14 | 4.60 | 3.74 | 3.34 | 3.11 | 2.96 | 2.85 | 2.76 | 2.70 | 2.65 |
| 15 | 4.54 | 3.68 | 3.29 | 3.06 | 2.90 | 2.79 | 2.71 | 2.64 | 2.59 |
| 16 | 4.49 | 3.63 | 3.24 | 3.01 | 2.85 | 2.74 | 2.66 | 2.95 | 2.54 |
| 17 | 4.45 | 3.59 | 3.20 | 2.96 | 2.81 | 2.70 | 2.61 | 2.55 | 2.49 |
| 18 | 4.41 | 3.55 | 3.16 | 2.93 | 2.77 | 2.66 | 2.58 | 2.51 | 2.46 |
| 19 | 4.38 | 3.52 | 3.13 | 2.90 | 2.74 | 2.63 | 2.54 | 2.48 | 2.42 |
| 20 | 4.35 | 3.49 | 3.10 | 2.87 | 2.71 | 2.60 | 2.51 | 2.45 | 2.39 |
| 21 | 4.32 | 3.47 | 3.07 | 2.84 | 2.68 | 2.57 | 2.49 | 2.42 | 2.37 |
| 22 | 4.30 | 3.44 | 3.05 | 2.82 | 2.66 | 2.55 | 2.46 | 2.40 | 2.34 |
| 23 | 4.28 | 3.42 | 3.03 | 2.80 | 2.64 | 2.53 | 2.44 | 2.37 | 2.32 |
| 24 | 4.26 | 3.40 | 3.01 | 2.78 | 2.62 | 2.51 | 2.42 | 2.36 | 2.30 |
| 25 | 4.24 | 3.39 | 2.99 | 2.76 | 2.60 | 2.49 | 2.40 | 2.34 | 2.28 |
| 26 | 4.23 | 3.37 | 2.98 | 2.74 | 2.59 | 2.47 | 2.39 | 2.32 | 2.27 |
| 27 | 4.21 | 3.35 | 2.96 | 2.73 | 2.57 | 2.46 | 2.37 | 2.31 | 2.25 |
| 28 | 4.20 | 3.34 | 2.95 | 2.71 | 2.56 | 2.45 | 2.36 | 2.29 | 2.24 |
| 29 | 4.18 | 3.33 | 2.93 | 2.70 | 2.55 | 2.43 | 2.35 | 2.28 | 2.22 |
| 30 | 4.17 | 3.32 | 2.92 | 2.69 | 2.53 | 2.42 | 2.33 | 2.27 | 2.21 |
| 40 | 4.08 | 3.23 | 2.84 | 2.61 | 2.45 | 2.34 | 2.25 | 2.18 | 2.12 |
| 60 | 4.00 | 3.15 | 2.76 | 2.53 | 2.37 | 2.25 | 2.17 | 2.10 | 2.04 |
| 120 | 3.92 | 3.07 | 2.68 | 2.45 | 2.29 | 2.17 | 2.09 | 2.02 | 1.96 |
| ∞ | 3.84 | 3.00 | 2.60 | 2.37 | 2.21 | 2.10 | 2.01 | 1.94 | 1.88 |

출처 : M. Merrington and C.M. Thompson, "Tables of Percentage Points of the Inverted Beta(F)-Distribution," *Biometrika*, 33, 1943, 73-88.

$\alpha = 0.05$

| $\nu_2$ (분모자유도) \ $\nu_1$ (분자자유도) | 10 | 12 | 15 | 20 | 24 | 30 | 40 | 60 | 120 | ∞ |
|---|---|---|---|---|---|---|---|---|---|---|
| 1 | 241.9 | 243.9 | 245.9 | 248.0 | 249.1 | 250.1 | 251.1 | 252.2 | 253.3 | 254.3 |
| 2 | 19.40 | 19.41 | 19.43 | 19.44 | 19.45 | 19.46 | 19.47 | 19.48 | 19.49 | 19.50 |
| 3 | 8.79 | 8.74 | 8.70 | 8.66 | 8.64 | 8.62 | 8.59 | 8.57 | 8.55 | 8.53 |
| 4 | 5.96 | 5.91 | 5.86 | 5.80 | 5.77 | 5.75 | 5.72 | 5.69 | 5.66 | 5.63 |
| 5 | 4.74 | 4.68 | 4.62 | 4.56 | 4.53 | 4.50 | 4.46 | 4.43 | 4.40 | 4.36 |
| 6 | 4.06 | 4.00 | 3.94 | 3.87 | 3.84 | 3.81 | 3.77 | 3.74 | 3.70 | 3.67 |
| 7 | 3.64 | 3.57 | 3.51 | 3.44 | 3.41 | 3.38 | 3.34 | 3.30 | 3.37 | 3.23 |
| 8 | 3.35 | 3.28 | 3.22 | 3.15 | 3.12 | 3.08 | 3.04 | 3.01 | 2.97 | 2.93 |
| 9 | 3.14 | 3.07 | 3.01 | 2.94 | 2.90 | 2.86 | 2.83 | 2.79 | 2.75 | 2.71 |
| 10 | 2.98 | 2.91 | 2.85 | 2.77 | 2.74 | 2.70 | 2.66 | 2.62 | 2.58 | 2.54 |
| 11 | 2.85 | 2.79 | 2.72 | 2.65 | 2.61 | 2.57 | 2.53 | 2.49 | 2.45 | 2.40 |
| 12 | 2.75 | 2.69 | 2.62 | 2.54 | 2.51 | 2.47 | 2.43 | 2.38 | 2.34 | 2.30 |
| 13 | 2.67 | 2.60 | 2.53 | 2.46 | 2.42 | 2.38 | 2.34 | 2.30 | 2.25 | 2.21 |
| 14 | 2.60 | 2.53 | 2.46 | 2.39 | 2.35 | 2.31 | 2.27 | 2.22 | 2.18 | 2.13 |
| 15 | 2.54 | 2.48 | 2.40 | 2.33 | 2.29 | 2.25 | 2.20 | 2.16 | 2.11 | 2.07 |
| 16 | 2.49 | 2.42 | 2.35 | 2.28 | 2.24 | 2.19 | 2.15 | 2.11 | 2.06 | 2.01 |
| 17 | 2.45 | 2.38 | 2.31 | 2.23 | 2.19 | 2.15 | 2.10 | 2.06 | 2.01 | 1.96 |
| 18 | 2.41 | 1.34 | 2.27 | 2.19 | 2.15 | 2.11 | 2.06 | 2.02 | 1.97 | 1.92 |
| 19 | 2.38 | 2.31 | 2.23 | 2.16 | 2.11 | 2.07 | 2.03 | 1.98 | 1.93 | 1.88 |
| 20 | 2.35 | 2.28 | 2.20 | 2.12 | 2.08 | 2.04 | 1.99 | 1.95 | 1.90 | 1.84 |
| 21 | 2.32 | 2.25 | 2.18 | 2.10 | 2.05 | 2.01 | 1.96 | 1.92 | 1.87 | 1.81 |
| 22 | 2.30 | 2.23 | 2.15 | 2.07 | 2.03 | 1.98 | 1.94 | 1.89 | 1.84 | 1.78 |
| 23 | 2.27 | 2.20 | 2.13 | 2.05 | 2.01 | 1.96 | 1.91 | 1.86 | 1.81 | 1.76 |
| 24 | 2.25 | 2.18 | 2.11 | 2.03 | 1.98 | 1.94 | 1.89 | 1.84 | 1.79 | 1.73 |
| 25 | 2.24 | 2.16 | 2.09 | 2.01 | 1.96 | 1.92 | 1.87 | 1.82 | 1.77 | 1.71 |
| 26 | 2.22 | 2.15 | 2.07 | 1.99 | 1.95 | 1.90 | 1.85 | 1.80 | 1.75 | 1.69 |
| 27 | 2.20 | 2.13 | 2.06 | 1.97 | 1.93 | 1.88 | 1.84 | 1.79 | 1.73 | 1.67 |
| 28 | 2.19 | 2.12 | 2.04 | 1.96 | 1.91 | 1.87 | 1.82 | 1.77 | 1.71 | 1.65 |
| 29 | 2.18 | 2.10 | 2.03 | 1.94 | 1.90 | 1.85 | 1.81 | 1.75 | 1.70 | 1.64 |
| 30 | 2.16 | 2.09 | 2.01 | 1.93 | 1.89 | 1.84 | 1.79 | 1.74 | 1.68 | 1.62 |
| 40 | 2.08 | 2.00 | 1.92 | 1.84 | 1.79 | 1.74 | 1.69 | 1.64 | 1.58 | 1.51 |
| 60 | 1.99 | 1.92 | 1.84 | 1.75 | 1.70 | 1.65 | 1.59 | 1.53 | 1.47 | 1.39 |
| 120 | 1.91 | 1.83 | 1.75 | 1.66 | 1.61 | 1.55 | 1.50 | 1.43 | 1.35 | 1.25 |
| ∞ | 1.83 | 1.75 | 1.67 | 1.57 | 1.52 | 1.46 | 1.39 | 1.32 | 1.22 | 1.00 |

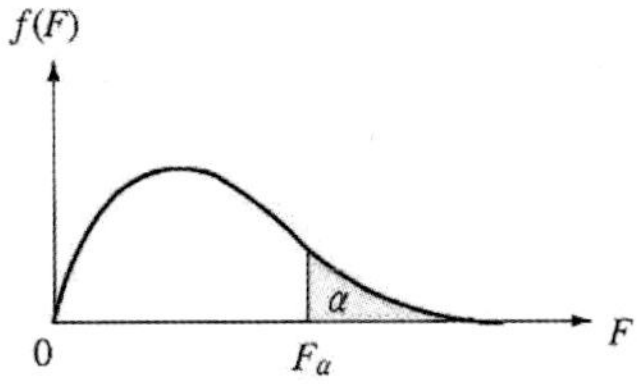


$\alpha = 0.025$

| $\nu_2$ \ $\nu_1$ | 분자자유도 | | | | | | | | |
|---|---|---|---|---|---|---|---|---|---|
| 분모자유도 | 1 | 2 | 3 | 4 | 5 | 6 | 7 | 8 | 9 |
| 1 | 647.8 | 799.5 | 864.2 | 899.6 | 921.8 | 937.1 | 948.2 | 956.7 | 963.3 |
| 2 | 38.51 | 39.00 | 39.17 | 39.25 | 39.30 | 39.33 | 39.36 | 39.37 | 39.39 |
| 3 | 17.44 | 16.04 | 15.44 | 15.10 | 14.88 | 14.73 | 14.73 | 14.54 | 14.47 |
| 4 | 12.22 | 10.65 | 9.98 | 9.60 | 9.36 | 9.20 | 9.20 | 8.98 | 8.90 |
| 5 | 10.01 | 8.13 | 7.76 | 7.39 | 7.15 | 6.98 | 6.98 | 6.76 | 6.68 |
| 6 | 8.81 | 7.26 | 6.60 | 6.23 | 5.99 | 5.82 | 5.82 | 5.60 | 5.52 |
| 7 | 8.07 | 6.54 | 5.89 | 5.52 | 5.29 | 5.12 | 5.12 | 4.90 | 4.82 |
| 8 | 7.57 | 6.06 | 5.42 | 5.05 | 4.82 | 4.65 | 4.65 | 4.43 | 4.36 |
| 9 | 7.21 | 5.71 | 5.08 | 4.72 | 4.48 | 4.32 | 4.32 | 4.10 | 4.03 |
| 10 | 6.84 | 5.46 | 4.83 | 4.47 | 4.24 | 4.07 | 4.07 | 3.85 | 3.78 |
| 11 | 6.72 | 5.26 | 4.63 | 4.28 | 4.04 | 3.88 | 3.88 | 3.66 | 3.59 |
| 12 | 6.55 | 5.10 | 4.47 | 4.12 | 3.89 | 3.73 | 3.73 | 3.51 | 3.44 |
| 13 | 6.41 | 4.97 | 4.35 | 4.00 | 3.77 | 3.60 | 3.60 | 3.39 | 3.31 |
| 14 | 6.30 | 4.86 | 4.24 | 3.89 | 3.66 | 3.50 | 3.50 | 3.29 | 3.21 |
| 15 | 6.20 | 4.77 | 4.15 | 3.80 | 3.58 | 3.41 | 3.41 | 3.20 | 3.12 |
| 16 | 6.12 | 4.69 | 4.08 | 3.73 | 3.50 | 3.34 | 3.22 | 3.12 | 3.05 |
| 17 | 6.04 | 4.62 | 4.01 | 3.66 | 3.44 | 3.28 | 3.46 | 3.06 | 2.98 |
| 18 | 5.98 | 4.56 | 3.95 | 3.61 | 3.38 | 3.22 | 3.10 | 3.01 | 2.93 |
| 19 | 5.92 | 4.51 | 3.90 | 3.56 | 3.33 | 3.17 | 3.05 | 2.96 | 2.88 |
| 20 | 5.87 | 4.46 | 3.86 | 3.51 | 3.29 | 3.13 | 3.01 | 2.91 | 2.84 |
| 21 | 5.83 | 4.42 | 3.82 | 3.48 | 3.25 | 3.09 | 2.97 | 2.87 | 2.80 |
| 22 | 5.79 | 4.38 | 3.78 | 3.44 | 3.22 | 3.05 | 2.93 | 2.84 | 2.76 |
| 23 | 5.75 | 4.35 | 3.75 | 3.41 | 3.18 | 3.02 | 2.90 | 2.81 | 2.73 |
| 24 | 5.72 | 4.32 | 3.72 | 3.38 | 3.15 | 2.99 | 2.87 | 2.78 | 2.70 |
| 25 | 5.69 | 4.29 | 3.69 | 3.35 | 3.13 | 2.97 | 2.85 | 2.75 | 2.68 |
| 26 | 5.66 | 4.27 | 3.67 | 3.33 | 3.10 | 2.94 | 2.82 | 2.73 | 2.65 |
| 27 | 5.63 | 4.24 | 3.65 | 3.31 | 3.08 | 2.92 | 2.80 | 2.71 | 2.63 |
| 28 | 5.61 | 4.22 | 3.63 | 3.29 | 3.06 | 2.90 | 2.78 | 2.69 | 2.61 |
| 29 | 5.59 | 4.20 | 3.61 | 3.27 | 3.04 | 2.88 | 2.76 | 2.67 | 2.59 |
| 30 | 5.57 | 4.18 | 3.59 | 3.25 | 3.03 | 2.87 | 2.75 | 2.65 | 2.57 |
| 40 | 5.42 | 4.05 | 3.46 | 3.13 | 2.90 | 2.74 | 2.62 | 2.53 | 2.45 |
| 60 | 5.29 | 3.93 | 3.34 | 3.01 | 2.79 | 2.63 | 2.51 | 2.41 | 2.33 |
| 120 | 5.15 | 3.80 | 3.23 | 2.89 | 2.67 | 2.52 | 2.39 | 2.30 | 2.22 |
| ∞ | 5.02 | 3.69 | 3.12 | 2.79 | 2.57 | 2.41 | 2.29 | 2.19 | 2.11 |

출처 : M. Merrington and C.M. Thompson, "Tables of Percentage Points of the Inverted Beta(F)-Distribution," *Biometrika*, 33, 1943, 73-88.

$\alpha = 0.025$

| $\nu_2$ \ $\nu_1$ | 분자자유도 | | | | | | | | | |
|---|---|---|---|---|---|---|---|---|---|---|
| | 10 | 12 | 15 | 20 | 24 | 30 | 40 | 60 | 120 | ∞ |
| 1 | 968.6 | 976.7 | 984.9 | 993.1 | 997.2 | 1001 | 1006 | 1010 | 1014 | 1018 |
| 2 | 39.40 | 39.41 | 39.43 | 39.45 | 36.46 | 39.46 | 39.47 | 39.48 | 39.49 | 39.50 |
| 3 | 14.42 | 14.34 | 14.25 | 14.17 | 14.12 | 14.08 | 14.04 | 13.99 | 13.95 | 13.90 |
| 4 | 8.84 | 8.75 | 8.66 | 8.51 | 8.51 | 8.46 | 8.41 | 8.36 | 8.31 | 8.26 |
| 5 | 6.62 | 6.52 | 6.43 | 6.28 | 6.28 | 6.23 | 6.18 | 6.12 | 6.07 | 6.02 |
| 6 | 5.46 | 5.37 | 5.27 | 5.12 | 5.12 | 5.07 | 5.01 | 4.96 | 4.90 | 4.85 |
| 7 | 4.76 | 4.67 | 4.57 | 4.42 | 4.42 | 4.39 | 4.31 | 4.25 | 4.20 | 4.14 |
| 8 | 4.30 | 4.20 | 4.10 | 3.95 | 3.95 | 3.89 | 3.84 | 3.78 | 3.73 | 3.67 |
| 9 | 3.96 | 3.87 | 3.77 | 3.61 | 3.61 | 3.56 | 3.51 | 3.45 | 3.39 | 3.33 |
| 10 | 3.72 | 3.62 | 3.52 | 3.37 | 3.37 | 3.31 | 3.26 | 3.20 | 3.14 | 3.08 |
| 11 | 3.53 | 3.43 | 3.33 | 3.17 | 3.17 | 3.12 | 3.06 | 3.00 | 2.94 | 2.88 |
| 분모자유도 12 | 3.37 | 3.28 | 3.18 | 3.02 | 3.02 | 2.96 | 2.91 | 2.85 | 2.79 | 2.72 |
| 13 | 3.25 | 3.15 | 3.05 | 2.89 | 2.89 | 2.84 | 2.78 | 2.72 | 2.66 | 2.60 |
| 14 | 3.15 | 3.05 | 2.95 | 2.79 | 2.79 | 2.73 | 2.67 | 2.61 | 2.55 | 2.49 |
| 15 | 3.06 | 2.96 | 2.86 | 2.70 | 2.70 | 2.64 | 2.59 | 2.52 | 2.46 | 2.40 |
| 16 | 2.99 | 2.89 | 2.79 | 2.68 | 2.63 | 2.57 | 2.51 | 2.45 | 2.38 | 2.32 |
| 17 | 2.92 | 2.82 | 2.72 | 2.62 | 2.56 | 2.50 | 2.44 | 2.38 | 2.32 | 2.25 |
| 18 | 2.87 | 2.77 | 2.67 | 2.56 | 2.50 | 2.44 | 2.38 | 2.32 | 2.26 | 2.19 |
| 19 | 2.82 | 2.72 | 2.62 | 2.51 | 2.45 | 2.39 | 2.33 | 2.27 | 2.20 | 2.13 |
| 20 | 2.77 | 2.68 | 2.57 | 2.46 | 2.41 | 2.35 | 2.29 | 2.22 | 2.16 | 2.09 |
| 21 | 2.73 | 2.64 | 2.53 | 2.42 | 2.37 | 2.31 | 2.25 | 2.18 | 2.11 | 2.04 |
| 22 | 2.70 | 2.60 | 2.50 | 2.39 | 2.33 | 2.27 | 2.21 | 2.14 | 2.08 | 2.00 |
| 23 | 2.67 | 2.57 | 2.47 | 2.36 | 2.30 | 2.24 | 2.18 | 2.11 | 2.04 | 1.97 |
| 24 | 2.64 | 2.54 | 2.44 | 2.33 | 3.27 | 2.21 | 2.15 | 2.08 | 2.01 | 1.94 |
| 25 | 2.61 | 2.51 | 2.41 | 2.30 | 2.24 | 2.18 | 2.12 | 2.05 | 1.98 | 1.91 |
| 26 | 2.59 | 2.49 | 2.39 | 2.28 | 2.22 | 2.16 | 2.09 | 2.03 | 1.95 | 1.88 |
| 27 | 2.57 | 2.47 | 2.36 | 2.25 | 2.19 | 2.13 | 2.07 | 2.00 | 1.93 | 1.85 |
| 28 | 2.55 | 2.45 | 2.34 | 2.23 | 2.17 | 2.11 | 2.05 | 1.98 | 1.91 | 1.83 |
| 29 | 2.53 | 2.43 | 2.32 | 2.21 | 2.15 | 2.09 | 2.03 | 1.96 | 1.89 | 1.81 |
| 30 | 2.51 | 2.41 | 2.31 | 2.20 | 2.14 | 2.07 | 2.01 | 1.94 | 1.87 | 1.79 |
| 40 | 2.39 | 2.29 | 2.18 | 2.07 | 2.01 | 1.94 | 1.88 | 1.80 | 1.72 | 1.64 |
| 60 | 2.27 | 2.17 | 2.06 | 1.94 | 1.88 | 1.82 | 1.74 | 1.67 | 1.58 | 1.48 |
| 120 | 2.16 | 2.05 | 1.94 | 1.82 | 1.76 | 1.69 | 1.61 | 1.53 | 1.43 | 1.31 |
| ∞ | 2.05 | 1.94 | 1.83 | 1.71 | 1.64 | 1.57 | 1.48 | 1.39 | 1.27 | 1.00 |

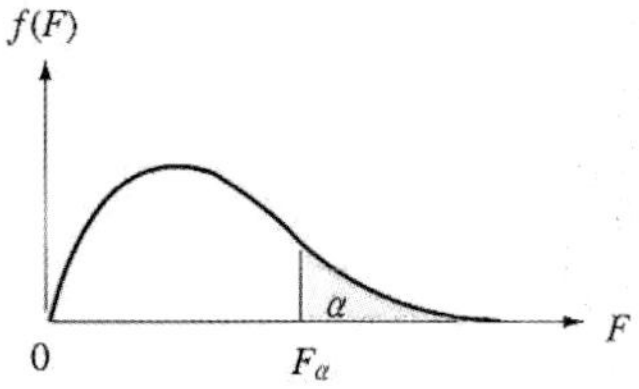


$\alpha = 0.01$

| $\nu_2$ \ $\nu_1$ (분자자유도) | 1 | 2 | 3 | 4 | 5 | 6 | 7 | 8 | 9 |
|---|---|---|---|---|---|---|---|---|---|
| 1 | 4,052 | 4,999.5 | 5,403 | 5,625 | 5,764 | 5,859 | 5,928 | 5,982 | 6,022 |
| 2 | 98.50 | 99.00 | 99.17 | 99.25 | 99.30 | 99.33 | 99.36 | 99.37 | 99.39 |
| 3 | 34.12 | 30.82 | 29.46 | 28.71 | 28.24 | 27.91 | 27.67 | 27.49 | 27.35 |
| 4 | 21.20 | 18.00 | 16.69 | 15.98 | 15.52 | 15.21 | 14.96 | 14.80 | 14.66 |
| 5 | 16.26 | 13.27 | 14.06 | 11.39 | 10.97 | 10.67 | 10.46 | 10.29 | 10.16 |
| 6 | 13.75 | 10.92 | 9.78 | 9.15 | 8.75 | 8.47 | 8.26 | 8.10 | 7.98 |
| 7 | 12.25 | 9.55 | 8.45 | 7.85 | 7.46 | 7.19 | 6.99 | 6.84 | 6.72 |
| 8 | 11.26 | 8.65 | 7.59 | 7.01 | 6.63 | 6.37 | 6.18 | 6.03 | 5.91 |
| 9 | 10.56 | 8.02 | 6.99 | 6.42 | 6.06 | 5.80 | 5.61 | 5.47 | 5.35 |
| 10 | 10.04 | 7.56 | 6.55 | 5.99 | 5.64 | 5.39 | 5.20 | 5.06 | 4.94 |
| 11 | 9.65 | 7.21 | 6.22 | 5.67 | 5.32 | 5.07 | 4.89 | 4.74 | 4.63 |
| 12 | 9.33 | 6.93 | 5.95 | 5.41 | 5.06 | 4.82 | 4.64 | 4.50 | 4.39 |
| 13 | 9.07 | 6.70 | 5.74 | 5.21 | 4.86 | 4.62 | 4.44 | 4.30 | 4.19 |
| 14 | 8.86 | 6.51 | 5.56 | 5.04 | 4.69 | 4.46 | 4.28 | 4.14 | 4.03 |
| 15 | 8.68 | 6.36 | 5.42 | 4.89 | 4.56 | 4.32 | 4.14 | 4.00 | 3.89 |
| 16 | 8.53 | 6.23 | 5.29 | 4.77 | 4.44 | 4.20 | 4.03 | 3.89 | 3.78 |
| 17 | 8.40 | 6.11 | 5.18 | 4.67 | 4.31 | 4.10 | 3.93 | 3.79 | 3.68 |
| 18 | 8.29 | 6.01 | 5.09 | 4.58 | 4.25 | 4.01 | 3.84 | 3.71 | 3.60 |
| 19 | 8.18 | 5.93 | 5.01 | 4.50 | 4.17 | 3.94 | 3.77 | 3.63 | 3.52 |
| 20 | 8.10 | 5.85 | 4.94 | 4.43 | 4.10 | 3.87 | 3.70 | 3.56 | 3.46 |
| 21 | 8.02 | 5.78 | 4.84 | 4.37 | 4.04 | 3.81 | 3.64 | 3.51 | 3.40 |
| 22 | 7.95 | 5.72 | 4.82 | 4.31 | 3.99 | 3.76 | 6.59 | 3.45 | 3.35 |
| 23 | 7.88 | 5.66 | 4.76 | 4.26 | 3.94 | 3.71 | 3.54 | 3.41 | 3.30 |
| 24 | 7.82 | 5.61 | 4.72 | 4.22 | 3.90 | 3.67 | 3.50 | 3.36 | 3.26 |
| 25 | 7.77 | 5.57 | 4.68 | 4.18 | 3.85 | 3.63 | 3.46 | 3.32 | 3.22 |
| 26 | 7.72 | 5.53 | 4.61 | 4.14 | 3.82 | 3.59 | 3.42 | 3.29 | 3.18 |
| 27 | 7.68 | 5.49 | 4.60 | 4.11 | 3.78 | 3.56 | 3.39 | 3.26 | 3.15 |
| 28 | 7.64 | 5.45 | 4.57 | 4.07 | 3.75 | 3.53 | 3.36 | 3.23 | 3.12 |
| 29 | 7.60 | 5.42 | 4.54 | 4.04 | 3.73 | 3.50 | 3.33 | 3.20 | 3.09 |
| 30 | 7.56 | 5.39 | 4.51 | 4.02 | 3.70 | 3.47 | 3.30 | 3.17 | 3.07 |
| 40 | 7.31 | 5.18 | 4.31 | 3.83 | 3.51 | 3.29 | 3.12 | 2.99 | 2.89 |
| 60 | 7.08 | 4.98 | 4.13 | 3.65 | 3.34 | 3.12 | 2.95 | 2.82 | 2.72 |
| 120 | 6.85 | 4.79 | 3.95 | 3.48 | 3.17 | 2.96 | 2.79 | 2.66 | 2.56 |
| ∞ | 6.63 | 4.61 | 3.78 | 3.32 | 3.02 | 2.80 | 2.64 | 2.51 | 2.41 |

(좌측 세로 표기: 분모자유도)

출처 : M. Merrington and C.M. Thompson, "Tables of Percentage Points of the Inverted Beta(F)-Distribution," *Biometrika*, 33, 1943, 73–88.

$\alpha = 0.01$

| $\nu_2$ \ $\nu_1$ | 분자자유도 10 | 12 | 15 | 20 | 24 | 30 | 40 | 60 | 120 | ∞ |
|---|---|---|---|---|---|---|---|---|---|---|
| 1 | 6,056 | 6,106 | 6,157 | 6,209 | 6,235 | 6,261 | 6,287 | 6,313 | 6,339 | 6,366 |
| 2 | 99.40 | 99.42 | 99.43 | 99.45 | 99.46 | 99.47 | 99.47 | 9.48 | 99.49 | 99.50 |
| 3 | 27.23 | 27.05 | 26.87 | 26.69 | 26.60 | 26.50 | 26.41 | 26.32 | 26.22 | 26.13 |
| 4 | 14.55 | 14.37 | 14.20 | 14.02 | 13.93 | 13.84 | 13.75 | 13.65 | 13.56 | 13.46 |
| 5 | 10.05 | 9.89 | 9.72 | 9.55 | 9.47 | 9.38 | 9.29 | 9.20 | 9.11 | 9.02 |
| 6 | 7.87 | 7.72 | 7.56 | 7.40 | 7.31 | 7.23 | 7.14 | 7.06 | 6.97 | 6.88 |
| 7 | 6.62 | 6.47 | 6.31 | 6.16 | 6.07 | 5.99 | 5.91 | 5.82 | 5.74 | 5.65 |
| 8 | 5.81 | 5.67 | 5.52 | 5.36 | 5.28 | 5.20 | 5.12 | 5.03 | 4.95 | 4.86 |
| 9 | 5.26 | 5.11 | 4.96 | 4.81 | 4.73 | 4.65 | 4.57 | 4.48 | 4.40 | 4.31 |
| 10 | 4.85 | 4.71 | 4.56 | 4.41 | 4.33 | 4.25 | 4.17 | 4.08 | 4.00 | 3.91 |
| 11 | 4.54 | 4.40 | 4.25 | 4.10 | 4.02 | 3.94 | 3.86 | 3.78 | 3.69 | 3.60 |
| 12 | 4.30 | 4.16 | 4.01 | 3.86 | 3.78 | 3.70 | 3.62 | 3.54 | 3.45 | 3.36 |
| 분모자유도 13 | 4.10 | 3.96 | 3.82 | 3.66 | 3.59 | 3.51 | 3.43 | 3.34 | 3.25 | 3.17 |
| 14 | 3.94 | 3.80 | 3.66 | 3.51 | 3.43 | 3.35 | 3.27 | 3.18 | 3.09 | 3.00 |
| 15 | 3.80 | 3.67 | 3.52 | 3.37 | 3.29 | 3.21 | 3.13 | 3.05 | 2.96 | 2.87 |
| 16 | 3.69 | 3.55 | 3.41 | 3.26 | 3.18 | 3.10 | 3.02 | 2.93 | 2.84 | 2.75 |
| 17 | 3.59 | 3.46 | 3.31 | 3.16 | 3.08 | 3.00 | 2.92 | 2.83 | 2.75 | 2.65 |
| 18 | 3.51 | 3.37 | 3.23 | 3.08 | 3.00 | 2.92 | 2.84 | 2.75 | 2.66 | 2.57 |
| 19 | 3.43 | 3.30 | 3.15 | 3.00 | 2.92 | 2.84 | 2.76 | 2.67 | 2.58 | 2.49 |
| 20 | 3.37 | 3.23 | 3.09 | 2.94 | 2.86 | 2.78 | 2.69 | 2.61 | 2.52 | 2.42 |
| 21 | 3.31 | 3.17 | 3.03 | 2.88 | 2.80 | 2.72 | 2.64 | 2.55 | 2.46 | 2.36 |
| 22 | 3.26 | 3.12 | 2.98 | 2.83 | 2.75 | 2.67 | 2.58 | 2.50 | 2.40 | 2.31 |
| 23 | 3.21 | 3.07 | 2.93 | 2.78 | 2.70 | 2.62 | 2.54 | 2.45 | 2.35 | 2.26 |
| 24 | 3.17 | 3.03 | 2.89 | 2.74 | 2.66 | 2.58 | 2.49 | 2.40 | 2.31 | 2.21 |
| 25 | 3.13 | 2.99 | 2.85 | 2.70 | 2.62 | 2.54 | 2.45 | 2.36 | 2.27 | 2.17 |
| 26 | 3.09 | 2.96 | 2.81 | 2.66 | 2.58 | 2.50 | 2.42 | 2.33 | 2.23 | 2.13 |
| 27 | 3.06 | 2.93 | 2.78 | 2.63 | 2.55 | 2.47 | 2.38 | 2.29 | 2.20 | 2.10 |
| 28 | 3.03 | 2.90 | 2.75 | 2.60 | 2.52 | 2.44 | 2.35 | 2.26 | 2.17 | 2.06 |
| 29 | 3.00 | 2.87 | 2.73 | 2.57 | 2.49 | 2.41 | 2.33 | 2.23 | 2.14 | 2.03 |
| 30 | 2.98 | 2.84 | 2.70 | 2.55 | 2.47 | 2.39 | 2.30 | 2.21 | 2.11 | 2.01 |
| 40 | 2.80 | 2.66 | 2.52 | 2.37 | 2.29 | 2.20 | 2.11 | 2.02 | 1.92 | 1.80 |
| 60 | 2.63 | 2.50 | 2.35 | 2.20 | 2.12 | 2.03 | 1.94 | 1.84 | 1.73 | 1.60 |
| 120 | 2.47 | 2.34 | 2.19 | 2.03 | 1.95 | 1.86 | 1.76 | 1.66 | 1.53 | 1.38 |
| ∞ | 2.32 | 2.18 | 2.04 | 1.88 | 1.79 | 1.70 | 1.59 | 1.47 | 1.32 | 1.00 |

# V. $\chi^2$분포표

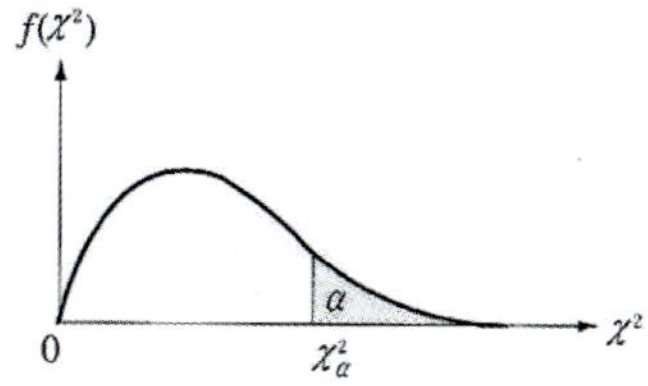


| 자유도 | $\chi^2_{.995}$ | $\chi^2_{.990}$ | $\chi^2_{.975}$ | $\chi^2_{.950}$ | $\chi^2_{.990}$ |
|---|---|---|---|---|---|
| 1 | 0.0000393 | 0.0001571 | 0.0009821 | 0.0039321 | 0.0157908 |
| 2 | 0.0100251 | 0.0201007 | 0.0506356 | 0.102587 | 0.210720 |
| 3 | 0.0717212 | 0.114832 | 0.215795 | 0.351846 | 0.584375 |
| 4 | 0.206990 | 0.297110 | 0.484419 | 0.710721 | 1.063623 |
| 5 | 0.411740 | 0.554300 | 0.831211 | 1.145476 | 1.61031 |
| 6 | 0.675727 | 0.872085 | 1.237347 | 1.63539 | 2.20413 |
| 7 | 0.989265 | 1.239043 | 1.68987 | 2.16735 | 2.83311 |
| 8 | 1.344419 | 1.646482 | 2.17973 | 2.73264 | 3.48954 |
| 9 | 1.734926 | 2.087912 | 2.70039 | 3.32511 | 4.46816 |
| 10 | 2.15586 | 2.55821 | 3.24697 | 3.94030 | 4.86518 |
| 11 | 2.60321 | 3.05347 | 3.81575 | 4.57481 | 5.57779 |
| 12 | 3.07382 | 3.57056 | 4.40379 | 5.22306 | 6.30380 |
| 13 | 3.56503 | 4.10691 | 5.00874 | 5.89186 | 7.04150 |
| 14 | 4.07468 | 4.66043 | 5.62872 | 6.57063 | 7.78953 |
| 15 | 4.60094 | 5.22935 | 6.26214 | 7.26094 | 8.54675 |
| 16 | 5.14224 | 5.81221 | 6.90766 | 7.96164 | 9.31223 |
| 17 | 5.69724 | 6.40776 | 7.56418 | 8.67176 | 10.0852 |
| 18 | 6.26481 | 7.01491 | 8.23075 | 9.39046 | 10.5649 |
| 19 | 6.84398 | 7.63273 | 8.90655 | 10.1170 | 11.6509 |
| 20 | 7.43386 | 8.26040 | 9.59083 | 10.8508 | 12.4426 |
| 21 | 8.03366 | 8.89720 | 10.28293 | 11.5913 | 13.2396 |
| 22 | 8.64272 | 9.54249 | 10.9823 | 12.3380 | 14.0415 |
| 23 | 9.26042 | 10.19567 | 11.6885 | 13.0905 | 14.8479 |
| 24 | 9.88623 | 10.8564 | 12.4011 | 13.8484 | 15.6587 |
| 25 | 10.517 | 11.5240 | 13.1198 | 14.6114 | 16.4734 |
| 26 | 11.1603 | 12.1981 | 13.8439 | 15.3791 | 17.2919 |
| 27 | 11.8076 | 12.8786 | 14.5733 | 16.1513 | 18.1138 |
| 28 | 12.4613 | 13.5648 | 15.3079 | 16.9279 | 18.9392 |
| 29 | 13.1211 | 14.2565 | 16.0471 | 17.7083 | 19.7677 |
| 30 | 13.7867 | 14.9535 | 16.7908 | 18.4926 | 20.5992 |
| 40 | 20.7065 | 22.1643 | 24.4331 | 26.5093 | 29.0505 |
| 50 | 27.9907 | 29.7067 | 32.3574 | 34.7642 | 37.6886 |
| 60 | 35.5346 | 37.4848 | 40.4817 | 43.1879 | 46.4589 |
| 70 | 43.2752 | 45.4418 | 48.7576 | 51.7393 | 55.3290 |
| 80 | 51.1720 | 53.5400 | 57.1532 | 60.3915 | 64.2778 |
| 90 | 59.1963 | 61.7541 | 65.6466 | 69.1260 | 73.2912 |
| 100 | 67.3276 | 70.0648 | 74.2219 | 77.9295 | 82.3581 |

출처 : C.M. Thompson, "Tables of Percentage Points of the $\chi^2$–Distribution," *Biometrika*, 32, 1941, 188–189.

예 : $\alpha$=0.5, 자유도=20일 때, $\chi^2_{\alpha}$=31.4014

| 자유도 | $\chi^2_{.100}$ | $\chi^2_{.050}$ | $\chi^2_{.025}$ | $\chi^2_{.010}$ | $\chi^2_{.005}$ |
|---|---|---|---|---|---|
| 1 | 2.70554 | 3.84146 | 5.02389 | 6.63490 | 7.87944 |
| 2 | 4.60517 | 5.99147 | 7.37776 | 9.21034 | 10.5966 |
| 3 | 6.25139 | 7.81473 | 9.34840 | 11.3449 | 12.8381 |
| 4 | 7.77944 | 9.48773 | 11.1433 | 13.2767 | 14.8602 |
| 5 | 9.23635 | 11.0705 | 12.8325 | 15.0863 | 16.7496 |
| 6 | 10.6446 | 12.5916 | 14.4494 | 16.8119 | 18.5476 |
| 7 | 12.0170 | 14.0671 | 16.0128 | 18.4753 | 20.2777 |
| 8 | 13.3616 | 15.5073 | 17.5346 | 20.0902 | 21.9550 |
| 9 | 14.6837 | 16.9190 | 19.0228 | 21.6660 | 23.5893 |
| 10 | 15.9871 | 18.3070 | 20.4831 | 23.2093 | 25.1882 |
| 11 | 17.2750 | 19.6751 | 21.9200 | 24.7250 | 26.7569 |
| 12 | 18.5494 | 21.0261 | 23.3367 | 26.2170 | 28.2995 |
| 13 | 19.8119 | 22.3621 | 24.7356 | 27.6883 | 29.8197 |
| 14 | 21.0642 | 23.6848 | 26.1190 | 29.1413 | 31.3193 |
| 15 | 22.3072 | 24.9958 | 27.4884 | 30.5779 | 32.8013 |
| 16 | 23.5418 | 26.2962 | 28.8454 | 31.9999 | 34.2372 |
| 17 | 24.7690 | 27.5971 | 30.1910 | 33.4087 | 35.7185 |
| 18 | 25.9894 | 28.8693 | 31.5264 | 34.8053 | 37.1564 |
| 19 | 27.2036 | 30.1435 | 32.8523 | 36.1908 | 38.5822 |
| 20 | 28.4120 | 31.4104 | 34.1696 | 37.5662 | 39.9968 |
| 21 | 29.6151 | 32.6705 | 35.4789 | 38.3921 | 41.4010 |
| 22 | 30.9133 | 33.9244 | 36.7807 | 40.2894 | 42.7956 |
| 23 | 32.0069 | 35.1725 | 38.0757 | 41.2894 | 44.1813 |
| 24 | 33.1963 | 36.4151 | 39.3641 | 42.9798 | 15.5585 |
| 25 | 34.3816 | 37.6525 | 40.6465 | 44.3141 | 46.9278 |
| 26 | 35.5631 | 38.8852 | 41.9232 | 45.6417 | 48.2898 |
| 27 | 36.7412 | 40.1133 | 43.1944 | 46.9630 | 49.6449 |
| 28 | 37.9159 | 41.3372 | 44.4607 | 48.2782 | 50.9933 |
| 29 | 39.0875 | 42.5569 | 45.7222 | 49.5879 | 52.3356 |
| 30 | 40.2560 | 43.7729 | 46.9762 | 50.8922 | 53.6720 |
| 40 | 51.8050 | 55.7585 | 59.3417 | 63.6907 | 66.7659 |
| 50 | 63.1671 | 67.5048 | 71.4202 | 76.1539 | 79.4900 |
| 60 | 74.3970 | 79.0819 | 83.2976 | 88.3794 | 91.9517 |
| 70 | 85.5271 | 90.5312 | 95.0231 | 100.425 | 104.215 |
| 80 | 96.5782 | 101.879 | 106.629 | 112.329 | 116.321 |
| 90 | 107.565 | 113.145 | 118.136 | 124.116 | 128.299 |
| 100 | 118.498 | 124.342 | 129.561 | 135.807 | 140.169 |

# 국문 찾아보기
INDEX

## ㅂ



## ㅅ



## ㅇ

## ㅈ



## ㅊ



## ㅋ



## ㅌ

# 영문 찾아보기
INDEX

# 저자소개
AUTHORS

## 안광호

안광호 교수는 인하대학교 경영학과에서 1988년 3월부터 2020년 8월까지 32년 6개월 간의 교수생활을 끝내고 명예교수로서 집필작업에 계속 정진하고 있다. 그는 한국외국어대학교 무역학과를 졸업하고 서울대 대학원 경영학과에서 석사과정을 수료한 다음 미국 NYU(New York University)에서 마케팅을 전공하여 경영학 석사와 박사학위(Ph. D.)를 취득했다. 그의 관심분야는 소비자행동, 브랜드 관리, 마케팅 커뮤니케이션, 마케팅 전략 등이며, 이러한 관심분야에서 활발한 연구 및 저술 활동을 지속하고 있다. 그는 Journal of International Retailing, Management Decision, International Journal of Contemporary Hospitality Management, The International Journal of Human Resource Management, 『마케팅 연구』, 『한국마케팅 저널』『소비자학 연구』, 『경영학 연구』, 『마케팅 관리연구 』, 『광고학 연구 』 등 국내외 유명 학술지에 100편 이상의 논문을 발표했다. 그리고 『마케팅: 관리적 접근』, 『소비자 행동』,『마케팅조사원론』, 『유통관리』, 『유통원론』, 『광고관리』, 『촉진관리』, 『전략적 브랜드 관리』, 『마케팅 전략』, 『사회과학조사방법론』, 『패션마케팅』『서비스마케팅』 등의 마케팅관련 저서와 『브랜드 파워』, 『브랜드의 힘을 읽는다』, 『SHOW』, 『정서 마케팅』, 『정서지배 소비자행동』, 『행동경제학 관점에서 본 소비자 의사결정』,『행동적 의사결정론』, 『감정을 팔아라』『정서: n 소비자행동』 등의 단행본을 출판하였다. 2013년에는 경영학분야의 세계적 석학인 Kotler 교수와의 공동 저술작업을 통해 글로벌 베스트셀러 대학교재인 『마케팅 입문(Marketing: An Introduction)』 한국어 판을 출간했다.

한국마케팅학회 학회장, 한국광고학회 학회장, 한국소비자학회 학술지 『소비자학 연구』의 편집위원장과 한국광고학회 학술지 『광고학 연구』의 편집위원장을 역임하였으며, 한국마케팅학회, 한국소비자학회, 한국경영학회. 한국소비문화학회, 한국마케팅관리학회, 한국광고학회의 부회장 및 상임이사를 역임하였다. 2001년 한국소비자학회 최우수 논문상을, 2009년 한국경제신문 학술자상을 수상했다. 그리고 2012년 한국조사연구학회 한국갤럽학술논문상을, 2013년 한국광고학회 제일기획 학술상과 동아일보 '2013 한국의 최고경영인상'에서 한국의 최고경영학자상을 수상했다. 2021년 한국마케팅학회로부터 Lifetime Achievement Award를 수상했다. 그는 인하대학교에서 2003년 우수연구업적 교수상을 수상하기도 하였다.

평소 영화 · 공연 관람과 와인을 즐기며, 오감과 정서를 건드리는 기타연주와 굴곡진 삶이 담긴 목소리를 선사하는 가수 에릭 클랩튼과 담백하면서 언제나 아름다운 추억을 떠올리게 하는 작곡가 고 이영훈님의 음악을 즐겨 듣는다. 시간이 나면 낯선 이국땅에서 배낭여행을 즐기며 잠시 일상에서 벗어난 시간을 갖곤 한다.

## 임병훈

현재 인하대학교 경영대학 경영학부 교수로 재직하고 있다. 고려대학교 경영학과를 졸업하고, 고려대학교 대학원에서 마케팅전공으로 석사학위를 받았다. 그리고 미국 Purdue University에서 마케팅전공으로 경영학 박사학위를 받았다. 1993년에 인하대학교에 부임하여 마케팅원론, 마케팅조사론, 마케팅전략 등을 강의하고 있으며, 주요 연구관심분야는 마케팅조사와 모델링을 통한 마케팅전략수립과 브랜드전략 등이다. 다양한 산업의 기업들에 대한 자문과정에서 의사결정에 필요한 시장조사와 전략수립을 해주었고 이러한 전략이 실무적으로 집행되는 과정을 지켜보았다. 주요 저서로는 『마케팅』, 『마케팅조사원론』, 『마케팅 신조류』 등이 있다. 그의 논문은 「마케팅 연구」, 「소비자학 연구」, 「경영학 연구」, 「한국 마케팅 저널」 등에 발표되었으며, 2001년 한국소비자학회로부터 최우수논문으로 선정되었다. 한국소비자학회와 마케팅학회의 이사를 역임하였다.

마케팅조사원론(제7판)

1995년 9월 10일 1판 1쇄 발행
2005년 2월 15일 3판 4쇄 발행
2011년 1월 30일 4판 7쇄 발행
2015년 9월 10일 5판 8쇄 발행
2021년 2월 10일 6판 6쇄 발행
2024년 7월 3일 7판 1쇄 인쇄
2024년 7월 12일 7판 1쇄 발행

**저 자** 안광호 · 임병훈

**발행인** 김사설

**발행처** 도서출판 **창명**
12946 경기도 하남시 미사대로 540 AA동 8층 33호(한강미사2차)
전화 (031)795－1214 팩스 (031)5175－8033
이메일 kimsaseol@hanmail.net

**출판등록** 2016년 5월 20일
**등록번호** 제131-93-14552호

**정가 38,000원** ISBN 979-11-88109-30-2